静安年鉴

上海

JING'AN ALMANAC

2023

总第七卷

上海市静安区地方志编纂委员会 编

主　审　王　华

副主审　宋宗德　龙婉丽

主　编　林　捷

副主编　叶供发

上海社会科学院出版社

图书在版编目（CIP）数据

静安年鉴. 2023 / 上海市静安区地方志编纂委员会编 . — 上海 ：上海社会科学院出版社，2023
ISBN 978-7-5520-4280-1

Ⅰ. ①静… Ⅱ. ①上… Ⅲ. ①静安区—2023—年鉴
Ⅳ. ①Z525. 13

中国国家版本馆 CIP 数据核字(2023)第 236005 号

静安年鉴（2023）

上海市静安区地方志编纂委员会　编

责任编辑　李　慧
封面设计　杨钟玮
封面题字　周志高
版面设计　上海丽正文化发展有限公司
出版发行　上海社会科学院出版社
地　　址　上海市顺昌路 622 号(邮编 200025)
印　　刷　上海新艺印刷有限公司
开　　本　720 毫米 × 1000 毫米　1/16
印　　张　41
插　　页　20
字　　数　1050 千
版　　次　2023 年 12 月第 1 版　2023 年 12 月第 1 次印刷
书　　号　978-7-5520-4280-1/Z·085
定　　价　298.00 元

编辑说明

一、《静安年鉴》是由上海市静安区人民政府主办、上海市静安区地方志编纂委员会主持编纂、上海市静安区地方志办公室负责编辑的地方性综合年鉴。《静安年鉴(2023)》是系统记述2022年度静安区自然、政治、经济、文化、社会等方面情况的资料性文献。

二、《静安年鉴(2023)》以马列主义、毛泽东思想、邓小平理论、"三个代表"重要思想、科学发展观、习近平新时代中国特色社会主义思想为指导,力求体现时代特征、年度特点、静安特色,记录历史、服务当代、以启未来。

三、《静安年鉴(2023)》记述时限为2022年1月1日至12月31日,部分事件记述有回溯或后延。

四、《静安年鉴(2023)》采用条目体,分类编辑,分栏目、分目、条目3级结构层次。根据内容关联程度,各栏目设置"综述"或"概况"。条目是信息资料的主要载体,条目标题以【】为标识。全书共列35个栏目,190个分目,1778个条目,卷首照37张,随文照73张,表格93个。

五、《静安年鉴(2023)》的内容,由有关单位提供资料或直接撰稿,经各单位领导审阅后定稿,撰稿人、摄影人姓名署于条目、照片之后。

六、《静安年鉴(2023)》的"统计资料"栏目内容由区统计局提供,正文中数据由各部门提供,由于部门间统计时间、口径等不尽一致,个别数据可能存在差异。

七、《静安年鉴(2023)》所涉及区属国家机关、人民团体、区属企业简称统一在书末附设对照表,正文处一般使用简称。

八、《静安年鉴》编辑部地址:上海市大统路480号1207室。邮政编码:200070。电话和传真:021—62472188转。本年鉴在上海市静安区门户网站"静安概览"栏目下的"静安史志"板块公布,网址:www.jingan.gov.cn。

静安区商务楼宇鸟瞰

（肖鸣亮　摄）

静安南京路鸟瞰

（肖鸣亮　摄）

蝴蝶湾公园、区少儿图书馆和新建的蝴蝶湾驿站在节点改造后连成一片，方便市民休闲锻炼

（肖鸣亮　摄）

位于康定东路的蝴蝶湾公园的“光影秀”　　（静安报　供稿）

区块链生态谷　　（静安报　供稿）

大宁片区上海久光中心及周边鸟瞰　　（静安报　供稿）

10 月 16 日，区机关领导集中收看中国共产党第二十次全国代表大会开幕会　（静安报　供稿）

10 月 16 日，区“两新”组织收看中国共产党第二十次全国代表大会开幕会　（静安报　供稿）

11 月 4 日，上海歌舞团舞剧《永不消逝的电波》在美琪大戏院举行第 100 场驻场演出

（静安报　供稿）

11 月 27 日，上海中心城区首个采用“留改拆”城市更新试点项目——张园西区在保护性修缮后对社会开放　　（肖鸣亮　摄）

修缮后的张园石库门房屋一隅　　（肖鸣亮　摄）

8 月 18 日，修缮一新的锦沧文华广场携一众首店亮相，开启试营业　　（静安报　供稿）

10 月 13 日，上海苏河湾万象天地正式开业　　（静安报　供稿）

随着电影《爱情神话》热映，巨鹿路上的电影取景地 HOST 餐厅成为市民的网红打卡地

（静安报　供稿）

元宵来临之际，老字号美心汤圆让食客趋之若鹜　（静安报　供稿）

8 月 25 日，作为上海市“五五购物节”全球新品首发季的重要板块，2022 上海国际美妆节启动仪式在静安区兴业太古汇举行。

（静安报　供稿）

2 月 25 日，蓝瓶咖啡中国内地首店在长安路 908 号（裕通面粉厂宿舍旧址）开业

（静安报　供稿）

9 月 7 日，上海牌手表全球首家官方旗舰店在南京西路 996 号开业　（静安报　供稿）

9 月 24 日，静安区茂名北路（威海路—经典茂名公寓出入口）限时步行街开业，营业时间为每周六零时至次周一晨 4 时，及国定节假日期间假期第一日零时至假日结束次日晨 4 时（静安报　供稿）

10 月 19 日，波司登全球首家体验店在南京西路 881 号开业　　（静安报　供稿）

上海静安投资（集团）有限公司城市更新重点项目 72 号商住综合体项目现场图　　（静安报　供稿）

2 月 25 日，静安区既有多层住宅加装电梯集中开工仪式暨推进大会在临汾路街道党群服务中心举行。4 个街镇 320 台既有住宅加装电梯集中开工 （静安报　供稿）

10 月 29 日，2022 上海赛艇公开赛在苏州河举行，4.2 千米的赛程 80%位于苏州河静安区段

（静安报　供稿）

10 月 14 日，沪北首个“数字公话亭”亮相临汾社区

（静安报　供稿）

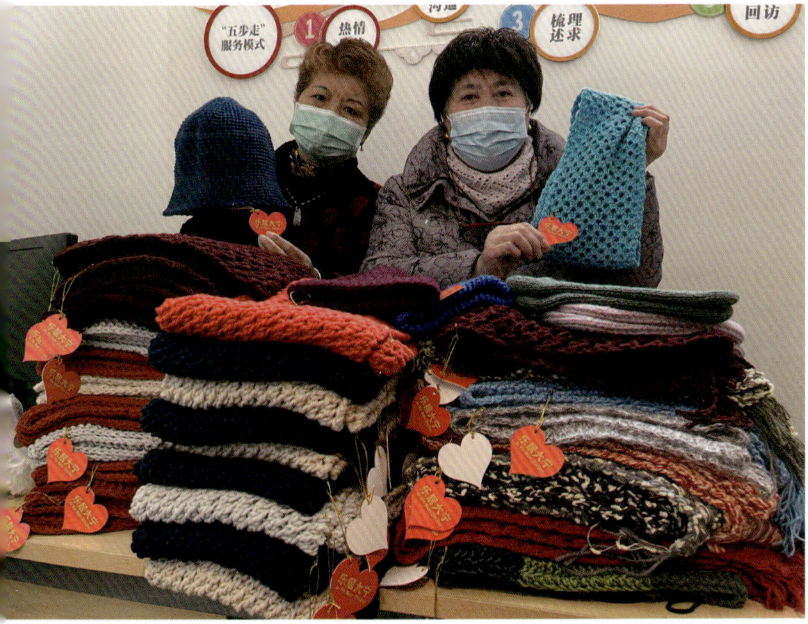

1 月 25 日，在大宁路街道延长小区“乐龄家园”活动室内，乐居大宁爱心编制队成员们把亲手编织的百余件围巾、帽子、手套等，送给小区垃圾分类工作者，感谢他们为小区环境的努力付出

（静安报　供稿）

曹家渡街道举行既有多层住宅加装电梯集中开工奠基仪式　　　　　　　　　　（区房管局　供稿）

推进“美丽家园”建设。图为临汾路街道住宅加装电梯外观　　　　　　　　　　（区房管局　供稿）

推进“美丽街区”建设。图为119、120地块公共绿地　　（区绿化市容局　供稿）

推进“美丽街区”建设。图为苏河湾中央绿地俯瞰　　（区绿化市容局　供稿）

完成3家菜场标准化建设。图为彭盛菜场　　（区商务委　供稿）

为小区安装智能门禁　　（区公安分局　供稿）

开发"快乐共享课表",推进义务教育阶段学生校内"三段式"课后服务再升级（区教育局　供稿）

2022 年,新增静安区图书馆借阅柜以及自助借还系统　(区文旅局　供稿)

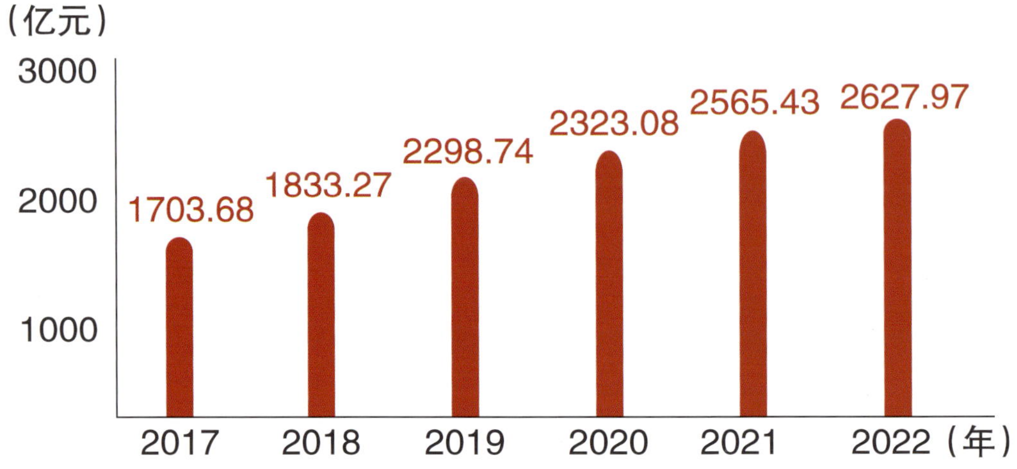

静安区生产总值

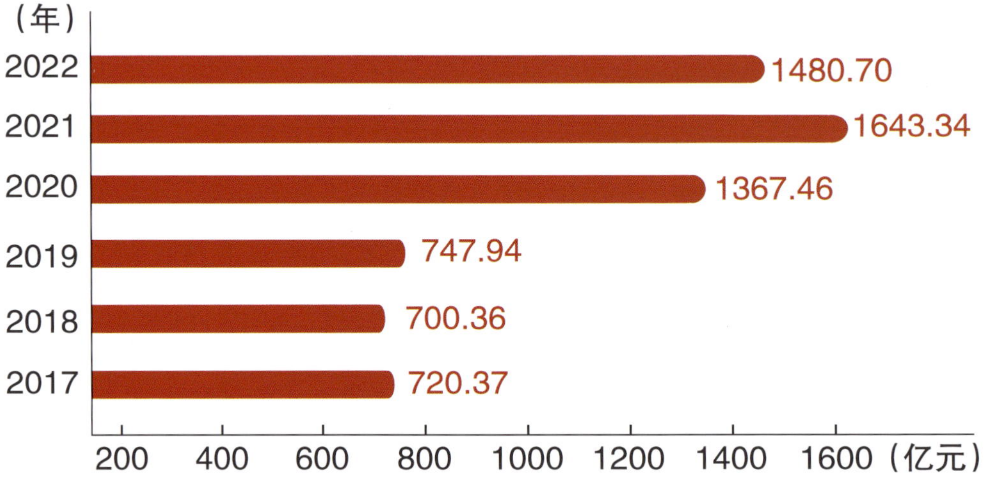

社会消费品零售总额

二十五、民政

二十六、人力资源和社会保障·医疗保障

二十七、街道·镇

二十八、人物·先进集体

二十九、统计资料

附　录

索　引

中共上海市静安区委常委会2022年工作报告

——2022年12月30日于勇在二届区委六次全会上的讲话

现在，我受区委常委会委托，向全会作工作报告。

2022年是党和国家历史上极为重要的一年，是党的二十大和市第十二次党代表大会召开之年，也是全面贯彻区第二次党代表大会精神、加快建设卓越的现代化国际城区的开局之年。今年以来，面对风高浪急的外部环境和艰巨繁重的改革发展稳定任务，区委常委会坚持以习近平新时代中国特色社会主义思想为指导，坚持把迎接党的二十大、学习宣传贯彻二十大精神作为全部工作的鲜明主题和贯穿始终的突出主线，坚持稳中求进工作总基调，主动融入国家战略和全市大局，大力实施"六增计划"、推进"五大工程"，统筹疫情防控和经济社会发展，统筹发展和安全，全力推动中央和市委重大决策部署在静安落到实处，区域经济社会保持平稳健康发展，人民生活持续改善，党的建设深入推进，全区各项事业再上新台阶。

一年来，区委常委会紧紧围绕贯彻落实中央和市委决策部署，坚持总揽全局、协调各方，重点抓了以下四件大事。

第一，坚持把迎接党的二十大召开、学习宣传贯彻二十大精神作为贯穿全年工作的主线。区委常委会以高度的政治责任感，扎实做好理论武装、改革发展、代表选举、舆论宣传、安全稳定等工作，为党的二十大召开营造良好氛围。党的二十大召开后，及时下发文件，专门作出部署，推动全区迅速兴起学习宣传贯彻党的二十大精神的热潮。区委常委会带头学习，举办党的二十大精神专题培训班，分期分批对处级领导干部开展集中轮训，教育引导全区广大党员干部深刻领悟"两个确立"的决定性意义，坚决做到"两个维护"，切实用习近平新时代中国特色社会主义思想和党的二十大精神武装头脑、指导实践、推动工作。积极运用市、区两级宣讲团资源，发挥各级领导干部示范作用，深入企业、机关、校园、社区等，广泛开展党的二十大精神主题宣讲。紧扣主题主线，全方位、多角度、立体式开展宣传报道，推动党的二十大精神家喻户晓、深入人心。

第二，扎实有力推动二届区委开好局、起好步。区委常委会坚持以调研开局，推动区第二次党代会明确的各项战略部署落实落地，聚焦事关区域发展的重点难点工作，开展“推动苏河湾滨水商务集聚带高质量发展”等课题调研，进一步理清思路、明确方向，为新一届区委顺利开展各项工作奠定基础。同时，从开局年特点出发，以实施“六增计划”、推进“五大工程”为主攻抓手，着力稳住经济基本盘，有序推进民生、治理、党建等各项工作，全区上下朝着实现“国际静安、卓越城区”目标奋进的方向更清晰、意志更坚定。按照市委统一部署，全面开展“防疫情、稳经济、保安全”大走访、大排查，示范带动全区各级领导干部深入基层、直插一线，集中解决一批影响发展的瓶颈难题，化解一批影响安全的风险隐患，为营造平稳健康的经济环境、国泰民安的社会环境、风清气正的政治环境提供了有力保障。

第三，平稳有序做好疫情防控工作。区委常委会始终坚持人民至上、生命至上，坚持外防输入、内防反弹，因时因势优化完善防控措施，全力以赴做好各方面工作。3月初，面对常态化防控以来最严重的本土疫情，区委常委会第一时间启动应急预案，迅速建立战时指挥体系，有序处置相关疫情，切实降低传播风险。在疫情暴发流行阶段，坚决落实全域静态管理，做好各项保障工作，集中力量推动“四应四尽”，尽最大努力遏制疫情上升势头，团结带领全区各级干部夜以继日、冲锋在前，持续开展攻坚行动，为打赢大上海保卫战作出静安贡献。6月恢复常态化防控后，进一步完善疫情应急处置机制，成立区一街镇两级工作专班，建强流调溯源队伍，加快转运隔离，从严从紧做好日常防疫措施，不断优化常态化核酸检测等服务，全面部署、落实“场所码”和“数字哨兵”，有序推进重点人群疫苗接种，科学精准做好疫情防控各项工作，牢牢守住不发生疫情规模性反弹的底线。进入新阶段以来，坚决落实中央和市委、市政府各项部署要求，准确把握疫情防控新形势新任务，持续优化调整相关措施，及时有效推动工作重心向保健康、防重症转变，进一步加强统筹衔接，聚焦医疗救治关键环节和重点人群，有力有序做好各项工作，全力确保社会秩序稳定。

第四，多措并举加快经济恢复和重振。上半年，在疫情的严重冲击下，我区主要经济指标出现较大幅度下降。6月全面恢复正常生产生活秩序后，区委常委会加快推进复工复产复市，制定出台《静安区工业企业复工复产操作指引》《静安区楼宇企业复工复产操作指引》等一系列文件，助力企业“应复尽复”“应复快复”。积极开展各级领导干部集中走访和服务企业工作，协调解决企业诉求和遇到的问题，给市场主体以预期和信心。及时制定出台惠企纾困举措，在落实好“国家33条”和“上海50条”的基础上，从企业实际需求出发，推出“静安43条”以及相关实施细则，发挥国企示范效应减免小微企业和个体工商户房屋租金，全力帮助企业渡过难关。大力推动招商引资倍增、总部经济增能、重点产业增效、土地亩产增长、重大工程增速和服务效能增优，千方百计扩投资、促消费，多管齐下稳外资、稳外贸，各项政策效果持续显现，经济运行逐渐回归正常，区域经济呈现出强劲的发展韧性。全年区级一般公共预算收入实现正增长，经济总量继续保持中心城区领先地位。

一年来，在集中精力抓好四件大事的同时，

区委常委会牢牢把握新形势新要求，立足解决新情况新问题，统筹推进改革发展和党的建设各领域各方面工作。

一、全力推动提质增效，区域经济发展稳中向好

纵深推进改革开放。主动对接和服务“三大任务、一大平台”，坚持以高水平开放促进深层次改革、推动高质量发展，改革红利和发展成效持续显现。发挥国际静安特色优势，将吸引外资作为扩大开放的重中之重，启动“外资促进合作伙伴计划”，引导和支持外资企业扩大投资、引进项目，外税占全区税收比重继续保持中心城区第一。加大力度推动总部经济增能，新增跨国公司地区总部12家，累计达112家。抓住区域全面经济伙伴关系协定生效契机，着力推动制度型开放，高端商品保税展示及线下交易在张园落地，AEO高级认证企业范围进一步扩大，贸易便利化水平实现新提升。深入实施全球服务商计划，与南京、杭州、宁波、合肥等长三角四城市联合发布《全球服务商融入长三角经济高质量发展行动方案》，高端服务升级、跨境出海助力等6大专项行动加快实施，全球服务商机构数达78家，影响力和辐射力不断增强。

全力做好第五届进博会服务保障工作，静安交易分团交易总额占全市四分之一。深化静安国际创新走廊双创示范基地建设，积极有序推动20条改革创新举措落地。围绕国企党建、上市公司高质量发展、主业管理、资产盘活、管理提升，持续深化国资国企改革，稳步推进区管企业资源整合，国企改革三年行动各项目标任务全面完成。

着力提升发展能级。围绕上海强化“四大功能”、建设“五个中心”、发展“五型经济”，深化推动经济转型升级，发展质量水平持续提升。加快发展楼宇经济，推动构筑“区域集中、产业集聚、企业集群、功能集成”新型楼宇经济大格局，全年亿元楼数量达76幢，其中月亿楼10幢。全力做大做强“3＋3”重点产业，聚焦化妆品、人力资源、创意设计等特色行业，分别制订《实施方案》《专项计划》并推动落地，商贸服务业、金融服务业、专业服务业支撑作用更加凸显，数据智能、文化创意、生命健康产业潜能加速释放。着力发挥消费基础性作用，深化国际消费中心城市示范区建设，南京西路商圈业态更新取得阶段性进展，新增首店、离境退税商户等数量位居全市前列，万象天地、锦沧文华、华山路263上海老字号品牌展示馆、茂名路限时步行街等引发广泛反响，静安获批成为全国一刻钟便民生活圈试点地区。坚持创新核心地位，重点推进国家新型工业化大数据产业示范基地建设，瞄准大数据、云计算、人工智能、区块链等领域，推动一批总部研发中心、开放创新平台落地，体系化开放创新网络初步形成。

开展国家区块链创新应用试点，发布14个“区块链＋”应用场景，推动区块链与大数据、人工智能融合创新。注重抓当前与谋长远相结合，聚焦数字经济、绿色低碳、元宇宙等新赛道，深入研究未来趋势、主攻方向及策略路径，明确近、中、远期目标任务，着力培育经济发展新动能，加快形成经济发展的接续力量。

持续深化投资促进。坚定不移抓招商、引项目、促投资、优环境，为推动高质量发展、构筑发展新优势注入新动力。依托国家和市级重大平台，举办重点区域推介会、“遇见·静安CBD”等投资推介活动。坚持目标引领，不断完善全区一盘棋的投资促进工作格局，加大招大引强选优力度，战略招商、精准招商成效进一步显现。加强项目全生命周期服务管理，开发用好“静安区企业投资服务平台”，完善企业服务三级网络，健全专员专人联系机制，招商引商、安商稳商氛围更加浓厚。着力打造更优营商环境，对标市创新试点实施方案，高标准推进十大专项行动，“一件事”办件量和全程网办量大幅提升，“一业一证”改革进一步拓展。创新推出授权代办、“政策体检”和“亮数”等特色试点，让企业感受到办事更快、成本更低的政务服务体验。

不断优化发展布局。扎实推进四大功能区建设，空间形态和功能布局持续改善。大力实施重大工程增速计划，优化工作流程、提高审批效率、强化项目跟踪，华兴新城等项目实现开工，彭三五期等项目实现竣工，全年开工面积达到108万平方米、竣工面积达到101万平方米。多措并举推进市政基础设施项目建设，北横通道工程静安段高架主线顺利完工并投入使用，三泰路(福建北路—山西北路)、福建北路(天潼路—北苏州路)等区属道路完成建设。持续推进城市有机更新，张园地区保护性综合开发取得突破性进展，西区实现开业运营。深入实施土地亩产增长计划，探索由统筹主体主导的产业园区成片更新实现方式，推动存量盘活、土地储备、土地供应三个计划联动管理，存量工业用地和低效产业园区加快转型升级。

二、准确把握人民城市生命体征，城区治理水平稳步提升

全面推动治理数字化转型。建立首席数据官制度，深入开展公共数据治理，持续推动部门数据目录编制和数据归集，统一推进政务云建设，加强公共数据资源的共享应用，城区治理数字底座不断夯实。持续深化“一件事”改革，加强“一网通办”静安频道和“随申办”静安旗舰店建设，公共服务事项接入率超过80%，区级“免申即享”和“智能帮办”服务功能进一步增强。持续优化升级“一网统管”平台，加强城市运行感知网建设，“数字小区”“数字街区”等试点场景上线运行。充分发挥12345市民服务热线“总客服”作用，深入开展重复来电专项治理，探索开发智能分析系统，问题解决率和市民满意度不断提升。

持续提升精细化管理水平。坚持高标准引领，不断加强城市精细化管理示范区建设。推动“美丽街区”建设创新升级，编制实施《静安区市政项目景观设计导则》，加强户外广告、招牌等设施管理，开展公共空间休憩座椅改造提升，有序实施架空线入地和合杆整治工程，全要素打造具有静安特色的街面市容景观，基础设施进一步优化提升。持续改善苏州河滨水公共空间环境品质，延安路高架及苏州河沿线景观照明一期、共和新路桥下公共空间品质提升等项目顺利完成。进一步扩大高标准保洁区域覆盖范围，成功创建11条精品示范道路。坚持“止新销旧”，积极创建“无违建示范街镇”和“零违建居村”，违法建筑综合治理取得新成效。

大力加强生态文明建设。稳步推进区“十四五”生态环保规划、第八轮环保三年行动计划和各专项计划，持续巩固提升中央、市生态环保督察等整改成效，全区空气和水环境质量持续改善、土壤环境质量总体保持稳定，“无废城市”建设有序推进。优化升级河长制，实施第二轮雨污混接改造，全面推进泵站放江治理，加快彭浦西初雨调蓄池等工程建设，打造“幸福河湖”静安版。建立区、街道(镇)、居民区三级林长责任体系，完成林长公示牌全覆盖，开展绿化资源督查巡查，加强各类公园绿地建设，全面拆除静安雕塑公园围墙，为市民提供更多可进入、可休憩的绿色空间。扩大生活垃圾分类成效，源头减量效果和资源利用水平持续提升。编制《静安区碳达峰实施方案》，积极稳妥推进碳达峰碳中和工作。

有序推进安全韧性城市建设。坚持政治安全、人民安全、国家利益至上有机统一，深入贯彻总体国家安全观，全力确保国家安全和社会稳定。把维护政治安全摆在首位，严密防范和坚决打击各种渗透破坏颠覆分裂活动。深化应急管理体制机制建设，不断完善安全生产责任体系，落实重大事故隐患挂牌督办，打好安全生产专项整治三年行动“收官战”，城市安全运行效率进一步提高。加强综合防灾减灾救灾能力建设，全面梳理排查灾害风险底数，健全自然灾害风险防治体系，提升应急物资保障水平，推进应急避难场所建设，开展“全国综合减灾示范社区”创建。建立健全“一牵头四统一”突出矛盾化解机制，持续推进“集中治理重复信访、化解信访积案”专项工作，有序开展人民建议征集。深入推进市域社会治理现代化试点，推动扫黑除恶常态化开展，始终保持对各类违法犯罪的严打高压态势，圆满完成党的二十大等重大活动安保维稳任务，平安静安建设水平进一步提高。深化国防动员体制改革，加强国防动员准备和后备力量建设，推动军民融合深度发展。

三、坚持和发展全过程人民民主，民主政治建设扎实推进

支持人大及其常委会依法行使职权。加强对人大工作的全面领导，制定出台我区《关于新时代坚持和完善人民代表大会制度全面提升人大工作质量和水平的意见》。支持区人大围绕疫情防控、经济高质量发展、依法治区建设、城区品质提升、改善和保障民生等方面，开展专项监督和专题调研，将人大制度优势不断转化为城区治理效能。推进扩点提质、深化功能拓展，进一步发挥人大基层立法联系点和信息采集点作用，推进全过程人民民主最佳实践地建设。开展绩效评价，强化资源整合和布局优化，推进人大代表“家站点”平台赋能增效。加强代表学习培训，提升人大代表的履职能力，更好发挥人大代表主体作用。

支持政协发挥专门协商机构作用。加强对政协工作的领导，深入贯彻落实《中国共产党政治协商工作条例》《关于加强和改进新时代市县政协工作的意见》，协商制度程序和运行机制进一步完善。坚持发扬民主和增进团结相互贯通、建言资政和凝聚共识双向发力，围绕统筹疫情防控和经济社会发展、区第二次党代表大会确定的目标任务、推进重大项目与民心工程等方面，开展协商议政和民主监督。深化“协商于民”工作站阵地建设，创新探索“委员联络组＋界别”联动工作模式，推动政协协商更好服务基层治理。搭建知情明政平台，开展线上培训，帮助政协委员提升履职能力、强化责任担当。

巩固发展新时代爱国统一战线。贯彻落实中央、市委统战工作会议精神，召开区委统战工作会议，深入谋划推进静安统战工作。发挥区委统一战线工作领导小组牵头抓总作用，制定责任清单，细化考核评估，夯实基层基础，不断完善大统战工作格局。开展纪念中国共产党统一战线政策提出100周年系列活动，引导统战成员重温百年征程，凝聚共同奋进力量。支持各民主党派、工商联、无党派人士履职尽责，围绕民心工程与人民城市建设等开展政党协商和专项民主监督。加强党外代表人士队伍建设，加大发现、培养和使用力度。深化全国新的社会阶层人士统战工作实践创新基地建设，打响“星光艺术团”工作品牌。迭代升级民族宗教事务管理平台，持续巩固民族团结、促进宗教和睦。完善“圆桌会”等机制平台，促进民营经济“两个健康”。拓宽交流交往与沟通合作渠道，扎实做好港澳台侨和海外统战工作。

深入推进依法治区工作。全面贯彻落实习近平法治思想，制定学习宣传研究阐释举措。开展党政主要负责人述法工作，区委主要领导带头述法，强化法治监督，法治建设责任进一步压实。健全完善法律顾问工作机制，积极推进行政复议体制改革，严格落实行政执法三项制度要求，成功创建全国法治政府建设示范区。

加快推进基层法治建设，出台《静安区关于全面推行基层法治观察工作的实施办法》。全面准确落实司法责任制，规范司法权力运行，推进严格公正司法。加强政治轮训，着力锻造忠诚干净担当的政法队伍。深化全国民主法治示范社区创建，不断夯实基层法治建设。组织开展“美好生活.民法典相伴”宣传月等活动，打造“绎法院线”“绎法站点”法治文化品牌阵地，持续推动法律服务行业健康发展，营造良好法治宣传氛围。

四、做深做实宣传思想文化工作，城区软实力进一步增强

牢牢掌握意识形态工作领导权。坚决落实全面领导责任，持续将意识形态工作列入区委年度重点工作，细化网络考核实施细则，落实“三张清单”办理机制，意识形态工作责任制进一步压紧压实。加强各类意识形态阵地动态管理，正式启动区网信应急指挥中心，探索实现全方位全过程管理，进一步筑牢守稳网络阵地。强化风险研判，密切监测、迅速稳妥处置涉区舆情，有效防范化解意识形态领域风险。成功主办2022年度国家网络安全宣传周上海地区活动，并荣获年度网络安全先进单位。聚焦静安发展特色亮点，围绕党的二十大、市第十二次党代表大会等重大主题，精心组织宣传，不断巩固壮大主流舆论。建强用好区融媒体中心，建立外宣工作联席会议机制，不断提升对外宣介质量和水平，精准讲好静安故事，外宣作品获第十六届“银鸽奖”五项荣誉。

深培厚植社会主义核心价值观。广泛开展群众性精神文明创建活动，深入实施《静安区创建复评全国文明城区三年行动计划(2021—2023年)》，形成三级循环联动机制，城区文明程度和市民文明素质持续提升。加强新时代公民道德建设，注重社会主义精神文明好人好事等先进典型引领，不断激发全社会向上向善正能量。深化拓展新时代文明实践中心建设，有序推进“1+14+N”三级阵地标准化建设，构建“15分钟文明实践圈”。推出“美在静安志愿同行”城区治理志愿服务项目，广泛开展志愿服务典型选树。建强用好上海市新时代文明实践综合服务平台和静安区新时代文明实践智慧云平台，加强志愿者服务信息化工作。聚焦中共二大召开和首部党章通过100周年，精心开展“十个一”系列活动。

深入挖掘红色资源，探索推进党章研究中心实体化运行，召开静安区首次红色资源保护利用工作联席会议，深化开展“红色场馆”一网通平台建设，让红色资源成为加强社会主义精神文明建设的深厚滋养和展示静安形象的重要名片。

加快推动区域文化事业和文旅产业提质升级。制作完成《辅德里》高清影像，启动“深入学习宣传贯彻党的二十大精神文艺党课《辅德里》巡讲活动”，出版发行《辅德里》图书，持续打造静安“辅德里IP”。深化“美在静安”公共文化圈建设，落实全民美育大行动，开展“艺起前行”云课堂等线上线下文化惠民活动，涵养美学精神。优化公共文化服务设施布局，研究、制定文旅融合服务点功能升级方案，深入开展“一街一品”特色文化工作，打造群众身边的公共文化新空间。加大历史风貌区、优秀历史建筑保护力度，推进张园文物建筑群的妥善保护和活化利用，完成天后宫戏台异地保护工程，积极打造文旅新地标。开展文旅消费季活动，建立健全文旅消费促进机制，深入推进国家文化和旅游消费试点城市建设。持续打造影视、电竞等优势产业集群，制定关于促进设计产业发展的实施方案，充分发挥政策引导作用，加快推进全球电竞之都核心区建设，成功举办第二届中国游戏创新大赛颁奖盛典和第三届电竞上海大师赛。

五、持之以恒加大民生保障力度，人民生活

品质持续改善

扎实推进民心工程。坚持聚焦“旧、老、小、难”等突出民生问题，持续推进、深入实施、创新突破，推动民心工程不断走深走实。深化既有多层住宅加装电梯“静安模式”，加梯总量和速度继续保持全市领先。加快推进旧区改造和旧住房成套改造，北宝兴路基地等零星旧改地块顺利收尾，彭三五期改造项目圆满完成，彭一小区、谈家桥等成套改造稳步实施。深入推进“美丽家园”建设，新增、改造一批住宅小区电动自行车安全充电设施。

制定区级养老服务设施布局专项规划，持续推进适老化改造，推广养老床位服务，社区嵌入式养老服务能级不断提升。加强普惠性托育服务体系建设，打造全市首个社区托育“宝宝屋”，优化升级中小学“三段式”课后服务。探索实施错峰共享、医院停车预约等模式，建设上海首个垂直掘进（盾构）地下智慧车库，多措并举解决中心城区停车难。

稳步提高社会保障水平。坚持就业优先导向，通过举办空中招聘会、打造行业对话交流平台等方式，加大对高校毕业生、失业人员、困难群体的帮扶力度。开展根治欠薪专项行动，维护劳动关系和谐稳定。以“桥计划”项目为引领，深入推进服务类社会救助。强化慈善超市公益性功能，推动静安慈善事业健康发展。建立新型监督管理制度，医保基金监管体系进一步完善。开展养老机构行业监管专项行动，切实保障老年人生命健康和合法权益。成立巾帼律师宣讲团，提升妇女群体维权能力。积极创建青年发展型城区和全国未成年人保护示范区，实现街镇未成年人保护工作站全覆盖。大力实施综合保险项目、无障碍坡道改造，持续关心关爱残疾人等特殊群体。加强粮食和物资储备，开展粮食流通领域常态化检查，全力保障区域粮食安全。

不断优化公共服务供给。调整设施布局，完善功能配置，加快推进服务综合体建设，打造高质量“15 分钟社区生活圈”。深化紧密型学区化集团化办学，落实“双减”工作要求，加强校外培训机构日常监管，建设高素质师资队伍，推动教育均衡化优质化发展。深化医药卫生体制改革，加强区域医疗中心、公共卫生临床中心建设，互联网医院服务实现社区医疗机构全覆盖，医疗资源匹配和服务保障能力进一步提升。扎实推进静安老年健康中心、长者运动健康之家、社区长者食堂建设，创新开展“五床联动”医养融合型居家和社区养老模式，拓展“一键通”智慧养老应用场景服务，为老服务能力不断增强。探索建立线上全民健身赛事办赛机制，体育运动覆盖面进一步扩大。开展全国科普示范区创建，静安公民科学素质持续提升。全力做好新形势下东西部协作和对口支援工作，助力结对地区实现巩固拓展脱贫攻坚成果同乡村振兴有效衔接。

六、坚定不移推进全面从严治党，党的建设质量不断提高

持续擦亮基层党建品牌。积极打造以楼宇自治、行业联治、街区共治为支撑的楼宇党建“治立方”多元善治体系，建立楼务会协商自治平台，组建楼宇“首席服务团队”，成立“全球服务商”党建联盟，党的组织优势不断转化为产业发展优势。织密建强党在新兴领域的组织体系，打造“新心驿站”新业态新就业群体服务品牌，建成 40 余家综合服务平台，建立全市首个互联网电竞党建共同体。优化网格化党建工作架构和运行机制，形成横向到边、纵向到底的组织网络和责任体系。深化“先静者”党建品牌，推进“机关先锋行动”，开展模范机关创建。打造“菁资汇”国企党建品牌，探索开展产业链供应链创新链党建，推动国有企业党建工作与生产经营深度融合。推动支部建制的学校书记校长“一肩挑”,深化教育系统“特级书记工作室”建设。

全面强化党建引领基层治理。坚持党对基层治理的全面领导,建立健全党建引领基层治理体系,深化推动党的建设领导小组及其办公室实体化运作。制定下发《静安区关于进一步加强党建引领基层治理的若干措施》等文件,以党建引领聚力打造静安基层善治典范。完善区一街镇一居民区(楼宇、园区)“静·邻一家”党群服务阵地体系建设,打造党领导基层治理的坚强阵地和服务党员群众的温馨家园。全力推进“美好社区先锋行动”,实施“领跑静安范善治新样板”社区善治项目,深化条块协同联动,持续为基层赋权、减负、增能。全面推广全要素社区治理智能平台,拓展精准服务、数字吹哨、数字画像等好用管用的应用场景,为基层治理提供数智支撑。加强物业党建联建,积极打造“静邻物业”品牌。统筹推进基层干部队伍一体化建设,深入实施居民区党组织书记“领跑工程”,成立“领跑书记成长学院”。坚持党建带群建,圆满完成工会、共青团、妇联等群团组织的换届工作,充分发挥群团组织在基层治理中的桥梁纽带作用。

着力打造高素质干部人才队伍。突出政治标准,强化实绩导向,建立健全知事识人考察体系,大力选育忠诚干净担当的好干部。做优做强基石工程,出台《静安区关于进一步加强党政领导班子和干部队伍建设的实施意见》,精准科学选干部配班子,充分发挥职务职级并行制度激励作用。加强后备干部队伍建设,制定《静安区优秀年轻干部培养实施方案》,健全和完善年轻干部“培育、管理、选拔”统筹推进的全链条机制,打造包含100名优秀处级干部、100名优秀正科级干部和100名科以下优秀年轻干部的梯队。持续深化干部监督管理,严格落实领导干部个人有关事项报告制度,制定四个责任清单,形成全覆盖责任体系。用心用情做好新时代老干部服务保障工作,为老干部发挥作用搭建好平台。继续做好援外、驻外干部选派保障等相关工作,促进区域间干部交流互动。落实街镇综合行政执法改革,稳妥有序推进执法队伍干部的转任交流和职级晋升。坚持人才引领发展战略,制定发布静安人才新政15条,实施“静英”人才行动计划,人才发展生态不断优化。

驰而不息正风肃纪反腐。巩固深化全面从严治党“四责协同”机制,全链条责任进一步压紧压实。严格落实中央八项规定精神,锲而不舍纠“四风”树新风,聚焦重点领域和关键环节,常态化开展明察暗访和专项监督检查。持续深化政治巡察,制定并实施二届区委巡察工作规划,对10家区属国企开展巡察,主动融入巡视巡察上下联动格局,深化巡察整改和成果转化运用。一体推进不敢腐、不能腐、不想腐,始终保持反腐高压态势,深化运用监督执纪“四种形态”,聚焦国资国企、粮食购销等领域易发多发问题,严肃查处一批违纪违法案件,持续形成震慑效应。坚持系统施治、标本兼治,构建静安区国资国企领域全面从严治党、党风廉政建设“1＋X＋Y”制度体系。制定《关于加强新时代廉洁文化建设的实施意见》,创新建立全市首家网上廉洁文化展馆,深入开展党风廉政教育月活动,持续巩固风清气正的良好政治生态。深化纪检监察体制改革,以日常监督为牵引推动“四项监督”统筹衔接,推动制度优势转化为治理效能。

区委常委会高度重视自身建设。严守党的政治纪律和政治规矩,坚定拥护“两个确立”,坚决做到“两个维护”,不断提高政治判断力、政治领悟力、政治执行力。坚决贯彻民主集中制,认真召开民主生活会,严格执行请示报告制度。深入开展调查研究,坚持集体学习制度。坚持以身作则、率先垂范，严格遵守廉洁自律各项规定，自觉接受各方面监督。

一年来，静安发展的成绩来之不易，是党中央、市委坚强领导的结果，是全区上下凝心聚力、共同奋斗的结果，离不开各民主党派、人民团体和社会各界的帮助支持，同时也凝聚了各位区委委员、候补委员的智慧和辛劳。借此机会，对大家给予区委常委会工作的支持表示衷心的感谢！请同志们对区委常委会工作提出意见建议。

政府工作报告

——2023 年 1 月 5 日在静安区第二届人民代表大会第三次会议上

静安区区长　王华

各位代表：

现在，我代表静安区人民政府，向大会作政府工作报告，请予审议。请各位政协委员和其他列席人员提出意见。

一、2022 年工作回顾

2022 年是党的二十大和市第十二次党代会的召开之年，也是本届政府的开局之年。一年来，面对严峻复杂的外部环境和疫情冲击的考验，区政府认真贯彻落实党的十九大、十九届历次全会和二十大精神，在市委、市政府和区委的坚强领导下，在区人大、区政协的监督支持下，落实“疫情要防住、经济要稳住、发展要安全”的要求，以奋发有为的精神状态和“时时放心不下”的责任意识，高效统筹疫情防控和经济社会发展，全力以赴完成年度各项目标任务。

一年来，我们主要做了以下工作：

（一）全力加快恢复重振，区域经济运行彰显厚度

主要经济指标回稳向好。去年一季度，全区经济开局良好。受新一轮疫情等超预期因素影响，二季度经济走势深度下行。随着疫情防控成果的不断巩固、稳经济一揽子政策效应的持续发挥，三季度起区域经济运行企稳回升、加快恢复。全年实现区级一般公共预算收入 279.42 亿元，同比增长 0.34%；还原留抵退税因素后，实际同比增长 4.38%。预计实现社会消费品零售总额 1500 亿元左右，居中心城区第一。全社会固定资产投资额预计同比增长 1% 左右。涉外经济全年实现税收 447.79 亿元，规模和占比均为中心城区第一。200 幢重点楼宇实现税收 606.5 亿元，亿元楼 82 幢，其中月亿楼 10 幢。

经济发展凸显韧性活力。总部经济持续增能，引进跨国公司地区总部及其他类型总部 20 家，全区跨国公司地区总部累计达 112 家，总部企业全年实现税收 147.78 亿元，同比增长 13.78%。重点产业持续增效，六大产业实现税收 638.89 亿元，人力资源服务、金融市场服务等行业呈现较好发展势头，税收分别同比增长 9.27%、6.04%。开放发展持续深化，与长三角四市共同推出《全球服务商融入长三角经济高质量发展行动方案》，全球服务商累计达 78 家。消费市场持续复苏，引进各类品牌首店 163 家、位列全市第一，张园西区、锦沧文华、苏河湾万象天地、华山路 263 上海老字号品牌展示馆等地标性载体全新亮相。创新要素加快集聚，高新技术企业达 480 家，上海市科技小巨人企业达 108 家，市级专精特新企业数同比增长 17.4%，区内 1 家企业在科创板成功上市。12 家企业入选 2022 上海软件和信息技术服务业双百名单，市北数智生态园成为全市首批城市数字化转型市级示范区，2022 年度城市数字化转型项目获批企业数占全市总数的四分之一。

市场主体信心持续增强。积极落实国家和上海市系列政策，先后发布《静安区关于应对疫

情帮扶企业相关政策措施的实施意见》《静安区加快经济恢复和重振实施方案》。全年累计退税减税达114.8亿元，为近三年来最高。区属国有企业为小微企业和个体工商户减免租金5.66亿元、惠及2590户。加大政策性担保力度，对餐饮、零售、会展等行业的困难企业提前全额补贴担保费，融资担保贷款金额达20.27亿元。持续开展“防疫情、稳经济、保安全”大走访、大排查，累计走访企业12307家，强化服务专员机制，全力帮助各类企业纾困解难。持续加大招大引强选优力度，战略招商、精准招商成效进一步显现，新赛道、新功能重大优质项目落地取得实效。国有企业改革三年行动顺利收官，国有资本加快向优势企业、主业企业集中。顺利完成第五届进口博览会服务保障工作，静安交易分团意向成交金额在全市名列前茅。

营商环境建设不断深化。扎实推进服务效能增优，高标准开展营商环境建设十大专项行动，创新实施“首席数据官”“首发品牌服务便利化”等改革措施。“一网通办”静安频道功能持续提升，已有970项公共服务事项接入平台，新增6项事项实现政策服务“免申即享”。“一件事”改革覆盖面进一步拓展，办件量达2万余件。“好办”“快办”“智能办”自助服务终端持续向社区、楼宇和园区延伸，总办件量超18万件。“一业一证”改革不断深化，共制发行业综合许可证440张。有序实施住所标准化登记改革，推广“标准化申报＋集中登记地住所承诺制＋租赁备案材料减免”登记新模式。新增46项事项纳入无差别综合窗口受理，政务服务窗口好评率达99.98％。在区行政服务中心设立“新设企业帮办服务专区”，投用以来累计帮助800余家企业快捷办理公司注册业务。持续推进贸易便利化，AEO高级认证企业累计达11家，进口服装风险评价创新举措惠及35家企业。

（二）积极应对风险挑战，安全发展工作更有力度

同心打赢大上海保卫战。去年3月起，面对空前严峻复杂的新冠疫情，紧紧依靠全区人民，全力应对资源力量极限承压的挑战，千方百计做好核酸检测、医疗救治、流调排查、转运隔离、生活保障等各项工作，为打赢大上海保卫战作出静安贡献。静态管理期间，先后启用23个方舱医院、2个定点医院、15000余张床位和5600间隔离房源，累计发放9批次476万多份生活物资礼包，为独居老人、高龄老人等群体提供各类关爱服务超过110万人次，352支居民区配药服务小分队和200人专项医疗突击队尽全力保障就医配药需求。6月起，切实巩固疫情防控成果，有序推动复工复产复市，从超常规处置过渡到常态化防控。

健全常态化防控体系。组建区、街镇两级应急处置专班并始终处于激活状态，优化“三公（工）一大”多部门协同机制，推动预警报告、追踪复核、精准流调等环节高效衔接，以快制快做好应急处置。优化核酸检测服务，科学布局常态化核酸采样点。全覆盖推进“场所码”“数字哨兵”布设及应用，督促各类企事业单位落实扫码测温核验、人员健康管理等举措。盯牢铁路上海站等“入城口”，落实来沪返沪人员“落地检”和健康管理措施，做好集中隔离点及境外人员全流程闭环管理。持续推进疫苗接种，提升老年人等重点人群接种覆盖率。及时精准执行疫情防控各项优化措施。

保障城区运行安全有序。深入推进安全生产专项整治三年行动，聚焦建筑施工、自建房、道路交通、燃气、食品药械等重点领域，开展安全隐患大排查、大整治，共排查问题隐患8032处并全部完成整改，完成3处重大事故隐患挂牌督办项目整治。加强消防安全管理，对规模租赁、“三合一”场所等风险点实施多轮联合检查，完成30个老旧小区消防基础设施改造，为

173个小区新增、改造电动自行车充电设施。推进中兴公园等应急避难场所建设，提前超额完成“十四五”规划人均避难面积指标。进一步规范道路交通秩序，加大各类交通违法行为执法力度。深化平安静安建设，完善打击防范电信网络诈骗犯罪新机制，为老旧居民小区和沿街商铺、单位推广安装简易防盗装置4500个，不断提升社会面巡防管控效能。规范化解信访矛盾，切实解决群众合理诉求。

（三）着力破解难题瓶颈，城区建设治理提升精度

工程项目建设有序推进。全力实施重大工程增速，推动项目早开工、早投用。华兴新城、新中动力机厂（东块）、威海路500号（四季酒店）等10个项目实现开工，苏河湾中心、龙盛福新汇、市北园区18-01、18-03地块等10个项目实现竣工，全年开工面积108万平方米、竣工面积101万平方米。安远路桥建成通行，福建北路（天潼路—北苏州路）、云飞东路（共和新路—寿阳路）等5条区内道路完成建设。完成3个停车治理先行项目，建成834个公共停车泊位，上海首个垂直掘进（盾构）地下智慧停车库项目正式开工。持续推动土地亩产增长，有序做好土地出让，推进上勤地块等9幅工业用地转型升级。

精细化管理效能巩固提升。组建区应急管理事务中心，健全平急融合工作机制，提升突发事件处置能力。优化“一网统管”功能，充分发挥区城运平台调度作用，提升联勤联动实效。丰富数字化治理应用场景，在部分居民区试点打造“数字小区”。升级优化南京西路商业街城运分中心平台，提升街区智能化、数字化管理水平。完善城市运行生命体征感知网络，加强风险动态监测、问题实时处置。

市容环境品质持续优化。创成南京西路高端商务区、大宁精品居住区等4个市级“美丽街区”片区，完成3条高标准保洁道路创建。苏州河两岸公共空间品质不断优化，完成共和新路桥下空间、北苏州路（浙江北路—福建北路）公共空间、长寿路桥下通道等提升工程。完成28条道路大中修、积水改善和14公里架空线入地工程。建成苏河湾中心绿地、市北铁路公园、天目西路街道119、120街坊公共绿地等项目，静安雕塑公园打开围墙并实行24小时开放，全年建成各类绿地8.67万平方米、立体绿化2.5万平方米、绿道2.9公里。深入推进生活垃圾分类减量，湿垃圾日均处置量达372吨。巩固河道水质提升成果，实施42处“末端截流”小区雨污混接改造。协同推进减污降碳，成功入选国家“十四五”时期“无废城市”建设名单。

基层社会治理不断创新。扎实推进居委会标准化建设，进一步增强基层工作力量。加强数字赋能，全要素社区治理智能平台完成26个场景搭建，并在各街镇推广应用。持续扩大“美丽楼组”覆盖面，推动全区2600余个楼组因地制宜打造特色和品牌。加强党建引领，深化“静邻物业”品牌创建，实现物业企业党的组织和工作全覆盖。加强社会组织规范管理，开展城市公益季系列活动，增强社会组织服务能力。

（四）聚焦解决民心所盼，群众生活保障增添温度

群众居住环境不断改善。扎实推进二级旧里以下零星地块改造，启动陕西北路昌平路、芷江西路街道195街坊等7幅地块征收，完成北宝兴路、宝山路街道153、155街坊等5幅地块收尾。有序实施旧住房成套改造，彭一小区、谈家桥等项目稳步推进，彭三小区（五期）677户居民陆续回搬。深化“美丽家园”建设，完成旧住房修缮改造50万平方米。提速既有多层住宅加装电梯，完工数量位列全市第一。加强住房保障，完成廉租住房申请受理552户，超额完成保障性租赁住房筹措年度目标任务。

就业服务和社会保障持续完善。千方百计稳就业保就业，落实好稳定企业和扩大就业各项补贴政策，累计发放补贴资金4309万元。对有就业需求的本区户籍高校应届毕业生，100%建立“一人一档”、100%提供个性化服务、100%推荐适配岗位。全年新增就业岗位28592个，帮助长期失业青年就业746人，帮扶引领创业988人，登记失业人数控制在市政府下达目标内。实施低保救助和临时救助12.9万人次、救助金额1.55亿元，医疗救助8.17万人次、救助金额3265.4万元。做好退役军人安置扶持，提升拥军优抚服务能级。完成481户残疾人家庭无障碍改造，为老旧小区改造200条无障碍坡道。优化调整早餐网点单位44家、白领午餐网点单位2家，新增早餐示范点11个。新增2家粮食应急供应网点，完成3家菜市场标准化建设。成功入选全国第二批城市一刻钟便民生活圈试点地区。

为老服务水平稳步提升。不断优化养老设施布局，久合科技园、彭一小区养老院等项目有序推进。深化民政部居家和社区基本养老服务提升行动项目试点，家庭养老床位建设超额完成民政部下达任务。全年新增长者运动健康之家2个、社区长者食堂1个，改建认知障碍照护床位100张。完成老年人居家环境适老化改造1038户，居中心城区第一。探索社区为老助餐标准化建设，累计供餐238万客，供餐能力保持全市领先。织密独居老人关爱网，基本实现区内60岁以上独居老人社区探访全覆盖。爬楼机公益项目累计服务“悬空老人”7109人次。创新医养融合模式，在部分养老机构开展“五床联动”试点。拓展“为老服务一键通”智慧场景服务内容，累计提供服务35万人次。

各项社会事业协调发展。深化教育综合改革，新增风华初级中学、大宁国际小学两个紧密型教育集团。加强普惠性托育服务，在全市率先打造社区临时托育“宝宝屋”，托幼一体化幼儿园占比达58.4%。推进“双减”落地，优化课程设置，做好疫情期间线上线下教学有效衔接。加大红色文化传承弘扬力度，开展纪念中共二大召开和首部党章诞生100周年系列活动。提升公共文化服务效能，推行云展览、云课堂等线上惠民文化活动，新建7个文旅融合服务点。加强文化遗产保护利用，天后宫、慎余里修缮后正式亮相，苏州河游船四行仓库码头投入使用。优化体育设施布局，新建、翻建7条健身步道，新建2个市民健身驿站、20处益智健身苑点，全民健身中心项目实现开工。开展“体育公益配送”服务10.3万人次。精心组织上海市第十七届运动会参赛工作，顺利承办上海国际马拉松赛、上海赛艇公开赛等国际国内赛事。国防动员、对口支援、妇女、未成年人、青年、民族、宗教、对台、侨务、外事等工作稳步开展。

（五）切实提升履职效能，政府自身建设拓展深度

锤炼过硬政治能力。深入学习贯彻党的二十大精神，深刻领会“两个结合”“六个必须坚持”的重要意义，坚定捍卫“两个确立”，切实增强“四个意识”、坚定“四个自信”、做到“两个维护”，用马克思主义的立场观点方法武装头脑、指导实践、推动工作。深化全面从严治党“四责协同”机制，持续推进党风廉政建设和反腐败斗争，自觉涵养新时代廉洁文化。严格执行中央八项规定精神，以钉钉子精神纠治“四风”。

深化法治政府建设。深入学习贯彻习近平法治思想，依法全面履行政府职能，成功创建全国法治政府建设示范区。深化街镇综合行政执法体制改革，推进基层“一支队伍管执法”。严格办理行政复议案件，做好行政机关负责人出庭应诉工作。坚持政府过紧日子，加快创建节约型机关，合计压减非重点、非刚性支出35.57亿元，优先保障公共领域及基本民生需求。严格开展审计监督，深化审计结果运用，加强财政资金规范管理和高效使用，进一步严明财经纪律。及时向区人大常委会报告、向区政协通报重大事项，不断提高区人大代表建议和区政协提案办理的工作水平，人大代表建议解决率达到83.2%，政协提案予以解决或采纳的达到94.8%。

各位代表，过去的一年是极不平凡的一年，面对前所未有的困难和挑战，全区上下众志成城、奋力拼搏，区域经济社会发展取得了来之不易的成绩。这些成绩是在市委、市政府和区委的坚强领导下，全区人民共同奋斗的结果。在此，我谨代表静安区人民政府，向同舟共济、守望相助、共克时艰的全区近百万市民群众，向为疫情防控作出重要贡献的广大医务人员、疾控人员、援沪医疗队伍、基层工作者、公安民警、志愿者、下沉干部、新闻工作者、工程建设者、城市保障人员、应急处置和消防救援人员、民兵预备役人员等，向给予政府工作大力支持的人大代表和政协委员，向市属各部门和有关单位、各民主党派、人民团体、驻区部队以及社会各界人士，向所有关心、支持和参与静安建设发展的同志们和朋友们，致以崇高的敬意和衷心的感谢！

我们也清醒地认识到，对照党中央国务院和市委市政府的新部署新要求，对照人民群众对美好生活的更高期盼，我们的工作还有许多不足，发展过程中还存在不少困难和挑战。主要表现在：经济发展面临的需求收缩、供给冲击、预期转弱三重压力仍然较大，改革开放仍需向纵深推进，创新发展动能有待增强，区域发展仍不均衡，城区核心功能需要进一步提升。城市数字化转型与治理现代化水平有待提高，建设安全韧性城市任重道远，特别是极端情况下城市运行保障和应急管理体系亟需加强，社会治理平急转换机制仍待强化，迅速高效组织动员能力有待提升。民生保障还存在短板，公共服务供给仍需提质增效，政府履职能力需要进一步强化，政府作风建设还要持续深入推进。我们要直面这些问题和挑战，以更有力的担当、更扎实的举措，不断改进各项工作，不辜负全区人民的期待。

二、2023年主要任务

2023年是贯彻党的二十大精神的开局之年，也是实施“十四五”规划承上启下的关键一年。当前，世界百年未有之大变局加速演进，正进入新的动荡变革期。我国正以中国式现代化全面推进中华民族伟大复兴，全面建设社会主义现代化国家前途光明、任重道远。上海正深入落实习近平总书记的战略擘画，按照市第十二次党代会部署要求，加快建设具有世界影响力的社会主义现代化国际大都市。静安作为上海中心城区核心区，要素资源多、开放程度高，是全市发展的重要“风向标”。为此，我们必须坚持以习近平新时代中国特色社会主义思想为指导，全面贯彻落实党的二十大精神，根据十二届市委二次全会和二届区委六次全会决策部署，坚持稳中求进工作总基调，完整、准确、全面贯彻新发展理念，服务构建新发展格局，紧紧围绕“四范目标”，大力实施“七增计划”，全面推进“五大工程”，着力推动高质量发展、创造高品质生活、实现高效能治理，推动经济运行整体好转，实现质的有效提升和量的合理增长，加快建设卓越的现代化国际城区，用静安生动实践打造中国式现代化的城区样本。

综合各方面因素，建议今年静安经济社会发展的主要预期目标是：地区生产总值增长5%左右；区级一般公共预算收入增长3%；实现社会消费品零售总额1600亿元；全社会固定资产投资额增长6%；新增就业岗位、城镇登记失业人数、单位增加值能耗下降率均完成市下达目标。

今年重点做好以下七方面工作：

（一）坚持高质量发展，完善服务经济体系，不断增强核心竞争力

全力构筑功能区特色优势。持续提升南京西路地区高端商务功能，加快实施城市航站楼、阿波罗大厦等楼宇更新改造，驱动产业功能迭代升级。高标准运营张园西区项目，有序推进东区项目建设，促进商旅文深度融合发展。做实政务服务分中心，提升企业办事便捷度。持续打响苏河湾地区滨水商务品牌，做好苏河湾中心、丽丰天际中心、龙盛福新汇等新入市载体的产业导入和项目集聚。扩大苏河湾论坛、人力资源产业峰会等活动影响力，强化功能区整体形象宣传推介。持续增强大宁地区“科创＋文创”发展动能，打造芯片设计、数字化安全、智慧健康等科创产业亮点，放大影视创制、电竞赛事、数字文创等产业集聚效应。完成大宁中心广场二期数字化园区建设。持续提升市北地区数智创新浓度，深化数字化转型示范区建设，发挥区块链生态谷、市北数智生态园等平台作用，壮大数据智能产业集群。加快市北国际科创社区建设步伐，推动走马塘工业用地转型升级，推进北郊站“站城一体”转型，持续优化区域综合配套环境。

加快构建高能级产业体系。把恢复和扩大消费摆在优先位置，提振消费信心、释放消费活力。深化国际消费中心城市示范区建设，提升品牌经济、首发经济能级，丰富夜间经济、体验经济场景。围绕合生 MOHO、嘉里不夜城等新改建项目，推动商圈功能升级。聚焦重点产业提质增效，全力构建更具资源配置力、综合竞争力和创新引领力的产业体系。巩固优势产业基本盘，支持数字贸易、服务贸易创新发展，完善持牌类金融机构、外资资管机构、金融科技企业等发展布局，提高管理咨询、人力资源、工程设计等各细分领域专业服务品牌企业集聚度。激活潜能产业爆发力，大力引进和培育领军企业、高成长型企业，加快提升数据智能、文化创意、生命健康等产业集聚度和贡献度。高质量开展投资促进工作，全年引进各类品牌首店 165 家、持牌类金融机构 20 家、人力资源机构 40 家、大数据企业 100 家、影视电竞企业 16 家。新增注册企业 10000 家，引进税收千万级以上项目 120 个，产业细分领域隐形冠军企业 20 家左右。实施亿元楼培育计划，全年亿元楼数量稳中有升。

深入推动高水平开放创新。深化落实全球服务商计划，完善全球服务商理事会市场化运作机制，推动长三角城市合作清单项目落地，助力长三角区域协同发展。深入实施亚太运营总部计划，支持外企、央企、民企等各类总部在静安新设机构和业务，新增跨国公司地区总部及其他类型总部 20 家。积极承接进口博览会溢出效应，推进保税展示交易落地，不断提升贸易便利化水平。深入建设国家双创示范基地，引导总部研发中心、开放创新平台落地，优化跨境创业服务，打造多层次的国际化众创空间体系。建立“专精特新”企业培育库，全区专精特新企业达到 150 家。支持科技企业参与产业技术研发攻关，不断增强自主创新能力。实施“静英”人才行动计划，做优一站式人才综合服务平台，建设优秀人才集聚发展高地。

持续营造一流营商环境。落实市优化营商环境 6.0 版方案，形成涵盖企业经营全生命周期的项目化服务清单，推行就近办、集成办、马上办，全力打造政务服务升级版。优化“一件事”服务模式，推动更多涉及面广、办理量大、办理频率高的事项实现“一件事”集成服务。深化“好办”“快办”“智能办”改革，优化全流程一体化办事服务。完善综合窗口功能，不断提高政务服务标准化、规范化、便利化水平。夯实企业服务三级网络，优化问题发现、解决和督办机制，为各类企业提供更多贴心服务，增强发展信心。充分发挥“卫企”联盟等平台功能，加强知识产权全链条保护和监管执法。持续健全社会信用体系，加大行业综合监管力度，创新包容审慎监管举措，维护公平竞争的良好市场环境。

（二）坚持融通创新，推动城区数字化转型，不断增强未来引领力

深化经济数字化转型。发挥国家新型工业化大数据产业示范基地、国家区块链创新应用综合性试点等平台作用，瞄准新领域、新赛道，加快大数据、人工智能、区块链等行业龙头企业集聚。主动布局先进算法模型、智能芯片研发等领域，持续提升数智产业创新策源能力。探索建设可信数据经济试验区，打造静安特色的数商产业生态。深化产业资源与创新资源联动，促进数字技术在商业消费、专业服务、文化创意、健康服务等实体经济领域广泛应用，形成更多具有示范引领性的数字化应用场景和解决方案。深化数据治理，分类分级规范共享公共数据，依法保障数据安全，夯实城市数字底座。

深化生活数字化转型。面向各类人群全周期、多层次的生活需求，打造智能便捷的数字化公共服务体系。拓展智慧养老应用场景，推广“养老院＋互联网医院”模式，提升“为老服务一键通”实用性，实现区内有需求的独居老人服务全覆盖。优化“便捷就医服务”，探索构建数字化医疗新流程。加快文化资源数字化，持续做好图书数字资源推荐及线上配送。升级建设“静安体育综合服务平台”，向市民提供场馆预约、健身电子地图等全方位服务。着力解决“数字鸿沟”问题，推进数字服务适老化改造和无障碍改造。

深化治理数字化转型。持续升级“一网通办”线上平台，拓展公共服务事项接入范围，增强“随申办”静安旗舰店服务能力。做优企业专属网页，推广授权代办、政策体检等场景应用，打造个性化涉企专属档案。在楼宇、园区等部署“智能帮办系统”，提升企业办事体验。深入推进“一网统管”建设，打造区应急指挥综合管理平台，强化平急转换、远程指挥、资源统筹等功能。完善城市生命体征监管分析系统，力争实现城市运行风险的“全感知”。健全首席数据官制度，畅通数据共享渠道，探索上线一批“两网”融合应用示范场景。推进南京西路数字街区、市北数字园区等示范项目建设，打造经济、生活、治理全方位数字化转型的静安模式。

（三）坚持绿色发展，做实城市精细管理，不断增强环境吸引力

持续拓展城市功能空间。提高建设项目审批审查效能，加强重大项目协调推进、全程跟踪和帮办服务。南京西路永源浜4号地块、洪南山宅等12个项目实现开工，江宁路54A、晋元北地块等13个项目实现竣工，全年完成开工、竣工各100万平方米。基本建成平陆路（汶水路—永和路）、南北通道二期北段（芷江西路—中山北路），完成17条道路大中修、积水改善和架空线入地工程。深化产业空间高质量利用，做好低效用地盘活转型和城市更新，推动功能复合、综合发展。

优化提升城区环境品质。推进“美丽街区”建设，完成南京西路后街景观商业区、江宁温馨休闲区、威海路历史风貌区、苏河秀带景观区、郁金香公园景观区、中环商业休闲区等6个高品质“美丽街区”创建。推进苏州河沿线全要素整治和精细化管养，实现景观品质再提升。完成广场公园（静安段）整体改造，推进472街坊公共绿地等项目建设，提升“口袋公园”建设水平，创建光复路（长寿路桥—普济路桥）绿化特色道路，全年建成公共绿地5.6万平方米、立体绿化2.5万平方米、绿道2公里。巩固生活垃圾分类实效，提升垃圾回收处置能力。加强河道水质监测，落实精细化养护措施。有序创建无违建示范街镇，打造一批“零违建”居村。积极稳妥推进碳达峰碳中和，推动既有建筑节能改造，完成光伏可再生能源建设任务。全面推进“无废城市”建设，统筹做好大气、水、土壤等环境治理，积极推动彭浦镇创建国家级“绿水青山就是金山银山”实践创新基地。

提高基层社会治理效能。健全共建共治共享的社会治理制度，建设人人有责、人人尽责、人人享有的社会治理共同体。不断升级全要素社区治理智能平台，在社区服务、自治共治等领域开发更多便捷场景。深化居委会标准化建设，做强社区工作者队伍，提升整体素质和综合能力。巩固住宅小区综合治理全市领先水平，加强物业服务行业监管，做实业委会规范化运作机制。夯实楼组“微网格”，持续扩大“美丽楼组”覆盖面，进一步提升社区居民参与议事协商、自治互助能力。优化社会组织培育孵化体系，推进规范化建设，积极推动社会组织参与社会治理。

（四）坚持安全第一，筑牢安全防护网络，不断增强应急战斗力

持续优化新阶段疫情防控工作。坚决贯彻落实党中央国务院和市委市政府决策部署，准确把握疫情防控新形势新任务，着力保健康、防重症。持续推进疫苗接种，切实保护好“一老一小”等特殊人群、脆弱人群。强化发热门诊建设，做好医疗资源储备和统筹调度，加强医护人员力量配置和关心关爱，加大药品物资保障力度，提升医疗机构救治能力。持续加强科普宣传，引导市民群众加强个人防护、科学就医配药。聚焦重点机构、重点场所、重点人员，做好应急预案，保障城市核心功能正常运转、市民生产生活平稳有序。

加快完善公共卫生体系。建立健全平急结合的医疗救治长效机制，依托医联体持续完善分级诊疗体系，强化互联网医院诊疗能力，提高社区医疗卫生机构服务水平。做实做好老年人等重点群体社区健康服务，完善居民电子健康档案，优化家庭医生结对制度。加快区疾病预防控制机构基础设施建设，提升公共卫生信息利用和现场处置能力。积极推进区域医疗中心、老年健康中心等项目建设，全年建设2家示范性康复中心、4家中医药特色示范社区卫生服务站。

坚决守牢城市安全底线。压实安全生产责任，加大重点领域安全隐患排查整治力度，坚决防范和遏制重特大事故发生。加强风险场所火灾防控，为15幢高层住宅实施消防基础设施改造，对80个住宅小区实施充电设施提升改造工程。织密社会治安防控网络，推进36个平安屋、18个平安商户联盟群防群治建设。落实关键信息基础设施安全保护制度和网络安全等级保护措施。扎实做好信访工作，积极化解历史遗留问题。实施5处老旧工程综合治理和58处公用民防工程养护。完善应急管理体系，构建区—街镇—居村三级应急联动网络，提升应急物资保障水平，强化跨区域、跨部门的协同响应、信息共享和资源调度。加大韧性城市理念宣传教育力度，持续开展社区应急演练，提高市民防灾减灾意识和自救互救能力。

（五）坚持利民为本，办好便民惠民实事，不断增强群众向心力

大力实施“两旧”改造。按照市委、市政府部署要求，加快旧区改造和旧住房成套改造，持续改善群众生活居住条件。强化资源力量保障，稳步实施10幅二级旧里以下零星地块改造，涉及旧里面积5万平方米。提速旧住房成套改造，滚动推进全市体量最大的非成套职工住宅及小梁薄板房屋改造任务，启动蕃瓜弄、共和新路802弄等项目。有序开展“美丽家园”建设，实施旧住房修缮改造80万平方米，开工建设既有多层住宅加装电梯500台。完善住房保障体系，建设筹措保障性租赁住房4360套

(间),持续加强廉租房、共有产权保障房、公租房管理。

深入建设老年友好城区。推进养老服务设施建设,全年新增养老床位475张、社区长者食堂2家、为老助餐点1个。持续提升社区养老服务能级,为500户老年人进行居家环境适老化改造,优化实施"老吾老计划""老伙伴计划"等,增强家庭自主照料能力。推进老年认知障碍友好社区试点,改建认知障碍照护床位100张。构建长护险智能服务体系,保障失能人员基本护理需求。做优养老顾问服务,建立养老护理员行业工会,进一步提升从业人员规范化、专业化水平。

优化完善社会保障体系。加大就业优先政策实施力度,细化落实稳岗扩就业等措施,促进高校毕业生、退役军人等重点群体就业创业。全年帮助长期失业青年就业620人,培训新型学徒制技能人才500名。完善"政策找人"主动发现机制,深化社会救助综合服务。有序推进困难群众医疗救助实现免申即享。加强未成年人关爱保护和妇女权益保障。全力做好新一轮全国双拥模范城创建工作。为全区400户有需求且符合条件的残疾人家庭实施无障碍改造,为老旧小区改造无障碍坡道200条。推动更多街道成为上海"一刻钟便民生活圈"示范社区。完成2家菜市场标准化建设。优化调整2家白领午餐网点单位,提升现有网点单位的经营品质和服务能级。

(六)坚持均衡普惠,扩大优质服务供给,不断增强社会凝聚力

办好人民满意的教育。加强立德树人,启动"三全育人"高标准实践项目建设。进一步扩大托幼一体化园所覆盖范围,推广社区托育"宝宝屋"并实现街镇全覆盖。深化小学阶段基于课程标准的教学与评价改革,创新升级"三段式"课后服务。夯实初中再加强成果,推进高中分类协同发展。积极发展各类教育,深入建设融合教育实验区,优化职业教育集团运行机制,开展民办中小学特色学校和项目创建。推进静安区闸北实验小学明德校、市北初级中学、大宁国际学校(小学部)等相关项目建设。积极创建全国科普示范区。

丰富城区文化生活。传承弘扬红色文化,持续打响静安"辅德里"文化品牌。积极创建国家文化和旅游消费示范城市,办好"现代戏剧谷""浓情静安·爵士春天"音乐节等重大文旅品牌活动。完善公共文化服务供给,加大公益电影配送力度。推进"建筑可阅读"示范区建设,设计静安苏河湾全域文旅地图,做精特色水岸微旅行线路。持续推动基层公共文化设施更新与功能提升,打造一批家门口的演艺新空间、人文新景观、休闲好去处。

增强体育等事业发展活力。加快推进市民体育公园建设,推动绿色空间与体育设施有机融合,全年新建、翻建10条市民健身步道,翻建2片公共运动场,新建1个市民健身驿站、1个社区市民健身中心和20处益智健身苑点。推动体育资源共享,开展"体育公益配送"服务10万人次,区属公共体育场馆向市民优惠开放15万人次。深化体教融合,助推青少年体育高质量发展。高标准做好上海国际马拉松赛、上海赛艇公开赛等赛事保障。深入推进全民国防教育,有序开展东西部协作和对口支援、外事等工作,支持做好青年、民族、宗教、对台、侨务等各项工作。

(七)坚持党的领导,深化法治政府建设,不断增强落实穿透力

坚决站稳政治立场。深入学习贯彻党的二十大精神,深刻领悟"两个确立"的决定性意义,增强"四个意识"、坚定"四个自信"、做到"两个维护",自觉做习近平新时代中国特色社会主义思想的坚定信仰者、忠实实践者。加强思想淬炼、政治历练、实践锻炼、专业训练,增强推动高质量发展本领、服务群众本领、防范化解风险本领,一步一个脚印,坚决把党中央国务院、市委市政府和区委各项决策部署付诸行动、见于成效。

扎实推进依法行政。深入践行全过程人民民主重大理念,巩固法治政府建设示范区创建成果,严格规范公正文明执法,推进法律顾问参与重大行政决策、规范性文件制定等工作,强化法治能力建设。依法化解行政争议,高效开展行政复议,提升行政机关负责人出庭应诉工作水平。深化预算绩效改革,提高财政资金集约使用效益。持续优化支出结构,严控预算追加事项,切实降低行政运行成本。更好发挥审计监督作用,加大对重大政策落实、财政资金使用、重点民生项目等领域的审计力度。依法接受区人大及其常委会监督,主动接受区政协民主监督,自觉接受法律、监察和人民监督。

不断转变工作作风。强化全面从严治党"四责协同"机制,坚决贯彻中央八项规定精神,持续深化纠治"四风"。坚持严字当头、一严到底,严格执行党的各项规章制度,严明纪律要求,加强警示教育,不断提高廉洁自律的自觉性。完善工作目标管理、督查考核、沟通协作等机制,做好"十四五"规划中期评估,总结提炼经验做法,深入分析问题短板,持续提升政府履职效能,确保各项任务不折不扣落实到位。

各位代表,新时代呼唤新担当,新征程需要新作为。让我们更加紧密地团结在以习近平同志为核心的党中央周围,在市委、市政府和区委的坚强领导下,在区人大、区政协的监督支持下,坚定信心、矢志不渝,踔厉奋发、勇毅前行,加快建设"国际静安、卓越城区",为全面建设社会主义现代化国家、全面推进中华民族伟大复兴而不懈奋斗!

区政府各委、办、局,各街道办事处、彭浦镇政府:

现将《2023 年静安区为民办实事项目》印发给你们,请认真落实,加快推进,确保在年底前全面完成。

附件一

上海市静安区人民政府

2023年1月20日

2023年静安区为民办实事项目

一、推进“美丽家园”建设，实施各类旧住房修缮改造（包括屋面翻修、“平改坡”、外立面修缮、小区硬件设施改造、雨污水分流改造、架空线入地和环境整治等）80万平方米。开工建设既有多层住宅加装电梯500台。

二、推进“美丽街区”建设，完成17条道路大修、中修及道路积水改善和架空线入地工程。推进绿地建设，提升环境品质。建成公共绿地5.6万平方米；建成绿道2公里；建成立体绿化2.5万平方米。

三、为15幢高层住宅实施消防基础设施改造。推进36个平安屋、18个平安商户联盟群防群治建设。为20个封闭式小区安装智能门禁设备，做好已建智能门禁小区的日常维护。对80个住宅小区实施充电设施提升改造工程。

四、新增养老床位475张。新增2个社区长者食堂。改建认知障碍照护床位100张。为500户老年人进行居家环境适老化改造。持续推进“为老服务一键通”项目，实现区内有服务需求独居老人的服务全覆盖。为听力言语障碍者及70岁以上一级、二级视力残疾高龄视障人士提供2000人次以上就诊助医爱心服务。为全区400户有需求且符合条件的残疾人家庭实施无障碍改造。为老旧小区改造无障碍坡道200条。

五、帮助长期失业青年就业620人。促进技能人才培养，培训500名新型学徒制技能人才。

六、推进大宁国际学校（小学部）建设。加强社区托幼服务，实现街镇“宝宝屋”全覆盖。开设40个小学生“爱心暑托班”（以市下达指标数为准）。

七、推进2家公立医疗机构高质量发展。推进“家门口”康复服务，新建2家示范性康复中心。建设4家中医药特色示范社区卫生服务站。推进优质医疗资源延伸社区，组织6次社区大型义诊。

八、推进“建筑可阅读”示范区建设，围绕苏河湾12桥和一桥一地标设计苏河湾全域文旅地图。策划静安苏河湾特色水岸探秘文旅微旅行线路及宣传推广。加大公益电影配送力度，为市民提供16万张低价电影票。

九、优化“15分钟体育生活圈”建设，新建1个市民健身驿站。新建1个社区市民健身中心。新建6条、翻建4条市民健身步道。翻建2片公共运动场。新建20处益智健身苑点。区属公共体育场馆游泳、羽毛球、乒乓球等项目向市民优惠开放15万人次。开展“体育公益配送”服务10万人次。免费为市民提供体质测试服务1.5万人次。

十、提升菜市场整体面貌，完成2家菜市场标准化建设。优化调整2家白领午餐网点单位，提升现有45家白领午餐网点单位的经营品质和服务能级。

领导视察和调研

编辑 叶供发

【于绍良到静安区开展“促发展、保安全”大走访、大排查活动】 1月7日上午，市委副书记、政法委书记于绍良到静安区开展“促发展、保安全”大走访、大排查活动。察看“白领驿家”恒隆广场党群服务站，听取“百亿元楼”楼宇党建情况汇报；调研康桥集团，召开座谈会，听取康桥集团、路威酩轩集团、恒隆集团在沪经营发展情况介绍，并对企业提出的进一步优化营商环境、吸引国际高端人才、加快新赛道布局等意见建议作回应。市有关部门负责人、区领导于勇等参加。（区委办）

【宗明到静安区指导处置疫情防控工作】 1月11日凌晨，副市长宗明到静安区疾控中心指导疫情防控工作。指出，要强化组织领导，压实工作责任，加强力量统筹，加快推进流调排查，做好集中转运工作，严格重点场所、重点人员管控措施，加强舆情监测和工作督查，以更强担当、更实举措、更大作为，全力做好新冠疫情防控工作，确保城区安全，守护群众健康。市有关部门负责人，区领导于勇、王华、王益群同志等参加。

（区委办、区政府办公室）

【于绍良到静安区开展“促发展、保安全”大走访、大排查活动】 1月12日下午，市委副书记、政法委书记于绍良到静安区开展“促发展、保安全”大走访、大排查活动。在市北高新园区人工智能（AI）体验馆，听取园区整体发展情况介绍；在上海合合信息科技股份有限公司和中国电气装备集团有限公司，了解企业经营发展情况并召开座谈会。指出，未来企业要围绕信息金融与征信领域，瞄准基础信息平台建设与市场建设这一方向，聚焦各类企业平台建设，长远规划，久久为功，更好推动国内信息服务业发展，更好助力上海城市数字化转型。市有关部门负责人，区领导于勇等参加。（区委办）

【张为到静安区检查春运保障和疫情防控工作】 1月17日下午，副市长张为到静安区铁路上海站地区检查春运保障和新冠疫情防控工作，察看铁路上海站南广场、进站口、候车大厅、站台，轨道交通3、4号线站厅和长途客运站。指出，要始终绷紧疫情防控这根弦，坚持人防技防相结合，严格落实火车站验码测温、佩戴口罩等措施，加强重点领域监管执法，全力以赴做好春运保障工作，确保广大群众平安出行。要加强铁路上海站地区交通枢纽联勤联动，持续优化铁路与轨道交通安检流程，扩大“无接触”出行服务应用范围，提升旅客出行体验。市有关部门负责人、区领导王华

等参加。（区政府办公室、区公安分局）

【陈通到静安区出席上海市数据标准化技术委员会暨“长三角”数据共享开放区域组成立仪式】 1月18日下午，副市长陈通到静安区市北高新园区出席上海市数据标准化技术委员会暨“长三角”数据共享开放区域组成立仪式。指出，要加强数据标准制定，以超大型城市的数据共享化、信息互动化、服务智能化为核心抓手，从“两张网”小切口入手，全面梳理总结城市数字治理经验和标准规范。要强化数据标准协同，深化与国际组织沟通交流，积极参与国际标准制定，同步推进国家标准在上海顺利落地。要做好数据标准宣传贯彻，充分发挥标准示范引领作用，继续扩大数据标准影响力、辐射面，推动“长三角”数据共享开放，以标准化助力“长三角”高质量一体化发展。市有关部门负责人、区领导王华等参加。（区政府办公室）

【莫负春一行到上海长途汽车客运总站走访慰问和安全排查】 1月26日，市人大常委会副主任、市总工会主席莫负春一行到上海长途汽车客运总站，进行走访慰问和安全排查。区人大常委会副主任、区总工会主席林晓珏等陪同走访。莫负春视察客运站工作运转情况，重点察看进站安检、测温、候车、发车、车辆安检、消毒等工作岗位，并为一线工作人员送上工会的慰问。莫负春强调，春运期间客运站人群较为集中，要杜绝松懈麻痹思想，慎始如终做好疫情防控工作。莫负春与企业负责人交流，了解当前企业经营情况及发展过程中遇到的瓶颈和难题。要求相关部门要加强与企业对接，及时发现问题、梳理问题、解决问题，帮助企业更加平稳健康发展。（区总工会）

【舒庆到静安区开展“促发展、保安全”大走访、大排查活动】 1月27日晚，副市长、市公安局局长舒庆到静安区开展“促发展、保安全”大走访、大排查活动。到张园实地察看在建工地和吴江路沿线商业街区，听取张园建设推进情况汇报，并就加强在建工地人员管理、消防安全和消防体系建设、周边道路交通布局规划等提出具体要求。1月31日上午，舒庆到静安区长途客运总站检查指导春节安保工作，实地察看车站总体运营情况。2月2日下午，舒庆到静安区寺检查指导宗教场所安保工作，实地察看祈福觐香现场情况。要求完善制定应急预案，加强人员密集场所疫情防控，优化交通组织管理，做好大客流应对。市有关部门负责人等参加。

（区委办、区公安分局）

【房建孟到中国劳动组合书记部参观】 1月28日，中纪委驻全国总工会纪检组组长、全国总工会党组成员房建孟一行到中国劳动组合书记部旧址陈列馆参观。市人大常委会副主任、市总工会主席莫负春，市总工会副主席张得志，区委副书记王益群，区人大常委会副主任、区总工会主席林晓珏等陪同。房建孟指出，上海既是中国共产党的诞生地，也是中国工人运动的发源地，具有光荣的革命传统。在中国共产党百年历史中，中国劳动组合书记部是中国共产党领导工人运动的起点，也是中华全国总工会的摇篮。希望上海工会要继续发掘好、传承好、宣传好红色工运资源，让红色基因代代相传，红色传统发扬光大。（区总工会）

【李强到静安区调研指导基层党建工作】 3月2日下午，中央政治局委员、市委书记李强到静安区调研指导基层党建工作，实地察看南京西路恒隆广场党群服务站，并召开座谈会，听取基层党建有关情况汇报。指出，要深入贯彻落实习近平总书记对上海工作的重要指示要求，大力弘扬伟大建党精神，积极探索符合超大城市特点和规律的基层党建新路，着力增强党建引领的针对性实效性，持续打响上海基层党建品牌。要按照“继续探索、走在前头”要求，不断研究新情况、拓展新领域、作出新探索，加快走出超大城市基层党建新路。要强化党建引领，以政治引领为“魂”，不断创新方式方法，强化思想理论武装，树立起向上的思想追求、价值追求，真正做到凝心铸魂；以组织引领为“核”，通过党组织互联互动，把各方面智慧、资源、力量凝聚起来，打造共建共治共享的治理共同体，把全过程人民民主更好贯穿于基层治理之中，在党组织引领下深化“有事好商量”实践；以服务引领为“本”，贴近不同群体的特点，更加精准地为群众办实事解难题，彰显人民城市的善治效能。要不断深化探索，鼓励基层创造，把上海基层党建的品牌打得更响；要为基层党组织更好赋能，把更多服务管理资源下沉基层、做实基层，让大家办事更有能力，为群众提供精准化、精细化服务；要把基层党组织带头人培养好，让他们在事业上更有建树，在群众中更有感召力。要让好经验放大示范引领效应，引导大家比学赶超，不断创造新经验、作出新业绩。市领导诸葛宇杰、胡文容，市有关部门负责人，区领导于勇等参加。（区委办、南京西路街道）

【李强到静安区检查指导疫情防控工作】 3月12日下午，中央政治局委员、市委书记李强到静安区集中健康观察点和疾病预防控制中心检查指导疫情防控工作，并看望慰问日夜奋战在抗疫一线的工作人员。指出，当前正处于新冠疫情应急处置最吃劲的阶段，要深入贯彻落实习近平总书记重要指示精神，坚决克服麻痹思想、厌战情绪、侥幸心理、松劲心态，从严从紧、从细从实抓好疫情防控工作，以更强的责任担当、更果断的应对措施、更细密的工作标准、更精准的数字赋能、更周全的服务保障，坚决打赢疫情防控阻击战，全力守护城市安全、市民健康。一要坚决抓实闭环管理，严格按照规范要求，确保每个流程、每个环节、每个细节执行到位；二要加强自查督查，及时发现问题、解决问题、堵塞漏洞，真正把闭环闭实闭严；三要更加细致周到做好隔离管控人员服务保障工作，加强人文关怀，满足合理需求，以大家的理解和支持配合共同筑牢疫情防控坚实防线。四要再接再厉、迎难而上，进一步加强专业队伍建设，提升应急能力、提高处置效率，坚决阻断病毒传播蔓延，为早日实现社会面清零作出更大贡献。市领导诸葛宇杰、宗明，市有关部门负责人，区领导于勇、王华、王益群等参加。（区委办）

【李强到静安区检查指导疫情防控工作】 4月1日上午，中央政治局委员、市委书记李强到静安区检查指导新冠疫情防控工作，了解曹家渡街道街区广场移动核酸检测车服务周边居民开展核酸检测、铁路上海站离沪人员核酸和抗原检测结果查验等情况，听取区域核酸检测能力提升相关工作推进汇报，并对驰援上海的安徽省检测队伍表示敬意和感谢。指出，核酸检测能力事关疫情防控成效，要着眼当前，抓紧优化组织，合理调配资源，推动“采、送、检、报”全流程协同，促进精准匹配、高效运转。要立足长远，从布局选址、设备采购、资质审批和检测人员培训等方面下更大功夫，大力支持相关检测企业发展，为方便市民随到随检奠定坚实基础。要坚决守牢城市运行各道关口，把规定的要求和手势不折不扣执行到位、落实到位，确保超大城市始终安全有序。要进一步加强对接、密切沟通，用心用情、周到细致做好外省市支援队伍服务保障工作。市委副书记、政法委书记诸葛宇杰，市有关部门负责人，区领导于勇参加。（区委办）

【李强到铁路上海站检查工作】 4月1日，中共中央政治局委员、上海市委书记李强到铁路上海站检查工作，了解铁路运营、离沪人员核酸和抗原检测查验等情况，看望慰问铁路工作人员，听取上海局集团公司党委书记、董事长侯文玉有关工作汇报，要求坚定信心、全力以赴，做好核酸筛查，守住城市运行各道关口，确保安全有序。 （铁路上海站）

【李强到静安区检查指导生活物资保供工作】4月5日上午，中央政治局委员、市委书记李强到静安区检查指导生活物资保供工作，实地察看常德路居民生活物资保障仓，了解区级保供体系建设进展和附近居民小区物资配送到户情况。指出，新冠疫情防控期间生活物资供应保障是千家万户最为关心的事情，要充分考虑市民基本生活需求，千方百计保障生活必需品供应，集中力量资源畅通物资配送到户的最后环节。对因疫情防控在家隔离的“一老一小”和困难群体要主动排摸，及时提供必要帮助。市委副书记、政法委书记诸葛宇杰，市有关部门负责人，区领导于勇参加。 （区委办）

【孙春兰到静安区调研指导疫情防控工作】4月7日，中央政治局委员、国务院副总理孙春兰到静安区调研指导疫情防控工作，详细了解市北园区方舱医院改建进展和阳性感染者、密接者转运情况。指出，当前上海新冠疫情防控任务依然艰巨，容不得丝毫松劲懈怠。要健全扁平化的工作机制，并联推进流调、转运、隔离、消杀等工作，多条线力量协同参与，提高转运入舱效率，有力确保应收尽收、应隔尽隔。要抓好方舱医院、集中隔离点管理，优化细化相关方案预案，充分发挥基层党组织战斗堡垒作用和党员先锋模范作用。中央政治局委员、市委书记李强，市有关部门负责人，区领导于勇参加。 （区委办）

【胡文容到静安区调研指导疫情防控工作】4月10日，市委常委、组织部部长胡文容到静安区调研指导新冠疫情防控工作，实地了解方舱医院、物资保供、静安寺嘉天汇小区社区防控等情况，并听取静安区疫情防控工作情况汇报。指出，要扎实抓好病例转运等疫情防控各环节，确保落细落小、抓出实效。要千方百计抓好居民生活物资保供工作，全力保障居民日常生活需求。要持续关心关爱一线干部，传递组织温暖，做好服务保障。市有关部门负责人、区领导于勇参加。 （区委组织部、静安寺街道）

【李强到静安区检查指导疫情防控工作】4月11日下午，中央政治局委员、市委书记李强到静安区检查指导新冠疫情防控工作，详细了解观景苑、和源馨苑小区物资保供、就医配药通道打通和党员、干部下沉基层社区情况，与列入管控区、防范区的社区居民深入交流，认真倾听困难和建议，并对社区一线同志辛苦付出表示感谢。指出，社区居民最关心的生活物资是否有着落、就医配药通道是否畅通，要挨家挨户排摸，把工作做实做细，把问题找出来，把措施落下去，把工作做到位，切实解决好群众的急难愁盼。要想方设法打通堵点，千方百计拓展渠道，充分发挥平台作用，进一步优化供给、精准匹配，尽最大努力减少疫情对市民基本生活影响。要更好发挥社会力量作用，多管齐下疏通物资配送到户的最后1千米、最后100米。要把力量和资源持续下沉基层一线，充分发挥基层党组织战斗堡垒作用和党员先锋模范作用，跨前一步、主动作为、凝聚合力。要更加关心关爱广大基层干部和抗疫一线人员，实实在在为他们破解难题、提供支撑。市委副书记、政法委书记诸葛宇杰，市有关部门负责人，区领导于勇参加。 （区委办）

【胡文容到静安区调研指导疫情防控工作并看望慰问援沪医疗队】4月11日至21日，市委常委、组织部部长胡文容到静安区调研指导新冠疫情防控工作，先后察看居民区、商务楼宇、保供仓和养老院等。指出，要加强组织领导，发挥党组织战斗堡垒和党员先锋模范作用，动员更多在职党员和志愿者参与属地疫情防控工作。要落实"四应四尽"要求，继续抓好筛查，严格闭环管理，加快推进区级方舱项目建设，阻断病毒传播链。要关注民生，注重发挥市场主体作用，帮助物流企业等解决实际困难，切实打通物资保障最后1千米。4月14日上午，胡文容看望慰问安徽省援沪医疗队，并向全体医务和检测人员表示衷心感谢和崇高敬意。指出，在上海疫情最吃劲的关键时期，有大家的大力支援，我们众志成城、齐心协力，定能早日实现社会面清零，坚决打赢疫情防控这场大仗硬仗。胡文容表示，相关部门将落实好各项保障措施，确保医疗队员安心参与救治。市有关部门负责人、区领导于勇参加相关活动。（区委办、区委组织部）

【胡文容赴静安寺街道调研检查】 4月14日，市委常委、组织部部长胡文容调研检查静安寺街道越洋国际广场、光明集团工地，慰问巡逻队工作人员。（静安寺街道）

【陈通调研保供情况】 4月17日，副市长陈通调研嘉天汇小区，深入居民家中，查看保供情况。（静安寺街道）

【孙春兰到静安区调研指导疫情防控工作】 4月20日下午，中央政治局委员、国务院副总理孙春兰到静安区调研指导新冠疫情防控工作，到天目西路街道蕃瓜弄和有关养老院实地了解疫情处置情况。要求，深入分析研究阳性感染者比例高、人数多的老旧小区和养老机构，拿出针对性解决方案，强化现场流调溯源，加快转运收治阳性感染者、隔离密接人员，迅速进行规范的环境消杀。在疫情防控指挥部，孙春兰了解静安区攻坚行动推进落实情况。指出，要深入贯彻落实习近平总书记一系列重要指示精神，按照党中央、国务院决策部署，坚定不移执行"动态清零"总方针，把各项工作深入细致开展好，把防控措施认真扎实落到位，坚决做到"四应四尽"，明确重点，攻坚克难，彻底阻断病毒传播链条，齐心协力打赢社会面清零攻坚战。要落实落细各项防控措施，重点解决转出慢、流调不深入、隔离资源紧缺等突出问题，进一步强化"采、送、检、报、转、收"各环节高效紧密衔接，对老旧小区等重点地区加大工作力度，确保应转尽转、日清日结。要继续强化社区管理，进一步强化对重点场所的疫情管控力度，落实主体责任，坚持闭环管理，分类制定专项方案，细化防疫措施，严防发生聚集性疫情。市委副书记、市长龚正，市有关部门负责人，区领导于勇、王华、王益群参加。（区委办）

【龚正到静安区检查指导疫情防控工作】 4月22日下午，市委副书记、市长龚正到静安区检查指导新冠疫情防控工作，实地察看广中苑小区、居民生活物资保障北仓和市大数据中心，了解社区疫情防控工作、生活物资保供情况和疫情防控数字化工作情况，并看望在社区负责核酸检测工作的安徽省援沪医疗队，向他们致以由衷感谢和诚挚问候。指出，要不折不扣做好"四应四尽"工作，严格落实分区分级差异化管控措施，最大限度减少人员流动聚集。要强化社区管理，牢牢守住防疫成果，避免出现反弹。要继续高度重视保供工作，确保货源供给、物流配送和食品安全，确保最后1千米、最后100米畅通。要切实承担食品安全管理责任，必须严格做好保供企业证照资质查验、食品质量检查等工作，对违法行为必须严厉打击。要加快推动数字化在疫情防控中的应用，不断提高数据准确性。要实现"采、送、检、报、转、收"高效衔

接、一体协同，进一步优化信息报送、数据补全、跟踪转运等流程，提高工作效率。市有关部门负责人、区领导王华参加。（区委办）

【卢映川带队调研封控小区管控情况】 4月24日，文化和旅游部副部长卢映川、文化和旅游部市场管理司副司长余昌国、国家卫生健康委监督中心二级巡视员霍小军实地调研长乐新村小区，检查封控小区管控情况，听取相关情况汇报。（静安寺街道）

【李强到静安区检查指导援沪物资接收发放工作】 4月26日，中央政治局委员、市委书记李强到静安区援沪物资接收点检查指导援沪物资接收发放情况，听取相关工作汇报，详细询问各环节衔接落实情况，叮嘱我区务必对接到位，精心组织，细致安排，强化全程跟踪和督促检查，及时把援沪物资分发给居民群众。指出，本轮疫情发生以来，各兄弟省区市大力支持上海抗疫，迅速集结医疗检测队伍，主动提供各类物资驰援上海，充分体现了对上海人民的深情厚谊，充分彰显了中国特色社会主义制度的优越性，让全市人民充分感受到社会主义大家庭“一方有难、八方支援”的温暖，进一步增强了全市上下团结一致、抗击疫情的信心决心，共同努力、攻坚克难，尽快实现社会面清零目标。（区委办）

【吴清实地调研核酸采样点】 4月28日，副市长吴清实地调研静安区南京西路1649号采样点，区委书记于勇、副区长梅广清参加。（静安寺街道）

【李强到静安区检查指导疫情防控工作】 5月2日，中央政治局委员、市委书记李强到静安区检查指导疫情防控工作，实地察看万荣路绿地西块临时隔离点项目建设运行和工地防疫措施落实情况，看望慰问坚守岗位、连续奋战的一线建设者，详细询问建设进度、交付时间和投用管理情况，叮嘱项目施工方务必压实主体责任，严格执行防疫要求，严密闭环管理，强化人员防护。指出，要在守牢安全底线的前提下争分夺秒抢工期赶进度，确保隔离点尽早投入使用，为应隔尽隔提供有力支撑。市委副书记、政法委书记诸葛宇杰，市有关部门负责人，区领导于勇参加。（区委办）

【龚正到静安区检查指导疫情防控工作】 5月6日，市委副书记、市长龚正到静安区检查指导新冠疫情防控工作，在止园新村小区详细了解社区管控、风险人员转运隔离进展，现场分析存在的问题，要求加大力度，以快制快，尽快斩断疫情在社区的传播。在区疫情指挥部听取拔点攻坚情况进展。指出，要强化问题导向，聚焦共性问题，迅速补齐短板漏洞。要坚持效果导向，行动要快、措施要实，实现阳性感染者数量快速下降。要扎扎实实落细落实各项措施，集中力量资源拔点攻坚，同步抓好降新增、防反弹两方面工作。要切实把核酸检测落实到位，加强筛查现场组织，严格按照规范要求，确保应检尽检、不漏一人。要对阳性感染者逢阳快转，对密接人员加强科学及时流调排查，锁定管牢风险人群，确保应转快转，应隔快隔。要研究推进常态化疫情防控举措，加快建立便捷灵敏的发现机制，及时高效的处突机制，动态调整的管控机制，加快常态化核酸采样点建设，用好“场所码”“数字哨兵”等手段，为复工复产提供有力支撑。市领导胡文容、莫负春、彭沉雷，市有关部门负责人，区领导于勇、王华、王益群等参加。（区委办）

【李强到静安区检查指导疫情防控工作】 5月10日下午，中央政治局委员、市委书记李强到静安区共和新路街道柳营路319弄检查指导新冠疫情防控工作，了解疫情防控期间基本生活物资供应保障情况，听取重点点位拔点攻坚进展以及环境消杀等相关工作汇报，对持续奋战抗疫一线的基层干部、社区工作者、公安民警、物业人员和志愿者表示慰问，对理解支持配合防疫政策的广大居民表示感谢。指出，当前疫情防控形势总体稳中向好，但仍不能有丝毫侥幸松劲。越是这个关键当口，越要坚决按照“四应四尽”要求，一刻也不松懈地做好阳性感染者应转尽转、应转快转，一刻也不松懈地做好密接范围的科学判定和密接人员的应隔尽隔、应隔快隔。对新增病例的流调排查必须坚持以快制快，确保第一时间找到传播源头，彻底拧紧“水龙头”。要认真倾听居民意见，切实加强回应沟通，强化民生托底保障，更好发挥互联网医院作用，把工作做得更加细致周全。市委副书记、政法委书记诸葛宇杰，市有关部门负责人，区领导于勇参加。（区委办）

【陈通到静安区检查指导疫情防控工作】 5月17日下午，副市长陈通到静安区石门二路街道检查指导新冠疫情防控工作，实地察看联华超市新闸路店有序恢复线下经营情况，了解各项防疫措施落实、农副产品备货、各类商品价格等情况，就进一步推动复商复市、满足居民日常生活需要、有序恢复正常生产生活秩序等提出具体要求。市有关部门负责人、区领导王华参加。（区政府办公室）

【吴清到静安区检查指导疫情防控工作】 5月19日上午，市委常委、常务副市长吴清到静安区共和新路街道谈家桥路163弄检查指导新冠疫情防控工作，了解核酸筛查、封控区管理、生活物资供应保障、环境清洁消杀等情况，就进一步推进拔点清面、组织开展核酸筛查、强化“采、送、检、报、转、收”全流程管理、落实“四应四尽”等提出具体要求。市有关部门负责人，区领导王华、王益群参加。（区政府办公室）

【吴清到静安区检查指导疫情防控工作】 5月26日上午，市委常委、常务副市长吴清到静安区检查指导新冠疫情防控工作，实地察看白玉兰人口文化广场和铁路上海站北广场常态化核酸采样点设置及运行情况，了解芷江西路123弄小区疫情防控工作情况，并就进一步推进拔点清面、优化完善常态化核酸采样点布局提升检测能力、尽快恢复正常生产生活秩序等提出具体要求。区领导于勇、王华、王益群等参加。（区政府办公室）

【李强到静安区开展“防疫情、稳经济、保安全”大走访、大排查】 6月1日，中央政治局委员、市委书记李强到静安区石门二路街道东王居委会检查常态化疫情防控和生产生活秩序恢复情况，看望慰问坚守抗疫一线的居委干部、志愿者和居民代表，认真倾听大家在这场新冠疫情防控大仗硬仗中团结带领社区居民齐心抗疫的感人故事，并为大家点赞，向大家致敬。李强指出，我们的城市正在加快恢复，大家熟悉的烟火气也会很快回来。成果来之不易，离不开基层同志的持续奋战，离不开广大市民的支持。大家都很不容易，克服了许多困难，大家对上海这座城市充满热爱，守望相助、同舟共济。基层的同志更不容易，在抗疫一线日夜坚守，对大家的辛苦付出表示衷心感谢。市委副书记、政法委书记诸葛宇杰，市有关部门负责人，区领导于勇参加。（区政府办公室）

【李强到静安区开展疫情防控和复工复产工作】 6月6日上午，中央政治局委员、市委书记李强到静安区市北高新园区检查产业园区、高新企业新冠疫情防控和复工复产情况，了解“场所码”“数字哨兵”覆盖运用和常态化核酸采样点布设服务情况，走访高新技术企业卡斯柯信号有限公司，察看企业自主创新研发历程和相关技术产品应用场景演示，就在沪经营、复工复产以及下一步规划发展听取企业负责人的介绍，叮嘱相关负责人要紧密结合“防疫情、稳经济、保安全”大走访、大排查，及时精准对接企业需求，把服务工作做在前，把政策举措送上门，尽最大努力帮助企业安心扎根上海经营发展。李强同志指出，越是复工复产关键当口，越要筑牢疫情防控坚实屏障。坚决克服侥幸心理，着眼常态化防控要求，配齐配强资源力量，细化应急处置预案，强化个人健康监测，确保及时响应、以快制快，为全面恢复正常生产生活秩序奠定坚实基础。要进一步发挥园区特色优势，彰显园区品牌影响力，以更好的环境、更优的服务吸引企业、留住人才，携手做大做强重点优势产业集群，不断提升核心竞争力。要支持企业把握机遇、化危为机、逆势而上，继续深耕专业领域，不断在关键核心技术领域取得大的突破，抢占制高点、掌握主动权，在沪实现更好更大发展。市委副书记、政法委书记诸葛宇杰，市有关部门负责人，区领导于勇参加。（区委办）

【赵嘉鸣调研红色场馆】 6月17日，市委常委、宣传部部长赵嘉鸣专题调研静安区红色场馆，先后前往中共二大会址纪念馆、上海毛泽东旧居陈列馆、中共中央军委机关旧址纪念馆和中共中央秘书处机关旧址等处，调研场馆展陈布置，听取静安区红色资源保护利用情况汇报。市委宣传部相关负责人，区领导于勇、莫亮金等参加调研。（区委宣传部）

【肖贵玉到静安区调研旧住房更新改造和市容环卫工作】 7月6日下午，市人大常委会副主任肖贵玉到静安区彭浦新村街道调研旧住房更新改造和市容环卫工作，实地察看彭三五期项目和垃圾箱房改造情况，并听取垃圾分类相关工作汇报。指出，要继续践行以人民为中心的发展理念，改善居住条件、提升生活质量，不断增强居民获得感、幸福感、安全感。要继续创新探索市容环卫管理标准和推进机制，总结好的经验做法，从法律法规层面为小区居住条件和生活品质提升作出新贡献。市有关部门负责人参加。（区人大办）

【郑钢淼到静安区开展代表集中联系社区活动】 7月14日，市人大常委会副主任郑钢淼开展市人大代表联系社区活动，以视频方式连线芷江西路街道社区，听取区人大代表和居民群众关于安全生产、“老、小、旧、远”等民生问题的意见建议。市人大常委会代表工委主任邬立群、区人大常委会主任顾云豪参加。（区人大办）

【上海市纪念首部党章通过100周年座谈会】 7月21日，上海市纪念首部党章通过100周年座谈会举行。中央政治局委员、市委书记李强在会上强调，上海是党的诞生地、初心始发地、伟大建党精神孕育地，也是首部党章诞生地，这是这座城市无上的荣光。踏上实现第二个百年奋斗目标的新征程，我们要深入学习贯彻习近平总书记关于党章的重要论述，大力弘扬伟大建党精神，更加自觉地学党章、用党章，做学习贯彻党章的忠实践行者，让初心薪火相传、把使命永担在肩，加快建设具有世界影响力的社会主义现代化国际大都市，以实际行动迎接党的二十大胜利召开。中央党史和文献研究院院长曲青山出席并讲话。上海市委副书记、市长龚正主持会议。座谈会由中共上海市委、中央党史和文献研究院联合举办，以视频连线方式举行。上海市委副书记诸葛宇杰，市委常委刘学新、胡文容，中央党史和文献研究院副院长柴方国、黄一兵、王全春出席。（区委宣传部）

【赵嘉鸣、张为到静安区出席首部党章通过100周年纪念邮票首发活动】 7月23日下午，首部《中国共产党章程》通过100周年纪念邮票首发活动在上海展览中心举行。市委常委、宣传部部长赵嘉鸣揭幕，市委常委、副市长张为致辞。指出，发行首部党章通过100周年纪念邮票，既是为了再次回顾100多年来中国共产党筚路蓝缕、奠基立业的奋斗历程，也是希望以邮票这种艺术设计的形式，团结、激励和引导广大党员干部严格遵守党章规定、坚决执行党章要求，不断创造新奇迹、展现新气象。市有关部门负责人、区领导于勇等参加。

（区委宣传部）

【赵嘉鸣到静安区出席纪念首部党章通过100周年学术研讨会】 7月23日下午，纪念首部党章通过100周年学术研讨会在上海展览中心举行。市委常委、宣传部部长赵嘉鸣出席会议。指出，要深入学习贯彻习近平总书记关于党章的重要论述，大力弘扬伟大建党精神，更加自觉地学党章、用党章，做学习贯彻党章的忠实践行者。市有关部门负责人、区领导于勇等参加。

（区委宣传部）

【陈通到静安区出席中共二大与统一战线百年发展研讨会】 7月23日，市委常委、统战部部长陈通到静安区出席中共二大与统一战线百年发展研讨会。指出，100年来，统一战线在各个历史阶段都发挥着重要作用。党的十八大以来，以习近平同志为核心的党中央把统一战线作为党执政兴国的重要法宝。希望各位专家学者深入学习贯彻习近平总书记关于加强和改进统一战线工作的重要思想，进一步加强统一战线历史和重大理论问题以及新时代统战工作方式方法的研究，为上海做好统战工作提供智力支撑。市政协副主席张恩迪、黄震、寿子琪，市有关部门负责人，区领导于勇、丁宝定等参加。

（区委统战部）

【蒋卓庆到静安区开展调研】 7月25日，市人大常委会主任蒋卓庆、秘书长赵卫星、市人大城建环保委主任委员王醇晨等一行到彭三五期旧住房成套改造项目、市北壹中心、张园，调研老旧小区更新改造、北郊站区域以及张园项目整体改造情况。区委书记于勇，区人大常委会主任顾云豪、副主任周伟，副区长李震参加调研。

（区人大办）

【马乐声到静安区开展大走访、大排查】 7月28日，市委副秘书长、市纪委副书记、市监委副主任马乐声，市纪委常委余成斌一行到区开展大走访、大排查，调研指导区纪委监委纪检监察工作和静安寺街道纪检监察工作，并实地考察锦沧文华广场首店经济发展情况。区委常委、区纪委书记、区监委主任高飞，区纪委监委部分班子成员、区委巡察办主任参加区纪委监委调研座谈。（区纪委监委）

【刘多到静安区调研红色旅游发展工作】 8月9日下午，副市长刘多到静安区调研红色旅游发展工作，实地察看中共二大会址纪念馆、毛泽东旧居陈列馆，听取相关情况汇报。指出，要压紧压实“四方责任”，落实常态化疫情防控措施，逐步推动红色场馆开放、红色旅游恢复。要充分挖掘利用上海红色资源，打响上海红色文化品牌。要全面提升红色旅游发展水平，扩大红色文化传播力和影响力。市有关部门负责人、区领导王华等参加。（区政府办公室）

【宗明到静安区调研疫苗接种工作】 8月15日下午，副市长宗明到静安区调研疫苗接种工作，听取相关情况汇报。要求以第七次人口普查数据为基础，进一步摸清老年人口底数，加强数据分析。要发挥区级专家委员会、家庭医生等专业力量，科学评估老年人接种条件，建立“一人一档”。要实施区领导包保制度，完善属地为主、条块结合的工作格局，落实“街镇-社区卫生中心”责任制，集中力量完成目标任务。市有关部门负责人，区领导于勇、王华、王益群等参加。（区政府办公室）

【吴海鹰参观中共二大会址纪念馆和平民女校旧址】 8月28日，全国妇联副主席吴海鹰、市妇联主席、党组书记马列坚等一行到静安区参观位于老成都北路7弄30号的中共二大会址纪念馆和平民女校旧址，了解妇女工作历史，感受中国共产党的光辉岁月，牢记初心使命。区委副书记王益群、区妇联党组书记陆颖陪同。（区妇联）

【李强到静安区检查指导防汛防台工作】 9月13日上午，中央政治局委员、市委书记李强到静安区检查指导防汛防台工作，实地察看浙江北路(安庆路—七浦路)道路积水改善工程现场，听取中心城区道路积水改善工程项目总体情况和建设进度汇报。要求持续用力、保质保量抓好工程建设，切实解决好群众的急难愁盼问题。要坚持问题导向，下大力气做好灾害隐患巡查排险工作。对于高空坠物、店招店牌掉落等“头顶上的风险”，地铁隧道、居民区地下空间及下沉式广场雨水倒灌等“地面下的风险”以及“两旧一村”等重点区域的薄弱环节，要高度重视、保持警惕，加强巡查、及时除险，全力守护城市平安。市领导诸葛宇杰、市有关部门负责人、区领导于勇等参加。（区委办）

【宗明到静安区调研老字号工作】 9月14日下午，副市长宗明到静安区调研华山路263弄老字号品牌馆建设情况。指出，要抢抓项目建设进度，做好载体升级、门店开业、品牌提升各项工作，持续完善周边配套设施，打造高品质街区。要坚持守正创新，提供高质量产品和服务，满足个性化消费需求。要加大宣传推介力度，营造浓厚商业文化氛围。市有关部门负责人、区领导王华等参加。（区政府办公室）

【李强到上海东站综合交通枢纽工程现场调研】 9月26日，中央政治局委员、市委书记李强到铁路上海东站综合交通枢纽工程现场调研重特大项目规划建设情况，听取相关工作汇报，要求打造经得起历史检验的世纪工程、精品工程，更好体现上海特色、彰显中国风范、走在世界前列，推动规划、开发、建设等各项工作往前赶。

（铁路上海局）

【李强到静安区调研老字号品牌馆建设开放情况】 9月28日下午，中央政治局委员、市委书记李强来到位于静安区的老字号品牌馆调研，实地察看老字号展品和老品牌历史传承展示，听取展陈内容和运营管理情况汇报。指出，老字号、老建筑是城市的重要名片，镌刻着城市记忆、彰显着城市形象。要做好保护中更新、更新中更好保护的大文章，充分挖掘其历史传承、文化价值、精巧工艺和品牌故事，运用现代技术等多种手段创新展陈方式，进一步增强市民的体验感、参与度，推动历史传承与时代潮流融合共生，使老字号与老建筑更好焕发光彩，成为上海“四大品牌”老字号的集中展示地。市领导诸葛宇杰、宗明，市有关部门负责人，区领导于勇等参加。（区委办）

【张为到静安区调研常态化疫情防控工作】 10月11日下午，市委常委、副市长张为到静安区调研，实地察看铁路上海站地区常态化核酸采样点设置和运行管理情况。指出，要高度重视入城口“落地检”工作，压紧压实“四方责任”，强化监测预警，统筹做好扫码查验、客流引导、秩序维护等各项工作，做到“全量扫码、全员检测、不漏一人”。要加大核酸采样点位建设力

度,加强防疫物资储备,规范采样流程,提高采样点管理保障水平。市有关部门负责人、区领导王华等参加。（区政府办公室）

【彭沉雷到静安区调研】 10月14日下午,副市长彭沉雷到静安区调研第五届“进博会”市容环境保障工作,实地察看苏州河沿线市容景观、岸线打造、水域保洁等情况。要求进一步完善苏州河水域环境管理,优化滨河景观规划设计,推动配套设施更新改造,以更干净美观的市容环境迎接“进博会”胜利召开。10月19日上午,彭沉雷到静安区调研优秀历史建筑保护利用工作,实地察看张园西区、苏河湾万象天地天后宫和慎余里历史建筑保护修缮情况。要求进一步深化城市更新、挖掘文化内涵、延续历史文脉、实现功能拓展,助推产业高质量发展。市有关部门负责人、区领导王华等参加。（区政府办公室）

【莫负春踏勘静安区工人文化宫(北宫)及工运遗址】10月19日,市人大常委会副主任、市总工会主席莫负春,市总工会副主席桂晓燕一行,到静安区现场踏勘区工人文化宫(北宫)建设选址及工运遗址。区委副书记王益群,区人大常委会副主任、区总工会主席林晓珏等陪同。莫负春实地查看区工人文化宫(北宫)选址地块,听取关于项目进度安排的汇报。随后,市、区领导到“五卅运动时期的上海总工会遗址”(原宝山里2号)查看遗址保护情况。座谈交流中,王益群介绍地块规划和遗址保护情况。林晓珏介绍前期工作推进情况及下阶段工作安排。莫负春强调,工运史是百年党史重要组成部分,工运遗迹承载着党早期领导工人运动筚路蓝缕、顽强奋斗的历史记忆,承载着广大工人阶级和工会组织团结拼搏、砥砺前行的伟大历程。要本着对历史负责、对后人负责的态度,做好宝山里2号工运遗址的修缮、保护、布展等工作。要将区工人文化宫(北宫)地块内一般历史建筑与宝山里2号同步设计对接、统筹规划推进、市区联动策展,生动展示上海总工会成立的光辉历程,打造上海工运史博物馆,迎接2025年上海总工会成立100周年。（区总工会）

【陈吉宁到静安区宣讲党的二十大精神】 11月3日下午,中央政治局委员、市委书记陈吉宁到静安区江宁路街道社区党群服务中心就深入学习宣传贯彻党的二十大精神与基层一线代表开展交流互动,认真倾听他们的学习心得体会。指出,上海是党的诞生地、初心始发地和伟大建党精神孕育地,要不忘初心、牢记使命,大力弘扬伟大建党精神。结合学习宣传贯彻党的二十大精神,讲好中国共产党和党的诞生地的故事,让更多市民特别是青少年了解党的光辉历程,进一步激发全市广大干部群众奋进新征程、建功新时代的使命感和责任感。认真践行“人民城市人民建,人民城市为人民”,依靠人民、造福人民,把每一位市民的积极性、主动性、创造性都激发出来,不断开创人民城市建设新局面。市领导诸葛宇杰、市有关部门负责人、区领导于勇等参加。（区委办）

【陈勇到静安区检察院调研】 11月14日,市检察院党组书记、代理检察长陈勇到静安区检察院调研,强调要学习把握落实党的二十大精神,结合静安区检察实际,将学习贯彻党的二十大精神转化为忠诚履职、维护稳定、服务发展、司法为民的实际行动,推动政治建设与检察业务相融合,做到学思用贯通、知信行统一。市检察院党组副书记、副检察长盛勇,区委常委、政法委书记王翔,区检察院检察长董学华,区检察院相关人员参加调研。（区委政法委）

【郑钢淼到静安区开展市、区人大代表集中联系社区活动】 11月18日上午,市人大常委会副主任郑钢淼到静安区开展市、区人大代表集中联系社区活动，实地察看闸北中心医院、237街坊在建工地和芷江西路街道1233弄居民区。指出，要聚焦群众急难愁盼问题，深入开展调研，全面掌握情况，充分发挥市、区两级政策资金作用，进一步细化工作方案，更好增进民生福祉。市有关部门负责人、区领导顾云豪等参加。

（区人大办）

【宗明到静安区调研国际消费中心城市建设工作】 11月16日上午，副市长宗明到静安区调研国际消费中心城市建设工作，实地察看张园、苏河湾万象天地。指出，要始终绷紧新冠疫情防控这根弦，持续稳增长、促消费，助力国际消费中心城市建设。要集聚优质资源，提升发展能级，推进新型消费商圈建设，打造时尚风向标，激发市场新活力。市有关部门负责人、区领导王华等参加。（区政府办公室）

【陈吉宁到静安区调研】 12月2日下午，中央政治局委员、市委书记陈吉宁到静安区调研。指出，要深入学习贯彻党的二十大和习近平总书记考察上海重要讲话精神，按照“疫情要防住、经济要稳住、发展要安全”要求，扎实抓好全年各项工作圆满收官收尾，科学谋划明年经济社会发展目标任务，在推动高质量发展、创造高品质生活、实现高效能治理上拿出更多实招、硬招、新招，为加快建设具有世界影响力的社会主义现代化国际大都市作出更大贡献。在中共二大会址纪念馆，陈吉宁在一件件文物史料前驻足凝视、听取讲解。指出，上海是党的诞生地、初心始发地和伟大建党精神孕育地，也是首部党章诞生地。要把学习党章作为学习贯彻党的二十大精神的重要内容，常学常新、笃信笃行，做学习贯彻党章的忠实践行者，大力弘扬伟大建党精神，坚定理想信念，强化使命担当，团结一心奋进新征程、展现新气象。要在党史研究、展陈创新、社会教育等方面下更大功夫，吸引更多人走进纪念馆，了解党的历史，接受精神洗礼，更加自觉传承红色基因、赓续红色血脉。在恒隆广场，陈吉宁登高俯瞰集聚带概貌，了解企业、品牌入驻情况，听取我区发展楼宇经济工作汇报。指出，要坚持国际化定位，以更加开放的视野发展新经济新业态，推动楼宇经济更新升级，持续引进一批更高能级的全球企业、培育一批更具原始创新能力的本土企业，持续提高经济密度和单位投入产出效率，打造更具吸引力的投资目的地。要营造国际化生态，聚焦企业发展需求、员工工作生活需要，整合资源要素、强化服务供给，不断提升“最后一公里”的服务能力和服务质量。在张园西区，陈吉宁同志实地察看老建筑保护利用情况，了解区域功能重塑和品牌进驻进展。指出，张园历史人文底蕴深厚，要以敬畏之心、下绣花功夫做好城市更新的大文章，更加注重整体规划设计、风貌文脉延承，切实算好发展长远账、民生改善账，在高水平的保护利用中打造高品质空间、注入发展新动能、成为城市新地标，让时尚生活和传统文化在这里交相辉映、相得益彰，让人民群众有更多获得感。要把握消费新趋势、顺应消费新需求，着力提高标准制定能力、时尚引领能力、潮流定义能力，更好助力国际消费中心城市建设。在市北高新园区，陈吉宁同志详细了解园区产业规划发展和服务企业等方面最新进展。指出，要牢牢把握城市数字化转型机遇，布局新赛道、营造好生态，搭建开放共享平台，加强底层技术攻关，构建强大技术底座，打造标杆应用场景，充分发挥科创基金引导带动作用，努力培育和集聚一批头部机构和专精特新企业，形成更具竞争力和影响力的数字产业集群。市领导诸葛宇杰，市有关部门负责人，区领导于勇、王华、顾云豪、丁宝定、王益群等参加。（区委办）

1月

1月4日　在谈家桥旧住房拆除重建项目现场举行的2022年第一季度静安区重大项目集中开工仪式上，谈家桥旧住房拆除重建、塘南租赁住宅、73街坊3个项目以视频连线的方式集中启动。区领导于勇、王华、李震以及区发展改革委、区规划资源局、区建设管理委等部门的相关负责人出席仪式。

1月6日　中共上海市静安区委员会调整静安区新型冠状病毒感染的肺炎疫情（简称新冠疫情）防控工作领导小组，区委书记于勇，区委副书记、区长王华兼任组长。静安区新冠疫情防控工作领导小组下设办公室（指挥部），办公室设在区卫生健康委，全面指挥部署应急防控工作。

1月10日至13日　中国人民政治协商会议上海市静安区第二届委员会第一次会议在海上文化中心举行。会议选举产生政协上海市静安区第二届委员会主席、副主席、秘书长和常务委员。

1月11日至14日　静安区第二届人民代表大会第一次会议在海上文化中心举行。大会审议并通过关于区人民政府工作报告的决议、关于区2021年国民经济和社会发展计划执行情况与2022年国民经济和社会发展计划的决议、关于区2021年预算执行情况和2022年预算的决议、关于区人大常委会工作报告的决议、关于区人民法院工作报告的决议、关于区人民检察院工作报告的决议。会议以无记名投票方式选举出区二届人大常委会委员，表决通过区二届人大各专门委员会组成人员。新当选的区人大常委会主任、副主任，区人民政府区长、副区长，区监察委员会主任，区人民法院院长，区人民检察院检察长与代表见面。

1月13日　上海新增一中风险地区——静安寺街道愚园路228号。此处仅是一家面积只有20余平方米的奶茶店，有网民称之为史上“最小”新冠疫区。

1月17日　北宝兴路零星旧城区改建项目签约率100%，该旧改项目正式生效。北宝兴路零星旧城区改建项目涉及国有土地上房屋征收的范围为东至北宝兴路，南至百联购物中心，西至、北至北宝兴路660弄小区。地块共有17证，其中居民证15户、单位证2户。2021年8月底，该改建项目启动地块初步意向排摸，同意率100%。9月11日，组织一轮征询，通过率94.12%。2021年12月18日至2022年1月17日，组织地块签约，17证签约率100%。

1月26日　施罗德交银理财有限公司收到中国银保监会准许开业的批复，成为全国第三家、2022年首家获批开业的中外合资理财公司，落户静安区。

1月27日　静安区党史学习教育总结会议举行。

1月28日　2021年下半年度上海市市容环境状况社会公众满意度测评结果揭晓，静安寺街道连续第26次获得“全市第一”的荣誉。

2月

2月10日　区委书记于勇调研区人大工作，听取区人大常委会主任顾云豪工作汇报，并提出工作要求。区委副书记王益群参加调研。

同日　区委书记于勇前往区政协调研，听取区政协主席丁宝定工作汇报，并提出工作要求。区委副书记王益群参加调研。

2月22日　2022年2月22日恰好是正月二十二和周二，因为“2”谐音“爱”，史上“2”最多，“爱”最多的日子，也被称作“最充满爱意的日子”。当天，静安区婚姻登记中心现场共办理结婚登记171对。

2月24日　“纪念平民女校创办一百周年暨2022年‘三八’国际妇女节”主题活动在中共二大会址纪念馆举行。静安区委常委、宣传部部长莫亮金，上海市妇女联合会二级巡视员刘武萍等出席活动。

2月25日　静安区既有多层住宅加装电梯集中开工仪式暨推进大会在临汾路街道党群服务中心举行。4个街镇320台既有多层住宅加装电梯集中开工，50台电梯后续运维集中签约。

同日　位于静安区长安路908号(裕通面粉厂宿舍旧址)的蓝瓶咖啡上海裕通店开业。这是蓝瓶咖啡在全球开设的第102家门店，也是在中国内地开出的首店。

同月　2021年度上海市基层理论宣讲先进集体、先进个人和优秀理论宣讲报告微视频名单揭晓。静安区文物史料馆获评“上海市基层理论宣讲先进集体”；中共二大会址纪念馆党支部书记、副馆长尤玮获评“上海市基层理论宣讲先进个人”。

同月　上海市开发区协会发布首批“上海优秀科创产业园区”名单，市北高新技术服务业园区成为静安区唯一入选该榜单的产业园区。

3月

3月2日　在2022年静安区学习型城区建设与终身教育工作会议上，《静安区学习型城区建设与终身教育“十四五”发展规划》发布。区委副书记、区学促委主任王益群，区委常委、宣传部部长、区学促委副主任莫亮金，副区长、区学促委副主任龙婉丽，以及相关领域的专家、教授，区学促委各成员单位的分管负责人出席会议。

3月7日至14日　上海数据交易所启动元宇宙全球招聘活动，面向全球招聘150位精英人才，同步上线元宇宙招聘大厅，这也是上海数据交易所成立以来的首次招聘。

3月8日　由静安区总工会和曹家渡街道总工会联合举办的“静工学堂曹家渡睦邻课堂”在延平路510号正式揭牌。

3月10日　经过9个月的停诊后，全新的

公惠医院在汶水路450号开诊。

3月14日　是日起，根据新冠疫情防控工作部署，全市中小学生居家在线学习。

4月

4月1日　是日凌晨3时至4月5日凌晨3时，为防控新冠疫情，根据全市统一安排，实施全域静态管理。

4月5日　中共静安区委常委会召开(扩大)会议，传达学习贯彻习近平总书记关于当前疫情防控工作的重要讲话和指示批示精神，深刻领会孙春兰副总理在上海调研疫情防控工作中提出的要求，坚持“动态清零”不动摇，各街镇继续执行“人不流动、足不出户”封控政策，同时做好民众生活保障。

4月11日　根据国务院联防联控工作机制相关规定，结合上海实际，按照封控区、管控区、防范区，全市实施分区差异化防控。静安区划定第一批“三区”名单。此后，名单动态调整。

4月21日　静安区确诊新冠肺炎感染人数达峰值，新增150例本土确诊病例，新增1914例本土无症状感染者。

5月

5月5日　习近平总书记发出“打赢大上海保卫战”号令后，静安区层层立下“军令状”，逐级包保、责任到人，持续开展攻坚行动。聚焦老旧小区、规模租赁等落实“一点位一方案”，全力以赴拔点攻坚。

5月中旬　静安区新冠肺炎日新增病例日新增病例数降到100例内。

5月底　静安区新冠肺炎日新增病例日新增病例数降到个位数。

6月

6月1日　是日起，上海进入全面恢复正常生产生活秩序阶段。根据市委、市政府决策部署，静安启动“防疫情、稳经济、保安全”大走访、大排查工作。当天，区委书记于勇，区委副书记、区长王华先后前往欧莱雅静华大厦办公室、国泰君安证券股份有限公司、中国电气装备集团有限公司、恒隆广场和施罗德交银理财有限公司，调研楼宇园区常态化疫情防控和企业复工复产情况。

6月5日　静安体育中心方舱医院举行休舱仪式，该方舱共运营64天。

6月7日　中国共产党上海市静安区代表会议召开。会议采用主会场、分会场同步视频的方式，差额选举产生静安区出席中国共产党上海市第十二次代表大会的16名代表。于勇、王华、王益群、宋宗德、王翔、高飞、莫亮金、傅俊、梅广清、顾定鋆等区委领导出席，会议由区委书记于勇主持。

6月10日　年届106岁的龚阿婆感染新冠病毒后，经过静安区闸北中心医院的全力救治后康复出院，而该名高龄患者也是医院接诊并成功治愈的新冠患者中，年龄最大的一位。

6月13日　静安区6000余名初三学生有序返校学习。

6月15日　上海市举行第35批跨国公司地区总部和研发中心颁证仪式。静安区共有3家跨国公司地区总部和1家外资研发中心参加颁证活动，包括世界知名奢侈品集团开云集团地区总部、意大利知名奢侈品品牌 Loro Piana 地区总部、美国知名专业服务企业 UL 集团地区总部、全球领先的电商服务商企业宝尊电商研发中心。落户静安区的跨国公司地区总部累计达 106 家，其中大中华区及以上能级总部数量为 33 家。

6 月 18 日　随着最后一批新冠肺炎患者康复出院，静安区闸北中心医院圆满完成作为新冠肺炎定点医院的救治任务，正式关闭。在作为定点医院运行的 61 天里，医院各病区累计收治新冠肺炎患者 1090 人，其中收治 100 岁以上老人 6 人，治愈出院患者年龄最大的 106 岁，最小的仅 2 个月龄。

6 月 30 日　为庆祝中国共产党成立 101 周年，结合学习贯彻市第十二次党代表大会精神，静安区举行“党旗在抗疫一线高高飘扬”主题党日活动暨抗疫先进事迹交流会。区领导于勇、王华、顾云豪、丁宝定、王益群、宋宗德、王翔、高飞、莫亮金、傅俊、梅广清、顾定鋆等出席活动。

7 月

7 月 6 日起　上海市公惠医院完成新冠疫情定点医院治疗任务，医院在进行了多轮环境消杀以及大范围多点位采样检测合格后，医院所有的医疗服务全面恢复正常。

7 月 7 日　2022 年上海市普通高等学校招生统一文化考试正式开考，静安 2956 名考生走进高考考场。因为新冠疫情原因，是年高考延迟 1 个月举行。

7 月 8 日　地处静安区南京西路商圈核心位置的锦沧文华广场率先迎来意大利奢侈品集团 OTB 旗下四大先锋时尚设计品牌入驻，Maison Margiela 中国旗舰店，以及 MARNI、JIL SANDER 和 AMIRI 三个品牌的中国首家旗舰店揭幕。

同日　2022 中国产业区块链大会在南京举行，会上揭晓 2022 年度“中国产业区块链企业 100 强”，市北高新技术服务业园区内的上海区块链生态谷总计有 7 家企业上榜，分别为蚂蚁区块链、万向区块链、趣链科技、众享比特、益链科技、玳鸽区块链、信联信息发展。上海区块链生态谷现已集聚 70 余家上下游企业。以区块链生态谷为核心的静安数字产业发展也获得中央网信办等部委首肯，并获批成为上海唯一的“国家区块链创新应用综合性试点”。

7 月 16 日　由中共上海市委宣传部指导，中共静安区委员会、中国邮政集团有限公司上海市分公司主办的纪念中国共产党首部党章诞生 100 周年暨《中国共产党章程》诞生地主题邮局开设活动在中共二大会址纪念馆举行。

7 月 21 日　静安区彭三五期旧住房成套改造项目居民回搬仪式在彭三小区内举行。

7 月 23 日　由中共上海市委宣传部、上海市邮政管理局、中国邮政集团有限公司上海市分公司、中共静安区委主办的《第一部〈中国共产党章程〉通过一百周年》纪念邮票首发活动在上海举行。市委常委、宣传部部长赵嘉鸣为纪念邮票揭幕，市委常委、副市长张为致辞。

同日　“百年辅德里，奋进新时代”纪念中国共产党首部党章通过 100 周年学术研讨会在上海市静安区举办。

同日　由中国统一战线理论研究会指导，市委统战部、市委党史研究室和静安区委联合主办的中共二大与统一战线百年发展研讨会在上海召开。来自全国各地的 12 名专家学者，围绕中共二大与统一战线百年发展，深入研讨交流统一战线政策发端的伟大意义，深刻学习领悟习近平总书记关于加强和改进统一战线工作的重要思想。市委常委、统战部部长陈通出席会议并讲话。

同日　中共静安区委党史研究室荣获全国党史和文献部门先进集体授牌仪式在上海展览中心1楼会议室举行。中共上海市委党史研究室主任严爱云、中共静安区委书记于勇出席并授牌。全国党史和文献部门先进集体由人力资源和社会保障部、中央党史和文献研究院共同评选表彰。

7月25日至31日　是2022年全国老年健康宣传周活动。国家卫生健康委老龄健康司确认首批31名“老年健康达人”的名单。静安区南京西路街道居民陈广进榜上有名，成为全市唯一获此殊荣的市民。

7月26日　区人大常委会首家专工委非驻会委员工作室成立。设立在市北高新(集团)有限公司的城建环保工委非驻会委员工作室是全区首家非驻会委员工作室，也是城建环保工委发挥非驻会委员作用、创新工作方式、提升人大工作效能的实践探索。

同日　市北园区“协商于民”政协委员工作站揭牌成立，并围绕“区块链赋能园区发展”主题举行首场协商活动。区政协主席丁宝定、区政协副主席陈琦华，以及区科委、市北高新集团相关负责人参加协商会。

7月28日　中共上海市静安区第二届委员会第五次全体会议在海上文化中心召开。全会由区委常委会主持。区委书记于勇代表区委常委会作工作报告。区委副书记、区长王华作静安区上半年经济社会发展情况和下半年经济社会发展工作安排的报告。区委副书记王益群，区委常委宋宗德、王翔、高飞、莫亮金、蔡啸峰、傅俊、梅广清、顾定鋆出席会议。

7月29日晚　上汽集团举行“‘五五购物节’汽车品质消费嘉年华暨上汽集团专场活动”启动仪式，正式宣布于7月30日、8月1日至7日在延安中路上海展览中心举办“5动全城、嗨购5限”汽车嘉年华。市商务委主任顾军，静安区委副书记、区长王华，上汽集团董事长陈虹，上汽集团总裁王晓秋出席活动。作为第三届上海“五五购物节”12大标杆活动IP之一的汽车嘉年华，上汽集团旗下的智己、非凡、荣威、奥迪等品牌携新车亮相，并带来诸多优惠。

7月31日　商务部部长王文涛、商务部副部长盛秋平、商务部部长助理李飞一行到静安区锦沧文华调研南京西路商圈、首店和首发经济建设情况。上海市副市长宗明，市政府副秘书长顾洪辉，市商务委主任顾军，市商务委副主任刘敏，静安区委书记于勇，区委副书记、区长王华，副区长张军等陪同。在锦沧文华，调研组一行实地察看意大利奢侈品集团OTB旗下四大先锋时尚设计品牌Maison Margiela、MARNI、JIL SANDER、AMIRI的旗舰店以及本土设计师品牌SHUSHU/TONG全球首家线下店的运营情况。

7月31日　2022国际消费季暨上海“五五购物节”启动活动及首届国际消费中心城市论坛在上海展览中心举行。恒隆集团、法国欧莱雅集团作主旨发言，欧莱雅、LVMH旗下丝芙兰品牌等企业作活动介绍。

8月

8月1日起　“当夏·重逢 Meet in 静安”2022欢乐消费季暨“五五购物节”活动正式启动。

8月5日　静安区投资促进系列活动之2022年重点区域推介会举行，近百万平方米新建载体集中亮相进行推介，面向国内外优质企业发出“邀请函”，推介会现场，一批重点楼宇载体与入驻企业代表进行了签约。静安区委副书记、区长王华，副区长张军，市经信委产业投资处、市投促中心相关负责人出席活动。活动还邀请仲量联行、世邦魏理仕、德勤、普华永道等9家知名专业咨询机构，以及近50家重点楼宇、重点企业参加，区投资办、区商务委、区科委、区人力资源社会保障局、区金融办等职能部门，以及南西功能区、市北功能区、大宁功能区、苏河湾功能区的负责人出席。

同日　云南文山州委副书记、州长马忠俊带领静安区对口帮扶文山州四县市党政代表团一行到静安区考察交流，其间，两地召开东西部协作联席会议。静安区委书记于勇，区委副书记、区长王华，区委常委、组织部部长宋宗德，区委常委、常务副区长傅俊出席会议。文山州党政代表团详细介绍了文山州经济社会发展和对口帮扶工作情况。傅俊介绍了静安区经济社会发展及东西部协作工作情况。会议期间，两地签订关于深化“十四五”期间东西部协作框架协议。

8月16日　静安区2022年外商投资促进大会举办。会上，静安区与市贸促会、多家境外驻沪商会及机构、一批外资重大项目达成合作。上海市国际贸易促进委员会会长周敏浩、副会长顾春霆，上海市商务委员会副主任诸旖等市相关部门领导，区领导于勇、王华、顾云豪、丁宝定、梅广清、张军出席会议。市贸促会、市商务委代表，静安区相关职能部门、功能区负责人，美国、英国、德国、意大利等境外驻沪商会及机构代表，瑞拓SWH、蓝瓶咖啡、爱特思、百佑佳、毕马威等多家静安区重点外资企业代表等参加会议。

同日　文化和旅游部公示第二批国家级夜间文化和旅游消费集聚区名单，上海有6处入选，其中静安区大宁片区榜上有名。大宁片区位于静安区中北部，紧邻南北高架路，直达内环高架路、中环高架路，上海轨道交通地铁1号线、20余条公交线路经停片区周边。片区内共有商户2950家，文化类商户面积占48.9%；夜间营业商户中，文娱类项目设施营业面积占比61.2%。

8月18日　在苏河湾中心举行的“重振经济，汇聚人才，稳定就业”人力资源服务驱动未来发展新平台启动暨静安区人力资源服务业重点项目签约活动，给出了静安对于未来人力资源产业发展的新探索、新思考。区委副书记、区长王华，市人力资源和社会保障局副局长叶霖霖出席活动，并共同启动人力资源服务驱动未来发展新平台。区委常委、常务副区长傅俊主持活动。

同日　静安区召开人才工作会议，深入学习贯彻习近平总书记关于新时代人才工作的新理念新战略新举措，全面落实中央、上海市人才工作会议精神，出台“静安人才新政15条”，打造“静悦远来、安聚英才”的良好人才生态环境，加快静安高水平人才集聚区建设。市委组织部副部长曹远峰，区委书记于勇，区委副书记、区长王华，市科委副主任、市外国专家局副局长黄红，区委副书记王益群，区委常委、组织部部长宋宗德，区委常委、常务副区长傅俊出席会议。区人才工作领导小组成员单位主要负责人、重点企事业单位负责人、各界优秀人才代表等参加会议。会议采取线上与线下相结合的方式举行，主会场设在静安国际会议中心。

同日　修缮一新的锦沧文华广场携一众首店亮相，正式开启试营业。历经8年多，改造后的锦沧文华广场由一座塔楼与一座裙楼组成。塔楼为总面积3.5万平方米的办公空间，按照甲级写字楼标准定位打造，共17个楼层，平均单层面积2150平方米，为企业提供优质办公空间及服务。位于裙楼的高端精致购物中心，总面积约为2万平方米，涵盖B1至4F共5个楼层，业态包含具有独特个性的国内外设计师品牌、米其林级别的高端餐饮，以及家居、健身、美容等多个领域的一线生活体验配套服务，各类首店齐聚一堂，致力于重现海派文化的精致生活理念。

8月19日　环境空气温室气体自动监测静安国媒站顺利揭牌。静安国媒站设立于国媒中心，位于静安区沪太路、洛川中路的上海国际新媒体产业基地。作为上海市首批"7+1"个温室气体监测站点之一、上海市唯一依托城市建成区已有高层建筑的站点，也是上海市中心城区唯一的温室气体监测点位。

8月22日　由静安区闸北中心医院16名医务人员组成的静安区援藏方舱医疗队踏上征程。这是医院继派出13名护士出征之后，持续派出的援藏医疗队员。出征的是由医生、护士、管理、后勤等16名医疗队员组成的整建制医疗队，专业覆盖内科、外科、中医科等医疗服务，支援日喀则市方舱医院的战"疫"工作。

8月23日　静安区国家区块链创新应用试点(综合试点地区)工作启动仪式，在承载试点工作的核心区域——市北高新技术服务业园区举行。中央网信办信息化发展局副局长王江(视频在线)、市委网信办主任姜迅、静安区委书记于勇分别致辞。姜迅，于勇，静安区委副书记、区长王华共同点亮静安"国家区块链创新应用综合试点"的启动键。市科技工作党委副书记王宇，市科创办专职副主任刘夔，静安区委常委、宣传部部长莫亮金出席仪式。

8月25日　2022上海国际美妆节启动仪式在静安区兴业太古汇举行，今年上海国际美妆节以"东方美，世界潮"为主题，创新引入元宇宙概念，集结国际国潮各大知名美妆品牌进行新品首发，联动线上线下标杆商业载体和电商平台促进美妆消费，共同打造一场精彩纷呈的美妆节日盛宴。市商务委主任顾军，静安区委书记于勇，区委副书记、区长王华，副区长张军等出席启动仪式。

8月26日　静安区在UCCA(尤伦斯当代艺术中心) Sky Space城市天台举办"夜次元——夜以为序"艺术展暨"2022首届静安露台季"启动仪式，标志着"2022静安区夜生活节"正式拉开序幕。副区长张军，区商务委，市商务委行政服务中心、商贸处等相关部门及处室负责人出席仪式。

8月30日　全国"人民满意的公务员"和"人民满意的公务员集体"表彰大会在北京举行。中共中央总书记、国家主席、中央军委主席习近平亲切会见受表彰代表。来自静安的全国"人民满意的公务员"，彭浦新村街道党工委书记、人大工委主任、一级调研员任伟获评全国"人民满意的公务员"并受到表彰。

同日　静安区第263号居民区林长制公示牌在陕西北路457号辞书出版社的花园中竖立，这标志着静安区263个居民区林长制公示牌全部竖立完成。

9月

9月1日至3日　2022世界人工智能大会在上海举行。以"智联世界，元生无界"为主题，重点聚焦"AI+元宇宙"的盛会上，来自静安区的15家科技企业光彩夺目，向中外观众展示在人工智能、元宇宙、区块链、大数据等领域的创新成果。

9月3日　由中国信息通信研究院、市经信委、市通信管理局、区政府联合主办的首届"光华杯"千兆光网应用创新大赛总决赛第一轮，在市北高新园区商务中心举行，来自全国28个省(自治区、直辖市)的150支优秀团队开展首轮角逐，他们中的40支优胜队伍将晋级到总决赛第二轮，决出首届"光华杯"各等级奖。

9月5日　2022年国家网络安全宣传周上海地区活动在静安区拉开帷幕，并将在全市范围内持续开展至11日。本届宣传周主题为"网络安全为人民，网络安全靠人民"。全市各区网络安全宣传周活动同步启动。市委常委、宣传部部长赵嘉鸣出席开幕式，并宣布宣传周正式开幕。市委网信办主任姜迅，静安区委副书记、区长王华，静安区委常委、宣传部部长莫亮金出席开幕式。

9月7日　以"数字经济引领新增长"为主题的第三届中国上海金融科技（市北高新）大会，在市北高新商务中心举行，上海现代服务业联合会会长郑惠强，静安区委副书记、区长王华出席大会并致辞。会上，举行上海现代服务业联合会与市北高新技术服务业园区管委会共建"上海现代服务业联合会大数据中心、市北高新·静安国际科创社区《数字会客厅》"项目协议签约、揭牌仪式，静安区副区长张军、上海现代服务业联合会副会长简大年为《数字会客厅》揭牌。

同日　上海牌手表全球首家官方旗舰店在南京西路996号开业。

9月9日　上海市静安区工会第二次代表大会在大宁剧院举行。区委书记于勇，市总工会党组书记、副主席黄红出席会议并讲话。区四套班子领导王华、顾云豪、丁宝定、王益群、宋宗德、林晓珏、龙婉丽、周新钢等出席会议。

9月14日　上海市静安区第二次妇女代表大会在大宁剧院举行。静安区委书记于勇、上海市妇联副主席李铭出席会议并讲话。区四套班子领导王华、顾云豪、丁宝定、王益群、宋宗德、龙婉丽等出席会议。

9月16日　区委中心组举行学习会，以集体研讨交流形式深入学习习近平总书记在省部级主要领导干部"学习习近平总书记重要讲话精神，迎接党的二十大"专题研讨班上的重要讲话精神。邀请市委统战部副部长房剑森作专题辅导报告，深入学习新时代党的统一战线工作重要思想。区委书记于勇主持学习会。区领导王华、顾云豪、丁宝定、王益群、宋宗德、任高飞、莫亮金、傅俊、梅广清、顾定鋆等参加学习会。

同日　上海市第十七届运动会静安区代表团成立大会在海上文化中心举行。副区长龙婉丽出席会议并向代表团授旗。静安区共计1882名运动员参加34个大项、48个小项的比赛。这是静安区代表团参加市运会规模最大、项目最多的一次赛事。

9月20日　静安区在恒隆广场党群服务站举行"打造楼宇党建'治立方'，彰显卓越城区'静安范'——构建楼宇、行业、街区互联互补互动的基层党建新格局"工作会议。市委组织部副部长孙甘霖，区领导于勇、王益群、宋宗德出席会议。

9月21日　欧莱雅旗下普拉达香水美妆中国首家专门店"PRADA香水绿盒子香氛空间"及首家快闪店正式登陆静安芮欧百货。

9月24日　静安区茂名北路限时步行街正式亮相。茂名北路（威海路—经典茂名公寓出入口）限时步行街实施时间：自9月24日起的每周六零时至次周周一晨4时，及国定节假日期间假期第一日零时至假期结束次日晨4时。

9月27日　2022年上海市"人民满意的公务员"、五一劳动奖表彰大会在上海展览中心友谊会堂召开。在静安区分会场，区四套班子领导于勇、王华、顾云豪、丁宝定、王益群、宋宗德、林晓珏、龙婉丽、宋大杰为静安区获得全国、上海市"人民满意的公务员（集体）"和全国、上海市五一奖获奖者颁发奖牌、奖章，并合影留念。其中静安区彭浦新村街道党工委书记、人大工委主任、一级调研员任伟获评全国人民满意的公务员称号。上海市静安区文物史料馆中国劳动组合书记部旧址陈列馆班组获评全国工人先锋号称号。

9月27日　“静安教育，友好江宁，升级典范”教育友好型社区在江宁路街道全面启动。市教委主任王平、市教委副主任杨振峰、区政协主席丁宝定、区委副书记王益群、副区长龙婉丽等出席教育友好型社区发布会。发布会现场举行了教育友好型社区启动仪式，与会领导为“社区宝宝屋”揭牌，并为学生代表赠送“江宁启航”活动手册。同时，现场举行静安区“三段式”课后服务资源聚合管理平台上线启动仪式。

9月30日　上海首座万象天地——苏河湾万象天地开始试运行。商场位于苏河湾腹地，与外滩一脉相连，融合精品商业、文保建筑、城市公共绿地、高端居住与办公，将打造成世界级滨水中央活力区。2件大型户外永久艺术装置共同组成的“UP WE GO！迈上新景象”艺术项目率先入驻。该艺术项目由苏河湾万象天地联手创意品牌 All Rights Reserved，邀请德国知名艺术创作团体 Inges Idee 共同呈现。作品为 Inges Idee 于中国大陆首个大型永久户外艺术装置项目，也是 All Rights Reserved 于中国第四个大型永久户外艺术装置。

10月

10月1日　华山·263老字号品牌馆正式对外开放。馆内汇聚沪上222家老字号品牌，甄选超过100家优质老字号进行主题式、场景式、互动式、沉浸式的展示，全方位呈现老字号品牌文化，是沪上第一座以全面展示老字号文化为核心的公共文化空间。

10月11日　静安区市场监管局与静安寺街道办事处共同举办静安区重点行业质量提升“街镇首席质量官”聘任启动仪式暨静安区“质量月”行业质量提升企业沙龙活动。首席质量官作为企业中的第一责任人，是企业战略小组的关键一员，负责创建以品质为核心的企业文化，塑造企业质量竞争力。

10月13日　由6万平方米开放式商业空间、4.2万平方米城市绿地公园构成，并拥有优秀历史文化保护建筑“天后宫”“慎余里”的大型城市综合体——上海苏河湾万象天地，在定位为“世界级城市会客厅”的静安苏河湾滨水核心区正式启幕。

10月14日　沪北地区首个拥有救援走失人员、助老一键通、15分钟生活圈生活设施查询等七大民生服务应用功能的“数字公话亭”，在居民、行人密集的静安区临汾路街道阳曲路（近临汾路）街头正式建成启用。

10月18日　上海灿瑞科技股份有限公司（简称灿瑞科技，股票代码：688061）成功在上海证券交易所科创板上市，成为静安区首家登陆科创板的上市企业。灿瑞科技成立于2005年9月，是一家从事高性能数模混合集成电路及模拟集成电路研发设计生产的公司，主要产品为智能传感器芯片、电源管理芯片，广泛应用于手机数码、家电、笔记本电脑、汽车、LED照明和电机等领域。

10月19日　2000平方米超大3层空间、三大体验中心、近千款羽绒服……波司登全球首家体验店正式落地静安区南京西路881号，为消费者打造丰富体验场景，探秘产品设计的新科技，不断刷新羽绒科技新体验。

同日　苏河湾绿地（一期）建成开放。苏河湾绿地（一期）位于北站街道，东至山西北路，南至北苏州路，西至浙江北路，北至天潼路，用地面积为46946平方米。

同日　新西兰乳业巨头恒天然集团上海应用中心在静安区正式揭幕，成为恒天然在中国市场长线运营中的又一重要里程碑。

10月21日　上午5点，2022英雄联盟全球总决赛正式进入淘汰赛阶段。10月24日上午10点，随着4个比赛日结束，8支进入淘汰赛的队伍决出四强，晋级半决赛，其中入驻静安区宏慧·视界BOX园区的JDG电竞俱乐部，是唯一进入半决赛的中国赛区队伍。

10月25日　静安区委召开全区党员负责干部会议。区委书记于勇传达党的二十大精神和全市党员负责干部会议精神。区领导王华、顾云豪、丁宝定、王益群、宋宗德、王翔、高飞、莫亮金、蔡啸峰、傅俊、梅广清、顾定鋆等出席会议。

10月27日　上海市发展和改革委员会与静安区人民政府联合举办2022年上海静安"全球服务商计划"推进大会，发布上海市专业服务业发展白皮书、《全球服务商融入长三角经济高质量发展行动方案》，并举行行动方案启动仪式。静安区委书记于勇向15家第三批全球服务商授牌；区委副书记、区长王华，市发展改革委副主任裘文进分别致辞；区人大常委会主任顾云豪，区政协主席丁宝定，区委常委、副区长梅广清，副区长张军，以及来自江苏省南京市、浙江省杭州市、安徽省合肥市和浙江省宁波市4个长三角地区的城市代表出席会议。

10月28日　静安区召开深化推进基层治理体系和治理能力现代化建设会议。区委书记于勇，市委组织部部务委员、市社会工作党委副书记徐树杰出席会议并讲话。区委副书记、区长王华主持会议。区四套班子领导顾云豪、丁宝定、王益群、宋宗德、王翔、高飞、莫亮金、傅俊、顾定鋆等出席。

同日　"世界最大直径""上海首个"垂直掘进(盾构)地下智慧车库在静安区大宁路街道058d-01地块公共绿地地下空间正式开工，同时也是上海市、静安区停车治理示范先行项目和重大的暖民心工程。该项目由静安区国资经营公司和中铁十五局集团共同组建，上海智慧交通科技有限公司自主投资、建设、运营。利用大宁街道058d-01地块地下空间，采用装配式竖井垂直掘进技术，建设共304个车位的两座智慧停车库。

10月29日　2022上海赛艇公开赛再度启航。来自专业组、高校组和俱乐部组的40余支八人艇队伍，以及10余名单人艇运动员在苏州河上挥桨竞舟。赛事出发点设在静安区普济路桥至安远路桥间，且4.2千米的赛程有80%赛程涉及苏州河静安段。

同月　坐落于天目西路99号的丽丰天际中心竣工，高180米，总建筑面积逾10万平方米，其中塔楼第4至第36层为国际5A级商办写字楼，第1至第3层裙房为精品商业及餐饮娱乐空间，地下3层为停车库。项目前身由丽丰控股公司开发建设的闸北广场一期商办楼、二期地块(尚未建设)，以及原闸北区总工会汇贡大厦综合楼组成。为助力苏河湾地区打造世界级滨水商务区和"城市会客厅"，同时配合北横通道重大道路交通工程建设，在市、区政府的大力支持下，丽丰控股公司通过土地收购等方式，将上述3个项目合并，于2017年10月起启动高品质的城市更新建设。

11月

11月5日至10日　第五届"进博会"于在上海举行。11月5日至6日，区委书记于勇，区委副书记、区长王华，区委副书记王益群等来到"进博会"场馆，实地走访静安区重点企业展台，了解企业参展情况，倾听企业需求。静安区共有58家全球知名企业参加该届“进博会”，其中超35个品牌带来全球、全国能级的各类新品首发、首展活动。

11月7日　由中共上海市委宣传部指导，中共静安区委、静安区人民政府主办的“深入学习宣传贯彻党的二十大精神文艺党课《辅德里》巡讲活动”启动。当天的巡讲活动以党史专家辅导、主创人员分享、现场观众互动与《辅德里》高清戏剧影像观摩相结合的形式，带领观众重回建党百年的艺术天空。区委常委、宣传部部长莫亮金出席巡讲启动仪式，并在致辞中表示，作为学习宣传贯彻党的二十大精神的静安特色文艺党课，《辅德里》高清戏剧影像巡讲活动将走进高校、社区、机关，让党员干部、团员青年、市民、学生等不同群体了解党的百年历程。同时，文艺党课《辅德里》还将启动全国巡讲计划，讲好上海“党的诞生地”故事。静安区一级巡视员姜鸣，市委宣传部宣传处、中国美术学院跨媒体学院相关领导，党史专家、《辅德里》剧组主创人员，以及党员群众代表出席活动。

11月8日　静安区委副书记、区长王华与中金所党委书记、董事长何庆文在中国金融期货交易所，共同为中金所数据有限公司揭牌。中金所数据有限公司正式落户静安。

11月9日　静安区旧区改造和旧住房成套改造工作誓师大会在区机关大楼召开。会议深入学习贯彻党的二十大精神，全面落实市“两旧一村”改造工作会议要求，扎实推进区“两旧”改造工作。区领导于勇、王华、丁宝定、宋宗德、梅广清、李震出席。会议由区委副书记、区长王华主持。

11月10日　第四届上海国际艺术品交易周开幕式在上海展览中心友谊会堂举行。市委宣传部副部长、市电影局局长高韵斐，市委宣传部副部长、市国资委副主任王亚元，市文化旅游局党组书记、局长、市文物局局长方世忠，静安区委副书记、区长王华，市文化旅游局党组成员、上海博物馆馆长褚晓波，浦东新区副区长晏波，黄浦区副区长王翫，徐汇区副区长王志华，静安区副区长龙婉丽等出席活动。开幕式由市文化旅游局党组成员、副局长金雷主持。静安等4个区被授予“上海国际艺术品交易示范区”。苏富比也在“交易周”开幕式上宣布，中国内地总部将正式落户上海，同时，上海苏富比空间也将落址苏州河畔。

11月11日　上海市总工会与静安区签署合作备忘录，就共同推进“五卅运动初期上海总工会遗址（宝山里2号）”保护修缮、静安区工人文化宫（北宫）一般历史建筑更新复建以及2处工运遗址展陈布置工作达成合作共识。市人大常委会副主任、总工会主席莫负春，市总工会党组书记、副主席黄红，静安区委书记于勇，静安区委副书记、区长王华，市总工会副主席桂晓燕，上海工会管理职业学院院长李友钟，静安区人大常委会副主任、区总工会主席林晓珏等出席签约仪式。

11月17日　静安区学习贯彻党的二十大精神市委宣讲团报告会暨领导干部专题培训班开班式举行。区委书记于勇主持会议并讲话。会议邀请了上海市学习贯彻党的二十大精神专家宣讲团成员、中共上海市委党史研究室主任严爱云作宣讲报告。区领导王华、丁宝定、王益群、宋宗德、王翔、高飞、莫亮金、傅俊、梅广清出席。会议以主会场、分会场视频形式召开。

11月20日　由全球健康科技领导者飞利浦打造的“飞利浦健康生活Lab”全球首家线下体验中心在静安张园·丰盛里正式揭幕。静安区副区长张军，飞利浦全球执委会委员、大中华区总裁何国伟出席。

同日　由上海市科学技术委员会、上海大学主办，上海大学上海电影学院、上海电影特效工程技术研究中心承办，上海华丽达视听科技有限公司、上海大宁资产经营(集团)有限公司、上海源恺(集团)有限公司、上海电气集团置业有限公司709媒体园协办的第六届电影特效国际高峰论坛在静安举行。静安区委常委、副区长梅广清，上海大学党委常委、副校长王从春等出席活动。

11月21日　“南京西路160周年暨全球好物嘉年华”启动仪式在吴江路休闲街举办。围绕南京西路160周年，南京西路商圈陆续推出共庆周年礼、跨年迎新季、品牌快闪秀、特色消费节、促销狂欢购等一系列精彩纷呈的活动。

11月23日　2022年第四届上海静安国际设计节开幕式暨静安区文创投资促进大会在静安“800秀”举行，4个文创产业重点项目在开幕式上签约落地静安。上海市文化创意产业推进领导小组办公室专职副主任强荧和区委副书记王益群分别致辞，区委常委、宣传部部长莫亮金，以及市区相关部门、设计企业代表等出席。

11月25日　大宁新媒体直播行业妇女联合会成立大会暨揭牌仪式在大宁德必易园Z播共享直播间举行。大宁德必易园区共有100多家企业，其中涉及“直播”业务的企业占一半以上，此次成立的大宁新媒体直播行业妇女联合会第一届执行委员会委员全部来自园区的女性创业者。

11月27日　上午7时，阔别2年的2022上海马拉松(简称“上马”)在外滩金牛广场鸣枪起跑。本届“上马”的参赛规模人数与上届赛事(2020年)相比翻了1倍，1.8万名跑友从南京东路进入静安区南京西路，再拐到华山路，至常熟路后，跑向终点，静安区段路线长3.1千米。

同日　中共二大会址纪念馆“永远的旗帜——中国共产党党章学习厅”开放活动举行。市委常委、宣传部部长赵嘉鸣出席，并为中国共产党党章学习厅开放揭幕。市委宣传部副部长、市文明办主任潘敏，市委党史研究室主任严爱云共同启动党章学习流动教室巡讲活动。静安区委书记于勇出席活动，并为静安区红色经典步道揭牌。静安区红色经典步道，以首部党章诞生地——中共二大会址纪念馆为起点，将位于苏州河两岸的上海毛泽东旧居陈列馆、中共中央军委机关旧址纪念馆等17个具有代表性的红色景点串联形成总长8.1千米的旅游线路。静安区委常委、组织部部长宋宗德，中共一大纪念馆党委书记、馆长薛峰等出席活动。静安区委常委、宣传部部长莫亮金主持活动。

同日　上海中心城区首个采用“留改拆”城市更新试点项目——张园西区焕新揭幕，成为张园首个对外开放的核心区域。张园西区不仅做到石库门建筑修缮“修旧如故”，还云集安恺第俱乐部、蓝瓶咖啡、宝格丽香氛、迪奥、古驰、路易威登、酩悦香槟、法国希思黎、江诗丹顿等重奢品牌。副市长宗明，区委书记于勇，市商务委主任顾军，市文化旅游局局长方世忠，静安区委副书记、区长王华，上海海关关长高融昆，静安区人大常委会主任顾云豪，静安区政协主席丁宝定，上海建工集团总裁叶卫东，上海华建集团总裁沈立东，静安区委副书记王益群，市规划资源局、市商务委、SMG、市房管局，静安区相关委办局、街道，区属国企，以及太古地产、路威酩轩集团、历峰集团、开云集团等相关企业的领导和嘉宾出席揭幕活动。

11月28日至30日　区委书记于勇率静安区党政代表团到文山州调研东西部协作工作。文山州委书记陈明，州委副书记、州长马忠俊等分别陪同。11月28日，静安区与文山州及文山市、砚山县、麻栗坡县、广南县东西部协作联席会议在文山举行。于勇、陈明出席会议并讲话，马忠俊主持。静安区宋宗德、莫亮金、傅俊、杨志健、宋大杰，文山州蒋俊、杨定勋、陈治、陈鸷成、李云龙、周家宝、张发政等出席会议。

11月30日　上海市外商投资协会发布“2021年度上海市外商投资企业百强榜单”，共253家外商投资企业入围上海市外商投资企业营业收入、进出口总额、纳税贡献、创造就业4项百强榜单。其中路易威登（中国）商业销售有限公司、欧莱雅（中国）有限公司、飞利浦（中国）投资有限公司、百佑佳食品贸易（上海）有限公司等19家静安企业登上百强榜单，总数位列全市第二。路易威登同时上榜4个榜单，路易威登与欧莱雅入围上海外企纳税贡献百强前十榜单，分别排名第五、第六。

12月

12月2日　市委书记陈吉宁在静安区调研时指出，要深入学习贯彻党的二十大和习近平总书记考察上海重要讲话精神，按照“疫情要防住、经济要稳住、发展要安全”要求，扎实抓好全年各项工作圆满收官收尾，科学谋划明年经济社会发展目标任务，在推动高质量发展、创造高品质生活、实现高效能治理上拿出更多实招、硬招、新招，为加快建设具有世界影响力的社会主义现代化国际大都市作出更大贡献。陈吉宁瞻仰中共二大会议旧址，并指出上海是党的诞生地、初心始发地和伟大建党精神孕育地，也是首部党章诞生地。要把学习党章作为学习贯彻党的二十大精神的重要内容，常学常新、笃信笃行，做学习贯彻党章的忠实践行者，大力弘扬伟大建党精神，坚定理想信念，强化使命担当，团结一心奋进新征程、展现新气象。要在党史研究、展陈创新、社会教育等方面下更大功夫，吸引更多人走进纪念馆，了解党的历史，接受精神洗礼，更加自觉传承红色基因、赓续红色血脉。陈吉宁到恒隆广场登高俯瞰集聚带概貌，了解企业、品牌入驻情况，听取静安区发展楼宇经济工作汇报。陈吉宁指出，要坚持国际化定位，以更加开放的视野发展新经济新业态，推动楼宇经济更新升级，持续引进一批更高能级的全球企业、培育一批更具原始创新能力的本土企业，持续提高经济密度和单位投入产出效率，打造更具吸引力的投资目的地。要营造国际化生态，聚焦企业发展需求、员工工作生活需要，整合资源要素、强化服务供给，不断提升“最后一公里”的服务能力和服务质量。陈吉宁实地察看张园西区，了解区域功能重塑和品牌进驻进展。陈吉宁指出，张园历史人文底蕴深厚，要以敬畏之心、下绣花功夫做好城市更新的大文章，更加注重整体规划设计、风貌文脉延承，切实算好发展长远账、民生改善账，在高水平的保护利用中打造高品质空间、注入发展新动能、成为城市新地标，让时尚生活和传统文化在这里交相辉映、相得益彰，让人民群众有更多获得感。要把握消费新趋势、顺应消费新需求，着力提高标准制定能力、时尚引领能力、潮流定义能力，更好助力国际消费中心城市建设。陈吉宁走进市北高新园区，了解园区产业规划发展和服务企业等方面的最新进展。陈吉宁指出，要牢牢把握城市数字化转型机遇，布局新赛道、营造好生态，搭建开放共享平台，加强底层技术攻关，构建强大技术底座，打造标杆应用场景，充分发挥科创基金引导带动作用，努力培育和集聚一批头部机构和专精特新企业，形成更具竞争力和影响力的数字产业集群。市领导诸葛宇杰参加调研。

12月7日　静安区召开2022年生态文明建设领导小组会议暨“无废城市”建设动员会，市生态环境局党组书记、局长程鹏，静安区委书记于勇出席会议并讲话，区委副书记、区长王华主持会议，副区长李震出席。静安区生态文明建设领导小组成员单位、各街镇、区管重点企业主要负责人参加会议。

12月8日　国际隧道协会（ITA）颁布2022年第八届“ITA”隧道奖全球获奖名单。其中依托上海轨道交通14号线静安寺站的“软土地层城市核心区多顶管组合法修建地铁车站”项目，获年度唯一一项超越工程奖。

12月8日至10日　静安区第二届人民代表大会第二次会议在海上文化中心举行。

12月9日　2021年度上海市质量金奖颁奖仪式举行。上海静安置业（集团）有限公司以“‘双四位一体＋五字方针’的城市建设更新质量管理模式”获奖。

12月12日　由文化和旅游部全国公共文化发展中心、中国文化馆协会评选的2022年度全国“最受欢迎公共文化空间”TOP50发布，北站艺术中心脱颖而出、入选榜单，这也是上海市唯一一家获奖的街镇社区级公共文化空间。

12月18日　2022年上海市“白玉兰纪念奖”颁奖仪式举行，50名杰出外籍人士被授予“白玉兰纪念奖”。由静安区推荐申报的宝格丽商业（上海）有限公司宝格丽全球销售与零售执行副总裁雷里奥·嘉文先生（Mr. Lelio Gavazza）获该项荣誉。

12月20日下午、21日上午　中共静安区委召开2022年学习讨论会。会议深入学习贯彻党的二十大和习近平总书记考察上海重要讲话精神，全面落实市委学习讨论会以及陈吉宁书记调研静安时的指示要求，深入谋划静安区次年乃至未来更长时期的发展。

12月25日　家住大宁路街道慧芝湖居民区的史女士主动联系居委会，将筹集到的50盒共计1000粒布洛芬捐给社区“共享药箱”。帮助居民应对新冠疫情。

12月29日　静安置业集团张园启动东区（18＃—20＃）3幢历史建筑的平移施工。为了避免历史建筑在整体平移过程中受损，东区（18＃—20＃）3幢历史建筑自2022年10月起，进行加固和上下托梁等前期准备工作。平移施工启动后，每栋房屋将使用10台150吨双作用液压千斤顶，通过PLC同步控制液压系统，将建筑物沿平移路线安置于临时停放位置。待建筑回归原位后，按照建筑原貌进行修旧如旧的保护性开发建设。根据张园开发计划，张园东区（18＃—20＃、38＃—43＃）共9幢建筑需平移施工。

静安概览

编辑　叶供发

(一)地理位置

静安区位于上海市中心,东与黄浦区、虹口区、宝山区为邻;西与长宁区、普陀区、宝山区交界;南与徐汇区衔接;北与宝山区接壤。全区总面积 36.77 平方千米。

(二)行政区划

静安区因境内古刹静安寺而得名。区境吴淞江(故道)以北,南宋嘉定十年(1217 年)前隶属昆山县,后隶属嘉定县、宝山县。吴淞江(故道)以南,元至元二十八年(1291 年)隶属华亭县,之后及明、清二代隶属上海县。清同治二年(1863 年),境域中南部被辟为美租界,后并为公共租界。清光绪二十五年(1899 年),境域南部大部分划入公共租界西区。为抵制租界扩张,清光绪二十六年,闸北绅商建立闸北工程总局,自辟商埠。1914 年,法租界扩张,将境内长浜路(今延安中路)、徐家汇路(今华山路)以南地区全部划为法租界。境域南部为法租界、公共租界和华界,北部主要为华界。1927 年 7 月,上海特别市政府接收 17 个市乡,次年 7 月将旧市乡一律改称为区,闸北市改称闸北区。20 世纪 30 年代,日军发动两次淞沪战争,闸北区几成废墟,成为上海市出名的棚户区。1937 年上海沦陷后,日伪在闸北区境先后设“闸北政务署”“沪北区公署”。1945 年抗日战争胜利后,境地分属第十区、十一区、十二区、十四区、十五区及二十二区、二十四区部分区域。1947 年,第十区称静安区、第十一区称新成区、第十二区称江宁区、第十四区称闸北区、第十五区称北站区。1949 年 5 月 30 日,市军管会接管静安区时,一度将区名改为静安寺区;1950 年 6 月 28 日,复改称静安区。上海解放初期,境域分属静安区、新成区、江宁区、闸北区、北站区。1956 年,上海市区划调整,静安区建制撤销,以富民路、常德路为界,东境划归新成区,西境并入长宁区,闸北、北站两区合并为闸北区。1960 年 1 月,区划再次调整,撤销新成区、江宁区,将新成区成都北路以西部分、江宁区全部、长宁区镇宁路以东部分合并重建静安区。2015 年 11 月 4 日,中共上海市委、市政府宣布《国务院关于同意上海市调整部分行政区划的批复》,撤销闸北区、静安区，合并设立新的静安区。区人民政府驻常德路370号。2022年底，静安区下辖13个街道、1个镇，有267个居（村）委会。

（三）人口结构

2022年，静安区户籍总户数约33.46万户，平均每户人口2.71人。户籍总人口约90.69万人，其中男性44.13万人、女性46.56万人，性别比94.79（女性为100）。

（四）区域经济

2022年，区级一般公共预算收入279.42亿元，比上年增长0.34%；还原留抵退税因素后，实际增长4.38%。社会消费品零售总额1500亿元左右，居中心城区第一名。全社会固定资产投资额比上年增长1%左右。涉外经济全年实现税收447.79亿元，规模和占比均为中心城区第一。200幢重点楼宇实现税收606.5亿元，亿元楼82幢，其中"月亿楼"10幢。

年内，总部经济持续增能，引进跨国公司地区总部及其他类型总部20家，全区跨国公司地区总部累计达112家。总部企业全年实现税收147.78亿元，比上年增长13.78%。重点产业持续增效，六大产业实现税收638.89亿元，人力资源服务、金融市场服务等行业呈现较好发展势头，税收分别同比增长9.27%、6.04%。开放发展持续深化，与长三角四市共同推出《全球服务商融入长三角经济高质量发展行动方案》，全球服务商累计达78家。消费市场持续复苏，引进各类品牌首店163家、位列全市第一，张园西区、锦沧文华、苏河湾万象天地、华山路263上海老字号品牌展示馆等地标性载体全新亮相。创新要素加快集聚，高新技术企业达480家，上海市科技小巨人企业达108家，市级专精特新企业数同比增长17.4%，区内1家企业在科创板成功上市。12家企业入选2022上海软件和信息技术服务业双百名单，市北数智生态园成为全市首批城市数字化转型市级示范区，2022年度城市数字化转型项目获批企业数占全市总数的1/4。

年内，市场主体信心持续增强。先后发布《静安区关于应对疫情帮扶企业相关政策措施的实施意见》《静安区加快经济恢复和重振实施方案》。全年累计退税减税114.8亿元。区属国有企业为小微企业和个体工商户减免租金5.66亿元、惠及2590户。加大政策性担保力度，对餐饮、零售、会展等行业的困难企业提前全额补贴担保费，融资担保贷款金额20.27亿元。持续开展"防疫情、稳经济、保安全"大走访、大排查，累计走访企业12307家，强化服务专员机制，全力帮助各类企业纾困解难。持续加大招大引强选优力度，战略招商、精准招商成效进一步显现，新赛道、新功能重大优质项目落地取得实效。国有企业改革三年行动顺利收官，国有资本加快向优势企业、主业企业集中。"进博会"上静安交易分团意向成交金额在全市名列前茅。

年内，营商环境建设不断深化。开展营商环境建设十大专项行动，创新实施"首席数据官""首发品牌服务便利化"等改革措施。970项公共服务事项接入"一网通办"平台，新增6项事项实现政策服务"免申即享"。"一件事"改革覆盖面进一步拓展，办件量达2万余件。"好办""快办""智能办"自助服务终端持续向社区、楼宇和园区延伸，总办件量超18万件。深化"一业一证"改革，共制发行业综合许可证440

张。有序实施住所标准化登记改革，推广"标准化申报＋集中登记地住所承诺制＋租赁备案材料减免"登记新模式。新增46项事项纳入无差别综合窗口受理，政务服务窗口好评率99.98%。在区行政服务中心设立"新设企业帮办服务专区"，投用以来累计帮助800余家企业快捷办理公司注册业务。持续推进贸易便利化，AEO（Authorized Economic Operator）高级认证企业累计达11家，进口服装风险评价创新举措惠及35家企业。

（五）抗击新冠疫情

2022年3月起，面对空前严峻复杂的新冠疫情，静安区全力应对资源力量极限承压的挑战，千方百计做好核酸检测、医疗救治、流调排查、转运隔离、生活保障等各项工作，为打赢大上海保卫战作出静安贡献。静态管理期间，先后启用23个方舱医院、2个定点医院、15000余张床位和5600间隔离房源，累计发放9批次476万多份生活物资礼包，为独居老人、高龄老人等群体提供各类关爱服务超过110万人次，352支居民区配药服务小分队和200人专项医疗突击队尽全力保障就医配药需求。6月起，切实巩固疫情防控成果，有序推动复工复产复市，从超常规处置过渡到常态化防控。组建区、街镇两级应急处置专班并始终处于激活状态，优化"三公（工）一大"多部门协同机制，推动预警报告、追踪复核、精准流调等环节高效衔接，以快制快做好应急处置。优化核酸检测服务，科学布局常态化核酸采样点。全覆盖推进"场所码""数字哨兵"布设及应用，督促各类企事业单位落实扫码测温核验、人员健康管理等举措。盯牢铁路上海站等"入城口"，落实来沪返沪人员"落地检"和健康管理措施，做好集中隔离点及境外人员全流程闭环管理。持续推进疫苗接种，提升老年人等重点人群接种覆盖率。及时精准执行疫情防控各项优化措施。

（六）城市建设治理

2022年，静安区全力推动重大工程建设增速，华兴新城、新中动力机厂（东块）、威海路500号（四季酒店）等10个项目实现开工，苏河湾中心、龙盛福新汇、市北园区18-01、18-03地块等10个项目实现竣工，全年开工面积108万平方米、竣工面积101万平方米。安远路桥建成通行，福建北路（天潼路—北苏州路）、云飞东路（共和新路—寿阳路）等5条区内道路完成建设。完成3个停车治理先行项目，建成834个公共停车泊位，上海首个垂直掘进（盾构）地下智慧停车库项目正式开工。持续推动土地亩产增长，有序做好土地出让，推进上勤地块等9幅工业用地转型升级。

年内，巩固提升城区精细化管理效能。组建区应急管理事务中心，健全平急融合工作机制。优化"一网统管"功能，丰富数字化治理应用场景，在部分居民区试点打造"数字小区"。升级优化南京西路商业街城运分中心平台，完善城市运行生命体征感知网络。

年内，持续优化市容环境品质。创成南京西路高端商务区、大宁精品居住区等4个市级"美丽街区"片区，完成3条高标准保洁道路创建。苏州河两岸公共空间品质不断优化，完成共和新路桥下空间、北苏州路（浙江北路—福建北路）公共空间、长寿路桥下通道等提升工程。完成28条道路大中修、积水改善和14千米架空线入地工程。建成苏河湾中心绿地、市北铁路公园、天目西路街道119、120街坊公共绿地等项目，静安雕塑公园打开围墙并实行24小时开放，全年建成各类绿地8.67万平方米、立体绿化2.5万平方米、绿道2.9千米。深入推进生活垃圾分类减量，湿垃圾日均处置量达372吨。巩固河道水质提升成果，实施42处“末端截流”小区雨污混接改造。协同推进减污降碳，成功入选国家“十四五”时期“无废城市”建设名单。

年内，不断创新基层社会治理。推进居委会标准化建设，进一步增强基层工作力量。加强数字赋能，全要素社区治理智能平台完成26个场景搭建。扩大“美丽楼组”覆盖面，推动全区2600余个楼组因地制宜打造特色和品牌。加强党建引领，深化“静邻物业”品牌创建，实现物业企业党的组织和工作全覆盖。加强社会组织规范管理，开展城市公益季系列活动。

年内，城区运行安全有序。深入推进安全生产专项整治三年行动，开展安全隐患大排查、大整治，排查问题隐患8032处并全部完成整改，完成3处重大事故隐患挂牌督办项目整治。加强消防安全管理，完成30个老旧小区消防基础设施改造，为173个小区新增、改造电动自行车充电设施。推进中兴公园等应急避难场所建设。加大各类交通违法行为执法力度。深化平安静安建设，完善打击防范电信网络诈骗犯罪新机制，为老旧居民小区和沿街商铺、单位推广安装简易防盗装置4500个，不断提升社会面巡防管控效能。

(七)民生保障

2022年，静安区群众居住环境不断改善。扎实推进二级旧里以下零星地块改造，启动陕西北路昌平路、芷江西路街道195街坊等7幅地块征收，完成北宝兴路，宝山路街道153、155街坊等5幅地块收尾。实施旧住房成套改造，彭一小区、谈家桥等项目稳步推进，彭三小区(五期)677户居民陆续回搬。深化“美丽家园”建设，完成旧住房修缮改造50万平方米。提速既有多层住宅加装电梯，完工数量位列全市第一。加强住房保障，完成廉租住房申请受理552户，超额完成保障性租赁住房筹措年度目标任务。

年内，持续完善就业服务和社会保障。累计发放补贴资金4309万元。对有就业需求的静安区户籍高校应届毕业生，100%建立“一人一档”、100%提供个性化服务、100%推荐适配岗位。全年新增就业岗位28592个，帮助长期失业青年就业746人，帮扶引领创业988人，登记失业人数控制在市政府下达目标内。实施低保救助和临时救助12.9万人次、救助金额1.55亿元，医疗救助8.17万人次、救助金额3265.4万元。做好退役军人安置扶持，提升拥军优抚服务能级。完成481户残疾人家庭无障碍改造，为老旧小区改造200条无障碍坡道。优化调整早餐网点单位44家、白领午餐网点单位2家，新增早餐示范点11个。新增2家粮食应急供应网点，完成3家菜市场标准化建设。成功入选全国第二批城市一刻钟便民生活圈试点地区。

年内，稳步提升为老服务水平。久合科技园、彭一小区养老院等项目有序推进，家庭养老床位建设超额完成民政部下达任务。全年新增长者运动健康之家2个、社区长者食堂1个，改建认知障碍照护床位100张。完成老年人居家环境适老化改造1038户，居中心城区第一。社区为老助餐238万客，基本实现区内60岁以上独居老人社区探访全覆盖。爬楼机公益项目累计服务“悬空老人”7109人次。在部分养老机构开展“五床联动”试点。“为老服务一键通”智慧场景服务35万人次。

(八)社会事业

2022年,静安区各项社会事业协调发展。新增风华初级中学、大宁国际小学两个紧密型教育集团。在全市率先打造社区临时托育"宝宝屋",托幼一体化幼儿园占比达58.4%。推进"双减"落地,优化课程设置,做好疫情防控期间线上线下教学有效衔接。加大红色文化传承弘扬力度,开展纪念中共二大召开和首部党章诞生100周年系列活动。提升公共文化服务效能,推行云展览、云课堂等线上惠民文化活动,新建7个文旅融合服务点。加强文化遗产保护利用,天后宫、慎余里修缮后正式亮相,苏州河游船四行仓库码头投入使用。优化体育设施布局,新建、翻建7条健身步道,新建2个市民健身驿站、20处益智健身苑点,全民健身中心项目实现开工。开展"体育公益配送"服务10.3万人次。精心组织上海市第十七届运动会参赛工作,顺利承办上海国际马拉松赛、上海赛艇公开赛等国际国内赛事。国防动员、对口支援、妇女、未成年人、青年、民族、宗教、对台、侨务、外事等工作稳步开展。

一、中共静安区委员会

编辑 李佳丽

(一)综述

2022年是党和国家历史上极为重要的一年,是党的二十大和市第十二次党代表大会召开之年,也是全面贯彻区第二次党代表大会精神、加快建设卓越的现代化国际城区的开局之年。面对风高浪急的外部环境和艰巨繁重的改革发展稳定任务,区委常委会坚持以习近平新时代中国特色社会主义思想为指导,坚持把迎接党的二十大、学习宣传贯彻二十大精神作为全部工作的鲜明主题和贯穿始终的突出主线,坚持稳中求进工作总基调,主动融入国家战略和全市大局,大力实施“六增计划”、推进“五大工程”,统筹疫情防控和经济社会发展,统筹发展和安全,全力推动中央和市委重大决策部署在静安落到实处,区域经济社会保持平稳健康发展,人民生活持续改善,党的建设深入推进,全区各项事业再上新台阶。

一年来,区委常委会重点抓4件大事。一是坚持把迎接党的二十大召开、学习宣传贯彻二十大精神作为贯穿全年工作的主线;二是扎实有力推动二届区委开好局、起好步;三是平稳有序做好新冠疫情防控工作;四是多措并举加快经济恢复和重振。

一年来,区委常委会牢牢把握新形势新要求,立足解决新情况新问题,统筹推进改革发展和党的建设各领域各方面工作。

全力推动提质增效,区域经济发展稳中向好。纵深推进改革开放。主动对接和服务“三大任务、一大平台”,坚持以高水平开放促进深层次改革、推动高质量发展,改革红利和发展成效持续显现。发挥国际静安特色优势,将吸引外资作为扩大开放的重中之重,启动“外资促进合作伙伴计划”,引导和支持外资企业扩大投资、引进项目,外税占全区税收比重继续保持中心城区第一。加大力度推动总部经济增能,新增跨国公司地区总部12家,累计达112家。抓住区域全面经济伙伴关系协定生效契机,着力推动制度型开放,高端商品保税展示及线下交易在张园落地,AEO高级认证企业范围进一步扩大,贸易便利化水平实现新提升。深入实施全球服务商计划,与南京、杭州、宁波、合肥等长三角四城市联合发布《全球服务商融入长三角经济高质量发展行动方案》,高端服务升级、跨境出海助力等六大专项行动加快实施,全球服务商机构数达78家,影响力和辐射力不断增强。全力做好第五届“进博会”服务保障工作，静安交易分团交易总额占全市1/4。深化静安国际创新走廊双创示范基地建设，积极有序推动20条改革创新举措落地。围绕国企党建、上市公司高质量发展、主业管理、资产盘活、管理提升，持续深化国资国企改革，稳步推进区管企业资源整合，国企改革三年行动各项目标任务全面完成。着力提升发展能级。围绕上海强化“四大功能”、建设“五个中心”、发展“五型经济”，深化推动经济转型升级，发展质量水平持续提升。加快发展楼宇经济，推动构筑“区域集中、产业集聚、企业集群、功能集成”新型楼宇经济大格局，全年亿元楼达76幢，其中“月亿楼”10幢。全力做大做强“3＋3”重点产业，聚焦化妆品、人力资源、创意设计等特色行业，分别制订“实施方案”“专项计划”并推动落地，商贸服务业、金融服务业、专业服务业支撑作用更加凸显，数据智能、文化创意、生命健康产业潜能加速释放。着力发挥消费基础性作用，深化国际消费中心城市示范区建设，南京西路商圈业态更新取得阶段性进展，新增首店、离境退税商户等数量位居全市前列，万象天地、锦沧文华、华山·263上海老字号品牌展示馆、茂名路限时步行街等引发广泛反响，静安区获批成为全国一刻钟便民生活圈试点地区。坚持创新核心地位，重点推进国家新型工业化大数据产业示范基地建设，瞄准大数据、云计算、人工智能、区块链等领域，推动一批总部研发中心、开放创新平台落地，体系化开放创新网络初步形成。开展国家区块链创新应用试点，发布14个“区块链＋”应用场景，推动区块链与大数据、人工智能融合创新。聚焦数字经济、绿色低碳、元宇宙等新赛道，明确近、中、远期目标任务，着力培育经济发展新动能，加快形成经济发展的接续力量。持续深化投资促进。坚定不移抓招商、引项目、促投资、优环境，为推动高质量发展、构筑发展新优势注入新动力。依托国家和市级重大平台，举办重点区域推介会、“遇见·静安CBD”等投资推介活动。坚持目标引领，不断完善全区一盘棋的投资促进工作格局，战略招商、精准招商成效进一步显现。加强项目全生命周期服务管理，开发用好“静安区企业投资服务平台”，完善企业服务三级网络，健全专员专人联系机制。着力打造更优营商环境，对标市创新试点实施方案，高标准推进十大专项行动，“一件事”办件量和全程网办量大幅提升，“一业一证”改革进一步拓展。创新推出授权代办、“政策体检”和“亮数”等特色试点。扎实推进四大功能区建设，空间形态和功能布局持续改善。大力实施重大工程增速计划，优化工作流程、提高审批效率、强化项目跟踪，华兴新城等项目实现开工，彭三五期等项目实现竣工，全年开工面积108万平方米、竣工面积达101万平方米。多措并举推进市政基础设施项目建设，北横通道工程静安段高架主线顺利完工并投入使用，三泰路（福建北路—山西北路）、福建北路（天潼路—北苏州路）等区属道路完成建设。持续推进城市有机更新，张园地区保护性综合开发取得突破性进展，西区实现开业运营。深入实施土地亩产增长计划，探索由统筹主体主导的产业园区成片更新实现方式，推动存量盘活、土地储备、土地供应3个计划联动管理，存量工业用地和低效产业园区加快转型升级。

准确把握人民城市生命体征，城区治理水平稳步提升。全面推动治理数字化转型。建立首席数据官制度，深入开展公共数据治理，持续推动部门数据目录编制和数据归集，统一推进政务云建设，加强公共数据资源的共享应用，城区治理数字底座不断夯实。持续深化“一件事”改革，加强“一网通办”静安频道和“随申办”静安旗舰店建设，公共服务事项接入率超过80%，区级“免申即享”和“智能帮办”服务功能进一步增强。持续优化升级“一网统管”平台，加强城市运行感知网建设，“数字小区”“数字街区”等试点场景上线运行。充分发挥12345市民服务热线“总客服”作用，深入开展重复来电专项治理，探索开发智能分析系统，问题解决率和市民满意度不断提升。持续提升精细化管理水平。坚持高标准引领，不断加强城市精细化管理示范区建设。推动“美丽街区”建设创新升级，编制实施《静安区市政项目景观设计导则》，加强户外广告、招牌等设施管理，开展公共空间休憩座椅改造提升，有序实施架空线入地和合杆整治工程，全要素打造具有静安特色的街面市容景观，基础设施进一步优化提升。持续改善苏州河滨水公共空间环境品质，延安路高架及苏州河沿线景观照明一期、共和新路桥下公共空间品质提升等项目顺利完成。进一步扩大高标准保洁区域覆盖范围，成功创建11条精品示范道路。坚持“止新销旧”，积极创建“无违建示范街镇”和“零违建居村”。大力加强生态文明建设。稳步推进区“十四五”生态环保规划、第八轮环保三年行动计划和各专项计划，持续巩固提升中央、市生态环保督察等整改成效，全区空气和水环境质量持续改善、土壤环境质量总体保持稳定，“无废城市”建设有序推进。优化升级河长制，实施第二轮雨污混接改造，全面推进泵站放江治理，加快彭浦西初雨调蓄池等工程建设，打造“幸福河湖”静安版。建立区、街道(镇)、居民区三级林长责任体系，完成林长公示牌全覆盖，开展绿化资源督查巡查，加强各类公园绿地建设，全面拆除静安雕塑公园围墙。扩大生活垃圾分类成效，源头减量效果和资源利用水平持续提升。编制《静安区碳达峰实施方案》，积极稳妥推进碳达峰碳中和工作。有序推进安全韧性城市建设。坚持政治安全、人民安全、国家利益至上有机统一，深入贯彻总体国家安全观，全力确保国家安全和社会稳定。把维护政治安全摆在首位，严密防范和坚决打击各种渗透破坏颠覆分裂活动。深化应急管理体制机制建设，不断完善安全生产责任体系，落实重大事故隐患挂牌督办，打好安全生产专项整治三年行动“收官战”，城市安全运行效率进一步提高。加强综合防灾减灾救灾能力建设，全面梳理排查灾害风险底数，健全自然灾害风险防治体系，提升应急物资保障水平，推进应急避难场所建设，开展“全国综合减灾示范社区”创建。建立健全“一牵头四统一”突出矛盾化解机制，持续推进“集中治理重复信访、化解信访积案”专项工作，有序开展人民建议征集。深入推进市域社会治理现代化试点，推动扫黑除恶常态化开展，始终保持对各类违法犯罪的严打高压态势，圆满完成党的二十大等重大活动安保维稳任务，平安静安建设水平进一步提高。深化国防动员体制改革，加强国防动员准备和后备力量建设，推动军民融合深度发展。

坚持和发展全过程人民民主，民主政治建设扎实推进。支持区人大及其常委会依法行使职权。加强对人大工作的全面领导，出台静安区《关于新时代坚持和完善人民代表大会制度，全面提升人大工作质量和水平的意见》。支持区人大围绕疫情防控、经济高质量发展、依法治区建设、城区品质提升、改善和保障民生等方面，开展专项监督和专题调研。推进扩点提质、深化功能拓展，进一步发挥人大基层立法联系点和信息采集点作用，推进全过程人民民主最佳实践地建设。开展绩效评价，强化资源整合和布局优化，推进人大代表“家站点”平台赋能增效。加强代表学习培训，提升人大代表的履职能力，更好发挥人大代表主体作用。支持政协发挥专门协商机构作用。加强对政协工作的领导，深入贯彻落实《中国共产党政治协商工作条例》《关于加强和改进新时代市县政协工作的意见》，协商制度程序和运行机制进一步完善。

坚持发扬民主和增进团结相互贯通、建言资政和凝聚共识双向发力，围绕统筹疫情防控和经济社会发展、区第二次党代表大会确定的目标任务、推进重大项目与民心工程等方面，开展协商议政和民主监督。深化“协商于民”工作站阵地建设，创新探索“委员联络组＋界别”联动工作模式，推动政协协商更好服务基层治理。搭建知情明政平台，开展线上培训，帮助政协委员提升履职能力、强化责任担当。巩固发展新时代爱国统一战线。贯彻落实中央、市委统战工作会议精神，召开区委统战工作会议，深入谋划推进静安统战工作。发挥区委统一战线工作领导小组牵头抓总作用，制定责任清单，细化考核评估，夯实基层基础，不断完善大统战工作格局。开展庆祝中国共产党统一战线政策提出100周年系列活动，引导统战成员重温百年征程，凝聚共同奋进力量。支持各民主党派、工商联、无党派人士履职尽责，围绕民心工程与人民城市建设等开展政党协商和专项民主监督。加强党外代表人士队伍建设，加大发现、培养和使用力度。深化全国新的社会阶层人士统战工作实践创新基地建设，打响“星光艺术团”工作品牌。迭代升级民族宗教事务管理平台，持续巩固民族团结、促进宗教和睦。完善“圆桌会”等机制平台，促进民营经济“两个健康”。拓宽交流交往与沟通合作渠道，扎实做好港澳台侨和海外统战工作。深入推进依法治区工作。全面贯彻落实习近平法治思想，制定学习宣传研究阐释举措。开展党政主要负责人述法工作，区委主要领导带头述法，强化法治监督，法治建设责任进一步压实。健全完善法律顾问工作机制，积极推进行政复议体制改革，严格落实行政执法三项制度要求，成功创建全国法治政府建设示范区。加快推进基层法治建设，出台《静安区关于全面推行基层法治观察工作的实施办法》。全面准确落实司法责任制，规范司法权力运行，推进严格公正司法。加强政治轮训，着力锻造忠诚干净担当的政法队伍。深化全国民主法治示范社区创建，不断夯实基层法治建设。组织开展“美好生活·民法典相伴”宣传月等活动，打造“绎法院线”“绎法站点”法治文化品牌阵地，持续推动法律服务行业健康发展，营造良好法治宣传氛围。

做深做实宣传思想文化工作，城区软实力进一步增强。牢牢掌握意识形态工作领导权。坚决落实全面领导责任，持续将意识形态工作列入区委年度重点工作，细化网络考核实施细则，落实“三张清单”办理机制，意识形态工作责任制进一步压紧压实。加强各类意识形态阵地动态管理，正式启动区网信应急指挥中心，探索实现全方位全过程管理，进一步筑牢守稳网络阵地。成功主办2022年度国家网络安全宣传周上海地区活动，并获年度网络安全先进单位。聚焦静安发展特色亮点，围绕党的二十大、市第十二次党代表大会等重大主题，精心组织宣传，不断巩固壮大主流舆论。建强用好区融媒体中心，建立外宣工作联席会议机制，不断提升对外宣介质量和水平，精准讲好静安故事，外宣作品获第十六届“银鸽奖”5项荣誉。深培厚植社会主义核心价值观。广泛开展群众性精神文明创建活动，深入实施《静安区创建复评全国文明城区三年行动计划（2021—2023年）》，形成三级循环联动机制，城区文明程度和市民文明素质持续提升。加强新时代公民道德建设，注重社会主义精神文明好人好事等先进典型引领，不断激发全社会向上向善正能量。深化拓展新时代文明实践中心建设，有序推进“1＋14＋N”3级阵地标准化建设，构建“15分钟文明实践圈”。推出“美在静安，志愿同行”城区治理志愿服务项目，广泛选树志愿服务典型。建强用好上海市新时代文明实践综合服务平台和静安区新时代文明实践智慧云平台，加强志愿者服务信息化工作。聚焦中共二大召开和首部党章通过100周年，精心开展“十个一”系列活动。深入挖掘红色资源，探索推进党章研究中心实体化运行，召开静安区首次红色资源保护利用工作联席会议，深化开展“红色场馆”一网通平台建设。加快推动区域文化事业和文旅产业提质升级。制作完成《辅德里》高清影像，启动“深入学习宣传贯彻党的二十大精神文艺党课《辅德里》巡讲活动”，出版发行《辅德里》图书，持续打造静安“辅德里”IP。深化“美在静安”公共文化圈建设，落实全民美育大行动，开展“艺起前行”云课堂等线上线下文化惠民活动，涵养美学精神。优化公共文化服务设施布局，研究、制定文旅融合服务点功能升级方案，深入开展“一街一品”特色文化工作，打造群众身边的公共文化新空间。加大历史风貌区、优秀历史建筑保护力度，推进张园文物建筑群的妥善保护和活化利用，完成天后宫戏台异地保护工程。开展文旅消费季活动，建立健全文旅消费促进机制，深入推进国家文化和旅游消费试点城市建设。持续打造影视、电竞等优势产业集群，制定关于促进设计产业发展的实施方案，充分发挥政策引导作用，加快推进全球电竞之都核心区建设，成功举办第二届中国游戏创新大赛颁奖盛典和第三届电竞上海大师赛。

持之以恒加大民生保障力度，人民生活品质持续改善。扎实推进民心工程。坚持聚焦“旧、老、小、难”等突出民生问题，持续推进、深入实施、创新突破，推动民心工程不断走深走实。深化既有多层住宅加装电梯“静安模式”，加梯总量和速度继续保持全市领先。加快推进旧区改造和旧住房成套改造，北宝兴路基地等零星旧改地块顺利收尾，彭三五期改造项目圆满完成，彭一小区、谈家桥等成套改造稳步实施。深入推进“美丽家园”建设，新增、改造一批住宅小区电动自行车安全充电设施。制定区级养老服务设施布局专项规划，持续推进适老化改造，推广养老床位服务，社区嵌入式养老服务能级不断提升。加强普惠性托育服务体系建设，打造全市首个社区托育“宝宝屋”，优化升级中小学“三段式”课后服务。探索实施错峰共享、医院停车预约等模式，建设上海首个垂直掘进(盾构)地下智慧车库，多措并举解决中心城区停车难。稳步提高社会保障水平。坚持就业优先导向，通过举办空中招聘会、打造行业对话交流平台等方式，加大对高校毕业生、失业人员、困难群体的帮扶力度。开展根治欠薪专项行动，维护劳动关系和谐稳定。以“桥计划”项目为引领，深入推进服务类社会救助。强化慈善超市公益性功能，推动静安慈善事业健康发展。建立新型监督管理制度，医保基金监管体系进一步完善。开展养老机构行业监管专项行动，切实保障老年人生命健康和合法权益。成立巾帼律师宣讲团，提升妇女群体维权能力。积极创建青年发展型城区和全国未成年人保护示范区，实现街镇未成年人保护工作站全覆盖。大力实施综合保险项目、无障碍坡道改造，持续关心关爱残疾人等特殊群体。加强粮食和物资储备，开展粮食流通领域常态化检查，全力保障区域粮食安全。不断优化公共服务供给。调整设施布局，完善功能配置，加快推进服务综合体建设，打造高质量“15分钟社区生活圈”。深化紧密型学区化、集团化办学，落实“双减”工作要求，加强校外培训机构日常监管，建设高素质师资队伍，推动教育均衡化优质化发展。深化医药卫生体制改革，加强区域医疗中心、公共卫生临床中心建设，互联网医院服务实现社区医疗机构全覆盖，医疗资源匹配和服务保障能力进一步提升。扎实推进静安老年健康中心、长者运动健康之家、社区长者食堂建设，创新开展“五床联动”医养融合型居家和社区养老模式，拓展“一键通”智慧养老应用场景服务，为老服务能力不断增强。探索建立线上全民健身赛事办赛机制，体育运动覆盖面进一步扩大。开展全国科普示范区创建，静安公民科学素质持续提升。全力做好新形势下东西部协作和对口支援工作，助力结对地区实现巩固拓展脱贫攻坚成果同乡村振兴有效衔接。

坚定不移推进全面从严治党，党的建设质量不断提高。持续擦亮基层党建品牌。积极打造以楼宇自治、行业联治、街区共治为支撑的楼宇党建“治立方”多元善治体系，建立楼务会协商自治平台，组建楼宇“首席服务团队”，成立“全球服务商”党建联盟，党的组织优势不断转化为产业发展优势。织密建强党在新兴领域的组织体系，打造“新心驿站”新业态新就业群体服务品牌，建成40余家综合服务平台，建立全市首个互联网电竞党建共同体。优化网格化党建工作架构和运行机制，形成横向到边、纵向到底的组织网络和责任体系。深化“先静者”党建品牌，推进“机关先锋行动”，开展模范机关创建。打造“菁资汇”国企党建品牌，探索开展产业链供应链创新链党建，推动国有企业党建工作与生产经营深度融合。推动支部建制的学校书记校长“一肩挑”，深化教育系统“特级书记工作室”建设。全面强化党建引领基层治理。坚持党对基层治理的全面领导，建立健全党建引领基层治理体系，深化推动党的建设领导小组及其办公室实体化运作。制定《静安区关于进一步加强党建引领基层治理的若干措施》等文件，以党建引领聚力打造静安基层善治典范。完善区-街镇-居民区（楼宇、园区）“静·邻一家”党群服务阵地体系建设，打造党领导基层治理的坚强阵地和服务党员群众的温馨家园。全力推进“美好社区先锋行动”，实施“领跑静安范，善治新样板”社区善治项目，深化条块协同联动，持续为基层赋权、减负、增能。全面推广全要素社区治理智能平台，拓展精准服务、数字吹哨、数字画像等好用管用的应用场景，为基层治理提供数智支撑。加强物业党建联建，积极打造“静邻物业”品牌。统筹推进基层干部队伍一体化建设，深入实施居民区党组织书记“领跑工程”，成立“领跑书记成长学院”。坚持党建带群建，圆满完成工会、共青团、妇联等群团组织的换届工作，充分发挥群团组织在基层治理中的桥梁纽带作用。着力打造高素质干部人才队伍。突出政治标准，强化实绩导向，建立健全知事识人考察体系，大力选育忠诚干净担当的好干部。做优做强基石工程，出台《静安区关于进一步加强党政领导班子和干部队伍建设的实施意见》，精准科学选干部配班子，充分发挥职务职级并行制度激励作用。加强后备干部队伍建设，制定《静安区优秀年轻干部培养实施方案》，健全和完善年轻干部“培育、管理、选拔”统筹推进的全链条机制，打造包含100名优秀处级干部、100名优秀正科级干部和100名科以下优秀年轻干部的梯队。持续深化干部监督管理，严格落实领导干部个人有关事项报告制度，制定四个责任清单，形成全覆盖责任体系。用心用情做好新时代老干部服务保障工作，为老干部发挥作用搭建好平台。继续做好援外、驻外干部选派保障等相关工作，促进区域间干部交流互动。落实街镇综合行政执法改革，稳妥有序推进执法队伍干部的转任交流和职级晋升。坚持人才引领发展战略，制定发布静安人才新政15条，实施“静英”人才行动计划，人才发展生态不断优化。驰而不息正风肃纪反腐。巩固深化全面从严治党“四责协同”机制，全链条责任进一步压紧压实。严格落实中央八项规定精神，锲而不舍纠“四风”树新风，聚焦重点领域和关键环节，常态化开展明察暗访和专项监督检查。持续深化政治巡察，制定并实施二届区委巡察工作规划，对10家区属国企开展巡察，主动融入巡视巡察上下联动格局，深化巡察整改和成果转化运用。一体推进不敢腐、不能腐、不想腐，始终保持反腐高压态势，深化运用监督执纪“四种形态”，聚焦国资国企、粮食购销等领域易发多发问题，严肃查处一批违纪违法案件，构建静安区国资国企领域全面从严治党、党风廉政建设“1＋X＋Y”制度体系。制定《关于加强新时代廉洁文化建设的实施意见》，创新建立全市首家网上廉洁文化展馆，深入开展党风廉政教育月活动，持续巩固风清气正的良好政治生态。深化纪检监察体制改革，以日常监督为牵引推动“四项监督”统筹衔接，推动制度优势转化为治理效能。区委常委会高度重视自身建设。严守党的政治纪律和政治规矩，坚定拥护“两个确立”，坚决做到“两个维护”，不断提高政治判断力、政治领悟力、政治执行力。坚决贯彻民主集中制，认真召开民主生活会，严格执行请示报告制度。深入开展调查研究，坚持集体学习制度。坚持以身作则、率先垂范，严格遵守廉洁自律各项规定，自觉接受各方面监督。

（静安志）

（二）重要会议和活动

【防疫工作视频会议】 于1月12日在区机关大楼705会议室召开。区委书记于勇就区新冠疫情防控工作提出具体要求。（徐璐宁）

【疫情防控工作会议】 于1月15日在区机关大楼705会议室召开。区委书记于勇就区新冠疫情防控工作提出具体要求。（徐璐宁）

【区委季度工作会议暨区委经济运行分析工作例会】 于1月17日在区机关大楼4楼会议室召开。区委书记于勇就全区全年开局工作提出具体要求。（徐璐宁）

【区委常委会2021年度党史学习教育专题民主生活会】 于1月25日在区机关大楼709会议室召开。区委书记于勇通报2021年度民主生活会整改措施和该次民主生活会征求意见情况；代表区委常委会作对照检查，并就党史学习教育提出具体要求。（徐璐宁）

【区委党史学习教育总结会】 于1月27日在区机关大楼4楼会议室召开。区委书记于勇就党史学习教育提出具体要求。（徐璐宁）

【区委中心组党的十九届六中全会精神集体学习研讨会】 于1月27日在区机关大楼4楼会议室召开。区委书记于勇就学习贯彻党的十九届六中全会精神提出具体要求。（徐璐宁）

【区委平安建设工作例会】 于1月27日在区机关大楼4楼会议室召开。区委书记于勇就区平安建设工作提出具体要求。（徐璐宁）

【静安寺街道2021年度党员干部民主生活会暨党史学习教育专题民主生活会】 于1月28日在静安寺街道办事处召开。区委书记于勇就抓好党史学习教育成果转化提出具体要求。

（徐璐宁）

【区委常委会民主生活会情况通报会】 于1月29日在区机关大楼4楼会议室召开。区委书记于勇通报2021年度区委常委会民主生活会有关情况。（徐璐宁）

【民心工程现场推进会】 于2月7日在区机关大楼4楼会议室召开。区委书记于勇就推进民心工程提出具体要求。（徐璐宁）

【二届区委三次全会】 于2月11日在区机关大楼4楼会议室召开。全会由区委书记于勇主持。全会审议通过《关于我区党的二十大代表候选人初步人选推荐提名情况的报告》。（徐璐宁）

【2022年区委机构编制委员会第一次会议】 于2月18日在区机关大楼612会议室召开。区委书记于勇就区机构编制工作提出具体要求。（徐璐宁）

【区委中心组学习（扩大）会】 于2月24日在区机关大楼4楼会议室召开。区委书记于勇就推动静安区高质量发展提出具体要求。（徐璐宁）

【2022年既有多层住宅加装电梯集中开工仪式暨推进大会】 于2月25日在临汾路街道党群服务中心召开。区委书记于勇就区加装电梯工作提出具体要求。（徐璐宁）

【区疫情防控工作领导小组会议】 于3月2日在区机关大楼705会议室召开。区委书记于勇就区新冠疫情防控工作提出具体要求。（徐璐宁）

【区委2022年重点课题"推动苏河湾滨水商务集聚带高质量发展"调研启动会】 于3月4日在区机关大楼709会议室召开。区委书记于勇就推动苏河湾滨水商务集聚带高质量发展提出具体要求。（徐璐宁）

【区疫情防控工作街镇视频会议】 于3月7日在区疾控中心召开。区委书记于勇就区新冠疫情防控工作提出具体要求。（徐璐宁）

【区疫情防控工作街镇视频会议】 于3月8日在区疾控中心召开。区委书记于勇就区新冠疫情防控工作提出具体要求。（徐璐宁）

【区委审计委员会会议】 于3月23日在区机关大楼709会议室召开。区委书记于勇就区审计工作提出具体要求。（徐璐宁）

【区疫情防控社会面清零攻坚推进会】 于4月25日在区机关大楼705会议室召开。区委书记于勇就区新冠疫情防控社会面清零攻坚工作提出具体要求。（徐璐宁）

【区疫情防控工作视频例会】 于4月30日在区机关大楼705会议室召开。区委书记于勇就区新冠疫情防控工作提出具体要求。（徐璐宁）

【区新冠疫情防控决战决胜誓师大会】 于5月6日在区机关大楼705会议室召开。区委书记于勇就下阶段区新冠疫情防控重点工作提出具体要求。（徐璐宁）

【区统筹新冠疫情防控和经济社会发展工作会议】 于5月30日在区机关大楼705会议室召开。区委书记于勇就统筹区新冠疫情防控和经济社会发展工作提出具体要求。（徐璐宁）

【二届区委四次全会】 于6月2日在区机关大楼4楼会议室召开。全会由区委书记于勇主持。全会审议并通过《关于召开中国共产党上海市静安区代表会议的决议》。（徐璐宁）

【中国共产党上海市静安区代表会议】 于6月7日在区机关大楼4楼会议室召开。会议由区委书记于勇主持。会议以无记名投票方式，表决通过中国共产党上海市静安区代表会议选举办法，中国共产党上海市静安区代表会议总监票人、监票人名单，选举产生静安区出席中国共产党上海市第十二次代表大会代表。

（徐璐宁）

【区新冠疫情防控工作例会】 于6月10日在区机关大楼705会议室召开。区委书记于勇就统筹区新冠疫情防控和经济社会发展工作提出具体要求。（徐璐宁）

【区委党的建设工作领导小组会议】 于6月10日在区机关大楼4楼会议室召开。区委书记于勇就区委党的建设工作提出具体要求。

（徐璐宁）

【区委统一战线工作领导小组第六次全体会议】 于6月10日在区机关大楼4楼会议室召开。区委书记于勇就区统一战线工作提出具体要求。

【区新冠疫情防控工作领导小组会议】 于6月13日在区机关大楼705会议室召开。区委书记于勇就统筹区新冠疫情防控和经济社会发展工作提出具体要求。（徐璐宁）

【区委宣传思想工作领导小组（扩大）会议】 于6月15日在区机关大楼4楼会议室召开。区委书记于勇就区宣传思想工作提出具体要求。

（徐璐宁）

【区委网络安全和信息化委员会第四次（扩大）会议】 于6月15日在区机关大楼4楼会议室召开。区委书记于勇就区网信工作提出具体要求。

【区委全面深化改革委员会第四次会议】 于6月16日在区机关大楼4楼会议室召开。区委书记于勇就区全面深化改革工作提出具体要求。

（徐璐宁）

【区新冠疫情防控工作专题会议】 于6月20日在区机关大楼705会议室召开。区委书记于勇就区新冠疫情防控工作提出具体要求。（徐璐宁）

【区党外人士座谈会】 于6月21日在区机关大楼709会议室召开。区委书记于勇就“抓好新一届区委开局，推进新冠疫情防控及经济社会发展”听取意见建议。（徐璐宁）

【区政法信访工作暨市第十二次党代会、党的二十大维稳安保工作会议】 于6月21日在区机关大楼4楼会议室召开。区委书记于勇就维护社会大局稳定提出具体要求。（徐璐宁）

【区委中心组《习近平在上海》《当好改革开放的排头兵——习近平上海足迹》学习讨论会】 于6月22日在区机关大楼4楼会议室召开。区委书记于勇就学习贯彻习近平新时代中国特色社会主义思想提出具体要求。（徐璐宁）

【区2022年精神文明建设工作会议暨深化拓展新时代文明实践中心建设工作推进会】 于6月22日在区机关大楼4楼会议室召开。区委书记于勇就区精神文明建设工作提出具体要求。

（徐璐宁）

【区新冠疫情防控工作领导小组会议】 于6月22日在区机关大楼705会议室召开。区委书记于勇就统筹区新冠疫情防控和经济社会发展工作提出具体要求。（徐璐宁）

【区领导干部会议】 于6月29日在区机关大楼4楼会议室召开。区委书记于勇就学习贯彻市第

十二次党代会精神提出具体要求。　（徐璐宁）

【区新冠疫情防控工作领导小组会议】　于6月29日在区机关大楼705会议室召开。区委书记于勇就区新冠疫情防控工作提出具体要求。　（徐璐宁）

【区“党旗在抗疫一线高高飘扬”主题党日活动暨抗疫先进事迹交流会】　于6月30日在区机关大楼4楼会议室召开。区委书记于勇结合学习贯彻市第十二次党代表大会精神就统筹区新冠疫情防控和经济社会发展工作提出具体要求。　（徐璐宁）

【张园工作推进会】　于6月30日在区机关大楼709会议室召开。区委书记于勇就张园项目推进情况提出具体要求。　（徐璐宁）

【区新冠疫情防控工作领导小组会议】　于7月4日在区机关大楼705会议室召开。区委书记于勇就区新冠疫情防控工作提出具体要求。　（徐璐宁）

【2022年区委国家安全委员会会议】　于7月5日在区机关大楼709会议室召开。区委书记于勇就维护国家安全提出具体要求。　（徐璐宁）

【区新冠疫情防控工作领导小组会议】　于7月7日在区机关大楼705会议室召开。区委书记于勇传达市新冠疫情防控工作领导小组会议精神，并对当前区新冠疫情防控重点工作进行再部署、再落实。　（徐璐宁）

【区委2022年重点课题“推动苏河湾滨水商务集聚带高质量发展”讨论会】　于7月7日在区机关大楼709会议室召开。区委书记于勇就推动苏河湾滨水商务集聚带高质量发展提出具体要求。　（徐璐宁）

【区新冠疫情防控工作领导小组会议】　于7月11日在区机关大楼705会议室召开。区委书记于勇就区新冠疫情防控工作提出具体要求。　（徐璐宁）

【区委季度工作会议】　于7月12日在区机关大楼4楼会议室召开。区委书记于勇就做好三季度工作提出具体要求。　（徐璐宁）

【区新冠疫情防控工作领导小组会议】　于7月18日在区机关大楼705会议室召开。区委书记于勇就区新冠疫情防控工作提出具体要求。　（徐璐宁）

【区委中心组党章专题学习会】　于7月19日在中共二大会址纪念馆召开。区委书记于勇就学习党章提出具体要求。　（徐璐宁）

【区委全面依法治区委员会第四次会议】　于7月21日在区机关大楼4楼会议室召开。区委书记于勇就全面依法治区工作提出具体要求。　（徐璐宁）

【区武装工作会议】　于7月21日在区机关大楼4楼会议室召开。区委书记于勇就区基层武装工作提出具体要求。　（徐璐宁）

【区新冠疫情防控工作领导小组会议】　于7月22日在区机关大楼705会议室召开。区委书记于勇就区新冠疫情防控工作提出具体要求。　（徐璐宁）

【区新冠疫情防控工作领导小组会议】　于7月25日在区机关大楼705会议室召开。区委书记于勇就区新冠疫情防控工作提出具体要求。　（徐璐宁）

【区第十二批援滇干部人才座谈会】 于7月25日在区机关大楼709会议室召开。区委书记于勇就区对口支援工作提出具体要求。（徐璐宁）

【上海静安区和云南文山州及四县市东西部协作联席会议】 于7月25日在区机关大楼4楼会议室召开。区委书记于勇就东西部协作工作提出具体要求。（徐璐宁）

【二届区委五次全会】 于7月28日在海上文化中心召开。全会由区委常委会主持。全会以习近平新时代中国特色社会主义思想为指导，学习贯彻习近平总书记考察上海重要讲话精神和对上海工作的重要指示要求，贯彻落实市第十二次党代会精神，总结上半年工作，分析当前面临形势，部署下半年任务。全会审议通过《中国共产党上海市静安区第二届委员会第五次全体会议决议》。区领导于勇、王华作讲话。（徐璐宁）

【静安区-文山州2022年东西部协作联席会议】 于8月5日在区机关大楼4楼会议室召开。区委书记于勇就东西部协作工作提出具体要求。（徐璐宁）

【区2022年创建全国文明城区工作动员部署会】 于8月10日在区机关大楼4楼会议室召开。区委书记于勇就区创建全国文明城区工作提出具体要求。（徐璐宁）

【区2022年河长制林长制工作会议】 于8月10日在区机关大楼4楼会议室召开。区委书记于勇就区河长制林长制工作提出具体要求。（徐璐宁）

【区新冠疫情防控工作领导小组会议】 于8月12日在区机关大楼705会议室召开。区委书记于勇就区新冠疫情防控工作提出具体要求。（徐璐宁）

【区委重大项目推进工作例会】 于8月16日在区机关大楼4楼会议室召开。区委书记于勇就区重大项目建设提出具体要求。（徐璐宁）

【区外商投资促进大会】 于8月16日在区机关大楼4楼会议室召开。区委书记于勇就投资促进工作提出具体要求。（徐璐宁）

【区老年人疫苗接种工作推进会】 于8月16日在区机关大楼705会议室召开。区委书记于勇就区老年人疫苗接种工作提出具体要求。（徐璐宁）

【区委对台工作领导小组第七次全体（扩大）会议】 于8月17日在区机关大楼709会议室召开。区委书记于勇就区对台工作提出具体要求。（徐璐宁）

【区人才工作会议】 于8月18日在恒丰路500号召开。区委书记于勇就区人才工作提出具体要求。（徐璐宁）

【区委平安建设第二次工作例会暨党的二十大信访稳定工作专题会议】 于8月24日在区机关大楼4楼会议室召开。区委书记于勇就做好重大节点区安保信访维稳工作提出具体要求。（徐璐宁）

【区新冠疫情防控工作领导小组会议】 于8月29日在区机关大楼705会议室召开。区委书记于勇就区新冠疫情防控工作提出具体要求。（徐璐宁）

【区委中心组学习会】 于8月30日在区机关大楼4楼会议室召开。区委书记于勇就学习《习近

平谈治国理政》第四卷提出具体要求。（徐璐宁）

【区党规党纪教育大会暨“四责协同”推进大会】 于9月8日在区机关大楼4楼会议室召开。区委书记于勇就区党风廉政建设提出具体要求。（徐璐宁）

【区新冠疫情防控工作领导小组会议】 于9月9日在区机关大楼705会议室召开。区委书记于勇就区新冠疫情防控工作提出具体要求。（徐璐宁）

【区新冠疫情防控工作领导小组会议】 于9月13日在区机关大楼705会议室召开。区委书记于勇就区新冠疫情防控工作提出具体要求。（徐璐宁）

【区委中心组学习会】 于9月16日在区机关大楼4楼会议室召开。区委书记于勇就学习贯彻习近平总书记在省部级主要领导干部专题研讨班上的重要讲话精神和新时代党的统一战线工作重要思想提出具体要求。（徐璐宁）

【区新冠疫情防控工作领导小组会议】 于9月19日在区机关大楼705会议室召开。区委书记于勇就区新冠疫情防控工作提出具体要求。（徐璐宁）

【“打造楼宇党建‘治立方’，彰显卓越城区‘静安范’”工作会议】 于9月20日在恒隆广场党群服务站召开。区委书记于勇就区楼宇党建工作提出具体要求。（徐璐宁）

【区国资国企领域全面从严治党推进大会】 于9月27日在区机关大楼4楼会议室召开。区委书记于勇就区国资国企领域全面从严治党提出具体要求。（徐璐宁）

【区第五届“进博会”城市服务保障工作动员会】 于9月29日在区机关大楼4楼会议室召开。区委书记于勇就“进博会”城市服务保障工作提出具体要求。（徐璐宁）

【区新冠疫情防控工作领导小组会议】 于9月30日在区机关大楼705会议室召开。区委书记于勇就区新冠疫情防控工作提出具体要求。（徐璐宁）

【区新冠疫情防控工作领导小组会议】 于10月7日在区机关大楼705会议室召开。区委书记于勇就区新冠疫情防控工作提出具体要求。（徐璐宁）

【区党员负责干部扩大会议】 于10月25日在区机关大楼4楼会议室召开。区委书记于勇就学习贯彻党的二十大精神和全市党员负责干部会议精神提出具体要求。（徐璐宁）

【区深化推进基层治理体系和治理能力现代化建设会议】 于10月28日在区机关大楼4楼会议室召开。区委书记于勇就区基层治理提出具体要求。（徐璐宁）

【区委统战工作会议】 于10月31日在区机关大楼4楼会议室召开。区委书记于勇就区统战工作提出具体要求。（徐璐宁）

【区委中心组党的二十大精神专题学习会】 于11月1日在区机关大楼4楼会议室召开。区委书记于勇就学习贯彻党的二十大精神提出具体要求。（徐璐宁）

【区委重大项目推进工作例会】 于11月2日在区机关大楼4楼会议室召开。区委书记于勇

就区重大项目建设提出具体要求。（徐璐宁）

【区新冠疫情防控工作领导小组会议】 于11月7日在区机关大楼705会议室召开。区委书记于勇就区新冠疫情防控工作提出具体要求。（徐璐宁）

【区旧区改造和旧住房成套改造工作誓师大会】 于11月9日在区机关大楼4楼会议室召开。区委书记于勇就推进区“两旧”改造工作提出具体要求。（徐璐宁）

【区新冠疫情防控工作领导小组会议】 于11月14日在区机关大楼705会议室召开。区委书记于勇就区新冠疫情防控工作提出具体要求。（徐璐宁）

【区学习贯彻党的二十大精神市委宣讲团报告会暨领导干部专题培训班开班式】 于11月17日在区机关大楼4楼会议室召开。区委书记于勇就学习贯彻党的二十大精神提出具体要求。（徐璐宁）

【区新冠疫情防控工作领导小组会议】 于11月21日在区机关大楼705会议室召开。区委书记于勇就区新冠疫情防控工作提出具体要求。（徐璐宁）

【区新冠疫情防控工作领导小组会议】 于11月25日在区机关大楼705会议室召开。区委书记于勇就区新冠疫情防控工作提出具体要求。（徐璐宁）

【静安区与文山州及文山市砚山县麻栗坡县广南县东西部协作联席会议】 于11月28日在文山州召开。区委书记于勇就东西部协作工作提出具体要求。（徐璐宁）

【区委财经工作委员会扩大会议暨经济运行分析工作例会】 于12月5日在区机关大楼4楼会议室召开。区委书记于勇就年末收官收尾工作和2023年全区工作谋划提出具体要求。（徐璐宁）

【区老年人疫苗接种工作推进会】 于12月5日在区机关大楼705会议室召开。区委书记于勇就区老年人疫苗接种工作提出具体要求。（徐璐宁）

【党外人士座谈会】 于12月7日在区机关大楼709会议室召开。区委书记于勇就《区委工作报告》听取意见建议。（徐璐宁）

【区生态文明建设领导小组暨“无废城市”建设动员会】 于12月7日在区机关大楼4楼会议室召开。区委书记于勇就区生态环境保护重点工作和“无废城市”建设提出具体要求。（徐璐宁）

【区新冠疫情防控工作领导小组会议】 于12月7日在区机关大楼705会议室召开。区委书记于勇就区新冠疫情防控工作提出具体要求。（徐璐宁）

【区新冠疫情防控工作领导小组会议】 于12月13日在区机关大楼705会议室召开。区委书记于勇就区新冠疫情防控工作提出具体要求。（徐璐宁）

【2022年区委学习讨论会】 于12月20日至21日在区机关大楼4楼会议室召开。区委书记于勇就2023年全区工作谋划提出具体要求。（徐璐宁）

【二届区委六次全会】 于12月30日在区机关大楼4楼会议室召开。全会由区委常委会主持。全会听取和审议区委书记于勇受区委常委会委托作的工作报告，审议通过《中国共产党上海市静安区委员会工作规则》和《中共静安区委关于深入学习贯彻党的二十大精神全面推进中国式现代化静安生动实践的决定》。于勇作讲话，区委副书记、区长王华部署区经济社会发展工作。（徐璐宁）

表 1-1　2022 年区委书记于勇调研视察情况表

日期	调研视察内容
1月6日	到上海栈略数据技术有限公司、君伦律师事务所开展“促发展、保安全”大走访、大排查活动，并提出具体要求
1月7日	到静安寺街道社区事务受理服务中心检查新冠疫情防控工作，并提出具体要求
1月7日	走访慰问困难群众
1月13日	到市北高新园区开展“促发展、保安全”大走访、大排查活动，并提出具体要求
1月18日	到戴德梁行公司、锦天城律师事务所和仲量联行公司开展“促发展、保安全”大走访、大排查活动，并提出具体要求
1月26日	到光大证券开展“促发展、保安全”大走访、大排查活动，并提出具体要求
1月27日	到华谊集团开展“促发展、保安全”大走访、大排查活动，并提出具体要求
1月30日	到区疾控中心、铁路上海站南广场、静安大悦城检查新冠疫情防控和安全生产工作，慰问节日期间坚守岗位的一线干部职工，并致以新春问候
2月7日	到临汾路街道综合为老服务中心及沉浸式“家庭养老院”样板间、大宁路街道宁和小区和苏州河静安区段调研，就民心工程推进情况提出具体要求
2月8日	到欧莱雅、国泰君安等开展“促发展、保安全”大走访、大排查活动，并提出具体要求
2月9日	到沪港国际咨询集团开展“促发展、保安全”大走访、大排查活动，并提出具体要求
2月10日	走访区人大机关、区政协机关
2月14日	到嘉吉投资（中国）有限公司和中国信达资产管理股份有限公司上海市分公司等开展“促发展、保安全”大走访、大排查活动，并提出具体要求
2月16日	到区纪委监委调研，就纪检监察工作提出具体要求

（续表）

日期	调研视察内容
2月21日	到静安寺街道嘉天汇御苑小区和爱俪轩大厦开展“促发展、保安全”大走访、大排查活动，并提出具体要求
2月21日	到区委组织部调研，就党的建设、组织工作等提出具体要求
2月22日	到上海千机创新文旅科技集团开展“促发展、保安全”大走访、大排查活动，并提出具体要求
2月23日	到上海报业集团开展“促发展、保安全”大走访、大排查活动，并提出具体要求
2月23日	到区委统战部调研，就统一战线工作等提出具体要求
2月28日	到区委宣传部调研，就宣传思想文化工作等提出具体要求
2月28日	到区委政法委调研，就政法工作等提出具体要求
3月3日	到上海国际集团有限公司和上海景域园林建设发展有限公司开展“促发展、保安全”大走访、大排查活动，并提出具体要求
3月7日	到区人武部调研，就基层武装工作等提出具体要求
3月17日	到彭浦镇静安大融城、大宁路街道象屿大宁悦府居民区、共和新路街道和江宁路街道检查核酸筛查工作，并提出具体要求
3月18日	到静安寺街道、曹家渡街道、石门二路街道、彭浦新村街道和临汾路街道检查核酸筛查工作，并提出具体要求
3月31日	到静安寺街道城运中心和宝山路街道复地国际新都检查新冠疫情防控工作，看望慰问一线工作人员，并提出具体要求
4月1日	实地检查区社会面核酸筛查工作和区方舱医院运营管理准备情况，并提出具体要求
4月23日	到共和新路街道、宝山路街道检查新冠疫情防控工作，调度推动街道重点区域社会面清零攻坚工作，并提出具体要求
4月29日	到宝山路街道止园新村检查新冠疫情防控工作，调度推进拔点攻坚工作，并提出具体要求
5月2日	到静安寺街道三义坊居民区、延安路镇宁路路口交警执勤岗位和区疾控中心，看望慰问奋战一线的基层干部、社区工作者、医务人员、公安民警、志愿者等，对大家不畏艰难险阻的辛勤付出表示感谢

（续表）

日期	调研视察内容
5月2日	到芷江西路街道检查新冠疫情防控工作，调度推进拔点攻坚工作，并提出具体要求
5月11日	到江宁路街道、南京西路街道、静安寺街道调研“降新增、防反弹”清零攻坚工作，并提出具体要求
5月13日	到彭浦镇、石门二路街道、曹家渡街道调研“降新增、防反弹”清零攻坚工作，并提出具体要求
5月14日	到大宁路街道、北站街道调研“降新增、防反弹”清零攻坚工作，并提出具体要求
5月15日	到彭浦新村街道、临汾路街道检查“降新增、防反弹”清零攻坚工作，并提出具体要求
5月17日	到石门二路街道调研防范区有限有序开放、“场所码”和“数字哨兵”应用情况，并提出具体要求
5月19日	到铁路上海站地区检查新冠疫情防控工作，并提出具体要求
5月20日	到静安寺街道调研防范区有限有序开放情况，并提出具体要求
5月24日	到宝山路街道调研“降新增、防反弹”工作，并提出具体要求
5月26日	到共和新路街道调研“降新增、防反弹”工作，并提出具体要求
5月27日	到江宁路街道调研扫尾清零工作，并提出具体要求
5月27日	到恒隆广场检查新冠疫情防控和复工复产复商复市准备情况，并提出具体要求
5月28日	到南京西路街道检查新冠疫情防控和复工复产复市准备情况，并提出具体要求
5月29日	到大宁路街道检查新冠疫情防控和复工复产复商复市准备情况，并提出具体要求
5月30日	到市北高新园区检查新冠疫情防控和复工复产准备情况以及园区防汛防台情况，并提出具体要求
5月31日	到兴业太古汇、久光百货、越洋广场检查新冠疫情防控和复工复产复商复市情况，并提出具体要求
6月1日	到欧莱雅静华大厦办公室、国泰君安证券股份有限公司和中国电气装备集团有限公司开展“防疫情、稳经济、保安全”大走访、大排查，并提出具体要求
6月3日	到张园项目建设工地、静安雕塑公园及其常态化核酸采样点开展“防疫情、稳经济、保安全”大走访、大排查，并提出具体要求

（续表）

日期	调研视察内容
6月4日	到共康中学、第六十中学开展“防疫情、稳经济、保安全”大走访、大排查，并提出具体要求
6月5日	到静安大悦城、静安嘉里中心、香格里拉酒店开展“防疫情、稳经济、保安全”大走访、大排查，并提出具体要求
6月8日	到区城运中心开展“防疫情、稳经济、保安全”大走访、大排查，并提出具体要求
6月16日	到会德丰国际广场、乔治阿玛尼（上海）商贸有限公司开展“防疫情、稳经济、保安全”大走访、大排查，并提出具体要求
6月29日	到百时美施贵宝（中国）投资有限公司、蔻驰贸易（上海）有限公司开展“防疫情、稳经济、保安全”大走访、大排查，并提出具体要求
6月30日	到光大证券开展“防疫情、稳经济、保安全”大走访、大排查，并提出具体要求
7月6日	到区就业促进中心、上海人瑞网络科技有限公司和上海云生未来技术集团有限公司开展“防疫情、稳经济、保安全”大走访、大排查，并提出具体要求
7月12日	到平安资产管理有限公司开展“防疫情、稳经济、保安全”大走访、大排查，并提出具体要求
7月14日	到OTB集团开展“防疫情、稳经济、保安全”大走访、大排查，实地察看锦沧文华开业的高能级首店运营情况，并提出具体要求
7月20日	到融通地产（上海）有限责任公司开展“防疫情、稳经济、保安全”大走访、大排查，并提出具体要求
7月26日	到永会大楼、区医疗中心改扩建工程施工工地、集中隔离点开展“防疫情、稳经济、保安全”大走访、大排查，并提出具体要求
7月27日	到大宁公园、四行仓库、北站街道市场监管所开展高温慰问活动，慰问奋战在一线的工作人员，对大家不惧高温、忠诚履职的工作热情和辛勤付出表示感谢
7月27日	到华东建筑集团开展“防疫情、稳经济、保安全”大走访、大排查，并提出具体要求
7月29日	到上海电气集团开展“防疫情、稳经济、保安全”大走访、大排查，并提出具体要求

（续表）

日期	调研视察内容
8月25日	到54A项目建设工地、国际丽都城小区、美丽园大厦开展“防疫情、稳经济、保安全”大走访、大排查，并提出具体要求
9月14日	到区房屋维修应急中心检查防汛防台工作，详细了解工作流程、人员配备、应急预案等情况，并向值守在防汛防台一线的工作人员表示慰问
9月20日	到华山·263老字号品牌馆调研项目建设情况，并提出具体要求
9月22日	到东浩兰生（集团）有限公司开展“防疫情、稳经济、保安全”大走访、大排查，并提出具体要求
9月23日	到张园调研城市更新项目推进和茂名北路限时步行街开放准备工作，并提出具体要求
9月26日	到张园项目现场检查工作推进情况和施工安全情况，并提出具体要求
9月29日	开展敬老月走访慰问活动，询问老人生活起居和身体状况，向老人致以重阳节问候和祝福
9月30日	到天后宫异地保护工程项目开展“防疫情、稳经济、保安全”大走访、大排查，并就节假日前新冠疫情防控和安全生产工作等提出具体要求
10月24日	到区疾控中心看望慰问一线工作人员
11月2日	到爱马仕（上海）商贸有限公司、苏河湾万象天地和锦绣花园开展“防疫情、稳经济、保安全”大走访、大排查，并提出具体要求
11月6日	到国家会展中心走访第五届“进博会”静安区参展企业，了解企业参展情况，倾听企业需求
11月7日	到区疾控中心研究新冠疫情防控应急处置工作，并提出具体要求
11月8日	到梦田服装（上海）有限公司和盛趣游戏公司开展“防疫情、稳经济、保安全”大走访、大排查，并提出具体要求
11月21日	到张园调研城市更新项目推进和西区开业准备工作，并提出具体要求
11月28日至30日	到云南省文山州调研东西部协作工作，并提出具体要求
12月6日	到大宁路街道调研老年人疫苗接种工作，并提出具体要求

（徐璐宁）

(三)组织工作

【概况】 2022年,中共静安区委组织部围绕推进新时代党的建设新的伟大工程,开展党建品牌创建,打造基层党建新标杆,从严从实加强领导班子和干部队伍建设,广泛集聚各方面优秀人才,为静安区全面建设卓越的现代化国际城区提供组织保障。在抗击新冠疫情的大上海保卫战中,成立党建引领社会动员工作组,建立健全匹配一线迫切需要的战时动员机制,发挥各级党组织和党员作用。坚持以党的思想政治建设为统领,加强党员干部思想淬炼、政治历练,教育引导广大党员干部自觉增强“四个意识”、坚定“四个自信”、做到“两个维护”,时刻保持对党忠诚。坚持旗帜鲜明讲政治,把学习宣传贯彻党的二十大精神作为当年和今后一个时期的首要政治任务,研究制订《静安区处级领导干部学习贯彻党的二十大精神专题培训班工作方案》,有序组织培训。结合“首部党章诞生百年”庆祝活动,开展系列党员教育活动,参与人员超过10万人次。根据中共中央统一部署,做好党的二十大代表推荐考察。根据市委要求,选举产生区内16名出席市第十二次党代表大会代表。做优做强基石工程,打造高素质专业化干部队伍。贯彻落实市基层治理大会精神要求,推进基层治理体系和治理能力现代化建设工作。擦亮党建品牌,打造楼宇党建“治立方”多元善治体系,完善楼务会协商自治平台,首批覆盖以“百亿楼”恒隆广场为代表的50幢重点商务楼宇,实现“楼事楼议”“楼事楼办”“楼事楼管”。建设静安区高水平人才集聚区,召开静安区人才工作会议,制定《关于建设静安高水平人才集聚区的实施意见》,优化完善静安人才体制机制建设。推进公务员管理创新,加强公务员队伍建设。推进区级机构改革和机构编制管理,提升机构编制科学化规范化水平。树立从严导向,建设党性强、作风正、业务精的模范部门,加强组织部门自身建设。至年底,全区有基层党委(党工委)112个、党组55个,党总支418个、党支部3602个。党员总数为95707人,其中预备党员471人。女党员42076人,占党员总数43.96%;35岁以下党员15413人,占党员总数16.1%;36—45岁党员15055人,占党员总数15.73%;45—55岁党员8397人,占党员总数8.77%;55岁以上党员56842人,占党员总数59.39%。全年新发展党员424人。

(龚慧、林晨莉)

【抗击新冠疫情工作】 年内新冠疫情期间,区委组织部成立社会动员组,建立283个临时党支部,发动13774名在职报到党员编入967个工作组,划定8538个党员责任区、组建566个党员先锋队、设置15414个党员先锋岗,构建形成五级网格架构,统筹党员力量固定到网格点位。统筹协调人员力量参与一线抗疫,制定《关于构建机关企事业党组织、党员干部平急高效动员机制的若干措施》,推动261个机关企事业基层党组织与265个居民区党组织结对共建,抽调、选派区级机关、企事业干部1143人支援社区,选派187名优秀处级、科级干部参与集中隔离救治场所、流调、数据汇总、机场转运工作平台和酒店隔离点等专项工作。树立先进典型加强关心关爱,及时发现、深入挖掘新冠疫情防控一线先进基层党组织和优秀共产党员,营造不畏艰险、敢挑重担、奋勇争先的社会氛围和环境。关心关爱一线人员,下拨中管、市管、区管党费共1315万元,慰问19857人次。(田时雨)

【干部选拔工作】 年内,区委组织部结合新时代干部队伍建设新要求和静安区干部队伍实际情况，始终把政治标准放在首位，坚持事业为上、人岗相适、优化结构、面向基层的干部选拔任用标准，做好区管班子和干部调整配备工作。全区共提拔任用区管干部42名，其中党政机关29名、企业单位3名、事业单位10名，正处（或相当层次）14名、副处（或相当层次）28名，交流使用处级（相当）干部43名。在坚持“全区一盘棋”统筹考虑基础上，发挥职务职级并行制度的激励作用，共晋升二级巡视员7名、一级调研员19名、二级调研员10名、三级调研员11名、四级调研员（四级高级主办）29名。（陈功）

【年轻干部培养】 年内，区委组织部制订《静安区优秀年轻干部培养实施方案》，开展新一轮优秀年轻干部推荐工作，综合各部门组织推荐、日常考察、换届考察等情况，形成百名优秀处级干部、百名优秀正科级干部和百名科以下优秀年轻干部的“三个一百”优秀年轻干部数据库，为后续干部培养奠定基础。坚持在重大斗争中磨砺干部，把到基层和艰苦地区、艰苦岗位锻炼成长作为年轻干部培养重要途径，增加旧区改造、矛盾化解、新冠疫情防控等区域重点项目、专项工作优秀年轻干部的选派比例，共提拔交流10名“80后”和“准80后”干部到街镇担任领导职务。加大培训力度，调训42名以“85后”为主体的优秀正科级干部参加静安区第5期中青年干部培训班，设立观察员机制，邀请经验丰富的退休老领导参加学员论坛、大组交流等活动，共同参与学员考核与评定工作。并按照“一人一档”模式，建立年轻干部成长档案，通过工作纪实的方式全过程记录年轻干部在急难险重任务和重点工作的现实表现。此外，为加强日常了解，多渠道全方位识别优秀年轻干部，区委书记、组织部部长坚持定期召开年轻干部座谈会，并进行深入交流，鼓励年轻干部到改革前沿和基层一线实践摔打，从而达到开阔眼界、磨砺筋骨、增长才干、丰富经验的目的，在近距离、面对面地熟悉了解年轻干部，直接传递组织关心和要求，激励年轻干部提升干事创业的激情和担当作为的勇气。（陈功）

【干部教育工作】 年内，区委组织部开展学习贯彻党的二十大精神教育培训，举办4期处级领导干部学习贯彻党的二十大精神专题培训班，区管干部共609人完成5天脱产培训。开展党的十九届六中全会精神教育培训，举办换届后乡镇、街道党政主要负责人“学习贯彻党的十九届六中全会精神，加强政治能力建设”培训班，组织全区627名处级以上领导干部完成“学习贯彻党的十九届六中全会精神”重点专题班培训。落实并完成2018—2022年上海市干部教育培训规划规定的各项重要指标和内容，做好总结评估工作。举办第17、18期处级干部进修班，共调训党政机关、企事业单位处级干部61人。举办第5期中青年干部培训班，选调来自区委办局、街镇、区属重点国企、卫生、教育等部门的42名优秀年轻科级干部参训。完成静安区新时代基层干部主题培训，实现全区13960名基层干部培训全覆盖。组织全区机关公务员（含参公）、区管企事业单位领导人员共3107人按要求完成网络学习任务。（潘玮）

【干部监督工作】 年内，区委组织部组织741名区管干部开展个人有关事项年度集中填报，报告率达100%。按照10%比例，对75名干部开展随机抽查并根据查核结果作出相应处理。对拟提拔或进一步使用对象46名、拟晋升职级对象10名、转任公务员1名、市组调研对象10名、“两代表一委员”对象15名开展重点查核，发挥个人有关事项报告制度“试金石”作用。结合区委巡察工作，对10家单位同步开展选人用人专项检查，督促整改发现的问题，提高各单位选人用人规范化水平。开展对5家单位、10名对象任期经济责任审计，扩大经济责任审计覆盖面，加大对重点领导干部审计力度。根据换届工作相关要求，做好换届风气监督工作，组织相关干部和重点人群观看和学习“两片一卡一书”，在区人代会选举市十六届人大代表期间做好警示片教育播放、换届风气测评、会风会纪监督等工作，确保换届风清气正。做好“12380”举报受理工作，规范举报处理流程，及时回应干部群众合理诉求。（李俊骅）

【楼宇党建工作】 年内，区委组织部打造以楼宇自治为点、以行业联治为线、以街区共治为面的静安区楼宇党建“治立方”多元善治体系。在50幢重点商务楼宇组建“楼务会”，组建由区级部门、市级机关等区域化党建单位共同参与的“首席服务团队”，打造“全球服务商”党建联盟，发布三大计划，有关工作项目被列入2022年度长三角城市群党建联席会议党建引领高质量发展20个合作项目。发布南京西路商圈“三大行动”“九大项目”，承办全市首次楼宇党建工作微论坛。聚焦构建新业态、新就业群体党建工作的“四梁八柱”，打造“新心驿站”服务品牌，升级各级党群阵地，成立静安区互联网电竞行业党建共同体，通过服务凝聚引导新就业群体参与基层治理。围绕党的二十大精神等全新内容，完成“新时代上海楼宇党建创新实践基地”更新升级工作，深化基地与市党建研究会“两新”组织专委会平台“产学研宣”协同作用。（董浩亮）

【党建引领基层治理】 年内，区委组织部调整党的建设工作领导小组及其办公室成员、架构，理顺工作机制，统筹推进党的建设和基层治理各项工作。开展落实全面从严治党主体责任专项调研，以高质量党建推动高效能治理。召开基层治理大会，制订印发《静安区关于进一步加强党建引领基层治理的若干措施》及6个配套文件，做好区党建引领基层治理总体布局。启动居民区党组织书记“领跑工程”，成立领跑书记成长学院，加强基层骨干队伍建设。推动落实市级“美好社区、先锋行动”及区级“领跑静安范、善治新样板”社区善治项目。制订《静安区“静·邻一家”党群服务阵地星级评定标准》，编制形成静安区党群服务阵地地图，推进“静·邻一家”党群服务阵地体系建设。（戴吉翔）

【基层党建工作】 年内，区委组织部压实党建工作责任，建立责任制“四张清单”，强化结果考核运用，督促问题整改落实。聚焦学习贯彻党的二十大精神这条主线，做好党的二十大代表推荐考察，开展以“学思践悟二十大砥砺奋进新征程”为主题系列活动，涵盖全面学习、全面把握、全面落实共三大类、25项任务。严格代表资格条件，严把人选政治关和廉洁关，选举产生区内16名出席市第十二次党代表大会代表。聚焦“六个一批”创建目标，开展静安区“党建品牌创建年”活动，选出79名优秀居民区党组织书记，50家党支部建设示范点，10佳党建特色品牌，10个基层治理样本，10条党建工作经验，10家“静·邻一家”五星党群服务阵地。用党的创新理论凝心铸魂，结合“首部党章诞生百年”，面向全区党组织和党员开展“学党章知党史守初心”系列党员教育活动。深化新时代党员学习教育品牌建设，打造首批8个学思践悟新思想现场教学点。（陈刚、戴吉翔）

【人才工作】 年内，区委组织部召开人才工作会议，制订出台《关于建设静安区高水平人才集聚区的实施意见》，实施“静英”人才计划，擦亮静安区人才品牌。人才培养举措落地落实，发动、推荐优秀人才参加荣誉申报和各类人才评选；加强各领域青年优秀人才蓄水池建设，实施科技、教育、卫生、司法等多领域人才引育计划，开展青年英才研修班，加强人才政治引领。优化人才发展环境，推出“静安才管家”一站式人才服务云平台；开展2022年“静英”创新创业大赛暨上海市第三届“海聚英才”全球创新创业大赛静安赛区活动；做好新冠肺炎疫情期间高层次人才看病就诊、物资配送等服务保障工作；优化制订《静安区人才安居工作实施细则》，提升人才安居保障力度；开展人才疗休养、人才体检、健康养生、文化赏析、体育锻炼、春节慰问等活动；开展市、区两级人才政策宣讲，实现人才服务主动化、精准化。（侯宇宁）

【公务员工作】 年内，区委组织部开展公务员招录工作，面上公务员和选调生录用70人，其中选调生9人、退役运动员3人。围绕新冠疫情防控大上海保卫战选派区级机关、事业干部1277人次参与支援基层新冠疫情防控，开展核酸筛查、社区支援、疫情流调、密接转运等工作，并做好关心慰问和跟踪管理。制定《静安区加强新录用公务员培养实施办法》，修订《静安区新录用公务员导师带徒工作办法》，用系统思维、全局视野推进新录用公务员培养工作，健全优秀年轻干部发现培养机制，加快促进年轻公务员成长成才。重点开展科级领导任职培训、新录用公务员区情教育培训、选调生基层锻炼培训、“静安公务员讲坛”等培训，配合市干部培训中心落实好“双休日讲座”常态化线上听讲。发挥公务员职务职级并行激励作用，至年底，全区科级及以下公务员中，综合管理类共有193人晋升，行政执法类共有140人晋升，另有法院系统晋升法官助理、书记员和执法勤务警员23人，检察院系统晋升检察官助理、书记员和执法勤务警员14人，52人转任交流。贯彻落实街镇综合行政执法改革，推进执法队伍干部转任交流和职级晋升工作。提高机关青年公寓管理效率和服务质量，最大限度解决年轻公务员租房困难，保障安心专注履职。（刘其旭）

【机构编制工作】 年内，区委组织部深化党政机构改革，巩固改革成果，加强基层党建、巡察监督、医疗保障、文物保护等重点领域体制机制调整，完善街镇“三定”规定、区法院督察职能、区检察院机构设置。分类推进区属事业单位机构职能编制规定制定工作，规范内设机构设置、事业编制核定、领导职数调整。完成区老干部管理服务中心等3家“小散弱”单位撤并。规范事业单位登记管理，变更法人登记417家，统一信用代码赋换证45家。从严从紧使用人员编制，核定公务员（参公）编制使用计划50名、事业单位编制使用计划1254名、社工额度使用计划252名，严格编外人员额度管理，规范额度使用。强化刚性约束，多渠道开展《机构编制违规违纪违法行为处理和问责规则（试行）》等法规制度宣传学习。以推进政府职能优化协同高效为着力点，开展权责清单集中调整。加强制度化建设，制订机关事业单位机构编制事项调整工作口径，规范管理权限。（李迪）

（四）宣传工作·精神文明建设

【概况】 2022年，中共静安区委宣传思想文化工作围绕中央、市委、区委要求，以习近平新时代中国特色社会主义思想为指导，以迎接学习宣传贯彻党的二十大和市第十二次党代表大会为主线，按照静安区“新标杆、新亮点”定位要求和“新作为、新局面”重要使命，坚定主心骨、汇聚正能量、振奋精气神，为静安区加快建设卓越的现代化国际城区提供思想保证和精神动力。抓好中心组学习，举办学习贯彻党的二十大精神市委宣讲团报告会暨领导干部专题培训班开班式。组建区委党的二十大精神宣讲团，召开宣讲工作动员暨集体备课会。依托中共二大会址纪念馆，开发“初心讲坛”系列党课等静安区特色宣讲资源。推出区委书记专访专题报道，策划“非凡十年”系列报道24篇，刊出全党全社会对党的二十大精神反响报道30余次。凝心聚力服务全区防疫大局，全方位报道静安区落实新冠疫情防控、“六稳”“六保”各项举措，中央、市级媒体累计报道123个头版，其中头版主题稿39篇，央视新闻直播间、焦点访谈、朝闻天下、东方时空等栏目陆续报道23篇。深化区委“明灯”讲师团建设，开发报告获评2022年度上海市基层理论宣讲优秀宣讲报告，中共二大会址纪念馆宣讲团获评市先进集体。成立基层宣讲队伍37支，开展宣讲975场，覆盖7.8万余人。举办纪念中共二大召开和首部党章通过100周年“十个一”重点纪念活动，统筹推进红色文化工作向纵深开展，中共二大会址纪念馆升级改造原党章专题展厅，推出“永远的旗帜——中国共产党党章学习厅”。召开静安区首次红色资源保护利用工作联席会议。推进全国文明城区创建复评，完善领导包干督导制等机制，开展3个专项行动。推进党章研究中心建设，联合中国浦东干部学院，试点推进彭浦新村旧房改造现场教学点、教学案例建设，首次主持“习近平新时代中国特色社会主义思想在上海的生动实践”市级课题研究。落实网络安全工作责任制，建立考核制度。于全市率先建立首席数据官制度。参与公共数据分类分级试点工作，制订《静安区公共数据分类分级导则》。主办2022年度国家网络安全宣传周上海地区活动任务，举办活动310场次，覆盖人数近35万人，静安区蝉联2022年宣传周上海地区活动优秀单位。牵头推进国家级区块链综合试点项目落地。中央、市级媒体共报道静安区相关正面新闻8384条，其中《人民日报》《光明日报》《解放日报》《文汇报》《新民晚报》等主流媒体刊发头版主题稿109篇、整版81个，上海电视台报道290条。与上海广播电台开展“国际静安”宣传合作，围绕全区中心工作、重点项目、重大工程，完成12期共757个形象宣传短音频，16期“我眼中的卓越城区”系列精品音频，多角度展现静安区城区品质。全年推出12期《上海日报》静安专刊，静安亮点新闻陆续在SHINE网站、SHINE微信公众号及*Shanghai Daily*海外社交媒体平台等渠道推出。利用新华社优势资源，将郁金香花博会、静安区楼宇经济、张园西区揭幕等内容在130多家英美地区海外主流媒体平台上推广落地，覆盖受众人群近3亿人，打造静安区国际传播名片。策划制作《遇见静安》画册，完成《静安星火》等城区形象宣介品出版。组织2022媒体看静安活动、张园媒体之日活动。结合“进博会”主题，多平台开展“外国人看静安”系列微博vlog推广，累计收获近百万浏览量。制作“另眼观盛会，老外讲故事”短视频。客户端总发布文章16915篇，建立专题20个，开展线上线下推广运营活动25场，推出网络直播171场。上线6支专题H5，推出5项服务功能，组织309次社群活动，积分商城成交近2000笔。微信共发布推送文章8244篇，总阅读量超5440万次，较上年增长318.4%；微博共发布信息10184条，其中原创稿件7845条，原创内容阅读量超3223万次。抖音平台共推送648条短视频，总播放量超2596万次。视频号共发布2461条短视频产品，总播放量超过3156次，总点赞量超27万次。区门户网站“静安新闻”栏目共发布2476条新闻，完成在线访谈11期。《静安报》共刊发新闻版面354个，策划深度报道约260篇，各类稿件1690余篇。电视台播出记者自采新闻950条。“上海静安”微信公众号粉丝66万人，微博粉丝52.4万人，抖音粉丝近20万人，视频号粉丝超过3.1万人。客户端总下载146.7万次，总装机44.9万台，总注册33.9万人，多项数据在全市区级融媒体中名列前茅。深化新时代文明实践，新增文明实践特色阵地86家，开展“百年初心路文明实践行”系列活动百余场。开展2021年度全国学雷锋志愿服务“四个100”先进典型宣传推选。所推荐的张玉霞获评“2022感动上海年度人物”。制订完成《静安区精神文明创建工作标准（2021版）》工作，修订完善区级文明小区、文明单位、文明家庭、文明校园测评体系。推荐申报新一轮市级文明小区17个、市级文明单位16家、市级文明校园5个，市级文明家庭14个。开展“微光成炬，同心守‘沪’”新冠疫情防控志愿服务等宣传。出台《静安志愿服务信息平台管理办法（试行）》，指导各级志愿服务组织规范做好志愿者注册、项目发布、客观公正地记录志愿服务时长等工作。在传统节日期间组织“我们的节日”主题活动。开展习近平新时代中国特色社会主义思想、社会主义核心价值观等形势政策宣传以及市民修身、文明旅游、文明交通、勤俭节约等创建类系列宣传。（唐楠棋）

【党的二十大主题宣传】 年内，区委宣传部坚持以迎接学习宣传贯彻党的二十大精神为主线，围绕中心工作，提高站位、精心谋划，为党的二十大召开营造舆论氛围。会前凝心聚力，做好预热宣传。聚焦党的十八大以来区域经济社会发展成就，在《解放日报》《文汇报》《新民晚报》推出区委书记专访专题报道，并在《解放日报》《文汇报》《新民晚报》《新民周刊》刊登专版、专刊，多形式、多角度、全方位反映静安区在新时代新成就。大会期间主动推介，做好反映报道。联动中央级、市级媒体平台和区融媒体中心阵地，征集基层稿件，做好静安区党员干部群众学习贯彻落实二十大精神的反映报道，在《解放日报》《文汇报》《新民晚报》《经济日报》《上海法治报》和“上观新闻”中央、市级媒体累计发布30余篇反响报道。大会召开后聚焦重点，凸显静安区姿态担当。结合静安区中心工作，做好大会精神落实到区委、区政府各项重点工作中的宣传报道，围绕全球服务商计划推进大会、苏河湾万象天地打造首店经济、静安区第四季度重大项目集中开工等主题做好新闻宣发，呈现静安区踔厉奋发新时代、团结奋斗新篇章的精神面貌。（孙倩）

【纪念中共二大召开和首部党章通过100周年“十个一”系列活动】 年内，在中共二大召开和首部党章通过100周年之际，区委宣传部推出“百年辅德里，奋进新时代”——纪念中共二大召开和首部党章通过100周年“十个一”系列活动。举办“第一部《中国共产党章程》通过一百周年”纪念邮票首发仪式及首部党章通过100周年学术研讨会；开设“《中国共产党章程》诞生地主题邮局”；升级打造中共二大会址纪念馆“永远的旗帜——中国共产党党章学习厅”；区委书记于勇领衔100名市优秀党员代表，开展“诵读党章、讲述初心”百年百人红色声音接力活动，在阿基米德手机应用软件（App）上点播量达400余万次；拍摄专题片《辅德里1922》《永远的旗帜——百年党章的红色历程》并在上广纪实人文频道播出，推出《辅德里》高清戏剧影像，开启文艺党课《辅德里》全国巡讲；编撰《纪念中国共产党首部党章通过100周年学术研讨会论文集》《暗夜星火——党章诞生地的初心故事》《中共二大史》《辅德里：一部经典红色戏剧的诞生》等系列专著；遴选中共二大会址周边13条道路、17处景点，打造总长8千米静安区红色经典步道；推进中央秘书处机关旧址纪念馆、中央特科机关旧址纪念馆筹建；举办覆盖青少年、白领等群体的一组党史教育实践活动以及全区各部门、街镇围绕统战百年、平民女校百年等不同主题开展的系列特色纪念项目。年内，紧扣中共二大召开和首部党章通过100周年主题，共举办369次活动，线上线下参与12.8万人次，中央、市级媒体报道266篇。（陈玉珍）

【推进中共二大召开和首部党章诞生100周年新闻宣传】 年内，区委宣传部把握主旋律，宣传伟大建党精神，做好“百年辅德里奋进新时代——纪念中国共产党第二次代表大会召开和首部党章诞生100周年”系列活动宣传。宣传预热，先声夺人。结合上海人民广播电台“国际静安卓越城区”合作项目，推出7月“红色文化”主题播报、7月二大百年公益广告，营造宣传氛围。联动媒体，集中造势。提前谋划，组织召开新闻通气会，邀请近50家中央、市级媒体参加，重点推介二大和党章百年活动背景和亮点，并做好主题邮局设立、纪念邮票发行、学术研讨会等系列重点活动新闻宣传保障，《解放日报》《文汇报》《劳动报》陆续刊登头版报道。主动出击，重磅发声。邀约中央重量级媒体介绍选题策划，为扩大整体宣传影响助力。《人民日报》从“明灯”志愿者服务队工作切入，7月18日，在政治版刊登二大百年报道；7月27日，理论版刊登区委书记专题稿件。新华社从红色历史工作传承角度，专访区委书记。独家报道在新华社新媒体平台上获近108万人次阅读量。围绕二大百年深度报道在《新华每日电讯》刊出。活动期间，中央、市级媒体累计报道226篇。

（陈玉珍）

【新冠肺炎疫情专题报道】 年内，新冠肺炎疫情期间，区委宣传部深入一线，紧跟热点，推出众多暖心报道，为打赢区域新冠疫情防控阻击战提振士气，营造公开舆论氛围。《越洋广场解除封控后：100分钟，938辆出租车送2091人安全回家》报道在区融媒体中心平台收获阅读量超20万次，相关视频平台播放量50多万次，获《人民日报》、新华网等央媒转载。南京西路街道志愿者李娜、从武汉辗转来上海“报恩”的付俊、雷允上药城24小时用药服务窗口值守人周烨昊、7天瘦14斤的居民区党总支副书记郑璐璐、临汾路街道保德路241弄小区的“志愿女团”等故事，第一时间受到央媒、市媒等权威媒体关注。区委宣传部把握主旋律、传播正能量，做好抗击疫情期间新闻宣传工作。着力策划、挖掘素材，主动贴近抗疫第一线。3月1日至5月25日，《光明日报》《解放日报》《文汇报》《新民晚报》等67个头版报道中运用静安区案例，其中主题报道26篇，央视“新闻直播间”“焦点访谈”“朝闻天下”“东方时空”等栏目陆续报道静安区党员志愿者奋战在抗疫一线事迹19篇，上海电视台“新闻报道”“新闻透视”等栏目播出静安区相关新闻近55条。联动媒体，信息互通，增强新闻影响力。与中央级、市级媒体保持联络，做好媒体服务工作。3月1日至5月25日，每日根据媒体聚焦热点，向基层及区融媒体中心征集案例素材，主动向媒体群推送静安区新闻线索239条，服务媒体需求近300次。每日向市委宣传部新闻处推荐静安区新闻线索，累计报送53条，各大中央、市级媒体共发布静安区防疫相关报道2398篇，其中主题稿1542篇、综合稿856篇；中央级媒体报道424篇、市级媒体报道1974篇。主题稿《越洋广场解封暖心举措》《临汾一键申请居家隔离证明》《静安寺街道青年突击队》等案例获全网转发，展现静安区人民团结一心、同舟共济精神风貌。对于媒体比较关注的复工复产复商复市工作，主动推荐线索，“上观新闻”第一时间发稿《南京西路商圈有序筹备复商复市，期待早日恢复活力》、《新民晚报》头版报道《南京西路商圈筹备复商复市》，上海电视台、上海广播电台、澎湃新闻等近

10家市级媒体陆续报道。协调各方，搭建平台，解决百姓求助急难愁问题。对接市委宣传部、主流媒体（《解放日报》“上观新闻”“新闻坊”《新民晚报》“澎湃新闻”等）求助平台市民诉求，沟通区卫生健康委、属地街镇等部门，帮助解决市民就医、配药、转运、物资保障等民生需求271件。第一时间将处置结果反馈给媒体平台，避免媒体后续跟进跟踪报道。对于影响较大的事件（如保供物资品质问题），联系市级部门寻求指导，并与媒体沟通，引导报道走向，降低事件负面影响。（孙倩）

【新冠疫情防控舆论保障】 年内，上海新冠疫情封控期间，区委网信办聚焦网络舆论主战场，把握网上意识形态工作主导权和主动权，启动重大舆情应急响应，强化分析研判和预警监测，加强与各相关部门和街镇线上线下协同联动，助推物资保障、隔离转运、就医求助等紧急民生诉求线下解决。坚持正面发声，加强舆论引导，纾解舆论情绪，避免舆情发酵。疫情防控期间，共协同各部门处置2000余条网络舆情，处置总量超过以往2年总和，守住网络意识形态安全防线。（王光成）

【区新闻办推进复工复产复商复市宣传】 年内，区委宣传部紧跟局势发展，做好复工复产复商复市新闻宣传工作。联动媒体，增强新闻影响力。根据最新形势，排摸案例线索并向媒体推荐。围绕商场开业、场所码申请、常态化核酸检测、公园开放等主题，在中央、市级媒体累计报道516篇，其中《解放日报》《文汇报》等头版报道31篇，上视报道21篇，央视“新闻1＋1”“总台直击”等栏目播出相关情况，体现静安区有序有效恢复正常生产生活秩序。聚焦亮点，凸显城区竞争力。围绕具有标志性代表意义的南京西路商圈策划新闻宣传，《解放日报》《文汇报》《新民晚报》三大报头版报道南京西路商圈筹备复商复市，《解放日报》《文汇报》《上海法治报》头版、上视“新闻综合报道”恒隆广场开业，中央、市级媒体累计报道42篇，体现静安区作为国际消费中心城市示范区的活力。强健信心，凝聚发展向心力。围绕区委、区政府中心工作，推进落实区内重大任务、重大工程、重大项目宣传，《文汇报》头版报道市北高新园区稳企纾困组合拳，上广围绕四大功能区连续4期推出系列音频，各级媒体陆续报道彭一旧改、加装电梯、为老服务、白领餐厅等内容，强化发展信心、彰显静安区新气象。（孙倩）

【静安区入选国家区块链创新应用综合性试点】 年内，经中央网信办等16个部门联合公布，静安区入选国家区块链创新应用试点，且是上海唯一入选综合性试点的地区。区委常委会专门听取汇报，经两上两下批复，围绕试点总体目标从技术平台、应用服务、产业生态等视角开展推进工作，形成国家区块链创新应用试点任务书。8月，在市北高新园区举办国家区块链创新应用综合性试点启动仪式。中央网信办信息化发展局副局长王江通过视频发表致辞，市委网信办主任姜迅，区委书记于勇，区委副书记、区长王华共同点亮静安区“国家区块链创新应用综合试点”启动键，发布全区14个区块链创新应用场景、举行区块链生态谷企业入驻签约仪式、院士演讲和圆桌论坛。年底，根据中央网信办《关于开展国家区块链创新应用综合性试点阶段性评估工作的通知》要求，静安区认真组织、统筹协调、市区联手，完成国家区块链创新应用综合性试点阶段性评估和技术测试工作。（胡臻云）

【静安区获2022年上海市“银鸽奖”8项荣誉】 年内，静安区申报的作品在全市近500件作品中脱颖而出，获8项荣誉，包括3个最佳奖和5

个优胜奖:《静安星火》获最佳出版奖,百年张园宣推案例和“全球艺场,上海时间”——上海国际艺术品交易周分别获最佳活动和案例奖,《外国人看静安》《IN 南西,商机无限》分别获视频类优胜奖,“我眼中的中国”外国人讲中国故事短视频、上海暖心故事海外宣推、SHIDF 上海·静安国际设计节分别获活动和案例类优胜奖。 (唐楠棋)

【市级新闻奖项获佳绩】 年内,区融媒体中心2篇作品获走转改优秀作品二等奖,2篇作品获走转改优秀作品三等奖,2篇作品分别获上海市五一新闻奖新媒体类二等奖和三等奖。3名工作人员获2021年度上海广播电视奖电视新闻三等奖,集体作品获2021年度上海广播电视奖(地区)媒体融合传播二等奖,《民生一网通》获2021年度上海广播电视奖特等奖。《“人民之城”融媒联播·静安篇》特别节目2个项目获评市级优秀融媒作品。2篇作品获评《解放日报》上观号优秀作品奖。 (王林平)

【市委党史学习教育第五巡回指导组静安第三轮巡回指导专题会】 于1月6日在区机关大楼4楼会场举行。市委党史学习教育第五巡回指导组组长吴嘉敏主持专题会,向区委党史学习教育领导小组反馈第二轮巡回指导意见,并提出工作要求。区委副书记、区委党史学习教育领导小组常务副组长王益群汇报区党史学习教育第三阶段开展情况及下一步工作打算。区委常委、组织部部长、区委党史学习教育领导小组副组长宋宗德,区委常委、宣传部部长、区委党史学习教育领导小组副组长莫亮金出席专题会。 (甘陈通)

【党史学习教育总结会】 于1月27日在区机关大楼4楼会场举行。区委书记于勇出席会议并讲话,区委副书记、区长王华主持会议。市委党史学习教育第五巡回指导组副组长周建军,区人大常委会主任顾云豪,区委副书记王益群,区委常委、组织部部长宋宗德,区委常委、宣传部部长莫亮金出席会议。于勇在讲话中要求总结有效做法、建立长效机制,把管用有效的做法总结好、深化好,形成常态化、长效化制度机制,使党史学习教育真正融入日常、抓在经常。 (甘陈通)

【“上海静安”适老化改造项目第一批通过评测】 1月,区融媒体中心适老化改造项目通过国家工业和信息化部评测,“上海静安”成为全市首批通过适老化及无障碍水平评测的 App,首批22个 App 和网站中仅有2个区融 App。中心还被中国信息通信研究院授予移动互联网应用信息无障碍标识证书。 (王林平)

【红色资源保护利用工作联席会议】 于1月29日在胶州路58号3楼会场召开。区委常委、宣传部部长莫亮金出席会议,副区长龙婉丽主持。会议通报2021年静安区红色文化工作推进情况,审议并原则通过《静安区红色资源传承弘扬和保护利用实施方案》《静安区红色资源保护利用工作联席会议工作规范》。区红色资源保护利用工作联席会议成员、各街镇分管领导参加会议。 (陈玉珍)

【纪念平民女校创办100周年暨2022年“三八”国际劳动妇女节主题活动】 于2月24日在中共二大会址纪念馆举办。该活动由市妇联、区委宣传部指导,区妇联、中共二大会址纪念馆主办,市妇女干部学校、上海大学机电工程与自动化学院、曹杨二中协办。区委常委、宣传部部长莫亮金,市、区妇联有关领导,上海大学及来自静安区各行业优秀巾帼代表等出席活动。

(唐楠棋)

【“上海静安”客户端服务升级】 年内，上线多项新冠疫情防控实用工具。3月25日起，开通新冠疫情防控工作问题建议征集平台，建立4部门联动处置机制，以派单和点对点联系等方式解决紧急求助和意见投诉，推动问题处置解决。5月5日起，客户端首页可查询全市点位布局情况及身边最近的核酸采样点。推出区融抗疫专栏，提供便捷的“一站式”服务，方便市民使用“三码”查询抗疫相关资讯和工具。引入区域医疗资源平台“健康静安”部分服务模块，与区政务数据管理中心合作升级“静安红色场馆一网通”平台，优化提升流程，做好便民服务，全年平台服务总人次超23万。牵手“小邻通”，提供八大类、上百种惠民服务项目，探索构建社区服务闭环。联合区工商联，上线“转型蝶变再创辉煌”静安区工商联民营企业展现活动，搭建企业互动平台。 （王林平）

【3个先进典型入选2021年全国学雷锋志愿服务“四个100”名单】 5月12日，2021年度全国学雷锋志愿服务“四个100”先进典型名单公布，静安区推荐的3个先进典型榜上有名，包括2个最美志愿者、1个最美志愿服务社区。区志愿者卜佳青、王森获全国学雷锋志愿服务“四个100”先进典型最美志愿者；南京西路街道获全国学雷锋志愿服务“四个100”先进典型最美志愿服务社区。 （周雨）

【赵嘉鸣调研红色场馆】 参见“领导视察和调研”相关条目。 （陈玉珍）

【区委宣传思想工作领导小组（扩大）会议】 于6月15日在区机关大楼4楼会场召开，区委书记、区委宣传思想工作领导小组组长于勇主持会议。区委宣传思想工作领导小组副组长王益群、莫亮金、傅俊等出席会议。会议传达2022年市委宣传思想工作领导小组会议精神，总结2021年、2022年1月至5月全区意识形态工作，部署2022年意识形态工作责任制重点任务。区委政法委、区委网信办、区教育局等在会上作交流发言。 （唐楠祺）

【区委网信委第四次（扩大）会议】 于6月15日在区机关大楼4楼会场召开，区委书记、区委网信委主任于勇主持会议。区委副书记、区长、区委网信委副主任王华，区委副书记、区委网信委副主任王益群以及区委网信委委员王翔、莫亮金、姜坚等出席会议。区委常委、副区长梅广清列席会议。会议传达市委网信委第四次会议精神，总结2021年及2022年1月至5月全区网信工作，审议通过《2022年静安区网信工作要点》《中共上海市静安区委网络安全和信息化委员会工作规则》和《中共上海市静安区委网络安全和信息化委员会办公室工作细则》。 （胡臻云）

【区2022年精神文明建设工作会议暨深化拓展新时代文明实践中心建设工作推进会】 于6月22日在区机关4楼会议室召开。区领导于勇、王华、王益群、王翔、莫亮金、傅俊等出席会议。会上宣读2021年度静安区社会主义精神文明好人好事表扬决定，部署2022年精神文明建设重点工作及新时代文明实践相关工作。华东政法大学国际法学院副教授李娜、锦延大楼志愿者、幸福益站志愿服务中心、石门二路街道郑家巷居民区党总支书记蔡琪、大宁路街道作交流发言。 （奚伟）

【上海市纪念首部党章通过100周年座谈会】 于7月21日举行。市委书记李强在会上强调，要学习贯彻习近平总书记关于党章的重要论述，弘扬伟大建党精神，更加自觉地学党章、用党章，做学习贯彻党章的忠实践行者。中央党史和文献研究院院长曲青山出席并讲话。市委副书记、市长龚正主持会议。座谈会由中共上海市委、中央党史和文献研究院联合举办，以视频连线方式举行。市委副书记诸葛宇杰，市委常委刘学新、胡文容，中央党史和文献研究院副院长柴方国、黄一兵、王全春出席。静安区分会场内，区委书记于勇，区委常委、宣传部部长莫亮金等出席；中共二大会址纪念馆党支部书记尤玮作交流发言。（陈玉珍）

【“学习强国”融媒号建设】 8月起，区融媒体中心开设“学习强国”静安融媒号，组建专门团队严把稿件供、审、发流程，提升发稿质量，加强版块内容维护，全年共报送各类稿件648条，录用523条；加大“学习强国”平台报送力度，依托“学习强国”平台传播优势，讲好静安故事、传播静安声音、展示静安形象。区融媒体中心获2021年度静安区“学习强国”优秀供稿奖。（王林平）

【区2022年创建全国文明城区工作动员部署会】 于8月10日在区机关4楼会议室召开，区领导于勇、王华、王益群、王翔、莫亮金、傅俊等出席。会议通报静安区创建全国文明城区实地模拟测评情况，部署下阶段全国文明城区创建工作。区房管局、天目西路街道、城发集团作交流发言。（奚伟）

【“Hi静安，遇见美好生活”网上主题宣传活动】 于8月底在抖音、小红书平台策划推出。活动动员自媒体通过短视频、图文、打卡攻略等创作形式，讲述静安区故事，推介静安区形象。至10月中旬，活动话题全网播放量超1800万次。（蔡子祺）

【开展“1＋X”新闻宣传与媒体接待培训】 9月至11月，区新闻办以课程配送方式为全区新闻宣传条线干部开展业务培训，累计配送课程11场，覆盖14个街镇和大口委办局近800名基层干部。一是定制化课程实现精准滴灌。建立“对象点单，资源上门”点对点配送模式，提供融媒体政务新闻传播策略、政府公共危机处理与媒体公关应对、政务信息与新闻稿件写作等课程范例，邀约中央、市级知名记者、专家学者开展针对性授课。二是融入式教学提升学习体验。通过剖析经典案例、讲述报道细节、模拟实战演练等多种形式，使培训学员以“亲历者”视角更好地掌握技巧，增进对新闻宣传工作理解。三是全过程把关保障课程质量。做好“培训前—培训中—培训后”全流程、全方位课程把关与培训服务，收集课程反馈，跟踪学习成效，拓宽基层正面宣传思路，打造政治过硬、本领高强、求实创新、能打胜仗的宣传思想工作队伍。（朱雅洁）

【成立首批采编基地】 9月27日，区融媒体中心在成立3周年之际为首批采编基地揭牌。北站街道、大宁路街道、临汾路街道、彭浦镇成为首批揭牌的采编基地。中心探索基层新闻全新生产机制，逐步与各采编基地展开选题对接工作，对应街镇报道数量和质量较之前有明显提升；推进各街镇融媒号建设，布局优化融媒号排序，改善账号露出情况，全年入驻的22个融媒号总发布数为6280条。（王林平）

【国家网络安全宣传周上海地区活动】 于9月5日至11日开展。静安区作为国家网络安全宣传周上海地区活动主办区，立足静安区数据资源丰富、商圈楼宇集聚特点，通过展览、论坛、沙龙、知识竞赛等多种形式，线上线下发动人民群众参与网络安全宣传教育活动，进行网络安全、数据安全和个人信息保护等法规宣传教育，增强网络和数据安全意识，提升网络和数据安

9月5日至11日，国家网络安全宣传周上海地区活动在静安区开展　　（区委宣传部　供稿）

全防护技能，打造网络安全宣传静安品牌。全区举办各类活动310场次，线上线下活动覆盖人数近35万人，配送各类宣传册、海报42.5万余份。全网发布、转载各类通讯稿1300余篇，超过历年总和。（陈筑成）

【王亚元调研“元宇宙”产业发展】 10月12日，市委宣传部副部长、市国资委副主任王亚元，市委宣传部发改办主任刘海英、副主任吉海东和吕津等到静安区调研“元宇宙”产业发展。王亚元一行分别参观壹沓科技（上海）有限公司和区块链生态谷，实地了解区“元宇宙”产业发展情况。区委常委、宣传部部长莫亮金陪同调研。（唐楠棋）

【“微光成炬，同心守‘沪’”上海市新冠疫情防控志愿服务宣传主题巡展暨静安区新冠疫情防控交流展示活动】 于10月25日在静安雕塑公园启动。活动中静安区新冠疫情防控优秀志愿者上台做交流分享，第五届“进博会”内宾接待志愿服务队代表进行上岗宣誓，现场为新冠疫情防控优秀志愿者、第四届“进博会”优秀志愿服务团队、“进博会”优秀志愿者颁发荣誉证书和纪念品。静安雕塑公园新时代文明实践特色站当天揭牌成立。（周雨）

【2022年度“媒体看静安”活动】 于11月上旬在苏河湾中心MT楼42楼展厅举办。区新闻办邀约中央、市级主流媒体参观上海苏河湾万象天地，从人文体验、海派摩登到潮玩新地标，从公共空间到产业与文化内涵，体验苏河湾核心区人文休闲氛围，通过游逛式漫步从不同视角理解静安区文化软实力，感受“国际静安·卓越城区”吸引力和感染力。《人民日报》、新华社、《光明日报》、中央广播电视总台上海总站、《解放日报》《文汇报》《新民晚报》“澎湃新闻”等近20家主流媒体记者参与活动。（朱雅洁）

【张园西区揭幕新闻发布会】 11月25日，区新闻办在张园西区召开“百年张园盛世焕新”新闻发布会，区委常委、宣传部部长莫亮金，副区长李震、张军，以及张园城市更新项目负责人等出席。发布会上先后介绍张园在城市更新、保护性征收、建筑修缮、历史文化、商业发展、文化潮流与消费时尚引领等方面内容和经验成效，并对揭幕活动和正式开放安排作介绍。发布会后，区新闻办邀约张园原居民与媒体一同实地体验探园，让张园老居民更直观感受张园修缮后的全新面貌，让记者更深入了解张园背后烟火气的故事。近50家中央、市级媒体参加发布会，央视新闻联播、新华每日电讯、《解放日报》、上海电视台等主流媒体纷纷刊载张园西区揭幕报道，累计发稿150余篇。（孙倩）

【中共二大会址纪念馆“永远的旗帜——中国共产党党章学习厅”全新开放】 11月27日，“永远的旗帜——中国共产党党章学习厅”在中共二大会址纪念馆举行开放活动。市委常委、宣传部部长赵嘉鸣出席，并为中国共产党党章学习厅开放揭幕。市委宣传部副部长、市文明办主任潘敏，市委党史研究室主任严爱云共同开启党章学习流动教室巡讲活动。区委书记于勇出席活动并为静安区红色经典步道揭牌。区委常委、组织部部长宋宗德，中共一大纪念馆党委书记、馆长薛峰等出席活动。（唐楠棋）

【静安区新时代文明实践志愿服务季】 12月2日，在第37个“国际志愿者日”即将来临之际，由市文明办、市志愿者协会、市志愿服务公益基金会、上海广播电视台、上海报业集团、东方网和静安区新时代文明实践中心共同主办的“奋进新征程，投身新实践，建功新时代”2022年上海市文明实践志愿服务季开幕式活动在静安区大宁会议中心举行。活动现场各主办单位领导共同启动为期3个月的志愿服务季。静安区学习宣传贯彻党的二十大精神主题活动和“初心守护人”志愿集市在分会场同步进行。（周雨）

【静安影视电竞产业政策成果发布会】 12月8日，区委宣传部对接区文化旅游局在宏慧园区

11月27日，在中共二大会址纪念馆举行“永远的旗帜——中国共产党党章学习厅”开放活动

（区委宣传部　供稿）

召开静安影视电竞产业政策成果发布会。会上，区文化旅游局围绕“两电一新静九条”政策发布以后的成果作介绍，4家影视电竞企业代表分享自静安影视电竞产业政策发布以后的受惠案例。会后，组织媒体参观静安五大影视电竞产业园区之一的宏慧视界BOX和最新完成迭代升级的腾竞直转播中心，直观感受静安区文化产业发展氛围。《人民日报》、新华社、《解放日报》《文汇报》等中央、市级媒体参加发布会，累计报道20余篇。（黄瑛）

【沪小信普法宣传活动】 年内，区委网信办会同区教育局等相关职能部门，以同济大学附属七一中学为试点，共同推进“沪小信”普法宣传进校园主题实践活动，以点带面引导未成年人文明上网、文明用网。（蔡子祺）

【中国劳动组合书记部旧址陈列馆班组被授予全国工人先锋号】 4月28日，2022年庆祝“五一”国际劳动节暨全国五一劳动奖和全国工人先锋号表彰大会在北京举行，区文物史料馆中国劳动组合书记部旧址陈列馆班组被授予全国工人先锋号。中国劳动组合书记部旧址陈列馆近2年推进保护性修缮和布展提升工程，通过走访中国劳动组合书记部分部所在地相关28家纪念馆，共征集相关史料近千件，从中甄选152件珍贵史料成为新增展项。在市总工会指导下，开展“上海职工学堂”创设工作，自主打造《足迹：红色序曲》情景党课，深挖场馆红色内涵，打磨课程内容，全部授课和演出均由馆内讲解员担任。新展投入运行后，共接待团队199批次，累计受众3781人次。（唐楠棋）

【短视频策划与传播】 年内，区融媒体中心短视频策划与制作基本做到重点新闻全覆盖，重大节点全触达，重要事件全跟进。两会期间推出代表委员专访和会议“金句”集锦短视频38条，总播放量超12万次。围绕新冠疫情防控的大上海保卫战，共发布抖音213条，视频号733条。做好官方信息拆条和政策公告解读，推出“宅家健身”“宅家美食”系列原创短视频，做好宅家人员身心健康引导，结合时间节点推出“致敬劳动者”“你是我的骄傲”母亲节系列短视频、“声情静安”战疫回顾系列短视频及评论类短视频栏目“主播说”。“主播说”4期作品在抖音平台播放量超263万次，视频号平台播放量超20万次。（王林平）

（五）统战工作

【概况】 2022年，静安区统战工作以习近平新时代中国特色社会主义思想为指导，学习贯彻党的二十大精神和习近平总书记关于做好新时代党的统一战线工作的重要思想，贯彻落实中央、市委、区委关于统一战线决策部署，为静安区加快建设卓越的现代化国际城区凝聚统一战线智慧力量。把学习贯彻党的二十大精神作为贯穿统战各领域主题教育主线。组织统战各领域以多种形式收看党的二十大开幕会，设置专栏连载统战成员反映反响。第一时间召开区统战系统全体机关干部大会传达学习，组织机关党支部学习交流，汇编学习贯彻二十大精神学习材料。把纪念统战百年作为全年重点，利用静安区丰富红色资源，开展各类宣传教育活动。召开区委统战工作会议，贯彻党的二十大精神和中央、市委统战工作会议精神。将学习贯彻会议精神纳入各级党委（党组）中心组学习内容和区委党校、区社会主义学院、各街镇社区党校重要教学内容，并作为统战工作年底考核重要依据。举办主体培训班及社院讲坛共15期，

1000余人参训。制订下发全区贯彻落实《中共上海市委关于贯彻落实〈中国共产党统一战线工作条例〉的实施意见》重点任务分工方案。区委统战部领导班子，各民主党派、统战团体主要负责人，区统战工作重点联系单位、各街镇党委（党组）书记等交流学习体会，依托“静安统战”微信公众号专题发布45篇。发挥区委统战部新冠疫情防控工作领导小组作用，第一时间部署安排动员。发挥区委统一战线工作领导小组牵头抓总作用，召开领导小组第六次全体会议和统战工作推进会，印发领导小组及区委统战部年度工作要点，部署推进重点工作。做深做实基层统战工作，下发区重点单位党（工）委（组）及各街镇党（工）委年度统战工作责任清单，细化统战工作考核评估。举办统战分管领导和统战干部培训班，提升基层统战工作能力水平。提升统战宣传信息调研和实践创新工作水平，“静安统战”微信公众号发布内容730篇，阅读量近37万人次；打造“同心圆桌会”系列栏目，累计阅读量近11万人次；深化“开学第一课”百万级网络宣传品牌，台湾问题白皮书主题视频节目全网总播放量214.3万次。引导党外人才建言献策，获市级部门采用27篇次，市领导批示10篇次，其中市委主要领导批示1篇。全区统战系统各部门（单位）共完成调研课题25项。聚焦统战领域重难点问题，形成统战工作实践创新项目6项上报市委统战部。做好民主党派工作，落实政党协商安排，根据中共区委年度政党协商计划，召开党外人士座谈会，完成5轮协商反馈，共形成51项意见建议。支持民主党派开展专项民主监督。各民主党派区委、区工商联、无党派人士围绕集中力量解决民心工程与人民城市建设、培育壮大专精特新企业、抢占元宇宙新赛道等内容开展专项民主监督，深入各自对口联系对象实地调研，形成调研报告9篇。支持民主党派加强自身建设，加强联系服务，发挥代表人士示范引领作用。落实区级党员领导干部与党外代表人士联谊交友制度，区委、区政府班子成员每人联系2至4名党外代表人士。开展新一轮优秀年轻干部和其他年龄段优秀干部推荐工作，党外干部占比10%以上。年内，党外干部中提拔为副处实职1名，交流任职4名。30个区政府部门领导班子中，9个配备党外干部，达到不少于30%的要求，且配备3名党外正职。加强无党派人士和党外知识分子思想政治建设，“静安区统一战线星光艺术团”获评“上海党外知识分子思想政治工作十佳案例”，推出“年味从这蔓延”专题特辑为留沪过年人员送上温暖。完成30名无党派人士认定。组织无党派人士参加党外人士座谈会、小范围谈心会、民主协商会等协商活动，开展专项民主监督，提升参政水平。深化全国新的社会阶层人士统战工作实践创新基地建设。结合“凝聚新力量，筑梦新时代”主题教育，举办英雄联盟手游赛事、主题微建言、网络人士话网络统战座谈会。完善组织构架，完成区新联会换届。注重培养使用，举办区新阶层代表人士培训班。

（王豪斐）

【无党派人士认定集体谈心会】 于1月6日下午在赛诺菲（中国）投资有限公司上海分公司召开。区委常委、统战部部长顾定鋆出席会议并与2021年第二批认定的30名无党派人士集体谈心。区委统战部副部长季军主持会议。所认定的30名无党派人士，经由团区委、区工商联、天目西路街道、彭浦镇等部门推荐，均为各领域的优秀人才和对社会、行业有积极贡献的代表人士。

（王豪斐）

【区委统战部专题民主生活会】 于1月28日在胶州路58号3楼会议室召开。区委常委、统战部部长顾定鋆主持并讲话，区委党史学习教育第二巡回指导组组长于文出席并点评，区委统战部处级党员领导干部参加。会上，顾定鋆首先代表部门领导班子作对照检查，并带头开展自我批评。区委统战部处级党员领导干部逐一进行个人对照检查，相互提出批评意见。

（王豪斐）

【区委统战部党史学习教育总结会】 于1月28日在胶州路58号3楼会议室召开。区委常委、统战部部长顾定鋆出席会议并讲话。区委党史学习教育第二巡回指导组组长于文到会指导。区委统战部副部长季军主持会议并通报区委统战部党史学习教育开展情况。会上，顾定鋆对区委统战部2021年推进党史学习教育各项工作所取得的成效给予肯定，并就统战系统巩固拓展党史学习教育成果提出相关要求。（王豪斐）

【静安区2022年各党派团体新年学习会】 于2月7日在同舟大楼会议室召开。区委常委、统战部部长顾定鋆出席会议并就做好2022年工作提出相关要求。会议由区委统战部副部长季军主持。各党派团体负责人先后交流发言。各民主党派区委主委、专职副主委及秘书长，区工商联负责人，无党派人士代表参会。（王豪斐）

【区知联会与SMG知联会签订共建共联协议】 2月14日，静安区知联会、SMG知联会共建共联签约仪式于上海爱乐乐团举行。市委统战部二级巡视员、市欧美同学会党组书记、市党外知识分子联合会（知联会）常务副会长李霞，SMG监事长、SMG知联会名誉会长王治平，区委常委、统战部部长顾定鋆出席并讲话。会上，静安区知联会会长和SMG知联会会长签订共建共联协议书。与会领导和双方知友代表共同见证。双方知友代表围绕参加中国文联全国代表大会和上海市两会体会，以及元宇宙探索、文化润疆等话题进行分享交流。（王豪斐）

【于勇调研统战工作】 2月24日，区委书记于勇到区委统战部调研。区委常委、统战部部长顾定鋆出席调研座谈。于勇对区委统战部工作给予肯定，并对2022年区统战工作提出要求。顾定鋆就区委统战部基本情况、2021年统战工作情况、2022年统战工作重点安排进行汇报。区委办公室负责人、区委统战部处级以上领导干部参加调研。（王豪斐）

【区委统一战线工作领导小组第六次全体会议】 于6月10日在常德路370号4楼多功能厅举行。区委书记、领导小组组长于勇主持会议并讲话。区委常委、常务副区长、领导小组副组长傅俊，区委常委、统战部部长、领导小组常务副组长顾定鋆出席会议。于勇强调全区统一战线要学习贯彻习近平总书记关于加强和改进统一战线工作重要思想，从百年奋斗重大成就和历史经验中汲取智慧力量，扎实有效地做好统一战线各领域工作，为奋进新征程、谱写新篇章凝聚人心、汇聚力量。傅俊传达中央、市委有关会议精神。顾定鋆总结2021年以来全区统战工作情况，部署下一阶段重点任务。区委统战工作领导小组成员单位主要负责人参加会议。（王豪斐）

【党外人士座谈会】 6月21日，区委书记于勇主持召开党外人士座谈会，就“抓好新一届区委开局，推进新冠疫情防控及经济社会发展”听取党外人士意见建议，区委常委、统战部部长顾定鋆出席会议。8月17日，区委就“统筹推进新冠疫情防控与经济社会发展”听取意见建议，召开党外人士座谈会，区委副书记、区长王华出席会议并通报有关情况，区委常委、统战部部长顾定鋆主持会议。9月21日，区委召开党外人士座谈会，就“党风廉政建设和反腐败工作”听取意见建议，区委常委、区纪委书记、区监委主任高飞出席并通报有关情况，区委常委、统战部部长顾定鋆主持会议。11月29日，区委召开党外人士座谈会，就“数字化转型与高质量发展”听取意见建议，区委常委、统战部部长顾定鋆主持会议，副区长张军出席会议并通报有关情况。12月7日，区委书记于勇主持召开党外人士座谈会，就《区委工作报告》听取党外人士意见建议，区委常委、统战部部长顾定鋆出席会议。同日，区委就《政府工作报告》召开党外人士座谈会，并听取意见建议，区委常委、常务副区长傅俊出席会议并讲话，区委常委、统战部部长顾定鋆主持会议。（王豪斐）

【2022年统战工作推进会】 于7月7日在区政府4楼多功能会议室召开。区委常委、统战部部长顾定鋆出席会议并讲话。区委统战部副部长俞彪、季军、王立萍、李帆，区重点单位党（工）委（组）分管领导，各街镇党（工）委分管领导、统战干部、统战社工，各民主党派区委、区工商联、区侨联相关人员参加会议。会议采用主会场、分会场同步视频形式召开。会上下发《2022年度静安区重点单位党（工）委（组）统战工作责任清单》《2022年度静安区街道（镇）党（工）委统战工作责任清单》，明确各单位下半年统战工作责任和重点任务。区委统战部各位副部长结合《清单》，就各自分管工作对下半年工作进行部署。民革区委、区卫生健康工作党委、南京西路街道党工委分别围绕党派自身建设、党外干部队伍建设和楼宇统战工作等方面进行交流。（王豪斐）

【“开端——静安区各界人士纪念中国共产党统一战线政策提出100周年主题活动”】 于7月18日以线上直播形式举行。区委书记于勇出席活动并讲话，区委常委、统战部部长顾定鋆致辞。活动采取线上直播形式。该活动设置1个主会场+8个分会场，以“时空巨轮”（象征“同舟”）虚拟空间为主会场，以中共二大会址纪念馆等统战相关特色场景为分会场，由静安区统战系统机关干部担任策划小编，通过访谈，听统战人讲统战故事，开启一段回首初心、携手同行、共赴未来的时空旅程。（王豪斐）

【支持民主党派开展专项民主监督】 7月27日，2022年中共静安区委委托各民主党派、工商联、无党派人士开展专项民主监督工作启动。区委常委、统战部部长顾定鋆出席会议并讲话，区委统战部副部长季军主持会议。各民主党派区委、区工商联负责人，无党派人士代表，区委统战部、区商务委、区科委、区投资办、各街镇分管领导参加会议。（王豪斐）

【2022年统战分管领导、统战干部培训班】 于9月14日由区委统战部、区社会主义学院联合举办。区委常委、统战部部长顾定鋆出席培训班结业式并做讲话。顾定鋆就深入学习新时代党的统一战线工作重要思想，将学习成果更好转化为做好工作的实际行动提出相关意见。培训班由区委统战部副部长、区民宗办主任、区政府侨办主任俞彪主持。培训班安排三场专题辅导报告并采用线上线下同步培训模式。区重点单位、各街道（镇）统战分管领导、统战干部，区委统战部、区社会主义学院机关干部共90余人参加培训。（王豪斐）

【党规党纪教育大会暨党风廉政教育专题党课】 于9月19日在胶州路58号3楼会议室召开。区委常委、统战部部长顾定鋆出席并授课。顾定鋆结合2022年党风廉政教育月主题“涵养正气，永葆清廉”，为区统战系统全体机关干部上专题党课。区委统战部副部长季军主持会议，传达区党规党纪教育大会暨“四责协同”推进大会精神，并通报一批相关问题。区委统战部、各民主党派区委、区侨联、区社会主义学院全体机关干部参加会议,并一起观看警示教育片。（王豪斐）

【第三期党外中青年干部培训班】 9月30日,由区委组织部、区委统战部、区委党校和区社会主义学院联合举办的静安区第三期党外中青年干部培训班开班,并于11月4日正式结业。培训班学制5周。来自全区各机关、事业单位和国有企业15名学员(其中“70后”7人、“80后”8人)集中在区委党校,参加21场专题报告、2场学员论坛、2场座谈交流、2次现场教学、2次小组讨论、1次结构化研讨、1天素质拓展、1周社会调研等。在5周学习安排中,加强了“统一战线理论与方针政策”学习,特别邀请专家对中央、市委统战工作会议精神进行解读,帮党外中青年干部学懂弄通统战理论政策,明确当前统一战线赋予党外干部的责任和使命。（王豪斐）

【区委统战工作会议】 于10月31日在常德路370号4楼多功能厅召开。会议学习贯彻党的二十大精神和习近平总书记关于做好新时代党的统一战线工作重要思想,落实中央、市委统战工作会议精神,研究部署做好静安区统战工作。区委书记于勇出席会议并讲话,区委副书记、区长王华主持会议。（王豪斐）

【区各民主党派“矢志不渝跟党走,携手奋进新时代”政治交接主题教育学习交流会】 于11月3日在上海中心75层召开。区委常委、统战部部长顾定鋆,市委统战部党派处处长孙达普,区委统战部副部长季军,各民主党派区委主委等出席会议。（王豪斐）

【2022年“友声”特约信息员活动】 于11月18日在圣知林律师事务所召开。区委常委、统战部部长顾定鋆出席并讲话。区委统战部副部长季军主持活动。活动邀请民建区委、九三学社区委相关负责人就做好下阶段建言献策工作进行交流发言。市委统战部信息工作相关负责人到会指导。分管信息工作的各民主党派区委副主委、区知联会副会长出席,并就建言献策相关工作开展交流讨论,部分党外特约信息员参加并作心得分享。（王豪斐）

【2022年静安区新的社会阶层人士统战工作联席会议】 于11月24日在胶州路58号3楼会议室召开。区委常委、统战部部长顾定鋆出席会议并讲话,区委统战部副部长季军主持会议。会上,石门二路街道、天目西路街道2家单位分别对2022年新阶层统战工作进行总结,并提出建设性意见。（王豪斐）

【区委统战部理论学习中心组学习(扩大)会】 于12月9日在胶州路58号3楼会议室召开。区委常委、统战部部长顾定鋆主持会议并就学习领会党的二十大精神提出相关要求。区委统战部理论学习中心组成员分别结合学习体会进行交流分享。学习会邀请市社会主义学院副教授王俊华做题为《为全面推进中华民族伟大复兴而团结奋斗》专题讲座。区委统战部、各民主党派区委、区社院全体机关干部参加学习会。

（王豪斐）

(六)政法工作

【概况】 2022年,中共静安区委政法工作以习近平新时代中国特色社会主义思想为指导,贯彻党的二十大精神,落实习近平法治思想和习近平总书记关于政法工作的重要指示精神,统筹新冠疫情防控和安全稳定两个大局，维护静安区政治安全、社会安定、城市安宁、人民安康。在抗击新冠疫情的大上海保卫战期间，区政法单位响应区委号召，第一时间组建“党员突击队”“青年志愿队”深入街道（镇）、居民区抗疫一线，居家干警按照“双报到”“尽报到”要求，全体就地“转岗”、下沉一线，参与社区抗疫任务。强化与区卫生健康委、区疾控中心联动协作，组织警力配合属地街镇扎进社区封控、核酸筛查和隔离转运工作，同步做好劝解引导、法律告知和矛盾处置。组建区新冠疫情防控法治保障专班，开展涉疫法律风险排摸，做好新冠疫情防控相关法律法规宣传解读，推进防疫行政行为依法规范。贯彻总体国家安全观，加强国家安全体制机制建设，统筹做好数据安全危机管控工作，突出非传统领域维护国家安全工作。筑牢维护政治安全防线，深化对邪教组织侦察打击和教育转化攻坚行动。开展反恐斗争，围绕提升“快速响应力、防控震慑力”，强化显性用警措施。压实意识形态工作责任制，加强阵地管控、正面宣传和舆论反制。健全完善涉政类敏感案事件依法办理、舆情引导、社会面管控“三同步”工作机制。做好重大会议活动安保维稳工作，中共二十大等重要节点期间，坚持部门协同、京沪联动，加强信息预警与综合分析，强化社会面整体防控，确保面上安全稳定。强化风险隐患排查化解，结合“大走访、大排查”工作，聚焦突出隐患，推动防范化解各类风险，推进规模性租赁场所综合整治，对文娱新业态风险防控开展专项排查整治。深化矛盾纠纷多元化解，聚焦“降存量”，发挥6个重点领域专班和“一牵头四统一”等机制作用，推进疑难信访矛盾化解，推动定分止争、事结人和；聚焦“减增量”，加强矛盾风险排查和初信初访工作，将问题解决在基层、隐患消除在萌芽。推进常态化“扫黑除恶”斗争，紧盯黑恶违法犯罪和苗头性倾向性问题，开展“黄赌毒”等小恶、小乱治理，强化重点行业领域专项整治，推进社会治安重点地区排查整治。坚持依法严打方针不动摇，始终保持对各类违法犯罪的严打高压态势。加大涉毒违法犯罪打击力度，推进毒品预防犯罪。推进全民禁毒宣传教育，将禁毒主题宣传活动与防疫、普法和预防艾滋病等内容结合，丰富禁毒宣传形式。推进市域社会治理现代化试点，聚焦问题、对标对表、压实责任、调查研究，做好迎接中央政法委和市委政法委评估验收准备。加强法治政府建设组织领导，成功创建全国法治政府建设示范区。推进基层法治建设，推动基层法治建设示范创建，推动街镇挖掘更多亮点特色，提升创建实效。全面从严管党治警，落实“首学”制度，把学习贯彻党的二十大会议精神作为当前和今后一个时期首要任务，组织全区政法系统领导干部开展加强党的建设政治轮训，按照“四个特别”要求，把坚定拥护“两个确立”、坚决做到“两个维护”作为核心要义，内化于心、外化于行、转化于效，以实际行动创造安全的政治环境、稳定的社会环境、公正的法治环境、优质的服务环境。落实“四责协同”机制，精准运用“四种形态”，层层压紧压实责任链条。贯彻中央八项规定精神，驰而不息纠治“四风”，在抓早、抓小、抓苗头上下功夫，净化队伍生态、提振精神风貌。

（黄婧煜）

【吕南停到静安区调研】 1月6日，市委政法委副书记吕南停到静安区开展“促发展、保安全”大走访、大排查专题调研。强调要加强风险隐患排查，推动工作责任落实，维护政治安全和社会稳定，为党的二十大胜利召开营造良好环境。要探索商务楼宇法治化、智能化治理途径，提升党建引领下的社会治理共建共治共享水平。区委常委、政法委书记王翔，区委政法委、区信访办、区建设管理委相关负责人参加调研。

（黄婧煜）

【召开8次区稳定工作例会】 1月17日，区召开稳定工作例会。区委常委、政法委书记王翔主持会议并强调，要提高站位、统一思想，实现社会面安全稳定。要积极推动、主动作为，做实做细大走访、大排查工作。要立足本职、统筹协同，确保实现“一个最大限度，三个不发生”工作目标。区相关职能部门、各街道（镇）和区属重点企业分管领导参加会议。2月8日，区召开稳定工作例会。区委常委、政法委书记王翔主持会议并强调，要全力以赴、毫不松懈，守牢“三个绝不发生”底线，确保完成预期目标。要结合“促发展、保安全”大走访、大排查，统筹推进节点维稳和平安建设各项工作任务，做到“补短板、增亮点”。要突出抓好队伍建设，加强安全教育和队伍管理，推动工作责任压紧压实，全面守牢安全底线。区委常委、副区长傅俊出席会议并强调，要采取措施提升管控工作成效。要关注突出矛盾，推进社会面防控工作，维护静安区社会面安全稳定。区相关职能部门、各街道（镇）参加会议。6月23日，区召开稳定工作例会。区委常委、政法委书记王翔主持会议，部署党代会期间维护社会稳定工作。王翔强调，要警惕疫后综合症显现、蔓延，从严从实做好大走访大排查，了解真实情况、解决实际困难。要做好党代会期间维护社会稳定工作，营造安全稳定政治社会环境。要调整完善平安建设举措，提升社会治理水平。区相关职能部门、各街道（镇）分管领导参加会议。7月27日，区召开稳定工作例会。区委常委、政法委书记王翔主持会议，部署二十大安保维稳工作，强调要坚持从讲政治的高度，抓好安保维稳工作责任落实，将矛盾排查工作抓在手上，推动矛盾化解缓解。要深入开展群租、规模性租赁集中整治，消除安全隐患。区相关职能部门、各街道（镇）分管领导参加会议。8月30日，区召开稳定工作例会。区委常委、政法委书记王翔主持会议并强调，要明确目标，强化重点，对照“四个特别”要求，实现“五个不发生”工作目标。要完善机制，增强工作合力，提升工作成效。区相关职能部门、各街道（镇）分管领导参加会议。9月21日，区召开稳定工作例会。区委常委、政法委书记王翔主持会议，部署党的二十大期间安保信访维稳工作，强调要落实群体性矛盾领导包案制度，结合“促发展、保安全”大走访、大排查，梳理矛盾线索、及时介入处理、避免矛盾激化。要落实重点人群管控措施，多措并举抓好工作落实。要始终坚持将内部安全防范工作抓在手上，落实新冠疫情防控工作要求。11月2日，区召开稳定工作例会。区委常委、政法委书记王翔主持会议，专题研究部署第五届进博会期间维护社会稳定工作，强调要做到思想不松、力度不减、标准不降，重点抓好情报信息收集研判、风险隐患动态清零、社会面整体防控以及信访积案和群体性矛盾化解等方面工作，确保第五届进博会召开。区相关职能部门、各街道（镇）分管领导参加会议。11月15日召开，区召开稳定工作例会。区委常委、政法委书记王翔主持会议，总结进博会安保维稳工作，强调要总结经验、梳理不足，做好矛盾隐患滚动排查，推动疑难矛盾化解。要结合新冠疫情防控工作要求，加强涉稳风险隐患发现处置能力。区相关职能部门、各街道（镇）分管领导参加会议。（黄婧煜）

【王翔到铁路上海站大走访、大排查】 1月26日，区委常委、政法委书记王翔到铁路上海站开展“促发展、保安全”大走访、大排查活动。王翔强调，要围绕交通枢纽工作实际，统筹春运工作特点和新冠疫情防控工作要求，做好大客流应对准备。要加强消防救援、反恐防暴应急处置

演练，排查各类隐患，确保绝对安全。区委政法委、区公安分局、上海站管委办相关负责人陪同调研。（黄婧煜）

【2022 年区委平安建设工作第一次例会】 于 1 月 27 日在区机关会场召开。区委书记于勇主持会议并强调，要清醒认识形势，增强维护安全稳定的责任感、紧迫感。要坚持问题导向，防风险护稳定保平安。要加强组织领导，确保各项工作落地见效。区委政法委、区公安分局、区信访办等相关单位作交流发言。区委副书记、区长王华，区领导王益群、王翔、傅俊、梅广清、龙婉丽、姜坚、李震、张军出席会议并讲话，区相关职能部门、各街道（镇）、区管重点企业主要负责人参加会议。（黄婧煜）

【牵头开展“促发展、保安全”大走访、大排查工作】 1 月，区委政法委就城市运行安全、安全生产、社会稳定等方面存在的安全隐患开展排查。每周梳理汇总各部门、各街道（镇）在大排查中反馈的突出问题，协调解决“跨部门、跨行业、跨地区”重大问题，督促区相关职能部门限期整改。（黄婧煜）

【2022 年区检察工作会议暨党风廉政建设会议】 于 2 月 15 日在区检察院召开。区委常委、政法委书记王翔出席会议，强调要坚持以政治建设为统领，始终把牢检察工作政治方向。要坚持稳中求进工作总基调，以高质量法治服务经济社会高质量发展。要坚持全面从严治检，驰而不息锻造新时代检察铁军。区检察院检察长董学华作工作部署，区检察院领导班子成员、全体干警参加会议。（黄婧煜）

【王翔到乾玺贸易（上海）有限公司大走访、大排查】 2 月 16 日，区委常委、政法委书记王翔到乾玺贸易（上海）有限公司开展大走访，了解企业经营情况，就企业关心的“驰名商标”认定、知识产权保护等方面问题予以解答，王翔强调，区委、区政府将一如既往地做好企业服务工作，为企业发展创造更优环境。区委政法委、区商务委负责人参加调研。（黄婧煜）

【王翔走访检查区密室剧本杀行业安全管理工作】 2 月 16 日，区委常委、政法委书记王翔先后到新闸路 831 号呈现剧本杀、福建北路 328 号 umeplay 逃脱艺术、汶水路 40 号 E＋密室开展大走访、大排查，检查密室剧本杀行业经营状况，排查安全风险隐患。区委政法委、区公安分局、区文化旅游局、区市场监管局、区消防支队负责人参加走访。（黄婧煜）

【2022 年区公安工作会议】 于 2 月 17 日在区公安分局会场召开。区委常委、政法委书记王翔参加会议并强调，要坚持政治引领、铸就忠诚警魂，始终把牢公安工作正确政治方向。要坚持服务大局、精准靶向发力，坚决履行好防风险、保安全、护稳定职责使命。要坚持刀刃向内、勇于自我革命，压实全面从严治党管警责任。副区长、区公安分局局长姜坚作工作部署，区公安分局领导班子成员，各科、所、队、室主要领导参加会议。（黄婧煜）

【区委政法委员会 2022 年第一次全体会议】 于 2 月 18日在区委政法委机关会场召开。区委常委、政法委书记王翔主持会议并强调，要准确把握全年工作总体要求，突出忠诚铸魂、党的领导、人民情怀、稳定基础、争先创优、实干为要 6 个方面，抓实抓好全年重点任务，巩固深化政法队伍教育整顿成果，维护社会安全稳定，争创示范标杆，服务保障经济社会发展。区委政法委员会全体委员参加会议。（黄婧煜）

【区政法系统开展首次公检法同堂培训活动】 于2月22日开展。培训围绕电信诈骗、帮助信息网络犯罪活动、非法利用信息网络、掩饰隐瞒犯罪所得、网络犯罪所得等常见网络犯罪，邀请市人民检察院第四检察部检察官进行专题授课。区公安分局刑侦支队、法制支队、各派出所干警代表，区法院刑庭相关办案人员和区检察院网络犯罪检察办案团队共70余人参加培训。（黄婧煜）

【张俐蓉赴石门二路街道督导维稳专项工作】 2月25日，市信访办副主任张俐蓉等一行赴石门二路街道督导节点维稳工作，强调营造和谐稳定社会环境是全年工作重中之重，要保持特殊时期的坚决性和敏感性，尽全力做好辖区各项维稳工作，确保全国"两会"期间社会面平安有序。石门二路街道党工委、公安派出所、新静安集团征收维稳部、静安第一征收事务所相关负责人参加调研。（黄婧煜）

【于勇到区委政法委调研】 2月28日，区委书记于勇到区委政法委调研。区委常委、政法委书记王翔就静安区政法工作作汇报。于勇强调，要维护政治安全，做好重要节点、重大活动安保维稳工作，确保万无一失。要推进法治政府示范创建，倒逼依法治区工作能力提升，确保示范创建取得良好成绩。要推进平安静安建设，在推动存量矛盾化解方面动脑筋、下功夫。要推进市域社会治理现代化试点工作，聚焦基层、基本、基础，提升社会治理水平与成效。要深化政法领域改革，提升执法司法公信力。要加强政法队伍建设，激发队伍活力、动力，培养一支高素质、专业化的过硬政法队伍。区委办公室相关负责人、区委政法委机关领导班子成员参加调研。（黄婧煜）

【区常态化新冠疫情防控阶段维护社会稳定工作专题会】 于6月14日在区信访办召开。区委常委、政法委书记王翔主持会议并强调，要守牢政法维稳部门主责主业，关注社会稳定工作。要组织梳理排摸涉疫矛盾，建立信息归集机制。要主动作为，多措并举，将矛盾风险吸附在当地。要未雨绸缪，细化应急处突工作预案，提升处置能力。区委政法委、区公安分局、各街道（镇）负责人参加会议。（黄婧煜）

【吕南停到静安区调研指导社会稳定工作】 6月16日，市委政法委副书记吕南停到静安区调研，听取新冠疫情防控常态化阶段社会稳定情况，强调要做好维护社会稳定各项工作，守牢安全稳定底线。要加大矛盾纠纷排查化解力度，第一时间吸附、化解各类不稳定因素。要加强突出问题执法演练，细化应急处置预案，更好地适应"镜头下执法"的客观环境。要高度关注、明确目标、严守底线，加强力量配置，做强工作专班，增强显性用警，从严从快依法惩处扰序滋事行为，引导群众通过合法渠道表达诉求。区委常委、政法委书记王翔，区委政法委、区公安分局、北站街道负责人参加调研。（黄婧煜）

【区政法信访工作会议暨市第十二次党代会、党的二十大维稳安保工作会议】 于6月21日在区机关大楼会场召开。区委书记于勇强调要筑牢政治忠诚，增强做好政法工作的责任感、使命感。要把握形势变化，妥善应对各类风险挑战。要围绕工作主线，维护社会和谐稳定良好局面。要强化责任担当，推动各项工作任务落到实处。区委副书记、区长王华主持会议，区委常委、政法委书记王翔作政法维稳工作报告，区委常委、常务副区长傅俊作信访工作报告，副区长、区公安分局局长姜坚部署市第十二次党代会、党的二十大维稳安保工作。区法院院长孙静、区检察院检察长董学华出席会议。区政法各部门领导班子成员，区各部、委、办、局，各人民团体、区管重点企业主要负责人和各街道(镇)党(工)委书记、分管副书记、公安派出所所长参加会议。

(黄婧煜)

【区群租整治工作专题会议】 于6月27日召开。区委常委、政法委书记王翔主持会议并强调,要坚持把握节奏、掌握主动,结合新冠疫情防控要求推动群租整治工作。要坚持各司其职、协调推进,统筹工作力量。要坚持多策并举、常态长效,提升治理水平。要坚持广泛发动、共享共治,巩固整治成效。区委政法委、区公安分局、各街道(镇)负责人参加会议。

(黄婧煜)

【全民禁毒宣传月活动】 6月,区禁毒办共组织线上、线下禁毒宣传活动71场,制作发放宣传折页、宣传品2000余件,电子屏幕滚动播放禁毒宣传视频5000余次,受益群众15万人次。

(黄婧煜)

【2022年区委国家安全委员会会议】 于7月5日在区机关大楼会场召开。区委书记、国安委主任于勇主持会议并强调,要坚持总体国家安全观,统筹推动国家安全各项工作。要坚持以政治安全为统领,筑牢各领域国家安全屏障。要坚持党的绝对领导,提升维护国家安全的能力水平。区委副书记、区长、区委国安委副主任王华传达中央政治局、市委国家安全委员会会议精神,区委常委、政法委书记、区委国安办主任王翔作工作部署。区委国安委委员莫亮金、蔡啸峰、姜坚出席会议,区委办公室、区委宣传部、区委统战部、区委政法委,区政府办公室、区商务委、区教育局、区科委、区安全分局、区公安分局、区财政局、区生态环境局、区建设管理委、区金融办负责人参加会议。

(黄婧煜)

【卞唯敏到静安区督导】 7月6日,市委政法委政治部主任卞唯敏带队到静安区督导党的二十大维稳安保工作,实地检查铁路上海站地区管理运行情况,强调要增强风险意识、责任意识,开展大走访、大排查,做到矛盾起底、隐患清零。要围绕常态化新冠疫情防控工作,推进疑难矛盾化解缓解。要聚焦社会面突出治安问题,整治行业乱象,维护政治安全和社会稳定。区委常委、政法委书记王翔参加督导。

(黄婧煜)

【区维稳安保工作调度视频会】 于7月7日召开。区委常委、政法委书记王翔主持会议并强调,要突出全领域、全覆盖、全员参与要求,强化矛盾风险隐患排查。要完善应急处突工作预案,加强单位自身安保力量培训,严守安全稳定底线。各街道(镇)分管领导参加会议。

(黄婧煜)

【区委政法委员会2022年第二次全体会议】 于7月11日在区委政法委机关会场召开。区委常委、政法委书记王翔主持会议并强调,要围绕党的二十大胜利召开这条主轴主线,在责任上再压实。要坚定“追求卓越”的价值取向,在发展上再加力。要坚持将“人民满意”作为政法工作的不懈追求,在执行上再细化。区委政法委员会全体委员参加会议。 (黄婧煜)

【开展突发事件应急处置演练】 7月13日,静安区开展突发事件应急处置演练,通过随机抽查形式,模拟彭浦镇辖区某学校发生持械伤人警情,检查学校、公安和属地处置力量反应速度和处置水平。区委常委、政法委书记王翔对演练工作作点评,对优化力量配置、加强应急演练、提升实战水平等提出具体要求。

(黄婧煜)

【区稳定工作专题会】 于7月15日召开。区委常委、政法委书记王翔主持会议并强调，要推进常态化新冠疫情防控工作，排查涉疫矛盾隐患，开展群租、规模性租赁专项整治。要围绕党的二十大安保维稳工作任务，提升风险防范能力水平。要加大矛盾纠纷化解力度，推动存量矛盾实体化解。区相关职能部门、各街道（镇）分管领导参加会议。（黄婧煜）

【专题研究中央信访工作督导组来沪带案督查信访事项】 8月3日，区委常委、政法委书记王翔开展专题研究，逐案研究进展情况，就多渠道加强与信访人沟通、推进信访矛盾化解缓解等方面工作提出具体要求。区委政法委分管领导，区信访办班子成员参加会议。（黄婧煜）

【专题调研推进实有人口信息采集工作】 8月9日，区委常委、政法委书记王翔开展专题调研，强调要健全工作架构，补强工作力量，完善全区实有人口信息采集、更新、维护工作机制。要加强考核督导，提升工作质量和工作水平。区公安分局分管领导、相关负责人参加会议。（黄婧煜）

【吕南停到彭浦新村街道调研】 8月11日，市委政法委副书记吕南停到彭浦新村街道调研督导矛盾化解工作，强调要提高政治站位，在思想上高度重视，明确工作目标，依法依规妥善快处。要细化工作措施，提升工作效果。要严守稳定底线，严防矛盾风险叠加交织。区委常委、政法委书记王翔，区委常委、常务副区长傅俊，区相关职能部门、彭浦新村街道负责人参加调研督导。（黄婧煜）

【王翔到区市场监管局大走访、大排查】 8月11日，区委常委、政法委书记王翔到区市场监管局开展“促发展、保安全”大走访、大排查，听取面上相关工作情况汇报，研商突出矛盾风险应对处置办法，强调专业部门管行业就是管安全，要始终从讲政治高度，从守护人民群众生命财产安全出发，加强矛盾排查、信息共享和风险研判。要强化政治意识，严守安全底线。要严格依法履职，营造一流营商环境。要加强沟通协调，提升行政监管实效。区委政法委、区市场监管局负责人参加调研。（黄婧煜）

【区涉法涉诉信访矛盾化解专题推进会】 于8月19日在区委政法委机关会场召开。区委常委、政法委书记王翔主持会议并强调，要增强责任意识和工作紧迫感，结合下半年重要节点工作任务，落实“四个一”要求，多措并举，全力推进，做到案结事了、事心共解。区政法各单位相关负责人参加会议。（黄婧煜）

【区委平安建设第二次工作例会暨党的二十大信访稳定工作专题会】 于8月24日在区机关大楼会场召开。区委书记于勇主持会议并讲话，强调要提高政治站位，增强做好党的二十大安保信访维稳工作责任感、使命感。要聚焦关键领域，始终把维护政治安全放在首位。要加强组织领导，拧紧责任链条。会议传达市信访工作联席会议全体（扩大）会议暨党的二十大信访稳定工作专题会议精神，区信访办、区公安分局、区建设管理委等相关单位作交流发言。区领导王益群、王翔、傅俊、梅广清、龙婉丽、李震、张军出席会议并讲话，区相关职能部门、各街道（镇）、区管重点企业主要负责人参加会议。（黄婧煜）

【区规模性租赁住房专项整治工作推进会议】 于8月31日在区机关大楼会场召开。区委副书记、区长王华主持会议并讲话，强调要统一思想，持之以恒把规模性租赁住房整治抓深、抓细、抓实。要做到以整治促规范，以整治促纳管。区委常委、政法委书记王翔，副区长李震，区相关职能部门、各街道（镇）主要领导参加会议。 （黄婧煜）

【王翔到曹家渡街道实地督导全国文明城区创建复评工作】 8月31日，区委常委、政法委书记王翔到曹家渡街道实地督导全国文明城区创建复评工作，实地检查余姚菜市场管理情况，对昌平路、延平路以及周边背街小巷开展随机检查。王翔强调，要聚焦短板，争取硬件不失分。要加强动员，形成人人参与氛围。要整合资源、提质增效，提升人民群众获得感、安全感、幸福感。曹家渡街道主要领导参加督导。 （黄婧煜）

【于勇到执勤岗点慰问驻京工作的安保信访维稳工作组】 9月6日，区委书记于勇到执勤岗点慰问驻京工作的安保信访维稳工作组，强调要提高政治站位，围绕确保党的二十大胜利召开，推动安保信访维稳各项工作落实。要加强条块联动，强化队伍管理，落实防疫要求，做好维稳工作。要坚持"工作在平时、成效在节点"原则，加大矛盾化解力度，控增量、去存量。区委常委、政法委书记王翔参加慰问。 （黄婧煜）

【王华督导信访工作】 9月7日，区长王华到区信访办督导党的二十大安保信访维稳工作，强调要提高政治站位，加强组织领导，围绕确保党的二十大胜利召开这条主线，周密制定工作方案，配备充足工作力量，全区一盘棋强化协同配合，以高度的责任感、使命感完成信访稳定各项任务。要筑牢防线，维护信访秩序，确保实现"三个不发生"目标。要坚持守土尽责，统筹研判面上信访情况，滚动式开展风险隐患排查，掌握可能存在的突出问题和潜在风险，发现各类问题症结，完善工作预案，强化社会面动态、精准防控。 （黄婧煜）

【区政法系统领导干部政治轮训】 于9月8日在区法院开展。区委常委、政法委书记王翔出

静安区政法系统领导干部政治轮训 （区委政法委 供稿）

席开班仪式并作动员讲话，强调要坚持以习近平新时代中国特色社会主义思想为指导，做到6个“毫不动摇”：毫不动摇把坚持党的绝对领导作为新时代政法工作最高原则；毫不动摇把以人民为中心作为新时代政法工作根本立场；毫不动摇把维护国家安全和社会稳定作为新时代政法工作首要任务；毫不动摇把法治作为新时代政法工作基本方式；毫不动摇把改革创新作为新时代政法工作强大动力；毫不动摇把队伍建设作为新时代政法工作重要保障。副区长、区公安分局局长姜坚主持会议，区法院院长孙静出席会议，区委政法委、区法院、区检察院、区公安分局、区司法局、区安全分局、区信访办领导班子成员，各街（镇）党工委分管副书记，区委政法委各业务科室负责人参加会议。

（黄婧煜）

【张亚宏到区公安分局调研】 9月17日，市公安局党委副书记、副局长张亚宏到区公安分局调研指导工作，实地查看南京西路派出所接待窗口和综合指挥室，听取区公安分局工作汇报，强调要聚焦“大事不出，小事也不出”目标，做好党的二十大安保维稳工作。要毫不动摇坚持“外防输入、内防反弹”总策略和“动态清零”总方针，推进好新冠疫情防控流调排查，并与公安主业有机结合，为社会面打防管控提供助力。要推进风险防控“一平台、三体系”新型现代警务机制建设，提升发现力、防范力、处置力和打击力。要纵深推进夏季治安整治“百日行动”，分析研究电信网络诈骗等新型违法犯罪规律特点，实现指标安全与群众感受安全相统一。要狠抓执法规范化建设，发挥执法办案管理中心、基层所队案管室功能作用，加强对执法办案各环节、全要素、全流程监管。要深化智慧公安赋能，在警务实战中固化完善各类实用、管用、好用的数据模型和系统工具。要贯彻习近平总书记重要训词精神，对标落实市委和市委政法委提出的“五个表率”“四个特别”要求，突出队伍建设“政治标准、实干实绩”鲜明导向，以忠诚担当和严明纪律凝聚全警奋进力量。副区长、区公安分局局长姜坚，市公安分局指挥部、区公安分局相关人员参加调研。（黄婧煜）

【陶建平到静安区开展常态化扫黑除恶斗争专项督导】 9月19日，市扫黑除恶斗争第五督导组到静安区开展专项督导，市检察院副检察长、市扫黑办副主任陶建平强调，要压实工作责任，增强工作主动性，加强线索核查和案件办理，重点推进打财断血、追赃挽损工作。要加强重点行业整治，推动落实监管责任。要做好《反有组织犯罪法》普法宣传工作。区委常委、政法委书记王翔，副区长、区公安分局局长姜坚，区法院院长孙静，区检察院检察长董学华和相关职能部门负责人参加会议。（黄婧煜）

【丁伯婕到静安区调研】 9月20日，市委政法委副书记丁伯婕到静安区调研市域社会治理现代化试点工作，走访石门二路街道凯迪克大厦和临汾路街道，实地调研商务楼宇综合治理、数字基层社会治理等工作，强调要着眼群众需求和实际感受，依托区域化党建和数字化治理2个平台，更好回应群众诉求，解决难点问题，提升市域社会治理现代化水平。区委常委、政法委书记王翔，区委政法委、石门二路街道、临汾路街道负责人参加调研。（黄婧煜）

【王华到区公安分局调研】 9月20日，区长王华到区公安分局调研指导工作，听取党的二十大安保维稳工作汇报，就做好下阶段安全稳定工作提出6点要求。副区长、区公安分局局长姜坚，区财政局、区人社局、区政府研究室负责人，区公安分局相关人员参加会议。（黄婧煜）

【陆卫东到静安区督导】 9月28日，市司法局党委书记、局长陆卫东带队到静安区督导党的二十大安保维稳工作，强调要思想上再重视、行动上再实化、效果上再提升，发挥重点人群工作组职能作用，推动各单位主体责任落实。要提升社区矫正、安置帮教工作水平，确保工作实效。要加强涉稳矛盾隐患排查，将预防工作落实落细。市司法局党委委员陈耀鑫，区委常委、政法委书记王翔和区司法局、石门二路街道相关负责人参加督导。（黄婧煜）

【章华到区法院驻点督导】 10月9日，市委政法委副书记章华带队到区法院驻点督导涉法涉诉信访矛盾化解工作，强调要坚决扛起政法机关维护安全稳定的政治责任，实现“五个不发生”工作目标。要以“时时放心不下的”责任感和“眼睛瞪得大大的”政治敏锐性，推动工作责任、工作举措落实到位。要优化涉法涉诉矛盾化解工作机制，做到“管住源头、化在苗头”。市高院副院长张斌，区委常委、政法委书记王翔，区法院院长孙静参加督导。（黄婧煜）

【吕南停到公安南京西路派出所调研】 10月21日，市委政法委副书记吕南停到公安南京西路派出所调研，检查党的二十大期间辖区安保维稳工作，强调要结合学习党的二十大精神，牢固树立法治观念、法治思维，提升基层治理能力水平。要加强矛盾纠纷问题源头治理，避免简单粗暴执法。要守住底线，打赢安保维稳攻坚战。区委政法委、区公安分局、南京西路街道、公安南京西路派出所负责人参加调研。

（黄婧煜）

【2022年第3次区委政法委员会全体委员（扩大）会议】 于10月31日在区委政法委机关会场召开。区委常委、政法委书记王翔主持会议，就抓好静安区政法系统学习宣传贯彻党的二十大精神工作提出具体要求，强调要准确把握党的二十大精神，夯实学深悟透、深信笃行的理论之基。要抓好党的二十大精神学习宣传贯彻，把牢政法事业行稳致远的前行之舵。要用党的二十大精神武装头脑、指导实践，激活国际静安创新发展力量之源。副区长、区公安分局局长姜坚，区法院院长孙静，区检察院检察长董学华，以及区公安分局、区法院、区检察院优秀干警代表分别交流学习党的二十大报告体会。区委政法委班子成员，区司法局、区安全分局、区信访办主要领导，区政法各单位政治部（处）主任参加会议。（黄婧煜）

【习近平总书记授旗致训词4周年活动暨静安区2022年“11·9”消防宣传月启动仪式】 于11月2日在宝矿洲际商务中学举行。区委副书记、区长王华，市消防救援总队总队长李伟民，副区长、区公安分局局长姜坚出席。现场开展灭火综合演练、消防器材展示、模拟烟雾逃生等活动。市消防救援总队相关人员，区消防委成员单位、各街镇主要领导，各派出所主要领导、分管领导，区属重点企业主要领导等200余人参加活动。（黄婧煜）

【区委依法治区办会议暨基层法治建设推进会】 于11月3日在区委政法委机关会场召开。区委常委、政法委书记、依法治区办主任王翔主持会议并强调，要坚定信念、突出主题，以习近平法治思想引领新时代全面依法治区工作。要聚焦重点、服务大局，以更实举措推进高水平法治静安建设，巩固提升示范创建成效。要加强协调、凝聚合力，以更严要求，确保法治各项要求落到实处。区委依法治区办副主任、各协调小组副组长、各街镇法治建设委员会办公室主任、基层法治观察员代表参加会议。（黄婧煜）

【王华慰问指导"进博会"安保工作】 11月5日，区委副书记、区长王华到区公安分局指挥中心大厅慰问指导第五届"进博会"安保工作。通过视频查看相关点位实施情况，听取区公安分局关于"进博会"安保工作汇报，慰问坚守岗位的民警、辅警，并通过视频连线听取分局流调专班汇报，就加快流调响应、社区筛查保障、风险地区管控等工作提出具体要求。副区长、区公安分局局长姜坚，区政府办公室、区公安分局相关人员参加。（黄婧煜）

【陈勇到区检察院调研】 见"领导视察和调研"相关条目。（黄婧煜）

【开展禁毒宣传进校园活动】 11月上旬，区禁毒办会同区教育局开展禁毒宣传进校园活动，动员全区中小学生通过全国青少年毒品预防教育数字化平台"青骄第二课堂"学习禁毒知识、参与禁毒知识竞赛活动。活动期间，学校参与率100%，学生参与率近84%。（黄婧煜）

【刘晓云到区法院调研】 11月24日，市高院党组书记、院长刘晓云到区法院调研，实地查看诉讼服务中心、法庭及调解室，听取区法院工作汇报，强调要提高政治站位，将学习宣传贯彻党的二十大精神同党的十八大以来党中央作出的系列战略部署、习近平总书记考察上海重要讲话精神和对上海工作重要指示、市第十二次党代会精神结合起来，同法院工作结合起来。要坚持统筹兼顾，坚持"更加注重问题导向，更加注重系统思维，更加注重能力提升，更加注重纪律作风"工作思路，落实落细新冠疫情防控各项措施，抓紧抓好审判执行主责主业，防范化解风险隐患，统筹推进经济社会发展、司法体制改革、智慧法院建设等重点工作，确保完成全年审判执行各项重点工作任务。要坚持全面从严，加强政治建设，落实"四责"协同，强化警示教育，落实防止干预司法"三个规定"、新时代政法干警"十个严禁"等铁规禁令，筑牢纪律防线，涵养司法作风，提升司法公信力，锻造素质过硬的法院队伍。区法院院长孙静，市高院、区法院相关人员参加调研。（黄婧煜）

【区规模性租赁行业治理整治攻坚动员部署会】 于11月30日在区机关大楼会场召开。区委副书记、区长王华主持会议并强调，要提高认识，以更严手势、更高效率，最大限度压缩风险因素。要锁定工作目标，制订攻坚时间表，确保实现"全面清零"工作目标。要加强监督管理，推动行业依法规范有序发展。区委常委、政法委书记王翔，副区长李震出席会议，区相关职能部门、各街道（镇）负责人参加会议。（黄婧煜）

【2022年第四次区委政法委员会全体会议】 于12月5日在区委政法委机关会场召开。区委常委、政法委书记王翔主持会议并强调，要以有力举措贯彻落实党的二十大精神，维护国家安全和社会稳定。要把握政法机关使命任务，以新安全格局保障新发展格局。要统筹抓好岁末年初各项工作，开创静安区政法工作新局面。区委政法委员会全体委员参加会议。（黄婧煜）

【街镇平安建设工作座谈会】 于12月9日在区委政法委机关会场召开。区委常委、政法委书记王翔主持会议并强调，要提高政治站位、练就过硬本领、回应民生关切、依法能动履职。要抓住安全隐患排查、矛盾纠纷化解和社会面管控工作不松劲，筑牢平安静安基层基础。区委政法委领导班子成员、各街道（镇）分管领导参加会议。（黄婧煜）

(七)党校工作

【概况】 2022年,静安区委党校(区行政学院)围绕区委、区政府中心工作,聚焦主业主课,建设中心城区标杆特色校(院)。开展模范机关创建,打造“红色学堂”党建品牌。组织教职工开展“6·5”世界环境日、公共机构节能宣传周等线上知识竞赛、党风廉政教育月活动、“光荣在党50年”纪念章颁章仪式。落实新冠疫情防控工作,先后派出10批、22人次支援机场入境人员闭环管理、隔离酒店、铁路上海站、临汾路街道、宝山路街道、大宁路街道、天目西路街道等一线新冠防疫工作,全体党员完成社区报到,21名党员参与社区抗疫志愿服务。校(院)获上海市党校(行政学院)系统第五届教学管理优秀奖和第九届精品课,获评上海市节水型单位。（洪雪怡）

【干部教育培训】 年内,区委党校完成11个班次、1061人次培训任务,8160人次服务保障。把学习党的二十大精神作为干部教育培训必修课。将习近平法治思想列为干部教育培训重点课程,与区司法局签署“三合一”进党校活动框架协议,组织学员参加出庭应诉、旁听、讲评交流“三合一”活动。将意识形态内容纳入干部培训课程。图书馆作为党性教育“第二课堂”,组织6个班次、114名学员参加“学习用典,益智修身”教育活动,完成红色诵读65篇、红色书印作品50幅。把党性教育贯穿学员管理全过程,探索以教学手册、管理手册、学习手册和考评档案“三册一档”为载体的学员管理办法。开发静安党校教学管理和学员管理系统。在中青班学员考核中,使用“平均学分绩点(GPA)”量化考核办法,提升考核结果精准性。推进学员配套教学资料建设,完成《学习习近平总书记在中央党校培训班的重要讲话》汇编;加强对社区党校业务指导,完成《家门口的党课——静安区社区党校优秀党史课程教学方案》汇编。（洪雪怡）

秋季学期主体班举行开班式　　　　（区委党校　供稿）

表 1-2　2022 年静安区委党校培训班情况表

日期	名称	班次(期)	人数(人)
8 月 29 日至 9 月 16 日	2022 年第一期静安区科级领导职务公务员任职培训班	1	68
8 月 30 日至 11 月 1 日	静安区第五期中青年干部培训班	1	42
9 月 7 日、14 日、20 日	2022 年静安区基层党组织书记示范培训班	1	330
9 月 19 日至 10 月 20 日	静安区第十七期处级干部进修班	1	33
9 月 29 日至 11 月 4 日	静安区第三期党外中青年干部培训班	1	15
10 月 24 日至 11 月 18 日	静安区第十八期处级干部进修班	1	28
11 月 2 日至 11 日	2022 年度静安区新录用公务员区情教育培训	1	74
11 月 17 日	静安区社区党校学习贯彻党的二十大精神专题培训班	1	28
12 月 2 日至 8 日、9 日至 15 日、16 日至 22 日	静安区处级领导干部学习贯彻党的二十大精神专题培训班	3	443
合计		11	1061

（洪雪怡）

【教学工作】 年内，区委党校围绕中共二大召开百年和首部党章诞生百年，打造 20 堂党章微党课，在“静安党校”微信公众号推出，其中 18 讲被“学习强国”市级平台录用，14 讲被全国平台录用。开发彭浦新村旧改现场教学基地和《牢记嘱托，勇毅前行，提高人民生活品质》课程，被市委党校局级班采用。课程《牢记习近平同志的嘱托：上海楼宇党建的探索与创新》被中组部评选为优秀课程，在中国干部网络学院播放。与区委组织部共同开发打造“学思践悟新思想”现场教学基地。加强师资队伍建设，招聘专职教师 4 人。聘请上海市委党校 3 名专家与 3 名教研骨干教师签约带教。先后邀请专家学者 25 人次，开展名师讲坛及线上线下咨询活动。6 位教师作为区党史学习教育宣讲团、学习贯彻党的二十大精神宣讲团成员，到基层开

展宣讲54次，受众2080人次。（洪雪怡）

【科研咨政】 年内，区委党校发挥党校智库作用，围绕"党建引领基层治理"开展理论研究和课题调研。在静安党建品牌创建遴选工作中，组织教师做好案例评审工作。推进上海党建研究会"两新"组织党建专委会工作，面向全市征集"两新"组织党建工作案例，评选优秀案例汇编成册。教师撰写纪念首部党章诞生百年的学术文章被《解放日报》部分转载。组织教师申报课题，立项上海市哲学社会科学规划课题1项、市委党校系统课题1项和中共四大研究中心课题1项、全面依法治市课题1项，在核心报刊发表论文1篇，公开发表文章17篇。参与上海市党建研究会征文3篇，其中2篇获优秀奖。

（洪雪怡）

（八）老干部工作

【概况】 至2022年12月31日，静安区有离休干部268人，其中，区属离休干部244人（女离休干部104人），易地安置离休干部24人；正局级2人，副局级6人；抗日战争时期参加革命工作49人，解放战争时期参加革命工作219人。离休干部平均年龄为93.61岁。年内，有68名离休干部去世。有社区离休干部608人。全区有378个关心下一代组织。年内，区委老干部局贯彻落实《关于加强新时代离退休干部党的建设工作的意见》，在党建引领、作用发挥、服务管理、文化养老、自身建设上发力，为静安区加快建设卓越的现代化国际城区赋能助力。组织引导老同志以自身所长发出好声音、传播正能量，征集到"抗疫"主题书法、国画、诗词等各类作品近百件。新冠疫情封控期间，累计为81人次离休干部解决实际困难。强化政治引领，组织"静老思政"宣讲团赴社区离退休干部之家开展理论宣讲8场，举办离退休干部党支部书记理论读书班，开展2022年度"静安区离退休干部示范党支部"推荐命名工作，共有6个离退休干部党支部获命名。夯实党建阵地，召开静安区离退休干部之家建设推进会，从体系建设、功能建设、内容建设、运行保障等方面推动离退休干部之家整体建设。注重作用发挥，围绕"喜迎二十大，建功新时代"主题，开展"学习新思想、传播好声音""参与微治理、共建'五心'之家"系列活动。组织老同志开展迎春纳福写春联活动，为离休干部、社区居民写"福"字、送春联。成立静安区"乐龄申城"离退休干部网络市民寻访团，设立"E宣传""E监督""E引领"志愿服务队，组织全区"五老"参与助学、普法、家庭教育培训、校外辅导等公益活动。聚焦精准服务，开展离休干部需求情况调查，完善"一人一册（策）"信息，对接社区养老顾问服务点，推进养老咨询服务开展。加强离退休干部健康管理和医疗保障工作，全年解决离休干部特殊医疗问题45人次，完成29位区属离休干部居家环境适老化改造，提供优先叫车服务近600车次；为166户社区孤老、独居和纯老家庭进行安全检查，开展免费清洗空调实事项目，受益老同志家庭300余户，清洗空调600余台。丰富文化养老载体，围绕喜迎党的二十大主题，举办征文、书画摄影展、文艺汇演等活动，组织红色观影，举办迎重阳主题活动。推进老干部工作共同体建设，举办结对共建活动，围绕思想政治建设、作用发挥、服务管理等6个方面开展联建共建，组织8家市级单位离退休干部集中到社区离退休干部之家报到。优化老干部大学线上教学模式，举办离退休干部"云课堂"，受益老同志6000余人次。加强老干部工作队伍自身建设，举办全区老干部工作者培训班，调整区委老干部工作领导小组和区关心下一代工作委员会成员名单，制订《关于静安区加强新时代离退休干部党的建设工作的实施意见》和《关于静安区加强新时代关心下一代工作委员会工作的实施意见》。（杨纬杰）

【“三八”国际劳动妇女节主题活动】 3月3日，“冬奥玫瑰庆佳节”——静安区离退休女干部纪念“三八”国际劳动妇女节112周年主题活动在区老干部活动中心举行。活动特邀上海市非物质文化遗产手工编织大赛评委唐修凤进行现场指导。老同志们通过老师的讲解领略非物质文化遗产“海派绒线编结技艺”的独特魅力，了解北京冬奥会运动员捧花背后的故事。老同志们亲手编织绒线玫瑰，作为送给自己的节日礼物。（杨纬杰）

【区委老干部工作领导小组会议暨区关心下一代工作成员单位联席会议】 于7月27日在区政府4楼多功能厅召开。区委常委、组织部部长、区委老干部工作领导小组组长、区关心下一代工作委员会主任宋宗德出席会议并讲话。会议对做好新时代老干部工作和关心下一代工作提出要求。会议还审议通过《关于静安区加强新时代离退休干部党的建设工作的实施意见》和《关于静安区加强新时代关心下一代工作委员会工作的实施意见》，并就落实推进2个《意见》作出部署。（杨纬杰）

【市委老干部局到静安区开展专题调研】 8月23日，市委老干部局副局长包龙根一行到静安区就离休干部生活待遇工作进行专题调研，区委常委、组织部部长宋宗德陪同。调研组一行实地考察静安寺街道乐龄生活馆、日间照护中心以及静安寺街道党群服务中心暨离退休干部之家，并召开调研座谈会。在听取静安区开展“一人一策”“乐龄申城五守护”、养老咨询服务工作、社区老干部工作汇报后，包龙根对静安区老干部服务保障工作给予肯定，并对做好下一步工作提出要求。（杨纬杰）

【“云课堂”直播健康和法治讲座】 8月18日，静安区离退休干部“云课堂”直播讲座在区离退休干部之家举行。邀请复旦大学附属静安区中心医院心内科副主任医师陶文其讲授“老年冠心病预防和治疗”等知识，1600余名老同志通过网络直播观看、在线互动问答方式参与学习。11月25日，第二场“云课堂”直播讲座在区离退休干部之家举行，邀请市公安局治安总队黄奕警官围绕“一夜暴‘负’的投资你敢买吗”主题作专题授课，帮助广大老同志了解电信网络诈骗常见案例，在享受数字便利同时，提升安全防范意识、提高识诈防骗能力，1400余名老同志线上线下同步收看讲座。（杨纬杰）

【区离退休干部党支部书记理论读书班暨老干部工作者培训班】 分别于9月2日和9月20日在区离退休干部之家举办。培训班邀请市委党校副教授程熙，市委老干部局政治待遇处处长刘虾冠、生活待遇处处长蒋新跃、宣传处三级调研员张波，分别讲授“迈向新的跨越，增添新的荣光”“学习贯彻中央文件精神，推进离退休干部党的建设”“老干部生活待遇政策业务”“增强信息时代做好老干部宣传工作的针对性有效性，进一步提升新媒体传播力”等方面知识。全区离退休干部党支部书记、区委老干部局及全区各部门老干部工作者近200人次通过线下、线上方式同步参加。（杨纬杰）

【老干部迎接党的二十大召开系列活动】 9月22日，“翰墨颂辉煌”——静安区离退休干部喜迎党的二十大书画摄影展在区老干部活动中心开幕。共征集书画、摄影作品300余件，从中精选出119幅书画作品、26幅摄影作品在区老干部活动中心展出。10月14日，“奋进新时代，启航新征程”——静安区离退休干部喜迎党的二十大文艺汇演在上海静安App上进行网络直播，整场演出汇集红色微剧、独唱、小组唱、合唱、舞蹈、乐器合奏等丰富多样艺术形式，展现静安区离退休干部老有所学、老有所为、昂扬向上的精神风貌，1.3万余名老同志通过网络在线直播方式收看整场演出。（杨纬杰）

【区离退休干部之家建设推进会】 10月9日，区离退休干部之家建设推进会暨区委老干部局与市市级机关工委老干部工作部结对共建活动在江宁路街道离退休干部之家举行。市委老干部局副局长龚怡，市市级机关工作党委副书记李云龙，区委常委、组织部部长宋宗德出席会议，并为区离退休干部之家新品牌“静老一家”新标识亮牌。市市级机关工委老干部工作部和区委老干部局签署《结对共建协议书》。

（杨纬杰）

【静安区域老干部活动中心（室）联合体2022年度工作总结暨2023年度工作务虚会】 于11月23日在区老干部活动中心召开，市老干部活动室、联合体成员单位相关负责人与会。会议总结回顾2022年静安联合体工作开展情况，并就下一步学习宣传贯彻落实党的二十大报告精神、加快推进老干部工作共同体转型以及加强活动阵地自身建设等工作进行专题部署。

（杨纬杰）

【召开征求老同志意见座谈会】 12月15日，区《政府工作报告》征求老同志意见座谈会在区老干部活动中心举行，区委副书记、区长王华就区政府2022年《政府工作报告（征求意见稿）》听取部分离退休老同志意见和建议，区政府办公室、区政府研究室、区委老干部局负责人参加座谈。（杨纬杰）

【全国智慧助老公益行动暨“乐龄申城·E行动”志愿者培训会】 于12月16日在区离退休干部之家举行。区“静老”离退休干部志愿服务队队员参加培训。培训从老年人切实关心的“出行难”“缴费难”“挂号难”等问题入手，讲授运用智能手机打车、水电缴费、挂号的全过程，帮助更多老人走进数字时代，乐享智慧生活，增强老年人运用智能技术获得感、幸福感和安全感。（杨纬杰）

（九）机关党建工作

【概况】 2022年，静安区区级机关党建工作加强政治建设，学习宣传贯彻党的二十大精神，组织区级机关系统党员干部在区各办公点集中收看二十大开幕会直播。开设“奋进新征程”区级机关党员干部学习党的二十大精神线上专栏，推出“机关支部书记谈体会”“机关党员热议二十大”“机关团员青年热议二十大”等系列内容，发放二十大学习书籍，深化领学促学机制，巩固拓展党史学习教育成果。印发《静安区区级机关工作党委2022年党建工作要点》，“深化‘先静者’行动，开展模范机关创建”工作被列为区委年度重点工作任务。年初，与区委组织部联合印发《关于深化“先静者”行动，开展模范机关创建的实施方案（试行）》，分阶段召开创建工作部署会、推进会和4场座谈会，从区级机关实际出发，明确评价方式和实施步骤，将党建绩效考核与模范机关创建评价标准有机整合。按照《关于开展2022年度静安区模范机关创建遴选命名工作的实施方案》等工作要求，开展区级机关系统模范机关标兵单位和先进单位、党建特色品牌、党支部建设示范点和党建工作法遴选申报工作，推动机关党建和业务工作融合。按照江宁路街道关于区人大代表补选工作要求，按工作流程和时间节点，于11月16日分3个投票站，补选产生1名区人大代表。区区级机关党工委强化思想引领，开展庆祝中国共产党成立101周年主题党日活动。七一期间，为区级机关80名老党员颁发“光荣在党50年”纪念章，指导区级机关党组织依托红色文化资源开展主题党日活动，举办新党员入党宣誓、重温入党誓词、党员过“政治生日”等政治仪式。围绕纪念党章诞生百年主题，开展机关党章党规党纪学习。举办“忠诚干净担当强国复兴有我”——机关系统党组织廉政情景剧剧本征集活动，评选出22篇优秀剧本编辑成册，5个基层党支部选送的优秀剧本拍摄微剧视频推送基层学习。组织机关基层党组织书记和委员走进中共二大会址纪念馆开展党章专题培训，聆听“不忘初心——党的根本大法的与时俱进”微党课，参与“学党章、知党史、守初心”党员学习教育知识问答检验学习成果，加强理想信念教育和对党忠诚教育。坚持将意识形态责任制建设融入机关党建工作常态化工作，把“学习强国”平台纳入机关各级党组织学习考核内容，提出明确学习要求，通过学习提示、先进支部通报、支部个性化辅导等方法，提升广大党员干部对“学习强国”平台学习热情。在依托机关文化走廊建设、机关宣传栏加强宣传交流和舆论引导基础上，加强新媒体建设，综合运用“学习强国”“先锋上海”“智慧党建”等学习和工作平台，发挥“先静者”微信公众号等网络宣传阵地作用。至年底，“先静者”微信公众号推送信息120余篇，向“学习强国”报送信息50余篇。区区级机关党工委夯实基层党组织建设，优化组织设置，完善选举流程，指导和督促150余家基层党组织完成换届选举工作。加强分类指导，针对机关、事业、离退休等不同类型党组织实际情况，科学精准施策。完善班子建设，扩大党员主要领导担任支部书记比例，强化组织战斗力。落实《关于加强和改进区级机关党的建设的实施办法》，修订《静安区区级机关系统基层党组织党建工作绩效考核和述职评议实施方案》，坚持抓两头带中间，深化党支部创先争优。申报6家机关党组织参评区级党支部建设示范点。选优和建强党支部书记队伍，开办机关党组织书记培训班，对学习贯彻习近平总书记重要讲话精神、做好新时代党的意识形态工作、开展党风廉政教育、创建模范机关和打造党建品牌等方面开展专题培训，帮助党组织书记熟练掌握党建工作基本原则、基本任务、工作机制、方式方法等。加强机关党建工作交流，整合资源，开展多形式、分层次、全覆盖教育培训和座谈交流。举办2022年基层党组织委员培训班，提升党务干部综合素质和履职能力。做好党员发展工作，组织37名党员发展对象参加静安区第14期入党发展对象培训班培训，全年接收预备党员41名，转正49名。健全完善党内激励关怀帮扶长效机制。在春节、七一等节点，对机关获得荣誉称号的党员、困难党员和老党员以及重病大病干部职工开展走访慰问，慰问对象超过800人次，发放慰问金57万余元。在新年首个工作日，开展“蓝天下的至爱——2022年静安区机关慈善‘一日捐’”活动，发动4000余名机关干部职工捐款66万余元至慈善基金会静安代表处，用于济困、助学、对口支援及乡村振兴等项目。区区级机关党工委加强机关廉政建设，坚持党要管党、全面从严治党，带头落实全面从严治党主体责任。严格贯彻落实中央八项规定精神及其实施细则。开展经常性纪律教育和警示教育，开展“涵养正气永葆清廉”党风廉政教育月“六个一”活动，通过一次党规党纪教育大会、一次网上廉洁文化学习体验活动、一堂廉政党课、一部警示教育片、一次廉政微剧本征集活动、一次纪检干部业务培训，推进党风廉政建设和反腐败工作入脑、入心。区区级机关党工委发挥机关群团作用。深化党建带群建，发挥群团组织工作优势，加强机关凝聚力建设。强化组织规范化建设，完成区级机关工会换届选举工作，指导区级机关基层工会组织和团组织换届和组建，开展机关“文体五项”活动经费支持、“疫路有你·与爱同行”感言征集、“主席谈工建”文稿征集等活动，落实防暑降温送清凉、疫情慰问及会员服务等暖心关爱行动等。加强对青年干部思想引领，推进青年理论武装工程，组织青年理论学习小组开展学习43次，391人次参与，丰富各类团青活动，搭建展示平台，做好凝聚青年、服务青年工作。区区级机关党工委通过党建引领赋能基层治理，构建平急高效动员机制，落实“双结对”“双报到、双报告”制度，组建由336名党员组成的党员突击队，服从街镇、居民区党组织统一指挥，参与各项应急处突任务。组织机关党组织与结对居民区党组织签订“结对共建协议”，完成资源下沉、力量下派、项目下设、帮扶下移“四个一”共建任务。组织机关干部参与新冠疫情防控。区区级机关党工委带头战斗在最前沿，全年共有4名处级干部分别参与方舱、集中隔离点等筹建和运维工作，2名科级干部加入党员突击队。根据区委组织部工作要求，全年选派近200名党员干部职工到机场转运专班、集中隔离点、“黄码”酒店（注：健康码为黄色的酒店）等参与新冠疫情防控工作。组织区级机关3500多名在职党员到居民区党组织报到，协助社区开展防疫工作。加强对抗疫一线人员关心关怀，下拨新冠疫情防控工作经费，并为1500余名机关干部职工送上组织的温暖关怀。开展自愿捐款活动，5000余名机关党员干部共捐款70余万元，所有捐款均汇缴至慈善基金会。聚焦新冠疫情防控宣传报道，开设“抗疫中的先静者”专栏。5月下旬，市市级机关工作党委在疫情专报中特别提到静安区区级机关党工委相关工作，市委副书记诸葛宇杰于6月2日作“工作有力、有效”批示。至年底，区区级机关党工委下属有11个党委、12个党总支、200个在职党支部、106个离退休党支部，共有党员6881人，其中在职党员3724人，离退休党员3157人。区机关工会下属有54个区级机关工会组织，工会会员2976人。区级机关团工委下属有26个区级机关团组织，团员195人。（周敏）

【机关慈善“一日捐”】 1月4日，“蓝天下的至爱——2022年静安区区级机关慈善‘一日捐’”捐款仪式在常德路370号4楼多功能厅举行。区四套班子领导，区法院、区检察院主要负责人，其他市管干部，以及区级机关各级党组织所在部门主要负责人近90人参加仪式。在区区级机关党工委、区机关工会号召下，57家机关党组织发动4000余名机关干部职工共捐款66万余元至慈善基金会静安代表处，用于济困、助学和对口支援、乡村振兴等项目。（周敏）

【开展大走访、大排查】 根据区委、区政府关于在全区开展领导干部“促发展、保安全”大走访、大排查工作要求，区区级机关党工委领导班子以深化模范机关创建为抓手，以“双结对”工作为切入点，于2月22日到结对的大宁德必易园开展走访调研。通过实地走访、现场交流等方式，了解园区“白领驿家”党建和群团活动开展情况，掌握园区入驻企业生产经营情况和产业现状，收集整理园区、企业提出的问题和需求，并按照工作要求做好问题反馈，发挥基层党组织战斗堡垒作用和党员先锋模范作用，促进企

业稳预期、增信心，共创共建卓越城区。（周敏）

【区级机关系统创建模范机关工作部署会】 2月24日，区区级机关党工委召开工作会议，专题部署模范机关创建工作。根据市委组织部和市市级机关工委《关于深化模范机关创建的实施方案》要求，贯彻落实中央和国家机关、市市级机关和区区级机关党的建设工作会议精神以及区二次党代会精神，结合在区级机关系统打造“先静者”党建品牌，带头彰显卓越城区“静安范”的实际，制订《关于深化“先静者”行动，开展模范机关创建的实施方案（试行）》，形成5大类、25小项基础指标体系和注重党建与业务融合5个特色指标体系。（周敏）

【“深化‘先静者’行动，开展模范机关创建”工作推进会】 于7月20日在区机关大楼4楼会场召开，对模范机关创建工作进行部署培训，区委副书记王益群出席会议并讲话。区委党校、区商务委、区市场监管局和区生态环境局分别代表机关党支部、党总支、党委和部门党组作交流发言。区级机关基层党组织书记近60人参加会议。会上下发区委组织部和区区级机关党工委联合发文的《关于深化“先静者”行动，开展模范机关创建的实施方案（试行）》。（周敏）

【静安区区级机关工会第二届第一次会员代表大会】 于7月29日在大统路480号5楼会场召开，区区级机关各工会组织70余名会员代表参加会议。大会通过《静安区区级机关工会第一届委员会工作报告》《静安区区级机关工会第一届委员会财务工作报告》《静安区区级机关工会第一届经费审查委员会工作报告》。选举并产生静安区区级机关工会第二届委员会委员、主席、副主席和经费审查委员会委员、主任。（周敏）

【走访慰问基层一线“送清凉”】 8月，区区级机关党工委推进机关暖心关爱项目，让党员干部职工群众感受到组织的温度，激励广大机关干部职工履职尽责，积极作为，领导班子成员带领机关工作人员到机关集中办公地等工作岗点慰问坚守高温和防汛防台一线工作人员。（周敏）

【党规党纪教育暨“四责协同”推进会】 于9月15日在大统路480号举行，区区级机关党工委全体党员参加。会上，全体党员观看廉政教育警示片，“零距离”感受党纪国法，把纪律和规矩意识入脑、入心。区区级机关党工委副书记、纪工委书记苏玉锋传达区党规党纪教育大会暨“四责协同”推进大会精神，并布置区级机关党工委开展党风廉政教育月“六个一”工作。区区级机关党工委书记徐慧君围绕学习党章，尊崇党章，做清正廉洁的“先静者”主题，为全体党员讲廉政党课。（周敏）

【2022年基层党组织书记和委员培训班】 为学习贯彻市十二次党代会精神和区二次党代会精神，提升机关基层党组织书记和委员综合素质和履职能力，推进基层治理体系和治理能力现代化建设，9月，区区级机关党工委在区党建服务中心举办该培训班。对学习贯彻习近平总书记重要讲话精神、做好新时代党的意识形态工作、开展党风廉政教育、创建模范机关和打造党建品牌等方面开展专题培训，帮助党组织书记熟练掌握党建工作基本原则、基本任务、工作机制、方式方法等。（周敏）

【2022年度基层党组织书记述职评议会】 于12月22日在大统路480号5楼会场召开，区区级机关党工委书记徐慧君出席会议并讲话，区级机关各级党组织负责人参加会议。会上，区

财政局、区人力资源社会保障局、区绿化市容局、区房管局、区检察院、区总工会6家机关党组织作交流发言，其余党组织作书面汇报。

（周敏）

（十）档案工作

【概况】 2022年，静安区档案工作服务中心大局，做到新冠疫情防控和业务工作两手抓两手硬，在提升档案治理能力和服务水平上下功夫，打造档案精品力作，提升文化软实力，推动静安区档案事业再上新台阶。做好新冠疫情防控工作。坚持党建引领，全年共派出58人次参加区方舱医院、隔离酒店、机场、火车站、社区等抗疫工作。做好新冠疫情防控档案收集和指导。新冠肺炎疫情期间，通过预约、分流、检查随申码、远程线上服务等方式开展民生档案利用服务。提升档案管理法治化水平。做好脱贫攻坚档案等"四重"档案指导，跟进"美丽城区""美丽家园"工程档案、"11·15"档案。开展档案法治培训。加强全区档案安全工作，对全区22家单位开展档案执法检查，其中静安区卫监所、市北高新集团和上海静安城市发展（集团）有限公司在检查中获评五星级。区档案学会完成换届选举。继续推动档案事业数字化转型。高标准高质量推进区档案馆新馆建设，系统谋划档案搬迁、新馆展厅布展等工作，定期召开会议推进工作落实，新馆在试运行阶段受到各方关注。创建全国示范数字档案馆，召开静安区全国示范数字档案馆系统预测试会议，新馆信息化项目通过验收。管好用好红色档案。以"国际档案日"宣传月为契机，通过"上海静安""岁月静安"微信公众号等开展法治宣传。深挖馆藏资源，在静安区档案馆新馆开放式展厅陈设"喜庆二十大，档案颂辉煌——静安区红色档案史料展"。打响静安档案德育品牌。成立静安区"档案德育"联盟，举行"走进档案，学有榜样"暨静安区档案德育推进会，将静安"档案德育"联盟单位德育工作特色汇编成《共愿——静安区"档案德育"联盟单位德育工作特色》，开展"红色档案里的故事"社会实践主题活动。丰富馆藏档案资源。完成3家单位、共6575卷、11637件档案进馆；征集上海香梅画苑沈皋等12名书画家的24幅字画作品、书画家汤兆基的100件作品，以及红色档案史料共17件、56页。提高档案民生服务质量。完成馆藏档案满25年开放鉴定，新增开放档案4794卷。全年接待档案查档利用者17518人次，提供查阅档案13742卷（件），受理全市跨馆申请420件次，长三角地区通办33件次，全国联查12件次。全年受理政府信息依申请公开118件次、接待咨询293人次。收集各单位提供的2021年至2022年主动公开文件1477份。

（冯晓瑜）

【"国际档案日"宣传活动】 于6月9日起举办。区档案局以管好用好红色档案资源为出发点，以"点亮信仰明灯，续写时代辉煌"为主题，挖掘档案史志资源，从档案的视角体现在党领导下静安区城区建设所取得的成就，并在"上海静安""岁月静安"微信公众号进行宣传。

（冯晓瑜）

【静安区"档案德育"共建联盟成立】 7月4日，区档案馆与区教育学院共同牵头，正式成立静安区"档案德育"联盟。成立会议通过线上形式举行，共有上海市回民中学、上海市华东模范中学、上海戏剧学院附属高级中学、上海大学市北附属中学、上海市青云中学、上海市保德中学、上海市育才初级中学、上海市市西初级中学、上海市大宁国际学校、上海市静安区闸北第三中心小学、上海市静安区中兴路小学、上海市

静安区蕃瓜弄小学、上海市静安区中山北路小学13家中小学加入联盟。（冯晓瑜）

【市档案局(馆)调研区档案馆新馆工作】 7月5日，市档案局(馆)长徐未晚率处室负责人到区档案馆新馆调研指导工作，区委常委、组织部部长宋宗德陪同调研。先后实地调研察看新馆开放式展厅、服务大厅、档案库房、技术用房、办公用房等区域，观看新馆建设及智能档案库房管理系统介绍短片，听取区档案局(馆)长林捷关于新馆建设及新冠疫情防控工作专题汇报，就做好档案工作及新馆建设提出工作要求。

（冯晓瑜）

【顾定鋆到区档案局调研档案史志工作】 10月13日，区委常委、统战部部长顾定鋆到区档案局调研工作。区档案局(馆)长林捷及班子成员、区社会主义学院副院长殷瑞兰参加调研。顾定鋆观看由区委党史研究室制作的党史学习教育微视频《中共中央早期机关在静安》，听取区档案局关于近年来档案史志工作、统战工作以及静安区红色文化资源情况等方面汇报。

（冯晓瑜）

【宋宗德到区档案馆新馆调研指导】 11月16日，区委常委、组织部部长宋宗德到区档案馆新馆调研指导新馆建设及启用前准备工作。宋宗德观看档案宣传片，实地察看档案库房、市民查档接待、史料展陈和珍藏档案布展等建设工作情况，对"喜庆二十大，档案颂辉煌——静安区红色档案史料展"布展及档案新馆启用前准备工作等提出指导意见和工作要求。（冯晓瑜）

【"参观红色展，学习好榜样"主题社会实践活动】 11月18日，区档案馆与静安区中兴路小学联合开展的该主题实践活动在区档案馆新馆举行。在馆方工作人员带领下，小学生们参观"喜庆二十大，档案颂辉煌——静安区红色档案史料展"，表演和录制沪语快板《静安榜样歌》。

（冯晓瑜）

【"走进档案，学有榜样"静安区档案德育推进

静安区档案馆新馆（区档案馆　供稿）

会】 于11月24日以线上线下相结合方式在区档案馆新馆举行。该次会议由区档案馆、区校外联办、静安区中兴路小学联合主办，区委常委、组织部部长宋宗德，市档案局二级巡视员、业务指导处处长杨红，区档案局（馆）长林捷，区教育局副局长徐剑宏，区档案馆副馆长康德山，上海市学生德育发展中心副主任王海伟出席会议。区档案局（馆）、区教育局相关科室领导和成员，静安区档案德育联盟学校分管领导和德育主任参加会议。 （冯晓瑜）

【区档案学会换届】 11月28日，静安区档案学会在区档案馆新馆召开第七届会员大会第一次会议，进行学会换届，选举产生第七届档案学会理事会、第一届监事会。理事会选举产生学会新的负责人：区档案局（馆）局（馆）长、党研室主任、方志办主任林捷担任学会会长；区档案局副局长王赪担任副会长；上海大宁资产经营（集团）有限公司档案主管凌俊担任副会长、法人；区档案局四级调研员周健担任秘书长。监事会选举区业余大学档案管理人员周燕任学会监事长。 （冯晓瑜）

【2022年档案法治培训】 于12月2日在区档案馆新馆5楼多功能厅举办。培训首次采用线下授课与线上直播同步形式，区档案局（馆）长林捷出席会议并作开班讲话，市档案局政策法规处、《上海市档案条例》修订专班成员王姝苏作法治宣讲，区档案局（馆）、区各机关、企事业单位档案干部270余人参会。 （冯晓瑜）

【静安区全国示范数字档案馆系统预测试会议】 于12月22日召开。会议以视频会议方式进行，国家档案局科技信息化司处长王大众，市档案局科信处处长康勇、副处长王玮等参加会议。测试专家组由国家档案局科技信息化司相关部门负责人担任组长，成员分别来自浙江省档案局、山东省档案馆、中国人民大学和上海部分区档案馆。区档案局（馆）长林捷、档案馆副馆长康德山和各相关科室人员参加会议，展示汇报数字档案馆建设成果。 （冯晓瑜）

（十一）党史工作

【概况】 2022年，区委党史研究工作坚持“一突出、两跟进”基本要求，以史鉴今、资政育人，聚焦迎接党的二十大、市十二届党代会、纪念中共二大召开100周年等重大主题，推进红色资源发掘、红色场馆建设、专项课题研究、党史宣传教育。区委党史研究室发掘红色资源、推进红色场馆建设。发掘史料资源，完善补充大纲内容，优化提升中共中央秘书处机关旧址纪念馆、中央特科机关旧址纪念馆布展。完成相关书籍编撰，开展专项课题研究。《中共静安区历史实录（2016—2021）》《静安星火》出版发行。撰写《全力打造中心城区新标杆新亮点的静安》，收录于《新时代，新步伐——2017—2022年上海发展报告》一书。完成专题片《永远的旗帜——百年党章的红色历程》拍摄。组织编写《中共二大史》。推进“中共中央早期机关在静安”课题研究。启动制作“一号机密——《中央文库》沉浸式党课”。继续拍摄《红色印记》系列微视频。开展党史学习宣传教育。开展党史宣传“五进”工作，积极开展党史宣传教育。在“岁月静安”微信公众号开辟“红色静安——首部党章诞生地的100个故事”专栏，连载20篇文稿。配合市委党史研究室，完成上海市革命历史类重点纪念设施专项调研核查工作。8月，长三角地区党史专家研讨交流会在静安区召开，参会专家调研静安区红色资源保护利用工作。1

月17日，全国党史和文献部门主要负责人会议在北京以视频形式召开。中共上海市静安区委党史研究室获全国党史和文献部门先进集体称号，在大会上受到表彰。年内，刘伟星被评为上海党史系统党史工作优秀个人。专题片《红色热土，"五地"静安》获上海党史系统新媒体作品类优秀科研成果奖。论文《从静安区红色资源看建党初心》获上海党史系统论文类优秀科研成果奖。（范建英）

【中共中央秘书处机关旧址纪念馆布展优化提升】 年内，区委党史研究室根据中共办公厅、国务院办公厅关于中共中央秘书处机关旧址纪念馆建设的批复意见，考证史实、优化展陈、更新方案、提升效果。根据中央党史和文献研究院专家的指导意见对展陈大纲进行考证、修订，增加中共中央秘书处在党的经费筹措工作中的突出贡献和成就；增加龚饮冰、刘少文等秘书处相关重要人物介绍；对场景进行局部调整，丰富多媒体展陈手段；增加张纪恩家属所捐衣物的陈设。中央文库专版通过沉浸式多媒体，采用光影艺术手法，演绎中国共产党人用鲜血和生命守护着党的珍贵档案文献的故事。配合纪念场馆建设，完成周边外部景观及灯光布置。

（范建英）

【中央特科机关旧址纪念馆布展优化提升】 年内，区委党史研究室根据中办、国办关于中央特科机关旧址纪念馆建设的批复意见，结合市公安局、市国安局等参与单位提出的意见建议，对布展大纲进行修改。增加"捍卫中央文库"有关内容，保持特科工作连贯性。根据《中国共产党组织史资料》增加关于秘密工作的纪律、原则等历史文献。在"群英荟萃"专题展中，加入目前所能掌握的参与中央特科工作的部分人员名单。增设"龙潭三杰"沉浸式多媒体专题展。编制概算，完成招标投，深化方案。梳理《中央特科机关旧址纪念馆布展设计方案》《中央特科机关旧址纪念馆提升工程实施计划》。（范建英）

【《中共上海市静安区历史实录(2016—2021)》编撰出版】 6月中旬，《中共静安区历史实录》由上海人民出版社出版，全书17余万字。为迎接党的二十大和市第十二次党代会召开，落实中央关于党史工作"一突出，两跟进"指示精神，根据市委党史研究室及中共静安区委相关工作要求，区委党史研究室组织编纂《中共上海市静安区历史实录(2016—2021)》。该书按实事求是、存史资政的编纂原则，以编年体形式，以中共党组织的活动为主题，全面、系统、客观地展现2016年以后，静安区以"国际静安、卓越城区"为奋斗目标，实施"一轴三带"发展战略，提升城区能级和核心竞争力，实现新作为、开创新局面，在经济发展、民生保障、社会管理、公共服务、城区环境、党的建设等方面取得的成就。

（范建英）

【《全力打造中心城区新标杆新亮点的静安》撰写】 为迎接党的二十大和上海市第十二次党代会召开，市委党史研究室组织全市有关部门和各区共同编写《新时代，新步伐——2017—2022年上海发展报告》一书，全面回顾近5年来上海改革开放和社会主义现代化国际大都市建设所取得的成就，展现全社会改革创新的勇气、敢为人先的锐气和蓬勃向上的朝气。区委党史研究室根据工作要求，组织编写静安篇《全力打造中心城区新标杆新亮点的静安》，全文共8000字。较为系统地反映新静安区自成立以后，区委、区政府贯彻落实习近平总书记系列重要讲话精神，在经济、政治文化、社会、生态文明和党的建设领域取得的新成就和新亮点。6月，该书由上海人民出版社出版。（范建英）

【组织专题片《永远的旗帜——百年党章的红色历程》拍摄】 为纪念首部党章制定通过100周年，结合静安区打造区域红色文化品牌计划安排，年内，区委党史研究室组织拍摄《永远的旗帜——百年党章的红色历程》专题片。9月11日至12日，该片在上海电视台纪实人文频道播出，并作为党史学习教材寄送市、区有关单位。此外，以静安区重要革命遗址（旧址）为主题，组织拍摄《红色印记》系列微视频9部。

（范建英）

【开展专题研究】 "中共中央早期机关在静安"课题研究是中央党史和文献研究院宣传专项引导资金项目，以党的早期领导中枢在静安区开展的一系列革命活动为切入点，通过翔实准确的研究论证，诠释党中央机关长期驻地上海、聚集静安区的历史必然性，梳理党中央机关在静安区期间的组织框架和机构职能变迁，揭示中国共产党从小到大、从弱变强、从稚嫩走向成熟的历史经验及其现实启示。年底，区委党史研究室完成《中共中央早期机关在静安》课题初稿编写。为纪念中共二大召开100周年，重温中共二大召开前后的历史，区委党史研究室还组织编写《中共二大史》。该书由中共党史出版社送中央党史和文献研究院审阅。（范建英）

（十二）中共二大会址纪念馆工作

【概况】 2022年，中共二大会址纪念馆围绕纪念中共二大召开和首部党章通过100周年策划的"十个一"系列活动，弘扬伟大建党精神，深化党史学习教育成果。全年中共二大会址纪念馆参观总人数62953人次、团队311批次，下辖的中共中央军委机关旧址纪念馆共接待参观总人数8625人次、团队共35批次，下辖的中共中央秘书处机关旧址参观总人数1615人次、团队共25批次，下辖的中共中央特科机关旧址（内审阶段）参观总人数283人次、团队23批次。中共二大会址纪念馆获首批"上海市数字化景区"称号，通过5A级景区年度复核，获2022年上海市红色故事讲解员大赛（专业组）"一金一优"佳绩。年内，97家媒体对纪念馆进行原发报道425篇，其中中央媒体报道81篇、上海市级媒体报道344篇。接受4家央媒（新华社、《人民日报》、人民网、"学习强国"）、10家市级媒体和单位（《文汇报》、上海人民广播电台等）专访，4家市外媒体专访。新华社分别于7月1日、16日刊登报道3篇，客户端浏览量达276万次。

（宋丽君）

表1-3　2022年副部级以上领导参观中共二大会址纪念馆情况表

日期	参观活动
3月1日	全国友协会长林松添一行12人参观中共二大会址纪念馆，市人大常委会副主任、市友协会长陈靖，市友协副会长景莹，区委书记于勇，区委常委、常务副区长傅俊陪同
6月17日	市委常委、宣传部部长赵嘉鸣一行15人参观中共二大会址纪念馆、中共中央军委机关旧址纪念馆、中共中央秘书处机关史料陈列展，市委宣传部副部长、市文明办主任潘敏，区委书记于勇，区委常委、宣传部部长莫亮金陪同

（续表）

日期	参观活动
7月1日	市委常委、统战部部长陈通一行40人参观中共二大会址纪念馆，区委书记于勇，区委常委、统战部部长顾定鋆陪同
7月2日	最高人民检察院副检察长孙谦一行7人参观中共二大会址纪念馆、中共中央特科机关旧址史料陈列展，市人民检察院副检察长盛勇强，区人民检察院党组书记、检察长董学华陪同
7月29日	致公党中央副主席、市政协副主席、致公党上海市委主委张恩迪一行21人参观中共二大会址纪念馆，区政协党组书记、主席丁宝定，区委常委、统战部部长顾定鋆陪同
8月9日	副市长刘多一行参观中共二大会址纪念馆
8月18日	市检察院党组书记、代检察长陈勇一行30人参观中共二大会址纪念馆
8月28日	全国妇联副主席吴海鹰一行5人参观中共二大会址纪念馆，市妇联党组书记、主席马列坚，区委副书记王益群陪同
11月3日	中央外事工作委员会办公室主任杨洁篪一行参观中共二大会址纪念馆，区委书记于勇，区人大常委会主任顾云豪，区委常委、区委宣传部部长莫亮金陪同
11月14日	中央第三督导组组长陈求发一行参观中共二大会址纪念馆，市委组织部副部长白锦波，区委常委、组织部部长宋宗德陪同
12月2日	中央政治局委员、市委书记陈吉宁一行10人参观中共二大会址纪念馆，区委书记于勇，区委副书记、区长王华，区委常委、宣传部部长莫亮金陪同

（宋丽君）

【《第一部〈中国共产党章程〉通过一百周年》纪念邮票首发活动】 于7月23日在上海展览中心举行。该活动由市委宣传部、市邮政管理局、中国邮政上海分公司、中共静安区委主办。仪式上，市委常委、副市长张为致辞。市邮政管理局局长冯力虎宣读《第一部〈中国共产党章程〉通过一百周年》纪念邮票发行公告。市委常委、宣传部部长赵嘉鸣为纪念邮票揭幕。中国邮政上海分公司党委书记、总经理李柏平向中共二大会址纪念馆赠送编号01号邮票，区委书记于勇代表接收。活动由市委宣传部副部长、市文明办主任潘敏主持。中国邮政于当天向全国发行《第一部〈中国共产党章程〉通过一百周年》纪念邮票680万套(1套1枚)。 （宋丽君）

【纪念中国共产党首部党章诞生100周年暨主题邮局开设活动】 于7月16日上午在中共二大会址纪念馆举行。该活动由中共上海市委宣传部指导，中共静安区委员会、中国邮政集团有限公司上海市分公司主办。市委宣传部副部长、市文明办主任、中共一、二、四大场馆管委会主任委员潘敏，中共静安区委书记于勇，中国邮政上海分公司党委书记、总经理李柏平，中共静安区委副书记王益群，区委常委、宣传部部长莫

7月23日，《第一部〈中国共产党章程〉通过一百周年》纪念邮票首发活动

（中共二大会址纪念馆　供稿）

亮金，中国邮政上海市分公司副总经理张健，以及全区各相关委办局，中共一大会址纪念馆、中共二大会址纪念馆、中共四大纪念馆等单位主要领导及相关负责人出席纪念活动。活动现场还特别邀请老山对越自卫防御作战的一级伤残军人方坚出席。莫亮金与张健为《中国共产党第二次全国代表大会召开一百周年纪念册》揭幕。潘敏、于勇、李柏平共同为"《中国共产党章程》诞生地主题邮局"揭牌。　（宋丽君）

【"百年辅德里，奋进新时代"——纪念中国共产党首部党章通过100周年研讨会】 于7月23日在上海展览中心举行。该研讨会由中央党史和文献研究院第七研究部、市委宣传部、市委党史研究室、中共静安区委指导，上海市中国共产党伟大建党精神研究中心，中共一、二、四大场馆管理委员会，中共静安区委宣传部主办。市委常委、宣传部部长赵嘉鸣致辞。中央党史和文献研究院第七研究部副主任纪晓华，市委党校常务副校长、上海市中国共产党伟大建党精神研究中心副主任徐建刚，区委书记于勇，中共二大代表陈独秀后人、安徽省安庆市独秀园管理处原主任、安庆市委侨联原副主席陈长璞分别通过线上或线下方式进行主旨发言。主旨发言环节由市委党史研究室主任，中共一、二、四大场馆管委会副主任委员严爱云主持。市委党校副校长、上海市中国共产党伟大建党精神研究中心副主任兼秘书长曾峻对入选论文进行点评。主题演讲和学术交流环节由中共一大纪念馆馆长、党委书记，中共一、二、四大场馆管委会秘书长薛峰主持。研讨会共收取来自北京、上海、浙江、辽宁、云南、湖北等地的党史研究机构、高校以及红色场馆的投稿78篇，涉及中共二大与首部党章的产生、中共首部党章内容剖析与研究、首部党章与党的自身建设、中共首部党章的时代价值与现实意义研究、中共首部党章与党的制度建设等论题。　（宋丽君）

【"诵读党章、讲述初心"百年百人红色声音接力活动】 由区委组织部、区委宣传部、区总工会、

团区委、区妇联共同指导，于7月1日至31日，邀请百名上海市优秀党员代表在上海人民广播电台等媒体平台，以“诵读和发声”形式展现党章在新时代的内涵意义。为期1个月的展播中，全网总点击量达400余万次，并被纳入上海100个“强国复兴有我，群众性专题宣传教育”重点项目。 （宋丽君）

【“祖国万岁，强国复兴有我”——庆祝中华人民共和国成立73周年升旗仪式】 于10月1日在中共二大会址纪念馆举行。区委常委、宣传部部长莫亮金，区政协副主席宋大杰，区委宣传部副部长、区委网信办主任李晟晖，区融媒体中心主任杨嫣，中共二大会址纪念馆党支部书记、副馆长（主持工作）尤玮，以及区政协香梅画苑代表、党员代表、白领代表、青少年代表共同参与活动。上海静安App特别推出“百年辅德里”聚合页面，该页面汇聚二大百年相关新闻资讯，并开设场馆预约功能。《辅德里1922》、百年百人百声诵读、“明灯伴我行”系列视频等在该页面发布或更新。区政协香梅画苑的书画家们以书法、绘画等艺术表现形式，纪念中共二大召开100周年暨首部党章通过100周年。宋大杰为捐赠代表作品揭幕。莫亮金为5位创作者颁发捐赠证书。所捐赠的4幅书画作品将收藏于中共二大会址纪念馆。 （宋丽君）

【“永远的旗帜——中国共产党党章学习厅”展陈优化提升】 该项目由市委宣传部、市委党史研究室指导，系静安区纪念中共二大召开和首部党章通过100周年重点项目之一。“党章学习厅”丰富展陈内容、优化展示手段、创新形式载体，重点展示二十大党章体现出的党的理论创新、实践创新和制度创新成果。该项目于11月27日举办仪式活动。市委常委、宣传部部长赵嘉鸣出席活动，并为“永远的旗帜——中国共产党党章学习厅”开放揭幕。市委宣传部副部长、市文明办主任潘敏，市委党史研究室主任严爱云共同开启党章学习流动教室巡讲活动。区委书记于勇出席活动并为静安区红色经典步道揭牌。区委常委、组织部部长宋宗德，中共一大纪念馆党委书记、馆长薛峰等出席活动。区委常委、宣传部部长莫亮金主持活动。党章学习厅开放后，启动“中国共产党党章学习流动教室”配套活动，通过“巡展+巡讲”方式开展进机关、进企业、进学校、进社区、进军营等活动。 （宋丽君）

二、静安区人民代表大会

编辑　庞雅琴

（一）综述

2022年，区人大召开区人民代表大会2次、常委会会议9次、人大常委会主任会议16次。听取和审议“一府两院”29项专题工作报告，听取“一府两院”有关工作情况汇报5项。依法选举、通过和任免国家机关工作人员343人次。选举由静安区产生的市十六届人大代表62人，终止区人大代表资格8人，补选区人大代表5人。

区人大常委会坚持党的领导，把握人大工作的正确方向。坚持不懈强化思想理论武装，把学习贯彻党的二十大精神作为首要政治任务。制定党组理论学习中心组年度学习计划，常委会组成人员集体学习全过程人民民主重大理念。做好党史学习教育总结工作，进一步巩固拓展教育成果。贯彻中央人大工作会议精神，细化制定区委《关于新时代坚持和完善人民代表大会制度，全面提升人大工作质量和水平的意见》人大部门项目责任书，明确工作目标和路径。按照市人大关于加强经济工作监督决定、加强和改进新时代人大调查研究工作意见的要求，强化落实宪法、监督法赋予人大的经济监督职能，提高人大调研能力和水平。围绕区委决策部署做好人大工作，坚持人大重要会议、重点工作、重大事项及时向区委请示报告。按照区委统一部署，组织开展“关于加强基层治理体系和治理能力现代化建设”课题调研，聚焦基层在新冠疫情防控中的治理实践提出有关建议，为区委制定《静安区关于进一步加强党建引领基层治理的若干措施》提供参考。依法做好新一届人大常委会工作机构组成人员和政府组成部门负责人任命工作。

区人大常委会坚持人民至上，推进全过程人民民主最佳实践地建设。通过实施项目化推进，发挥平台作用，优化服务保障，增强和提升人大工作整体效能。选取13个重点监督议题作为联动项目，扩大和深化人大代表对常委会工作的参与。发挥“家站点”的窗口、平台和阵地作用，加强代表与人民群众的联系。融合各种资源，聚集各方力量，推动相互赋能、提质增效。各街镇依托“家站点”平台开展代表履职活动近1200次，组织1430人次代表接待选民群众近5000人次，收集意见建议1000余件。培育具有静安特色的高水平站点，拓宽各类群体有序参与人大工作和城区治理的渠道。发挥联系点和采集点的重要作用，支持和保障市人大常委会江宁路街道基层立法联系点积极有效开展工作。年内，立法联系点征集建议312条，开展各类立法座谈调研30次，参与300余人次。做好基层立法信息采集点提质工作，增设恒隆广场采集点，推动立法联系点、信息采集点与“家站点”功能叠加、融合发展。向全体人大代表征询人代会专题审议和常委会监督议题，组织代表评议政府上半年工作报告。综合运用执法检查、听取审议工作报告、专题询问和专题调研等监督方式，完善审议意见跟踪督办和整改落实情况反馈机制，推动监督成果更好惠及人民群众。

区人大常委会服务中心大局，助力高效统筹疫情防控和经济社会发展。全力以赴战疫情、促发展，区人大常委会会议听取关于在疫情防控工作中充分发挥人大职能作用的情况报告。向市人大报送人大代表和专工委提出的疫情防控建议，编写7篇有关专报报送区委。常委会班子成员担负包保责任，深入基层社区一线，指导落实落细疫情防控各项措施。20多名医疗卫生系统和70多名基层一线代表奋战在抗疫前线，近200名代表参与社区志愿服务，提出310条有针对性的意见建议，推动解决40多件群众急难愁盼问题。开展“防疫情、稳经济、保安全”大走访、大排查，近30名代表从稳企业、保就业等方面提出建议，推动复工复产复学。助推经济高质量发展，聚焦抓改革、提能级，听取区政府关于政务服务“一网通办”工作情况报告，推动深化“放管服”改革。与市人大联动开展《上海市检验检测条例》执法检查，开展国资国企改革、苏河湾核心功能区发展建设情况等专题调研。聚焦稳增长、促消费，推动国际消费中心城市示范区建设能级提升。聚焦扩大对内对外开放，与市人大联动开展对口支援与合作交流工作情况监督调研，开展“全球服务商计划”实施情况专题调研。加强计划执行、预决算、审计和国有资产监督，审查和批准决算和计划、预算调整，持续推进预算联网监督工作。推进法治城区建设，加强对司法工作监督，听取和审议区法院关于发挥法院职能，持续优化法治化营商环境工作情况的报告。加强对依法行政的监督，助力法治政府建设示范区创建工作。落实《规范性文件备案审查条例》，有序推进备案审查信息平台建设。加强全民普法工作监督，对区政府落实“七五”普法决议实施情况开展跟踪监督。首个以市人大静安代表团名义提交的《关于加快制定上海市残疾人无障碍设施管理条例》议案列为2022年市人大一号议案启动立法工作后，常委会坚持上下联动，搭建平台，贡献静安智慧。持续推动城区品质提升，围绕筑牢城区安全防线，与市人大联动开展《上海市安全生产条例》《上海市非机动车安全管理条例》执法检查，并进行专题询问。围绕区域功能提升，开展《上海市城市更新条例》执法检查；推动市人大静安代表团向市人代会提出的关于加快北郊站功能转型议案，优化改善城区空间形态和功能布局。听取和审议区政府关于本区2022年城区规划制定和实施情况的报告，推动苏河湾沿岸景观提升和功能开发。围绕生态环境保护，听取和审议区政府关于区生活垃圾管理、区2021年环境状况和环境保护目标完成情况的报告，促进经济社会发展全面绿色转型。开展构建疫情防控工作机制跟踪调研，听取区政府关于全要素社区治理智能平台推进情况的报告。助力在发展中保障和改善民生，聚焦零星旧里、非成套公房等受疫情影响严重的老旧小区，持续开展旧区改造和旧住房综合改造专项监督。推动解决“一老一小”等民生热点问题，开展未成年人保护工作专项监督，对《上海市养老服务条例》执法检查情况开展跟踪监督。听取区政府关于提升课后服务工作情况汇报，推动“双减”政策落地见效。聚焦公共服务优质均衡发展，对“静安区加强公共卫生体系建设三年行动计划”实施情况进行跟踪监督。开展宗教事务条例、台湾同胞投资权益保护规定等法规实施情况专题调研。

区人大常委会深化代表工作，发挥代表主体作用。密切人大代表同人民群众的联系，开展2次集中联系社区活动，市区镇三级人大代表766人次参加活动，接待人民群众3000余人次，开展座谈、视察、走访等活动300余场，收集意见建议270余条。落实常委会组成人员联系代表制度，开展“家站点”绩效评价工作，13家被市人大评定为2022年度人大代表“家站点”市级示范平台，在中心城区名列前茅。加强代表建议督办，制订《关于进一步完善代表建议办理工作机制的意见》，完善分层督办机制。开展常委会主任会议成员领衔督办，加强代表工作室、专工委和街镇人大联动督办，提高建议解决率和答复满意率。推动建议内容和办理结果逐步向社会公开。优化代表履职服务保障，以线上线下相结合方式开展代表培训。向人大代表发放参与常委会工作意向征询，共有218名市、区人大代表参与征询。通过邀请代表参与常委会审议议题的调研、视察和列席常委会会议等方式，为代表履职创造条件。建立首个城建环保工委非驻会委员工作室，增设3个代表工作小组。做好市人大代表服务保障，8名代表获上海市第十五届人大积极履职代表。完成由静安区产生的市十六届人大代表换届选举工作。强化人大街工委能力建设。贯彻落实《上海市区人民代表大会常务委员会街道工作委员会工作条例》，加强规范化制度化建设。坚持街镇人大工作例会制度，开展人大街工委工作评估和街镇人大工作绩效考核。

区人大常委会夯实履职基础，提高人大工作能力和水平。加强制度机制建设，修订区人民代表大会议事规则、常委会议事规则和任免国家机关工作人员办法，提高议事效率。履行全面从严治党主体责任，推进“四责协同”机制建设。提升素质能力，发挥机关党组的重要作用、党支部的战斗堡垒作用和党员的先锋模范作用，组织机关党员干部投身抗疫一线。加强履职学习，提升新一届人大专工委专业化水平。通过选派机关干部挂职锻炼、赴滇开展对口支援、加强岗位交流等提升干部能力。强化宣传工作，多篇报道被全国和市各类媒体转载和推送。

（郑曦）

（二）重要会议和活动

【市人大侨民宗委、外事委到静安区开展立法调研】 1月6日，市人大城建环保委主任委员崔明华带队到静安区就住房租赁开展立法调研，实地察看中建幸福公寓、彭浦新村街道、中建公司，了解项目运营情况及属地管理情况。区人大常委会副主任宋震、党组成员周伟、区政府副区长李震陪同调研。

（郑曦）

【区二届人大一次会议】 于1月11日至14日在海上文化中心举行。357名代表参加。会议听取、审议和批准区长王华作的政府工作报告，审查和批准区2021年国民经济和社会发展计划执行情况与2022年国民经济和社会发展计划草案的报告，批准区2022年国民经济和社会发展计划，审查和批准区2021年预算执行情况与2022年预算草案的报告，批准区2022年预算；会议听取、审议和批准区人大常委会主任顾云豪作的区人大常委会工作报告、区法院代理院长孙静作的区人民法院工作报告、区检察院检察长董学华作的区人民检察院工作报告。会议选举顾云豪为区二届人大常委会主任，王华为区人民政府区长，杨志健、孙明丽、林晓珏、周伟、江天熙为区二届人大常委会副主任，傅俊、梅广清、龙婉丽、姜坚、李震、张军为区人民政府副区长，高飞为区监察委员会主任，孙静为区人民法院院长，董学华为区人民检察院检察长。会议选举产生区二届人大常委会委员，表决通过区二届人大各专门委员会组成人员人选。大会收到代表建议、批评和意见 175 件。14 名市民旁听大会。大会举行宪法宣誓仪式，组织新当选领导与代表见面。（郑曦）

【于勇到区人大常委会调研】 2 月 10 日，区委书记于勇、副书记王益群到区人大常委会调研，听取关于区人大常委会 2021 年工作情况和 2022 年工作打算的汇报。区人大常委会主任顾云豪，副主任杨志健、孙明丽、林晓珏、周伟、江天熙，区人大常委会原副主任冯璐，区委办公室、研究室，区人大各专委、区人大常委会各部门负责人参加会议。（郑曦）

【市人大代表工作小组中部片区第三次交流活动在静安区举行】 2 月 10 日，市人大代表工作小组中部片区第三次交流活动在静安区举行。市人大常委会代表工委副主任胡成韻，区人大常委会党组副书记、副主任杨志健出席并讲话。建立代表工作小组的部分市人大代表，市人大常委会代表工委相关处室负责人及联络员，中部片区（徐汇区、黄浦区、静安区、虹口区）区人大常委会代表工作机构负责人及联络员等约 20 人出席。静安区、徐汇区、黄浦区、虹口区人大常委会代表工作机构负责人介绍代表工作小组开展情况、2022 年主要工作安排及对片区活动的建议。代表工作小组负责人及部分小组成员交流小组运作情况，并提出加强培训和交流互动等建议。（郑曦）

【区人大常委会和区政府领导班子工作沟通会】 于 2 月 16日在常德路 370 号 701 会议室召开，重点围绕 2022 年工作安排进行沟通交流。区委副书记、区长王华，区人大常委会主任顾云豪，区委常委、副区长梅广清，区人大常委会副主任杨志健、孙明丽、林晓珏、周伟、江天熙，副区长龙婉丽、姜坚、李震、张军出席会议，区人大常委会办公室、研究室和区政府办公室负责人参加会议。（郑曦）

【《上海市安全生产条例》执法检查】 于 3 月至 8 月开展。区人大常委会成立执法检查组，制定执法检查工作方案，确定执法检查主要内容和工作重点，通过印发执法检查方案和领导讲话要求启动执法检查工作。执法检查期间组织专题培训 3 次，开展集中实地执法检查 10 次，召开专题座谈会和沟通会 7 次，检查组成员和人大代表共 107 人次参与。针对执法检查发现的问题，区二届人大常委会第四次会议经听取和审议执法检查报告后建议坚持安全发展理念，压紧压实安全生产法定责任，把安全发展理念和全周期管理理念落实到经济社会发展的全领域、全阶段、全过程；紧扣《上海市安全生产条例》规定，织密织牢安全生产责任体系。坚持以点带面，聚焦重点领域、重点行业、重点场所、重点设施，扎实开展安全生产大检查；针对新产业、新业态、新领域的特点，明确职责分工，加强协同监管；多措并举、多管齐下，有效解决非机动车安全充电、老旧电梯维护等一批人民群众关心的民生热点难点问题；建立健全常态化安全生产检查机制，全方位、常态化开展安全隐患排查整治和监管。坚持综合施策，进一步推进韧性城区建设，持续推动“两网”融合赋能安全生产，不断提升对安全风险隐患实时动态感知、高效科学研判、快速响应处置的能力和水平。继续采取多种形式加强宣传，定期组织应急救援

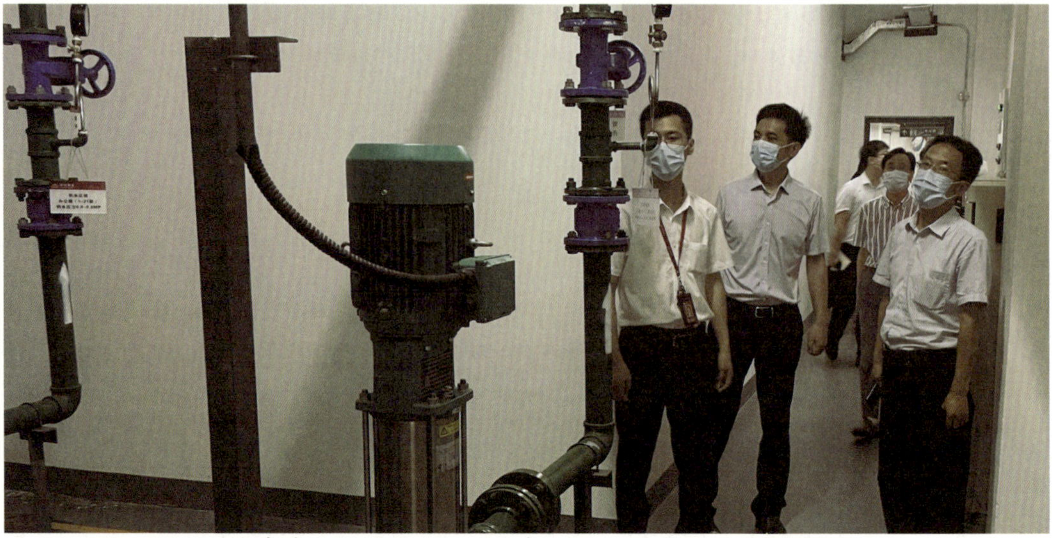

3月至8月，区人大常委会《上海市安全生产条例》执法检查组开展执法检查

（区人大常委会　供稿）

演练，加快构建群防群治社会治理新格局。（郑曦）

【支持市人大常委会江宁路街道基层立法联系点开展工作】 区二届人大常委会第四次主任会议听取市人大常委会江宁路街道基层立法联系点工作情况汇报，建议联系点要认真学习、深刻领会习近平总书记关于全过程人民民主重要论述的重大理论和实践意义，深入贯彻落实中央和市、区人大工作会议精神，深化拓展基层立法联系点的功能作用，促进基层立法联系点从参与立法向监督执法、促进守法、宣传普法深化，成为人民群众全过程参与国家法治建设、向全社会全方位展现人民民主的阵地，成为上海实践全过程人民民主的鲜活载体、响亮品牌。（郑曦）

【郑钢淼到静安区开展代表集中联系社区活动】 见“领导视察和调研”相关条目。（郑曦）

【蒋卓庆到静安区开展调研】 见“领导视察和调研”相关条目。（郑曦）

【《上海市城市更新条例》执法检查】 于7月至9月开展。区人大常委会成立执法检查组，制定执法检查工作方案，确定4项执法检查主要内容，并于7月21日召开启动会。执法检查期间多次开展实地执法检查，召开专题座谈会，出席的区人大代表及相关人员共41人次，提出意见建议112条。针对执法检查发现的问题，区二届人大常委会第五次会议经听取和审议执法检查报告后建议要切实抓好《条例》的贯彻落实，实实在在抓推进、补短板，推动《条例》落实落地。要充分发挥规划的引领作用，强化顶层设计，高效统筹、整体推进，更好服务静安发展战略；推动城市更新重点项目落地见效，优化改善城区空间形态和功能布局。要着力提升城区综合品质，加快推进零星旧改、旧住房成套改造，补强社区防控体系薄弱环节；深化“美丽家园”建设，持续推进既有多层住宅加装电梯等民心工程；推动城市更新与文化内涵相融合，传承发扬静安历史文脉；建立健全城市更新公众参与机制，坚持问需于民、问计于民，打造更有温

度的城区环境。（郑曦）

【市人大常委会安全生产执法检查专项指导第五组到静安区调研】 7月13日，市人大常委会安全生产执法检查专项指导第五组组长吴延风、副组长潘丽萍带队到静安参加区人大常委会《上海市安全生产条例》执法检查活动，听取企业落实安全生产条例总体情况和大型工地安全生产情况介绍，实地察看大型商业综合体日常安全生产管理、消防应急处置以及大型特种设备安全维护情况。区人大常委会主任顾云豪，区委常委、副区长梅广清，区人大常委会副主任孙明丽，部分区人大常委会执法检查组成员和部分区安委会成员单位参加活动。（郑曦）

【专题学习市第十二次党代会精神】 7月14日，区人大常委会党组举行中心组（扩大）学习会，邀请市委党校（上海行政学院）党史党建教研部、政党研究所徐学通教授作“市第十二次党代会精神解读”专题辅导报告，他以“建设具有世界影响力的社会主义现代化国际大都市”为题，全面深入解读市第十二次党代会精神。区人大常委会党组书记、主任顾云豪主持会议并讲话。区人大常委会党组成员、副主任孙明丽、林晓珏、周伟，区人大常委会机关全体干部参加学习。（郑曦）

【《习近平在上海》《当好改革开放的排头兵——习近平上海足迹》专题辅导】 于8月18日在常德路370号709会议室举办，上海市习近平新时代中国特色社会主义思想研究中心特约研究员、市党建研究会党建智库首席专家冯小敏结合亲身经历和工作实践，从“高度重视党建与探索新路、勇于担当精神与境界格局、情系人民群众与务实作风、善于战略思维与引领推进、强调规矩意识与当好表率”5个方面，讲述学习体会。区人大常委会党组书记、主任顾云豪主持会议。区人大常委会党组副书记、副主任杨志健，党组成员、副主任孙明丽、林晓珏、周伟，区人大常委会机关全体干部参加会议。（郑曦）

【市人大侨民宗委、外事委到静安区开展执法检查】 8月23日，市人大侨民宗委、外事委主任委员林杰带队到静安对《上海市宗教事务条例》实施情况开展执法检查。区人大常委会主任顾云豪、副主任孙明丽参加。（郑曦）

【《上海市非机动车安全管理条例》执法检查】 于9月至11月开展。区人大常委会成立执法检查组，制定执法检查工作方案，并于10月13日在常德路370号709会议室召开启动会。围绕人民群众反映强烈的难点、热点问题，制定执法检查计划表。与江宁路街道人大工委开展专项联动合作，邀请区人大代表参与座谈及视察等监督活动。邀请《上海市非机动车安全管理条例》起草组相关专家解读释疑，为执法检查顺利推进奠定法理基础。针对执法检查发现的问题，区二届人大常委会第七次会议经听取和审议执法检查报告后建议要提高思想认识，立足静安作为超大城市中心城区的特点，推进非机动车安全管理工作，坚决守牢城市安全底线。要强化系统观念，强化科技赋能，压实企业安全主体责任，加大对《条例》的普法宣传力度，鼓励社会公众积极参与非机动车安全管理工作。要坚持问题导向，因地制宜加强基础设施建设，细化技术标准，实现有法可依、执法必严。（郑曦）

【市人大常委会执法检查组到静安区开展执法检查】 9月1日，市人大财经委副主任委员吴祖强带队到静安区开展《上海市检验检测条例》执法检查，实地视察莱茵技术（上海）有限公司，听取贯彻实施《上海市检验检测条例》情况。与会检验检测机构围绕提升国际影响力、加强标准化建设、加大数字化赋能等方面进行交流发言。区人大财经委负责人介绍关于检查静安区贯彻实施《上海市检验检测条例》情况。市市场监管局副局长陶永华，静安区人大常委会副主任林晓珏，区人大财经委、常委会预算工委有关负责人参加检查。 （郑曦）

【《习近平谈治国理政》第四卷辅导讲座】 于9月14日在常德路370号709会议室举行，全国"人民满意的公务员"、彭浦新村街道党工委书记、人大工委主任任伟以"厚植为民情怀，践行使命担当，以实际行动迎接党的二十大胜利召开"为题，结合为民办实事的工作实践，从坚持学思践悟，注重知行合一；坚持人民立场，厚植为民情怀；坚持担当作为，强化斗争精神3个方面，分享学习体会。区人大常委会党组成员、副主任林晓珏、周伟，副主任江天熙，区人大各街道工委有关人员，区人大常委会机关全体干部参加会议。 （郑曦）

【市人大常委会代表工委到静安区开展"家站点"平台绩效评估工作】 9月27日，市人大常委会代表工作委员会主任邬立群带队到静安区实地评估检查"家站点"平台绩效情况，到江宁路街道人大代表之家、曹家渡街道万航居民区人大代表联系点、天目西路街道和泰花园居民区人大代表联系点、南京西路街道恒隆人大代表联络站进行评估检查，听取"家站点"平台基础建设、活动开展、功效发挥和运行保障等情况介绍。区人大常委会党组副书记、副主任杨志健，区人大常委会代表工作室、相关街道工委有关负责人参加。 （郑曦）

【传达学习贯彻党的二十大精神】 10月25日，区人大常委会在常德路370号709会议室召开机关全体干部会议，传达学习贯彻党的二十大精神。区人大常委会党组书记、主任顾云豪传达党的二十大、二十届一中全会精神以及市委和区委召开的党员负责干部会议精神，并就学习贯彻落实提出要求。区人大常委会副主任孙明丽、林晓珏、周伟、江天熙以及全体机关干部参加会议。 （郑曦）

【区人大常委会恒隆广场基层立法信息采集点揭牌】 11月16日，区人大常委会举行恒隆广场基层立法信息采集点揭牌授证仪式、区人大常委会基层立法信息采集点工作会议。区人大常委会主任顾云豪为区人大常委会恒隆广场基层立法信息采集点揭牌并颁发证书。南京西路街道党工委书记、人大街工委主任周惠珍作表态发言。区人大法制委总结基层立法信息采集点工作情况，并从采集点的设立初衷、制度建设、运行模式等方面作工作部署。区城管执法局案件审理科、南京西路街道社联会、市人大常委会江宁路街道基层立法联系点作交流发言。区人大常委会副主任周伟参加会议。 （郑曦）

【区人大代表2022年度集中视察活动】 于11月22日至29日开展。220余名人大代表围绕商业发展、养老服务、城市更新、科技创新等主题，分5条路线视察苏河湾公共绿地、苏河湾万象天地综合体商办项目、临汾社区第一综合为老服务中心、阳曲路391弄小区沉浸式"家庭养老院"样板间、临汾小区、苏州河静安段、张园、静安雕塑公园、锦沧文华广场、市北高新园区规划展示馆、卡斯柯信号有限公司。区人大常委会副主任杨志健、孙明丽、林晓珏、周伟分别带队视察。区委常委、常务副区长傅俊，副区长李震、张军以及区有关部门负责人陪同视察。 （郑曦）

【区人大二届二次会议】 于12月8日至10日在海上文化中心举行，313名区人大代表参加会议。会议以无记名投票、差额选举的方式依法选举出62名由静安区产生的上海市第十六届人民代表大会代表。会后报市人大常委会会议确认。

（郑曦）

表 2-1　2022 年区人大常委会会议情况表

会议名称	日　期	主要内容
区第二届人大常委会第一次会议	3 月 2 日	审议通过《静安区人大常委会 2022 年工作要点》；听取区政府关于法治政府建设工作情况报告；审议通过区人大常委会代表资格审查委员会、人事工委、预算工委、城建环保工委、教科文卫工委、侨民宗工委组成人员名单和区人大常委会各街道工作委员会组成人员名单；审议通过区人民政府、区人民法院、区人民检察院有关人事任免事项
区第二届人大常委会第二次会议	6 月 8 日	听取和审议区政府关于区 2021 年环境状况和环境保护目标完成情况报告；听取区人大常委会关于在疫情防控工作中充分发挥人大职能作用的情况报告；审议通过区人大常委会、区人民法院有关人事任免事项
区第二届人大常委会第三次会议	7 月 6 日	听取和审议区政府关于调整 2022 年财政预算报告，表决通过《静安区人民代表大会常务委员会关于批准区政府调整 2022 年财政预算的决议》；听取区政府关于政务服务“一网通办”工作情况报告；审议通过区人大常委会代表资格审查委员会关于个别代表的代表资格的报告；审议通过《关于同意上海市公安局经济犯罪侦查总队对静安区人大代表曹文龙依法采取刑事强制措施提请区人大常委会予以确认的报告》；审议通过区人大常委会、区人民政府有关人事任免事项
区第二届人大常委会第四次（扩大）会议	7 月 29 日至 30 日	听取和评议区政府上半年工作情况和下半年工作安排的报告；听取和审议区政府关于调整 2022 年国民经济和社会发展计划报告，决定批准区政府调整 2022 年国民经济和社会发展计划；听取和审议区政府关于 2022 年以来国民经济和社会发展计划执行情况报告、关于 2021 年财政决算和 2022 年上半年预算执行情况报告、区 2021 年预算执行和其他财政收支的审计工作报告，决定批准 2021 年财政决算；听取和审议区政府关于代表建议、批评和意见办理情况报告；听取和审议区政府关于贯彻实施《上海市安全生产条例》情况报告，区人大常委会执法检查组关于检查区贯彻实施《上海市安全生产条例》情况报告，并开展专题询问；审议通过区人大常委会、区人民政府、区人民检察院有关人事任免事项

（续表）

会议名称	日　期	主要内容
区第二届人大常委会第五次会议	9月21日	听取和审议区法院关于发挥法院职能，持续优化法治化营商环境工作情况报告；听取和审议区政府关于2021年度企业国有资产管理情况专项报告，书面审议区政府关于2021年度国有资产管理情况综合报告；听取和审议区政府关于贯彻实施《上海市城市更新条例》情况的报告，区人大常委会执法检查组关于检查区贯彻实施《上海市城市更新条例》情况报告；决定接受王娟、程蓓蕾辞去静安区第二届人民代表大会代表职务请求；审议通过区人大常委会、区人民法院有关人事任免事项；决定接受徐慧君辞去静安区第二届人大常委会委员职务请求
区第二届人大常委会第六次会议	10月26日	学习贯彻中国共产党第二十次全国代表大会精神；听取和审议区政府关于区生活垃圾管理工作情况报告；听取区政府关于区全要素社区治理智能平台推进情况报告；表决通过《上海市静安区人民代表大会常务委员会议事规则》和《上海市静安区人民代表大会常务委员会任免国家机关工作人员办法》；讨论关于召开区二届人大二次会议有关事项，表决通过《关于召开静安区第二届人民代表大会第二次会议的决定》；审议通过区人民政府有关人事任免事项
区第二届人大常委会第七次会议	11月25日	听取和审议区政府关于贯彻实施《上海市非机动车安全管理条例》情况报告，区人大常委会执法检查组关于检查区贯彻实施《上海市非机动车安全管理条例》情况报告；听取和审议区政府关于完善现代公共文化服务体系工作情况报告；听取和审议区政府关于调整2022年财政预算报告，表决通过《静安区人民代表大会常务委员会关于批准区政府调整2022年财政预算的决议》；听取区政府关于苏河湾沿岸景观提升和功能开发进展情况报告；审议通过区人大常委会代表资格审查委员会关于区第二届人民代表大会补选代表资格审查报告，确认章钧等5人为静安区第二届人民代表大会代表，并报市人大常委会代表资格审查（人事任免工作）委员会备案；讨论通过区二届人大二次会议有关文件草案；讨论关于召开区二届人大三次会议有关事项，表决通过《关于召开静安区第二届人民代表大会第三次会议的决定》
区第二届人大常委会第八次会议	12月5日	审议通过《静安区人民代表大会常务委员会关于推迟召开静安区第二届人民代表大会第二次会议的决定》；讨论关于修改区二届人大二次会议部分文件草案有关事项

（续表）

会议名称	日　期	主 要 内 容
区第二届人大常委会第九次会议	12月22日	听取和审议区政府关于2021年审计查出问题整改落实情况报告；对区政府《关于2022年国民经济和社会发展计划执行情况与2023年国民经济和社会发展计划草案的报告》《关于2022年预算执行情况和2023年预算草案的报告》进行初步审查，同意将报告提交区二届人大三次会议审议；听取和审议区政府关于区2022年城区规划制定和实施情况报告；听取区人大法制委关于规范性文件备案审查情况报告；书面审议人大街道工委工作评估情况报告；就《静安区人民代表大会常务委员会工作报告（讨论稿）》进行讨论，同意将报告提交区二届人大三次会议审议；审议《上海市静安区人民代表大会议事规则（修订草案）》，同意将修订草案提交区二届人大三次会议审议；审议通过区政府有关人事任免事项，任命张慧为静安区人民政府副区长（挂职）

（郑曦）

表 2-2　2022 年区人大常委会主任顾云豪调研视察情况表

日期	调研视察内容
1月24日	走访慰问上海市领军人才、上海汽车集团财务有限责任公司总经理沈根伟
1月26日	走访慰问原静安区委书记孙建平
1月27日	走访区市政养护作业班组、区市场监督管理局知识产权所、区总值班室，慰问春节加班职工。区委常委、政法委书记王翔，副区长龙婉丽一同走访
2月16日	参加区人大常委会和区政府领导班子沟通交流会。区委副书记、区长王华，区委常委、副区长梅广清，区人大常委会副主任杨志健、孙明丽、林晓珏、周伟、江天熙，副区长龙婉丽、姜坚、李震、张军出席会议
3月3日	到恒隆广场代表联络站调研。区人大常委会副主任杨志健、孙明丽、周伟参加
3月底至6月	根据区委统一部署，对口联系指导彭浦新村街道疫情防控工作
6月1日	走访保德路、汾西路、临汾路、平顺路、岭南路等，察看街面秩序、核酸采样点布点情况和公共场所常态化疫情防控措施落实等情况。区人大常委会副主任周伟参加

（续表）

日期	调研视察内容
6月4	走访彭浦四季公园，对解封后公园等场所的秩序管理开展暗查。区人大常委会副主任周伟参加
6月5日	走访三泉路、保德路、岭南路等，察看核酸检测点开展常态化核酸检测等情况。区人大常委会副主任周伟参加
6月6日	走访彭浦四季公园、长临路、闻喜路、三泉路等，察看沿街商户复工复产情况。区人大常委会副主任周伟参加
7月5日	到区法院开展工作调研。区人大常委会副主任周伟参加
7月7日	牵头召开“加强基层治理体系和治理能力现代化建设”调研课题推进会。区委常委、组织部部长宋宗德，区委常委、政法委书记王翔，区委常委、纪委书记高飞，区委常委、常务副区长傅俊，区人大常委会副主任孙明丽等课题组领导成员出席会议
7月14日	陪同市人大代表、市人大常委会副主任郑钢森开展市人大代表联系社区活动，以视频方式连线芷江西路街道社区，听取区人大代表和居民群众关于安全生产、“老、小、旧、远”等民生问题的意见建议
7月25日	陪同市人大常委会主任蒋卓庆、秘书长赵卫星，市人大城建环保委主任委员王醇晨等一行到彭三五期旧住房成套改造项目、市北壹中心、张园，调研老旧小区更新改造、北郊站区域以及张园项目整体改造情况。区委书记于勇、区人大常委会副主任周伟、副区长李震参加调研
8月9日	陪同市人大常委会安全生产执法检查专项指导第五组副组长潘丽萍参加区人大常委会《上海市安全生产条例》执法检查活动，并调研指导执法检查工作。区人大常委会副主任孙明丽参加
8月23日	陪同市人大侨民宗委、外事委主任委员林杰参加《上海市宗教事务条例》实施情况执法检查。区人大常委会副主任孙明丽参加
8月25日	带队就“关于设立‘美丽家园’和加装电梯维保基金的建议”（第43号代表建议）开展主任会议成员督办代表建议活动。区人大常委会副主任周伟参加

（续表）

日期	调研视察内容
9 月 7 日	到区城运中心就区综合运用大数据平台功能，构建“早发现”疫情防控工作机制情况开展跟踪调研。区人大常委会副主任周伟参加调研。
9 月 15 日	参加《上海市无障碍环境建设条例（草案）》征求意见座谈会
9 月 28 日	走访慰问离休干部李太松和百岁老人殷秀丽
10 月 13 日	参加《上海市非机动车安全管理条例》执法检查启动会。区人大常委会副主任周伟等执法检查组成员参加
10 月 13 日	走访常委会组成人员、国泰君安证券股份有限公司党委副书记吴红伟
10 月 20 日	走访常委会组成人员、上海市市场监管局标准创新发展处副处长史燕君
10 月 25 日	到芷江西路街道开展市、区人大代表集中联系社区活动
11 月 3 日	陪同中央外事工作委员会办公室主任杨洁篪及夫人调研参观张园
11 月 8 日	到“进博会”场馆走访慰问王光荣、朱海骞、陈佳昕、张莺、曹敬衡、邵黎明等市、区人大代表，了解企业参展和洽谈成交情况，听取企业需求。区人大常委会副主任杨志健、孙明丽、林晓珏、周伟、江天熙参加
11 月 11 日	走访常委会组成人员、民盟静安区委主委、市西中学副校长张芸
11 月 16 日	参加恒隆广场基层立法信息采集点揭牌授证仪式。区人大常委会副主任周伟参加

（郑曦）

（三）监督工作

【发挥法院职能优化法治化营商环境专项监督】 6月至9月，区人大常委会成立专项监督调研组，就发挥法院职能，持续优化法治化营商环境开展一系列专项监督调研。区人大常委会主任顾云豪带队到区法院视察调研座谈。调研组多次与区法院研究沟通，组织召开4场座谈会和法院工作情况通报会，广泛听取人大代表、职能部门、各类企业、法律界专家学者的意见建议，并征询区工商联成员单位意见。区二届人大常委会第五次会议听取和审议区人民法院关于发挥法院职能，持续优化法治化营商环境工作情况报告，提出要主动了解市场主体法律诉求，持续优化法治化营商环境；加强制度建设，完善营商环境司法保障机制；立足办案质效，拓展延伸人民司法服务功能；深化改革举措，写好司法改革的后半篇文章；加强涉疫案件审判力度，助力企业复工复产；健全多元纠纷解决机制，推动企业纠纷实质性解决等审议意见。（郑曦）

【对口支援与合作交流工作监督】 6月，区人大社会委就区政府开展对口支援与合作交流工作情况开展监督调研。区二届人大常委会第六次主任会议听取区政府关于对口支援与合作交流工作情况汇报，建议区政府及相关部门要在常态化疫情防控条件下，统筹协调、持续推动，以更高的政治站位、更强的政治担当、更实的工作举措，坚持不懈、久久为功，做细做实各项工作，让脱贫基础更加稳固、成效更加持续。要聚焦巩固拓展脱贫攻坚成果和全面推进乡村振兴，坚持需求导向，因地制宜、精准施策、发挥优势，提升对口支援效益；聚焦服务构建新发展格局，推进与重点区域的双向互动、全面合作、共同进步、共赢发展，开创合作交流工作新局面。（郑曦）

【未成年人保护工作监督】 6月至7月，区人大社会委就区未成年人保护工作情况开展监督调研。区二届人大常委会第八次主任会议听取区政府关于区未成年人保护工作情况汇报，建议“一府两院”及相关部门要充分认识“一法一条例”修订实施重大意义，凝聚职能调整后体制层面合力，将保护未成年人各项措施落到实处。持续发挥家庭和学校对未成年人保护重要作用，做实做强未成年人保护站等基层阵地。加大社会力量特别是专业化社会组织参与力度，为未成年人提供更精准、更有获得感的服务。加强对“一法一条例”宣传，推动未成年人保护工作示范区创建，营造全社会关爱保护未成年人健康成长浓厚氛围。（郑曦）

【2022年国民经济和社会发展计划调整监督】 8月，区政府提出关于调整2022年国民经济和社会发展计划报告。区人大财经委调研区发展改革委、区财政局等部门，开展工作研究，对区政府提出的计划报告进行审查，提出审查结果报告。区二届人大常委会第四次会议听取和审议区政府《关于调整2022年国民经济和社会发展计划的报告》，作出《关于批准区政府调整2022年国民经济和社会发展计划的决议》。（郑曦）

【国际消费中心城市示范区建设工作监督】 区人大财经委、常委会预算工委制定监督工作方案。7月至8月，分别在恒隆广场和大宁国际商业广场代表联络站召开国际消费中心城市示范区建设专题座谈会，重点听取部分区人大代表、企业代表、白领代表、居民代表意见建议，开展有关商圈的满意度问卷调查。区二届人大常委会第十次主任会议听取区政府关于国际消费中心城市示范区建设工作情况汇报，建议区政府及相关部门立足长期优势，应对短期挑战，着眼加快推进国际消费中心城市建设各项目标任务，做强做深做实静安优势长处。增强消费新动能，在开放中提升消费中心城市示范区建设能级。创新引领消费理念和方式，释放消费潜力，促进消费持续恢复和升级。立足提升商贸服务业集聚辐射能力，注重整体规划，发展后街经济，推动静安国际消费中心城市示范区建设。（郑曦）

【计划和预算监督】 8月，区人大财经委及常委会预算工委组织代表先后到区发展改革委、区财政局、区审计局，对2022年上半年国民经济和社会发展计划执行情况、区2021年财政决算和2022年上半年预算执行情况、区2021年预算执行和其他财政收支审计情况开展调研，对区财政局《关于静安区2021年财政决算及2022年上半年预算执行情况的报告》进行审查。区二届人大常委会第四次（扩大）会议听取区政府关于2022年以来国民经济和社会发展计划执行情况报告、关于2021年财政决算和2022年上半年预算执行情况报告、区2021年预算执行和其他财政收支审计工作报告，作出《关于批准静安区2021年财政决算的决议》。会议建议区政府及有关部门进一步高效统筹疫情防控和经济社会发展，持续巩固经济回升向好趋势，把保障民生放在突出位置，把"疫情要防住、经济要稳住、发展要安全"要求落到实处。进一步提升预算管理效能，强化重点支出保障，实施好减税降费政策，推动助企纾困措施落实落地；优化调整财政支出结构，加强财政支出管理，对重点支出和重大投资项目资金使用情况动态跟踪管理，把财政资金管好用好；深入实施预算绩效管理，加快建立全方位、全过程、全覆盖的预算绩效管理体系；处理好稳经济与防风险的关系，不断加强对地方政府债务全过程管理。进一步发挥审计监督作用，持续加大对支出预算执行和政策实施的审计监督力度，强化对国有资产管理情况的审计监督；进一步完善审计查出问题整改工作机制，形成审计整改工作闭环，不断深化审计查出问题与预算安排挂钩工作，推动提高财政资金使用绩效。（郑曦）

【生活垃圾管理工作专项监督】 8月至10月，区人大常委会城建环保工委就生活垃圾管理工作开展一系列专项监督调研。多次到区绿化市容局听取专题汇报，实地调研居民小区、商场、楼宇、两网融合"点、站、场"等生活垃圾管理工作情况。与人大共和新路街道工委联动开展专项监督，充分发挥"家站点"平台作用，及时发现生活垃圾管理中的短板和薄弱环节。组织有关企业、商场、菜市场、餐饮企业等单位开展座谈交流，听取完善低价值可回收物支持政策、湿垃圾就地处置及资源化利用等方面意见建议。区二届人大常委会第六次会议听取和审议区政府关于区生活垃圾管理工作情况报告，提出要不断促进源头减量、持续提升分类实效、积极破解资源化利用瓶颈；加大对个人违法行为执法监管力度，推动居民养成生活垃圾分类良好习惯；提高资源化利用水平，提升回收能力和效率；持续加强宣传引导，强化垃圾分类的全社会责任意识；坚持绿色发展理念，进一步打通湿垃圾就近处置资源化利用的堵点等审议意见。（郑曦）

【提升区课后服务工作监督】 8月至10月，区人大常委会教科文卫工委对提升区课后服务工作情况开展专题调研，听取区教育局等相关部门情况汇报，与人大大宁路街道工委开展联动调研。区二届人大常委会第十三次主任会议听取区政府关于提升区课后服务工作情况汇报，建议区政府及相关部门深刻认识课后服务对推动"双减"政策落地见效的重要意义，充分听取学生、家长和学校意见建议，不断完善相关保障机制和工作举措。坚持需求导向、因材施教，推动学校进一步统筹整合校内外资源，满足学生多样化需求，使高质量、特色化的"升级版"课后服务成为静安义务教育品牌。（郑曦）

【区旧区改造和旧住房综合改造专项监督】 8月至10月，区人大常委会城建环保工委就旧区改造和旧住房综合改造开展一系列调研视察活动。走访区建设管理委、区旧改总办、区房管局，了解区旧住房综合改造情况；实地视察通阁路、常德路新闸路等零星旧改地块推进情况和彭三五期成套改造、驰骋新苑小区加装电梯情况。区二届人大常委会第十三次主任会议听取区政府关于区旧区改造和旧住房综合改造情况的汇报，建议区政府及相关部门进一步增强紧迫感、责任感和使命感，迎难而上，形成合力，以更大决心加快推进。以贯彻实施《上海市城市更新条例》为契机，聚焦零星旧里、非成套公房等疫情严重的老旧小区，在整合资源、筹措资金、市场运作、公众参与等方面积极创新工作机制和办法，加快破解难题、补齐短板；进一步深化"美丽家园"建设，加快推进既有多层住宅加装电梯等民心工程，让人民群众有更多获得感、幸福感和安全感。（郑曦）

【完善现代公共文化服务体系专项监督】 8月至11月，区人大常委会科技文卫工委对完善现代公共文化服务体系开展专项监督。成立专题调研组，听取区推进现代公共文化服务体系建设有关情况，并召开座谈会。到社区文化活动中心、基层公共文化服务点、文博场馆、文化商业城市综合体等了解公共文化设施建设和文化活动开展和配送情况。到嘉定区学习考察"文化嘉定云"数字服务平台建设和公共文化项目社会化运营模式等方面的经验做法。区二届人大常委会第七次会议听取和审议区政府关于完善现代公共文化服务体系工作情况的报告，建议区政府及相关部门要进一步优化公共文化服务资源配置，深入推进"美在静安"公共文化圈建设，结合城市更新打造文化新地标，开展公共文化活动，促进各类公共文化设施和城市公共空间互联互通、共建共享。要进一步丰富公共文化服务供给，拓展公益性文化项目，优化整合文化资源，创新公共文化供给模式，着力提升公共文化服务效能。要进一步打造静安特色文化品牌，加强历史文化遗产的保护和活化利用，深入挖掘整合区域内历史人文资源，充分彰显静安文化的独特魅力。（郑曦）

【政府上半年工作情况监督】 8月29日至30日，区二届人大常委会第四次（扩大）会议听取和评议区政府2022年以来区域经济社会发展总体情况、下一步重点工作安排以及代表、委员们关心的若干问题的报告。代表们在评议中对区政府2022年以来的工作表示肯定，并就进一步筑牢疫情防控屏障、加快经济恢复重振、提升城区治理能力和水平、保障和改善民生、加强政府自身建设等方面提出意见建议。（郑曦）

【《上海市安全生产条例》专题询问】 于8月30日开展。区人大常委会在开展《上海市安全生产条例》执法检查的同时，进一步聚焦区安全生产工作中存在的热点、难点问题，结合区二届人大常委会第四次会议听取和审议执法检查报告，对《条例》实施情况进行专题询问。7名区人大常委会委员和代表，围绕企业运用数字化和智能化手段落实安全生产责任、非机动车充电监管和推进相关消防设施改造、建设项目精细化管理、楼宇电梯故障排摸和保障监管、高空坠落隐患、文化产业新业态的安全监管等方面，紧扣法律规定和实际问题进行提问。区委常委、常务副区长傅俊和区应急局等6个部门到会应询，并提出下一步工作改进措施和努力方向。（郑曦）

【国有资产管理情况专项监督】 9月，区人大财经委、常委会预算工委就2021年度静安区企业国有资产管理情况开展专项调研，召开座谈会，听取区政府相关主管部门的工作情况汇报。区二届人大常委会第五次会议听取和审议区政府关于2021年度企业国有资产管理情况专项报告，书面审议区政府关于2021年度国有资产管理情况综合报告，建议进一步优化国资战略布局，主动服务区域发展战略，增强区国有经济整体功能和效率。持续推进国资监管职能转变，切实提高国资监管的针对性、有效性；持续完善监督机制，严格落实国有企业国有资产安全、防范国有资产流失的主体责任，促进国有资产保值增值。进一步推进国有企业市场化改革，推动国有企业高质量发展。加强队伍建设强化人才培养激励和引导，提升创新能力和核心竞争力。（郑曦）

【2022年财政预算调整监督】 11月，区政府提出关于调整2022年财政预算报告。区人大财经委会同常委会预算工委专题听取区财政局关于调整2022年财政预算的汇报，对调整方案进行调研和初审，并提出审查结果报告。区二届人大常委会第七次会议听取和审议区政府《关于调整2022年财政预算的报告》，作出《关于批准区政府调整2022年财政预算的决议》。（郑曦）

【2021年审计查出问题整改落实情况监督】 11月至12月，区人大财经委、常委会预算工委采取召开座谈会、实地调研等方式，对部分被审计部门、单位审计查出问题整改落实情况进行跟踪监督和调研。区二届人大常委会第九次会议听取区政府关于2021年审计查出问题整改落实情况报告。要求区政府及其相关部门切实履行整改主体责任，全面梳理问题清单，明确整改目标，落实追责问责。健全完善整改长效机制，从体制机制层面巩固整改成果。加强审计结果运用，继续深化审计查出问题及整改情况与预算安排挂钩机制，提高财政资金使用效益。审计部门要对未整改完成的问题持续跟踪监督，对整改情况适时开展回头看、再审计，确保审计查出问题全面整改到位。（郑曦）

【落实重大事项报告制度】 根据区政府向区人大常委会提交的重大事项报告和重大决策，年内，区人大常委会听取11项重大事项报告，讨论、决定重大事项3项。其中，区二届人大常委会第一次会议听取区政府关于法治政府建设工作情况报告；第二次会议听取和审议区政府关于区2021年环境状况和环境保护目标完成情况报告；第三次会议听取区政府关于政务服务“一网通办”工作情况报告；第四次会议听取和审议区政府关于调整2022年国民经济和社会发展计划报告，作出批准区政府调整2022年国民经济和社会发展计划决议，听取和审议区政府关于2022年以来国民经济和社会发展计划执行情况报告、关于2021年财政决算和2022年上半年预算执行情况报告、区2021年预算执行和其他财政收支审计工作报告，作出关于批准区2021年财政决算决议，听取和审议区政府关于代表建议、批评和意见办理情况报告；第六次会议听取区政府关于区全要素社区治理智能平台推进情况报告；第七次会议听取和审议调整2022年财政预算报告，作出批准区政府调整2022年财政预算决议，听取区政府关于苏河湾沿岸景观提升和功能开发进展情况报告；第九次会议听取和审议区政府关于2020年审计查出问题整改落实情况报告，听取和审议区政府关于区2022年城区规划制定和实施情况报告。（郑曦）

（四）代表工作

【有序扩大代表参与常委会工作】 年初，根据常委会工作要点明确的13项联动安排，向全体市人大代表和非常委会组成人员的区人大代表征询参与意向，共收到218名市、区人大代表反馈，根据反馈情况邀请代表参与监督调研和列席常委会会议。加强区、街工作联动，推动平台有效承接专工委相关工作开展，近140人次非委员代表参与常委会各类会议活动。邀请代表参加区层面各类会议活动，梳理代表资源，推荐具有相关专业背景、履职热情高的代表参与各类会议、执法检查活动，担任各类特邀监督员，为代表更好知情知政、建言献策、履行监督职责创造条件。（郑曦）

【全区各级人大代表参与抗疫】 3月底至6月，广大代表立足本职岗位、发挥专业优势，始终冲锋在抗疫斗争最前沿，共有近200名代表响应市、区号召主动到所在社区参与社区志愿服务；深入听取和广泛收集民情民意，针对新冠疫情防控不同阶段提出有针对性意见建议，共有117名市、区、镇人大代表提出310余条意见建议，经梳理后分别报送市人大和区委；踊跃捐助资金和防疫、生活等各类物资，积极提供人力、场所等各种支援；及时反映群众困难和诉求，经区人大和有关街镇及部门紧急协调，推动解决40多件群众急难愁盼问题。（郑曦）

【代表集中联系社区活动】 分别于7月至8月上旬、10月下旬至11月开展，围绕安全生产、优化营商环境等主题，深入居民区、商务楼宇，通过召开座谈会、实地察看等线上线下多种形式，广泛听取选民群众的意见要求。市、区、镇三级人大代表参加活动共766人次，接待群众3000余人次，召开座谈会300余场，收集居民群众反馈意见建议270余条。市人大代表郑钢淼、陆晓栋、曹扶生、顾云豪等参加。（郑曦）

【新一届市人大代表选举】 9月至12月，开展市代表静安组代表情况分析调研工作，形成调研报告，为市代表换届选举顺利进行打好基础。综合考虑人选代表性、知识结构多元、年龄结构合理和履职综合表现等因素，完成连任代表推荐。会同区委组织部，做好市代表静安组换届选举工作方案等准备工作。12月10日，区二届人大二次会议以无记名投票，差额选举的方式依法选举出62名由静安区产生的市十六届人大代表，会后报市人大常委会会议确认。（郑曦）

【区代表工作小组建设】 年内，根据新一届代表履职需要，新建赵骏、周子闳、郑丽君3个代表工作小组。至年底，区二届人大代表中建立的7个代表工作小组提出6件代表建议，通过召开专题会议，组织开展调研等，进一步发挥好代表工作小组的积极作用。（郑曦）

【常委会组成人员联系代表机制落实】 年内，根据常委会组成人员联系代表制度有关规定，征求常委会组成人员意见，确定与常委会组成人员结对的代表，做到联系全覆盖。新冠疫情防控期间，常委会组成人员通过线上线下多种方式与结对代表保持密切联系，及时传达市、区人大要求，号召代表在疫情防控工作中充分发挥表率作用，并对代表工作、生活中遇到的困难进行关心帮助。（郑曦）

【代表组专题调研】 年内，各街镇代表组组建课题组，形成调研方案，组织代表组调研活动。各街镇代表组在调研过程中注重扩大代表参与范围，发挥代表专业优势和资源优势，加强与专工委联动，共形成14篇专题调研报告并推动调研成果转化为推动政府工作的有效举措。（郑曦）

【代表建议办理机制完善】 年内，区人大常委会加强学习培训，完善分层督办机制，建立代表建议答复承诺解决事项台账，提高代表对建议办理工作的参与度，依托“家站点”平台做到“两提前一通报一听取”，建立代表、选民代表和政府部门面对面沟通工作机制，提升代表建议办理实效。区二届人大一次会议和闭会期间，共收到代表建议179件，至年底办理结果为“已经解决”的149件，占总数83.3%；“计划解决”16件，占总数8.9%；“留作参考”14件，占总数7.8%。（郑曦）

【“家站点”平台绩效评价】 12月，按照市人大统一部署，对参评“家站点”开展核查，形成核查结果和平台绩效评价工作情况报告。共评选区示范“家站点”37个，其中13家被市人大推选为市示范“家站点”。（郑曦）

（五）人事任免

【任免国家机关工作人员】 年内，区人大常委会坚持党管干部和人大依法任免有机统一，加强沟通联系，深化制度建设，优化任免程序，不断提高人事任免工作规范化水平。全年共任免国家机关工作人员242人次，其中任免区人大及其常委会工作人员170人次、任免区政府组成人员34人次、“两院”任免38人次。（郑曦）

表2-3 2022年区人大常委会任免国家机关工作人员情况表

日期	会议名称	任免人员及职务
3月3日	区第二届人大常委会第一次会议	任命华洁蓉为静安区第二届人大常委会代表资格审查委员会主任委员、人事工作委员会主任
		任命李华忠为静安区第二届人大常委会代表资格审查委员会副主任委员、人事工作委员会副主任
		任命吴佳妮、徐慧君、陶欣、谢军、谢华平5人为静安区第二届人大常委会代表资格审查委员会委员、人事工作委员会委员
		任命魏勇为静安区第二届人大常委会预算工作委员会主任
		任命朱忞、周蜀海2人为静安区第二届人大常委会预算工作委员会副主任
		任命叶素鸣、余国潮、邵军、邵黎明、胡建军、姜春迪、曹文龙、蔡宏杰8人为静安区第二届人大常委会预算工作委员会委员
		任命陈溯宇为静安区第二届人大常委会城市建设环境保护工作委员会主任
		任命徐晓燕、朱赤2人为静安区第二届人大常委会城市建设环境保护工作委员会副主任
		任命王小蓓、冯蕾、阮兴祥、严镔贤、李军、李志宏、吴秋华、张珺琳、陈军、夏冰10人为静安区第二届人大常委会城市建设环境保护工作委员会委员
		任命刘新宇为静安区第二届人大常委会教育科学文化卫生工作委员会主任、华侨民族宗教工作委员会主任

（续表）

日期	会议名称	任免人员及职务
3月3日	区第二届人大常委会第一次会议	任命黄泓为静安区第二届人大常委会教育科学文化卫生工作委员会副主任、华侨民族宗教工作委员会副主任
		任命陆嘉惠为静安区第二届人大常委会教育科学文化卫生工作委员会副主任
		任命王正国、朱晓东、刘庆、吴献忠、张芸、张鹟、郑丽君、赵戈、姜寨瑾、堵琳琳10人为静安区第二届人大常委会教育科学文化卫生工作委员会委员
		任命李敏为静安区第二届人大常委会华侨民族宗教工作委员会副主任
		任命朱晓东、郐碧波、李振超、定慈、徐历、郭健枫、唐红春、黄群8人为静安区第二届人大常委会华侨民族宗教工作委员会委员
		任命洪明铭为静安区第二届人大常委会静安寺街道工作委员会主任，毕利君为副主任，史狄、伍蓉、任杰、刘长虎、陈卫国、黄铭祺、瞿婷7人为委员
		任命唐凌峰为静安区第二届人大常委会曹家渡街道工作委员会主任，张建光为副主任，田庭峰、张彤、张斌、张斌峰、高凌云、虞力、魏怀宇7人为委员
		任命刘尚宝为静安区第二届人大常委会江宁路街道工作委员会主任，林丽丽为副主任，王永文、王振东、花蕾、杨适名、陈睦、骆海东、崔校军7人为委员
		任命王颉鸣为静安区第二届人大常委会石门二路街道工作委员会主任，章伟为副主任，朱晓珏、李明、吴菲祺、陈诚、金雯俐、徐刚、管建军7人为委员
		任命周惠珍为静安区第二届人大常委会南京西路街道工作委员会主任，杨新潮、沈蓝、张伟杰、陈振鹏、季颖、钟璟、倪瑾7人为委员
		任命董启蒙为静安区第二届人大常委会天目西路街道工作委员会主任，徐世栋为副主任，王伟、王强、陆燕卿、周子闳、周永强、洪流、陶斌荣7人为委员
		任命程凯为静安区第二届人大常委会北站街道工作委员会主任，周志强、胡世斌、胡灵英、曹海涛、蒋善勇、谭晓栋、潘亚芬7人为委员
		任命胡建文为静安区第二届人大常委会宝山路街道工作委员会主任，蒋俊为副主任，丁家阁、王俊山、李黎、陆嘉惠、徐凡钦5人为委员
		任命蒋凡湧为静安区第二届人大常委会芷江西路街道工作委员会主任，王加坤为副主任，史晓琼、陈芬、陈翡莹、顾艺玲、滕迪克5人为委员

（续表）

日期	会议名称	任免人员及职务
3月3日	区第二届人大常委会第一次会议	任命董瑜为静安区第二届人大常委会共和新路街道工作委员会主任，朱瑾为副主任，王芸、叶祺敏、徐中伟、高敬梅、童斌5人为委员
		任命司静为静安区第二届人大常委会大宁路街道工作委员会主任，刘明刚为副主任，李莉、何静、汪仕梅、沈建忠、周莉、赵健、赵骏7人为委员
		任命任伟为静安区第二届人大常委会彭浦新村街道工作委员会主任，董剑为副主任，吉春华、朱晓栋、李劲、李锋、何为、张鹄、周欢7人为委员
		任命李永波为静安区第二届人大常委会临汾路街道工作委员会主任，倪伟明为副主任，朱春锋、刘群、陈莉、施菊丽、谢丽霞5人为委员
		任命姜坚为上海市公安局静安分局局长
		任命柯琪为静安区人民政府办公室主任
		任命赵剑峰为静安区发展和改革委员会主任
		任命沈虹为静安区商务委员会主任
		任命陈宇卿为静安区教育局局长
		任命孙中峰为静安区科学技术委员会主任
		任命焦志勇为静安区民政局局长
		任命吕忆农为静安区司法局局长
		任命张瑾为静安区财政局局长
		任命王光荣为静安区人力资源和社会保障局局长
		任命施煜为静安区规划和自然资源局局长
		任命吴月为静安区生态环境局局长
		任命洪海明为静安区建设和管理委员会主任
		任命陈宏为静安区文化和旅游局局长
		任命叶强为静安区卫生健康委员会主任
		任命吕平为静安区退役军人事务局局长
		任命谢志彬为静安区应急管理局局长
		任命顾文虎为静安区审计局局长

（续表）

日期	会议名称	任免人员及职务
3月3日	区第二届人大常委会第一次会议	任命陈平为静安区市场监督管理局局长
		任命戴俊为静安区国有资产监督管理委员会主任
		任命马嘉槟为静安区体育局局长
		任命许兴莉为静安区统计局局长
		任命徐立为静安区医疗保障局局长
		任命王月庆为静安区绿化和市容管理局局长
		任命李卿为静安区住房保障和房屋管理局局长
		任命张西飞为静安区民防办公室主任
		任命龙芳为静安区投资促进办公室主任
		任命李立文为静安区金融服务办公室主任
		任命鲍晓丽为静安区地区工作办公室主任
		任命杨柳为静安区人民法院审判委员会委员、审判监督庭（审判管理办公室、研究室）庭长
		任命陈剑红为静安区人民法院审判委员会委员、行政及执行裁判庭庭长
		任命姚轶捷为静安区人民法院审判委员会委员
		任命倪强为静安区人民法院金融审判庭庭长
		任命韩毅为静安区人民法院商事审判庭庭长
		任命缪为军为静安区人民法院审判委员会委员、民事审判庭庭长
		免去吴晶的静安区人民法院审判委员会委员、商事审判庭庭长、审判员职务
		免去陆晓峰的静安区人民法院金融审判庭庭长职务
		免去姚峥的静安区人民法院民事审判庭庭长职务
		免去莫庆娣的静安区人民法院审判监督庭（审判管理办公室、研究室）庭长职务
		任命阮晓宇、杨晓霏、肖龙、吴蔚佳、陈泽贇、陈柳眉、周慧、胡俊君8人为静安区人民检察院检察员

（续表）

日期	会议名称	任免人员及职务
6月8日	区第二届人大常委会第二次会议	任命王月庆为静安区人大常委会芷江西路街道工作委员会主任
		任命仲健、宋东来2人为静安区人民法院立案庭(诉讼服务中心、诉调对接中心)副庭长
		任命公绪龙、陶琛怡2人为静安区人民法院刑事审判庭副庭长
		任命陆维溪、董杰、董锟3人为静安区人民法院民事审判庭副庭长
		任命陈慰苹、钱佳姝2人为静安区人民法院商事审判庭副庭长
		任命季玲玲、鲍陶然2人为静安区人民法院金融审判庭副庭长
		任命白云为静安区人民法院未成年人与家事案件综合审判庭副庭长
		任命孙亦玢、沈烨2人为静安区人民法院审判监督庭(审判管理办公室、研究室)副庭长
		任命王剑晖、陆峻2人为静安区人民法院行政及执行裁判庭副庭长
7月6日	区第二届人大常委会第三次会议	任命章钧为静安区人大常委会曹家渡街道工作委员会主任
		任命黄翔为静安区人大常委会共和新路街道工作委员会主任
		任命黄建华为静安区人大常委会宝山路街道工作委员会副主任
		免去唐凌峰的静安区人大常委会曹家渡街道工作委员会主任职务
		免去董瑜的静安区人大常委会共和新路街道工作委员会主任职务
		免去蒋俊的静安区人大常委会宝山路街道工作委员会副主任职务
		任命张西飞为静安区绿化和市容管理局局长，免去其静安区民防办公室主任职务
		免去王月庆的静安区绿化和市容管理局局长职务

（续表）

日期	会议名称	任免人员及职务
8月30日	区第二届人大常委会第四次会议	任命吕柯为静安区人大常委会南京西路街道工作委员会副主任
		任命徐忠柱为静安区民防办公室主任
		免去何晓华、季柳阴来的静安区人民检察院检察员职务
9月21日	区第二届人大常委会第五次会议	免去徐慧君的静安区人大常委会代表资格审查委员会委员、人事工作委员会委员职务
		免去李志宏的静安区人大常委会城市建设环境保护工作委员会委员职务
		任命金晶为静安区人民法院未成年人与家事案件综合审判庭副庭长、审判员
		免去田小冰的静安区人民法院审判员职务
10月26日	区第二届人大常委会第六次会议	任命姜鹤为静安区城市管理行政执法局局长
12月22日	区第二届人大常委会第九次会议	任命张慧为静安区人民政府副区长（挂职）

说明：同一次常委会任命1人2个职务算1人次，免职1人2个职务算1人次，不同常委会任命同一个人2个职务算2人次，同一次常委会同一人1任1免算2人次。（郑曦）

三、静安区人民政府

编辑 李佳丽

（一）综述

2022年，静安区人民政府面对严峻复杂的外部环境和疫情冲击的考验，贯彻落实党的十九大、十九届历次全会和二十大精神，在市委、市政府和区委领导下，落实“疫情要防住、经济要稳住、发展要安全”要求，高效统筹疫情防控和经济社会发展。

区域经济运行回稳向好。全年实现区级一般公共预算收入279.42亿元，比上年增长0.34%；还原留抵退税因素后，实际比上年增长4.38%。实现社会消费品零售总额1480.7亿元，居中心城区第一。全社会固定资产投资额353.68亿元，比上年增长2.5%。涉外经济实现税收447.79亿元，规模和占比均为中心城区第一。200幢重点楼宇实现税收606.49亿元，比上年增长3.02%，“亿元楼”82幢，其中“月亿楼”10幢。落实国家和上海市系列政策，发布静安区助企纾困配套措施。全年累计退税减税114.8亿元，为近3年来最高。区属国有企业为小微企业和个体工商户减免租金5.66亿元，惠及2590户。开展“防疫情、稳经济、保安全”大走访、大排查，累计走访企业12307家，强化服务专员机制，帮助各类企业纾困解难。顺利完成第五届“进博会”服务保障工作，静安区交易分团意向成交金额列全市前茅。

开放创新能级不断提升。引进跨国公司地区总部及其他类型总部20家，全区跨国公司地区总部累计112家，总部企业全年实现税收147.78亿元，比上年增长13.78%。六大产业实现税收638.89亿元，人力资源服务、金融市场服务等行业呈现较好发展势头，税收分别比上年增长9.27%、6.04%。与长三角四市共同推出《全球服务商融入长三角经济高质量发展行动方案》，助力长三角一体化发展，全球服务商累计达78家。引进各类品牌首店163家、位列全市第一，张园西区、锦沧文华、苏河湾万象天地、华山·263上海老字号品牌展示馆等地标性载体全新亮相。高新技术企业达480家，上海市科技小巨人企业达108家，市级专精特新企业数比上年增长17.4%，区内1家企业在科创板成功上市。12家企业入选2022上海软件和信息技术服务业双百名单，市北数智生态园成为全市首批城市数字化转型市级示范区，2022年度城市数字化转型项目获批企业数占全市总数1/4。

营商环境建设持续深化。高标准开展营商环境建设十大专项行动，创新实施“首席数据官”“首发品牌服务便利化”等改革措施。“一件事”改革覆盖面得到拓展，办件量达2万余件。“好办”“快办”“智能办”自助服务终端向社区、楼宇和园区延伸，总办件量超18万件。深化“一业一证”改革，共制发行业综合许可证440张。实施住所标准化登记改革，推广“标准化申报＋集中登记地住所承诺制＋租赁备案材料减免”登记新模式。新增46项事项纳入无差别综合窗口受理，政务服务窗口好评率99.98%。在区行政服务中心设立“新设企业帮办服务专区”，投用以后累计帮助800余家企业快捷办理公司注册业务。推进贸易便利化，经认证的经营者（AEO）高级认证企业累计11家，进口服装风险评价创新举措惠及35家企业。

重大工程推进有力有序。推动项目早开工、早投用，华兴新城、新中动力机厂（东块）、威海路500号（四季酒店）等10个项目实现开工，苏河湾中心、龙盛福新汇、市北园区18-01、18-03地块等10个项目实现竣工，全年开工面积108万平方米、竣工面积101万平方米。安远路桥建成通行，福建北路（天潼路—北苏州路）等5条区内道路完成建设。完成3个停车治理先行项目，建成834个公共停车泊位，上海首个垂直掘进（盾构）地下智慧停车库项目正式开工。有序做好土地出让，推进9幅工业用地转型升级。

城区治理效能不断提升。加强“一网通办”建设，提升静安频道功能，新增6项事项实现政策服务“免申即享”。优化“一网统管”功能，发挥区城运平台调度作用，提升联勤联动实效，推进治理数字化转型试点。组建区应急管理事务中心，提升突发事件处置能力。优化城区环境品质，完成4个片区市级“美丽街区”创建。完成28条道路大中修、积水改善和14千米架空线入地工程。建成苏河湾中心绿地、市北铁路公园等项目，静安雕塑公园打开围墙并实行24小时开放，全年建成各类绿地8.67万平方米、立体绿化2.5万平方米、绿道2.9千米。推进生活垃圾分类减量，湿垃圾日均处置量372吨。巩固河道水质提升成果，实施42处“末端截流”小区雨污混接改造。协同推进减污降碳，静安区入选国家“十四五”规划时期“无废城市”建设名单。加强数字赋能基层治理，全要素社区治理智能平台完成26个场景搭建，并在各街镇推广应用。规范化解信访矛盾，解决群众合理诉求。深化安全生产专项整治三年行动，聚焦建筑施工、自建房等重点领域，共排查问题隐患8032处并全部完成整改。深化平安静安建设，加大各类交通违法行为执法力度，完善打击防范电信网络诈骗犯罪新机制。同心打赢大上海保卫战，科学精准高效做好常态化防控，因时因势优化调整疫情防控举措。

群众生活品质有效提高。推进二级旧里以下零星地块改造，7幅地块启动征收，5幅地块完成收尾。实施谈家桥、彭一小区等旧住房成套改造项目，完成50万平方米旧住房修缮改造，既有多层住宅加装电梯完工502台，居全市第一。做好应届高校毕业生等重点人群就业帮扶，全年新增就业岗位28592个，帮扶引领创业988人，帮助长期失业青年就业746人。实施低保救助和临时救助12.9万人次、救助金额1.55亿元。完善养老设施布局，推进久合科技园、彭一小区养老院等项目。深化民政部居家和社区基本养老服务提升行动项目试点，家庭养老床位建设超额完成民政部下达任务，在临汾路街道开展“五床联动”养老服务医养融合试点，社区为老助餐服务能力保持全市领先，老年人居家环境适老化改造户数居中心城区第一。成功入选全国第二批城市一刻钟便民生活圈试点地区。落实幼有善育工程，在全市率先打造社区临时托育“宝宝屋”，升级“三段式”课后服务资源。深化“美在静安”公共文化圈建设，开展“一街一品”特色文化创建。深化社区卫生服务综合改革，加大社区卫生服务中心标准化建设力度。新建、翻建7条健身步道，新建20处益智健身苑点，做好上海赛艇公开赛等赛事保障服务。

政府自身建设持续深化。学习贯彻党的二十大精神，深刻领会“两个结合”“六个必须坚持”重要意义，坚定捍卫“两个确立”，增强“四个意识”、坚定“四个自信”、做到“两个维护”。深化全面从严治党“四责协同”机制，严格执行中央八项规定精神，以钉钉子精神纠治“四风”。学习贯彻习近平法治思想，成功创建全国法治政府建设示范区。坚持政府过紧日子，加强财政资金规范管理和高效使用。及时向区人大常委会报告、向区政协通报重大事项，提高区人大代表建议和区政协提案办理工作水平。（张迎雪）

(二)重要会议和活动

【区安全生产工作会议】 于1月17日在区机关大楼会场召开。区政府领导王华、梅广清、李震出席。会议要求：一要始终绷紧安全这根弦，各部门、各街镇、各单位切实履行安全职责，专题研究部署。二要按照安全生产要素全覆盖、排查力量全覆盖原则，对本单位所属系统、属地管辖范围内开展全员教育、全员动员以及全方位、地毯式排查。三要从严开展安全生产隐患大整治，建立隐患整改清单和动态清零制度，形成整改落实闭环。（张迎雪）

【区疫情防控工作视频会议】 于2月20日在区机关大楼会场召开。区领导王华、王益群、傅俊、龙婉丽出席。会议学习传达市政府有关精神，并要求尽快筹措隔离房源，落实本市居家管理要求，闭环做好核酸检测、垃圾清运等工作，加强防疫知识培训，配齐各类物资，关心关爱一线人员，完善后勤保障措施。（张迎雪）

【区政府一季度工作会议】 于2月23日在区机关大楼会场召开。区政府领导王华、傅俊、梅广清、龙婉丽、姜坚、李震、张军出席。会议要求：一要在“稳”中体现定力和韧劲，做好稳增长、抓招商、强投资、促消费、保安全5方面工作。二要在“进”中体现创新和担当，深化实施全球服务商计划、亚太运营总部计划，推进“双创”示范基地建设，抓好“一网通办”工作，打造城市环境新亮点，完善民生保障。三要加强政府自身建设，提高工作干劲和效能，营造“求真务实、脚踏实地”的工作作风。（张迎雪）

【检查常态化疫情防控和复工复产复市情况】 6月14日，区长王华采取“四不两直”方式，察看商业综合体、沿街商铺、生活服务场所等常态化疫情防控和复工复产复市情况，并要求：一要统筹疫情防控和社会经济发展，压紧压实四方责任，提升应急处置效率，为全面恢复正常生产生活秩序提供坚实支撑。二要开展大走访、大排查，加大企业帮扶力度，推动各类助企惠企政策落地见效，为市场主体纾困解难，推动企业复工复产。（张迎雪）

【区安全生产委员会全体会议】 于7月11日在区机关大楼会场召开。区政府领导王华、梅广清、姜坚、李震出席。会议要求：一要充分认识当前安全生产形势的极端严峻性，更加高效统筹疫情防控、安全生产和经济社会发展。二要聚焦工作重点，多措并举推动建筑施工、电动车安全、自建房等领域治理，推动挂牌督办项目

落地，守住城区安全稳定基本盘。三要强化工作机制，提高安全生产履职水平，保障城区安全运行和人民生命财产安全。（张迎雪）

【区养老服务工作会议】 于7月13日在区机关大楼会场召开。区政府领导王华、傅俊出席。会议要求：一要做深做实社区嵌入式养老服务，落实养老服务设施布局专项规划，推进项目设施建设，完成养老服务工作既定目标任务。二要注重需求导向，厉行高效节约，推动家庭参与，强化队伍建设，提升养老服务能级。三要加强组织领导，狠抓工作落实，打造静安区特色和亮点。（张迎雪）

【区政府三季度工作会议】 于7月19日在区机关大楼会场召开。区政府领导王华、傅俊、梅广清、龙婉丽、姜坚、李震、张军出席。会议要求：一要认清形势、振奋精神，准确把握当前经济社会运行正加快恢复的良好势头，推动各项工作再出发。二要紧盯目标、聚焦重点，提质增效稳增长，提升治理保安全，办好实事保民生，统筹做好疫情防控和经济社会发展各项工作。三要“以季保年”完成年度目标任务，以实际行动迎接党的二十大胜利召开。

（张迎雪）

【区2022年重点区域推介会】 于8月5日在区机关大楼会场召开。区政府领导王华、张军出席。会议就区域产业特色、功能定位及楼宇载体向企业作专题推介。会议指出：静安区作为上海中心城区核心区，在经济发展中始终坚持高端引领，厚植产业生态，推进区域协同均衡发展。静安区将提升区域综合竞争力，提供暖心的组团服务，当好“金牌店小二”，为企业营造良好营商环境，支持企业在静安区长期稳定发展。（张迎雪）

【区2023年预算编制暨区政府投资项目投资计划编制会议】 于8月17日在区机关大楼会场召开。区政府领导王华、梅广清出席。会议要求：一要认清形势、心有全局，增强部门预算和项目投资计划编制主体责任。二要加强统筹、有保有压，围绕国家及市、区重点支持的战略性方向，强化“三本预算”管理，提升财政资源整合效益，落实“过紧日子”要求。三要严肃纪律、筑牢底线，强化预算刚性约束，严控党风廉政风险。（张迎雪）

【区安全生产工作会议】 于9月23日在区机关大楼会场召开。区政府领导王华、傅俊、姜坚出席。会议要求：一要提高政治站位，树牢底线思维，充分认识当前安全生产工作严峻性、复杂性。二要紧盯重点领域，开展建筑工地、道路交通、城镇燃气、房屋安全、消防安全等领域隐患排查整治，做好防台防汛应对。三要强化统筹协调，压实安全责任，保障区域经济平稳健康发展和社会大局稳定。（张迎雪）

【区2022年“119”消防宣传月启动仪式】 于11月2日在宝矿洲际商务中心广场举行。市消防救援总队总队长李伟民、区长王华、市消防救援总队政治部主任孔嘉文、副区长姜坚参加。活动指出：静安区消防救援支队坚决履行职责，为维护人民群众生命财产安全而英勇奋斗，为维护城区安全稳定作出重要贡献。静安区将高度关注消防安全，营造全社会更加关注消防安全、共同维护消防安全的浓厚氛围。（张迎雪）

【第四届上海国际艺术品交易周开幕式】 于11月10日在上海展览中心举行。市委宣传部副部长高韵斐、王亚元，市文化旅游局局长、市文物局局长方世忠，区长王华，市文化旅游局党组成员、上海博物馆馆长褚晓波，市文化旅游局党组成员、副局长金雷，副区长龙婉丽等出席。活动表示：静安区将打造高品质艺术空间载体，建成富有品位的文化地标，提供更贴心服务和更暖心政策，吸引全球机构、平台入驻，发展壮大文化经济，增强城区软实力。（张迎雪）

【区政府四季度工作会议】 于11月30日在区机关大楼会场召开。区政府领导王华、龙婉丽、李震、张军出席。会议要求：一要认清形势、坚定信心，巩固经济恢复向好基础，以最大努力争取最好结果。二要奋发有为、全力冲刺，守牢城区运行安全底线，确保经济平稳运行，打造优美城区环境，提升城市治理现代化水平，增进民生福祉。三要振奋精神、勇毅前行，以系统思维谋划明年工作，加强团结协作，严守纪律底线，推动全区经济社会发展再上新台阶。（张迎雪）

【区长决策咨询会】 于12月11日在区机关大楼会场召开。区政府领导王华、傅俊、梅广清、张军、张慧出席。会议听取区内重点企业关于当前经济发展的意见建议，并现场回应企业提出的问题。会议指出：静安区将深化改革、扩大开放、推进创新，推动经济高质量发展。并将更加注重做好企业服务工作，以更精准的政策举措、更高效的服务对接，为各类企业提供暖心、舒心、贴心的服务，助力企业发展壮大。

（张迎雪）

【区2023年元旦春节帮困送温暖活动动员部署会】 于12月29日在区机关大楼会场召开。区长王华出席。会议要求：一要在思想上高度重视，把帮困送温暖活动作为贯彻落实党的二十大精神的具体“落脚点”，解决好群众的难心事、烦心事。二要在推进上形成合力，广泛动员社会力量参与，完善工作机制，丰富活动形式，营造“弱有众扶”良好氛围。三要在落实上措施到位，开展分层分类综合救助，兜牢民生底线。

（张迎雪）

表3-1　2022年静安区人民政府常务会议情况表

会议名称	日期	主要内容
区政府第248次常务会议	1月5日	会议听取并同意区民政局关于建立共和新路街道黄山锦庭居委会的情况汇报。会议还研究了其他事项
区政府第249次常务会议	1月10日	(一)会议听取并同意区政府办公室关于2021年度静安区行政规范性文件备案审查与区政府重要文件协议法制审核情况的汇报。会议要求：第一，高度重视法制审核工作，加强对政府重要文件和协议的法制审查力度。第二，加强统筹管理，严格控制政府发文数量，提高发文质量。第三，加强能力建设，提升法律风险防控意识，同时发挥好政府法律顾问等专业力量作用。(二)会议听取了区司法局关于《静安区关于促进律师行业发展的实施意见》等相关情况的汇报。会议要求：加强宣传，推动律师行业企业在静安区集聚发展。会议还研究了其他事项

（续表）

会议名称	日期	主要内容
区政府第1次常务会议	1月26日	(一)会议听取区法治政府建设工作领导小组办公室关于2021年静安区法治政府建设工作情况的汇报。会议要求：第一，继续高度重视和加大力度推进法治政府建设工作。第二，善用法治思维，提高运用法治思维和法治方式深化改革、推动发展的能力。第三，推进街镇综合行政执法体制改革，强化依法行政，增强行政执法水平。(二)会议听取区民政局关于《关于推进静安区"十四五"期间养老服务设施建设的实施意见》制订情况的汇报。会议要求：第一，优化布局、完善网络，全力完成养老服务设施重点工作目标。第二，理顺机制、加强监管，用好养老服务设施扶持政策。第三，补齐短板、提升能力，提高养老服务工作水平。会议还研究了其他事项
区政府第2次常务会议	2月14日	(一)会议听取区政府办公室关于2022年区政府重点工作目标安排编制情况的汇报。会议要求：细化分解落实，明确责任分工，抓紧抓早抓开局。(二)会议听取区房管局关于拟成立静安区保障性租赁住房工作领导小组及其组成人员的汇报。(三)会议听取区政府办公室关于区人民政府区长、副区长工作分工的汇报。会议还研究了其他事项
区政府第3次常务会议	2月22日	会议听取区规划资源局关于制订《静安区历史风貌保护项目实施主体公开遴选实施意见》的汇报。会议邀请3位公众代表列席并发表意见建议。会议要求：第一，统一思想，提高认识，保护历史风貌，延续城市记忆，尊重并善待城市中的老建筑。第二，妥善处理好保护和利用的关系，在城市更新中努力实现居民生活改善、历史文脉传承的协同共进。第三，加强对实施主体监督管理，严格准入把关，建立后评估机制，实施全流程闭环管理。会议还研究了其他事项
区政府第4次常务会议	3月14日	(一)会议听取并同意区政府办公室关于静安区政务公开2021年工作情况和2022年工作要点的汇报。会议要求：第一，加强思想重视，以政务公开为抓手，推进法治政府建设，促进政府职能转变；坚持以人民为中心，抓好抓实政策公开、公众参与等各项工作。第二，立足区域、服务大局，以政务公开服务社会民生和社会发展，推动政策落地见效和营商环境优化，助力区域经济社会发展行稳致远。(二)会议听取并同意区政府办公室关于2022年区"两会"人大代表建议和政协提案有关情况汇报。会议要求：第一，充分吸收、积极采纳人大代表建议和政协提案，并借鉴落实到工作部署中去。第二，提高效率，耐心细致、全面认真做好答复工作。第三，提升办理工作的"温度"，围绕群众普遍关心的问题，办实事解民忧，提高各项工作质量。(三)会议听取区政府办公室关于2022年度静安区人民政府重大行政决策事项目录相关情况汇报。会议要求：强化科学、民主、依法决策意识，严格遵守重大行政决策程序规则，依法推进重大行政决策事项目录管理，推动区重大行政决策工作水平迈上新台阶。会议还研究了其他事项

（续表）

会议名称	日期	主要内容
区政府第5次常务会议	3月21日	(一)会议听取并同意区“一网通办”专班关于2022年静安区深化“一网通办”改革工作要点的汇报。会议要求:高度重视、提升站位,保质保量推进“一网通办”各项工作,突出静安特色亮点,聚焦难点、痛点问题,为群众办实事办好事,提升企业、群众的感受度和满意度。(二)会议听取区司法局关于增补静安区人民政府行政复议委员会非常任委员的汇报。会议还研究了其他事项
区政府第6次常务会议	3月28日	(一)会议听取区教育局关于静安区深化民办义务教育规范工作的汇报。会议要求:加强全过程管理和对学校的指导力度,推动教学质量提升。(二)会议听取并同意区政府办公室关于拟推荐申报2022年度上海市对外表彰候选人的汇报。会议还研究了其他事项
区政府第7次常务会议	4月5日	(一)会议听取区发展改革委关于本区制订出台应对疫情帮扶企业政策措施工作的汇报。会议要求:细化工作举措,全力支持企业抗击疫情,切实减轻企业负担,把好事办好。(二)会议听取区发展改革委关于拟成立静安区碳达峰碳中和工作领导小组的汇报。会议还研究了其他事项
区政府第8次常务会议	5月20日	会议研究了相关事项
区政府第9次常务会议	5月29日	(一)会议听取区应急局关于静安区复工复产安全生产工作情况汇报。会议要求:贯彻落实习近平总书记对安全生产工作重要指示精神,保持如履薄冰的高度警觉,坚持把安全生产与疫情防控、复工复产一起抓紧抓实抓到位,压实安全生产企业主体责任、行业监管责任和属地管理责任。(二)会议听取区生态环境局关于静安区2021年度环境状况和环境保护目标完成情况汇报。会议要求:第一,继续高度重视生态环境保护工作,聚焦重点领域,深化污染防治,加大环境执法力度。第二,加强统筹、条块联动、形成合力,推进生态环境质量持续改善。会议还研究了其他事项
区政府第10次常务会议	6月1日	会议听取区发展改革委关于本区制订出台《静安区加快经济恢复和重振实施方案》的汇报。会议要求:统筹做好疫情防控和经济社会发展“两手抓”“两手硬”,要在做好疫情防控的前提下,全面有序推进复工复产,推动各项政策落地见效。会议还研究了其他事项

（续表）

会议名称	日期	主要内容
区政府第11次常务会议	6月6日	会议听取区建设管理委、区应急局关于2022年防汛准备工作情况汇报。会议要求：高度重视，坚持疫情防控和防汛工作“两手抓”，守住安全底线。一是要抓好重点区域、重点领域的风险隐患排查，发现问题、及时整改。二是要加强预案演练，提高应急处置能力。会议还研究了其他事项
区政府第12次常务会议	6月14日	（一）会议听取区防控办关于近期常态化疫情防控工作情况汇报。会议要求：坚持问题导向，从细从实抓好常态化疫情防控各项工作，守住不发生疫情规模性反弹的底线。（二）会议听取区司法局关于区2021年度行政复议、行政诉讼等案件情况的汇报。会议要求：第一，继续推进本区行政复议体制改革，完善相关体制机制，加强磨合，提升工作水平。第二，提高行政案件质量，做好行政机关负责人出庭应诉工作。第三，强化街镇综合行政执法。（三）会议听取区政府办公室关于《2022年静安区东西部协作和对口支援工作要点》相关情况汇报。会议还研究了其他事项
区政府第13次常务会议	6月21日	（一）会议听取并同意区节能办关于2022年碳达峰碳中和及节能减排重点工作安排等情况汇报。（二）会议听取区发展改革委关于《2022年静安区全面推进营商环境建设的工作计划》的汇报。会议要求：对标加快经济恢复和重振的相关要求，加大“放管服”“一网通办”各项工作推进力度，突出企业感受度，锻造静安特色，推动营商环境提升。（三）会议听取区生态环境局关于拟成立静安区“无废城市”建设工作领导小组的汇报。（四）会议听取区政府办公室关于对口支援与合作交流工作情况汇报。会议要求：以更实举措推动对口支援与合作交流各项工作。会议还研究了其他事项
区政府第14次常务会议	6月29日	（一）会议听取区财政局关于2022年静安区预算调整情况的汇报。（二）会议听取区建设管理委关于静安区自建房安全专项整治工作情况汇报。会议要求：第一，提高思想认识，按照中央和市委、市政府决策部署，做好自建房安全专项整治工作。第二，压实各行业主管部门行业监管责任、各街镇属地责任，抓好全面排查、安全鉴定、隐患整治等各个环节。会议还研究了其他事项

（续表）

会议名称	日期	主要内容
区政府第15次常务会议	7月4日	(一)会议听取区碳达峰碳中和工作领导小组办公室、区节能减排工作领导小组办公室关于修订《关于扶持企业做好节能减排降碳工作的暂行办法》等情况汇报。会议要求:发挥节能减排降碳政策的激励作用和示范效应,加强对企业节能减排降碳的扶持力度。(二)会议听取区委网信办、区科委关于开展国家区块链创新应用综合试点情况汇报。会议要求:加快打造区块链应用场景,突出项目特色亮点,提升静安区影响力,为城市数字化转型、经济高质量发展赋能。(三)会议听取区建设管理委关于拟成立静安区自建房安全专项整治领导小组的汇报。(四)会议听取区财政局关于拟成立静安区推进落实新的组合式税费支持政策工作领导小组及其组成人员的汇报。会议还研究了其他事项
区政府第16次常务会议	7月12日	(一)会议听取区民政局关于未成年人保护工作情况的汇报。会议要求:第一,以未成年人保护示范区创建为抓手,健全完善政府、社会、学校、家庭等共同参与的未成年人保护体系,推进未成年人保护阵地建设,为未成年人编织更加紧密的安全保护网。第二,抓好统筹协调,形成未成年人保护工作整体合力,推动未成年人保护工作取得更大成效。(二)会议听取区退役军人局关于2022年“八一”期间双拥活动安排的汇报。会议要求:落实好疫情防控措施,做好“八一”期间双拥工作。会议还研究了其他事项
区政府第17次常务会议	7月18日	会议听取上海站管委办关于拟推荐2022年上海市春运工作优秀集体的汇报。会议还研究了其他事项
区政府第18次常务会议	7月26日	(一)会议听取区投资办关于投资促进系列活动情况的汇报。会议要求:持续优化区域营商环境,着力打响静安品牌。(二)会议听取并同意区房管局关于静安区陕西北路昌平路零星旧城区改建项目房屋征收与补偿工作的汇报,同意作出征收决定。(三)会议听取并同意区房管局关于静安区康定路陕西北路零星旧城区改建项目房屋征收与补偿工作的汇报,同意作出征收决定。(四)会议听取并同意区房管局关于静安区宝山153、155街坊零星旧城区改建项目房屋征收与补偿工作的汇报,同意作出征收决定。(五)会议听取并同意区房管局关于静安区芷江西路195街坊零星旧城区改建项目房屋征收与补偿工作的汇报,同意作出征收决定。会议还研究了其他事项
区政府第19次常务会议	8月3日	会议研究了相关事项

（续表）

会议名称	日期	主要内容
区政府第20次常务会议	8月15日	(一)会议听取区商务委关于静安区推进国际消费中心城市示范区建设情况汇报。会议邀请3名公众代表列席并发表意见建议。会议要求:第一,继续高水平打造消费地标商圈,巩固高端消费标杆地位,实现品牌集聚度、时尚引领度、消费创新度的提升。第二,在做好疫情防控前提下,办好"五五购物节"静安区主题活动,拉动、促进区域经济发展。第三,加强联动,形成工作合力,通过促消费、稳增长,激发市场主体活力,促进静安区经济社会发展良性循环。并发挥数字经济引擎作用,助推静安区成为上海国际消费中心城市数字化创新的示范和标杆区域。(二)会议听取区应急局关于静安区贯彻实施《上海市安全生产条例》情况汇报。会议要求:按照"疫情要防住、经济要稳住、发展要安全"的要求,压实安全生产责任,筑牢安全生产防线。(三)会议听取并同意区应急局关于本区安委会设立危险化学品安全等6个专业委员会的汇报。(四)会议听取并同意区政府办公室关于静安区第二届人民代表大会第一次会议代表建议办理情况的汇报。会议要求:高度重视人大代表建议办理工作,主动联系沟通,认真办理答复,提高代表建议办理工作质效与代表满意度。(五)会议听取区发展改革委关于静安区2022年上半年国民经济和社会发展计划执行情况的汇报。会议要求:加大推进力度,力争圆满完成年度目标任务。(六)会议听取区发展改革委关于调整2022年国民经济和社会发展计划的汇报。(七)会议听取并原则同意区审计局关于2021年度静安区本级预算执行和其他财政收支审计工作报告的汇报。(八)会议听取区财政局关于静安区2021年财政决算及2022年上半年预算执行情况的汇报。(九)会议听取区规划资源局关于拟推荐上海市第三次全国国土调查先进工作者的汇报。会议还研究了其他事项
区政府第21次常务会议	8月22日	(一)会议听取并同意区商务委关于静安区推动化妆品产业高品质发展实施情况的汇报。会议要求:第一,以推进国际消费中心城市示范区建设为契机,提升区域吸引力和企业黏性。第二,聚焦总部经济,挖掘新兴品牌,把握趋势、抢占先机,提升产业能级。第三,夯实产业基础,创新实践举措,优化营商环境,引领化妆品行业高品质发展。(二)会议听取并同意区体育局关于上海市第十七届运动会静安区代表团备战及组队情况汇报。(三)会议听取区行政服务中心关于静安区"一网通办"工作汇报。会议要求:第一,坚持把群众、企业的感受度放在首位,全力以赴提升工作质量。第二,创新工作举措,打造静安区特色亮点,打通难点痛点,提升政务服务效率和群众满意度。(四)会议听取区城运中心关于静安区"一网统管"工作汇报。会议要求:第一,完善感知体系,实现城市生命体征数据的全生命周期管理。第二,以"管用""爱用""受用"为原则,创新拓展应用场景。第三,坚持以人民为中心,通过"一网统管"、12345市民服务热线等平台,听民意、察民情、解民忧,提高群众满意度。(五)会议听取区统计局关于2022年统计重点工作情况汇报。会议要求:第一,按照"科学纳统""应统尽统"等要求,提高统计数据质量,助力经济高质量发展。第二,坚守底线红线,依法依规开展统计调查。会议还研究了其他事项

（续表）

会议名称	日期	主要内容
区政府第22次常务会议	8月31日	会议听取区商务委（区粮食物资储备局）关于静安区粮食安全工作情况汇报。会议要求：贯彻落实中央、市决策部署，树立新粮食安全观，以高度的政治责任感，保障区域粮食供应，服务经济社会发展。会议还研究了其他事项
区政府第23次常务会议	9月13日	（一）会议听取并同意区建设管理委、区应急局关于12号台风“梅花”防御准备工作情况汇报。会议要求：高度重视、严阵以待，克服麻痹思想，认真、细致、扎实、全面做好台风“梅花”防御工作。紧盯高空构筑物、地下空间、在建工地、老旧小区、危棚简屋等重点部位，抓紧排查风险隐患，筑牢疫情防控屏障。压实责任，抓实抓细应急处置、宣传引导、值班值守、信息报送等各项工作，确保防汛防台各项措施落实落地。（二）会议听取区建设管理委、凯成公司关于拟成立轨道交通20号线一期工程静安段前期工程指挥部的汇报。（三）会议听取区建设管理委关于区贯彻实施《上海市城市更新条例》情况的汇报。会议要求：坚持以人民为中心，聚焦改善居民住房条件，优质高效推进城市更新。坚持服务城市发展，促进区域功能布局优化，推动地块功能转型，提升城市空间形象。（四）会议听取区发展改革委关于“全球服务商计划”推进情况汇报。会议要求：在严格落实疫情防控有关工作要求前提下，组织筹备好“全球服务商计划”推进大会，提升静安区辐射影响力。（五）会议听取并同意区发展改革委关于静安国际创新走廊相关工作情况汇报。会议要求：压实责任，加强沟通，确保完成目标任务。（六）会议听取并同意区科协关于2021—2025第二批全国科普示范区创建情况的汇报。会议要求：做好创建各项准备工作。（七）会议听取区商务委关于成立静安区成品油行业专项整治工作领导小组的情况汇报。会议还研究了其他事项
区政府第24次常务会议	9月19日	（一）会议听取并同意区发展改革委关于授权区发展改革委等部门行使区政府定价职能的汇报。会议要求：严格按照定价相关权限，依法合规履行政府定价程序。（二）会议听取并同意区妇儿工委办关于静安区参与中国妇女儿童发展纲要和上海市妇女儿童发展规划示范创建工作的汇报。会议要求：做好创建各项准备工作，打造静安区特色亮点，营造关心关爱妇女儿童社会氛围。（三）会议听取区市场监管局关于拟推荐全国开展清理整顿人力资源市场秩序专项行动先进单位事宜的汇报。（四）会议听取区财政局、区国资委关于静安区2021年度国有资产管理情况综合报告、2021年度企业国有资产管理情况专项报告等的汇报。会议还研究了其他事项

（续表）

会议名称	日期	主要内容
区政府第25次常务会议	9月26日	(一)会议听取区商务委关于做好静安区第五届“进博会”城市服务保障工作的汇报。会议要求：提高政治站位，高标准、高质量做好第五届“进博会”城市服务保障各项工作。利用进博会平台，加强企业走访服务，做好招商稳商工作，促进产业升级，放大溢出带动效应。(二)会议听取并同意区房管局关于静安区通阁路零星旧城区改建项目房屋征收与补偿工作的汇报，同意作出征收决定。会议还研究了其他事项
区政府第26次常务会议	10月8日	(一)会议听取并同意区教育局关于“提升本区课后服务工作情况”的汇报。会议邀请3名公众代表列席并发表意见建议。会议要求：加强多方协作，坚持需求导向，整合优化课后服务资源，提高利用效率。创新服务样态，探索推动教育与社区深度融合，打造特色品牌。提升工作品质，提高教育服务水平，丰富课后服务内涵。(二)会议听取并同意区绿化市容局关于2022年静安区生活垃圾分类工作的汇报。会议要求：加强监督管理，提升区生活垃圾分类工作实效。(三)会议听取并同意区房管局关于静安区旧住房更新改造工作汇报。会议要求：坚持因地制宜、分类施策，结合群众需求，统筹推进区旧住房更新改造工作，扩大群众受益面，把好事办好，把实事办实。(四)会议听取并同意区地区办关于全要素社区治理智能平台建设情况汇报。会议要求：统筹平衡好数据运用和安全，加强数据动态更新，开发更多“管用”“爱用”“受用”的应用场景，坚持问题导向，以数字化为抓手，提升区创新社会治理工作水平。(五)会议听取并同意区旧改总办关于本区零星地块旧改推进情况汇报。(六)会议听取并同意区体育局关于2022年上海赛艇公开赛的情况汇报。会议还研究了其他事项
区政府第27次常务会议	10月24日	会议研究了相关事项
区政府第28次常务会议	11月1日	(一)会议听取区碳达峰碳中和工作领导小组办公室关于静安区碳达峰实施方案编制情况的汇报。会议要求：提高大局意识，贯彻落实国家和上海市“碳达峰”战略要求，推进区碳达峰行动。(二)会议听取并同意区房管局关于静安区常德路新闸路零星旧城区改建项目房屋征收与补偿工作的汇报，同意作出征收决定。会议还研究了其他事项

（续表）

会议名称	日期	主要内容
区政府第29次常务会议	11月7日	(一)会议听取并同意区政府办公室关于《静安区行政许可事项清单(2022年版)》相关情况汇报。会议要求:贯彻落实《行政许可法》,推进依法行政;加快政府职能转变,发挥“放管服”改革提效率、破难题、促发展作用,“放”出活力、“管”出公平、“服”出效率;提高监管水平,建立事前、事中、事后全流程监管机制,推动经济社会健康发展。(二)会议听取并同意区生态环境局关于静安区“无废城市”建设实施方案编制情况的汇报。会议要求:抓实固体废物源头减量、固体废物资源化利用、固体废物最终处置等工作,建立健全制度、技术、市场和监管四大体系,打造静安区特色亮点,确保“无废城市”建设取得实效。(三)会议听取区财政局关于调整2022年财政预算的汇报。会议还研究了其他事项
区政府第30次常务会议	11月17日	(一)会议听取区食药安办关于2022年食品安全工作情况汇报。会议要求:加强全覆盖排查,强化行业管理,探索深化食品安全和疫情防控紧密结合的数字化场景应用,提高监管效能,筑牢食品安全和疫情防控双防线。(二)会议听取区食药安办关于推动食品安全“两个责任”落地落实工作情况的汇报。会议要求:提高站位,统一认识,提升食品安全治理水平。(三)会议听取区公安分局关于调整静安区人口综合服务和管理领导小组的汇报。会议要求:准备把握当前人口服务管理工作面临的新形势新要求,夯实底数,提高管理水平和实效。优化“科技+人力”运作模式,探索基层治理现代化新路径。(四)会议听取并同意区公安分局关于《上海市非机动车安全管理条例》贯彻实施情况汇报。会议要求:聚焦重点领域,特别是针对电动自行车消防安全等隐患,加大整治力度,筑牢安全底线。形成部门执法合力,压实安全主体责任。强化宣传警示,提高居民安全意识,营造文明出行良好氛围。(五)会议听取并同意区房管局关于静安区华山路421弄零星旧城区改建项目房屋征收与补偿工作的汇报,同意作出征收决定。(六)会议听取区建设管理委关于本区推进苏河湾景观提升和功能开发情况的汇报。会议要求:推进苏河湾景观提升和功能开发工作,打造静安区经济发展新亮点。(七)会议听取并同意区体育局关于2022年上海马拉松静安区情况的汇报。会议要求:做好疫情防控、市容管理等工作,展现静安区形象。(八)会议听取区文化旅游局关于完善现代公共文化服务体系工作情况的汇报。会议要求:探索形成现代公共文化服务高质量发展的“静安模式”,提升静安区文化品牌影响力。(九)会议听取并同意区民政局关于建立大宁路街道云秀居委会的汇报。(十)会议听取并原则同意区国资委关于国资监管制度修订及制订的情况汇报。会议要求:按照有关管理办法和实施意见,从严规范管理,抓实问题整改,推动国资国企高质量发展。会议还研究了其他事项

（续表）

会议名称	日期	主要内容
区政府第31次常务会议	11月28日	(一)会议听取区应急局关于本区今冬明春安全隐患专项排查整治工作安排情况的汇报。会议要求:提高政治站位,传达学习习近平总书记重要指示精神,研究部署贯彻落实工作,坚持“党政同责、一岗双责”和“三个必须”,增强做好安全生产工作的政治自觉、思想自觉和行动自觉。(二)会议听取区发展改革委关于推动苏河湾滨水商务集聚带高质量发展的实施情况的汇报。会议要求:加快空间扩容和城市更新,打造一批高品质功能性载体、商旅文地标,丰富滨水空间功能。加强招商引资,引进总部型、龙头型企业,带动产业集聚。加大区域推介力度,加强苏河湾整体形象宣传,打造上海中央商务区新亮点。(三)会议听取区发展改革委关于2022年静安区二所保基本养老机构服务收费调整工作的情况汇报。会议还研究了其他事项
区政府第32次常务会议	12月6日	(一)会议听取区发展改革委关于静安区2022年国民经济和社会发展计划执行情况与2023年国民经济和社会发展计划草案的汇报。(二)会议听取区商务委关于申请发布《静安区“菜篮子”区长负责制工作要点》的情况汇报。会议要求:统筹管理全区“菜篮子”,将类菜场网点纳入统一监管;注重合理规划和配套建设,提升市场保供能力;运用信息化手段提升监管能力,维护市场供应安全。(三)会议听取区商务委关于申请发布《静安区粮食安全责任制工作要点》的情况汇报。会议要求:提高政治站位,落实粮食安全党政同责,增强贯彻落实粮食安全责任制的思想自觉、政治自觉、行动自觉。坚持问题导向,深入剖析、加快补齐粮食安全方面的短板弱项,提高粮食安全保障水平。(四)会议听取区市场监管局关于拟成立静安区集中打击整治危害药品安全违法犯罪工作领导小组的汇报。(五)会议听取区市场监管局关于拟成立静安区公平竞争委员会的汇报。(六)会议听取区财政局关于静安区2022年预算执行情况和2023年预算草案的汇报。会议要求:坚持厉行节约,聚焦重点,保障民生,推动经济社会高质量发展,提升财政资金使用效益。会议还研究了其他事项

（续表）

会议名称	日期	主要内容
区政府第33次常务会议	12月16日	（一）会议听取区政府办公室关于2023年区政府实事项目征集和立项工作情况汇报。会议要求：细化安排、通力协作，确保实事项目落地落实。（二）会议听取区民政局关于2023年元旦春节帮困送温暖活动情况的汇报。会议要求：积极配合，抓好推进落实，把党和政府的温暖送到困难群众心坎上。（三）会议听取区规划资源局关于本区2022年城区规划制订和实施情况的汇报。会议要求：发挥规划引领作用，推动城区高质量发展。（四）会议听取区建设管理委关于"推进城市精细化管理示范区建设"课题成果转化的汇报。会议要求：主动思考、积极作为、协同配合、抓好落实，促进城区功能形象整体提升，打造高质量发展、高品质生活、高效能治理的"静安范本"。（五）会议听取并同意区审计局关于2021年度静安区本级预算执行和其他财政收支审计查出问题整改情况的汇报。会议要求：高度重视、举一反三、引以为戒，从严从实抓好审计发现问题的整改工作。（六）会议听取区建设管理委关于2022年度静安区市级重点工程实事立功竞赛先进集体和先进个人评选情况的汇报。（七）会议听取并同意区市场监管局关于拟申报第一批上海市知识产权保护示范区事宜的汇报。（八）会议听取区政府办公室关于《政府工作报告》起草情况的汇报。会议还研究了其他事项

（张迎雪）

表3-2　2022年区长王华调研走访情况表

日期	调研内容
1月5日	调研大企业开放创新中心建设
1月5日	走访意百咖啡（上海）有限公司、上海茵赫实业有限公司
1月6日	到华山医院调研区域医疗中心建设和疫情防控工作
1月6日	走访慰问困难群众和人才
1月6日	到大宁路街道社区事务受理服务中心、曹家渡街道察看封控现场调研，检查疫情防控
1月6日	到区疾控中心指导疫情应急处置

（续表）

日期	调研内容
1月11日	人大第一次全体会议作政府工作报告
1月12日	到区公安分局检查指导疫情应急处置流调工作
1月15日	市北人才公寓察看集中隔离点建设
1月16日	到区疾控中心指挥调度疫情防控应急处置工作
1月17日	到区疾控中心指挥调度疫情防控应急处置工作
1月18日	到区疾控中心指挥调度疫情防控应急处置工作
1月25日	开展大走访、大排查，走访东浩兰生（集团）有限公司、普拉达时装商业（上海）有限公司
1月27日	走访中航国际租赁有限公司
1月28日	走访中国电气装备集团公司、上海风语筑文化科技股份有限公司
1月29日	踏勘愚园路镇宁路、常德路武定路、胶州路康定路旧改地块
1月30日	走访慰问春节加班职工、走访慰问老干部3人
2月9日	到静投集团调研
2月10日	到区市场监管局知识产权所调研
2月10日	调研公园城市建设
2月10日	走访上海汽车集团财务有限责任公司、上海汽车集团股权投资有限责任公司
2月11日	走访俐奥特（上海）商务咨询有限公司、上海卡游商贸有限公司
2月15日	走访浙江龙盛集团股份有限公司、罗技（中国）科技有限公司
2月16日	走访塔思琦（上海）商业有限公司
2月17日	走访蓝瓶咖啡（中国）有限公司
2月17日	到宁嘉馨苑项目工地开展安全生产检查
2月22日	到华润置地项目工地开展安全生产检查，督促筑牢疫情防控防线
2月24日	走访新华发行集团、XNode公司
2月25日	到彭一小区拆落地改造施工现场调研

（续表）

日期	调研内容
3月7日	走访华熙生物科技股份有限公司、思爱普（中国）有限公司
3月7日	到区疾控中心指挥调度疫情防控应急处置工作
3月8日	到七浦路商业街区指导疫情防控应急处置和核酸检测工作
3月9日	到共和新路街道指导疫情防控应急处置工作
3月12日	到智选假日酒店检查集中隔离点运行管理工作
3月15日	到铁路上海站地区检查到沪离沪人员核酸查验工作
3月16日	到彭浦镇、大宁路街道、南京西路街道、江宁路街道指导重点区域扩大核酸筛查工作
3月17日	到彭浦镇、共和新路街道、北站街道指导重点区域扩大核酸筛查工作
3月17日	到华山路263弄察看老字号项目工程进度
3月17日	到威海路598号察看工程建设情况和核酸筛查情况
3月18日	到上海市新中高级中学检查指导校园疫情防控工作
3月18日	到彭浦新村街道、天目西路街道、临汾路街道、芷江西路街道检查指导疫情防控工作
3月18日	到石门二路街道、静安寺街道、曹家渡街道检查指导疫情防控工作，实地察看核酸检测点位和通道设置、工位保障、秩序维护等情况
3月19日	到共和新路街道、芷江西路街道、天目西路街道、石门二路街道指导扩大核酸筛查工作，了解社区封控管理和居民检测进度情况
3月20日	到石门二路街道、天目西路街道、芷江西路街道、彭浦新村街道指导扩大核酸筛查工作，要求加快流调溯源速度，精准锁定传染源，及时消除防疫风险点。
3月22日	到金纺小区指导扩大核酸筛查工作，到五月花生活广场检查重点行业核酸筛查工作
3月24日	到临汾路街道场中路阳曲路口、彭浦新村街道城运中心、彭浦镇政府、大宁路街道平型关路民晏路封控现场、共和新路街道办事处调研疫情防控工作
3月29日	以“四不两直”方式到永和路、共和新路察看沿街商铺“场所码”扫码情况，了解检测筛查进展

（续表）

日期	调研内容
3月29日	到静安体育中心调研区临时集中隔离救治场所建设工作
3月30日	到江宁路街道、石门二路街道、芷江西路街道检查抗原检测及新一轮核酸筛查准备工作
4月1日	到共和新路街道、宝山路街道、曹家渡街道实地察看核酸采样点位现场查看防疫措施落实情况
4月1日	到南京西路街道、江宁路街道巡查社会面管控措施落实情况
4月2日	到彭浦镇、天目西路街道、江宁路街道、曹家渡街道巡查社会面管控措施落实情况、察看仓储场所运转情况
4月4日	到临汾路街道、彭浦镇、彭浦新村街道、大宁路街道、芷江西路街道察看核酸采样点位筛查、社会面管控情况
4月4日	到纺控项目、三普养老院、桥东二期项目等点位督促临时集中转运平台建设工作
4月13日	到乐宁养老院、日月星养老院检查督导养老院疫情防控工作
4月16日	到大宁路街道检查保供工作及核酸采样点位筛查情况
4月17日	到铜仁路北京西路调研部分保供商店网点开业经营情况和防疫措施情况
4月23日	到宝山路街道、江宁路街道指导"拔点攻坚"工作
4月26日	走访慰问援沪医疗队
4月29日	到芷江西路街道指导老旧小区"拔点攻坚"工作和社区疫情防控工作
4月30日	到万荣绿地调研密接隔离用房建设工作
5月2日	到大宁路街道珠江创意园区调研常态化核酸采样点设置，到宝山路街道青云路435弄居民区、街道城运中心调研社区疫情防控，到共和新路街道调研"拔点攻坚"工作
5月4日	到宝山路街道止园新村小区检查指导疫情防控工作，要求持续加大"拔点攻坚"力度，在"查漏洞"和"补短板"上下更大功夫。
5月7日	到共和新路街道柳营路319号小区、芷江西路街道中兴路1347号小区检查指导"拔点攻坚"工作，要求坚持"动态清零"目标，做深做细群众工作，落实"四应四尽"要求

（续表）

日期	调研内容
5月8日	到东风芷江养老院检查养老院疫情防控工作，到共和新路736弄灵广花园看望慰问静安消防支队指战员代表，到宝山路街道城运中心检查指导“拔点攻坚”工作
5月9日	到共和新路街道、曹家渡街道检查指导疫情防控工作
5月10日	到江宁路街道检查指导疫情防控工作
5月12日	到陕西北路900号检查指导工地疫情防控工作
5月12日	到永和小学临时安置点检查指导疫情防控工作
5月13日	到上海兴业大厦核酸采样工作站、南汇路核酸采样点检查指导社会面核酸筛查工作，到天目西路街道普铁新村检查指导疫情防控工作
5月14日	到江宁路街道、宝山路街道检查指导疫情防控工作，以“四不两直”方式到芷江西路街道洪南山宅居民区、康乐小区、南山大厦魔方公寓督导检查基层一线疫情防控措施落实情况
5月15日	以“四不两直”方式到彭浦镇万荣路166弄大宁龙盛雅苑、共和新路街道普善路958弄小区督导检查疫情防控工作
5月16日	到区城运中心视频察看社会面管控和路面道路交通情况，到石门二路街道察看社会面有序放开准备工作、无疫小区管理情况。
5月17日	到新闸路、共和新路沿线巡查街面管控情况，到大宁路街道延铁小区、共和新路街道永乐苑检查指导疫情防控工作，到上海站管委办调研口岸防疫工作
5月18日	到铁路上海站地区督导口岸疫情防控、滞留离沪人员安置工作
5月20日	到芷江西路街道协和公寓、大宁路街道共宁小区检查指导社区疫情防控工作
5月21日	到江宁路街道、曹家渡街道、南京西路街道、静安寺街道巡查社会面管控情况
5月23日	以“四不两直”方式到共和新路高架沿线、铁路上海站地区检查快递外卖骑手临时安置和滞留人员管理情况，到天目西路街道普铁小区检查“拔点攻坚”工作，到共和新路街道、大宁路街道、彭浦镇巡查保供应企业开门营业情况
5月24日	到芷江西路街道、彭浦镇、共和新路街道检查指导疫情防控工作
5月25日	到曹家渡街道巡查防范区有序放开、沿街商铺有序恢复经营等情况，到宝山路街道检查指导社区疫情防控工作

（续表）

日期	调研内容
5月26日	到江宁路街道新余小区检查疫情防控工作，到共和新路街道城市e族青年公寓检查规模性租赁住房疫情防控工作，到彭浦镇检查“拔点攻坚”工作
5月27日	到铜仁路地道检查防台防汛工作，要求加紧排查整治风险隐患，细化完善防汛防台应急预案，提前做好物资和队伍保障
5月27日	到南京西路街道检查指导疫情防控和有序复工复产工作
5月28日	以“四不两直”方式到芷江西路街道兴新小区、友间公寓、大统路933弄小区、长城苑等点位检查重点场所疫情防控工作
5月28日	到江宁路街道检查指导疫情防控工作，到静安寺街道检查指导疫情防控和有序复工复产工作
5月30日	到静安嘉里商务中心检查指导商圈疫情防控和有序复工复产工作
6月1日	到江宁路街道晶华园检查指导疫情防控工作
6月1日	到恒隆广场、施罗德交银管理有限公司开展“防疫情、稳经济、保安全”大走访、大排查，要求推动符合疫情防控要求的线下门店和商超网点应开尽开，压实企业主体责任，管控好聚集性风险
6月3日	到大宁国际商业广场、大宁久光购物中心检查复工复产复市和安全生产工作
6月3日	到静安区中心医院检查常态化核酸采样点位运行情况
6月4日	到南京西路街道、江宁路街道、宝山路街道检查指导疫情防控工作
6月5日	到兴业太古汇检查指导常态化疫情防控和复商复市工作
6月5日	到曹家渡街道中行别业居民区检查指导疫情防控工作，看望慰问一线工作人员
6月7日	到曹家渡街道余姚路327号检查指导疫情防控工作
6月8日	到南京西路街道检查指导疫情防控工作
6月8日	到静安雕塑公园检查指导公园常态化疫情防控及恢复开放情况
6月8日	到石门二路街道社区事务受理服务中心调研政务服务工作
6月12日	到百乐居委会、金融街固定疫苗接种点、新平金叶公寓、云和花园、四和花园、武定路1128弄小区、金融街融汇广场等点位检查指导疫情防控工作

（续表）

日期	调研内容
6月14日	以“四不两直”方式到万航渡路八八九广场、乌鲁木齐路和北京西路沿线调研指导疫情防控工作
6月17日	到七浦路豪浦服饰城、联富服饰市场开展“防疫情、稳经济、保安全”大走访、大排查，以“四不两直”方式巡查新闸路沿线商铺疫情防控工作
6月20日	到共和新路街道谈家桥路163弄小区检查指导封控区管理工作
6月29日	到北站街道七浦路服饰街区调研，检查指导疫情防控和复工复产工作
7月4日	以“四不两直”方式到北京西路、西康路、陕西北路、南京西路沿线检查社会面常态化疫情防控措施落实情况，到陕西北路、南阳路路口检查常态化核酸点位运行情况
7月7日	以“四不两直”方式到康定路、延平路沿线检查餐饮酒吧等行业常态化疫情防控措施落实情况
7月13日	到雅约臻品酒店、大宁音乐广场、静安天悦工地等点位指导检查疫情防控、安全生产、生态环境保护等工作
7月13日	以“四不两直”方式到南京西路街道、江宁路街道检查疫情防控工作
7月14日	以“四不两直”方式到曹家渡街道、江宁路街道检查餐饮堂食、酒吧、KTV娱乐场所等重点场所常态化疫情防控措施落实情况
7月18日	以“四不两直”方式到南京西路沿线单位检查常态化疫情防控措施落实情况
7月20日	到江宁路街道调研疫情防控和招商引资等工作
7月20日	开展“防疫情、稳经济、保安全”大走访、大排查，走访晖致医药有限公司
7月21日	开展“防疫情、稳经济、保安全”大走访、大排查，走访米居网络科技有限公司、阿维塔科技有限公司
7月21日	到零点依(恒丰路店)集中隔离点检查防疫管理工作，关心慰问驻点工作人员
7月25日	到曹家渡街道、静安寺街道调研
7月27日	到静安公园、静安寺街道、区老年医院开展高温慰问工作
7月27日	走访上海德筑企业管理有限公司、多特瑞(上海)商贸有限公司
7月27日	以“四不两直”方式到巨鹿路、长乐路、襄阳北路沿线餐厅、商店等经营性场所，检查疫情防控和商业恢复经营情况

（续表）

日期	调研内容
7月28日	以“四不两直”方式到江宁路街道检查常态化疫情防控措施落实情况
8月1日	到彭浦新村街道、临汾路街道调研疫情防控、招商引资、民生保障改善等工作
8月2日	到共和新路街道、芷江西路街道调研疫情防控、以党建引领基层治理、民生工程、重点领域安全隐患排查、招商稳商工作
8月3日	到大宁路街道、彭浦镇调研疫情防控、民生实事项目、安商稳商、干部队伍建设情况
8月3日	到区就业促进中心调研
8月5日	开展“防疫情、稳经济、保安全”大走访、大排查，走访盟可睐（上海）商贸有限公司
8月8日	到宝山路街道调研常态化疫情防控应急处置、老年人疫苗接种、民心工程项目推进、干部队伍建设情况
8月8日	开展“防疫情、稳经济、保安全”大走访、大排查，走访阿斯利康全球研发中心、上海型度服饰有限公司
8月9日	开展“防疫情、稳经济、保安全”大走访、大排查，走访莱茵技术（上海）有限公司
8月9日	到石门二路街道调研疫情防控、社区治理和公共服务、招商引资工作
8月12日	到北站街道、天目西路街道调研疫情防控、城区精细化治理、民生服务工作
8月12日	开展“防疫情、稳经济、保安全”大走访、大排查，走访华山医院
8月17日	开展“防疫情、稳经济、保安全”大走访、大排查，走访上海市第一妇婴保健院。
8月17日	到张园调研常态化疫情防控、品牌招引落位和施工装修工作
8月18日	出席静安区人力资源服务业重点项目签约活动
8月18日	到桥东二期项目现场开展安全生产检查，督促疫情防控工作
8月19日	开展“防疫情、稳经济、保安全”大走访、大排查，走访嘉格纳家用电器（上海）有限公司
8月25日	开展“防疫情、稳经济、保安全”大走访、大排查，走访高雅德商业（上海）有限公司、万隆国际咨询集团有限公司

（续表）

日期	调研内容
8月30日	到华山路263弄调研老字号品牌馆项目施工进展、业态调整、周边环境整治等情况
8月31日	到一师附小、市西中学开展“防疫情、稳经济、保安全”大走访、大排查
9月1日	开展“防疫情、稳经济、保安全”大走访、大排查，走访华测艾普医学检验所、上海聚水潭网络科技有限公司
9月1日	到新福康里居民区、太和坊小区开展文明城区创建复评检查
9月2日	到南京西路街道调研疫情防控、基层治理创新和自身建设、优化营商环境建设、提质招商引资工作
9月6日	开展“防疫情、稳经济、保安全”大走访、大排查，走访中国电气装备集团
9月7日	到区信访办调研信访维稳工作
9月9日	到蓝棠-博步、王家沙调研老字号振兴工作
9月14日	到静安体育馆安置点、江宁路54A项目检查防台防汛工作
9月16日	开展“防疫情、稳经济、保安全”大走访、大排查，走访上海大学
9月20日	到区公安分局调研二十大安保维稳及城区交通保障力量配备工作
9月20日	到张园调研
9月21日	开展“防疫情、稳经济、保安全”大走访、大排查，走访上海正章洗染有限公司、上海西区老大房实业有限公司、上海立丰食品有限公司、光大证券资产管理有限公司
9月22日	开展“防疫情、稳经济、保安全”大走访、大排查，走访第十人民医院、川力企业形象策划有限公司、朋博湾商业（上海）有限公司
9月23日	到协和双语培明中学调研
9月27日	开展“防疫情、稳经济、保安全”大走访、大排查，走访吉米周（上海）贸易有限公司
9月28日	到江宁路街道开展重阳节走访慰问工作
9月28日	到76街坊旧改地块、新余小区等点位开展安全生产检查
9月29日	开展“防疫情、稳经济、保安全”大走访、大排查，走访上海信谊联合医药药材有限公司

（续表）

日期	调研内容
9月30日	到铁路上海站地区检查国庆假期应对节日大客流和疫情防控措施落实情况，慰问节日期间坚守岗位的工作人员和志愿者
9月30日	到共和新路恒通路口调研共和新路高架桥下公共空间品质提升综合整治工程
10月8日	到上海宾馆、康铂静安寺店检查集中隔离点运行情况
10月11日	到南西功能区调研功能区招商引资和企业服务等工作
10月11日	到铁路上海站地区南广场调研火车站核酸采样点设置有关工作
10月12日	到苏河湾功能区调研
10月13日	开展“防疫情、稳经济、保安全”大走访、大排查，走访梵克雅宝
10月14日	到区发展改革委调研“一轴三带”发展战略、推进六大主导产业发展等工作
10月14日	到铁路上海站地区检查指导“落地检”及疫情防控工作
10月17日	开展“防疫情、稳经济、保安全”大走访、大排查，走访赛诺菲（中国）投资有限公司上海分公司
10月17日	到区教育局调研均衡配置教育资源、全学段教师发展培养管理机制、一线教职员工激励保障、“一人一档”学校师生健康管理情况
10月19日	到张园、苏河湾万象天地调研优秀历史建筑保护利用工作
10月19日	到北站街道检查指导疫情应急处置工作
10月19日	到中铁上海设计院调研
10月19日	到芷江西路街道、天目西路街道调研零星旧改工作
10月20日	到区疾控中心指挥调度疫情防控应急处置工作
10月24日	到区财政局调研
10月25日	开展“防疫情、稳经济、保安全”大走访、大排查，走访艾尔建信息咨询（上海）有限公司
10月31日	到大宁功能区调研
10月31日	到宝山路街道调研零星旧改工作
11月2日	出席2022年静安区“119”消防宣传月启动仪式

（续表）

日期	调研内容
11月2日	开展“防疫情、稳经济、保安全”大走访、大排查，走访杭州新迪数字工程系统有限公司、上海计算机软件技术开发中心、上海软中信息系统咨询有限公司
11月2日	到市北功能区调研，实地察看静安国际科创社区建设项目，要求坚定“十四五”规划目标不动摇，力争建设成为未来静安区经济增长的主要发动机、上海科创中心重要载体和主战场、中国数据智能产业战略高地
11月4日	开展“防疫情、稳经济、保安全”大走访、大排查，走访沪杭铁路客运专线股份有限公司
11月15日	到区疾控中心指挥调度疫情应急处置工作
11月16日	到张园、苏河湾万象天地调研国际消费中心城市建设工作
11月16日	开展“防疫情、稳经济、保安全”大走访、大排查，走访环球音乐版权管理集团
11月21日	到市北高新园区开展“防疫情、稳经济、保安全”大走访、大排查
11月23日	到张园调研
11月28日	到区疾控中心指挥调度疫情应急处置工作
11月29日	到区疾控中心指挥调度疫情应急处置工作
12月1日	到彭浦新村街道、石门二路街道调研社区卫生服务中心常态化疫情防控和应急处置、公共卫生基础服务、老年群体服务保障工作
12月3日	指挥调度疫情防控工作，部署加强菜市场扫码管理
12月5日	到彭浦镇调研老年人疫苗接种工作
12月10日	到彭浦镇调研老年人疫苗接种和社区疫情防控工作
12月10日	到静安寺街道调研社区疫情防控工作
12月15日	开展“防疫情、稳经济、保安全”大走访、大排查，到区公安分局出入境接待大厅、市青少年活动中心调研
12月15日	到区委老干部局向离退休干部通报区情，听取离退休干部关于《区政府工作报告（征求意见稿）》的意见建议

（张迎雪）

（三）实事项目和办理工作

【2022年区政府实事项目】 2022年，静安区政府确定10个大类实事项目：一是推进"美丽家园"建设。完成50万平方米旧住房修缮改造；既有多层住宅加装电梯实现开工516台。二是推进"美丽街区"建设。完成28条道路大修、中修及道路积水改善和14千米架空线入地工程；完成3个停车难综合治理项目，建成834个公共停车泊位，815个公共充电桩建设；建成各类绿地8.67万平方米、立体绿化2.5万平方米、绿道2.9千米。三是完成173个小区电动自行车充电设施新增、改造工作；完成30个老旧小区消防基础设施改造工作；在老旧居民小区和沿街商铺、单位完成安装简易防盗装置4500个，完成20个封闭式小区智能门禁设备安装，维护、更新已建智能门禁小区设备。四是完成老年人居家环境适老化改造1038户；推进居家和社区基本养老服务提升行动项目试点，完成家庭养老床位建设补贴779张，为失能、部分失能老年人提供上门服务18044人次；完成认知障碍照护床位改建100张；提升社区老年助餐服务水平，实现日供餐能力1.41万客；完成481户有需求且符合条件的残疾人家庭无障碍改造任务和200条老旧小区无障碍坡道改造工作。五是帮助长期失业青年就业746人；帮扶引领成功创业988人，其中帮扶青年大学生679人；完成企业新型学徒培训882人。六是开展静安区"三段式"课后服务升级实践，研发推出3张个性"新"课表——指向学生自主成长的"快乐共享课表"、指向教育友好的"社区合作课表"、指向家庭教养能力的"亲子共育课表"，使课后服务选择更自主、内容更系统、品质更精致。静安区小学生"爱心暑托班"因疫情影响，在团市委统一部署下暂停线下暑托班，改为开办线上暑期云托班，在"青春上海"视频号播放云托班课程。七是上海市静安区疾病预防控制中心实验室新址项目实现竣工验收；发挥互联网医院在医疗服务中的作用，累计开展7场义诊活动。八是新增5台图书信用借阅柜、新建7个文旅融合服务点；开展公益电影配送，因疫情影响累计完成电影票配送5.5万余张。九是新建2个市民健身驿站、20处益智健身苑点；完成100处健身苑点老旧健身器材更新；区属公共体育场馆游泳、羽毛球、乒乓球等项目累计向市民优惠开放14.2万人次；完成"体育公益配送"服务10.3万人次；免费为市民提供体质测试服务13011人次。十是完成3家菜市场标准化建设；累计优化布局早餐网点单位44家，累计优化调整白领午餐网点单位2家，提升全区所有白领午餐网点单位经营品质和服务能级。 （张迎雪）

【人大代表建议和政协提案办理】 年内，静安区二届人大一次会议和区政协二届一次会议期间（含闭会后），共收到需由区政府系统承办的区人大代表建议173件、区政协提案192件。各职能部门对代表建议和政协提案全部研究处理完毕，并答复代表、委员。在已经办复的173件代表建议中，办理结果为："已经解决"144件，占总数83.2%；"计划解决"16件，占总数9.3%；"留作参考"13件，占总数7.5%。在已经办复的192件政协提案中，办理结果为："解决或采纳"182件、占总数94.8%；"留作参考"10件、占总数5.2%。代表、委员对各承办单位办理工作总体表示满意或理解。 （张迎雪）

(四)外事工作

【概况】 2022年,静安区全年办理因公出访参团2批、8人次。全年共办理1467批次企业、2935名外籍人员的来华签证邀请。全市静态管理期间,处理涉驻沪外国机构事件30余起;做好区内外籍侨民生活保障事件20余起;为229批次人员乘坐国际航班提供出行便利。区政府外事办推荐的宝格丽商业(上海)有限公司全球销售与零售执行副总裁雷里奥·嘉文获上海市白玉兰纪念奖。（侯春婉）

【外事管理】 年内,区委外事工作领导小组统筹协调全区外事管理工作,在新冠疫情涉外防控、城区对外交往、意识形态管理、涉外事件处置等工作中发挥领导作用。年初,领导小组专题研究部署全区外事工作,对发挥外事部门在疫情防控中的作用以及服务上海外事和区域经济社会发展提出要求。区委外事工作领导小组始终要求从严从紧抓实因公出访管理工作,指导督促各部门、各单位将因公出访管理列为贯彻落实中央八项规定有关精神主要内容,严格执行出访人员选派、出访信息公开、出访经费安排、社会服务机构管理、行前教育、证照管理等制度,做到出访管理科学化、系统化、规范化。全年办理参团2批、8人次。（侯春婉）

【新冠疫情防控】 年内,在全市静态管理期间,区政府外办在市政府外办指导下,协助处理驻外机构人员执行公务、出入小区、进入办公场所、生活需求保障、疫情防控等事件30余起,包括协助市政府外办领事处为居住于静安区的部分驻外使领馆人员发放人员和车辆通行证,协调荷兰、阿根廷、巴西、泰国等驻沪领馆总领事以及部分外交人员抵沪居家隔离、美国领事馆撤离上海商城内部分领馆人员及家属、英国泛思图片社记者收集新闻素材等;解决部分居住于区内的侨民等相关人员生活保障类事件20余起,包括物资供应、配药求医、核酸检测、阳性隔离和转运、特殊群体方舱救治等;根据市政府外办相关工作要求,协助全区各街道(镇)为229批次人员乘坐国际航班提供出行便利;协助转运74批次外籍人员至崇明区花博方舱。并为有特殊需求的外籍人员,专门协调定点医院及隔离点进行救治和隔离,守牢疫情防控底线同时体现人文关怀。在疫情防控常态化期间,区政府外办会同区民政局、区地区办、相关街(镇)累计开展41批外交人员居家隔离条件审核工作,完成16批、22人次外交人员转运及居家隔离工作;在区防控办指导下,做好涉及领馆馆址和领馆人员包括斯洛伐克、奥地利、加拿大、美国、德国、瑞典、澳大利亚、秘鲁、意大利、泰国、英国、新开发银行等涉外交人员住址、领馆馆址等疫情管控工作;在市政府外办指导下,配合区防控办与相关驻沪领馆和机构加强沟通,并配合区防控办落实疫情防控相关要求;为区防控部门、相关街道等做好文字翻译、现场交流等工作保障,做好外资企业人员和领馆人员专场疫苗注射。（侯春婉）

【涉外经济服务工作】 年内,根据市政府外办部署,区政府外办做好外籍人员来华签证邀请申请工作,共办理1467批次企业、2935名外籍人员来华签证邀请,涵盖50多个国家和地区。所推荐的宝格丽商业(上海)有限公司全球销售与零售执行副总裁雷里奥·嘉文获上海市白玉兰纪念奖。为莱茵技术(上海)有限公司、康祐力(中国)投资有限公司、迈克尔高司商贸(上海)有限公司、辰帆企业管理有限公司等办理APEC商务旅行卡。（侯春婉）

【"进博会"保障工作】 年内，区政府外办牵头会同相关成员单位落实外事服务保障组相关工作职责，形成《第五届进口博览会外事服务保障组相关工作方案》。 （侯春婉）

【巩固友城交流】 年内，区政府外办继续推进与韩国釜山广域市沙下区建立友好城区关系相关工作，经区政府常务会议同意，将《上海市静安区人民政府关于中华人民共和国上海市静安区与大韩民国釜山广域市沙下区深化友好交流并签署建立友好城市关系协议书的函》上报市政府外事办。 （侯春婉）

（五）国内合作交流与对口支援

【概况】 2022年，静安区助力云南省文山壮族苗族自治州（简称云南文山州）一市三县（文山市、砚山县、麻栗坡县、广南县），新疆维吾尔自治区喀什地区巴楚县（简称新疆巴楚县），湖北省宜昌市夷陵区等各对口帮扶地区巩固拓展脱贫攻坚成果、有效衔接乡村振兴，推动静安东西部协作和对口支援工作再上新台阶。人才支援方面，静安区共选派援外干部22名。其中7月轮换的第十二批援滇干部6名，援疆党政干部14名，援三峡（夷陵区）干部2名。静安区在东西部扶贫协作地区增派5名为期1年半的援滇干部；选派12名技术人才在重点帮扶县云南文山州广南县开展组团式教育和卫生帮扶，包括5名医生、7名教师。增加在云南文山州一市三县地区选派8名区级医疗卫生专业人才援滇开展技术帮扶，为期3个月；选派教育教师人才8名，为期1年。向新疆巴楚选派5名医生和6名教师，并继续做好新一轮援疆支教教师管理工作。消费协作方面，静安区鼓励督促机关部门及国有企业拿出部分比例福利费用于购买对口地区农特产品，并在大悦城设立"百县百品"静安直营店，开展各类"六进"活动。参与百县百品协助对口地区活动，打造文山雷猪、黄金油桃、巴楚巴尔楚克羊等农特产品品牌。经市考核领导小组会议审议，2022年静安区在持续提升能级、促进产销对接和消费帮扶方面考核位居前列。劳务协作方面，至11月，帮助云南文山州对口帮扶一市三县就地就近就业和异地就业共2906人，其中脱贫劳动力2752人；完成脱贫劳动力到沪就业超过200人；在云南文山州开展各类劳务协作招聘活动24次，其中在易地搬迁安置点举办招聘会3场；静安区与对口帮扶县市联系协调，通过区人力资源社会保障局与当地扶贫部门联手，组织劳务输出、点对点就业直通车等活动。开展劳务技能培训班6场，培训农村劳动力231人，其中脱贫劳动力78人。携手兴乡村方面，静安区广泛动员街镇、企业和社会组织参与对口地区贫困乡（镇）结对帮扶工作。静安区14个街镇与文山州19个乡镇和77个村结对。通过区商务委、区国资委、区投资办、区工商联等部门开展新一轮村企结对，动员59家企业和社会组织与云南文山州69个村开展结对帮扶活动；云南文山州东西部协作地区结对学校9个、结对医院19个；静安区与对口帮扶地区开展各类文化、旅游等交流交往交融活动。除新疆维吾尔自治区的静安包机活动外，组织机关、企业以及社会组织等赴对口地区开展各类交往交流和"手拉手"夏令营活动；引导各类社会组织到对口地区开展帮扶。有8家社会组织获市合作办项目资助。年内，区政府合作交流办深化区域合作，加强对口交流。注重服务协调，营造优质环境，服务各地驻沪办事机构；服务各地到沪企业。依托区各地投资企业协会载体，以协会会员企业为主体，采取重点和常态化走访相结合，走近企业，了解企业在经营中的实际需求，帮助提供强针对性服务，为各地在区投资企业营造良好发展环境。规范开展国内公务接待，全年共接待各地代表团来访7批76人次。（仵祯莹）

【援沪医疗队接待】 3月31日至5月31日全市新冠疫情封控期间，根据上海市援沪医疗队接待工作专班有关工作要求，区政府合作交流办秉持会同区商务委、区文化旅游局、区卫生健康委、区机管局等有关部门，做好援沪医疗队在静安区期间的生活物资保障、防疫物资保障、食品安全保障、环境消杀保障等工作，完成外省市援沪医疗队各项接待任务。累计接待来自湖北省、安徽省、山西省、贵州省等13个省市医疗队和9个部队医疗队，4700余名队员。（仵祯莹）

【第十二批援滇干部人才座谈会】 于7月25日举行。区委书记于勇出席会议并讲话。区委常委、组织部部长宋宗德主持会议，区委常委、常务副区长傅俊出席。于勇代表区委、区政府向新一批援滇干部人才致以敬意，向家属表示慰问和感谢。（仵祯莹）

【静安区2022年东西部协作和对口支援工作专题会议】 于7月29日召开。区委常委、常务副区长傅俊出席会议并讲话。区对口支援与合作交流工作领导小组各成员单位参加会议。会上，区政府合作交流办通报2021年静安区东西部协作和对口支援工作情况，针对上年相关工作的不足提出整改要求，并部署2022年各项工作。（仵祯莹）

【上海静安区和云南文山州及四县市东西部协作联席会议】 于8月5日举行。云南文山州州委副书记、州长马忠俊率静安区对口帮扶文山州四县市党政代表团一行到静安区考察交流并出席会议。中共静安区委书记于勇，区委副书记、区长王华，区委常委、区委组织部部长宋宗德，区委常委、常务副区长傅俊出席会议。会上两地签订关于深化"十四五"规划时期东西部协作框架协议。（仵祯莹）

【第五届中国国际进口博览会内宾接待】 第五届中国国际进口博览会于11月5日至10日在上海举办。区政府合作交流办负责落实静安区对口江苏、湖北2省省部级重要团组的接待保障任务。静安区安排局级领导3人、工作人员20人参与，共接待有关省部级重要团组人员12人，其中省部级领导2人、厅局级领导6人、交易团团部成员4人。（仵祯莹）

【静安-巴楚对口支援工作联席会议】 于11月25日以视频会议方式召开。区委常委、常务副区长傅俊主持会议，区委副书记、区长王华，新疆维吾尔自治区喀什地区巴楚县委副书记、县长阿布拉江·吐尔逊出席会议并讲话。区对口支援与合作交流工作领导小组部分成员单位、巴楚县有关部门、上海援疆巴楚分指全体干部、人才参加会议。（仵祯莹）

【于勇赴云南省文山州考察】 11月28日至30日，区委书记于勇率党政代表团到云南省文山州调研东西部协作工作，并出席静安区与文山州及文山市、砚山县、麻栗坡县、广南县东西部协作联席会议。文山州委书记陈明，州委副书记、州长马忠俊等分别陪同。在文山州期间，代表团一行先后到砚山县干河乡莓隆镇蓝莓种植基地、绿色铝工业园，广南县旧莫乡小海子村、莲城镇那朵村、高峰牛养殖技术应用推广工作站，文山市滇珍菌业公司、红甸乡席草寨，麻栗坡县天保村乡村振兴示范点、魔芋产业基地等地，就东西部协作工作进行调研。（仵祯莹）

表 3-3　2022 年静安区国内主要合作交流情况表

日期	主要内容
1月24日	新疆维吾尔自治区喀什地委政法委副书记王晓庆带队一行到静安区考察学习市域治理能力建设、大数据建设应用和智慧城市(社区)建设情况,区行政服务中心、区政府合作交流办、南京西路街道、市北集团接待代表团
5月27日	上海市委常委、组织部部长胡文容,静安区委书记于勇等市区领导到国际贵都大酒店,为圆满完成援沪任务即将踏上归程的海南省援沪医疗队送行
5月30日	上海市副市长陈通,静安区委副书记、区长王华等市区领导来到全季酒店康定路店,为圆满完成援沪任务即将踏上归程的山西省援沪医疗队送行
5月31日	上海市副市长张为、刘多,静安区委副书记、区长王华,区委常委、常务副区长傅俊等市区领导在湖北援沪医疗队驻地酒店,为圆满完成援沪任务即将踏上归程的湖北省援沪医疗队送行
7月7日	静安区组织召开2022年对口支援新疆巴楚县连线视频专题会议,推进年度援疆工作。静安区委常委、常务副区长傅俊出席会议,区委宣传部、区档案局、区政府办公室(合作办)、区教育局等部门与上海市援新疆巴楚分指连线参加会议
7月25日	静安区第十二批援滇干部人才座谈会举行。区委书记于勇出席会议并讲话。区委常委、组织部部长宋宗德主持会议,区委常委、常务副区长傅俊出席会议。18名援滇干部人才分批赴云南开展对口支援帮扶工作。于勇代表区委、区政府向新一批援滇干部人才致以敬意,向家属表示慰问和感谢
7月30日	静安区芷江西路街道组织开展童心向未来,快乐共成长——“情系巴楚”友谊传递大使招募活动,以漫画接力的形式链接起两地情谊,开启静安巴楚两地城乡风貌、地域特色美食美景的“直通车”,征集的漫画作品将送至巴楚县阿纳库勒乡第一小学。其间,开展云端动漫赏析课
8月5日	云南省文山壮族苗族自治州州委副书记、州长马忠俊带领静安区对口帮扶文山州四县市党政代表团一行到静安区考察交流,其间,两地召开东西部协作联席会议。区委书记于勇,区委副书记、区长王华,区委常委、区委组织部部长宋宗德,区委常委、常务副区长傅俊出席会议
8月19日	云南省文山壮族苗族自治州驻沪招商联络处赴静安区工商联就推进两地产业合作项目进行座谈交流,区工商联、区政府合作交流办等部门参加接待
8月25日	上海市政府合作交流办党组书记、主任潘晓岗一行到静安区考察调研对口帮扶与合作交流相关工作。静安区委书记于勇,区委副书记、区长王华,区委常委、常务副区长傅俊出席调研座谈会

（续表）

日期	主要内容
7月28日至8月14日	来自新疆维吾尔自治区巴楚县的300名青少年分批次抵达上海，参加由巴楚县教育局、上海对口支援新疆前方指挥部巴楚分指挥部主办，静安幸福益站志愿服务中心承办的2022年度巴楚青少年赴上海开展“手拉手”夏令营活动
8月29日	静安区与云南省文山壮族苗族自治州广南县召开东西部协作推进会议，深入推进村企结对，产业合作，人才支援等年度帮扶项目，区商务委、区投资办、区政府合作交流办等部门参加会议
9月1日	静安区派出8名全科医生组成的医疗队启程赴云南省文山壮族苗族自治州文山市、砚山县、麻栗坡县、广南县开展为期3个月的援滇对口帮扶工作
9月13日	静安区与云南省文山壮族苗族自治州麻栗坡县召开东西部协作推进会议，深入推进村企结对，产业合作，人才支援等年度帮扶项目，区慈善基金会、静安寺街道、曹家渡街道、共和新路街道、大宁路街道等部门参加会议
9月20日至22日	静安区工商联率6户企业负责人赴云南省文山壮族苗族自治州文山市、砚山县、广南县就东西部协作、乡村振兴进行考察。在文山市考察组希望马塘镇能依托现有的“领军”产业，继续做好脱贫攻坚与乡村振兴的有效衔接，让这条“组织共建、资源共享、产业共育、发展共赢”的产业发展之路走深走实。在砚山县考察组在得知者腊乡人民政府者腊村委会尧上村小组急需资金的情况下，主动协调万隆国际咨询集团有限公司捐赠帮扶资金2万元，用于尧上村“绿美乡村”基础建设工作。在广南县上海汇金融资担保有限公司、上海舜杰建设(集团)有限公司、中谷海运集团有限公司分别与珠街镇珠街社区、放羊村、五珠乡红石岩村结成村企互助对子，并举行村企结对签约仪式、捐赠仪式，3个村社分别获得3万元帮扶捐赠款
9月21日	在新疆维吾尔自治区巴楚县农村干部务实推进工作能力提升培训班期间，来自喀什地区巴楚县的50名村(社区)党支部书记、村委会主任、妇联主席等，赴四行仓库抗战纪念馆参观学习
9月22日	静安区召开2022年东西部协作工作专题会议，就推进消费协作、产业合作及劳务协作等相关工作进行研究和部署，区商务委、人力资源社会保障局、国资委、机管局、市北高新技术服务业园区等部门和企业参加会议
9月26日至27日	静安区合作交流办赴云南省文山壮族苗族自治州对口帮扶地区调研指导年度东西部协作工作
9月30日	静安区召开援滇干部视频会议，进一步研究推进年内静安区东西部协作工作。区委常委、常务副区长傅俊，区政府合作交流办及全体援滇干部代表出席会议
10月20日	静安区召开东西部协作和对口支援工作推进会，区委常委、常务副区长傅俊出席会议

（续表）

日期	主要内容
10 月 24 日	静安区召开新一轮增派援滇干部行前会。区委组织部、区政府合作交流办、援滇干部派出单位有关人员及 5 名增派援滇干部出席会议
10 月 25 日	静安区委组织部、区政府合作交流办陪同新一轮静安区增派援滇干部赴云南文山壮族苗族自治州报到，投身上海与云南两地的东西部协作工作。报到结束后，新一轮增派援滇干部参加上海市援滇干部联络组文山州小组召开的援滇工作推进会议，与全体上海市援滇干部讨论和研究文山州对口各县东西部协作工作进展情况及工作方向
11 月 5 日至 10 日	静安区负责落实区对口江苏、湖北 2 省省部级重要团组的接待保障任务，共接待有关省部级重要团组人员 11 人，其中省部级领导 2 人、厅局级领导 5 人、交易团团部成员 4 人
11 月 17 日至 19 日	静安区南京西路街道办事处考察组到云南省文山壮族苗族自治州砚山县考察结对共建工作
11 月 25 日	上海静安区和新疆巴楚县对口支援工作联席会议以视频连线方式召开。静安区委副书记、区长王华，巴楚县委副书记、县长阿布拉江·吐尔逊出席会议并讲话。静安区对口支援与合作交流工作领导小组部分成员单位，巴楚县发改委、援疆办，上海援疆巴楚分指全体干部人才参加会议。静安区委常委、常务副区长傅俊主持会议

（仵祯莹）

表 3-4　2022 年静安区对口支援地区干部教育培训班次汇总表

日期	培训内容
8 月 20 日	赴湖北省宜昌市夷陵区青干班讲学培训 104 人
8 月 21 日至 27 日	云南省文山壮族苗族自治州疾病防控人员 25 人到静安区培训
9 月 2 日至 9 日	湖北省宜昌市夷陵区党政办公室系统业务骨干综合素质提升专题班 50 人到沪培训
9 月 3 日至 9 日	云南省文山壮族苗族自治州党政干部 20 人到静安区培训
9 月 10 日至 22 日	新疆维吾尔自治区巴楚县农村干部务实推进工作能力提升培训班 50 人到沪培训
9 月 13 日至 19 日	云南省文山壮族苗族自治州党政干部 50 人到静安区培训
9 月 18 日至 24 日	云南省文山壮族苗族自治州党政干部 50 人到静安区培训

（续表）

日期	培训内容
9月18日至 2023年9月18日	云南省文山壮族苗族自治州5人到静安区挂职进修1年
10月18日至 11月17日	云南省文山壮族苗族自治州教育局学校教导主任、科室主任到静安区进修30天
10月26日至 11月4日	湖北省宜昌市夷陵区新生代企业家专题研修班50人到沪培训
11月1日至30日	湖北省宜昌市夷陵区教育、卫生系统管理干部进修15人到沪培训
11月9日至17日	湖北省宜昌市夷陵区智慧城市建设与数字经济发展专题研修班50人到沪培训

（仵祯莹）

（六）信访工作

【概况】 2022年，静安区信访工作以保障党的二十大信访稳定工作为主线，主动服务区委、区政府科学决策，推动矛盾预防化解，应对风险挑战，克服信访总量高位运行、动迁矛盾突出多发、集访矛盾频繁激烈等困难，维护社会大局稳定，完成全年目标任务。全年全区信访总量12535件，其中：来信3235件，占比25.8%；网信8461件，占比67.5%；来访839件，占比6.7%。年内，在严格落实部门内部疫情防控各项措施基础上，区信访办在新冠疫情封控管理期间组织11名工作人员分别到芷江西路街道、百乐居委会、大宁国际学校方舱、北方商务大厦隔离点、浦东机场，支援疫情防控工作，完成拔点攻坚、方舱管理、转运隔离、核酸筛查、信息统计等工作任务，安排9名居家办公人员就地参与社区防疫工作，4名值班备勤人员办理网上信访事项和平台留言7000余件。区信访办组建2支“送物资、代配药”小分队，与团区委合作为信访矛盾集中居民区募集2750公斤大米、500公斤面条、3000份自热锅、1000份生鲜套餐、600箱方便面、6000个N95口罩等生活和防疫物资。

（王昭媛）

【信访稳定例会】 年内，继续坚持区委、区政府主要领导双月稳定例会制度和区联席会议召集人、分管区领导每周牵头召开信访稳定工作例会机制，研究分析面上信访稳定形势，推进突出矛盾明责化解。全年共召开信访稳定工作例会16次，专题研商矛盾20件，其中化解18件、缓解2件。

（王昭媛）

【区领导接待来访群众制度】 年内，区四套班子主要领导带头，局级干部轮流到区信访办接待群众，带动面上政策完善、工作改进和作风转变。区四套班子领导共到区信访办接待信访群众19场次，专题研究信访事项34件，并督促推进后续工作。

（王昭媛）

【信访业务规范化】 年内,区信访办结合目标责任考核要求,明确各类信访事项操作口径和处置流程,规范信访事项办理全过程。坚持考核通报与业务指导相结合,与各单位签订考核目标责任书,制订规范化办理流程,协助完善工作措施,定期通报各单位信访工作情况,推动落实联席会议确定的工作任务和议定事项。 (王昭媛)

【依法开展信访复查工作】 年内,区信访办共作出73件信访复查,撤销39件答复主体不符合规范、分类错误等信访答复意见书,引入律师事务所参与31件重大疑难信访矛盾复查并出具复查法律意见书。 (王昭媛)

【推进矛盾化解工作】 年内,区信访办推动各级领导履行包案职责,推进“治理重复信访化解信访积案”专项工作,696件信访事项全部按要求完成上报。此外,区疑难矛盾化解专班挂图作战、强力攻坚,529件动迁领域积案实体化解114件,化解率21.6%;30件涉法涉诉积案化解22件,化解率73.3%;23件劳动社保积案化解12件,化解率52.2%;5件集资融资积案化解4件,化解率80%;2件教育培训积案化解1件,化解率50%;2件医患纠纷积案全部化解。 (王昭媛)

【重大节点期间信访稳定工作】 年内,区信访办完成节点信访维稳任务。2022年北京冬奥会、全国“两会”、党的二十大和第五届“进博会”等重大节点期间,静安区没有发生进京聚集上访,没有发生涉访个人极端行为,没有发生因信访问题引发的负面炒作,做到“零非访”“零上访”“零社会面”“零滞留”“零倒流”“‘两个一律’零通报”。 (王昭媛)

【《信访工作条例》线上讲座】 5月23日,区信访办组织《〈信访工作条例〉与〈信访条例〉比较研究》线上讲座。邀请中共徐汇区委党校特聘教授、市社会建设研究会专家会员严惠民授课,区信访办全体干部,各部委办局、街镇、企业集团信访干部70余人参加。 (王昭媛)

【征集人民建议】 7月,区信访办开展人民建议征集主题宣传系列活动,通过静安有线台、《静安报》、上海静安微信公众号开展线上宣传,通过“家门口”信访服务点、人民建议征集联系点、人民建议征集红色邮筒,在各街镇组织线下宣传活动。与团区委合作组织青年学生开展两轮建议征集活动,在区检察院成立人民建议征集办公室,征集到人民建议100余件,获市领导批示1件、区领导批示6件。 (王昭媛)

(七)行政审批制度改革

【概况】 2022年,静安区审改办按照区委、区政府全面深化改革总体部署,围绕“放管服”改革要求,加快转变政府职能,深化行政审批制度改革,推进“一网通办”工作,打造法治化、国际化、便利化营商环境。开展区级行政许可事项清单编制工作。贯彻落实《国务院办公厅关于全面实行行政许可事项清单管理的通知》和市政府办公厅有关工作部署,实行行政许可事项清单管理,开展《静安区行政许可事项清单(2022年版)》编制工作。集中梳理权责清单中行政许可事项,按照《静安区关于开展权责清单集中调整工作的实施方案》要求,完成各部门共性权责事项清单中行政许可事项审核工作。启动《上海市行政许可事项清单》(简称《市级清单》)初稿征求意见工作,根据国办发〔2022〕2号文精神和市政府工作要求,市政府办公厅组织市级业务主管部门开展中央层面设定事项认领地方层面设定事项梳理工作，汇总形成《市级清单》初稿及《拟不列入本市清单的中央层面设定的事项》。制发征求意见通知，要求区各相关单位从清单合法性、完整性、准确性等方面研究提出意见，提出调整“历史建筑实施原址保护审批”实施机关等2条修改意见。开展《市级清单》校核工作，《市级清单》经市政府常务会议审议通过，静安区及时开展校核确认工作，要求相关单位对《清单》内容进行校核确认。汇总对“实验动物生产、使用许可”“适龄儿童、少年因身体状况需要延缓入学或者休学审批”“建设项目用地预审与选址意见书核发”等6项许可事项校核反馈意见。形成《区级清单》并印发公布，根据市政府办公厅要求，牵头组织区有关单位从《市级清单》中认领确定由静安区实施事项，依照上海市《工作指引》中对于区级清单编制具体要求，形成《上海市静安区人民政府办公室关于公布静安区行政许可事项清单(2022年版)的通知》，并在上海静安门户网站公开发布。《区级清单》中包含静安辖区范围内实施行政许可事项200项，涉及区级部门24个、垂直管理机构4个、乡镇政府1个。（周琳）

【业务流程革命性再造“一件事”改革推进】 年内，区审改办贯彻落实《2022年上海市深化“一网通办”改革工作要点》精神，立足企业和群众视角，在优化上线“一件事”集成服务同时，围绕高频办事需求，拓展“一件事”改革覆盖面。确定区级“一件事”事项，召开“一件事”改革工作推进会议，组织区各部门对涉及跨部门、跨层级事项进行梳理，从方便企业和群众办事出发，选取办件量大、涉及面广、办理难度大事项，实现更深层次、更高水平“减环节、减时间、减材料、减跑动”。通过分组座谈和走访调研，确定就业服务、医用影像诊断2项新增“一件事”事项。制订改革工作方案，针对市民对集成式就业服务需求，形成就业服务“一件事”改革方案，将职业指导、职业介绍、职业技能培训、创业服务、就业创业见习等8项就业服务基本事项集中展示，缩短服务对象查找事项时间，使市民可以“一站式”快速获取服务，提高就业效率。针对事中事后监管中发现医疗机构未主动办理辐射安全许可证等问题，形成医用影像诊断“一件事”改革方案，将放射诊疗许可和核技术利用单位辐射安全许可2个事项纳入“一件事”改革范围，办理时限由20个工作日减为5个工作日，跑动次数由2次减为0次，申请材料数由16份减为12份，环节数由4个减为2个。推动“一件事”方案落地实施，完成“一件事”上线“一网通办”办理，就业服务“一件事”将涉及网页办理服务事项，通过链接直接导入网办页面，涉及App操作，通过扫描二维码直接操作，涉及公共服务事项推广，通过微信公众号引导查阅；医用影像诊断“一件事”，实现放射诊疗许可和核技术利用单位辐射安全许可2个事项网上联办。并及时固化改革成果，对内完善“一件事”操作规程，做好窗口工作人员业务培训，对外发布“一件事”办事指南，做好宣传引导和政策解读。（周琳）

【“好办”“快办”服务推进】 年内，区审改办推动“一网通办”从“能办”向“好办”转变，助力上海城市数字化转型，围绕企业群众实际需求，推进“好办”“快办”服务。确定区级“好办”“快办”事项，按照“好办”“快办”业务要求，梳理依申请政务服务事项和区级自管公共服务事项清单，筛选出其中高频事项并逐事项研究办理流程、申请材料，筛选出符合“好办”“快办”条件事项。通过召开工作推进会和走访调研，结合部门实际，确定居住证积分单位注册、居住证单位信息变更等2项新增“好办”事项。制订改革工作方案，梳理居住证积分单位注册、居住证积分单位信息变更等“好办”事项业务流程，就材料申报、材料预审环节中涉及问题难点进行研究，形成“好办”事项业务流程再造和技术改造方案。通过递进式问卷对政务服务事项申请条件等进行智能导引，实现一次告知、精准告知；打破部门间数据壁垒，实现区人力资源服务企业和劳务派遣企业名单共享。通过调用电子营业执照获取办事企业信息，系统可根据上述名单自动识别该企业类型，实现部分材料免于提交。推动“好办”方案落地实施，完成“好办”服务上线“一网通办”办理，实现事项办理从线下办到“全程网办”，跑动次数从 1 次减为 0 次，申请材料从 6 份减为 3 份，材料提交方式从邮件发送转变为“一网通办”平台上传，更方便安全。加强工作人员业务培训，做好宣传引导和政策解读，并主动提供帮办服务，指导办事人进行网上申办。

（周琳）

【“一业一证”改革推进】 年内，区审改办根据《关于深化“一业一证”改革全市推广实施工作的通知》（沪审改办发〔2022〕4 号）要求，推进“一业一证”改革向纵深发展，推动审批管理服务从“以政府部门供给为中心”向“以市场主体需求为中心”转变，推动事中事后监管从管“事项”向管“行业”转变，提高市场准入准营便利度。健全行业综合许可制度，规范完善改革行业目录，提出建设项目环境影响评价文件审批、仅销售预包装食品备案等上线 25 个行业所需办理事项调整建议和房地产经纪机构等新增行业建议，并上报市有关部门。畅通行业综合许可证拓展情形渠道，完成行业综合许可证变更、延续、注销、补证情形办事指南和要素梳理手册编制工作。优化网上申办系统功能，完成上线 25 个行业网上申办系统功能核验，选取 1 家企业以录屏方式记录审批办理全过程，包括申请人申报过程（包含退回补正）、综窗系统综合受理过程、各业务部门审批过程、办件进度查询过程等，并对核验过程中发现问题形成清单一并上报市有关部门。加大行业综合监管探索力度，推进实施行业综合监管改革，制订浴场、书店、电影院、歌舞娱乐场所、健身房、药店、饭店等行业综合监管方案，并开展浴场、健身房、药店、饭店等行业多部门联合监管。结合监管工作实际，探索建立区主攻业态饭店、药店行业综合监管制度，完成相关制度文件编制并作为建议上报市有关部门。

（周琳）

【“两个免于提交”工作自查整改】 年内，区审改办根据市统一部署，巩固深化“两个免于提交”（本市政府部门核发的材料原则上一律免于提交、能够提供电子证明的原则上一律免于提交实体证明）工作，规范电子证照应用和数据共享，提升窗口宣传和服务水平，提升企业群众办事便捷程度，推动“两个免于提交”工作向纵深开展。制发《关于深化“两个免于提交”工作的通知》，对于“两个免于提交”落地工作提出明确要求，各部门、各街镇按要求填报自查表、提交自查报告，做好办理事项材料免交落地问题自查整改工作，开展各办事窗口“两个免交”宣传和落实情况实地检查，剖析存在问题，做到即知即改。及时更新“两个免交”清单，确保办事指南免交材料落地比例 100%。对市级业务主管部门推送可免交材料，及时告知部门根据实际办理情况予以确认，实际可免交材料按要求在系统内点击落地确认并更新办事指南，实际无法免交材料要求部门主动与市级部门沟通，推动材料尽快落地。

（周琳）

【线上行政协助工作规范化工作】 年内，区审改办明确线上行政协助工作流程，推动以线上行政协助方式实现“两个免于提交”，与区规划资源局研究提高行政协助工作规范化、高效化水平，会同区规划资源局召集被请求部门召开工作会议，重新梳理线上行政协助工作流程，要求区规划资源局在发起线上请求前进行预沟通，拟被请求机关明确答复后方可发起线上请求。并加强对建设单位材料完整性和准确性审核，避免重复补正现象，提高线上行政协助效率。动态关注行政协助平台系统，确保线上发起行政协助事项准确性与规范性。要求协助发起部门根据项目实际，在线上平台精准分配被请求部门，减少材料补正次数，并在法定期限内按期办结。（周琳）

【区级自管公共服务事项拓展】 年内，区审改办围绕为企业群众办事提供各类便利，保障基本公共服务以及特色服务等方面，拓展公共服务覆盖范围。挖潜特色服务事项，开展各区公共服务事项摸底调研，将其他15个区和区内依申请公共服务事项4500余项进行一一比对，做到凡外区梳理新增公共服务事项，应作为静安区新增公共服务事项。对照各部门职能职责，梳理形成各部门新增事项建议清单，并制发工作通知，督促各部门按要求新增公共服务事项。新增73项公共服务事项。新增疫情防控相关事项，结合新冠疫情防控期间开展政务服务，在“一网通办”平台新上线“居家健康监测证明开具”“防疫青年志愿者招募”“文旅企业防疫支出补贴项目申报”等公共服务事项。“居家健康监测证明开具”事项累计办件量12.78万件，“防疫青年志愿者招募”事项累计汇集到1400余件报名信息，方便企业群众办理相关证明及补贴，提升公共服务办理成效。（周琳）

【办事指南准确度提升】 年内，区审改办开展区办事指南普查，完成对区2000余项依申请政务服务事项办事指南准确度3轮逐事项逐要素检查，督促相关部门对照检查问题项逐项进行整改。梳理办事指南填报常见问题，对办事指南中基本信息、办理流程、办理时间逻辑关系等要素常见错误进行梳理汇总，统一规范填报格式，为部门修改办事指南要素提供参考。加强对新增依申请事项办事指南审核，对市级部门新下放行政权力事项和调整事项要素办事指南，逐要素进行审核检查，确保办事指南准确度。（周琳）

【政务服务窗口规范化工作】 年内，区审改办推进依申请行政权力事项规范进驻窗口，针对事项下沉问题清单，梳理各部门依申请行政权力事项中未规范进驻窗口事项。下发相关工作通知，布置年内政务服务事项取消“科室代窗口”工作任务，推动区内各类政务服务事项最大限度进驻政务服务大厅统一办理。根据各部门未进驻窗口事项确认表，逐部门沟通事项进驻情况，完成133个依申请权力事项进驻窗口，确保依申请行政权力事项应进必进。开展第三方窗口检查，制订检查方案，采用神秘客暗访、陪同真实办理、拦截服务对象访谈等方法，对区行政服务中心、各街镇社区事务受理服务中心、各街镇市场监管所等40个窗口规范建设情况进行多轮检查。通过梳理检查中发现视觉识别系统不规范、综合窗口未全覆盖、自助服务未提供操作规范或指导、“两个免于提交”落实不到位等问题，形成8期“一网通办”第三方测评专报，为各部门进行问题整改提供参考。（周琳）

【“一网通办”政务微信试点工作】 年内，根据市政府办公厅统一部署，静安区被选为“一网通办”政务微信工作试点区。区审改办搭建组织架构、录入人员情况，制发通知，组织指导部门梳理涉及“一网通办”政务服务工作部门和人员情况，由区级管理员录入系统，对区级部门与实际部门进行逐一比对，规范部门名称，明确对应关系。10月9日，市政府办公厅到区行政服务中心和天目西路街道社区事务受理服务中心调研。区审改办做好前期准备工作，组织两个中心做好介绍展示工作，对市里提出问题进行解答；在调研座谈会上，对于市里提出问题进行沟通，对相关业务开展提出意见和建议。做好“啄木鸟”轻应用模块开发调研工作，分别和区行政服务中心、4家街道社区事务受理服务中心进行座谈交流，对各中心受理高频事项、问题集中事项进行梳理，对工作中遇到问题沟通情况、解决机制和工作培训情况进行调研，针对各中心反映情况形成报告，报市政府办公厅参考，为“啄木鸟”轻应用模块开发和优化提供依据。

（周琳）

【疫情防控期间服务企业创新举措梳理】 年内，区审改办梳理新冠疫情防控期间助力疫情防控和复工复产情况，收集各部门3月“助企纾困”素材，内容包括中小企业融资、涉疫项目审批、落实减税降费、涉企政务服务、员工服务优化等方面，汇总形成静安区“助企纾困”主要做法和成效相关材料；收集各部门4月以后助力疫情防控和复工复产素材，内容包括金融服务供给、重大项目审批、税收优惠政策落地、便民利企服务上线、防疫物资保障、专项安全检查等方面，汇总形成静安区助力疫情防控和复工复产好做法、新举措。梳理常态化疫情防控下运用“云理念”“云技术”优化审批服务创新做法情况，收集各部门6月以后“云审批”相关素材，整理形成专篇材料报送市政府办公厅。（周琳）

【“证照分离”改革推进】 年内，区审改办根据上海市248项涉企经营许可事项清单，结合区“证照分离”改革全覆盖工作方案，组织指导各部门按照市级业务主管部门工作部署，对于要求复制推广国家和市级改革试点事项做到“应认必认”，推进“证照分离”改革各项举措落地实施。全区认领市级证照分离事项69项，其中直接取消审批9项、审批改为备案3项、实行告知承诺30项、优化审批服务27项。（周琳）

【“两个集中”工作推进】 年内，区审改办根据市政府办公厅工作要求，梳理第一批下放基层实施、委托基层收件事项在区政务服务中心和社区事务受理服务中心实际办件情况，包括事项落地情况、收件系统、办理方式、具体办件量、事项落地过程中经验做法、遇到问题等，汇总报送市政府办公厅，并按照“两个集中”（企业事项向区行政服务中心集中、个人事项向街道乡镇社区事务受理服务中心集中）要求，推动年内下放17个涉及静安区事项进驻政务服务中心和社区事务受理服务中心办理。（周琳）

【做好下放事项承接】 年内，区审改办根据《上海市人民政府关于下放一批行政审批事项的决定》（沪府规〔2022〕1号）要求，对市级部门下放12个事项，督促相关部门根据《决定》要求与市级部门沟通，做好本部门承接事项办事指南修改、窗口进驻、审批和事中事后监管等相关工作，确保事项放得下、接得住、管得好。

（周琳）

（八）民族宗教工作

【概况】 2022年，根据第七次全国人口普查数据，静安区共有常住少数民族人口14340人，其中沪籍少数民族人口6994人。回民中学、共康中学坐落于辖区内，以及新中高级中学西藏班、育才中学新疆班，4所学校共有少数民族学生近1500人。年内新冠疫情防控期间，区民宗办发挥“大统战”格局优势，加强对民族宗教界服务引导，勇担社会责任，宗教界向医护人员和所在社区捐款捐物160余万元；协调港资企业和街镇共同采购10余万元生活必需物资，解决共康中学、新中高级中学720余名藏族师生燃眉之急；发挥区、街镇民族联桥梁纽带作用，为670户困难少数民族家庭和20余名隔离点少数民族群众解决清真食品保供问题。民族宗教法制宣传学习月活动期间，区民宗办结合疫情防控形势，通过线上线下结合，树立社会主义法治理念，使法宣月活动有重点、有特色、有创新、有成效。全区各街镇、各单位共有290人次参加宣传服务活动，分发宣传资料30000余份，制作展示宣传电子屏14块，发布微信公众号宣传信息32条，组织各类民族宗教法制讲座、集中学习活动2次，宣传服务面32000人次。年底，区民宗办获市民族宗教局表扬。（陆经纬）

【区领导会见区佛教界人士】 2月7日，区领导于勇、王华、王益群、傅俊、顾定鋆等会见静安寺方丈慧明法师、宝华寺方丈永觉法师、圆明讲堂监院崇林法师等佛教界人士，双方互致新春问候。区委办、区政府办公室、区民宗办负责人陪同会见。（陆经纬）

【周汉民一行赴共康中学走访调研】 1月14日，全国政协常委、民建中央副主席、市政协副主席、民建上海市委主委、市社会主义学院院长周汉民率队赴共康中学走访调研。市政协常委、社会和法制委员会常务副主任王秋良，市政协学习委员会副主任、市社会主义学院常务副院长、党组副书记毛大立，区政协副主席宋大杰等参加调研。（陆经纬）

【民族宗教政策法规宣传学习月活动】 6月9日，区民宗办通过线上举行民族宗教专题培训会暨民族宗教政策法规宣传学习月启动仪式。市民族宗教局宣传处负责人应邀参加启动仪式并作《全媒体背景下宗教工作的舆论引导》专题辅导。（陆经纬）

【沪疆各族青少年(上海)科技夏令营】 7月29日至8月5日，区民宗办举办沪疆各族青少年(上海)科技夏令营活动。8月3日举办总结分享会，市委统战部副部长、市民族宗教局局长、党组书记王珏，市民族宗教局副局长杜宇平，团市委副书记丁波，区委常委、区委统战部部长顾定鋆，以及市民族宗教局、市教委、市合作交流办、团市委、浦东新区民宗办、静安区民宗办、宝山区民宗办、闵行区民宗办、上海援疆巴楚分指挥部领导出席。（陆经纬）

【“阳光育人”工作室静安站挂牌】 9月12日，举行铸牢中华民族共同体意识——“阳光育人”工作室静安站挂牌暨“敢想的人生”启动仪式。市政协民宗委专职副主任徐梅，市民宗局副局长王新华，市政协民宗委副主任、市民族联副会长田新民等领导为阳光育人工作室静安站揭牌。“阳光育人”计划是一项旨在帮助上海高校在校部分少数民族优秀贫困生顺利完成学业、实现美好人生、顺利发展的公益性活动。（陆经纬）

【“喜迎二十大，共话新征程——民宗故事我来讲”活动开幕式】 9月22日，中共静安区委统战部、区民宗办在圆明讲堂举办“喜迎二十大，共话新征程——‘民宗故事我来讲’”第一讲活动。市民宗局副局长王凡、中共静安区委常委、统战部部长顾定鋆出席活动并讲话。区民族宗教界代表人士、宗教工作老同志代表和信教群众代表等50人参加活动。区民族宗教团体成员、场所教职员工和信教群众等100余人

通过线上直播观看活动全过程。　　（陆经纬）

【文明和谐寺观教堂四星级场所评估】 10月14日，区委统战部副部长、区民宗办主任俞彪带队，市级宗教团体、区民宗局、区公安分局、区文明办及属地街镇等部门，对静安区四星级文明和谐寺观教堂场所进行评估。圆明讲堂、大田路小德肋撒天主堂、基督教闸北堂、基督教新恩堂、基督教灵泉堂获评文明和谐寺观教堂四星级场所。　　（陆经纬）

【民族和宗教工作领导小组会议】 10月19日，召开区委统一战线工作领导小组专题会议暨民族和宗教工作领导小组全体会议。会议传达中央民族工作会议、市民族工作会议、全国宗教工作会议、市宗教工作会议精神及相关要求，并就近期区民族宗教工作进行研究部署。区委常委、常务副区长傅俊，区委常委、统战部部长顾定鋆出席会议并讲话。　　（陆经纬）

【“上海白领与新疆青少年共成长”民族团结主题交流活动】 10月5日至11日，国家民委民族团结进步创建重点扶持项目，由静安区“白领驿家”牵头的“上海白领与新疆青少年共同成长”系列活动在上海举行。来自新疆巴楚的26位青少年与上海白领志愿者家庭开展形式多样、内容丰富的联情联谊与交流交往活动。市民宗局副局长杜宇平、市慈善基金会静安区代表处会长卢志强，“白领驿家”“两新”组织促进中心党总支书记史逸婵等出席活动。　　（陆经纬）

【承办2022年上海城市业余联赛少数民族运动项目大赛启动仪式】 10月30日，由市民族宗教局、市体育局、市体育总会主办，市社会体育管理中心（上海市体育竞赛管理中心）、区体育局、区民宗办、上海炫通体育发展有限公司共同

10月30日，市民族宗教局、市体育局、市体育总会主办，市社会体育管理中心（上海市体育竞赛管理中心）、区体育局、区民宗办、上海炫通体育发展有限公司共同承办2022年上海城市业余联赛少数民族运动项目大赛启动仪式暨民族文化定向赛在大宁灵石公园举行开幕式

（区民宗办　供稿）

承办的2022年上海城市业余联赛少数民族运动项目大赛启动仪式暨民族文化定向赛在大宁灵石公园举行。市体育局党组成员、一级巡视员赵光圣，市民宗局副局长王新华，区委常委、统战部部长顾定鋆等出席活动。（陆经纬）

【梅尔尼科夫美术馆举办“彩蝶映绣”贵州苗族绣品艺术展】 10月25日至11月18日，由区委统战部、区民宗办指导，共和新路街道党工委、区少数民族联合会支持，上海梅尔尼科夫美术馆、贵州省民族博物馆联合主办的“中国少数民族艺术系列展览（第9展）：彩蝶映绣——贵州苗族绣品艺术展”，在梅尔尼科夫美术馆举办。区民宗办、共和新路街道负责人出席开幕式并讲话。（陆经纬）

【2022年民族宗教界中青年骨干培训班】 11月30日至12月1日，区社会主义学院、区民宗办联合举办静安区第25期民族宗教界中青年骨干培训班。全区民族宗教界中青年骨干共60人参加培训。（陆经纬）

（九）侨务

【概况】 2022年，静安区政府侨务工作坚持党的集中统一领导，落实工作职责，提升大侨务联席会议制度效能。发挥区委统一战线工作领导小组作用，完善相关专项议事协调机制工作规则。加强思想政治引领，组织侨界留学归国人士、港澳代表人士学习党的二十大会议精神、习近平总书记重要讲话精神。动员侨界人士参与静安区“统战百年”系列活动。根据市侨办“点亮心愿”侨界帮扶行动要求，与区民政局合力推进区早期归侨关爱服务“为老服务一键通”实事项目，覆盖早期归侨家庭44户，新增早期归侨居家环境适老化改造3户，做好常态化侨界群众解难纾困。在共同“抗疫”关键时期，区政府侨办坚守岗位，云上办公，及时了解侨界人士所需所求，解难纾困。宣传防疫政策，实时跟进疫情动态，做好侨界人士口径解释、精神疏导、情绪排解等软性工作。结合静安区大走访大排查工作，深入走访13名侨界代表人士及所在企业，了解企业发展情况。组织港澳侨企业参与上海市高校2022年线上就业冲刺活动，提供超过100个招聘岗位。做好疫情后区留联会85名会员关心慰问工作。做好140名侨界人士关心慰问工作。配合市委统战部（市政府侨办）做好“三侨生”中高考加分工作线上办理，稳步对接市级侨务行政服务平台推进工作。2022年度出具归侨青年、归侨子女、华侨在国内的子女的升学加分照顾身份认定证明15份。年内，静安海联会副会长沈小平获“上海市白玉兰荣誉奖”。（姚瑶）

【于勇“两会”期间与区政协港澳地区委员座谈】 1月11日，区委书记于勇与区政协港澳地区委员开展座谈，听取委员对静安区发展的意见建议。区政协党组书记、区政协二届一次会议大会主席团常务主席丁宝定，区委常委、统战部部长、区政协党组副书记顾定鋆参加座谈。（姚瑶）

【“侨界法治宣传月”活动】 3月1日，静安区启动“侨界法治宣传月”活动。通过宣传宣讲、专题学习、知识竞赛等方式，在基层社区、楼宇园区、媒体平台等开展侨法宣传。活动期间共发放宣传手册800份、宣传品900份，宣传覆盖逾万人次。区政府侨办选送新侨制作、参演的侨法宣传短剧《虚船触舟》获全市“侨界法治宣传短剧”二等奖。（姚瑶）

【“首席来了”新侨专场音乐会】 9月16日，在区政府侨办指导下，“白领驿家”携手上海城市交响乐团与市欧美同学会静安分会，在“白领驿家”小剧场联合举办“侨海驿站”之“首席来了”新侨专场音乐会，共3000余人在线观看。

（姚瑶）

【“侨海驿站”开展新侨关爱孤独症青少年公益行动】 10月18日，“侨海驿站”组织信息技术(IT)、金融、销售等行业新侨参与面向孤独症青少年的主题咖啡画DIY公益活动，以公益志愿引领新侨白领参与社会服务。（姚瑶）

【市欧美同学会静安分会第二届理事会第一次会议】 于10月21日在上海市留学人员之家举行，市欧美同学会党组成员、常务副会长桂永浩，区委常委、统战部部长顾定鋆，市欧美同学会办公室主任陈延强，区委统战部副部长、区政府侨办主任俞彪等出席会议。静安分会第二届理事会理事、分会第一届理事会名誉会长及理事代表30余人参加大会。会议选举冯丹龙为分会第二届理事会会长，胡志宇为分会第二届理事会常务副会长，王勇、王勤智、石磊、史逸婵、江春、许涛芳、邵开俊、鲍奋、魏璟9人为副会长，王勤智兼任秘书长。（姚瑶）

【“我眼中的中国”外国人讲中国故事短视频征集活动】 10月30日，由上海市欧美同学会主办，市欧美同学会静安分会和上海市梦想加油站青年发展交流中心联合承办的该活动颁奖典礼在趣办·一百〇八上苑举行。市委统战部二级巡视员、市欧美同学会党组书记李霞，区委常委、统战部部长顾定鋆，市欧美同学会常务副会长陆建非，市欧美同学会副会长、静安分会会长冯丹龙，市欧美同学会副会长王闽，区委统战部副部长、区政府侨办主任俞彪等领导和嘉宾出席颁奖典礼并为获奖选手颁奖。大赛历时6个月，共收到来自25个国家的90余件作品。活动共评选出八大奖项，15个优秀作品及获奖者。该项目获2022年上海市“银鸽奖”活动/案例类优胜奖、2022年市欧美同学会民间外交优秀项目奖。（姚瑶）

“侨见·同心共圆中国梦”上海侨界人士学习党的二十大精神主题活动　（区政府侨办　供稿）

【侨界人士学习党的二十大精神主题活动】 11月26日，由市委统战部和中共静安区委联合主办、区委统战部承办的"侨见·同心共圆中国梦"——上海侨界人士学习党的二十大精神主题活动在中共二大会址纪念馆广场举行。市委统战部常务副部长黄红出席活动并讲话。区委常委、统战部部长顾定鋆，以及各区、高校、科研院所的近100名侨界人士代表参加活动。侨界人士以中共二大会址纪念馆为起点，沿着"观城市经济发展、寻上海城市品格、品科技创新实力、忆统战百年历程"4条实践线路，通过组团骑行和撰写感言等形式学思践悟党的二十大精神。（姚瑶）

(十)港澳工作

【概况】 2022年，新冠疫情封控管理期间，区政府侨办帮助香港同胞对接相关部门解决隔离、防疫、就医等困难，推送区复工复产政策和惠民政策。年内，区委常委、统战部部长顾定鋆先后走访静安香港联会顾问司徒文聪、静安海联会副会长段治白，区政协香港委员周渭贤，静安海联会理事陈怡，静安海联会理事、静安香港联会副会长邓宇聪等港澳人士。（姚瑶）

【静安海联会开设在沪香港同胞疫苗接种专场】 6月9日，在石门二路街道、石门二路社区卫生服务中心支持下，静安海联会与上海香港联会、静安香港联会联合举办在沪港人新冠疫苗加强针接种专场，为40余名香港同胞服务，其间，还向香港同胞解释市新冠疫苗接种政策、出入境隔离政策等。10月25日，静安海联会联手上海香港联会、静安香港联会等社团在静安寺街道社区卫生服务中心开设"在沪港人流感疫苗接种专场"，为近70名在沪港人提供疫苗接种专项服务。（姚瑶）

【港澳工作】 年内，建立以区政府外办牵头，区商务委、区政府侨办、区海联会等相关单位参与的港澳工作沟通协调机制，在市政府港澳办指导下，拓展和深化与港澳的合作交流。推进经贸合作，结合疫情防控和经济发展，通过走访恒隆广场、静安嘉里中心、久光百货等商业载体以及希思黎、太古等重点港资企业，营造港澳企业良好发展环境，制订港澳企业服务方案。8月，召开"2022年外商投资促进大会"，邀请香港驻沪办参加会议并加入会上发布的"外资促进合作伙伴计划"。加强互动交流，6月，开设在沪港人新冠疫苗接种专场。7月，组织港澳地区工作对象，结合时点学习中央统战工作会议、庆祝香港回归祖国25周年等重要讲话，组织参与"统战百年"系列活动。8月，举办"共品儿时味道共享家乡记忆"中秋主题活动，为1名特殊香港同胞到区入境隔离提供便利。10月，开设在沪港人流感疫苗接种专场。（姚瑶）

【静安海联会助力香港首个"同乡文化名胜展"】 为庆祝香港特别行政区成立25周年，7月6日，香港特区政府民政事务总署筹办的全港首个"同乡文化名胜展"在香港会议展览中心开幕。沪港经济发展协会以"上海品牌与国货文化"为主题参展，静安海外联谊会联手开开集团将"中华老字号"——"龙凤"提供的盘扣技艺作品《香港更美好》送往香港参展，并在展会上介绍静安区"非遗"项目及宣传片。（姚瑶）

【第五届沪港两地法律人才交流线上研讨会】 12月16日，由区司法局、区政府侨办联合主办，国际争议解决及风险管理协会、静安律师工作委员会、上海锦赋律师事务所、上海蓝白律师事务所共同承办的第五届沪港两地法律人才交流线上研讨会召开，近50名来自香港及上海的法律专业人才参与线上分享及讨论。

（姚瑶）

（十一）台湾事务

【概况】 2022年，静安区台湾事务工作坚持稳中求进工作总基调，强化大联络、大交流、大发展、大宣传、大服务、大联动“六大功能”，凝聚全区一盘棋做好对台工作合力，落实党的二十大和市第十二次党代会精神。年内，继续做好常态化涉台新冠疫情防控工作，健全工作机制，做好境外来沪台胞疫情防控工作，落实落细属地涉台防控工作，做好妥善处置各类疫情相关突发情况的准备。春节期间，区台办为抵沪隔离台胞送上新春慰问。做好辖区内台胞疫苗接种服务工作，6月，在全市范围内率先恢复台胞疫苗接种工作。4月至5月，帮助台胞台商解决特殊时期生活中遇到的各种实际问题，在此期间就30余位生活物资困难台胞、3位就医配药困难台胞、30余位返台困难台胞提出的各类诉求和问题予以积极协调、妥善解决。通过政企联手，区台办及台协对区内在岗台企、居家台商及台胞，特别是物资困难台胞，多次给予关心关怀、团建慰问和出入境方面便利。协助静安区台企做好疫情防控期间爱心捐赠工作。静安台商、台企在疫情防控期间积极履行社会责任，捐款捐物传递温暖，号召员工挺身而出，参与防疫志愿服务。吉的堡教育集团、大润发、鼎捷软件、永和食品、旺旺集团、顶禾控股等台企捐款捐物、出人出力，支持抗疫。静安区台资及关联企业共捐赠价值超过人民币2500万元物资。

（李佳）

【2022年区台胞台属新春座谈会】 2月11日，静安区台胞台属联谊会召开新春座谈会，谈传承，畅未来，一同开启新年新征程。区委常委、统战部部长顾定鋆，区台办主任王立萍、副主任任箴，区台联会会长季淑惠及副会长、秘书长、副秘书长、理事代表等近30人出席活动。（李佳）

【区台企纾困蓄力专题视频座谈会】 5月6日，召开区台企纾困蓄力专题视频座谈会暨台协静安工委第二季度理事（扩大）会议，与20余位台企台商代表线上交流，聚焦疫情防控期间静安区台商、台企纾困与发展，了解企业情况，鼓励台商、台企守望相助，共克时艰，特别是做好企业疫情后的复工复产帮扶助推工作。

（李佳）

【沪台交流回眸展】 为庆祝中共二大召开100周年、喜迎中共二十大，沪台交流回眸展（线上展览）于7月至年底在线展览，启动仪式于8月26日在四行仓库抗战纪念馆3楼展厅举行。市台办副主任阳礼华、中共静安区委常委顾定鋆，市、区相关部门负责人，各街镇分管领导，区内台商台胞代表，区台联会代表约50人出席启动仪式。仪式由区台办主任王立萍主持。顾定鋆致欢迎辞。阳礼华、顾定鋆为线上展览启动仪式揭幕。

（李佳）

【“感动盛夏，携手向前”电影沙龙活动】 于8月3日在橙天嘉禾影城举办该活动。区台办主任王立萍、副主任任箴及台协静安工委会常务副主委蔡世明、副总干事龚宸谊等台商台青台胞，区台联会季淑惠会长等台联会骨干共80余人参加活动，旨在增进台商朋友沟通交流，增强台协静安工委会会员凝聚力。

（李佳）

【2022区委对台工作领导小组(扩大)会议】 于8月17日在区机关大楼4楼会场召开,区委对台工作领导小组组长于勇、常务副组长顾定鋆、副组长傅俊及区委对台工作领导小组成员单位负责人及扩大单位负责人近40人出席会议。于勇带头研究部署对台工作,各成员单位表态坚决树立对台工作"全区一盘棋"意识,加强工作协同。 (李佳)

【"月之故乡,情暖静安"台商台胞中秋联谊活动】 9月9日,台协静安区工委会举办"月之故乡,情暖静安"2022年台商台胞中秋联谊活动。区委常委顾定鋆、市台办副主任王立新、市政协副秘书长李海泳、市台办经济处处长丁磊、区台办主任王立萍以及市台协常务副会长、静安工委会主委杨明潭等区内重点台资企业负责人约50名嘉宾齐聚一堂,共度中秋佳节,共话发展蓝图。 (李佳)

【2022"发现静安之美"品牌活动】 10月22日,以"发现静安之美"为主题,区台办组织在沪台青30余人参观中共二大会址纪念馆,通过参访,让台青客观了解中国共产党的诞生发展过程,对大陆的制度有更深入的认知。随后举办"发现静安之美"台青沙龙,分享台青在沪成长发展经历,了解台青在居住证应用场景、社保缴纳、申请公共租赁房等方面的疑问,并给予解答,帮助台青更好在沪生活。 (李佳)

【2022年海峡两岸新媒体产业发展研讨会】 11月2日,在上海和台北以同步视频连线形式举办2022年海峡两岸新媒体产业发展研讨会,区委书记于勇、市台办主任钟晓敏、区委常委顾定鋆、市台办副主任阳礼华等出席研讨会。于勇、钟晓敏共同启动研讨会。阳礼华等为"海峡两岸新媒体产业发展研讨会常驻嘉宾"授纪念牌。台湾知名评论人唐湘龙、学者王丰、复旦大学国际政治系教授沈逸,上海社会科学院台湾研究中心主任盛九元作主旨演讲。大陆自媒体大V、专家学者,台湾有影响力的报纸、网站以及Facebook、推特等社交媒体上有影响力的大V、专家学者等围绕"新媒体对大事件的影响

11月2日,海峡两岸新媒体产业发展研讨会在静安区举行 (区台办 供稿)

力”等话题进行研讨与交流，共商合作，巩固“海峡两岸新媒体产业发展联盟”交流机制，通过视频交流形式加强两岸同胞沟通了解，促进情感融合。（李佳）

【2022区台联会骨干及街镇干部涉台工作学习交流活动】 11月25日，区台办组织区台胞台属联谊会骨干及各街镇干部赴嘉定区开展涉台工作学习交流活动。区台办主任王立萍、区台联会会长季淑惠、区台联会理事、各街镇涉台干部等参加活动。活动邀请上海海峡两岸研究会驻会副会长顾祖华、区台办主任王立萍就“贯彻新时代党解决台湾问题总体方略，不断推进祖国完全统一”“学习贯彻党的二十大精神，做好基层涉台相关工作”等主题做专题辅导，增强涉台干部工作敏感性及台联骨干责任感与使命感。（李佳）

【“岁末畅叙、情暖两岸”静安中正社区视频活动】 12月30日，在新冠疫情最严峻时刻，静安区与国民党台北市中正区党部连线开展“岁末畅叙、情暖两岸”静安中正社区视频活动，中国国民党台北市中正区委员会主委蔡秀玲，台北市议员吴志刚、郭昭岩、钟小平、应晓薇等应邀在台北会场出席活动，是为台北市议员出席率最高的一次交流活动。中正区的里长们与南京西路街道的居委会书记代表线上交流社区治理和防疫措施。（李佳）

【台商台企服务工作】 年内，区台湾事务工作强化工作调研，常务副区长傅俊、区委常委顾定鋆、区人大常委会副主任孙明丽等带头关心走访台资企业，了解企业在经营过程中遇到的各类情况，发掘培育台资税收亿元级企业，助力企业扎根静安区长久发展。区委常委顾定鋆赴第五届“进博会”了解参会台资企业森田药妆、旺旺集团等参会情况。关注台资企业后疫情时代转型发展，树立法治理念，调处和化解涉台矛盾纠纷，优化台企台商营商生活环境，处理阿波罗大厦等涉台矛盾协调。（李佳）

（十二）地方志工作

【概况】 2022年，编辑出版《静安年鉴（2022）》，推进落实静安区第三轮修志工作，编纂《静安区志（2011—2015）》《闸北区志（2006—2015）》，组织专家对《闸北体育志》《大宁集团志》等进行评审，继续做好14本街镇志编辑审校工作，《静安区文化志》《闸北区文化志》《静安区体育志》等完成撰稿。新冠疫情防控期间，根据区委要求收集编辑静安区疫情防控指挥部大事记，区方志办人员积极参加疫情防控属地支援等工作。年内，区方志工作发挥“资政、育人”作用，办领导干部“走出去”，为新进公务员、市西中学师生等宣讲静安区情、区史。（李佳丽）

【洪民荣到静安区调研】 8月24日，上海市地方志办公室主任洪民荣到静安区调研，为静安区地方志办公室获“全国地方志系统先进集体”授牌，对静安区方志工作持续创新，志鉴基础性工作及“编管用”的信息化、数字化、普及化等方面提出要求。市方志办副主任姜复生，中共静安区委常委、区委组织部部长宋宗德等参加交流座谈。（李佳丽）

【撰写《上海抗疫实录》静安区抗疫概览】 下半年，根据市地方志办公室要求撰写《上海抗疫实录》静安区抗疫概览。区方志办与区委办、区政府办公室、区卫生健康委、区民政局、区商务委及区站管办等相关部门积极沟通、征集资料，记述静安区新冠疫情防控期间社会情况及各条线、各领域防控工作。撰稿内容翔实规范，成为《上海市抗疫实录》各区内容“样板”。（李佳丽）

【*HOME IN MEMORY* 获评上海市第十六届“银鸽奖”(2021 年度)最佳出版奖】 2 月，由上海市静安区地方志办公室选送的 *HOME IN MEMORY* 获中共上海市委对外宣传办公室评选的上海市第十六届“银鸽奖”(2021 年度)最佳出版奖。该书为上海市静安区地方志编纂委员会编辑出版的《时光里的家园——上海市静安区社区微志》中文版翻译作品，由上海社会科学院出版社出版，是一部以“社区”为记述对象，通过对“百姓家园”变迁历史的记载，弘扬红色文化、江南文化、海派文化的地方志创新性文化作品。（李佳丽）

（十三）投资促进工作

【概况】 2022 年，静安区新增注册企业数 10341 户，年税收“亿元楼”达到 82 幢。招大引强为区域经济高质量发展积蓄新动能，全年引进蓝沙信息技术（上海）有限公司、上海卡游商贸有限公司、山证创新投资有限公司、上海瑞静琪企业管理有限公司、阿斯利康医药（上海）有限公司、沪杭铁路客运专线股份有限公司等重量级项目和标杆性企业，凝聚合力，突出产业优势，提升企业服务效能，扩大国际静安影响力。（万洁琼）

【开展全区各类企业大走访】 年内，区投资办牵头全区各相关部门开展“保安全，促发展”大走访、大排查，依托“静安区企业投资服务平台”小程序，实时开展企业常态化走访工作进度督查，适时开展工作提示，对重点企业问题及逾期未解决问题开展跟踪督办，确保企业全覆盖走访服务工作措施落到实处。全年全区累计走访企业 12307 家，收集问题 2592 个，已办结 2545 个，办结率 98.2%。（万洁琼）

【完善静安区“招商地图”】 年内，为深化“招商地图”建设，区投资办研究召开专题工作会议，加强入市办公楼、园区、地块和国有载体信息整理工作，全年开通用户 959 人，采集入驻企业信息 11007 条。深化南西功能区楼宇联盟建设，通过季度例会等形式增强政企沟通。走访锦沧文华、苏河湾中心等新入市楼宇，及时掌握楼宇招商招租动态，主动挖掘意向入驻企业信息，从源头介入推动楼企同步落地，重点企业区内载体梯度承接、有序转换，帮助企业落实区内办公场所调整优化。（万洁琼）

【复工复产工作】 年内，新冠疫情防控肺炎期间，区投资办牵头组织在 222 幢重点商务楼宇中建立网格化包块动态联络机制，及时了解关心留守物业、企业员工生活状态，提供生活物资保障和紧急需求服务。组织楼宇参加线上疫情防控会议，指导各重点楼宇开展环境消杀、合理划分“四区”、设置场所码等工作。出台《静安区工业企业复工复产操作指引》《静安区楼宇企业复工复产操作指引》等文件，助力企业“应复尽复”“应复快复”。（万洁琼）

【静安区重点区域推介会】 8 月 5 日，区投资办牵头举行重点区域推介会，近百万平方米新建载体集中亮相进行推介，面向国内外优质企业发出“邀请函”。区委副书记、区长王华，副区长张军，市经信委产业投资处、市投促中心相关负责人出席活动。活动还邀请仲量联行、世邦魏理仕、德勤、普华永道等9家知名专业咨询机构，以及近50家重点楼宇、重点企业参加。推介会现场，一批重点楼宇载体与入驻企业代表进行签约。（万洁琼）

【规范化企业服务中心建设】 11月1日，由区投资办牵头，静安区规范化企业服务中心建设工作推进会在宝山路街道企业服务中心“宝创中心”召开。区发展改革委、14个街镇和4个功能区企业服务中心相关负责人参加。推进会上，区发展改革委、区投资办共同为首批通过验收的企业服务中心授牌。企业服务中心网点对应行政区划设置，覆盖全区重要商圈、商务楼宇、园区、街镇等重要企业集聚地。至年底，完成全区14个街镇规范化企业服务中心全覆盖，市北功能区企业服务中心建设验收，实现“14＋1”规范化企业服务中心并网运行。（万洁琼）

【开展第五届“进博会”进馆招商】 11月6日，在第五届“进博会”上，静安区联合全球五大知名地产咨询机构之一仲量联行，发布《遇见静安——全新视角下的世界级CBD》，将静安区产业最有特色、资源最为优越、载体品质最佳的区域集中展示，向外界展现更全面、更生动的静安区。推介会上提出，将对标国际顶级，打造包括南京西路、一河两岸以及中环两翼区域在内的静安区中央商务区(CBD)，未来这一区域将提供近470万平方米的办公体量。（万洁琼）

(十四)区级机关后勤工作

【概况】 2022年，区机管局贯彻《上海市机关事务管理办法》《上海市机关运行保障条例》，围绕区委、区政府中心工作，严格执行中央八项规定精神和区委、区政府有关要求，做好机关事务管理、服务、保障工作，完成各项工作任务。做好机关各集中办公点新冠肺炎疫情常态化防控，重点落实安全保卫、餐饮保障、车辆运行、日常消杀等防控措施，保障机关干部职工生命安全和身体健康。做好区二届人大一次、二次和区政协二届一次会议，区委全会、区政府全会，疫情防控专项会议等重要会议后勤服务保障，共保障各类会议2718场，接待与会人员30203人。做好常德路370号、大统路480号、巨鹿路915号、胶州路58号、胶州路300号等机关集中办公点物业管理、餐饮服务、安全保卫等日常服务保障。推动无烟机关创建，完善禁烟控烟制度，加强日常检查和定期督查，营造健康、文明、和谐办公环境。11月中旬至12月中旬，在5个集中办公点机关食堂举办主题为“美心美食，品味静安”第三届厨艺交流活动，巨鹿路915号机关食堂同步举办美食节活动，受到机关干部好评。强化对消防、食品卫生、设施运行、车辆运行等重点领域的安全管理，加强日常监管、培训教育和应急演练，提高应急处置能力。加强集中统一管理，抓好重点工程项目管理，规范区党政机关办公用房日常管理。落实过紧日子要求，加强党政机关等公共机构能源资源管理，推进节约型机关建设。推进机关事务标准化、信息化建设，优化管理手段，提升服务监管水平。推进全区机关干部住房货币改革工作，至年底，完成754人次住房补贴发放核定。做好政府集中采购，完成政府集中采购项目179个，完成预算金额7.24亿元，节约1743.89万元，节约率2.35%。合理依规调度车辆，全年提供用车保障5152次，安全行驶90余万千米。（陈斯茗）

【机关集中办公点常态化疫情防控】 年内，区机管局坚持“动态清零”总方针不动摇，从严从细抓实疫情防控各项措施，管住门、守住院、护住人，守护机关干部健康安全。严格人员出入管理，集中办公点14个点位布设“场所码”，配置8台手持“数字哨兵”设备，落实扫码、测温和访客预约登记。配置6台超低容量喷雾器，封控期间平均每日近500人次参与消杀，确保消杀科学高效。机关食堂做好食材采购、食品加工、卫生消毒等防控措施，实行错峰就餐、隔位就座，避免就餐人员聚集。配合一线疫情防控，年内支援社区、机场、火车站防疫共44人次。（陈斯茗）

【机关用房统一管理】 年内，区机管局履行建设主体职责，推进区办公用房、业务用房建设等重大工程项目。区档案馆、大宁社区配套服务用房及公共绿地项目竣工并投入使用；天目西路派出所改建工程完成电梯、空调等设备采购和电气、暖通等专业施工。严格办公用房大中修审核，提高财政资金使用效益，年内审核办公用房装修、租赁项目65个，实地勘查拟修缮办公用房、业务用房30余处。做好区规划资源局档案库房、区信访办、区信息中心、区总工会职工援助服务中心装修等工程的组织实施，确保工程安全和质量。完善区党政机关办公用房联席会议制度，规范区级行政及事业单位对外出租出借、新租续租、租用面积变更等审核流程。统筹盘活存量资产，对区属40处闲置房屋进行统一处置，提高国有资产利用率。（陈斯茗）

【能源资源集约利用】 年内，区机管局开展季度能耗直报，确保直报率98%以上，全区355家公共机构单位建筑面积能耗、人均能耗、人均水耗比上年下降2.02%、3.57%、2.03%。推广新能源汽车应用，全年更新22辆国产新能源公务用车，新建新能源充电桩30个。开展节能宣传周线上知识竞答活动，参与人数321人，倡导绿色低碳生产生活方式。强化通信资源集中统一管理，开展机关大楼闲置分机专项排查清理，巨鹿路915号集中办公点回收电话资源约80门。（陈斯茗）

【节约型机关建设】 年内，区机管局加快节约型机关创建进程，以制度建设、绿色采购、能源消费目标管理为抓手，一体推进粮食节约、垃圾分类、禁塑限塑工作。完成33家党政机关创建工作，全区67家党政机关实现参评率100%、达标率70%以上。落实过紧日子要求，控制机关运行成本，机关食堂采取精细化采购、按需采购、按天采购、提供小份菜等措施，从采购、烹饪、出餐等环节减少食品浪费，全年食材采购额比上年下降2.75%。（陈斯茗）

【机关事务标准化、信息化建设】 年内，区机管局发挥标准制度约束引领作用，制订《静安区机关集中办公点中大修工作规范》《静安区机关集中办公点节能管理规范》等标准，完善物业、安保、会务、餐饮等各类标准20余项，逐步建成标准体系。强化标准宣贯，探索标准可视化、清单化，提高标准执行力度。加强公务用车平台“一张网”管理，全区388辆公务用车均在平台登记备案，全年完成平台派车325次，车辆跨部门调度10次。完善区党政机关用水数据平台建设，大统路480号、常德路370号、巨鹿路915号、胶州路300号、彭江路188号5个集中办公点水资源消耗数据均接入平台，实现用水信息自动采集、数据传输、统计分析、能耗对标以及高耗能诊断预警等功能。（陈斯茗）

四、政协静安区委员会

编辑　庞雅琴

(一)综　述

2022年,区政协按照“疫情要防住、经济要稳住、发展要安全”的总体要求,立足大局、服务全局,紧扣“四范”目标、“五大工程”和“六增计划”等全区中心工作开展协商议政、凝聚共识,全面完成年度各项目标任务,二届区政协实现良好开局。

坚持思想政治引领,始终把牢正确政治方向。强化思想武装,深入学习宣传贯彻中共二十大精神,及时召开传达学习会、交流研讨会、委员座谈会,引导参加区政协的各党派团体、广大政协委员和各族各界人士深刻领悟“两个确立”的决定性意义,增强“四个意识”、坚定“四个自信”、做到“两个维护”。强化党的领导,全面贯彻区委对政协工作的各项要求,常委会会议、主席会议及时传达中央、市委、区委工作要求,坚持向区委全面报告工作,重大问题、重要工作及时向区委请示报告等重要制度。强化凝聚共识,切实发挥政协统一战线组织功能,定期召开党派团体工作沟通会、秘书长会议,坚持专委会、党派团体、界别、街镇委员联络组互联互动,举办5场“静·界”读书会活动。

坚持全力以赴展现担当,助力新冠疫情防控和经济社会发展统筹推进。坚定信心,汇聚战疫强大合力。及时传达学习,引导广大委员坚决把思想行动统一到党中央决策部署上来,引导各界群众正确理解、积极配合、全面参与疫情防控,着力形成众志成城、同心抗疫的良好局面。共克时艰,积极贡献智慧力量。广大政协委员响应号召,用实际行动展示勇担政治责任、履职责任、社会责任、岗位责任的担当和风采。共有611人次政协委员撰写559件社情民意信息,86件信息被市政协采用,26件信息获得市领导批示。担当作为,建言经济恢复重振。及时组织开展“坚定信心、咬定目标,努力实现年度经济发展任务”专题议政性常委会,形成广泛共识。组织开展网络“微协商”,共有110名委员发表420多条意见建议。认真开展大走访、大排查工作,为区域内各类市场主体传递信心、反映诉求。

坚持围绕中心服务大局,切实发挥专门协商机构作用。围绕落实区二次党代会确定的目标任务献计出力。精心组织开展好3场政协全会协商,召开“数字化赋能基层治理”专题议政性常委会;围绕“坚持人民城市重要理念,打造高质量'15分钟公共生活圈'"开展专题协商；持续围绕"全球服务商计划"开展协商议政，围绕"静安区数字经济发展环境情况"开展协商建言。围绕重大工程推进和民心工程实事项目落实情况深入开展民主监督。坚持协商式监督的定位，围绕"静安区重大项目推进情况"开展专项民主监督。继续开展"啄木鸟行动"，深入一线调研走访并与相关部门开展对口协商，共同推动问题改进。围绕区域发展重点热点展开课题调研提升协商建言质量。坚持"不调研、不协商"理念，开展调查研究，累计形成调研报告9篇，提出78个方面建议。围绕提质增效扎实做好提案办理协商，共提交提案245件，经审查立案223件，承办部门认真办理政协提案，积极采纳提案建议，全部办理答复完毕。

坚持协商于民履职为民，切实提升基层治理效能和反映民情民声。不断深化政协委员工作站阵地建设，将"亮身份、亮职务、亮年度计划、亮委员风采"要求落到实处。按照"六步工作法"，共组织开展29场协商活动。统筹各方资源推动工作守正创新，在市北园区设立政协委员工作站，探索"委员联络组＋界别"的合作模式，江宁路街道委员联络组和教育界别委员工作室联手互动、共同推进，将界别资源优势延伸至基层一线，推动"宝宝屋"的设立。持续加强反映社情民意信息工作，在市政协2020—2021年社情民意工作考核季中，获先进单位二等奖。

坚持强基固本，切实加强自身建设。着力提升常委会制度化建设和规范化运行水平。修订完善常委会工作规则、主席会议工作规则，研究制定专题议政性常委会、专题协商会、专题通报会工作规程，坚持听取主席会议工作报告，落实专委会向主席会议报告工作制度，落实"主席会议成员联系常委、常委联系委员"办法。着力体现界别特色发挥界别作用，把界别召集人兼任专委会领导职务作为一项重要制度安排。坚持"成熟一个、挂牌一个"，稳步推进界别委员工作室建设。着力加强政协委员和机关干部两支队伍建设。分四个专题，安排11名委员担任主讲，开展提高委员履职能力线上培训。全年线上线下委员履职活动累计7485人次。打造"静安政协"App，强化线上履职平台。完善"履职秘书"制度，提升服务保障水平。（林敏慧）

（二）重要会议和活动

【区政协二届一次会议】 于1月9日至13日在海上文化中心召开，363名政协委员出席会议。大会审议通过区政协常委会工作报告和提案工作报告。与会委员列席区二届人大一次会议，讨论并赞同区政府工作报告、区人民法院工作报告、区人民检察院工作报告和其他报告。区领导出席开、闭幕会议，聆听大会发言，并分别参加"贯彻新发展理念，努力在高质量发展上成为典范""弘扬城市精神品格，努力在彰显软实力上引领风范""坚持以人民为中心的发展思想，努力在人民城市建设上打造示范"3个专题协商会议，听取委员意见并与委员进行互动交流。会议经过无记名投票，选举政协上海市静安区第二届委员会主席、副主席、秘书长和常务委员。中共静安区委书记于勇在闭幕会议上讲话。会议通过区政协二届一次会议决议。大会期间，共收到提案226件，确定立案212件。

（林敏慧）

【党的二十大精神学习宣传贯彻】 10月至12月，区政协组织全体机关干部观看党的二十大开幕会，及时召开党的二十大精神传达学习会、交流研讨会、委员座谈会，着力在全面学习、全面把握、全面落实上下功夫。在“静安政协”微信公众号设立“学习二十大精神”专栏，全面反映委员学习体会，营造浓厚学习氛围。（林敏慧）

【系列协商活动举行】 年内，区政协协助区委制定协商工作计划，全年以专题议政性常委会、专题协商会、提案办理协商、对口协商、网络微协商等形式，围绕坚定信心、咬定目标，努力实现经济发展任务，数字化赋能基层治理等主题开展协商活动，更好体现专门协商机构作用。（林敏慧）

【专题通报会】 年内，区政协组织3场专题通报会，邀请相关区领导分别就静安区疫情防控工作情况、区“两院”半年工作情况、区党风廉政建设情况等进行通报，帮助委员夯实协商监督的基础。（林敏慧）

【专项民主监督和“啄木鸟行动”开展】 年内，区政协围绕“静安区重大项目推进情况”开展专项民主监督，引导委员和相关部门一起，聚焦“发挥重大项目引领作用、激活区域高质量发展动能”，实事求是反映情况、科学分析症结问题、认真负责提出建议，精心组织好专项民主监督协商会。围绕优化常态化核酸检测点服务效能、“双减”政策落实推进情况、适老化改造情况、文化资源利用情况等主题开展4场“啄木鸟行动”，深入一线调研走访并与相关部门开展对口协商，共同推动问题改进。（林敏慧）

【“静·界”读书会】 年内，区政协围绕中共二十大、中共二大与党的统一战线、习近平法治思想、市第十二次党代会精神以及静界“碳”路、绿建未来等主题开展5场“静·界”读书会活动，用生动灵活的方式进行宣讲、解读，推动各党派团体、各界人士不断增进对中国共产党领导和中国特色社会主义的政治认同、思想认同、理论认同、情感认同。（林敏慧）

【政协委员工作站深化建设】 年内，区政协将“亮身份、亮职务、亮年度计划、亮委员风采”的要求落到实处，共有863人次委员参与学习宣传、读书交流、疫情防控、走访联谊等活动。按照“产生协商议题、搭建协商平台、确定协商主体、组织协商调研、规范协商活动、落实协商成果”的“六步工作法”，共组织29场协商活动，6人次全国政协委员、74人次市政协委员、247人次区政协委员参与。在市北园区设立政协委员工作站，围绕“区块链赋能园区发展”开展首次协商活动。探索“委员联络组＋界别”的合作模式，推动“宝宝屋”的设立，在中央电视台《新时代新征程新伟业》栏目和上海电视台《协商在一线》栏目相继播出。（林敏慧）

【界别委员工作室建设】 年内，区政协按照有联系指导、有骨干委员、有固定场所、有制度设计、有工作计划、有鲜明标识的“六有”要求，坚持“成熟一个、挂牌一个”，稳步推进界别委员工作室建设，先后探索建立教育界别委员工作室、民建界别委员工作室、科技科协界别委员工作室。（林敏慧）

【政协委员单位暨百家企业云招聘活动】 7月8日，区政协联合区人力资源社会保障局等有关部门共同举办“稳中求进开新局，携手同行向未来”2022年静安区政协委员单位暨百家企业云招聘活动。共有包括48家区政协委员单位在内的257家企业提供1753个岗位，以“线上＋线下”形式开展，聚焦高校毕业生、海外人才、社区求职者3类重点人群，提供招聘岗位信息的政策咨询、就业指导等服务。（林敏慧）

【“洒向人间都是爱”红十字健康服务活动】 9月25日，区政协联合上海市医院协会、上海市红十字会共同主办的“喜迎二十大，公益践初心，洒向人间都是爱”红十字健康服务在华山医院进行。来自全市26家医院、17个不同科室的30名专家为现场1115人次提供免费医疗诊断和健康咨询服务，包括4名专家委员现场指导、看诊。活动邀请7名专家同步在“海上名医”直播间在线答疑解惑，33万人次在线上获得专业指导。6名专家分别开展线上科普讲座，8万余人次通过“e说医管”平台收看健康讲座。 （林敏慧）

【政协委员年末视察】 11月21日至12月1日，区政协围绕“新赛道产业发展”“旧区改造和旧住房成套改造”“国际消费城市示范区建设”“城市更新、城区精细化治理”“稳就业保就业精准措施、养老服务提升行动项目”“学龄前儿童善育工程”6个专题，组织政协委员分别到上海区块链生态谷、彭三小区、锦沧文华广场、静安雕塑公园、中国上海人力资源服务产业园区创新园、常熟幼儿园等地开展年末视察。

（林敏慧）

【参与疫情防控工作】 年内，区政协及时传达学习中央、市委、区委关于疫情防控工作的决策部署。编发15期《携手抗疫——静安区政协委员在行动》、10期《政协委员工作站在行动》信息，报道229人次委员积极投身抗疫一线的事迹。组织“疫情防控工作情况”专题通报会，帮助委员全面了解静安抗疫成果，汇聚强大抗疫合力。发动委员撰写社情民意信息，共有611人次委员撰写559件信息，其中330件报送市政协，86件被市政协采用，26件获市领导批示。围绕“统筹疫情防控和经济社会发展、推动复工复产复商复市”主题，开展网络“微协商”，共有110名委员发表420多条意见建议。 （林敏慧）

11月25日，区政协主席丁宝定（前排左二）率队，围绕“新赛道产业发展”专题，带领区政协委员到鲁班软件公司开展年末视察

（区政协办　供稿）

表 4-1　2022 年区政协常务委员会会议情况表

会议名称	日期	主要内容
区政协二届一次常委会议	2 月 24 日	会议传达市政协十三届五次会议精神；审议通过“区政协 2022 年工作要点”；通报“区政协第二届委员会主席、副主席、秘书长分工安排”；审议通过“区政协第二届委员会副秘书长建议名单”；审议通过“区政协第二届委员会专门委员会设置及主任建议名单”；通报“区政协第二届委员会主席会议成员联系常委、常委联系委员、中共党员委员联系党外委员的安排”
区政协二届二次常委会议	8 月 17 日	区委书记于勇出席并讲话。会议围绕“深化改革创新、推动高质量发展”开展重点提案办理协商；围绕“坚定信心、咬定目标，努力实现经济发展任务”开展专题议政性常委会协商
区政协二届三次常委（扩大）会议	8 月 30 日	与会人员列席区二届人大常委会第四次（扩大）会议，听取区长王华代表区政府作上半年工作情况和下半年工作安排的报告。会议听取区“两院”半年工作情况通报；主席会议向常委会议汇报上半年工作情况和下半年工作安排；书面听取“区政协二届一次会议以来提案工作情况的报告”；审议通过《政协上海市静安区委员会常务委员会工作规则》；听取委员讨论区政府上半年工作情况和下半年工作安排的报告意见汇总
区政协二届四次常委会议	10 月 18 日	区委副书记、区长王华出席并讲话。会议就“加强城区治理，提升城区综合品质”开展重点提案办理协商；围绕“数字化赋能基层治理”进行专题议政性常委会协商
区政协二届五次常委会议	12 月 21 日	会议审议通过“区政协二届委员会常委、委员调整增补名单”；审议通过“关于召开区政协二届二次会议的决定（草案）”；审议通过“区政协二届二次会议议程（草案）”；审议通过“区政协二届二次会议日程（草案）”；审议通过“区政协二届二次会议有关会议报告人、主持人名单（草案）”；审议通过“区政协二届二次会议委员分组暨各组召集人名单（草案）”；审议通过“区政协二届二次会议大会秘书长、副秘书长和各组组长名单（草案）”；审议通过“区政协常委会工作报告（草案）”；审议通过“区政协提案工作报告（草案）”

（林敏慧）

表 4-2　2022 年区政协主席丁宝定调研视察情况表

日期	调研视察内容
2 月 9 日	走访上海前锦众程人力资源有限公司
6 月 13 日	走访莱茵技术(上海)有限公司
6 月 14 日	走访大宁中心广场二期、亮锐(上海)管理有限公司
6 月 16 日	走访宝矿洲际商务中心、北京盈科(上海)律师事务所
6 月 30 日	走访上海电气集团财务有限责任公司、国浩律师(上海)事务所
7 月 7 日	走访毕马威企业咨询(中国)有限公司、上海现代建筑装饰环境设计研究院有限公司
7 月 21 日	走访凯德星贸商场
7 月 26 日	到市北园区调研政协委员工作站
8 月 10 日	走访中信泰富(中国)投资有限公司
9 月 27 日	到江宁路街道调研教育友好型社区工作
10 月 10 日	到民建界别工作室开展调研
10 月 19 日	走访辉瑞制药有限公司
10 月 21 日	走访上海皓业广播传媒有限公司
11 月 2 日	到江宁路街道调研协商议事厅工作
11 月 25 日	带队视察上海区块链生态谷、鲁班软件、珍岛集团和嘉里建设,开展"新赛道产业发展"专题年末视察
11 月 28 日	走访上海市皮肤病医院
12 月 8 日	走访民建界别委员工作室

(林敏慧)

(三)提案工作

【"科技创新"专题政协提案归并办理协商】 8 月 2 日,区政协举行"科技创新"专题政协提案归并办理协商会,由区政协提案委员会、区科委联合开展。区政协副主席、提案委员会主任宋大杰出席并讲话。委员们首先参观市北高新企业 AI 体验馆、上海风语筑文化科技股份有限公司。在随后举行的协商座谈会上,区科委党组书记、主任孙中峰对政协提案中的相关意见建议进行集中答复，并对区科技创新工作作情况通报。区政府办公室副主任曾纪忠就进一步优化提案办理工作发言。9名提案者对区科委提案办理工作给予肯定，并围绕区块链、数字赋能、搭建科技创新服务平台、信息基础设施设立等方面提出意见建议。（林敏慧）

【“深化改革创新、推动高质量发展”重点提案办理协商】 8月17日，区政协举行二届二次常委会议协商暨“深化改革创新、推动高质量发展”重点提案办理协商会，区委书记于勇出席并讲话，区委常委、副区长梅广清作静安经济运行情况通报。区委办、区委组织部、区发展改革委、区商务委、区科委、区财政局、区人力资源社会保障局、区市场监管局、区统计局、区投资办、区金融办、区税务局、南西功能区、苏河湾功能区、大宁功能区、市北功能区等部门主要负责人参加。区政协常委、副秘书长、各专委会主任、相关提案者及部分政协委员出席。会上，梅广清通报2022年以来静安区经济运行情况。区发展改革委、区投资办、区市场监管局、区委组织部、区人社局分别通报5件重点提案及相关提案办理情况。4名委员对办理部门负责人上门与提案者反复协商、征询意见、深入交流表示满意，认为体现了提案价值、提高了办理质量，希望继续加强工作互动，及时跟踪提案办理进程。（林敏慧）

【“加强城区治理”重点提案办理协商】 10月18日，区政协举行二届四次常委会议协商暨“加强城区治理”重点提案办理协商会。区委副书记、区长王华出席并讲话，区委常委、常务副区长傅俊作情况通报。区政府办公室、区科委、区规划资源局、区建设管理委、区应急局、区地区办、区行政服务中心、区城运中心等部门主要负责人，及各街镇主任（镇长）参加，区政协常委、副秘书长、各专委会主任、相关提案者及部分政协委员出席。会上，傅俊常通报区1年来在数字化赋能基层治理方面的情况。区行政服务中心、区城运中心、区应急局、区规划资源局、区建设管理委分别通报4件重点提案及相关提案的办理情况。2名提案者、委员对提案后续办理落实情况表示满意。（林敏慧）

【“张园保护利用”专题提案办理“回头看”活动】 11月9日，区政协举行“张园保护利用”专题提案办理“回头看”活动，区政协提案委员会、人口资源环境建设委员会部分委员及相关提案者、委员共25人参加活动。会前，与会人员实地走访视察张园西区开发建设情况，到黄浦区参观学习思南公馆建设发展经验。会上，静安置业相关负责人介绍情况，6名提案者、委员对提案后续办理落实情况表示满意，并围绕加强张园街区统筹治理、加大历史文化挖掘宣传等方面提出意见建议。区建设管理委、区房管局及静安城市更新建设发展有限公司相关负责人作出回应。（林敏慧）

表4-3 2022年静安区政协优秀提案情况表（按提案号为序）

序号	提案号	提案者	案由
1	003	民革区委	砥砺奋进，持续推进倍增计划，开创招商引资新局面
2	008	民盟区委	引才磁场，育才舞台，留才高地，将静安打造成国际级高品质人才生态区

（续表）

序号	提案号	提案者	案由
3	010	民建区委	加快数据产业配套升级，领航数据资产价值化进程
4	015	民进区委	凝心聚力，示范引领，推进静安“双减”工作高质量发展
5	017	农工党区委	“5G”时代加速发展基层互联网医院的建议
6	019	致公党区委	聚焦“两网”建设，续写城市治理转型新篇章
7	023	区工商联	关于数字化驱动静安商业商贸创新转型发展的建议
8	025	区侨联	关于静安区完善居家社区机构相协调、医养康养相结合的养老服务体系的建议
9	027	青联	关于静安增加“宇宙电竞中心”氛围的建议
10	030	王蔷、吴连娇	推进疫情防控数字化转型，助力静安城市治理能力再升级
11	038	王立萍、陈怡、彭嘉颖、司徒文聪、陈昆葳、陈佳福、瞿江琴	聚焦品牌推广，拓展全球服务商计划
12	048	唐盈、贺芳	关于抢抓政策窗口期布局文博产业的建议
13	060	杨柳	关于加快红色文化IP生态建设，提升静安“初心·传承”品牌效能的建议
14	077	康正宁、谢天、刘瑾	关于加强服务数字化转型“新物种”，着力打造数字总部新高地的建议
15	099	王蕴、余文君	强化党建引领，党建联建推动物业规范管理
16	100	王洋、赵宏	关于加快金融业数字化转型，提升服务能级的建议
17	126	九三学社区委	打造科创生态链下的静安知识产权公共服务体系，助力“专精特新”企业加速提质发展
18	129	陈冬、罗青扬	有效利用静安文化资源，做好文创产品，以文化带动旅游、艺术等
19	137	邵开俊、鲍晓丽、姚建伟、吴静霞、沈伟、吴群	关于加强基层法治队伍建设的建议

（续表）

序号	提案号	提案者	案由
20	151	任新建	关于促进南京西路、苏河湾、大宁、市北"四区"融合发展的建议
21	166	贺海燕、李文静、李晓艳	关于建设社区婴幼儿照护服务中心的建议
22	178	王波、王赪	关于静安区韧性城区建设的建议
23	183	周帆	探索以"体育＋"发展模式促进静安健康城市建设

（林敏慧）

表 4-4　2022 年静安区政协重点提案情况表

序号	提案号	提案者	案由
1	003	民革区委	砥砺奋进，持续推进倍增计划，开创招商引资新局面
2	008	民盟区委	引才磁场，育才舞台，留才高地，将静安打造成国际级高品质人才生态区
3	038	王立萍、陈怡、彭嘉颖、司徒文聪、陈昆葳、陈佳福、瞿江琴	聚焦品牌推广，拓展全球服务商计划
4	126	九三学社区委	打造科创生态链下的静安知识产权公共服务体系，助力"专精特新"企业加速提质发展
5	151	任新建	关于促进南京西路、苏河湾、大宁、市北"四区"融合发展的建议
6	010	民建区委	加快数据产业配套升级，领航数据资产价值化进程
7	023	区工商联	关于数字化驱动静安商业商贸创新转型发展的建议
8	048	唐盈、贺芳	关于抢抓政策窗口期布局文博产业的建议
9	100	王洋、赵宏	关于加快金融业数字化转型，提升服务能级的建议
10	129	陈冬、罗青扬	有效利用静安文化资源，做好文创产品，以文化带动旅游、艺术等
11	019	致公党区委	聚焦"两网"建设，续写城市治理转型新篇章
12	086	雷梅	关于打造中心城区公共空间治理标杆的建议

（续表）

序号	提案号	提案者	案由
13	137	邵开俊、鲍晓丽、姚建伟、吴静霞、沈伟、吴群	关于加强基层法治队伍建设的建议
14	178	王波、王赪	关于静安区韧性城区建设的建议
15	015	民进区委	凝心聚力，示范引领，推进静安"双减"工作高质量发展
16	017	农工党区委	"5G"时代加速发展基层互联网医院的建议
17	025	区侨联	关于静安区完善居家社区机构相协调、医养康养相结合的养老服务体系的建议
18	183	周帆	探索以"体育＋"发展模式促进静安健康城市建设

（林敏慧）

（四）调研工作

【坚定信心，咬定目标，努力完成年度经济发展任务】 4月至8月，由区政协经济委员会牵头，开展"坚定信心，咬定目标，努力完成年度经济发展任务"课题调研。课题组多次走访市区有关部门，进行座谈研讨，在调研报告中提出"积极作为、融资刺激，扩张财政提振发展；挖潜存量、开源节流，保收减损稳住基盘；聚焦重点、落子项目，强化投资有效拉动；加强引导、协同商家，促进消费带动循环；精准发力、抢抓增量，招商引资增强后劲；雪中送炭、对症施策，留商安商渡过难关"6个方面共12条建议。（林敏慧）

【发挥重大项目引领作用，激活区域高质量发展动能】 4月至10月，由区政协人口资源环境建设委员会牵头，开展"发挥重大项目引领作用，激活区域高质量发展动能"课题调研。课题组多次走访市区有关部门，进行座谈研讨，在调研报告中提出"适度超前研究重大项目的整体规划，注重广度兼顾深度；适时建立重大项目全过程评估机制，分析储备立项可行性，评估投资运营效能；持续做好重大项目建设协调服务，积极争取上级支持，加强对项目指导；着力提升重大项目参与方专业能力，强化建设单位实操能力，优化代建单位管控能力；做好重大项目建设新技术运用实践，推动建设过程全数字化管理，凸显静安现代化国际城区特色；统筹重大项目建设和疫情防控，确保高质高效高速推进"等6个方面的建议。（林敏慧）

【综合、整合、融合，建设社区美好新生活】 4月至10月，由区政协教科卫体委员会牵头，开展"综合、整合、融合，建设社区美好新生活——关于静安区打造高质量'15分钟公共生活圈'的思考"课题调研。课题组多次走访市区有关部门，进行座谈研讨，在调研报告中提出"盘活资源，升级空间，实现服务载体综合创新；上下联动，左右衔接，促进服务内容整合创新；统一平台，集中配送，推动服务渠道融合创新"3个

方面共7条建议。（林敏慧）

【夯实静安文化高地基础，重构静安文化破圈形式】 4月至10月，由区政协文化文史和学习委员会牵头，开展“夯实静安文化高地基础，重构静安文化破圈形式——关于进一步开发利用静安区文化文史资源的建议”课题调研。课题组多次走访市区有关部门，进行座谈研讨，在调研报告中提出“在区委统一领导下，成立静安区文化文史资源开发委员会；建设‘一馆一网一视一书’，打造静安全域性理想信念教育基地”2个方面共7条建议。（林敏慧）

【依法稳妥调处劳动用工关系，助力持续稳定发展】 4月至10月，由区政协社会和法制委员会牵头，开展“依法稳妥调处劳动用工关系，助力持续稳定发展”课题调研。课题组多次走访市区有关部门，进行座谈研讨，在调研报告中提出“探索成立全流程纠纷预防和化解平台；创新建设劳动纠纷在线调解新模式；研究开辟静安区法律指导服务新路径；组织设立巡回仲裁庭以服务基层；继续加强调解组织和调解员的力量建设；持续强化多方合作化解劳动争议；落实保障相关部门工作经费”7个方面共19条建议。（林敏慧）

【静安民族宗教事务纳入“一网统管”】 4月至10月，由区政协民族和宗教委员会牵头，开展“静安民族宗教事务纳入‘一网统管’”课题调研。课题组多次走访市区有关部门，进行座谈研讨，在调研报告中提出3个方面建议。（林敏慧）

【深入实施全球服务商计划，持续扩大品牌影响力】 4月至10月，由区政协港澳台侨委员会牵头，开展“深入实施全球服务商计划，持续扩大品牌影响力”课题调研。课题组多次走访市区有关部门，进行座谈研讨，在调研报告中提出“提升‘全球服务商计划’战略引领力；发挥‘全球服务商计划’主体带动力；增强‘全球服务商计划’政策驱动力；优升‘全球服务商计划’环境培育力；加强‘全球服务商计划’人才汇聚力”等5个方面共15条建议。（林敏慧）

【以“数治”赋能基层治理精细化】 4月至10月，由区政协社区建设委员会牵头，开展“以‘数治’赋能基层治理精细化——关于深化静安区全要素社区治理智能平台建设的建议”课题调研。课题组多次走访市区有关部门，进行座谈研讨，在调研报告中提出“切实提升社区治理领域数据赋能水平；以需求为导向，推动更多‘好用’‘爱用’场景出台；聚焦互通互联，有效提升平台开放能力；以提升居民获得感、满意度为导向，在数字治理领域实现政府、市场、社会多元合作；瞄准社区中的重点、难点问题，开发一些重点特色场景”5个方面的建议。（林敏慧）

【静安区数字经济发展环境研究】 4月至10月，由区政协科技科协界别牵头，开展“静安区数字经济发展环境研究”课题调研。课题组多次走访市区有关部门，进行座谈研讨，在调研报告中提出“加强顶层设计，制定数字经济发展规划；主动对接长三角，推动服务出市、数据出海；打造一批协同创新关键平台，提升数字产业核心竞争力；发挥功能性平台作用，释放电商经济新活力；推动数字产业新模式，培育数字经济新产业”5个方面的建议。（林敏慧）

五、纪检监察

编辑 庞雅琴

(一)综述

2022年,区纪委监委在市纪委监委和区委的坚强领导下,坚持以习近平新时代中国特色社会主义思想为指导,深入学习贯彻党的十九大、二十大精神,全面落实市第十二次党代会精神和区委工作部署,深刻领悟"两个确立"的决定性意义,增强"四个意识"、坚定"四个自信"、做到"两个维护"。大力弘扬伟大建党精神,坚决贯彻党的自我革命战略部署,充分发挥全面从严治党引领保障作用,坚定不移推进党风廉政建设和反腐败斗争,围绕加快建设卓越的现代化国际城区任务目标,充分发挥监督保障执行、促进完善发展作用,为谱写静安发展新篇章提供坚强保障。坚定新时代纪检监察工作根本政治方向,切实担负起"两个维护"重大政治责任。全力投入疫情防控大局,坚决保障经济社会发展决策部署有效落实。坚持系统施治、标本兼治,一体推进不敢腐、不能腐、不想腐。毫不松懈纠治"四风",进一步巩固拓展作风建设成果。巩固深化"四责协同"机制,推动全面从严治党政治责任一体落实、贯通协同。持续深化政治巡察,推动实现以巡促改、以巡促建、以巡促治。做深做实监督第一职责,持续提升纪检监察体制改革治理效能。着力创建清廉务实模范、敢善斗争典范、志愿奉献风范、服务大局示范的"四范型"模范机关,打造忠诚干净担当的纪检监察队伍。年内,区纪委常委会始终把思想政治建设摆在首位,开展中心组学习10次。分层分类开展全员培训,选派93名干部参加中央纪委、市纪委业务培训,安排8名干部参加中央纪委、市纪委专案及市委巡视工作,组织5名国企纪检干部在监督检查等岗位"以干代训",以实战练兵促能力提升。2022年,全区纪检监察系统共受理信访举报371件次,检举控告268件次,处置问题线索290件;立案96件,结案89件,对4人采取留置措施,对82人给予党纪政务处分,移送司法2人。全区纪检监察组织共运用"四种形态"批评教育帮助和处理268人次,各形态分别占比68.7%、21.3%、3.7%、6.3%。

(田如安)

(二)重要会议和活动

【二届区纪委二次全会】 于1月29日在常德路370号召开。区委书记于勇出席会议并讲话。

1月29日，召开中国共产党上海市静安区第二届纪律检查委员会第二次全体会议

（区纪委　供稿）

区委常委、区纪委书记、区监委主任高飞主持会议并代表区纪委常委会向全会作工作报告。会议传达十九届中央纪委六次全会精神、十一届市纪委六次全会精神。区四套班子领导、区法院院长、区检察院检察长、区纪委委员、区监委委员和各单位负责人参加第一次会议。全会审议并通过《中国共产党上海市静安区第二届纪律检查委员会第二次全体会议决议》。

（田如安）

【党风廉政教育月系列活动】　9月，区纪委监委围绕"涵养正气、永葆清廉"主题组织党风廉政教育月，开展"六个一"活动：召开一次党规党纪教育大会暨"四责协同"推进大会，区委书记于勇出席会议并讲话，会议由区委副书记王益群主持，区四套班子领导等市管干部，各部、委、办、局党政主要负责人，市纪委七室相关领导在主会场参加会议。区纪委常委，区监委委员，区纪委监委各内设机构负责人、各派驻纪检监察组组长，区委巡察组组长，全区政法系统相关干部，区管各重点企业党政主要负责人和纪检组织负责人，各街镇副处级以上领导干部在各分会场通过视频系统参加会议；通报一批违纪违法典型案例，区委常委、区纪委书记、区监委主任高飞在党规党纪教育大会上通报一批违纪违法典型案例；开展一次网上廉洁文化展馆参观体验活动，全区近3万人次参观体验，实现区属各单位全覆盖；举办一堂廉政党课，全区各机关单位共举办80余次；观看一部警示教育片，全区各机关单位共借阅82次；举办一次廉政微剧剧本征集活动，在区级机关开展廉政情景剧剧本征集活动，征集26个剧本，汇编形成"忠诚干净担当，强国复兴有我"静安区区级机关系统廉政情景剧剧本集。

（田如安）

【静安区国资国企领域全面从严治党推进大会】于9月27日召开，区委书记于勇出席会议并讲话，区委副书记、区长王华主持。会议传达习近平总书记关于国资国企领域全面从严治党重要论述和上海市国资国企领域全面从严治党暨警示教育大会的有关精神。区委常委、区纪委书记、区监委主任高飞通报党的十九大以来区国资国企领域全面从严治党、党风廉政建设和反腐败工作情况。区纪委常委、区监委委员、区委巡察组组长、区委巡察办主任、区国资委党政主要负责人、区管各重点企业党政主要负责人、市纪委七室相关领导在主会场参加会议。区国资委其他党政班子成员、区管各重点企业其他党政班子成员、区纪委监委第三监督检查室成员、区纪委监委第三派驻纪检监察组成员在分会场通过视频参加会议。 （田如安）

（三）纪检监察体制改革

【推动日常监督与“四项监督”衔接联动】 年内，区纪委监委以日常监督为牵引推动“四项监督”统筹衔接，优化调整工作机制，成立由主要负责人任组长的日常监督工作领导小组，组建日常监督专门机构，一体推进日常监督的督促落实、协调联动、分析评估及问题建议，推动形成既分工负责、衔接贯通，又协同高效、配合有力的统筹联动工作格局。 （田如安）

【创新专项监督模式】 年内，区纪委监委探索形成“小切口撬动、多主体联动、精准化施策、靶向化治理”监督模式，统筹推进常态化疫情防控应急平台运行、区管企业落实小微企业和个体工商户房屋租金减免政策情况、12345市民服务热线不属实率不满意率提升等专项监督并形成专报，为区委、区政府科学决策提供精准抓手，推动监督成果转化为治理实效。持续深化探索综合派驻纪检监察组对重要职能部门的驻点监督模式，推进派驻监督从“有形覆盖”向“有效覆盖”提升。 （田如安）

【赋能基层纪检监察组织治理】 年内，区纪委监委压紧压实基层纪检监察组织监督责任，督促指导街镇纪（工）委进一步发挥专职专干优势，聚焦疫情防控责任落实、群众急难愁盼问题解决等重点进一步下沉监督，有力推动全面从严治党向“最后一公里”延伸。街镇纪检监察组织主动发现问题的能力不断提升，立案数量和自办案件比例均超上年。 （田如安）

【管理规范完善】 年内，区纪委监委修订完善《静安区纪委监委机关线索管理工作流程》，加强线索管理，夯实工作基础。强化信访举报综合分析研判，围绕业务范围外信访举报件二次研判工作撰写分析报告，进一步提高研判质量。开展全区案件质量检查，有序推进区纪检监察审理实务研究汇编，不断提升工作质效。健全与检察机关协作配合工作机制，制定《关于加强反洗钱协作配合的意见》，推动纪检监察工作规范化、法治化运行。 （田如安）

（四）“四责协同”机制建设

【党风廉政建设责任目标细化协同】 年内，区纪委监委制定全区党风廉政建设和反腐败重点任务清单，分解细化为24个工作项目，督促全区各单位主动研究、抓好落实。协助区委出台加强对“一把手”和领导班子监督的工作措施，并对照梳理形成4张履责清单，推动党委主体责任、党委书记第一责任人责任、纪委监督责任、班子成员“一岗双责”协同发力、齐抓共管。 （田如安）

【强化知责明责履责践诺】 年内，区纪委监委组织开展党风廉政建设责任承诺工作，推动责任承诺在一定范围内公开公示，广泛接受党员群众监督。依托《静安报》平台，组织16家单位党政纪主要负责人分4批谈“四责协同”认识体会和方法举措，营造履责践诺良好氛围。对全区处级领导干部责任承诺书进行备案检查，对责任承诺与往年雷同、抄袭等问题，在全区严肃通报督促整改，并纳入年度绩效考核。

（田如安）

【多项举措推动责任落实】 年内，区纪委监委用好“两谈一抄告”推动各责任主体主动担责、认真履责、共同尽责，对新提任处级干部开展廉政谈话，对存在苗头性、倾向性问题单位的“一把手”进行约谈提醒。紧盯“关键少数”和重点事项，坚持开展信访举报分析报送区委主要领导，及时梳理巡视巡察、日常监督、审查调查中发现的普遍性、共性问题，向分管区领导制发廉情抄告21份，推动一级抓一级、层层抓落实。发挥考核指挥棒作用，组织开展全面从严治党责任制专项检查，以考责督责倒逼责任落实。

（田如安）

（五）监督执纪执法

【政治监督全力推进】 年内，区纪委监委着眼推动“十四五”规划、二届区委战略部署落地见效，聚焦“六增”计划、城区治理“两网”建设等重点任务明确7项年度重点政治监督事项，以项目化、清单化推动政治监督具体化、精准化、常态化。

（田如安）

【强化反腐力度、广度】 年内，区纪委监委深入推进反腐败国际追逃追赃、办案留置安全、规范编外人员处分决定执行制度试点等工作。

（田如安）

【中央八项规定精神落实】 年内，区纪委监委坚守重要节点，紧盯薄弱环节，常态化开展明察暗访，加强与相关职能部门的协作配合，运用大数据平台协同助力，严查违规吃喝等易发多发问题。组织开展贯彻执行中央八项规定精神解决形式主义为基层减负专项督查，抽取9家区属单位并延伸至下属12家单位开展实地督查，共发现7个大类102个问题。加强查处曝光力度，全年共立案查处违反中央八项规定精神问题29件，给予党纪政务处分27人，公开曝光典型案件3件，党内发文通报8件。

（田如安）

【坚决整治群众身边腐败问题和不正之风】 年内，区纪委监委开展困难群众救助补助资金审计，发现问题专项治理，督促推动有关职能部门完善工作流程、加强业务指导，确保惠民政策规范执行、落实到位。深化粮食购销领域腐败问题专项整治，督促推动相关部门新建和修订《静安区粮食市场监测管理办法》等12项制度。常态化推进“打伞破网”，巩固深化扫黑除恶专项斗争、政法队伍教育整顿成果。全年共查处群众身边腐败和作风问题16件，给予党纪政务处分15人。

（田如安）

【深化整治形式主义、官僚主义】 年内，区纪委监委聚焦干部作风问题开展专项治理，对“不担当、不作为”问题深入分析梳理，摸透找准整治方向，查处一批典型案件。重点关注疫情防控期间党员干部职工临阵退缩、厌战松懈、躺平不为现象，对12名擅离职守等违纪行为的党员干部坚决依纪依规查处。

（田如安）

（六）巡视巡察工作

【统筹规划聚焦国企开局】 年内，区委巡察工作领导小组协助区委制定二届区委巡察工作规划，明确今后五年巡察工作目标方向、重点任务。深入贯彻国资国企领域改革精神要求，结合区域实际，以国企为始启动二届区委巡察工作，有力推进对10家区属国有企业党组织的2轮常规巡察和园区专项巡察，共发现问题338个，提出意见建议38条，移交问题线索28件。（田如安）

【强化整改推动成果运用】 年内，区委巡察办牵头开展“巡察整改和成果运用”专项调研，助力夯实整改责任、提升成果运用质效。不断完善“四方联动”整改工作机制，持续推动涉粮专项巡察和常规巡察反馈意见整改落实到边到位。加强成果运用，针对巡察发现问题，向区委报送9篇专题报告，有力推动开展区管国企房屋管理问题等专项治理。（田如安）

【完善体系力促科学规范】 年内，区委巡察办系统构建巡察工作制度体系，研究制定《区委巡察工作领导小组办公室工作规则》《关于规范巡察期间立行立改工作的意见》等6项制度，不断提高巡察工作科学化、规范化水平。充分发挥巡察综合监督平台作用，建立与区相关部门的协作配合工作机制，通过抓机制协同，推动信息、资源、力量和成果共享共用。（田如安）

（七）净化政治生态

【系统谋划综合施治】 年内，区纪委监委探索“靶点切入＋系统治理”工作模式，一体谋划完善国资国企领域体制机制、净化国企政治生态。开展国资国企领域全面从严治党专项调研，强化成果转化运用，协助区委召开国资国企领域全面从严治党推进大会，通报4个大类22个突出问题和典型案例，制定形成国资国企领域全面从严治党、党风廉政建设“1＋X＋Y”（“1”即区委《关于区管国有企业全面从严治党一体推进“三不腐”重要方略的实施意见》，“X”是区纪委监委关于协助区委推动国有企业党组织管党治党的制度规定，“Y”是区国资委作为职能部门针对重要领域、关键岗位和重点环节加强监督监管的文件制度）制度体系，从制度源头加强管理和规范。严肃查处某区属国企二级子公司借商务招待之名违规公款吃喝、高档消费等问题，对7人立案处置，同时强化案后治理，对案件成因深刻剖析、通报警示，先后制发5份纪律检查建议书，推动堵漏建制、强化监管。（田如安）

【政治生态持续净化】 年内，区纪委监委凝聚各方合力共同推进区域政治生态建设，建立全区政治生态协同联络工作机制，完善分析评估体系。加强立体分析研判，在对全区政治生态开展分析的基础上，分领域分行业实施专项分析，形成疫情防控期间干部队伍作风建设、年轻干部违纪违法问题等专项分析报告。协助区委出台《关于落实“三个区分开来”营造干事创业良好环境的实施意见》，进一步树牢干事创业鲜明导向。严把选人用人政治关、廉洁关，配合做好市三套班子换届风气监督，全年共出具党风廉政意见2252人次，对9名干部提出暂缓使用或不宜使用意见。（田如安）

【廉洁文化教育】 年内，区纪委监委加强新时代廉洁文化建设，协助区委制定实施意见，进一步夯实清正廉洁思想根基。连续13年组织开展“党风廉政教育月”活动，创新建立全市首家网上廉洁文化展馆，吸引近3万人次参观体验。结合案例分析、微视频教学、互动答题、情景体验等方式开展各类宣讲86次，打造涵盖廉政动画、微视频、图文漫画等层次丰富、各有侧重的作品矩阵，多部作品在“学习强国”、中央纪委国家监委网站、“廉洁上海”等平台发布，不断扩大廉洁教育的覆盖面和影响力。（田如安）

（八）调研工作

【开展大走访、大排查】 年内，区纪委监委深入开展大走访、大排查，共排查点位1100余个、走访企业37家，对发现问题跟进监督，督促“防疫情、稳经济、保安全”各项要求和任务落实落细。（田如安）

【审理业务论坛】 年内，区纪委监委围绕基层群众自治组织条款适用、违纪违法案件证据标准等开展多项专题调研，3篇调研文章入选“沪上方圆、浦江审韵”审理业务论坛，其中1篇获一等奖、1篇获二等奖。（田如安）

【加强对“一把手”和领导班子监督课题调研】 年内，区纪委监委以加强对“一把手”和领导班子监督为主题，成立调研小组，对区商务委、区建设管理委等9家单位开展走访调研，结合日常监督中发现的问题，全面了解区“一把手”和领导班子监督现状，查找短板弱项，深入剖析原因，提出对策建议，着力破解“一把手”和领导班子监督的难题。（田如安）

【落实“三个区分开来”课题调研】 年内，区纪委监委开展落实“三个区分开来”课题调研，走访区教育局、区绿化市容局等9家单位，了解区“三个区分开来”落实现状，结合理论分析，提出对策建议。（田如安）

（九）新冠疫情防控工作

【扛起防控政治责任】 新冠疫情防控期间，区纪委监委统筹谋划各项工作举措，对内严控管理，成立处置疫情突发事件工作领导小组，制定应急工作预案，保障委机关办公、办案场所无疫情发生；对外监督增援，履行好“战斗员”“监督员”双重职责，推动全区疫情防控态势趋稳向好。（田如安）

【靠前监督保障落实】 新冠疫情防控攻坚战阶段，区纪委监委构建“统筹督战指挥、协同四项监督、下沉一线督促、全程高效覆盖”工作格局，主要负责人带队督战指挥关键环节、重点区域，成立暗访督查专项行动监督指导组，实行“当日监督、当日通报、限时整改、跟踪督办”，形成监督专报71份向全区通报。常态化防控阶段，充分发挥“室组地”联动优势，统筹疫情防控和经济社会发展两手抓、两手硬，强化协同联动机制，聚焦上级要求，以“四不两直”方式盯住关键区域、点位开展实地督查，压紧压实“四方责任”。（田如安）

【尽锐冲锋践行初心使命】 新冠疫情防控攻坚战期间，区纪委监委建立督查专班巡街面、进小区、驻重点点位，及时查找漏洞督促整改落实，得到区委领导批示肯定。选派近百人次干部支援数据统计、转运隔离、方舱管理、疾控流调、下沉街道等防疫专项工作。（田如安）

六、民主党派·工商联

编辑 庞雅琴

(一)民革区委

【概况】 2022 年是中共二十大胜利召开之年，是中国共产党统一战线政策提出 100 周年，也是民革履职能力建设年。民革区委组织全体民革党员认真学习贯彻中共二十大精神，召开区委会专题学习中共二十大报告，要求各支部、专委会组织党员通过线上线下相结合的形式认真学习，掀起学习热潮。组织民革党员认真学习中共中央、中共市委统战工作会议精神，铭记合作初心，深化政治共识。组织全体民革区委委员参观中共二大会址纪念馆，观看“世纪回眸——中共二大与统一战线”画展；集中专题学习习近平总书记在中共中央统战工作会议上的重要讲话精神；在全区民革党员中开展“纪念中共二大召开 100 周年暨统一战线政策提出 100 年”主题征文活动，评选出优秀作品，并在内部简报《传承》上刊载。年内，按照民革中央《关于开展“矢志不渝跟党走、携手奋进新时代”政治交接主题教育的通知》要求，团结引领全体民革党员强化理论武装、推进自身建设，努力克服新冠肺炎疫情影响，指导支部积极采取线上活动形式，关心关爱困难、高龄党员，增强基层组织凝聚力。巩固前两批示范支部创建活动成果，发挥示范引领作用，积极开展民革上海市委会示范支部(第三批)创建活动；深挖合作资源，依托党员所在单位北京盈科(上海)律师事务所，在裕通路 100 号洲际商务中心 2 楼建成区内第 4 个民革党员之家。9 月，民革区委祖统委到浙江省湖州市开展祖国统一工作交流；敬老节之际，妇老委为全体 60 岁以上党员寄送重阳糕点；继续做好寒暑两季对老同志及代表人士慰问走访工作，共慰问近 90 人次。全年召开民革区委会议 2 次，编印内部简报《传承》6 期。向区政协二届一次全会提交集体提案 4 件，完成调研课题 5 篇，报送社情民意信息 300 余件，举办第七期新党员参政议政培训班。年内，选派 1 名党员参加民革市委会第 39 期中青年骨干培训班，1 名党员参加民革市委会第 10 期参政议政骨干研修班，1 名党员参加民革市委会第 10 期祖统工作学习班，1 名党员参加民革市委会反映社情民意信息工作培训班，2 名党员参加静安区第三期党外中青年干部培训班，29 名新党员参加区社会主义学院举办的新成员培训班。年内，发展新党员 24 人，平均年龄 37 岁，其中硕士研究生学历 14 人、本科学历 10 人、中高级职称6人。转入组织关系3人，至年底，民革区委有支部17个，党员606人。民革区委获民革上海市委会2017—2021年组织工作先进集体、民革上海市委会2017—2021年思想宣传工作先进集体、民革上海市委会2017—2021年参政议政工作先进集体、民革上海市委会2017—2021年社会服务工作先进集体称号，民革上海市委会2022年度反映社情民意信息工作先进集体二等奖，静安区政协2021年度反映社情民意信息工作优秀单位称号。党员梁顺龙获民革全国祖统工作先进个人称号，党员朱薇、李明获民革上海市委会2017—2021年组织工作先进个人称号，党员梁顺龙、陈添获民革上海市委会2017—2021年思想宣传工作先进个人称号，党员李金柱、周小羊、郑伟、黄伟建获民革上海市委会2017—2021年参政议政工作先进个人称号，党员孙洪林、张玉霞、钟彪云获民革上海市委会2017—2021年社会服务工作先进个人称号，党员孙鸣民、周小羊、周少白、周家广获民革上海市委会2017—2021年社会服务工作优秀个人称号，党员梁顺龙、钟彪云、孙鸣民获民革上海市委会2017—2021年祖统工作先进个人称号，党员梁顺龙获民革上海市委会2022年度反映社情民意信息工作优秀个人称号，党员孙洪林、李金柱获区政协2021年度反映社情民意信息工作优秀个人称号。（朱薇）

【参政议政工作】 年初，民革区委向区政协二届一次全会提交“砥砺奋进，持续推进倍增计划，开创招商引资新局面”“关于进一步落实中小学生‘双减’政策的改进建议”“静安区依法依规开展社区志愿服务现状及建议”“整合资源，创建静安区融合型养老服务模式”4件集体提案，并作大会发言。2021年提交的集体提案“加强联动融通，纵深推进‘一网通办’管用、爱用、受用”被评为区政协一届七次会议以来优秀提案。动员民革党员中的人大代表、政协委员参加专题协商和视察活动，聚焦区域发展重点，结合自身专长，积极建言献策。2月，启动课题调研工作，结合区政府2022年重点工作，发布调研课题选题参考方向，由各专委会根据专业优势和成员特色申报课题，组成课题小组，通过调查研究，完成5篇调研课题。全年，共报送社情民意信息300余件，其中被全国政协采用2件，民革中央采用1件，被市级部门采用29篇次，获市领导批示11篇次。（朱薇）

【社会服务工作】 年内，在打赢抗击新冠肺炎疫情的大上海保卫战中，民革区委有16名一线医护人员、8名疾控和社区工作者在新冠疫情防控工作中始终坚守一线，60余名党员主动参与社区防疫志愿者工作。民革区委、各支部以电话、微信等形式关心慰问老党员，为部分老同志送去生活物资。同时发挥党派建言献策作用，报送涉疫社情民意信息130余篇。继续开展“上海也有我的家”关爱共康中学西藏学生活动。1月，民革区委与彭浦新村街道合作在共康中学举办“上海也有我的家·虎虎生威新春主题游园会”活动，全校约600名学生欢度新春佳节。支持民革党员结合自身所长，以各种形式开展或参与慈善捐助、扶贫援建、法律援助、帮困助学等社会公益活动，党员周家广与其公益团队在遵义革命老区的学校援建1所钢琴教室。（朱薇）

【民主监督工作】 年内，民革区委按照中共区委办公室《关于2022年中共静安区委委托民主党派、工商联、无党派人士开展专项民主监督有关事项的通知》要求，积极思考、认真研究，制订《民革静安区委关于开展2022年专项民主监督工作的实施方案》，成立由民革区委主委任组长，参政议政能力突出、民主监督经验丰富以及具有城市建设、综合治理相关专业背景的党员组成的2022年专项民主监督工作小组。对结对共建的南京西路街道、彭浦新村街道就“民心工程与人民城市建设”为主题开展专项民主监督，重点围绕城区旧住房成套改造、零星旧区改造工程等方面。8月，民革专项民主监督工作小组先后到彭浦新村街道汾西路899弄、南京西路街道古柏居民区，实地调研旧住房成套改造情况和零星旧改工作。并围绕推进零星旧改工程中遇到的卡点、痛点、难点，推动成套旧住房改造项目中的配套法规、政策、社会力量引入、社区自治管理等问题，与街道相关人员进行深入讨论与交流。10月，完成《民革静安区委开展“民心工程与人民城市建设”专项民主监督工作汇报》的调研报告。（朱薇）

【示范支部、优秀党员之家创建】 年内，根据民革中央、民革上海市委会《关于开展示范支部创建活动的通知》，民革上海市委会《关于开展上海市优秀民革党员之家评选工作的通知》要求，民革区委在总结第一批示范支部创建工作经验和不足的基础上，从思想建设、组织建设、履职能力建设和制度建设等方面，对照标准，查漏补缺，全面推进第二批示范支部创建工作。同时，加快党员之家建设步伐，注重提高党员之家的内涵与品质，建好用好民革党员之家，积极申报上海市优秀民革党员之家评选。经过考核验收，第七支部被民革中央授予民革示范支部称号，第七支部、第二支部、彭浦支部、综合一支部被民革上海市委会授予第二批民革上海市委会示范支部称号，第五支部党员之家被民革上海市委会授予上海市优秀民革党员之家称号。（朱薇）

【祖国统一工作交流】 9月16日至17日，区人大常委会副主任、民革区委主委江天熙，副主委梁顺龙等一行，到浙江省湖州市开展祖统工作交流，湖州市人大常委会副主任、民革市委会主委闵云，专职副主委徐瑾等出席交流活动。民革区委一行先后参观陈英士故居纪念馆、湖州民国文化馆，并就促进两岸文化交流、陈英士故居后期修缮和布展等工作进行座谈交流。（朱薇）

民革区委一行到浙江湖州参观陈英士故居纪念馆　（民革区委　供稿）

【第七期新党员参政议政培训班】 于10月21日在锦荣国际大酒店举办，民革区委新党员学习组成员及各支部参政议政骨干40余人参加培训。区人大常委会副主任、民革区委主委江天熙作开班动员。市社会主义学院新型政党制度研究中心副主任、讲师张星作“做好新形势下的参政议政工作”专题培训，中共区委政策研究室原主任、区域发展研究会秘书长邓肇基作“静安从哪里来，静安将走向哪里去”专题报告，帮助学员了解区域改革发展历程，提高参政履职能力。培训后，学员们座谈学习体会，就如何结合自身专业特长建言献策进行思考和交流。（朱薇）

【“博爱图书，十年百馆”项目落地云南省】 在静安区对口帮扶的云南省文山壮族苗族自治州广南县落地。年内，民革区委向全体党员募集各类青少年课外读物共1700余册，经援滇干部、民革区委委员李明联系协调，全部捐赠给广南县民族小学图书馆。7月，民革区委副主委刘炜联系上海交通大学附属中学童书读书社为广南县坝美镇法利小学捐赠图书500余册，总价值1万元。民革区委将以上两所学校图书馆均纳入民革“博爱图书，十年百馆”项目，进行长期维护。（朱薇）

（二）民盟区委

【概况】 2022年是中共二十大召开之年和党的统一战线政策提出100周年。民盟静安区委以迎接和深入学习贯彻中共二十大精神、民盟十三大精神、中共中央和上海统一战线系列会议精神为主线，创新开展“矢志不渝跟党走 携手奋进新征程”政治交接主题教育，继承和发扬民盟优良传统，心怀国之大者，学思悟相融，知信行合一，以建设高素质参政党地方组织为目标，凝心聚力，奋发有为，团结带领全区盟员，克服新冠肺炎疫情带来的各种困难，以线上线下相结合的方式，联系各方，围绕党和政府的中心工作，立足本职建功立业，履行参政党职能为静安统战工作作出新的贡献，做好新冠疫情防控期间和寒暑两季对老领导及代表人士走访慰问工作。进一步优化“静安民盟”微信公众号线上宣传平台建设。充分发挥其作为主阵地的宣传作用，增强其时政性和可读性，通过开设主题教育活动专题，发挥网络平台及时发声、教化育人和凝心聚力的作用，全年共推送42期、85篇信息，宣传以民盟区委活动和优秀盟员的荣誉和事迹为主体，注重关心人凝聚人的思想建设，全面、及时宣传报道静安盟员先进事迹和个人成绩。全年编辑出版《静安民盟（2021）特刊》和《静安民盟抗疫特刊》。盟员中有市人大代表1人、区人大代表6人（常委1人）、区政协委员19人（常委3人）。年底，共有基层支部49个，盟员1231人，其中在职768人，男性成员500人。全年共发展盟员46人，平均年龄约39.7岁。推荐3名中青年盟员参加静安区第三届党外中青年干部培训班，推荐3名盟员为区海联会会员。民盟区委被评为民盟中央“民盟思想政治建设和宣传工作先进集体”、民盟市委2021年度社情民意信息工作先进集体特等奖、2021年度静安区政协社情民意信息工作优秀单位。盟员许建芸被评为上海市老年教育“百名优秀教师”。（商志刚）

【政治交接主题教育】 年内，民盟区委将营造和学习贯彻中共二十大精神与贯彻落实民盟十三大精神、“矢志不渝跟党走，携手奋进新征程”政治交接主题教育和日常盟务工作紧密结合起来。注重理论和时政学习，组织全区盟员观看并热议中共二十大报告开幕式和反映民盟先贤陈望道生平事迹的电影《望道》,组织盟员先后参观中共一大会址、中共二大会址纪念馆并座谈交流。先后和民盟长宁区委青委会、杨浦区新盟员支部联合举办主题教育,邀请专家学者作主题报告,并开展座谈交流。和民盟长宁、杨浦、宝山、奉贤、崇明区委联合举办2022年度师陶节活动,倡导广大盟员师陶学陶。民盟区委陆续成立以民盟区委副主委为主任的青委会、社会服务专委会、专家顾问专委会、内部监督委员会,以民盟区委主委负责的以新盟员组成的盟芽班,以民盟区委委员为主委的职教总支和综合职教支部,配强班子人员,为更多的盟员特别是中青年履职尽职以及为民盟区委发现人才、培养人才搭好平台。 (商志刚)

【参政议政工作】 在1月召开的区政协全会上,民盟界别提交"引才磁场,育才舞台,留才高地,将静安打造成国际级高品质人才生态区"等6件集体提案。民盟区委"关于推动高质量发展,优化'一轴三带'空间布局的相关建议"被评为优秀提案。民盟区委主委张芸当选上海市静安区第二届人民代表大会常务委员会委员,民盟区委副主委张骏、沈伟、吴文育当选中国人民政治协商会议上海市静安区第二届委员会常务委员。盟员张芸、吴文育、徐少杰、刘璐被评为民盟市委2021年度社情民意信息工作积极分子,郝海萍被评为民盟市委2021年度社情民意信息工作模范个人,张春霞、张晨晨、范政强被评为民盟市委2021年度社情民意信息工作先进个人。周琦麟被评为2021年度区政协社情民意信息工作优秀个人。盟员的建言3篇获全国政协综合采用,12篇获市政协采用并获5位市领导批示,2篇获中共市委办公厅综合采用,34篇被民盟市委录用。推荐盟员张晨晨为区政协第二届委员会社情民意特聘信息员。

(商志刚)

【社会服务工作】 年内,民盟区委围绕防疫抗疫开展社会服务工作。在服务社会各界方面,民盟区委主动对接并关心结对街道,组织抗疫物资送至街道和学校,为江宁路、南京西路、芷江西路街道,市西中学一线抗疫人员送上民盟的关心和慰问。全区盟员特别是在职盟员坚守一线,深入社区成为志愿者,在确保城市和小区正常运转中发挥作用。盟员涂冉参与代配药等志愿防疫行动,被团市委副书记邬斌表扬。在服务广大盟员方面,民盟区委召开帮困解难专题会议,在及时掌握盟员、特别是弱势群体盟员的急难困问题后,通过民盟组织和有资源的盟员适时为盟员,特别是不会用手机的老年盟员解决求医问药、生活物资保障等难题。民盟区委领导分别致电慰问奋战在医院、街道和社区综合治理等一线岗位上的盟员们,还特别致电致信关心一批因公等原因被感染的盟员。经济总支开展双循环平台送蔬菜上门服务暖心活动,为全市从事医护工作的盟员及其家属、退休盟员、行动不便的患病盟员、封闭在小区的2000名盟员,及时送上蔬菜。 (商志刚)

【民盟区委以线上形式举行2021年度党盟恳谈和盟员述职会】 1月28日,民盟区委以线上形式举行2021年度民盟区委党盟恳谈和盟员述职会,全国人大代表、民盟中央常委、民盟市委专职副主委丁光宏出席并讲话,中共区委统战部、区教育党工委、江宁路街道党工委、芷江西路街道党工委领导,市西中学、彭浦中学、市西初级中学、逸夫职校、风华初级中学党组织负责人作交流发言。民盟区委班子成员和3名盟员支部主委作述职发言。 (商志刚)

【民盟区委2022年新春老领导团拜座谈会】 于2月15日在美丽园大酒店举行。会议由民盟区委主委张芸主持。民盟区委班子就各自分

管工作作汇报，老领导们充分肯定民盟区委取得的成绩，并交流各自的体会和对二届民盟区委的希望。（商志刚）

【民盟区委举办3场线上咨询活动】 4月11日，民盟区委组织区内外优秀的8名盟员教师、11名医生及7名律师的专家团队，以线上讲座、咨询相结合方式，为即将面临中、高考的学子和家长，因疫情原因无法及时求医问诊的患者，在隔离期间遇到各类实际问题却无法及时获得法律援助的盟员，以教育教学、医疗卫生、法律问题3个专场的方式举办讲座和线上答疑解惑服务。（商志刚）

【民盟区委召开二届五次(扩大)会议】 于6月22日在线上召开。民盟市委组织部部长汪皓俊、中共区委统战部副部长季军参加会议并讲话。民盟区委主委张芸主持会议。会议以视频形式进行，传达民盟市委相关精神，总结上半年工作，部署下半年工作。盟员代表就医卫、城市运转和民生保障、参政议政、组织发展工作作交流发言。（商志刚）

【盟员代表参加上海民盟第十六次代表大会】 7月12日，26名静安盟员代表参加上海民盟第十六次代表大会，民盟区委主委张芸当选为民盟上海市第十六届委员会委员及出席中国民主同盟第十三次全国代表大会代表。16名盟员被推荐为民盟市委各专委会委员，其中张芸为基教委副主任，区委副主委时筠仑为生态委副主任。（商志刚）

【民盟静安区委青委会成立】 7月13日，民盟区委召开青委会成立大会。民盟市委组织部部长汪皓俊、中共区委统战部副部长季军参加会议并讲话。会议以视频形式进行，民盟静安区委主委班子、青年骨干盟员代表45人参加会议。青委会由33人组成，由区委副主委吴文育任主任，有副主任2人、委员27人、秘书3人。（商志刚）

【民盟静安、长宁区委青委会举行座谈交流会】 7月13日，两区民盟青委会联合举行以“矢志不渝跟党走，携手奋进新时代”为主题的座谈交流会。民盟长宁区委主委潘瑾、民盟静安区委主委张芸参加座谈并讲话。民盟华东师大委员会副主委、教授吴原元作“中共早期为何能迅速崛起？——中共二大百年随感”主题报告。两区青委会就今后打造“宁静致远”两区联动合作品牌，开展共建活动座谈交流。两区盟员代表近60人参加会议。（商志刚）

【专项民主监督工作】 7月，民盟区委按照中共区委统战部安排，制定《民盟区委关于开展2022年对对口街道“人民城市人民建、人民城市为人民和民心工程”专项民主监督工作的实施方案》，成立由专门从事城建、幼教专业盟员组成的工作组。8月，民盟区委主委张芸率队先后到芷江西路街道、江宁路街道开展专项民主监督，分别就老旧小区改造、社区托幼工作进行走访调研和交流座谈，通过现场察看各街道实际运行和管理情况，结合街道自身客观情况和民众迫切要求，从体制机制、经费和人员保障等方面提出切实可行的意见建议，于年底形成调研报告并报送中共区委。（商志刚）

【2022年度暑期干训班】 8月16日，民盟区委到奉贤区举办2022年度暑期干训班，活动以主题报告、学习参观相结合的方式进行，民盟静安区委与民盟奉贤区委就两区盟务工作进行交流。民盟区委主委张芸作开班动员讲话，民盟区委委员、盟员中两会代表委员，各总支、各支

部主委，以及专委会委员共30余人参加。民盟上海市委宣传部原部长王海波作题为“百年统战中与民盟相关的上海城市记忆”辅导报告。盟员们在民盟奉贤区委主委唐瑛等陪同下，先后参观爱企谷产业园区、奉贤区规划馆与奉贤博物馆。（商志刚）

【民盟静安、杨浦区委举行新盟员座谈交流会】 8月24日，民盟静安、杨浦区委在中共二大会址纪念馆联合举行以“矢志不渝跟党走，携手奋进新时代”为主题的新盟员座谈交流会。两区主委张芸、钱彬出席并讲话，民盟中央社会委员会委员王林波作题为“增加盟员参政议政积极性，激发组织活力”主题辅导报告，全体人员一起参观中共二大会址纪念馆。两区新盟员代表30余人参加座谈，6人作交流发言。（商志刚）

【盟芽班成立大会】 8月24日，民盟区委于中共二大会址纪念馆举行盟芽班成立大会。会议以线上线下结合的方式开展，民盟区委主委张芸和新盟员等30余人参加，盟芽班由新入盟的48名盟员组成，由张芸任盟务辅导员，班委设组织、宣传、学习、文艺、体育、生活、参政委员各2人，由民盟区委专职干部任班级联络员。（商志刚）

【“迎国庆、话盟情”传统文化体验活动】 9月22日，由民盟区委主办，青委会承办的“迎国庆、话盟情”——传统文化体验活动在嘉定未央学宫举行。静安45名盟员代表与民盟嘉定区委青委会盟员代表座谈交流，参观未央学宫，并体验着汉服礼仪式、宋代点茶等传统文化活动。（商志刚）

【2022年度师陶节活动】 9月28日，由民盟静安区委牵头长宁、杨浦、宝山、奉贤、崇明区委联合举办的2022年度师陶节活动在同舟大楼会场以线下与线上结合方式举行。活动以“赓续‘大先生’精神，争做‘四有’好老师——从上好一堂课谈起”为主题，倡导广大盟员师陶学

9月28日，民盟静安、长宁、杨浦、宝山、奉贤、崇明区委联合举办2022年度师陶节活动在同舟大楼会场以线下线上相结合的方式举行（民盟区委　供稿）

陶。民盟中央常委、全国人大代表、民盟上海市委专职副主委丁光宏等出席并讲话。民盟上海市委宣传部原部长王海波，上海市陶行知纪念馆副馆长陶侃分别作题为“陶行知与民盟”“简述陶行知先生对当代教师的启示”主题报告。区教育局和与会盟员教师代表分别从新时代下继承和发扬陶行知先生的教育理念、争做“四有”好教师以及从如何上好一堂课等方面，进行分享交流。（商志刚）

【民盟静安两总支举办共建活动】 活动于10月23日在民主党派大厦举行，民盟区委经济总支和司法总支主委一起签署共建协议。之后5名律师盟员进行同舟公益大讲堂——“企业合规暨疫情下的中小企业发展之路”普法讲座，内容涉及企业如何在新时代依法治国的大背景下，规避风险、降本提能、增产节支等，讲座录像通过民盟市委网络平台向社会发布，服务相关企业。（商志刚）

【静安盟员参加第十三届民盟文化论坛】 11月9日，由民盟中央、民盟上海市委、上海社会科学院共同主办的第十三届民盟文化论坛在上海社会科学院举行。4名静安盟员受邀参加，民盟区委秘书长商志刚在论坛中以“改革开放后民盟盟员荣获国家级文艺奖项概论”为题作交流发言。（商志刚）

【民盟区委社会服务专委会、专家顾问专委会、内部监督委员会暨职教总支成立大会】 于11月23日在区党建服务中心举行。全国人大代表、民盟中央常委、民盟上海市委专职副主委丁光宏出席会议并讲话，并向由民盟区委副主委担任主任的各专委会成员发放聘书。共60人参加会议。社会服务专委会由28人组成，设主任1人、副主任3人、委员21人、秘书3人；专家顾问委员会由21人组成，设主任1人、副主任3人、委员3人、秘书3人，专家13人；内部监督委员会由7人组成，设主任1人、副主任2人、委员3人、秘书1人。职教总支由区业余大学、行健职业学院、逸夫职校、聋哑青年技术学校4家独立支部和综合职教支部组成。

（商志刚）

【民盟静安区委成立综合职业教育支部】 11月23日，民盟静安区委综合职业教育支部成立大会在静安区党建服务中心会场举行。支部为综合性支部，人数13人，盟员由经济总支转出，由在学校、培训机构从事职业教育相关工作的盟员组成。（商志刚）

【援助盟员支教单位】 11月，受教育部的安排，张骏、石裕雄2名盟员到云南省广南县开展为期3年的支教工作。民盟静安区委在3名盟员企业家的爱心捐助下，为2名盟员所在的广南职高和广南十中捐赠亟须的近10万元的电子教育教学设备，助力乡村教育事业发展。

（商志刚）

（三）民建区委

【概况】 2022年，民建区委共召开5次主委会议、3次全委（扩大）会议。年内，民建区委选送新任支部主委、部分骨干会员及新会员参加由民建中央线上举办的骨干会员培训班，由民建市委线上线下举办的中青年骨干会员培训班、企业家会员培训班、新会员培训班、参政议政研修班；组织会员参加由民建市委组织的全国“两会”精神传达会、“致敬统战百年，赓续民建传统”宣讲比赛活动，由区社会主义学院举办的社院大讲坛和民主党派区委新成员培训班。民建区委全年编发《民建静安信息》576期。在"静安民建"微信公众号推送会务工作动态、基层支部工作、专(工)委会工作及会员报道81篇。组织会员参加民建市委"政治交接·迎接二十大"征文活动,报送征文7篇。民建区委全年发展会员65人。至年底,下设1个总支、41个基层支部、11个专(工)委会,有会员1592人,平均年龄55.1岁,男会员935人、女会员657人,在职会员1282人,中级以上职称669人,大专及以上学历占比94%,经济界别人数占比82%;民建区委委员有22人,会员中有市政协委员5人、静安区政协委员27人(其中静安区政协常委6人)、普陀区政协委员1人;有市人大代表2人、静安区人大代表19人(其中区人大常委1人)、长宁区人大代表2人、虹口区人大代表1人、嘉定区人大代表1人、宁夏回族自治区银川市兴庆区人大代表1人。民建区委获民建市委颁发的2021年度参政议政工作先进组织一等奖、2021年度组织工作先进集体一等奖、2021年度宣传思想工作先进组织二等奖、2020—2021年度社会服务工作先进集体和"庆祝中国共产党成立100周年"主题征文活动优秀组织称号,被区政协评为2021年度反映社情民意信息工作优秀单位。二支部、三支部、二十三支部、二十七支部、二十九支部、新会员总支第二支部和第四支部等7个支部被评为2021年度民建上海市委基层支部创先争优创新集体。会员张畅敏获全国五一劳动奖章;会员郑海阳被评为民建中央2021年度反映社情民意信息工作先进个人、市政协2020—2021年度社情民意信息工作先进个人;郑海阳、陈华刚、丁祖昱、雷俊、翟嘉芸、顾睁、祝天慧、邱艳平、季方苏9名会员分获民建市委2021年度参政议政工作先进个人一、二、三等奖;会员张媛被评为民建市委2021年度宣传思想工作先进个人;丁祖昱、王雅雯、叶应春、朱旭东、刘悦、邱艳平、沈懿、张自强、张启军、张治年、张楠赓、陈大宏、陈超、邵开俊、郑海阳、郭卫东、彭锴、韩元良、虞晓钧19名会员被评为民建市委"众志成城,抗击疫情"先进个人;雷俊、王萌祺、陈华刚、郑海阳、翟嘉芸5名会员被评为区政协2021年度反映社情民意信息工作优秀个人;18篇社情民意被评为区政协优秀社情民意信息。 (丁理豪)

【参政议政工作】 年内,民建区委在区政协一届七次会议上提交组织提案4件,其中"加快数据产业配套升级,领航数据资产价值化进程"一篇入选大会发言,"促进数字技术与实体产业深度融合,发展静安数字新经济"一篇入选书面大会发言。完成1篇民建市委课题"关于构建元宇宙数字虚拟市场监管标准的建议——以市场监管部门为例",1篇中共区委统战部调研课题"民主党派基层组织统战文化品牌建设的探索与思考——以民建上海市静安区委为例"。全年共收到会员提交社情民意592篇,报送民建市委、区政协、中共区委统战部信息直报点530篇。其中获市领导批示15篇,市政协采用37篇,中共市委统战部《统战专报》采用3篇,民建市委采用117篇,民建市委《调研建言》采用7篇,区政协采用218篇,采用率达74.9%。

(丁理豪)

【专项民主监督工作】 民建区委认真开展2022年专项民主监督工作,挑选一批参政议政骨干会员及本职岗位涉及街道、建筑、法律等领域的优秀新会员,组成专项民主监督工作小组分别于8月下旬到对口的彭浦镇和天目西路街道,对其"民心工程与人民城市建设"工作开展调研。实地考察天目西路街道社区事务受理服务中心、彭浦镇下属村史馆,调研"一网通办"实

8月24日，民建区委到天目西路街道进行专项民主监督工作调研交流　　（民建区委　供稿）

施情况。10月，形成调研报告初稿《心系群众办实事，为民服务暖人心——民建静安区委2022年专项民主监督调研报告》，并撰写数篇相关社情民意报送有关条线。　（丁理豪）

【社会服务工作】　年内，民建区委围绕关心会员、服务会员企业健康发展的需求，坚持开展社会服务工作，努力发挥党派优势，提升社会服务实效。落实好常态化走访慰问工作。坚持开展每年2次的慰问工作以及个别访谈工作，并配合民建市委做好“春节送温暖”“暑期送清凉”项目和“暖心活动”，将组织的温暖传递给老领导、老会员、病困会员和原工商业者。在严格遵守财务制度规范情况下，支持支部走访慰问支部中需要关心帮助的会员，共对300余人次开展关心慰问工作，同时配合民建市委、中共区委统战部、静安寺街道等，完成对80余人次的关心慰问工作。助力抗击新冠疫情的大上海保卫战。3月底，面临境外输入和本土疫情双重防疫压力，上海新冠疫情打响防控保卫战。静安民建会员响应民建市委及区委号召，积极履行党派职能，通过建言献策、捐款捐物、担任志愿者等多种方式，担负起守望相助的社会责任。4月上旬，民建区委领导通过会员资源，向静安民建老会员及困难会员免费提供近30份包括蔬菜、鸡蛋在内的生活礼包，并为365名有需要的会员购置物资并安排配送。4月中旬，民建区委响应民建市委通知，第一时间通过支部和老委会进行细致梳理，为28名老会员配送急需的生活物品。4月下旬，民建区委再次摸排统计生活物资发生严重短缺的会员名单，克服种种困难，向110名会员配送日常生活慰问品。12月，新冠防疫政策作出调整，民建区委前瞻性地及时联系南、北老委会负责人，对老会员情况进行排摸，并和上海雷允上药业西区有限公司联系，采购到少量防疫物资。在防疫物资极其紧张短缺情况下，用最快速度为最困难的老会员提供爱心防疫物资的快递配送，解决老会员燃眉之急。上述举措在一定程度上缓解会员们在特殊时期的焦虑情绪和生活难题，凸显民建区委对会员关怀，增强组织凝聚力和向心力，获得会员好评和感谢。在抗击新冠疫情的大上海保卫战期间，民建区委各支部和会员共捐款66万余元，捐物价值550余万元，报送相关社情民意271篇。“静安民建”微信公众号特地开辟“抗疫守‘沪’静安民建会员在行动”专栏，连续刊登69篇会员优秀事迹。走访关心扶助会员企业。1—2月间，继续贯彻落实中共上海市委、市政府关于开展“促发展、保安全”大走访、大排查工作的决策部署，调研经济社会发展的政策问题和安全问题，帮助企业解决发展瓶颈困难，保障城市平稳、有序、安全运行，民建区委领导陪同民建市委周汉民、解冬、沈永铭等领导相继深入近10家静安会员企业进行走访调研。7—8月，民建区委再次积极响应民建市委关于“防疫情、稳经济、保安全”工作部署，开展会员企业的调研走访活动，采用领导班子分头联系、线下线上相结合方式，完成对40余家会员企业走访调研。通过实地走访，畅通市区联系联动渠道，了解会员企业经营情况和发展瓶颈，尽最大努力帮助会员及其企业树立信心、解决问题，促进城市经济社会和谐稳定发展。

（丁理豪）

【区政协与民建区委共建民建界别委员工作室】 为深入贯彻落实习近平总书记关于加强和改进人民政协工作的重要思想，更好发挥政协界别优势、拓宽委员履职渠道、强化委员责任担当、有效服务界别群众，根据《上海市政协关于界别委员工作室建设和管理的指导意见的通知》精神要求，在区政协主要领导亲自督办指导下，民建区委在原有“民建之家”（位于淮安路717号）基础上共建打造区政协民建界别委员工作室。12月8日，工作室揭牌。工作室在保留“民建之家”原有优势基础上，附增政协民建界别功效，以“一屏”“一墙”的宣传阵地凸显新的特色亮点。工作室的建立成为区政协和民建区委的合作沟通纽带，更好地整合区政协民建界别和民建区委力量资源，发挥出两者共通共融作用。

（丁理豪）

（四）民进区委

【概况】 2022年是民进十三大、上海民进十三大召开之年。7月，民进上海市第十三次代表大会在上海展览中心胜利召开，民进静安区委20名代表参会。12月，中国民主促进会第十三次全国代表大会在北京召开，民进静安区委2名会员作为上海代表参会。至年底，民进区委有会员1090人，有基层支部37个，全年发展新会员19人。民进区委会员中有市人大代表1人、市政协委员1人；区人大代表7人，其中常委1人；区政协委员27人，其中副主席1人、常委5人。2022年，民进区委被民进中央授予“民进信息化建设先进集体”称号，被民进市委评为2022年度反映社情民意信息工作先进集体、宣传工作先进集体、上海民进公益群星奖。思想建设方面，2022年是中共二十大召开之年，也是中共二大召开100周年，民进区委开展“矢志不渝跟党走、携手奋进新时代”政治交接主题教育，开展专题学习，上海市社会主义学院教授龚少情作“深入学习贯彻党的二十大重要精神，以中国式现代化推进中华民族伟大复兴”专题讲座，上海市社会主义学院博士刁含勇作“中共二大与中国共产党统一战线工作的创建”专题讲座，共180余人次参与学习；开展“中共二大100周年”线上知识竞赛，205名会员参与；组织基层支部开展政治交接主题教育现场教学，有27个支部182名会员到中共二大会址纪念馆、傅雷故居、杨浦滨江人民城市示范区开展13场学习活动;开展民进信息化建设主题年工作,在“静安民进”平台,发布56期推文,其中原创推文107篇,特别是在“大上海保卫战”中连续推出30多篇原创推文,宣传民进会员在一线抗疫事迹,其中被“静安统战”转载6篇,“上海民进”转载4篇,民进中央网转载1篇。组织建设方面,民进区委根据民进信息化建设主题年工作要求,利用在线平台开展学习培训,全年组织主委、区委委员、支部主委、工委委员、新会员支部等线上培训学习会议共17次,开展参政履职培训7场、社情民意培训2场、社会服务讲座5场。民进区委以开展创先争优单项特色奖评选为抓手,对基层支部年度工作进行考核,夯实参政党组织基础,37个基层支部共获得89个单项奖,12个支部获“大满贯”。民进区委为会员成长搭建平台,推荐45名会员参加民进上海市委各专委会;推荐4名会员参加民进上海市委青年工委会;推荐5名会员参加民进上海市委企业家联谊会;推荐2名会员参加民进上海市委第38期中青年会员学习班;推荐1名会员参加民进上海市委中青年专家学者履职研修班;推荐2名会员参加民进上海市委宣传报道骨干培训班;增补28名会员加入民进区委各工委会。参政议政方面,年内,民进区委参政议政成果显著,全年报送社情民意325篇,被民进市委采纳212篇,民进中央采纳4篇,市领导批示13篇,报送全国政协4篇,量质齐升。以社情民意大户、专业户联系指导为机制,组建信息员队伍;开展专题培训,民进上海市委出版传媒委员会副主任、上海建桥学院新闻传播学院副教授管国忠作“社情民意信息的写作与传播”专题讲座,90余名会员参加学习;对反映社情民意信息卓有成绩的先进个人和积极分子33人进行表彰。根据中共区委部署,民进区委2022年就“民心工程与人民城市建设”开展专项民主监督,以参政议政工委会为班底到结对的宝山路街道、石门二路街道开展调研,并形成《走进民心,依靠民众,集智聚力办实事》专项民主监督报告。年内,民进区委5件课题中标民进市委参政议政课题,并立项4件民进区委参政议政课题,合计参与会员达30多人。其中,聂丹执笔的“提升基础研究的原创水平,强化科创策源功能的策略研究”、江蕾执笔的“关于新赛道布局下上海元宇宙产业发展的建议”转化为民进市委集体提案,陆珺执笔的“加快职业教育实训基地数字化转型建设,加速培养高素质技术技能人才”、曾云和徐艳伟执笔的“推动上海上市公司在建设世界一流企业中引领作用的研究”、楼凌宇执笔的“新就业形态劳动争议调解组织实践与探索”转化为民进市委书面发言;程靓亮、薛征、曾云和徐艳伟执笔的课题分别转化为民进区委在区政协二届二次会议上的大会发言“关于深化全面阅读活动,建设书香静安的建议”、大会书面发言“关于丰富社区就医模式,推动分级诊疗有效落地的建议”和集体提案“打造一流区属国有企业,助力静安CBD建设的建议”。叶冠峰牵头开展的“以党派直辖市的区(县)委员会的工作委员会建设为抓手不断推动党派地方组织履职能力水平的提高”统战理论课题调研,被区社会主义学院汇编入册。民进区委“关于完善本市高技能人才培养基地的建议”课题获民进市委2021年参政议政成果一等奖,3件提案被评为静安区政协二届一次会议以来优秀提案。社会服务方面,年内,民进区委打造社会服务品牌“‘静’心为你,服务有我”。在抗击新冠疫情的大上海保卫战中,积极响应民进市委、中共区委统战部号召,动员会员捐款捐物9万余元、参加社区志愿者100余人次;联动民进市委继续支持贵州省金沙中学“静心书架”书籍477册、码洋23000余元,为贵州毕节提供价值19000余元的医用防护服、隔离衣、

N95 口罩等防疫用品。社会服务工委会整合资源，联动街道、基层支部等组织近 10 次社会服务活动，线上线下齐发力，通过线上平台开展“云”服务，内容涉及“医疗健康科普讲座”“双减”“亲子阅读”“防近用眼健康”“法律服务”等，参与人数达 240 人次。老年工委会在疫情防控期间向 18 名高龄会员转达区委慰问，在重阳节电话慰问 159 名高龄会员。青年工委会及新会员支部通过老年工委会的联系，上门走访原主委朱正谊和高龄会员臧慧芬、韩兴华，传承民进优良传统。 （樊靖杰）

【民进区委获评“民进信息化建设先进集体”称号】 12 月 23 日，民进信息化建设主题年工作总结暨表彰会在京召开。民进中央主席蔡达峰出席并讲话，副主席高友东主持会议。高友东宣读《民进中央关于表彰民进信息化建设先进集体、先进个人和优秀案例的决定》，民进区委获“民进信息化建设先进集体”称号。2022 年是民进信息化建设主题年，根据民进市委工作要求，在疫情防控背景下，民进区委以优化工作机制为抓手，以“静安民进”微信公众号平台建设为载体，依托信息化手段助推工作开展，全年发布 56 期推文，其中原创推文 107 篇，组织主委、区委委员、支部主委、工委委员、新会员支部等线上培训学习会议共 17 次，开展参政履职培训 7 场、社情民意培训 2 场、社会服务讲座 5 场，在宣传引领、社会服务、参政履职的工作开展中创新形式内容，线上线下双线发力，助力自身建设，取得良好成效。

（樊靖杰）

【民进上海市委到区开展大走访、大排查】 按照中共上海市委开展“防疫情、稳经济、保安全”大走访、大排查工作的决策部署，9 月 1 日，民进市委专职副主委杨蓉带队到静安开展调研座谈。民进市委二级巡视员季国进、社会服务部部长曾如亭、参政议政部副部长康琳出席座谈会。会前，杨蓉与中共区委常委、统战部部长顾定鋆、统战部副部长季军就民进区委工作进行交流。民进区委主委聂丹以视频连线形式欢迎民进市委一行到静安调研，副主委曾云主持会议并就民进静安区委基本情况和参政议政相关课题工作作汇报。宝山路街道办副主任屈蔡翔、石门二路街道办副主任陈功在会上分别就基层党建和社区人员队伍建设、共建共治等情况作汇报和介绍。与会居民区党支部书记、民进区委委员、骨干会员从各自工作出发，交流分享社区治理、课题工作的思考和体会，并对常态化疫情防控下如何进一步深化工作成果提出意见和建议。 （樊靖杰）

【民进市委到区开展政治交接主题教育工作调研】 2022 年是中共二十大召开之年，也是民进中央、民进市委换届之年，民进市委在全市各级民进组织中开展“矢志不渝跟党走、携手奋进新时代”政治交接主题教育。11 月 10 日，民进市委专职副主委何少华带队到区开展调研，民进市委宣传部副部长冯蓓等出席座谈会。民进区委主委聂丹，专职副主委杜国英，秘书长刘轶男，区委委员叶冠峰，区委委员、静安区业余大学支部主委陆华英、中教联合支部主委陈莉接待民进市委一行，座谈会在静安区业余大学举行。聂丹介绍民进区委政治交接主题教育基本情况和年度工作。与会人员分别从区委和支部层面，交流分享政治交接主题教育工作经验和成效。 （樊靖杰）

【中共二十大精神专题学习】 11 月 16 日，民进区委在美丽园酒店开展中共二十大精神专题学习，邀请上海市社会主义学院教授龚少情作题为“深入学习贯彻党的二十大重要精神，以中国式现代化推进中华民族伟大复兴”主题报告。民进区委主委聂丹主持会议并讲话，副主委曾云、杜国英，秘书长刘轶男，民进区委委员、支部主委、工委会委员等90余人线下线上同步学习。龚少情分别从深刻认识中共二十大蕴含的中共发展逻辑、全面把握中共二十大报告逻辑体系与基本内容、深刻领会中共二十大的重要意义及其实践要求3个层面，指导静安民进会员全面准确学习领会中共二十大精神，围绕实现中华民族伟大复兴中国梦一起来想、一起来干。 （樊靖杰）

【政治交接主题教育】 8月12日，民进区委主委聂丹率队到中共二大会址纪念馆参观学习，开展“矢志不渝跟党走、携手奋进新时代”政治交接主题教育，纪念中共二大召开和统一战线政策提出100周年，副主委曾云、杜国英及区委委员、工委会正副主任10余人参加学习。中共二大会址纪念馆研究室负责人倪娜为民进区委一行作现场教学，围绕为何选址辅德里、统一战线政策出台背景以及第一部党章诞生剖析中共二大历史。聂丹指出要通过政治交接主题教育加深对中国共产党为什么“能”、马克思主义为什么“行”、中国特色社会主义为什么“好”的理解把握，坚定“只有跟着共产党走，才是在正道上行”的政治信念，民进区委班子要充分发挥学在前、作表率的示范引领作用，知行合一、学用相长，将激发的正能量转化为履职尽责的自觉行动和实际成果。 （樊靖杰）

【工委会新委员欢迎动员会】 7月14日，民进区委以线上会议形式召开工委会新委员欢迎动员会，民进区委主委聂丹出席会议并讲话，专职副主委杜国英主持会议，各工委会正副主任、委员、新委员60余人参加会议。为进一步夯实工作基础、加强组织建设，更好地开展工作，民进区委对各工委会进行增补，会员踊跃报名参与，经主委班子讨论，共有28名会员加入工委会队伍。工委会代表分别从组织架构、工作职责、平台特色和1年来所开展的工作、举办的活动、取得的成绩等角度，介绍各自情况。新委员代表程靓亮、李源源分享自己参与工委会工作的经历和体会。 （樊靖杰）

【到宝山路街道开展“民心工程与人民城市建设”专项民主监督工作】 7月21日，民进区委主委聂丹、副主委曾云率专项民主监督调研组一行到宝山路街道开展“民心工程与人民城市建设”调研工作。街道党工委书记胡建文、街道办事处主任俞宙冬、街道办事处副主任屈蔡翔、街道办事处副主任沈柳及相关科室主任陪同调研。调研组一行实地考察中兴公园、街道企业服务中心，了解近年来街道城市建设更新和营商环境优化等方面具体做法。调研组一行到街道城运中心开展座谈，会议由俞宙冬主持。胡建文对民进区委在最艰难时向街道捐赠物资表示感谢。他总结疫情防控期间工作经验，提出街道要进一步强化改善居住条件、完善应急体系、提高组织动员、强化基层治理等方面工作。屈蔡翔从社区环境改善、红色文化项目打造、弱势群体关怀服务等10个方面，将上年宝山路街道实事项目完成情况作简要汇报，并就街道疫情防控工作情况进行沟通介绍。沈柳就民进区委关心的社区弱势群体和老年群体的关怀帮扶问题进行互动探讨。聂丹表示民进区委将继续深入调研，发挥好民主党派监督和参政议政作用，将宝山路街道好的做法如实总结反馈。同时立足街道发展特点与民生需求，提供资源助力和社会服务，为宝山路街道提升各方面工作提供助力和支持。曾云结合调研提出“进一步优化营商环境，统筹推进疫情防控和经济社会发展”和“加强关注疫情后社区安全与社会关系

民进区委到宝山路街道开展“民心工程与人民城市建设”专项民主监督工作　（民进区委　供稿）

的修复和发展”两点建议。（樊靖杰）

【民进市委2022年参政议政中标课题开题会】 2022年民进区委共中标5项民进市委参政议政课题，6月，民进区委分别组织课题组召开开题会，会议明确下一步研究方向、实施步骤、人员分工等。民进市委专职副主委杨蓉，民进区委主委聂丹、副主委曾云，民进市委参政议政部副部长康琳以及各小组邀请的行业专家出席相关课题小组开题会。该次中标课题内容涵盖科创策源、企业发展、职业教育发展、城市文化软实力建设和推进民心工程办好民生实事5个领域。在多方协调下各中标课题小组开题工作研讨会有序推进，课题组成员在开题会中积极建言，聚焦问题和解决方案共同头脑风暴，明确调研方向和课题阶段性工作进程表。（樊靖杰）

【慰问石门二路街道孤寡老人】 2月15日，静安民进社会服务工委会主任汤嘉敏带队和石门二路街道办事处人员一起走访慰问社区孤寡老人，为老人们送上元宵和营养品，代表民进区委带去新春祝福和问候。会员们详细了解老人们日常生活情况、身体状况和面临的困难，鼓励老人们要保持积极、乐观的生活态度，克服困难。

（樊靖杰）

【助力企业发展法律咨询服务活动】 4月4日，民进区委组织“抗击疫情，助力企业发展法律咨询服务活动”。活动以线上直播方式举行，邀请3名律师专家解读劳动法、合同法及上海市政府近期颁发的21条最新政策，对人民群众所关心的问题进行探讨。区人大代表、上海市捷华律师事务所主任郭健枫讲解关于疫情造成企业和个人无法履行合同的问题和建议。区政协委员、民进区委委员、圣知林律师事务所主任楼凌宇分享关于疫情防控期间劳动关系实务处理相关内容。区政协委员、上海市捷华律师事务所高级合伙人律师蒋尉菁解读关于“综合实施退税减税、降费让利、房租减免、财政补贴、金融支持、援企稳岗等助企纾困政策”21条政策。

（樊靖杰）

(五)农工党区委

【概况】 2022年,农工党区委贯彻中共十九大、十九届历次全会和二十大精神,紧扣区第二次党代会部署,开展政治交接主题教育,履行参政党职能,加强自身建设,获农工党市委"2018—2022年'先进集体'"等荣誉。农工党区委重视思想建设,认真学习贯彻中共二十大精神。在中共二十大召开前夕,以多种方式在农工党区委中心组加强舆论引导与宣传。召开当日,指导广大党员通过各种途径收听、收看习近平总书记向大会作的报告。会后,利用新媒体等手段,及时传达中共二十大精神和解读信息。听取中共上海市科学技术工作委员会书记徐枫学习宣传贯彻中共二十大精神专题讲座和上海大学经济学院教授、博士生导师张恒龙"应变局、育新机、开新局——学习贯彻党的二十大精神,奋力推进中国式现代化"专题报告等专题辅导报告。为进一步激发学习热情,农工党区委举办"欢庆二十大,永远跟党走,奋进新征程"主题朗诵比赛,歌颂中国共产党的光辉业绩和伟大成就。全体党员积极参与党派和各自单位组织的各类学习活动。通过一系列举措,在全体党员、特别是农工党区委骨干党员中迅速掀起学习中共二十大精神的热潮。农工党区委有力履行中国特色社会主义参政党职能。区"两会"期间,提交集体提案2件,党员提交提案、议案21件。年内,组织党员申报课题19篇。其中1篇被选为中共市委统战部定向课题,8篇获农工党市委立项,1篇获中共区委统战部立项,2篇作为农工党区委重点课题、8篇作为农工党区委自立课题予以立项。社情民意信息工作方面,2022年共向农工党市委、区政协和中共区委统战部报送社情民意和各类建言265篇,录用228篇。组织部分反映社情民意信息积极分子参加"农工党中央2022年全国参政议政骨干和社情民意信息员培训班"培训。年内,对静安寺、大宁路两街道"民心工程与人民城市建设"工作开展专项民主监督,通过实地走访、座谈交谈等,提出意见建议,形成专项调研报告上报中共区委。社会服务方面,通过聚力打赢新冠防控大上海保卫战、多渠道携手服务社会,践行服务宗旨、履行社会职责。2022年,是农工党中央和市委换届年。在7月召开的农工党上海市第十四次代表大会上,叶强继续当选为农工党市委副主委,钟岭、曹惠芳、许兴莉当选为农工党市委委员。在12月召开的农工党第十七次全国代表大会上,叶强当选为中央委员,钟岭作为代表出席大会。在农工党市委成立的新一届专委会中,农工党区委有13名党员当选为各专委会成员。年内,经农工党市委推荐,1名农工党党员担任上海市统战理论研究会理事,1名农工党党员担任《前进论坛》特约通讯员;经区政协推荐,有5名农工党党员分别担任区委政法委特约监督员、区法院特约监督员、区检察院特约监督员、区信访特约监督员;经中共区委统战部渠道,向中共市委统战部推荐优秀党外创新创业青年人才1人,推荐区第二次妇女代表大会代表1人,推荐区海外联谊会第二届成员3人,推荐2名符合条件农工党党员作为优秀年轻干部人选上报中共区委组织部。经各大口协商,农工党党员中有4名科级干部被推荐参加"第三期静安区党外中青年干部培训班"培训。农工党区委组织相关人员参加"静安区各民主党派、无党派人士和有关团体负责人研讨班""农工党市委新党员学习班""静安区各民主党派新成员培训班”等培训。年内，农工党区委发展党员21人，平均年龄38岁，其中大学以上学历20人、中级以上职称17人，医药卫生界人士18人。至年底，农工党区委有委员17人，其中主委1人、副主委4人。下辖支部19个，有党员822人，平均年龄58岁，其中在职409人、退休413人。医药卫生界人士579人，占总人数的70.4％。中级以上职称668人，占总人数的81.3％，其中，高级职称205人，占总人数的24.9％。党员中有农工党市委副主委1人、委员3人。市人大代表1人、市政协委员1人、区人大代表3人、区政协委员23人。（严宇）

【参政议政工作】 年内，区“两会”期间，农工党区委提交“‘5G’时代加速发展基层互联网医院的建议”“建议突破惯性思维精准提高本区招商能效”2篇集体提案，党员提交提案、议案21件。其中集体提案“‘5G’时代加速发展基层互联网医院的建议”被区政协评选为2022年度重点提案及优秀提案，党员陈冬、罗青扬提交的个人提案“有效利用静安文化资源，做好文创产品，以文化带动旅游、艺术等”，周帆提交的个人提案“探索以‘体育＋’发展模式促进静安健康城市建设”被区政协评为优秀提案。年内，组织党员申报课题19篇。其中1篇被选为中共市委统战部定向课题，8篇获农工党市委立项，1篇获中共区委统战部立项，2篇作为农工党区委重点课题、8篇作为农工党区委自立课题予以立项。社情民意信息工作方面，2022年共向农工党市委、区政协和中共区委统战部报送社情民意和各类建言265篇，录用228篇。其中1篇被全国政协采用，3篇被国务院综合转送有关部委，69篇次被农工党中央、市政协、中共市委统战部等采用，有18篇获市领导批示。社情民意信息得分位列农工党市委各基层组织、静安区政协各报送单位第一。（严宇）

【民主监督工作】 年内，根据《关于2022年中共静安区委委托民主党派、工商联、无党派人士开展专项民主监督有关事项的通知》及《农工党静安区委2022年民主监督工作实施方案》要求，农工党区委就“民心工程与人民城市建设”开展专项民主监督工作。经协商一致，农工党区委对口静安寺街道、大宁路街道，围绕“民心工程与人民城市建设”主题，就静安寺街道“社区养老服务设施建设工程”专题开展民主监督，就大宁路街道“党建引领下的社区自治共治工作”开展专项民主监督。通过实地走访、听取介绍、座谈交流等，客观总结两街道在这些工作中的经验做法，分析研判工作中所面临困难问题，提出科学有效意见建议，形成专项调研报告上报中共区委，较好履行党派的民主监督职能。（严宇）

【社会服务工作】 年内，农工党区委继续与大宁路街道联手开展“大健康”为民服务项目，为大宁路街道辖区早期归侨、社区居民以及白领提供体检报告解读服务。通过采取“线上＋线下”模式，一方面开展一对一的线上电话咨询，另一方面对年纪较大、行动不便的居民，采取线下上门解读，并跟踪随访。该活动信息被“学习强国”平台收录。农工党区委组织15名党员报名“益心为公检察云平台”志愿者，服务长江流域生态环境保护工作。农工党区委组织党员关注农工党中央帮扶平台“方货出山”，消费助推大方发展，为推进乡村振兴，促进城乡共同富裕出力。农工党区委组织党员中的民营企业家代表到农工党市委参加农工党中央民营企业家代表座谈视频会，与农工党市委领导开展“防疫情、稳经济、保安全”大走访、大排查工作静安专

场调研座谈，帮助党员企业纾困。（严宇）

【政治交接主题教育】 年内，农工党区委制订工作方案，成立政治交接主题教育领导小组。将开展政治交接主题教育与学习中共二十大、纪念中共二大召开百年、纪念中国共产党统一战线政策提出百年等活动相结合。选派党派内老中青三代党员代表发表纪念感言，由主委钟岭代表农工党区委在区政协、中共区委统战部纪念二大召开百年活动中发表视频感言，组织党派成员听取“中国共产党百年统战的发展历程与基本经验”专题报告，为静安区统战阵地建设深入挖掘素材等。此外，还集体学习中共中央统战工作会议精神、农工党上海市第十四次代表大会精神等，组织部分党员撰文交流学习心得体会；协办农工党市委“矢志不渝跟党走、携手奋进新时代”政治交接主题教育中期推进会，并做交流分享等。（严宇）

【聚力打赢抗击新冠疫情的大上海保卫战】 年内，全市静态管理期间，农工党区委党员中的医务工作者投身一线抗疫的计有200余人，其中进入新冠肺炎阳性病患定点医院、方舱医院的一线党员23人，网上接诊数9000余次。广大党员通过各种形式贡献力量，农工党区委党员以个人名义或作为单位负责人以单位名义捐款捐物近百万元；报送有关疫情防控、复工复产等方面的社情民意信息120余篇，其中有39篇被市政协采用、3篇被农工党中央采用、11篇获市领导批示。农工党区委认真帮扶济困，为数位家中有婴孩的党员，联系有关渠道，捐赠奶粉、尿不湿、婴儿纸巾等婴儿用品；为因夫妻都在医院闭环，留守家中物资告急的老人孩子，协调各方资源，顺利解决物资问题等。农工党区委积极报道党员抗疫先进事迹，记录、宣传党员抗疫先进人物、典型事迹的报道累计阅读量近3000次。向农工党市委申报抗疫优秀事迹11人，为党员向中共市委统战部申领感谢信5份。（严宇）

【社情民意信息工作获表彰】 9月，党员姚耀被市政协评为2020—2021年度社情民意信息

农工党区委组织党员参观中共二大会址纪念馆 （农工党区委 供稿）

工作先进个人、被中共市委统战部评为2021年度优秀统一战线特约信息员。同月，在区政协召开的2022年社情民意信息工作座谈会上，农工党区委被评为2021年度静安区政协社情民意信息工作优秀单位；党员钟岭、彭德荣、于雅君、姚耀、傅颂华被评为优秀个人；农工党区委提交的13篇社情民意信息被评为优秀社情民意信息。12月，在农工党市委表彰会上，农工党区委以总分第一的成绩被评为农工党市委2020—2021年度反映社情民意信息工作先进集体；党员姚耀被评为优秀个人；党员彭德荣等3人被评为先进个人；党员陈冬等9人被评为积极分子；党员王红兵等9人被评为疫情防控期间反映涉疫信息优秀个人。（严宇）

【获农工党中央及市委表彰】 12月3日，中国农工民主党2018—2022年先进集体和先进个人表彰大会召开，党员钟岭、姚耀、彭德荣被农工党中央评为2018—2022年先进个人，钟岭作为上海获奖个人代表领取中央嘉奖。12月28日，农工党上海市委召开先进表彰会，农工党区委被评为农工党市委2018—2022年先进集体，党员于雅君、叶斌、严宇、张广仁、陈冬、傅颂华被农工党市委评为2018—2022年先进个人。（严宇）

【主题朗诵比赛】 12月13日，农工党区委在中共二大纪念馆会议室举办“欢庆二十大、永远跟党走、奋进新征程”主题朗诵比赛。各支部推荐的16组参赛选手，围绕中共二十大、红色经典、时代旋律、发展展望等相关主题，朗诵《党的二十大之歌》《月光下的中国》《中华颂》《微光汇聚，终成暖阳》等经典或原创优秀作品。选手们用充沛的感情、深情的朗诵，热情歌颂中国共产党的光辉业绩和伟大成就，彰显“欢庆二十大、永远跟党走、奋进新征程”的内涵与意义，展现农工党党员的精神风采与良好风貌。教育支部蒋雯、老年医院支部于雅君获比赛一等奖，其他选手分获二、三等奖。比赛前，全体人员集体参观中共二大纪念馆并合影留念。农工党区委主委钟岭出席活动并点评，副主委曹惠芳、邬碧波及区委委员、参赛选手等近30人参加。（严宇）

（六）致公党区委

【概况】 2022年，致公党区委坚持以习近平总书记关于做好新时代党的统一战线工作的重要思想为指导，深入学习贯彻中共十九届历次全会、二十大会议精神和中央统战工作会议精神，加强思想政治引领，强化理论武装。致公党区委以迎接中共二十大召开、纪念统一战线口号提出100周年为契机，围绕二十大报告精神和统一战线思想，召开主委会、区委会等学习传达会议精神，提高致公党区委中心组成员的政治理论素养。结合中共二十大的召开，积极调动支部学习积极性，组织发动广大党员进行现场收看、畅谈学习体会。致公党区委邀请市社会主义学院教授王俊华为新党员和骨干作“中国共产党百年统战的发展历程与基本经验”的专题培训讲座。不断增进对新时代统一战线思想的认识。开展主题学习。根据致公党市委部署，开展“矢志不渝跟党走，携手奋进新时代”政治交接主题学习，强化党员的初心、传承、团结、奋进思想。发动全体党员参加“静安统战”微信公众号“百年辅德里，统一战线在这里迎来伟大开端”线上活动；组织党员聆听社院讲坛“中国共产党百年统战的发展历程与基本经验”、收看静安区各界人士纪念中国共产党统一战线政策提出100周年大会。上海市非物质文化遗产连环画项目传承人、党员罗希贤绘制“中共二大与统一战线”连环画，制作成展板、形成专栏在中共二大纪念馆展出。加强信息宣传。区委向致公党市委和中共区委统战部报送信息宣传报道30余条，其中多篇被《上海致公》杂志及微信公众号、《静安统战》杂志和微信公众号录用。编辑制作《静安致公》期刊，搭设学习宣传、交流互动平台，增进党员对统战工作、党派工作的参与度、知晓度。配合做好致公党市委换届。2022年是民主党派的政治交接年，致公党区委做好代表推荐工作，选举产生的13名第九次致公党市党代会代表认真履职，全程参会。17名党员成为致公党市委新一届专委会和非常设机构委员，其中主任2人、副主任1人。落实工作制度。致公党区委克服疫情影响，落实全年计划安排，有序推进各项工作开展。全年召开主委会议4次、区委会议4次，支部工作会议1次，确保基本工作不断不乱。继续深化党内监督制度的执行，完成2022年度述职评议会和民主生活会。致公党区委监督委员会深入学习党内监督文件精神，全程列席致公党区委会议，努力发挥监督保障作用。夯实支部建设基础。根据支部工作需要，进行支部主委班子的优化调整，开展新党员进支部活动，充实支部工作力量。年初下发支部手册，对支部组织生活、社情民意、课题调研、党费收支等进行全面记录，推动支部工作有序开展，保持活力和温度。静安寺支部、第三支部组织开展党员学习活动、石二支部组织党员观影《万里归途》，提升爱国信仰。加强党员发展培养。全年发展新党员15人，平均年龄34.9岁，研究生以上学历达53%，侨海比例达93%。至年底，有党员310人，平均年龄54.75岁，其中在职党员211人，占67.8%，具有侨海关系的党员239人，占76.8%。致公党区委为党员发展创设机会、搭设平台，组织党员参加各级各类培训，开阔眼界，增长见识。推荐2人参选上海市优秀党外创新创业青年人才，推荐1人为上海市新联会理事，6人为静安海联会会员，1人为静安区第二次妇代会代表。丰富专委会活动。依托专委会工作开展联谊活动，注重关心党员、服务党员、凝聚党员。妇委会以庆祝“三八”节为契机，组织开展观影活动；中青委组队参加致公党市委爱心义卖和趣味运动会，组织中青年党员观看影片《扫黑行动》，夕阳红专委会在敬老节期间向退休党员等致以节日问候。全年，致公党区委在“冬送温暖，夏送清凉”活动中累计慰问大重病党员、80岁以上党员、离任领导及区委委员82人次，上门慰问8人。

（王明霞）

【参政议政工作】 年内，致公党区委修订完善《致公党静安区委参政议政工作办法》，完善参政议政工作机制。开展参政沙龙活动，举办二期线上线下活动，围绕中共区委课题调研、企业复工复产等主题开展专题研讨。邀请致公党市委原秘书长风懋伦为党员作“如何提高参政建言水平”专题讲座。协商座谈方面，致公党区委围绕中共区委、区政府确定的协商主题，就“城市精细化管理”、疫情防控和经济社会发展、党风廉政建设、数字化转型与高质量发展、政府工作报告等提出政党意见和建议。全年参加中共区委统战部组织的协商座谈会6次，提出的意见建议受到相关部门肯定和回应。资政建言方面，致公党区委提交“聚焦‘两网’建设，续写城市治理转型新篇章”和“关于提高城市运行安全效率的建议”2篇政协大会提案，其中“聚焦‘两网’建设，续写城市治理转型新篇章”被评为区政协二届一次会议优秀提案。全年报送社情民意信息114件，其中被区政协录用40件，致公党市委录用15件，市政协录用7件，中共市委统战部录用1件，单篇报全国政协1件，致公党中央录用2件，市领导批示3件。全年提交社情民意的党员有37人，社情民意撰写的数量和人数创历史新高。致公党区委被评为区政协2021年反映社情民意信息工作优秀单位。开展课题研究。聚焦中共区委、区政府重点工作及经济社会民生热点，致公党区委组织开展课题申报和调研。各支部提出并完成社区基层法治建设、苏河湾滨水商务集聚带建设、城市消费能力提升、医疗废物资源化利用等8件调研课题，成功申报中共区委统战部课题1件。（王明霞）

【社会服务工作】 年内，致公党区委社会服务委员会与致公党市委生态环保委员会到上海环境集团天马无废低碳产业园，联合调研上海市生活垃圾的处置利用。参加中共区委统战部双拥慰问活动，购买夏令用品慰问部队。投身疫情防控。3月初，面对上海日趋严重的新冠肺炎疫情，党员们主动担当，全力支援疫情防控工作。14名党员医务工作者主动报名参与，党员志愿者支援社区达300余人次，捐款捐物5万余元，党员们用实际行动为上海的疫情防控贡献力量。（王明霞）

【民主监督工作】 致公党区委主委吴月、副主委胡奇敏率致公党区委2022年专项民主监督工作小组分别于8月12日、16日到临汾路街道、北站街道就“民心工程与人民城市建设”问题开展专项民主监督工作。中共临汾路街道党工委书记李永波从为老服务设施建设、社区食堂送餐服务、数字化家园建设等方面介绍街道助老服务等民心工程的开展情况及主要特色；副书记顾海斌介绍街道新冠肺炎疫情防控工作情况、疫后小区加装电梯复工复产情况、和谐街区建设及社区基层队伍建设等工作。中共北站街道党工委书记程凯肯定了多年来致公党区委围绕社区工作重点、难点开展民主专项监督调研，为推动和提升街道基础业务工作给予的帮助。北站街道办事处副主任余萍围绕“社区＋园区”运营模式的社区食堂、重点服务关爱对象、整合共享公益空间等方面介绍“民心工程”主要工作情况；街道社管办主任杨伟介绍街道“两美”（“美丽城区”“美丽家园”）建设、城市管理的3种做法（坚持问需于民、问计于民；深入挖掘社区治理达人；依托党建引领，实现共建共治共享）。在听取情况介绍后，吴月代表专项民主监督工作小组对街道的支持表示感谢。与会致公党党员们一致认为街道在疫情防控、加装电梯、社区治理、助老为老服务等方面付出努力，取得的成绩，对街道在基层党建、物业管理、信息化管理及人员队伍建设等方面长期以来打下的基础给予肯定，这些基础工作成果在疫情防控期间发挥了不可替代的作用。致公党区委在调研基础上，发挥党派优势，履行民主监督职能，提出具有建设性和操作性的意见建议，支持街道更好地实施民心工程，助力人民城市建设。专项民主监督工作小组和街道工作人员还围绕小区建设、疫情防控期间的“幼托暑托”、助老服务、居民自治等社会治理中的热点、难点问题开展讨论。（王明霞）

【2022年区委调研课题选题会】 9月28日，致公党区委举行2022年调研课题选题及评审工作会议。会议由致公党区委副主委胡奇敏主持，致公党区委主委吴月参加会议并讲话。各支部课题申报组成员及部分参政议政委成员参加会议。会议通报参政议政委工作情况及课题调研总体情况。会上有8个课题组及其主笔人进行课题申报及介绍。经讨论评审，初步形成年度重点课题，完成选题任务。围绕重点课题，致公党区委进一步组建课题组开展调研。其余申报课题转化为社情民意或储备课题。吴月对各课题申报组积极参与课题申报表示感谢和肯定。会前，大家参观百年历史保护建筑——上海总商会，听取静安区“一轴三带”之一的苏河湾高端商务集聚带发展情况介绍。（王明霞）

【“中共二十大”报告学习暨新党员培训交流活动】 于10月24日在美丽园大酒店5楼会议室举行。致公党区委主委吴月出席活动并讲话，副主委胡奇敏、顾宏伟，区委委员丁全胜、余和平，支部主委、部分专委会骨干党员及新党员等30余人参加活动。开班动员由余和平主持。顾宏伟和胡奇敏分别介绍致公党区委2022年的组织发展工作及参政议政工作基本情况。吴月在讲话中介绍致公党发展历程和爱国传统，从历史回顾和未来发展两方面阐述统一战线在实现大团结大联合，推动革命胜利、民族复兴中的巨大作用，结合中共二十大报告精神，指出民主党派的思想建设、组织建设是开展履职建设的灵魂和基础，参政党要致力于提高建言资政水平，要求党员们深入学习贯彻中共二十大精神，感悟初心使命，汲取智慧力量，认真领会统一战线思想的精髓，提升政治素养和履职能力，并对新党员提出希望。活动现场颁发新党员证书，邀请市社会主义学院副教授王俊华和致公党市委原秘书长凤懋伦分别作题为“中国共产党百年统战的发展历程与基本经验”“如何提高参政建言水平”专题讲座。 （王明霞）

【致公党市委生态环境专委会与静安区委联合开展调研活动】 11月11日，致公党市委生态环境专委会与致公党区委一行党员到上海环境集团天马无废低碳产业园，联合调研上海市生活垃圾的处置利用。调研组由致公党市委秘书长刘新宇和致公党市委生态环境专委会主任、静安区委主委吴月带队，在上海环境集团领导陪同下，先后参观天马生活垃圾焚烧厂二期及建筑垃圾、湿垃圾资源化利用等项目，现场观摩干垃圾处理全过程，听取负责人关于项目开发建设、信息化智能化管理、垃圾回收利用及焚烧发电等情况介绍。通过参观学习，专委会成员们充分感受到垃圾焚烧厂现代化建设的水准和垃圾处置先进水平，进一步加深对开展垃圾分类和“无废”城市建设的认识，提升资源循环利

11月11日，致公党区委社会服务委员会与致公党市委生态环保委员会到上海环境集团天马无废低碳产业园，联合调研上海市生活垃圾的处置利用 （致公党区委　供稿）

用的低碳环保理念。（王明霞）

【致公党区委开展参政沙龙活动】 11月5日，致公党区委参政议政委员会到上海圳呈微电子技术有限公司进行实地走访调研，并围绕企业纾困解难政策落实等专题开展参政沙龙活动。致公党区委主委吴月参加活动并讲话，活动由区委副主委胡奇敏主持，区委委员杨飞飞及部分企业界党员参加。参会党员结合自身工作实际和经济发展形势，围绕主题谈感想、言体会、提建议、商对策，进行交流互动。吴月对与会党员的认真思考和充分建言表示感谢和肯定，指出参政议政是民主党派履职的第一要务，党员们要结合自身特长及工作实践，关心身边事，争做有心人，保持参政热忱和敏锐视角。紧扣时政重点、社会热点、民生难点等写好社情民意，提出建设性意见，充分发挥党员的自身价值，彰显党派参政功能。上海圳呈微电子技术有限公司坐落于张江科技园，是一家从事芯片研发的高新技术企业。企业高管向与会党员介绍产品研发和芯片行业发展情况，和党员们交流疫情防控形势下企业生产经营、生存发展面临的挑战和困难。沙龙研讨以线上线下相结合方式开展，通过交流研讨，进一步激发参政动力，凝聚履职共识。

（王明霞）

（七）九三学社区委

【概况】 2022年，面对新冠疫情等外部环境的复杂变化，九三学社区委坚持以习近平新时代中国特色社会主义思想为指导，全面贯彻落实中共二十大和九三学社的十二大会议精神，积极参政议政，提升履职质量。《打造科创生态链下的静安知识产权公共服务体系，助力“专精特新”企业加速提质发展》作为九三学社区委集体提案获评静安区政协二届一次会议以来优秀提案。参政议政工作获九三学社市委多项表彰：“关于我国开源软件安全发展的提案”被评为优秀调研成果一等奖；“关于加强本市免疫规划队伍建设的提案”“关于加快我国疾控体系数字化转型的提案”“关于推进上海港航运数字化转型的建议”“关于加快推动本市新能源和智能网联汽车产业高质量发展的建议”“关于加强新兴产业领域知识产权保护工作的建议”被评为优秀调研成果二等奖；“关于加速多网融合，建立城市数字底座监测体系的建议”“关于加强以数字底座为支撑的治理数字化的建议”“关于加强中小传统服务型企业数字化转型的建议”“关于进一步发展普惠金融的建议”“关于加快上海汽车产业转型升级的建议”“更好发挥临港新片区科技策源和高端产业引领功能”被评为优秀调研成果三等奖。受中共区委委托，九三学社区委就“民心工程与人民城市建设”，按照对口安排，对曹家渡街道和共和新路街道开展专项民主监督。思想建设方面，做好中共二十大会议精神的学习贯彻，结合中共二大百年、统一战线政策提出100年等契机，开展政治交接主题教育，组织社员参观中共二大会址纪念馆和世纪回眸统战图片展等。通过专委会与支社联动，编辑发布《九三·静安》电子刊2期和抗疫特辑2期，其中多篇信息稿被《政协头条》《上海志愿者》等转载。组织建设方面，贯彻“人才强社”战略，多渠道选拔推荐人才，培养后备力量。建立九三学社区委专家库，涉及科技、政治法律、医药卫生、教育、城市建设和管理等领域，有121名专家社员入库。筹办青年工作委员会，团结凝聚青年社员。九三学社市委换届后，推荐79名优秀社员参与九三学社市委各专委会。基层组织工作继续开展“星级支社评选”，进一步细化评分标准，一支社、四支社、十支社、十二支社十三支社、十四支社获得“五星支社”称号；二支社、三支社、五支社、六支社、八支社、九支社、十一支社获得“四星支社”称号。全年发展新社员33人，其中硕士19人、博士2人，高级职称10人，平均年龄39岁。至年底，九三学社区委下属支社13个，小组1个，共有社员768人。其中高级职称占比约54%，从事科技、高等教育、医卫方面的社员占比超过75%。年内，九三学社区委获多项荣誉：九三学社中央2021—2022年社会服务先进集体，九三学社上海市委2021年度参政议政工作先进集体一等奖、信息工作先进集体一等奖、2022年度思想政治和宣传工作先进集体，静安区政协2021年度社情民意信息工作优秀单位。3名社员获九三学社中央表彰：严俊瑛被评为九三学社中央2022年度组织工作先进个人，孟静被评为九三学社中央2021—2022年社会服务先进个人，陈晔被评为全国宣传思想工作先进个人。社员贺仁龙获九三学社市委2021年信息工作先进个人一等奖，华静、李文红获二等奖，王寒梅、李仁春、李磊、唐晓峰、朱迪获三等奖。（戴隽）

【参政议政工作】 年内，九三学社区委全年完成九三学社市委立项课题4个，分别是“医联体对居民就医影响的调研”“韧性城市视角下基层应急能力建设路径研究”“打造文化创意产业版权运营中心，助力上海知识产权强市建设”“传承上海红色基因，推进红色文化创意产品研发”；九三学社区委课题9个，分别为“静安区数字经济发展建议”“加速推进产城融合数字化赋能，助力中心城区与新城协同发展”“推进我区河道环境治理工作的建议”“长三角一体化产业协同中上海需要的招引机制创新”“数字化转型中的隐私保护问题研究”“新冠疫情处置过程中公共卫生信息化的现状与对策”“关于提升‘长护险’居家养老护理质量的建议”“关于进一步完善养老助餐服务的建议”“关于对旧区改造土地储备项目开展预算绩效评价工作的建议”。全年提交社情民意信息232篇，其中获市领导批示16篇，获九三学社中央录用20篇，市政协录用29篇，中共市委统战部录用6篇。（戴隽）

【民主监督工作】 年内，九三学社区委受中共区委委托，就“民心工程与人民城市建设”对曹家渡街道和共和新路街道开展专项民主监督。基于人民群众感知公共服务和城市温度的“神经末梢”往往源于最小的基层治理单位，因而九三学社区委聚焦于基层治理能力，先后对曹家渡街道和共和新路街道开展调研座谈，与来自街道职能科室、居民区党支部、业委会、物业及志愿者代表相互交流，形成专项民主监督工作报告，从组织架构、应急队伍、预案演练、数据赋能等多个角度建言基层应急工作机制，助力解决社区应急中的“难”问题，做好赢得民心的“大”工程。（戴隽）

【社会服务工作】 3月中旬，面对严峻的疫情形势，九三学社区委对口的共和新路街道防疫力量出现缺口，九三学社区委了解情况后发布2封招募志愿者动员令，组建1支服务队，为共和新路街道2个点的核酸大筛提供志愿服务。利用疫情平稳间隙在曹家渡街道举办2次“九三学社健康咨询基地”活动。3月，社员郝丽君为曹家渡街道辖区内上汽集团下属上汽保险公司女职工开设中医健康讲座；12月2日，九三学社区委与九三学社市委联合举办“同舟护健康，服务暖人心”大型义诊，邀请来自九三学社的12名医学专家为社区居民们提供健康咨询服务，涵盖呼吸、消化等11个科目。响应九三学社中央助力脱贫攻坚号召，九三学社区委积极发动社员参加对口帮扶活动。接到九三学社与九江市开展九地合作的重要帮扶对象——九江市职业大学(九三学社创始人许德珩的母校)对学校原创大型红色舞台剧《夙愿》剧本及舞台剧编排等进行优化指导的需求后,通过社员为其联系上海戏剧学院,并与其线上对接,由上戏专家为其提供专业的建议。继续开展"亮康行动在静安"活动,累计为97名老人补助白内障手术。 (戴隽)

【开展"矢志不渝跟党走、携手奋进新时代"政治交接主题教育】 年内,九三学社区委根据《九三学社中央开展"矢志不渝跟党走、携手奋进新时代"政治交接主题教育工作方案》,成立主题教育领导小组并制定实施方案。领导班子带头学习中共二十大报告等,利用主委会、区委会开展集中学习并撰写学习体会。结合纪念中共二大召开100周年、中国共产党统一战线政策提出100周年等契机,组织社员参观中共二大会址纪念馆和"世纪回眸——中共二大与统一战线"绘画展并召开主题教育暨庆祝九三学社创建77周年座谈会。12月,邀请中共市委统战部原副部长周箴为九三学社区委委员、支社委员和新社员作"新时代参政党的建设"专题报告。 (戴隽)

【多渠道培养后备人才】 年内,九三学社区委为贯彻"人才强社"战略,多渠道选拔推荐人才、培养后备力量,更好地组织社员专家开展科普、咨询、课题调研等工作,通过广泛动员、支社推荐、社员自荐相结合,建立了专家库,涉及科技、政治法律、医药卫生、教育、城市建设和管理等领域,有121名社员入库。九三学社市委换届后,推荐79名优秀社员参与九三学社市委各专委会。根据九三学社市委要求,筹办青年工作委员会。 (戴隽)

【制作宣传活动短视频】 年内,九三学社区委进一步创新宣传形式,把部分会议活动、社员风采等以短视频的方式记录下来,让更多社员了

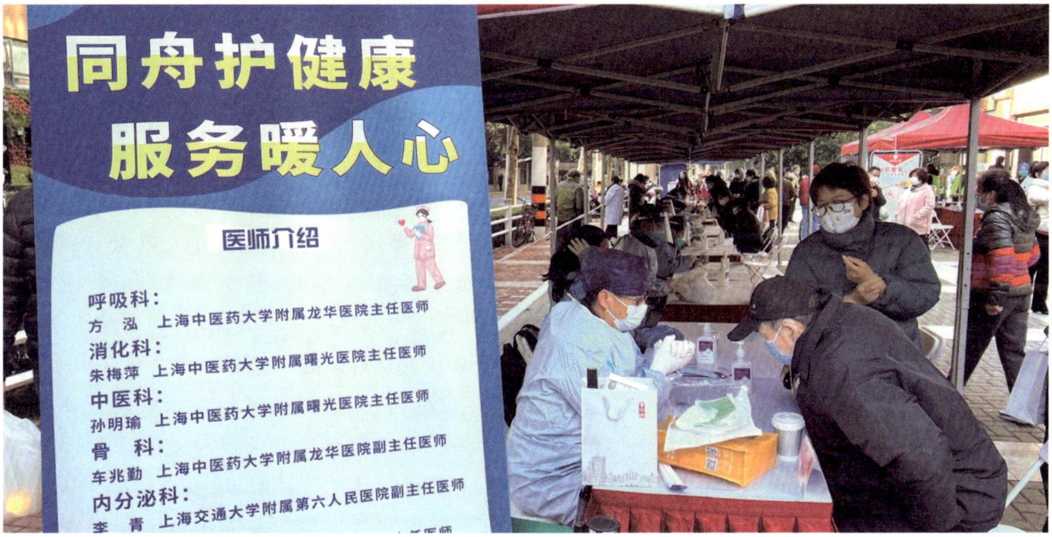

12月2日,九三学社区委与九三学社市委共同举办"同舟护健康,服务暖人心"大型义诊活动

(九三学社区委 供稿)

解九三学社区委的工作和社员的先进事迹。全年共制作短视频3辑，分别为第一辑“抗疫志愿者风采”，第二辑“政治交接主题教育参观座谈活动纪实”，第三辑“‘一路同心’统一战线的伟大开端——纪念中共二大召开100周年”。

（戴隽）

（八）区工商联

【概况】 2022年，静安区工商联（区总商会）组织民营经济人士深入学习党的二十大和习近平一系列重要讲话精神，贯彻落实市第十二次党代会精神，把民营经济人士团结在党的周围，引导民营经济人士提高政治站位，与党保持高度一致，从历史中汲取智慧和力量，坚定不移听党话、跟党走，努力做精做实主业，取得一流效益。进一步组织民营经济人士学习贯彻《关于加强新时代民营经济统战工作的意见》精神，着力促进民营经济持续健康发展。组织召开静安区民营经济代表人士综合评价工作联席会议，向市工商联推荐一批民营经济代表人士，完成市工商联换届候选人的筛选、材料填报、综合评价等工作。在静安区设立市工商联换届大会分会场，协助完成市工商联换届工作，一批静安民营经济代表人士进入市工商联领导班子。做好工商联界别上海市政协委员民主评议、综合评价工作。组织民营经济人士深入学习习近平总书记弘扬企业家精神重要讲话，以及党的二十大、全国“两会”、上海“两会”精神，静安区理想信念教育先进单位不断涌现，芷江西路街道商会被评为2021年度上海市民营经济人士理想信念教育示范点，“区工商联在积极引导民企展现家国情怀责任担当中彰显力量”获评2021年度上海市工商联理想信念教育特色工作，“区工商联青年商会——抓好红色教育，筑牢理想信念”获评2021年度上海市工商联青年创业者理想信念教育特色案例。组织民营企业积极参与乡村振兴工作，区工商联、区光彩会投入资金140万元，深化东西部协作对口帮扶，其中80万元着力解决农村低收入群体卫生户厕改建，稳步扩大农村卫生厕所覆盖率，提升农民群众生活品质，改建工程全面完成。组织主席（会长）企业到云南文山考察乡村振兴项目，落实项目4个，投入资金11万元。年初，区光彩会出资3.6万元，购买物资慰问一线流调和医护工作者。区工商联微信公众号发布抗击疫情、理想信念教育、民营经济代表人士、民营企业各类宣传政策信息53篇，其中抗击新冠疫情期间，宣传政策信息30余篇，积极宣传抗击疫情、新时代企业家精神和民营企业转型创新先进事迹，增强企业家的家国情怀，弘扬正能量，营造良好氛围。区工商联在区政协二届一次会议期间，作《关于数字化驱动静安商业商贸创新转型发展的建议》大会发言，工商联及界别委员提交“强化全球人才资源配置功能，建设世界重要人才和全球人才高地——关于静安区人才发展战略的建议”等提案10余件。区工商联“关于进一步提升苏河湾地区产业能级的建议”和徐可则“关于完善公共文化服务体系的建议”提案获评区政协一届七次会议以来优秀提案。加强社情民意工作，《当前民营企业“不敢投”“不愿投”“不能投”存在的突出表现、原因分析及对策建议》被全国工商联《工商联信息》录用。《建议破解创业园区投资面临的诸多瓶颈问题》《当前民营企业复工复产面临四大难点问题亟待破解》被市工商联录用。做好全联民营经济运行监测平台工作，组织310余家会员开展“企业运行状况和涉企政策落实情况”“民营企业履行社会责任”等网上问卷调查、专题情况调研。扎实开展企业走访活动，累计走访调研会员企业369家，收集问题21项，办结20项，排查隐患1项。制订持续优化营商环境工作计划，做好民营企业服务工作。通过视频会议系统，组织2次金融服务民营企业政策宣讲会，邀请区金融办、区投促办、区人社局等政府部门和2家国有银行参与宣讲，80余家民营企业参与会议。区工商联与区检察院联合召开“推进安商惠企，助力复工复产”民营企业“云座谈”，立足区域实际和企业需求，为复工复产提供更加精准有效的法律服务保障。同时入选2019—2022年度全国工商联颁发的工商联与检察机关沟通联系机制典型事例。区工商联举办“健康咖啡”关爱企业家体检活动，为企业家搭建交流服务平台，60多名企业家参加活动，同时组织150多名会员企业员工体检。启动建立基层商会金融服务专员队伍，落实14个街镇和市北园区等基层商会秘书长担任金融服务专员，形成金融服务专员队伍。组织区人社局、区税务分局、中国银行、上海银行、建设银行等金融机构与基层商会、会员企业对接，累计开展金融政策、融资方案等的宣讲及互动交流13次，跟进服务企业12家次，有5家企业成功获得贷款2735万元。据区金融办对驻区金融机构普惠金融部的不完全统计，成功获得贷款的中小微企业1496家，累计贷款25.66亿元。区工商联(总商会)一体化组织社区服务保供工作，协同化推动捐赠爱心活动，多元化服务抗疫复工复产。区工商联(总商会)及时通过微信公众号、短信平台、执常委群、基层商会群宣传贯彻习近平总书记、党中央、国务院对疫情防控工作的一系列重要指示精神以及市、区有关疫情防控工作要求、防控信息等。区工商联(总商会)机关执行24小时值班制度，主要领导和机关干部日夜值守，每天及时上报民营企业参与抗疫工作情况，协调解决基层商会和会员企业遇到的困难、问题。为支持社区抗疫，区工商联及民营企业参加疫情防控志愿服务5000余人次。区工商联(总商会)领导分工联系重点民营企业，指导企业加强疫情防控期间民生保障，广大会员企业主动服务疫情防控大局，一批企业坚持生产运输和供应，力保抗疫和民众物资需求。区工商联副主席单位、中谷海运集团积极调整海上运力，每天利用全国网络优势，源源不断往上海运输生活物资。区工商联副主席单位、康成投资(中国)有限公司所属大润发作为上海市疫情防控生活物资保障重点企业，全力组织保供，有序恢复营业门店，三大生鲜仓每日提供物资200吨。静安广大民营企业以实际行动树好形象，在关键时期为抗击疫情贡献力量。全年发展会员100家，一批纳税百强民企和“专精特新”企业加入工商联。北站和彭浦新村街道等6家商会建立党组织。完成基层商会年检工作。组织召开基层商会工作推进会，持续推进全国“四好”商会、上海市“四好”商会创建工作。深化“一会一品牌”建设，指导街镇商会、园区商会将基层商会工作重点与会员企业经济发展、党建工作、企业文化建设等有机融为一体统筹推进。 (韩颖)

【上海(静安)民营经济圆桌会议】 于10月12日在区政府会议中心举行。市委统战部副部长、市工商联党组书记王霄汉、区委副书记、区长王华、区委常委、统战部部长顾定鋆及区工商联、区商务委等部门领导与企业家恳谈。顾定鋆主持会议，王霄汉、王华分别讲话。相关部门通报政策举措情况，民营企业家反映问题建议，聚焦企业所需所盼和难点堵点，帮助企业解决发展过程中遇到的瓶颈问题，鼓励企业攻坚克难，坚定发展信心，增强创新理念，助推健康发展。 (韩颖)

【"推进安商惠企，助力复工复产"系列之复工复产政策服务"云座谈"举行】 5月24日，区工商联召开视频会议，区委常委、常务副区长梅广清出席会议并讲话，区政协副主席、区工商联主席沈刚主持会议。区商务委、区投资办、区金融办、区市场监管局、区人力资源社会保障局等有关职能部门介绍复工复产相关政策，并就民营企业家提出的问题进行交流互动。 （韩颖）

【顾定鋆调研区民营企业】 8月，区委常委、统战部部长顾定鋆走访区内部分民营企业恩斯凯轴承有限公司、高益投资管理有限公司、和尊商务咨询管理有限公司，重点了解企业发展情况、疫情中遇到的困难和诉求，听取企业的意见和建议。她希望民营企业家要弘扬"爱国、敬业、诚信、进取"的沪商精神，提增发展信心，主动担当作为，增加社会责任感，积极为静安高质量发展献计出力。区委统战部副部长、区工商联党组书记李帆，区工商联副主席史海云陪同走访。 （韩颖）

【区工商联调研南京西路街道商会工作】 9月15日，区委统战部副部长、区工商联党组书记李帆到南京西路街道调研商会工作。街道党工委书记周惠珍参加调研。在实地参观U-CUBE静安南西创想中心的企业后，大家就南京西路街道商会的工作情况进行座谈交流。街道商会会长崔轶雄介绍街道商会上半年工作情况及下一步发展计划。与会企业代表就各自企业目前经营状况及发展中面临的问题进行交流分享。李帆对街道党工委高度重视和支持商会工作表示感谢，对商会企业在疫情防控期间所做的贡献表示肯定，并就街道商会下阶段工作提出要求，要打造品牌特色，立足南西商会实际和企业需求，积极搭建会员单位互动交流的平台，创新和发展"一会一品"，助力辖区营商环境优化，贡献南西商会力量。 （韩颖）

【区政协课题调研组组织工商联界别会员企业座谈会】 7月28日，区政协副主席陈琦华带领课题调研组到区工商联会员企业召开座谈

7月28日，区政协课题调研组组织召开工商联界别会员企业座谈会 （区工商联 供稿）

会，听取区工商联的10名会员企业家关于疫情中后期劳动用工情况、复工复产后劳动关系难点和困境以及对矛盾化解方面的期望和建议。陈琦华感谢企业家坦诚交流，肯定民营企业在特殊时期中发挥的作用及承担的社会责任。区政协课题调研组成员参加座谈会。区委统战部副部长、区工商联党组书记李帆，区工商联副主席龚晓鸣参加座谈会。区工商联会员企业家周征南、邓朝义等在会上进行交流。

（韩颖）

【静安区民营企业网上展示会】 9月至11月，全区基层商会和民营企业通过网络视频展示推出一批具有静安区特色的专精特新企业和产品，为民营企业提供项目推介暨合作对接，搭建企业家分享交流平台，帮助民营企业拓展市场，支持民营企业迎难而上、创新发展。有17家商会、248家区内企业首度展示。（韩颖）

【组织民营企业参与社区保供】 4月14日，市工商联发布“关于发挥全市工商联系统和商（协）会作用做好民营企业对口社区服务及保供工作的通知”后，区工商联第一时间响应，成立民营企业对口社区服务及保供工作专班，由区工商联主席任组长，党组书记任第一副组长，专职副主席任副组长，会员科等业务科室具体落实。及时下发《关于发挥区工商联和基层商会作用做好民营企业对口社区服务及保供工作的通知》，加强组织协调，落实服务措施，统筹调动整合基层商会和民营企业力量和资源，积极动员区工商联执常委企业和街镇、园区商会领导班子企业，充分发挥自身优势专长，提供全方位服务及保障，为社区抗击疫情提供强有力支持。

（韩颖）

【组织民营企业参与捐赠】 4月，区工商联（总商会）积极发动基层商会和民营企业，弘扬民营企业家精神，发扬“一方有难、八方支援”精神，开展献爱心、捐款捐物等活动，龙盛集团控股（上海）有限公司捐赠价值百万元医疗物资。恒安集团（上海）有限公司捐赠价值600万元抗疫物资。据统计，区工商联会员企业通过各种渠道捐款2167.2万元，捐物约377348件、价值约1600万元。（韩颖）

七、人民团体·群众团体

编辑 庞雅琴

（一）区总工会

【概况】 2022年，区总工会辖街道总工会13个、镇总工会1个、园区总工会1个、机关事业工会17个、企业集团工会14个。基层工会2451个，涵盖单位10507家。职工234499人，其中女职工109959人。工会会员224497人，其中女会员104720人、农民工会员23195人。工作机构设办公室、基层工作部、劳动关系部、维权保障部、宣传教育部。另有工人文化宫、工人体育场、职工援助服务中心3家事业单位。年内，区总工会汇聚全会之力，为打赢阻击新冠疫情的大上海保卫战作贡献；维护合法权益，牢牢把握劳动领域政治安全主动权；激发昂扬斗志，共同促进经济加快恢复重振；坚持需求导向，提升精准帮扶，稳岗位促就业；夯实组织建设，推进工会各项工作全面进步。

（裘梅芳）

【区总工会一届十九次常委会会议】 于1月17日在西康路668号区总工会3楼会议室召开。区人大常委会副主任、区总工会主席林晓珏主持。会议听取并审议区总工会常委会工作报告和经费审查委员会工作报告。会议指出2022年工会工作要着力做到“四个紧贴”：紧贴将要召开的党的二十大会议精神，紧贴区第二次党代会提出的未来5年目标任务，紧贴市总工会十四届十次全委会精神以及关于进一步深化工会改革的工作部署，紧贴正在推进实施中的区的“十四五”规划。会议强调，要坚持党的领导，引领职工群众坚定不移跟党走。深入学习宣传贯彻党的十九届六中全会精神，坚守伟大建党精神，迎接党的二十大召开，不断强化职工思想政治引领。要助推经济高质量发展，充分发挥职工主力军作用。落实市委联合推进产改督查工作建议反馈，大力推动职工技术技能素质提升，广泛动员职工立足岗位建功立业。要发展全过程人民民主，健全完善工会源头参与机制。着力推进工会工作法治化，推动工会维权维稳工作融入全区工作格局，不断健全完善政府工会联席会议制度。要全面促进共同富裕，竭诚满足职工美好生活向往。着力推进工会帮扶工作精细化，集聚优质资源服务职工办实事，进一步维护职工特殊权益。要加强工会系统党的建设，不断提高工作能力和水平。始终把强化党建引领放在首位，按时完成区二次工代会换届工作，狠抓工会组织建设。

（张圣奥）

【2022年“工会陪你过大年”活动】 1月4日，区人大常委会党组成员、区总工会主席林晓珏，区总工会党组书记、副主席许俊等，带着“守护有你，陪伴有我”暖心温情感谢信和活动菜单，以及印有“静安工会陪你过大年”字样的虎年大礼包，分别走访慰问积极响应国家疫情防控号召，在新春期间坚守岗位，为静安区为上海市平安过年作出积极贡献的防疫一线工作者、新就业形态劳动者、基层一线岗位职工代表，向他们致以节日的祝贺和问候。区总工会领导还分别带队走访慰问困难职工家庭和劳模代表，实地了解他们的生活和工作情况，并送去工会组织的温暖和关心。2022年“静安工会陪你过大年”活动，通过传年情、拜早年、逛年街、购年货、品年味、送年福共6个篇章，线上线下并行，引领全区各级工会组织结合实际开展各种贴心服务和暖心行动，把党和政府及工会组织的关心关爱送到职工群众中。（沈诗贤）

【“书千副春联，送千户人家”活动】 2022年“静安工会陪你过大年”系列活动之“书千副春联，送千户人家”活动于1月6日至20日举行，先后到各个街镇、园区的15个指定站点，为职工们送去书法家们提前书写好的3800余副春联和福字成品、静工学堂宫坊驿站手作材料包224份。同时为满足基层个性化定制需求，组织安排书法家70余人次为江宁路街道、曹家渡街道、石门二路街道等单位自行承办的24场送春联活动书写春联、福字，共送出3000余副。送春联活动通过线上线下同步进行，线上活动把“1副春联（含横批）+1张福字”组成1个年福礼包，配上活动主题封套，结合“静安工会陪你过大年”之购年货篇活动，快递给成功抢购的300名职工会员。送春联进楼宇活动是春节前夕静安区工会服务基层职工的特色品牌，到2022年已是第10个年头，受到广大职工喜爱。（江屹巍）

【莫负春一行到上海长途汽车客运总站进行走访慰问和安全排查】 见“领导视察和调研”相关条目。

（张圣奥）

【房建孟到中国劳动组合书记部参观】 见“领导视察和调研”相关条目。（蒋康乐）

【市总工会领导走访静安寺街道】 2月7日，市总工会党组书记、副主席黄红等一行，走访慰问春节期间坚守社区新冠肺炎疫情防控一线的静安职工。区人大常委会副主任、区总工会主席林晓珏，区总工会党组书记、副主席许俊等陪同。黄红一行来到静安寺街道，看望春节期间医护值守、防疫防控及新冠疫苗接种、传染病流行调查等社区疫情防控一线职工，询问生活工作情况，并送上暖心礼包，感谢大家积极响应国家疫情防控号召，新春期间坚守岗位、守护静安。黄红一行还结合“促发展、保安全”大走访、大排查工作，对城市运行安全、社区疫情防控等情况进行调研。静安寺街道介绍近阶段防疫防控工作情况，社区医护值守、公安民警等5名疫情防控一线职工代表讲述防疫防控情况。为表彰、感谢静安寺街道总工会在新春期间对疫情防控工作作出的努力，市总工会向静安寺街道总工会发放1万元慰问金。（沈诗贤）

【区总工会一届十八次全委（扩大）会议】 于2月9日在海上文化中心5楼多功能厅召开。区委副书记王益群讲话。区人大常委会副主任、区总工会主席林晓珏作常委会工作报告，总结2021年全区工会工作，部署2022年工作重点。

会议审议并通过区总工会常委会工作报告和经费审查委员会工作报告。（张圣奥）

【区工会纪念三八国际劳动妇女节112周年主题日活动】 3月3日，“勇担新使命，奋进新征程，铸就‘她’幸福”静安区工会纪念三八国际劳动妇女节112周年主题日活动在玫琳凯大厦举行。市总工会党组成员、副主席、女工委主任桂晓燕，区人大常委会副主任、区总工会主席林晓珏，区总工会党组书记、副主席许俊等出席。活动以“勇担新使命，奋进新征，铸就‘她’幸福”为主题，对获“上海市工人先锋号”的大金中欣爱心妈咪小屋管理团队、上海市“五星级”爱心妈咪小屋获得者兴业太古汇、延长路东部幼儿园等进行表彰。主题日活动中，区总工会启动“静安工会女职工幸福行动”，发布介绍女职工幸福行动全年工作项目和活动。活动中举行护肤咨询和眼科、妇科、正骨推拿等健康义诊。（沈诗贤）

【区总工会下拨300万元疫情防控专项资金】 3月23日，区总工会在征得区委同意后，向各街镇、民政、公安、卫生健康委等18家抗疫重点部门下拨第二批疫情防控专项资金210万元，连同3月14日划拨给19家基层工会的90万元专项资金，区总工会为奋战在疫情防控第一线的职工共下拨300万元专项资金。资金主要用于疫情防控一线职工的走访慰问、心理健康服务和一线职工家人亲属关心关爱等工作，也为疫情防控一线职工提供防疫物资保障，维护广大职工安全健康权益。专项经费的使用，严格按照上海市总工会相关规定执行。（方岚）

【推出“工”同战疫 “会”聚力量“五个一”线上主题活动】 五一前夕，为及时宣传反映各级工会组织在疫情防控工作中的积极贡献，区总工会推出“‘工’同战疫，‘会’聚力量”“五个一”线上主题活动：1封《致全体静安职工的信》，向各级劳模先进、长期工作在各条战线的静安职工和坚守疫情防控、复工保供一线岗位的职工致敬；1次手指舞表演《一起向未来》，职工代表用手指舞为参与抗疫的人们加油；1篇静安职工战疫实录《手挽手》，反映静安职工以工作举措守护家园；1部主题沙画《静工“他”力量》，以2021年工作纪实反映区总工会坚持以职工为中心，做职工娘家人的工作导向；1首原创集体朗诵《静安力量》，通过静安职工代表的原创集体朗诵，展望静安区美好未来。通过“五个一”线上主题活动，发挥正能量宣传作用，营造静安职工同心战疫节日氛围。（姚磬）

【市总工会领导黄红到静安区调研复工复产情况】 6月8日，市总工会党组书记、副主席黄红等一行到静安区调研视察复工复产情况。区委副书记王益群，区人大常委会副主任、区总工会主席林晓珏，区总工会党组书记、副主席许俊等陪同。市总领导先后调研视察市北高新园区、恒隆广场等部分企业，询问了解企业复工复产情况及职工队伍状况。随后，黄红一行到区总工会机关，了解区总工会围绕企业复工复产的工作推进情况和下一步打算。林晓珏就静安区总工会防疫期间关心慰问一线抗疫职工，围绕复工复产下一步的工作打算作汇报。（陈迪嘉）

【市总工会领导到区总调研组织建设和劳动竞赛工作】 7月8日，市总工会党组成员、副主席周奇等一行，到区总工会开展组织建设和劳动竞赛调研工作。区人大常委会副主任、区总工会主席林晓珏，区总工会党组书记、副主席许俊等参加调研。许俊就静安区上半年工会组织建设和劳动竞赛等相关工作推进情况和下一步工作打算作汇报。林晓珏介绍静安工会在组织建设方面和劳动竞赛方面的特色与重点,提出组建工作要围绕外资企业、新就业形态领域开展,劳动竞赛要结合行业发展特点、区域发展特点开展,同时加大与职能部门和行业协会的沟通协作。（宋怡文）

【市总工会到静安区调研红色工运筹划工运展馆】7月8日,市总工会党组成员、副主席桂晓燕等一行,到区调研百年红色工运资源发掘宣传工作。区人大常委会副主任、区总工会主席林晓珏参加调研。会上,区总工会副主席黄亚芳汇报静安区工人文化宫北宫建设前期筹备情况,并介绍下阶段工运遗址保护修缮工作安排。（陈迪嘉）

【发放1万份防暑降温物品】 7月27日,区总工会开展一线职工高温慰问“送清凉”活动,将1万份防暑降温慰问品和感谢信送达一线职工手中。区总工会领导带队分七路走访基层单位,慰问奋战在高温作业和抗疫一线的职工。同时,区总工会统筹利用工会自有资源和各类社会资源,发挥户外职工爱心接力站、健康服务点、职工服务中心等工会服务阵地作用,为高温天气户外作业的新就业形态劳动者提供避暑休息便利。（饶智捷）

【区总工会一届二十次全委(扩大)会议】 于7月15日在西康路668号2楼大会议室召开。区人大常委会副主任、区总工会主席林晓珏作半年度工作报告,回顾总结2022年上半年全区工会工作,并部署下半年工作重点。区总工会党组书记、副主席许俊主持会议。（张圣奥）

【市总工会领导到静安区慰问基层一线医护人员和社区工作人员】 8月24日,市总工会党组成员、副主席桂晓燕等一行,到区石门二路街道恒丰居民区和大宁社区卫生服务中心,看望慰问在烈日下坚守岗位的一线职工、抗疫一线医护人员,向他们送上防暑降温用品。（饶智捷）

【2022年度区协同推进和谐劳动关系创建活动会议】 于8月9日在大统路480号1901会议室举行。区人力资源社会保障局劳动关系科总结2021年和谐劳动关系创建活动,发布《上海市人力资源和社会保障局等四部门关于授予“上海市和谐劳动关系达标企业”称号的决定》,并对2022年和谐劳动关系创建活动进行工作部署。区总工会在会上就各级工会协同推进创建活动提出充分发动企业工会积极参与申报、配合企业完善工会方相关指标、加强对企业组建工会的督促指导3项措施。按照《上海市人力资源和社会保障局等四部门关于2021年市区协同推进和谐劳动关系创建活动的通知》要求,静安区广泛宣传、精心培育,经区协调劳动关系三方委员会评审并报市协调劳动关系三方委员会审核同意,静安区2021年度有61家企业获“上海市和谐劳动关系达标企业”称号。静安区累计有752家企业获该称号。（严琪）

【静安区召开全市首个“区域性线上职代会”】 8月11日,在静安区总工会、江宁路街道总工会的指导下,江宁路街道冠生园互联网金融园区第一次召开“线上职代会”。该次会议是园区的二届三次职工代表大会,有35名职工代表参加,会议审议园区2021年工会工作报告,签订“静安区江宁路街道2022年冠生园互联网金融园区工资专项集体合同”,代表们对工会工作和园区管理建言献策,提出意见和建议。线上职代会是上海市总工会在兼顾疫情防控和经济社会发展的情况下,通过数字赋能,让一线职工能不受地域、时间限制参加“云端”会议,保障职工民主权利的一项重要制度设计。在疫情防控常态化的当下，静安区总工会不等不靠，以解决基层需求为导向，探索通过“互联网＋区域性行业性职代会”进一步实现对企事业单位民主管理工作的平台拓展，是深化构建和谐劳动关系的创新之举和助力企业发展的智慧之策。（严琪）

【静安区工会第二次代表大会】 于9月9日在海上文化中心召开。区委书记于勇，市总工会党组书记、副主席黄红出席开幕式并讲话。区四套班子领导王华、顾云豪、丁宝定、王益群、宋宗德、林晓珏等出席。大会听取《静安区总工会第一届委员会工作报告》《静安区总工会第一届委员会财务工作报告》和《静安区总工会第一届经费审查委员会工作报告》。（姚磬）

【新一届工会领导班子选举产生】 9月9日，静安区总工会第二届委员会第一次全体会议、区总工会第二届经费审查委员会第一次全体会议召开。会议选举产生区总工会新一届领导班子。区委副书记王益群代表区委向大会召开表示祝贺，并向新当选的区总工会委员会委员、常委和班子表示祝贺。（姚磬）

【数字赋能劳动和技能竞赛上海地区选拔赛】 10月13日，长三角地区“数聚长三角智汇创未来”数字赋能高质量发展职工劳动和技能竞赛上海地区选拔赛决赛暨颁奖仪式在市北高新园区商务中心举行。市总工会党组成员、副主席周奇等出席。区总工会党组书记、副主席许俊主持。长三角地区数字赋能高质量发展职工劳动和技能竞赛活动由上海市总工会、上海市经信委联合江苏省、浙江省、安徽省3省总工会和经信厅共同举办。上海地区选拔赛由上海市总工会、上海市经信委、中共静安区委、静安区人民政府共同主办，由静安区总工会、上海市大数据中心及市北高新（集团）有限公司承办。宝武集团的基于工业互联网架构的智慧质量系统方案，市大数据中心的长三角区域政务服务“一网通办”，东方证券的智赋能、慧创新——数智时代金融企业集团化风险管理体系的构建与实践，光明食品集团的万亩无人农场示范基地4个项目，代表上海参加长三角地区数字赋能高质量发展职工劳动和技能竞赛总决赛。（宋怡文）

【手机摄影配美文大赛作品展】 9月27日，由区总工会主办、区工人文化宫承办的“喜迎二十大，建功新时代”——“交关灵”静安职工手机摄影配美文大赛作品展开幕。区人大常委会副主任、区总工会主席林晓珏，区总工会党组书记、副主席许俊等出席。活动自2月启动至6月底截稿，共征集手机摄影作品775件，作品内容包含众志成城抗击疫情、静安地标建筑及景色风光、红色教育等方面。经过专业评委线上评选，有130件手机摄影作品及103件美文作品入围。开幕式现场，静工联盟揭牌成立。（郑灵）

【市总工会与静安区签约合作推进工运遗址保护修缮及展陈布置工作】 为迎接2025年中华全国总工会成立100周年、上海总工会成立100百周年，进一步发掘、保护、利用好静安红色工运资源，11月11日，上海市总工会与静安区签署合作备忘录，就共同推进“五卅运动初期上海总工会遗址（宝山里2号）”保护修缮、静安区工人文化宫（北宫）一般历史建筑更新复建以及2处工运遗址展陈布置工作达成合作共识。市人大常委会副主任、市总工会主席莫负春，市总工会党组书记、副主席黄红，静安区委书记于勇，静安区区长王华，市总工会党组成员、副主席桂晓燕，静安区人大常委会副主任、区总工会

11月11日，上海市总工会与静安区签署合作备忘录，合作推进工运遗址保护修缮及展陈布置工作 （区总工会 供稿）

主席林晓珏等出席。黄红、王华代表双方签署合作备忘录。 （陈迪嘉）

【莫负春踏勘静安区工人文化宫（北宫）及工运遗址】 见“领导视察和调研”相关条目。 （陈迪嘉）

【静安区工人文化宫（北宫）项目筹建工作领导小组会议】 于11月9日在区总工会会议室召开。区人大常委会副主任、区总工会主席林晓珏要求：一是集中力量办大事。上下形成合力，对策分析，突破重点问题和重点困难。二是集聚智慧优方案。要群策群力，出谋划策，优化功能业态布局和概念方案。三是保障落实抓推进。北宫建设要坚持从实际出发，与静安“十四五”规划发展相协调，要坚持从职工需求出发，实现好文化宫“学校和乐园”的功能，要坚持从工会属性出发，确保文化服务的覆盖面、运行成本的经济性和运营管理的高效性。区总工会党组书记、副主席许俊提出：北宫建设要兼顾当前的需求，兼顾今后长期发展的需求，彰显静安区的文化底蕴和资源，力争打造成静安文化的新地标。要体现功能的复合性，合理布局提升空间使用率。要积极探索“两性两化”（坚持公益性服务性方向，推进职工服务阵地社会化市场化运作）运营机制，找到经济效益和社会效益、供给和需求的平衡点。有关设计咨询单位汇报北宫目标功能定位、业态布局和设计概念方案。 （杨宇骏）

【“爱在上海、品味静安”展示活动】 11月4日，“爱在上海、品味静安”——静安工会“看上海、品上海、爱上海”主题展示活动在大宁公园会议中心举行。市总工会党组成员、副主席张得志，区人大常委会副主任、区总工会主席林晓珏，区总工会党组书记、副主席许俊等出席。活动分为外场“传承路”和内场“幸福路”两大主题展示区。在“传承路”外场，集中展示中国共产党从一大到二十大的重要成就，以及在静安区传承和发扬党的优良传统、先进作风中，静安工会工作取得的发展和提升，庆祝党的二十大的胜利召开；在“幸福路”内场，以“品上海”为主题，展示市级和静安区属的优质商户、商品及服务，提升静安职工的幸福感和获得感。区总工会还设置现场互动区，安排“品上海”满意度调研、“爱上海”老字号知多少等互动环节。主题展厅中，区总工会甄选19家市区两级特约品牌合作商户、老字号企业、扶贫目录企业，分别在“食汇静安”“嗨购静安”“爱享静安”三大板块为选购单位提供服务。（沈诗贤）

【区总工会与区审计局召开联席会议】 11月4日，区总工会与区审计局在区总工会会议室召开年度联席会议。会上，区总工会经审会通报区总工会在年度工作中推进职工会员监督民主机制、强化工会内审主体作用、加强与国家审计协作力度、提升经审队伍建设4个方面工作。区审计局工会主席许瑞代表审计局通报近年在延伸审计过程中，工会经费使用存在的不规范现象，并提出工作建议。双方结合全国工会系统开展“县级工会加强年”工作要求，在深化协作联动、扩大成果运用、提升干部素质、充实指导员等方面工作进行研商，形成共识。（张伟）

【区总工会开展“和谐劳动关系建设优化指导服务”】 3月至11月，区总工会组织发动各街镇（园区）、集团公司工会，对全区519家不同类型企业实施和谐劳动关系建设优化指导服务，惠及职工46310人。区总工会通过培训和考试，组建全区120余人的工会劳动法律监督员队伍，在上门开展指导服务的同时发动企业参与问卷调查。结合不同企业类型的用工特点，形成针对国有企业、非公规模企业、小微企业等不同的服务评价标准，制订“点对点”“一企一策”指导服务方案。对于排查中认为有需要提供专业指导服务的企业，指派专业律师团队上门开展“法律体检”，并出具专业“法律体检”评估报告。通过基层工会干部和专业律师团队指导，排查企业用工法律风险，指导企业依法建会建制，确保企业规范有序实施重大改革调整。区总工会对每家企业优化指导服务情况进行系统建档，并根据调研结果和指导过程中的问题，形成一本企业劳动用工常见问题汇编，还举办一场以“职工劳动合同履行中的权利保障”为主题的专题法律讲座。（严琪）

【中国劳动组合书记部旧址陈列馆获殊荣】 11月1日，经全国总工会、中央宣传部、中央文明办、工业和信息化部、商务部、国务院国资委联合组成的全国职工职业道德建设指导小组决定，授予20个单位“全国职工职业道德建设标兵单位”称号、20名个人“全国职工职业道德建设标兵个人”称号；授予50个单位“全国职工职业道德建设先进单位”称号、50名个人“全国职工职业道德建设先进个人”称号。静安区中国劳动组合书记部旧址陈列馆上榜，被表彰为标兵单位（中国劳动组合书记部成立于1921年8月11日，是中国共产党领导工人运动的起点，中华全国总工会的摇篮。作为上海“红色之源”之一，中国劳动组合书记部旧址于1959年5月被列为市级文物保护单位。1992年9月，恢复中国劳动组合书记部旧址，并建立陈列馆向社会开放。2010年1月，被上海市人民政府命名为“上海市爱国主义教育基地”，2012年被评为“上海市党史教育基地”。2021年获评首批全国职工爱国主义教育基地，2022年被授予全国“工人先锋号”称号）。（姚磬）

【推进职工读书活动】 年内，区总工会在全区开展“品悦静安、我们来了”——静安区2022年度职工读书活动，推进星级“职工书屋”创建，开展优秀读书项目评选和读书达人推荐展示。经区总工会检查验收，命名石门二路街道仲益大厦“职工书屋”等21家单位“职工书屋”为2022年度静安区星级“职工书屋”；表彰仲益大厦工会联合会“‘我为书吧读点书’百人读书活动”等10项读书活动为2022年度“职工书屋”读书活动示范项目；授予石门二路街道总工会等10家单位2022年度职工读书活动优秀组织奖。 （姚馨）

【2022年区政府与区总工会联席会议】 于12月15日在常德路370号4楼多功能会议室召开。区人大常委会副主任、区总工会主席、政府与工会联席会议协调小组组长林晓珏，副区长、政府与工会联席会议协调小组组长龙婉丽讲话。会上，通报2021年联席会议议题落实情况以及各街镇联席会议制度推进情况和2022年工会重点工作。会议审议并通过3项议题：“关于加强静安区外卖快递人员生产作业安全保障，促进静安城区安全运行的议题”“关于开设静安职工云课堂，推进职工素质提升、助力静安高质量发展的议题”和“关于进一步提升园区（楼宇）健康服务点服务质量的议题”。龙婉丽提出，提高政治站位，进一步认清新形势下建立健全联席会议制度的重要性和必要性；推动提质增效，进一步推动联席会议制度规范运作；健全工作机制，进一步推动联席会议制度稳步发展。林晓珏肯定推进联席会议制度所取得的工作成效，对推动完善联席会议制度提出：要形成合力推进制度的强大共识；要形成联动落实议题的长效机制。 （严琪）

【获评全国工会劳动法律监督十大优秀案例】 12月，区总工会申报的“上海市推动改革调整案”，获评全国工会劳动法律监督十大优秀案例，在《全国总工会办公厅业务工作通报》2022年第16期上登载。案例体现加强预警排摸、织密工作网络、整合各方资源联动处置的工作特色，展示工会劳动法律监督在化解因企业裁员引起的劳动关系矛盾、维护地区稳定、推动企业建会建制等基础性工作中的重要作用。（严琪）

【静安区3家职工户外服务站获评全国最美站点】 12月，中华全国总工会确认一批2022年“全国最美工会户外劳动者服务站点”名单，上海静安区党建服务中心户外职工爱心接力站、彭浦镇第四街区户外职工爱心接力站、石门二路社区生活服务中心站点榜上有名。静安区党建服务中心户外职工爱心接力站在区委组织部带领下，积极为户外职工提供多项设施设备服务和便利，实实在在让职工们获得归属感、幸福感。同时冀以党建服务凝聚群众，发挥党建带群建、党建促群建的功能，让职工们体会到城市温度。彭浦镇第四街区户外职工爱心接力站站点将“以人为本、竭诚服务”作为工作理念，为户外劳动者具体解决休息难、吃饭难、喝水难等实际问题，努力把小站点建设成为给劳动者遮风挡雨的幸福港湾。石门二路社区生活服务中心户外职工爱心接力站以建成“冷可取暖、热可纳凉、渴可喝水、急可如厕、累可歇脚、伤可用药”功能完善的站点为目标，不断拓展综合服务内容。 （张兰、许妍）

（二）共青团区委

【概况】 2022年，团区委坚持以习近平新时代中国特色社会主义思想为指导，围绕迎接和学习宣传贯彻党的二十大主题主线，贯彻落实习近平总书记在建团百年庆祝大会上的重要讲话精神，抓好青年思想引领、岗位建功、权益服务、深化改革、从严治团五方面重点工作，团结引领广大团员青年在“卓越城区人人向往，卓越青年人人出彩”的火热实践中绽放绚丽之花。全年，围绕迎接和学习宣传贯彻党的二十大主题主线，开展“喜迎二十大、永远跟党走、奋进新征程”五四主题团日直播等主题活动，累计吸引4万余名青少年参与。举办庆祝六一主题直播活动，深入开发“红蕴静安”红色场馆少先队活动系列课程、“光影·先锋”静安少先队活动课程资源包，召开2022年区中学生共产主义学校，推送“学党史，育新人”等10余节线上精品课程，组织全区各级团组织、团干部、团员青年、新就业领域青年等开展形式丰富的学习，引领凝聚团员青年学懂弄通党的二十大精神。深入宣传阐释，重点打造静安初心团校、团室、大沽路团中央机关遗址线上纪念馆等教学基地，持续培育“JA37青年讲师团”和“小静头”静安寻访团等青年宣传队伍。“静安新青年”微信公众号粉丝数稳定在29万，连续7年蝉联上海市共青团十大微信公众号。开展主题微团课大赛，引导广大青年感悟传承百年的红色基因，15个参赛作品获得区级奖项。动员静安青年打赢大上海保卫战，发动5.3万名团员青年参与志愿服务，先后配送85.8万件紧缺物资至抗疫一线。推进“青春治立方”品牌建设，探索党建引领下的青年参与社会治理新模式。积极响应“一江一河”青年志愿服务要求，组建静安“小水滴”青年志愿服务队，推荐2条“一江一河”团课路线入选市级“行走团课”。举办“青年英才高级研修班”，组建“静安全球金融青年领袖联合会”，设立静安青年人才蓄水池。利用“青春offer”就业互动平台，与20所高校、高职积极对接，有效对接高校毕业生就业需求，开展优秀大学生暑期挂职锻炼项目、优秀大学生赴街镇挂职项目。持续拓展青年中心阵地丰富性，区级青年中心数量达100家，位居全市前列。常态化开展青少年事务社工驻点及联校等工作，在抗击新冠疫情的大上海保卫战期间，指导驻检察院社工、驻法院家事社工开展“云调解”“云帮教”，为困境青少年提供线上服务3052人次。以全面深化共青团改革为关键点，始终坚持党建带团建的根本，深入推进区域共青团改革试点，全力推进共青团工作数字化转型。全面从严治团，举办2022年静安区共青团干部培训班，推动实现14个街镇建立团代表联络站全覆盖，建立健全“两联”（团代表联系团支部、联系团员青年）工作机制，打造“标配＋自选”的高质量社区共青团工作团队。举办区第二次团代会，大会选举产生新一届团区委，进一步明确今后5年静安共青团的工作目标和前进方向。至2022年底，全区共有团组织2419个，团员21909人。

（涂毓敏）

【共青团上海市静安区第二次代表大会】 于9月8日在大宁剧院召开。全区220名团代表参加会议。区委书记于勇，区委副书记、区长王华，区人大常委会主任顾云豪，区政协主席丁宝定，团市委副书记邬斌，区委副书记王益群，区委常委、组织部部长宋宗德，区政府副区长龙婉丽，区政协副主席周新钢出席大会。于勇和邬斌分别代表中共静安区委和共青团市委讲话，对静安区共青团工作提出要求和希望。共青团上海市静安区委员会书记吴佳妮代表共青团静安区第一届委员会向大会作题为《勇担时代重任、共谱青春华章，团结带领广大青年为建设卓越的现代化国际城区贡献青春力量》工作报告。大会指出，未来5年静安共青团将把稳航向、与时俱进，打造“又红又潮”的共青团；勇挑重担、主动作为，打造“有模有范”的共青团；实干布局、精准施策，打造“贴心暖心”的共青团；强基固本、守正创新，打造“内外兼修”的共青团。团结带领全区各级团组织和广大青年勇担新使命、奋进新征程、谱写新篇章，奋力打造涌动青春、迸发活力、孕育希望的青年向往型城区。大会选举产生新一届团区委委员、候补委员，通过关于工作报告的决议。9月8日下午，共青团静安区第二届委员会第一次全体会议在海上文化中心召开。会议选举产生第二届团区委书记、副书记、常委。吴佳妮当选为新一届团区委书记。

（涂毓敏）

【组织动员全区青年打赢大上海保卫战】 年内，在抗击新冠疫情的大上海保卫战中，发动5.3万名团员青年参与志愿服务，先后配送85.8万件紧缺物资至抗疫一线。成立“儿童青少年药品配送突击队”和“青联特殊药品配送志愿服务队”，发动青年社会组织和志愿者力量，为区内防疫一线人员子女提供线上“云托管”等线上志愿服务活动共21场次。围绕疫情防控常态化要求，先后开展核酸采样辅助人员招募、大学生暑期常态化疫情防控志愿服务工作，组织364人完成核酸辅助人员线上培训，通过线上招，200余名静安大学生向社区报到。静安学联向全区各高中、中职学校发出“学在静安、联动青春、战疫有我、青春同行”倡议书，并为人民建议征集学生“金点子”170余件。（涂毓敏）

【静安区青年志愿者协会第二届理事会第三次会议】 于2月18日在北站街道社区党群服务中心召开。32名理事出席会议。静安区青年志愿者协会对标区青联界别工作制度形成《上海市静安区青年志愿者协会专委会工作制度（征求意见稿）》并经理事会讨论通过，调整三大专委会为青少年权益发展、健康守护、可持续发展专委会，明确协会重点关注的三大公益领域，通过制度化建设助力协会规范健康发展。会议重点交流关于区“一江一河”青年志愿服务的项目方案，各理事代表纷纷建言献策，为共同做好区“一江一河”青年志愿服务提供智力和资源支持。会议由区青年志愿者协会会长张玉霞主持。（涂毓敏）

【“初心传承路，永远跟党走”第二届上海青年知行计划·城市微更新设计大赛】 3月1日，由团市委、区委宣传部主办，团区委与市城市规划设计研究院、同济大学团委共同承办的第二届上海青年知行计划·城市微更新设计大赛在大沽路室外广场正式启动。团市委副书记邬斌，市城市规划设计研究院党委副书记、副院长赵宝静，同济大学团委书记唐志宇，团市委基层工作部副部长舒加敏、团区委书记班子及来自全市各系统、高校的参赛队伍代表参加启动仪式。大赛旨在从空间上、精神上打造一条党建带团建的薪火相传、初心传承之路，通过初赛、复赛、网络投票等环节的层层角逐，来自中国金茂华东区域上海公司与上海深圳奥雅园林设计有限公司共同完成的作品“薪相传·心青春·新活力”获大赛一等奖。

（涂毓敏）

【2022—2023年度优秀大学生挂职项目】 5月，团区委与复旦、交大、同济、上大等全市12所高校建立共建机制，探索大学生常态化、制度化、项目化参与社区实践的途径，开展优秀大学生挂职项目。经过前期征询，共有17家街镇和大口团组织响应团区委“区校共建”需求并参与提供岗位，选派共30名团学骨干到静安区基层一线挂职。（涂毓敏）

【“喜迎二十大、永远跟党走、奋进新征程”五四主题团日直播活动】 于5月4日举办。活动通过多元素、全域化、体验式的线上直播方式与广大青年相会云端，以最“红”团史、最“燃”青春、最“实”行动三大篇章，邀请团中央青运史档案馆馆长胡献忠、中共一大会址纪念馆馆长薛峰等7名党史团史专家，回顾党领导下中国青年运动百年历程，活动累计吸引4万余名青少年参与。（涂毓敏）

【“喜迎二十大，争做好队员”——2022 年静安区庆祝“六一”主题活动】 于 6 月 1 日通过线上直播方式开展。直播活动分为“领巾先锋在行动”“共同成长幸福圈”“为党育人铸未来”三大篇章。来自静安的 4.7 万名少先队员齐聚线上，在云端开展仪式教育，一起度过一个难忘的儿童节。 （涂毓敏）

【“国旗下成长”静安青少年升国旗暨“一江一河”青年志愿服务集中行动启动仪式】 10 月 1 日，“国旗下成长”静安青少年升国旗暨“一江一河”青年志愿服务集中行动启动仪式在四行仓库抗战纪念地晋元广场举行。团市委副书记、市青联主席丁波，区委副书记王益群，团市委、区各相关部门领导，少先队员代表及活跃在各领域的青年志愿者代表出席活动。王益群在致辞中勉励广大静安青年，要当好“小水滴”，助力“一江一河”建设；打造“志青春”，擦亮志愿服务品牌；争做新青年，彰显静安青春力量。 （涂毓敏）

【青年参与基层治理“青春治立方”品牌项目正式发布】 11 月 9 日，“学习二十大，青年善治理，卓越青春范”——党建引领静安青年参与基层治理工作推进会在彭浦镇社区党群服务中心召开。会上发布“青春治立方”品牌项目，成立青春公寓自治理事会，上线“青”尽全力青年报到小程序，来自芷江西路街道城上城居民区代表和彭浦镇青年人才公寓的党团负责人进行专题分享。 （涂毓敏）

【2022 年静安区、杨浦区青年社会组织联组学习】 静安团区委机关干部代表及区社会组织团工委代表于 11 月 11 日在杨浦滨江开展“学习二十大、永远跟党走、奋进新征程”主题学习暨静安区、杨浦区青年社会组织联组学习主题团日活动。在联组学习过程中，两区青年社会组织代表分别结合自身参与基层社会治理的经验交流发言，双方认为，要继续在青年发展型城区建设、弱势群体权益保护等方面广泛加强联动、增进交流，共同为人民城市建设注入青春智

10 月 1 日，举行“国旗下成长”静安青少年升国旗暨“一江一河”青年志愿服务集中行动启动仪式

（区团委 供稿）

慧和力量。（涂毓敏）

【"学习二十大、永远跟党走、奋进新征程"静安团员青年学习习近平新时代中国特色社会主义思想演讲比赛暨第三届静安KOL先锋训练营结营仪式】 于11月16日在江宁路街道党群服务中心举行。团市委网络宣传工作部部长何婷婷，区委宣传部副部长姚掌宏，团区委书记吴佳妮，区委宣传部二级调研员、区融媒体中心负责人杨嫣，江宁路街道党工委副书记张海翔、区各街镇、大口团（工）委书记代表、新媒体KOL先锋训练营代表共同参加。活动旨在通过活动在全区团员青年中掀起党的二十大精神学习热潮，鼓励静安团员青年以更饱满的精神、更昂扬的斗志、更务实的作风，在建设"国际静安、卓越城区"的进程中彰显青春作为。由各街镇大口团组织选送的12名选手经过激烈角逐，区市场监管局市北高新园区所监管组长赵济民、宁利文化特别红剧场主理人赵殊萱获一等奖。活动中，举行第三届"静安青年新媒体KOL静安先锋训练营"结营仪式，为学员代表颁发毕业证书。（涂毓敏）

【"强国志、青春说"区青联、青企协学习党的二十大精神专题学习分享会暨上海大学MBA产教融合基地（静安）启动仪式】 11月24日，由团区委与上海大学MBA中心联合主办的"强国志、青春说"区青联、青企协学习党的二十大精神专题学习分享会暨上海大学MBA产教融合基地（静安）启动仪式举行。区青联主席、团区委书记吴佳妮，上海大学MBA中心主任、区青联常委、经济界别主任孟添，及区青联、区青年企业家协会代表，上海大学MBA中心教授、企业导师，校友和学生代表等参加活动。（涂毓敏）

【静安区青年工作联席会议暨青年发展型城区、街镇建设试点工作部署推进会】 11月24日，"卓越城区人人向往、卓越青年人人出彩"静安区青年工作联席会议全体成员单位会议暨青年发展型城区、街镇建设试点工作部署推进会召开。市青少年服务和权益保护办公室主任周建军，区青年工作联席会议组长、区委副书记王益群，上海大学党委常委、副校长聂清，区青年工作联席会议全体成员单位分管负责人参加。会上，上海青少年创新学院静安分院暨上海大学MBA产教融合基地揭牌。作为上海中心城区首家创新分院，静安区将加强区校联动，共同着力培养更具国际视野、更有创新意识和创新能力的青年创新人才。区公安分局与团区委签署社工参与涉未成年人案件社会服务工作框架协议，为完善青少年权益保护，推进安全之城建设迈出坚实步伐。（涂毓敏）

【静安青年志愿者积极参与第五届"进博会"内宾接待志愿服务工作 2022年静安区迎进博文明实践志愿服务誓师大会】 于11月25日在静安雕塑公园举行，第五届"进博会"内宾接待志愿服务队代表进行上岗宣誓。该批内宾接待志愿者由全区范围内选派的10名优秀党员、团青骨干组成，志愿者们主动担当、无私奉献，以更精致的服务细节、更优化的服务流程、更周到的服务质量，践行志愿精神、贡献智慧力量、展现静安青年风采。（涂毓敏）

【静安团区委2023年"共青团与人大代表、政协委员面对面"集中活动】 于11月29日在四行仓库特别红剧场举行，现场为静安区新兴领域青年联谊会揭牌，为特别红剧场和人民咖啡馆青年"筑梦空间"授牌。新兴领域青年代表围绕"助力新业态新就业青年群体可持续发展"主题进行分享，人大代表和政协委员与青年代表们进行交流互动。区人大社会委主任委员杨景明，区政协秘书长李颖婷，区人大常委、团区委

书记吴佳妮，部分区人大代表、政协委员，新业态新就业青年代表，逸夫职校模拟政协社团的学员代表们参加活动。（涂毓敏）

【少先队改革工作】 年内，团区委、区少工委进一步整合区域资源、拓展少先队活动阵地，构建起党建引领下的“全团带队、合作互联”育人格局。围绕“三圈育人”模式，打造“静安领巾小先锋”云上幸福圈，有组织、有目标，加强辅导员队伍力量和社会力量整合，助力改革服务大局。

（涂毓敏）

【城上城基层组织改革试点项目推进】 年内，城上城居民区持续聚焦社区青年需求，优化青年弹性工作制度，强化社区团组织号召力与行动力，推动社区与青年实现“双向奔赴”。联合同济大学挂职大学生开展“彩虹亲子乐园”升级改造方案，丰富社区亲子活动资源供给，为社区青年深入参与社区治理积累经验。

（涂毓敏）

（三）区妇联

【概况】 2022 年，区妇联围绕区委、区政府中心工作和全国、市妇联工作要求，切实做好事关妇女儿童事业、家庭家教家风、妇联改革和建设的工作。广泛开展党的二十大精神学习，用活用好区域内的平民女校等各类红色资源，开展“纪念平民女校创办一百周年暨 2022 年三八国际妇女节”主题活动，参与“‘诵读党章、讲述初心’百年百人红色声音接力”活动，引导广大妇女传承红色基因、赓续红色血脉。完成区妇联换届工作，推进社会组织和大宁新媒体直播行业 2 家“四新”（新领域、新业态、新阶层、新群体）妇联组织建设。依托“静安女性”微信公众号，用好新媒体平台，开设巾帼心向党、巾帼抗疫、“六年‘她’精彩系列”等专栏，通过微信推送各类文章、信息，共发布 141 期、461 篇。开展 2021 年度上海市三八红旗手（集体）创建评选工作，其中推荐上海市三八红旗手 9 人、集体 5 个。在全国、市级各类先进家庭（个人）评选中，静安区获评“全国五好家庭”“全国最美家庭”各 1 户、“全国家庭工作先进个人”1 人、“海上最美家庭”8 户。继续推进“亮家风”工作，以“家训带楼训、家风带楼风”，营造楼组文化氛围，共创建“亮家风”特色楼组 408 幢，超额完成目标任务。江宁路、天目西路街道 2 家“家中心”创建成上海市示范型社区家庭文明建设指导中心。成功推送上海市提高级妇女之家 1 家、上海市妇女之家示范点 4 家。推进 7 个街镇创建上海市儿童友好社区示范点。慰问困难市级三八红旗手、重症困难妇女、准孤儿共 119 人，金额 17.1 万元。持续开展“邻家妈妈”结对帮困工作，6 个街镇 18 名爱心志愿者参与到“邻家妈妈”项目。扎实推进“两病筛查”实事项目，全区受益妇女 6398 人次。四级妇联执委组团走访女性社会组织、企业、楼宇社区妇女之家及社区困难群体，全区妇联系统累计走访 4108 人次。动员和引导区域内的青青公益、睿行公益等社会组织积极参与云南省广南县对口帮扶工作，开展乡村优秀女学生资助项目、“特别匠人”项目和“安心直饮水”项目。在抗击新冠肺炎疫情的大上海保卫战中，积极争取资源，广泛募集婴幼儿奶粉、纸尿裤、女性卫生用品等 10 余批防疫急需物资，第一时间有序发放到方舱医院一线医务工作者、援护医疗支援队、基层社区工作者、志愿者和妇女儿童手中。关注妇女儿童家庭特殊需求。协调处理市妇联 12338 热线转来信访个案，开通疫情防控期间区妇联心理咨询热线，为有需求的社区妇女儿童、志愿者、一线干部,疏解不良情绪、缓解心理压力,累计协调处理各类信访个案、心理疏导个案26件。围绕家长关心、社会关注的热点难点问题,提供丰富实用的课程服务,发布亲子运动、亲子阅读等家庭教育指导类微信40余条。通过线上线下为女企业家、创业就业女性宣传复工复产相关政策,促进静安女性创业就业发展。

(杜晶馨)

【"静享启程——女性灵活创就业计划"赋能培训】 1月6日,由区社会组织发展专项资金提供资助、区妇联指导的"静享启程——女性灵活创就业计划"赋能培训项目正式启动。培训课程根据职业中断女性的需求量身定制,授课导师都兼具理论功底与实践经验,助力女性提升创就业认识。 (杜晶馨)

【市妇联副主席翁文磊一行到静安区走访慰问】 1月26日,市妇联副主席、一级巡视员翁文磊到静安区进行春节走访慰问,代表市妇联给慰问对象送去关怀和祝福。市妇联发展联络部部长郑晔、副部长金伟清、区妇联主席徐慧君及曹家渡街道党工委副书记姚嬿陪同。

(杜晶馨)

【"纪念平民女校创办一百周年暨2022年'三八'国际妇女节"主题活动】 2月24日,"纪念平民女校创办一百周年暨2022年三八国际妇女节"主题活动在中共二大会址纪念馆举行。市妇联二级巡视员刘武萍,区委常委、宣传部部长莫亮金等出席活动。活动现场,《上海平民女子学校校规》正式揭幕。 (杜晶馨)

【"静享启程"线上展示交流活动】 5月31日,由区社会组织发展专项资金资助,区妇联指导,上海海蕴女性创业就业指导服务中心承办的"静享启程"线上展示交流活动举办。活动分2场开展,每场均设有专家主题分享环节,分别有6个项目开展线上展示交流,各项目10分钟路演展示后由指导专家进行指导。 (杜晶馨)

1月6日,由区社会组织发展专项资金提供资助、区妇联指导的"静享启程——女性灵活创就业计划"赋能培训项目正式启动

(区妇联 供稿)

【万名执委大走访】 8月5日，市妇联副主席葛影敏等一行到静安区开展“万名执委大走访”活动，参观静安寺街道美丽园妇女之家和静安区“白领驿家”“两新”组织促进中心，并召开座谈会，倾听“她需求”。 （杜晶馨）

【吴海鹰参观中共二大会址纪念馆和平民女校旧址】 见“领导视察和调研”相关条目。 （杜晶馨）

【静安区第二次妇女代表大会】 于9月14日在大宁剧院举行。区委书记于勇，区委副书记、区长王华，区人大常委会主任顾云豪，区政协主席丁宝定，上海市妇联副主席李铭，区委副书记王益群，区委常委、组织部部长宋宗德，副区长龙婉丽等出席大会。陆颖代表区妇联第一届执委会向大会作题为“奋斗新征程，建功新时代，团结带领静安妇女为建设卓越的现代化国际城区而努力奋斗”工作报告。大会审议并通过区妇联第一届执行委员会工作报告决议，选举产生区妇联第二届执行委员会。 （杜晶馨）

【“多元共治，反家暴再聚力”专题培训会】 9月22日，区妇联、区公安分局在海上文化中心联合举办“多元共治，反家暴再聚力”专题培训会。会上，区妇联与区公安分局共同签订《反家暴工作合作备忘录》。区妇联、市公安局治安总队法制支队、区公安分局治安支队领导，以及各派出所分管所长、法制员和各街镇妇联主席等70余人参加。 （杜晶馨）

【区第十九届家庭文化节暨“静安最美家庭”红色巡访活动】 9月24日，由区妇联和中共二大会址纪念馆联合主办的“喜迎二十大、共建文明家”——静安区第十九届家庭文化节暨“静安最美家庭”红色巡访活动在中共二大会址纪念馆举行。区文明办、区妇联和中共二大会址纪念馆领导、最美家庭代表和社区亲子家庭代表近50人参加活动。 （杜晶馨）

【2022年妇儿工委全体(扩大)会议暨纲要规划示范创建动员部署会议】 10月21日，2022年静安区妇儿工委全体(扩大)会议暨纲要规划示范创建动员部署会议在区政府召开。副区长、区妇儿工委主任龙婉丽出席会议并讲话。区妇儿工委成员单位和相关单位的分管领导、各街镇妇儿工作分管领导及联络员参加会议。 （杜晶馨）

【市妇儿工委办儿童友好社区创建专家到静安开展座谈指导】 11月3日，市妇儿工委办儿童友好社区创建专家组专家、教授范斌一行到宝山路街道儿童服务中心(邻里家)，就静安区儿童友好社区创建工作进行座谈指导。 （杜晶馨）

【百名巾帼思政大宣讲走进妇女之家】 11月15日，区妇联“她享”学习课堂首讲活动暨妇联机关党支部深入学习宣传贯彻党的二十大精神主题党日活动在石门二路街道新福康里妇女之家举行。活动发布首批由10名各领域优秀女性代表组成的巾帼宣讲队成员名单，并举行区妇联抗疫物资捐赠仪式，感谢和慰问为新福康里社区抗疫工作默默付出的妇女代表和社区志愿者们。 （杜晶馨）

【静安区社会组织妇女联合会正式成立】 11月15日，作为党和政府联系静安社会组织女性公益人的桥梁和纽带，静安区社会组织妇女联合会正式成立。市妇联组织部部长、一级调研员孙红岩，区妇联主席、党组书记陆颖，区妇

联副主席、党组成员姚嬿,区社会组织联合会会长王希佳出席。 (杜晶馨)

【静安妇联执委、代表考察张园、王家沙】 11月18日,区妇联"她享"学习课堂走进张园、王家沙,结合"传承经典,创新未来"主题开展沉浸式、体验式学习。区妇联领导班子、部分区妇联执委和市妇女代表参加活动。 (杜晶馨)

【市儿童友好社区创建评估专家组到区开展验收工作】 11月23日至24日,由华东理工大学社会工作系教授范斌、市社会工作者协会医务专委会副秘书长代文瑶、上海东方社会工作事务所研究部宋耀萌等专家学者组成的市儿童友好社区创建评估专家组到静安区曹家渡街道、北站街道、芷江西路街道、天目西路街道、彭浦新村街道、共和新路街道和宝山路街道开展评估验收。 (杜晶馨)

【新媒体直播行业妇女联合会成立】 11月25日,大宁新媒体直播行业妇女联合会成立大会暨揭牌仪式在大宁德必易园Z播共享直播间举行。市妇联副主席王剑璋,区妇联主席、党组书记陆颖,大宁路街道党工委书记司静,区妇联副主席姚嬿,区妇联副主席沈艳,德必集团上海城市一公司总经理、区人大代表徐吉平出席会议。会上,成立"她伙伴"资源联盟,旨在从区级层面为"四新"领域妇联、妇女之家及企业园区搭建一个资源分享共促平台。 (杜晶馨)

【"以案述典、守护TA权利"专题讲座】 11月30日,由区妇联主办,区女律师联谊会、江宁路街道妇联承办的"八五"普法主题宣讲暨"以案述典、守护TA权利"专题讲座在江宁路街道党群服务中心举办。市女律师联谊会理事、上海金石律师事务所律师黄培明受邀做主题宣讲。 (杜晶馨)

(四)区科协

【概况】 2022年,区科协贯彻党的二十大及习近平总书记系列重要讲话精神,围绕区委、区政府重点工作,推进各项工作落实。随着党的二十大胜利闭幕,区科协上下掀起学习贯彻党的二十大精神热潮。扎实开展大走访、大排查工作,区科协领导班子成员带队走访区科协委员所在单位及科技企业,全年共走访34家,隐患大排查位点数13个,搜集并解决服务科技企业和科技工作者类问题3个,为区域优化营商环境、深化科技工作者服务起到积极作用。区科协克服新冠疫情困难,在区公民科学素质工作领导小组成员单位及创建单位共同协作下,区成功创建"2021—2025年度第二批全国科普示范区"。区科协成功举办静安区科技节、静安区科普日、自然保护周等大型科普活动,推动全区科普工作,打造具有静安特色的科普生态圈。区科协获评"2022年全国科普日优秀活动";区推荐选手获全国科普讲解大赛三等奖,以及市科普讲解大赛一等奖1名、二等奖2名;推荐的上海自然博物馆的"开心厨房物理""捕捉香气小精灵"在2022年上海市科学实验展演会演获二等奖;推荐的相关作品在2022第五届长三角地区科普漫画大赛获特别奖1项、一等奖1项、二等奖2项、三等奖3项,获奖成绩为参赛以来最好成绩。 (张阳)

【防疫抗疫】 年内,在抗击新冠疫情过程中,区科协成立以单位主要负责人为组长、各相关科室为工作小组成员的疫情防控专班，明确责任人，领导班子带头认真学习习近平总书记有关加强疫情防控的精神和要求，统一思想、全力投入抗击疫情工作中，将防疫工作扎实落实到位，确保科协工作正常运转。区科协邀请有关专家开展“静安科普大讲堂”“专家志愿者走进三区互动交流活动”系列线上科普活动，在“科普静汇谷”发布防疫抗疫科普文50余篇（原创26篇），组织撰写编辑19篇科普文向“上海静安”供稿，内容涉及家庭消杀、中医防疫、口腔防护、健康饮食等内容，总点击量3.5万人次。

（张阳）

【2022年公民科学素质工作领导小组全体会议暨全国科普示范区创建工作推进会】 于6月24日召开。区委常委、副区长梅广清，副区长张军出席会议。会议以主会场、分会场视频形式召开，全区43个创建单位科普工作分管领导和联络员参加会议。区公民科学素质工作领导小组办公室主任、区科协主席聂丹在会上通报2021年以来区公民科学素质工作开展情况，布置2022年区公民科学素质工作，并对《静安区关于全国科普示范区创建工作的实施方案》作说明。梅广清在讲话中指出，创建全国科普示范区，要充分认识提高全民科学素质的重要意义；要把提高公民科学素质作为静安区加快建设卓越的现代化国际城区的重要内容；要把创建全国科普示范区作为有力推进区科学素质建设的重要契机。

（张阳）

【2022年静安区科技节启动仪式】 8月25日，“科技向新，与时聚静——2022年静安区科技节启动仪式”在上海市北高新园区举行。副区长张军、市科协副主席倪前龙、市科委二级巡视员胡睦、区科协党组书记周隽、区科协主席聂丹共同启动2022年静安区科技节。张军致辞。区科普基地、科技企业、科技社会组织等50余人参加线下活动，静安科协抖音直播间共9万人次市民参与观看直播及互动。仪式上，来自华山医院神经外科的副主任医生黄翔讲解他的科普作品《武侠杨过的手臂能再造吗？》。市北高新股份公司副总经理马慧民、卡斯柯信号有限公司副总裁姜坚华、上海合合信息科技股份有限公司副总裁陈青山、上海风语筑文化科技股份有限公司副总经理兼董事会秘书李成参与现场访谈，就“元宇宙”科学普及工作应当如何开展、园区企业如何发挥科技工作者的领衔作用、推进科技创新科学普及两翼齐飞作交流。科技节期间，区举办近百场活动。区科技节于8月31日闭幕。

（张阳）

【静安区成功创建全国科普示范区】 根据《中国科协办公厅关于深入开展全国科普示范县（市、区）有关工作的通知》和《中国科协科普部关于开展2021—2025年度第二批全国科普示范县（市、区）认定工作有关事项的通知》有关要求，9月20日，市科协专家组在市科协副主席倪前龙带领下，到静安区实地检查创建全国科普示范区工作。专家组走访江宁路街道党群服务中心和欧莱雅中国，现场考察静安区社区书院工作和楼宇科普工作。专家组听取静安区创建全国科普工作汇报，查阅创建工作相关材料。副区长张军全程陪同检查。区文明办、区科委、区生态环境局、区教育局、区财政局、区卫生健康委、区科协等相关部门领导参加创建工作汇报会，并参与专家提问答辩，随后专家组对照评分表进行评分。根据专家实地检查情况，结合3个创建区日常科普工作表现，静安区获得现场打分第一名好成绩。在最终公布的《中国科协关于命名2021—2025年度第二批全国科普示范县（市、区）的决定》中，静安区位列其中。

（张阳）

9月20日，静安区创建“2021—2025年度第二批全国科普示范区”工作接受市科协专家组实地检查。图为检查组查看江宁路街道社区书院　　（区科协　供稿）

【喜迎二十大，科普向未来——2022年静安区“全国科普日”活动启动仪式】　于9月28日在江宁路街道社区书院举行。活动在市科协指导下，由区科协和江宁路街道党工委、办事处联合主办。副区长张军出席活动并致辞。张军、市科委科普处处长何家骥、市科协科普部部长周勇、区科协党组书记周隽、江宁路街道办事处主任余文君共同启动2022年静安区“全国科普日”活动。启动仪式上，市科委、市科协和区科协领导为14个街镇配送科普图书《家庭应急科普读本》和2022年静安科普基地参观护照，并为14个街镇科技志愿服务分队代表授旗。同时，“静安区云上科技馆”正式上线，云上科技馆首展——“璀璨非遗科普线上体验特展”开幕。活动期间，举办“宁的科技生活元宇宙”主题活动、“发现身边的科学”摄影展、“大江之歌”长江生物多样性主题展等活动。　　（张阳）

【静安海智基地CDP青年成长空间“青创梦”海外留学生创业大赛】　于11月11日在上海科学会堂举行。市科协党组书记、副主席马兴发，市侨联党组书记、主席齐全胜，市科协党组成员陈丽，市侨联副主席徐大振，市侨联海外联络二部部长黄蓓，区科协党组书记周隽，区科协主席聂丹，区侨联主席、党组书记李敏出席活动。经过4个月角逐，组委会从60个参赛项目中挑选出6个优质项目进入决赛。决赛以“路演＋提问＋评分”方式举行，评选出首届“青创梦”海外留学生创业大赛金、银、铜及最佳人气奖。

（张阳）

【静安区院士(专家)工作站参观交流活动】　于11月14日在欧莱雅北亚总部静华办公室举行。区科协副主席孙勇、市科协学会学术部副部长邢文明、欧莱雅(中国)北亚及中国首席公共事务与公众联动官兰珍珍、公共事务与公众联动总监陈佳昕以及静安区院士(专家)工作站建站单位相关负责人和联络员出席活动。会上，欧莱雅(中国)院士工作站、卡斯柯信号有限公司院士工作站和上海迪勤传感技术有限公司专家工作站分别交流科技创新实践情况。邢文明肯定静安区19家院士(专家)工作站(服务中心)建设成效,希望静安区科协以此为契机,积极为建站单位搭建交流平台,构建创新生态圈,提升产学研协同创新成果的影响力。 (张阳)

(五)区侨联

【概况】 2022年,区侨联动员侨界群众参与"静安区各界人士纪念中国共产党统一战线政策提出100周年主题活动"。组织侨界学习贯彻党的二十大精神,组织举办讲座、学习报告会和参观等10场次。参加"各民主党派、无党派人士和有关团体负责人研讨班"并作交流发言,参加由中国侨联、市侨联和区委主办的贯彻党的二十大精神专题培训班。支持区侨联委员、各街镇侨联工作骨干参与抗击新冠疫情志愿服务400余人次,协调并落实各方侨界爱心捐款捐物共37余万元,《共和新路街道三对侨界夫妇在防控一线展现侨界担当》在"中国侨联"微信公众号发布。组稿编发《静安侨界人士热议中共二十大》《静安留学归国人员热议习近平总书记给南京大学留学归国青年的回信》。开展"防疫情、稳经济、保安全"大走访、大排查活动,陪同区委常委、统战部部长顾定鋆走访企业2家,另通过实地走访、电话沟通、视频连线20余家侨资企业。参与市侨联举办的"服务侨企,合力攻坚"为主题的线上交流活动,支持侨商参与市侨联"侨联五洲·七彩云南"活动。推荐参加第九届"中国侨界贡献奖"评选、东方英才计划领军项目、市优秀党外创新创业青年人才评选各1人;推荐市海外经济技术促进会会员人选1人、市侨联女侨胞联谊会第四届会员1人、静安海联会第二届成员人选19人。支持区政协委员围绕"打造高质量15分钟公共生活圈""实施全球服务商计划,持续扩大品牌影响力"等专题积极建言。提交"探索完善居家社区机构相协调、医养康养相结合的养老服务体系"作为区政协全会大会发言书面材料,并被评为区政协二届一次会议以来优秀提案。以静安欧美同学会等团体换届为契机,充实来自美国、加拿大、澳大利亚、南非、阿根廷等26个国家侨胞侨领及港澳地区人士数据库,向澳大利亚悉尼上海商会成立10周年大会致贺信。推荐2名香港同胞参与"新闻晨报"微博视频号的"我在上海,祝福香港"活动,为香港回归祖国25周年送上祝福。走访侨界芭蕾舞蹈家谭元元领衔的舞剧《白蛇》创作团队,组织侨界人士观摩演出。制定《区侨联第二届兼职副主席联系基层工作制度》,加强对基层侨联联系指导。新建居民区"侨之家"121家,实现居民区"侨之家"全覆盖。新建大宁国际"新侨驿站",指导天目西路街道瀛东"新侨驿站"创建并成功被评为上海市特色"新侨驿站"。落实市、区两级为侨服务实事项目,惠及侨界群众1200余人次,合计70万元。以"坚持党建带侨建,引领新侨成长贡献"为主题开展基层党建特色品牌创建,参与"党组书记谈党建"和基层党建创新典型案例征集活动。

(曹奇琳)

【2022年侨界法治宣传月】 3月,区侨联组织开展"侨界法治宣传月"活动,制作宣传品,突出"贯彻法治精神"主题。根据"静安区侨联涉侨纠纷国浩调解室"成功调解的真实案例改编的侨法宣传短剧《虚船触舟》,获上海市"侨法宣传短剧"二等奖。天目西路街道瀛东"新侨驿站"开展四大专题系列公益线上直播讲座,3月30日,区侨联开展线上专题侨法普及活动。

(曹奇琳)

【区侨联二届二次全委会议】 于6月30日以视频会议形式召开。会议学习传达中国侨联十届五次全委会议、市侨联十二届三次全委会议主要精神，审议并通过《静安区侨联2022年工作报告》。区侨联主席、党组书记李敏就区侨联开展疫情防控工作进行总结并讲话。（曹奇琳）

【静安新侨红色寻访活动】 于8月31日在中共二大会址纪念馆举办。近20名新侨和归国留学人员实地参观、互动打卡，3名新侨代表分享参观感悟。活动制作的短视频在《新闻晨报》微博视频号的阅读量近9万人次，在"学习强国"App上海平台推送，在新华社客户端浏览量超83万人次。（曹奇琳）

【静安侨界党的二十大精神学习报告会】 于11月8日通过视频会议形式举办。特邀上海大学经济学院教授张恒龙作题为"应变局、育新机、开新局，奋力推进中国式现代化"报告。区政协委员（侨联界别），区侨联委员，区侨商联合会理事，各街镇侨联主席、秘书长近70人参加。（曹奇琳）

【"青创梦"海外留学生创业大赛】 于11月11日在上海科学会堂举行决赛。大赛由区科协、区侨联和CDP集团联合主办，经过4个月角逐，组委会从60个参赛项目中挑选出6个优质项目进入决赛。通过"路演 + 提问 +评分"方式，评出金、银、铜及最佳人气奖。市科协党组书记、副主席马兴发，市侨联党组书记、主席齐全胜等应邀出席并致辞。大赛也是市侨联"新侨双创在上海"品牌系列活动之一，创造了服务、支持留学生创业的新经验。（曹奇琳）

【居民区"侨之家"全覆盖】 至12月5日，静安区实现居民区"侨之家"全覆盖，全区共有"侨之家"281家，其中街镇"侨之家"10家、企业"侨之家"6家、园区"侨之家"1家、居民区"侨之家"264家。通过规范化创建，55家获得市侨联认定的星级"侨之家"称号。（曹奇琳）

8月31日，静安新侨红色寻访活动在中共二大会址纪念馆举办　（区侨联　供稿）

(六)区残联

【概况】 2022年,区残联落实区委、区政府和市残联工作部署要求,紧扣残疾人事业高质量发展主题,全力统筹推进疫情防控和残疾人工作。做好残疾人工作宣传,至年底,在市级以上媒体刊登信息9篇,区级媒体刊登信息8篇,静安有线电视台播报信息2条,网络媒体刊登信息6篇。11月4日,区残联开通"静安残联"微信公众号,发布信息5条。年内,区残联组织残疾评定260场次,受理残疾评定申请2855人,换、发残疾人证5279本,残疾关系迁移1243人,死亡注销1729人。年内,区残联处理来信16封、网信26封、来访149人次、来电348人次。受理"12345"市民服务热线509件次,办结率100%。接待残疾人法律咨询73人次,提供民事、刑事法律援助13件次。至年底,全区有持证残疾人42103人,其中视力残疾人7069人、听力残疾人7184人、言语残疾人310人、肢体残疾人20042人、智力残疾人2515人、精神残疾人3893人、多重残疾人1049人、其他四证41人。60岁及以上残疾人33350人,占全区持证残疾人的79.21%。 (薛程)

【市政府实事项目落实】 年内,区残联完成"为本市2600名困难视力残疾人提供智能助盲辅具"市政府实事项目。根据《关于印发〈上海市"为2600名困难视力残疾人提供智能助盲辅具"为民办实事项目实施方案〉的通知》,区残联开展线下培训,工作人员一对一指导适配对象及其亲友学习掌握操作要点,正确使用智能辅具,督促供应商做好产品回访、售后保障、满意度测评等工作。至年底,为区166名困难视力残疾人适配智能助盲辅具,100%完成市残联下达任务。 (薛程)

【区政府实事项目落实】 年内,区残联完成"为全区400户有需求且符合改造条件的残疾人家庭实施无障碍改造,为老旧小区改造无障碍坡道200条"区政府实事项目。区残联制订《静安区残联2022年无障碍改造工作实施方案》,继续推进家庭无障碍改造工作。区残联会同区建设管理委、区房管局联合下发《关于做好2022年老旧小区无障碍坡道改造工作的通知》,协同推进公共无障碍环境建设。全年为有需求且符合改造条件的481户残疾人家庭实施无障碍改造,其中提高型201户、基本型280户。全年为宝山路、共和新路、彭浦新村、彭浦镇等5个街道10个老旧小区实施无障碍坡道改造共200条。 (薛程)

【"不断完善社会保障体系,加大残疾人帮扶力度"区委、区政府重点工作完成】 年内,区残联按照区委、区政府部署,结合重点工作计划,按季度推进重点工作。一季度,区残联推进开展以"听民意、惠民生、暖民心"为主题,对基层工作人员开展残疾人救助帮困业务专项培训,完成元旦春节帮困送温暖工作。二季度,区残联为区约4.2万名持证残疾人开展"静安区残疾人综合保险"项目,选定保险公司为区残疾人提供综合保险理赔服务。三季度,区残联针对残疾人及生活困难残疾人家庭子女开展助学帮困,进一步推进残疾人职业技能培训,推进残疾人就业指导工作。四季度,区残联依托市残联"精准帮扶补贴发放系统"数据,落实稳定和开展特殊困难残疾人帮扶补贴工作。 (薛程)

【"为听力言语障碍者及70岁以上一级、二级视力残疾高龄视障人士提供就诊助医爱心服务"区政府重点项目完成】 年内,区残联每周四下

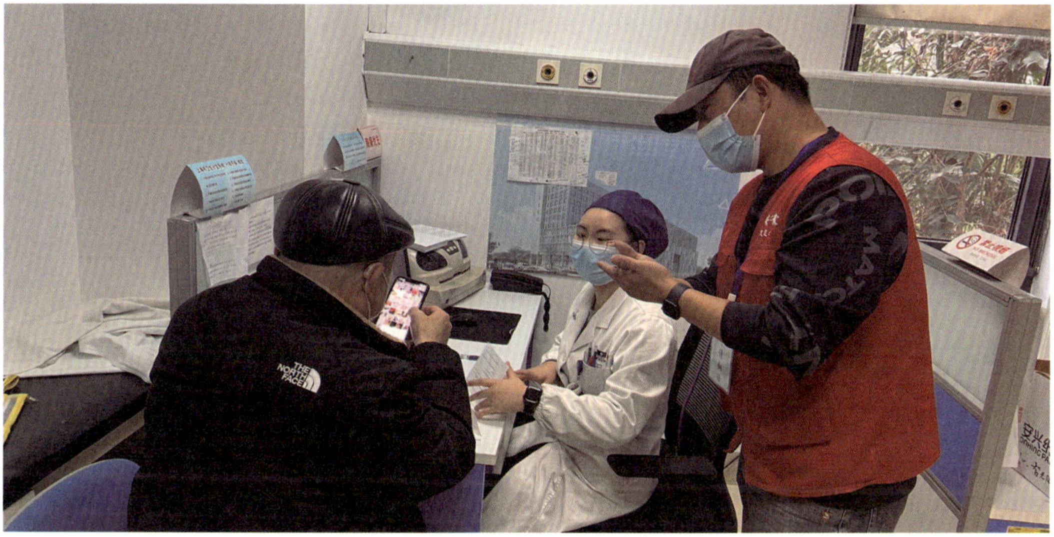

在市北医院，听力残疾人在手语翻译志愿者的帮助下就医　　（区残联　供稿）

午在华东医院，每周二下午在市北医院，每周五下午和每周六上午在第十人民医院开设助聋助盲就诊服务，配备手语翻译、出行帮扶、就医导服等志愿服务，帮助前来就医的残疾人快速便捷就诊，有效缓解特殊困难残疾人看病难问题。全年累计开展服务116次，2023人次受益。

（薛程）

【新冠疫情防控工作】 年内，区残联按照区委、区政府和市残联要求，研究制订《关于在本区新一轮核酸筛查期间做好残疾人服务保障和疫情防控工作的通知》等工作提示，对工作进行再动员再部署。封控期间，区残联设置专线电话，妥善处置各类求助210件；对899名特殊困难残疾人开展需求排摸，想尽办法为其送去尿不湿、助听器电池、呼吸机等急需物品，有针对性地做好帮扶工作。为8家盲人按摩机构约110名盲人送上价值8000元的基本生活物资；将市残疾人福利基金会4批次235份基本生活物资及时送至定点盲人按摩机构。封控期间，区残联班子成员带头，20名党员均到社区报到，服从属地安排，参与志愿服务。3月，派出1名党员支援彭浦新村街道社区防疫工作。5月，派出3名党员支援铁路上海站防疫工作，1名工作人员支援机场隔离酒店工作。6月，先后派出3名党员支援区防控应急办疫情防控常态化工作，11月，派出1名党员支援机场防疫工作。复工复产后，区残联指导街镇残联在落实常态化疫情防控工作基础上，有序恢复各项助残服务。针对全市盲人按摩机构店主和从业人员集访事件，多次走访排摸对象实际状况和需求，对房租减免、救助保障等政策进行反复宣传，劝导对象通过合法渠道反映诉求。向86名盲人按摩机构从业人员发放生活困难补助8.6万元，向15家盲人按摩机构店主发放困难补贴9万元。（薛程）

【区残联完成换届工作】 年内，区残联成立换届工作领导小组。主要领导担任组长，明确分管领导，抽调业务骨干，形成工作专班，集中精力组织实施区、街镇、居（村）三级残联换届工作。制订街镇残联换届指导意见，指导14个街镇规范开展换届工作。9月30日，江宁路街道残联率先召开新一届代表大会，顺利完成换届。随后13个街镇均按要求完成换届。通过换届，14个街镇残联均配齐正副理事长，基层工作力量得到充实。12月底，全区200余个居(村)委会残疾人协会均完成换届，基层工作网络得到进一步完善。研究制订《静安区残疾人联合会第二次代表大会方案》，报市残联、区委同意后组织实施。 (薛程)

【残疾人救助保障工作】 年内，区残联救助残疾人约11.07万人次，救助金额3918.38万元。其中元旦春节期间向困难残疾人家庭发放帮困金298.42万元，5804人次残疾人受益；向64854人次符合条件的残疾人发放交通补贴902.03万元；向9078人次重残无业人员按月缴纳养老补助金24.92万元；向113人次困难残疾人发放临时救助补贴25.92万元；依托市残联"精准帮扶补贴发放系统"，向440名符合条件的困难残疾人发放帮扶金51.21万元；对受疫情影响3月至6月期间无收入来源、生活困难且失业保险政策无法覆盖的51名残疾人，发放一次性生活补助2.55万元。向6名残疾人核发成人学历教育补贴2.84万元；向53名残疾人学生和生活困难残疾人家庭子女核发助学补贴31.64万元；为符合条件的残疾人提供残疾人综合保险，至年底，理赔29291人次，金额2561.25万元。换发、新办盲人乘车证425件次，为18名视力障碍者提供固定电话补贴服务，受理审核聋人信息卡套餐416人次，为16名肢体残疾人办理英伦出租车补贴。审核上报残疾人配偶户口迁沪资料22份。 (薛程)

【残疾人就业培训工作】 年内，区残联开展培训就业项目，组织150人次参加市级职业技能培训；开设6个区级职业技能培训班，为180名残疾人提供竹编等培训。组织22名残疾人参加11项市级职业技能竞赛活动，3人分别获广告设计师、竹麻制品加工、民间工艺品制作项目第一名，1人获调饮师项目第三名。推荐3名应届毕业残疾人大学生和3名特教班毕业生实现就业。至年底，区残联累计推荐155名残疾人实现就业。探索开展残疾人参与非遗保护试点项目，以竹编、点心制作(王家沙)为切入口，尝试设立残疾人"阳光手作"非遗工作室，挖掘培养残疾人非遗工匠，努力构建残疾人就业新模式、新途径。向56家单位核发分散安排残疾人就业岗位补贴和应届毕业生社保补贴131.51万元，受理1115家企事业单位2022年度残保金和超比例奖励申报。至年底，全区"阳光之家"有学员226人，"阳光基地"有援助对象799人，"阳光心园"有注册学员95人、非注册学员28人，"三阳"机构累计投入培训、午餐、岗位、社保等补贴4043.27万元。全区共有社区残疾人工作专职委员177人，累计使用岗位补贴1329.39万元。 (薛程)

【残疾人康复服务工作】 年内，区残联为312名重残无业人员提供机构养护服务，使用经费475.75万元，为1004名重残无业和高龄重残人员提供居家养护，使用经费1007.57万元；为1965名残疾人提供免费体检服务；补贴贫困骨关节置换手术、肢体矫治手术9例，金额17万元。为85名脊髓损伤者配发护理用品；向210名残障儿童核发"0—18岁残障儿童康复救助"补贴302.88万元。为468名精神残疾人提供免费服药服务，使用经费27.3万元；开展辅助器具适配工作，全额类辅助器具配发7193例，电动类辅具评估5例，组合适配评估5例，安装假肢、矫形器(鞋)39例，成人助听器配发377台，共使用经费519.26元。新申购残疾人机动(电动)轮椅车145辆，全区共有3001辆，发放燃油补贴133.99万余元。制订《静安区残疾人家庭医生签约服务重点联系点实施方案》，在江宁路街道等5个街镇社区卫生服务中心开展康复之家建设。（薛程）

【残疾人文体工作】 5月，区残联组织开展第三十二次全国助残日暨第二十三次上海助残周主题活动。围绕社区防疫志愿服务主题组织区聋人舞蹈队录制手语歌曲，通过新闻媒体宣传残疾人社区防疫志愿服务先进人物。5月15日全国助残日当天在区融媒体重点推送。对捐赠制氧机、跨区送药等助残事迹进行宣传报道，取得良好社会反响。8月，区聋协组织动员区聋人参加"触摸红色历史，感知红色文化"——喜迎二十大上海市青年聋人线上知识竞赛，1人获三等奖，2人获鼓励奖。9月，组织参加上海市第十届残疾人运动会上海残健融合运动会——融合电竞赛，静安聋人队听障组获第二名，静安肢残人队获肢体残人组第四名。区残联开展阳光读书会项目，组织16次线上沙龙活动，542人次参与；开展光影有约摄影项目，组织摄影培训2次，102人次参与，组织摄影采风1次，15人参与，并评选出2022光影有约残疾人摄影培训项目学员优秀作品。区聋协与区图书馆合作，开展2022年静安区聋人线上知识竞赛，迎接党的二十大胜利召开，共组织3期知识竞赛，300人参与，彭浦镇聋人协会获团体一等奖。11月13日至16日，组织动员区聋人参加市聋协主办的"学思践悟，学习宣传二十大精神"上海市聋人线上知识竞赛，1人获一等奖，1人获二等奖，1人获三等奖，7人获鼓励奖。区残联在2022年"益起文创，沪爱融艺"上海市残疾人首届文创大赛中，1人获金奖，2人获铜奖。区残联在12月3日国际残疾人日举办"胜利二十大，同心铸辉煌——静安区残联艺术团队云展演活动"。（薛程）

（七）区红十字会

【概况】 2022年，区红十字会以学习宣传新颁布的《上海市红十字条例》为抓手，围绕国际静安发展战略，认真履行"三救三献"（救灾、救护、救助，献造血干细胞、献血、献遗体及器官）核心职责和志愿服务、青少年及少儿住院基金的工作职责，弘扬"人道、博爱、奉献"红十字精神。开展"我的抗疫故事"图文征集活动，经上海红十字会评审，有5项作品分获优秀作品奖和人气作品奖。静安区陆金弟"双疏"红十字志愿服务队获全国红十字模范单位称号。年内，红十字服务总站街镇全覆盖，投入"一站一品"特色项目建设资金35万元，其中彭浦新村服务总站继续拓展"双疏"心理疏导工作室，开展社区心理疏导个案受理40余件。开展造血干细胞捐献志愿者集中入库、健康医疗服务、生命健康安全公益体验、遗体器官捐献咨询、红十字文化渊源寻访等活动。开展困难失智老人关怀项目，发放护理用品380人次。全年造血干细胞移植配对成功实现捐献2人，为7名接受造血干细胞移植的白血病患者共申请24万元救助。区红十字会深入街镇、企事业单位，积极推进无偿献血和造血干细胞捐献志愿征募工作，其中造血干细胞有效库容增加252人。年内，遗体捐献登记志愿者102人，实现者31例。区红十字会接受企业和爱心人士捐赠，为对口帮扶的云南省文山州三县一市等地捐赠款物，合计200万余元。支持冠名医疗机构市级生命安全基地建设44万余元，定向捐赠辖区内卫生医疗事业39.5万元。（盛浩鑫）

【新冠疫情防控】 年内，区红十字会落实市、区新冠疫情防控工作会议精神，向2022年红十字

"千万人帮万家"生活困难家庭 1755 户，发放 2 批救助款 70.2 万余元；向 1662 户困难家庭发放米面油奶"大礼包"；给 1661 户困难家庭发放装满生活物资的中国红基会——守"沪"家庭应急箱等物资。克服运送困难，做到"两个倾斜"。一是向抗疫一线倾斜。向区卫生健康委、辖区内各大医院捐赠防疫物资、药品、新鲜蔬菜、大米、鸡汤、减压食品、婴幼儿纸尿裤湿巾等；向湖北省在静安区的医疗队捐赠适口食品；向区发展改革委捐赠核酸检测亭等。二是向疫情较严重的街镇困难群体倾斜。向天目西路、共和新路、大宁路街道下拨口罩、防护服、消毒液、"小红袋"等防疫物资。向芷江西路街道捐赠蔬菜；向彭浦新村街道捐赠蔬菜大礼包和佐餐食品；向北站街道捐赠五谷杂粮和有机米；向临汾路街道捐赠国宝精制大米等。全年共接受新型冠状病毒肺炎疫情防控捐赠款物 209.4 万余元，结余为 0 元。（盛浩鑫）

【市红十字会领导张浩亮到静安区调研】 2 月 25 日，上海市红十字会党组书记、常务副会长张浩亮，市红十字会党组成员、副会长李江英等督导组一行调研督导静安区彭浦新村街道全国红十字博爱家园示范点建设工作，副区长、区红十字会会长龙婉丽，区人大常委会副主任、区红十字会常务副会长江天熙陪同调研。张浩亮一行视察彭浦新村街道红十字服务总站、党群服务中心、彭三食堂、静安区启慧学校 4 个红十字服务站点。在听取工作汇报后，张浩亮对彭浦新村街道全国红十字博爱家园示范点建设工作给予肯定。（盛浩鑫）

【区红十字会第一届理事会第七次会议】 9 月，受新冠肺炎疫情影响，一届七次理事会采用通信方式进行，对相关需要审议的事项进行书面审议，对理事、常务理事、兼职副会长的更替采用通信票决方式进行。根据票决和审议结果，通过《静安区红十字会第一届理事会更替理事建议名单》，选举施海燕为静安区红十字会第一届理事会兼职副会长、常务理事，批准《静安

2 月 25 日，市红十字会党组书记、常务副会长张浩亮到彭浦新村街道进行全国城市社区博爱家园示范点建设调研

（区红十字会　供稿）

区红十字会2021年工作总结和2022年工作计划》《静安区红十字会2021年度人道救助基金收支情况报告》。（盛浩鑫）

【救护培训工作】 年内，区红十字会在新冠肺炎疫情前延续往年传统的线下救护知识授课模式，在疫情后主动克服疫情带来影响，拍摄网上普及救护培训课程视频，开展线上应急救护培训课程。全区共完成培训普及人员5520人、救护员835人。在春运期间，集中力量对2536名地铁司乘人员开展4课时心肺复苏术(CPR)＋自动体外除颤仪(AED)专项培训。（盛浩鑫）

【少儿住院基金“窗口”工作】 年内，区红十字会适时调整常态化工作方案和应急处置预案，布设“数字哨兵”和场所码、工作人员穿防护服、规范佩戴N95口罩、隔离面屏等。统筹做好疫情防控便民措施和服务流程改造，每天对环境物品进行消毒，配备消毒喷雾、消毒纸巾、抗原试剂、一次性口罩等便民物资。全年网上受理少儿基金、少儿居保报销32540人次，报销金额14937万余元；实体窗口零星报销966人次，支付339万余元；大病受理190人次，支付54万余元。疫情过后，窗口工作人员收到大病患儿家长送来“细心耐心有爱心，无私奉献显真情”字样的锦旗。（盛浩鑫）

（八）黄埔军校同学会静安区工委会

【概况】 2022年，上海市黄埔军校同学会静安区工委会(简称区黄埔工委会)有同学1人，年龄102岁。年内，市黄埔同学会为区黄埔工委会同学送上节日慰问金及住院补助金27300元；区黄埔工委会联络员每逢节假日或同学住院，都及时上门走访慰问，了解其生活情况，积极做好各项服务工作。年内，区台办共为其送上节日慰问金等各类补助8950元。（黄金珠）

（一）公安工作

【概况】 2022年，区公安分局坚持以习近平新时代中国特色社会主义思想为指引，深入学习贯彻党的二十大精神和习近平总书记关于上海工作、公安工作系列重要指示精神，积极践行“对党忠诚、服务人民、执法公正、纪律严明”总要求，以助力静安区打造“四范”（在践行新思想上当好模范、在高质量发展上成为典范、在彰显软实力上引领风范、在人民城市建设上打造示范）城区为己任，以做好党的二十大安保维稳工作为主线，依托风险防控体系建设，全面提升战疫情、保安全、护稳定、促发展的能力水平，推进静安区公安工作高质量发展，完成各项公安保卫任务，维护静安区社会大局持续安全稳定。截至11月30日，全区报警类“110”比上年下降33.4%，没有发生影响政治安全和社会稳定的重大案、事件，没有发生重大公共安全事故。坚持依法严打方针不动摇，深入推进夏季治安打击整治“百日行动”和“砺剑”系列专项行动，常态化开展“扫黑除恶”斗争，全年侦破刑事案件2145起，刑事拘留956人，逮捕378人。打击各类违法犯罪活动。先后成功破获“3·6”故意伤害致死案、“8·14”卖淫女被杀案、“6·10”聚众斗殴案、“7·20”抢劫未成年人案、“9·29”特大盗窃苹果手机案和原闸北区“1996·1·13”命案积案等一批大要案件。关停涉黄、涉赌场所共17家，破获涉黄案件33起、涉赌案件12起。破获涉众型经济案件139起，挽回经济损失6.4亿余元。侦破全市首例利用“留抵退税”政策虚开发票骗税案，涉案金额达35亿元，抓获团伙成员11人。先后破获侵犯“普拉达”“始祖鸟”“路易威登”“迪士尼”“太太乐”等品牌知识产权案152起，全链条捣毁制假、售假窝点103处，涉案总金额2500万元。夯实基层基础建设。构建以指挥中心为总站、4家派出所为分站的“一总四分”无人机布点架构，常态化开展巡飞，有效支撑重大安保任务和突发事件处置。基于公安内网自主研发集“统计汇总、流转盯办、数据查询、重警核查、态势分析”等功能于一体的“隐患清零闭环处置平台”，实现110警情全口径统计和全流程监管。该平台在分局5家派出所推广试行。同步抓好1处市级目标和61处区级目标挂牌攻坚整治。至11月底，采集维护实有人口信息93.2万余条，登记率和准确率保持在96%以上。加强公安队伍建设。

围绕“疫情防控、反恐维稳、应急处突、规范执法、舆情管控”等实战场景，举办业务培训 50 余期，累计培训 6000 余人次；针对新警执法常见问题和薄弱环节，先后研发《常见执法类话术运用》等专项培训课程 8 门、总结技战法 20 个。分局经侦支队与区税务机关组成静安联合战队在 2022 年上海六部门练兵比武活动中获三等奖；特警支队获上海公安机关全警实战大练兵特警条线总成绩第一名。南京西路派出所获评“全国枫桥式公安派出所”，经侦支队“食药环侦”大队获评“全国知识产权保护工作成绩突出集体”，交警支队一大队获“全国优秀公安基层单位”，并涌现出“全国公安系统二级英雄模范”周雅萍、“全国公安机关爱民模范”王一鸣、“全国公安机关成绩突出个人”朱春亮等一批先进典型。（张碧时）

【疫情防控和“转段”管理】 年内，区公安分局统筹开展拔阳转密、“方舱”维序、违规乱象整治、“沪漂人员”救助安置和涉疫犯罪打击等工作。成功破获“百万级”哄抬食品物价非法牟利案，入选最高检发布的涉疫典型案例，被新华社等多家主流媒体转发报道。6 月 1 日转段后，针对起伏反复的新冠疫情形势，遴选精兵搭建驻区流调专班，备足 200 人专职流调队伍维持“激活”状态，以主力军姿态切实扛起流调排查“硬任务”。区公安分局主要领导和分管领导坚持做到“专班会议必到、关键点位必看、复杂个案必研”，为迅速斩断涉及区的 30 余条传播链，精准落控 4.5 万名涉疫风险人员提供强有力保障。（张碧时）

【交通安全管理】 年内，区公安分局组织开展全区性集中整治 99 次，查处各类交通违法行为 37.9 万余起。建立健全道路交通视频巡查调度“两个 5 分钟”（5 分钟发现堵点、5 分钟疏导完毕）机制。全区交通类“110”和事故亡人数比上年下降 26.9％和 14.3％，没有发生长时间、大面积拥堵情况。（张碧时）

【助力营商环境优化】 年内，区公安分局结合开展“防疫情、稳经济、保安全”大走访、大排查，

9 月 2 日，区公安分局开展新警集中培训（区公安分局　供稿）

累计走访企业30余家，排查风险点位500余处，协调解决群众、企业需求建议300余项。进一步丰富涉外服务供给，新建1家移民融入服务站和5家外国人社会融合服务站，为境外人员提供普法宣传、登记备案等一站式服务。

（张碧时）

【基层防火监督强化】 年内，区公安分局围绕老旧小区、规模型租赁房、“三合一”场所、电动自行车违规充电等消防安全薄弱环节和突出隐患，推动落实“街镇属地责任、部门监督责任、行业主体责任”，积极会同区消防救援部门，常态化开展季节性火灾防控、消防隐患大排查大整治等行动，累计检查单位、场所5.5万家次，责令“三停”153家，行政拘留149人，罚款数39万余元。

（张碧时）

【赋能“一平台、三体系”建设】 年内，区公安分局建立健全分局每月治安形势分析会、案例讲评会和派出所每日晨会制度，将所有“110”报警，包括“12345”市民服务热线、“110信箱”、窗口受理、信访投诉、反诈推送等信息，全口径统计纳管，以集体“会诊”方式分析情报、研商对策、督导问效。围绕“110”警情快速反应要求，将派出所“3+1”巡逻力量、特警6辆武装巡车、交警外勤大队一并纳入街面快反巡防体系，增设16处“3分钟到场”重点巡防区域，推广建设36个“平安屋”和18个“平安商户联盟”；遇战时或高等级勤务，每个派出所叠加投放应急处突小分队，固化“每日一拉练”制度，提升快速响应力、防控震慑力。

（张碧时）

【以“群众满意”提升前端执法质量和效果】 年内，区公安分局按照“110”接处警群众满意度为标准，规范12类高频警情处置流程，首创处警完毕标准用语，建立“接处警满意度每月通报排名”和不满意件“投诉初核、事件复核、责任追究、回顾复盘”查纠整改机制，切实从小从早从严抓起，让群众以看得见的方式感受到公平正义。

（张碧时）

【执法规范化建设】 年内，区公安分局严格执行刑事案件“两统一”和侦查办案分工制约机制，建立健全重大疑难复杂案事件集体审议、分局领导审核审批案件、部门行政领导出庭应诉等机制措施，自觉接受舆论、社会、政府各部门监督。依托“数字化”执法办案管理中心，全面强化如实受立案、现场执法，办案场所规范使用等执法环节的监督管理，累计检查案件1157件，督促整改执法问题236件。常态化开展案例点评通报和执法培训考核，组织执法办案部门“一把手”全程参与2022年度静安区行政案件负责人出庭应诉、旁听、评议“三合一”活动，从“关键少数”抓起，提升全警执法办案能力水平。深化“一网通办”政务服务，着力增强群众办事体验，公安业务网办率达90%以上。

（张碧时）

【深化社区警务战略】 年内，区公安分局发挥社区民警“两兼”作用，推动属地街镇将矛盾纠纷排查化解作为“社区党建”“楼宇党建”的重要议题，把工作触角进一步向商务楼宇、中小企业延伸。对标市公安局500种隐患清单，量化社区民警每月入户走访指标，明确“实口核查、隐患排查、反诈宣传”进门3件事，确保“真走实访”。发挥人力情报“传家宝”作用，落实500万专项资金，在各类新型群体中广泛排摸信息，全面汇聚各类微情报、微信息。大宁路派出所自主研发“安宁联盟”轻应用，发动辖区热心居民和企（事）业单位工作人员“逢疑即报、查实即奖”，累计吸纳注册用户4000余人，上报问题200余条，清零隐患100余个，发放奖励上万元。

（张碧时）

【实有人口管理】 年内，区公安分局推动区人口综合服务和管理领导小组响应调整，从区级层面加强顶层设计和阶段性规划研析，健全完善实口管理力量配置、经费使用、绩效考评等制度机制。持续强化区人口信息采集维护，同步抓好1处市级目标和61处区级目标挂牌攻坚整治。至11月底，共采集维护实有人口信息93.2万余条，登记率和准确率保持在96%以上。累计查处“三非”(非法入境、非法居留、非法就业)外国人158人，提前2个月完成全年“三非”专项治理目标任务。

（张碧时）

【警务保障】 年内，区公安分局紧扣“显性用警、快速机动”实战需求，对全区13处公安街面执勤岗亭实施新建改造，统一外观标识，升级休憩功能，让民警屯兵街面时也能劳逸结合。针对商圈闹市人车流密集、交通潮汐式拥堵情况突出等特点，为派出所和交警支队采购发放51辆摩托车和52辆电动自行车，发挥两轮机动优势，最大限度减少交通对处警时间的影响。

（张碧时）

【闸北“1996·1·13”故意杀人案】 1996年1月13日，闸北区共和新路4650号遵义医院综合商店发生一起凶杀案，当时由于刑侦技术局限，案件没有侦破。2022年8月，刑侦总队刑技中心再次比对案发现场遗留的一枚可疑指纹时比中浙江籍前科人员何华军(男，46岁，浙江上虞人)。区公安分局在市公安局刑侦总队协助下，复盘再侦充分准备，将何抓获归案，并经过艰苦的攻心审讯，使其交代全部犯罪事实，11月1日何华军被检察院依法批准逮捕。破案后，专案组获评市公安局集体二等功，并在2022年度“刑侦803破案奖”评比中被评为金奖。

（张碧时）

【“团圆”行动寻得一走失23年男童】 1999年5月14日，静安区外来务工人员武洪兵、汤秀丽夫妻二人的儿子武志强(男，1996年2月出生)在沪太路1170弄走失，后民警及家属多方努力寻找，但一直未能找到。2022年1月11日区公安分局刑侦支队在市公安局刑侦总队协助下成功找到23年前走失的武志强(现为山东省聊城市东昌府区张炉集镇张炉集村张建彤)，并经不懈努力组织开展团圆认亲，帮助失散多年的家庭得以重新团圆。失散家庭送来锦旗表示感谢，上海电视台《新闻坊》栏目采访播出该过程，受到社会各界好评。

（张碧时）

【“2021·11·4”利用网络技术盗窃1亿元巨额虚拟货币案】 2021年11月3日，上海诚翼文化发展有限公司发现公司价值1亿多元的虚拟币被盗。案发后，区公安分局刑侦支队会同市技侦总队在相关部门指导协助下，经过连续8个多月的缜密侦查，成功侦破这起利用高科技黑客手段侵入公司服务器盗窃巨额虚拟币案，于8月18日在北京抓获犯罪嫌疑人蔡学成(男，25岁，河北霸州人，有破坏计算机信息系统罪前科)，并成功追缴价值8000万元的虚拟货币。破案后，专案组获评市公安局集体二等功。

（张碧时）

【静安区高祺等人非法经营案】 4月中旬，区公安分局经侦支队与区市场监督管理局在日常管理巡查过程中发现，在静安区陕西南路有一个生鲜外卖店铺大幅抬高价格贩卖鸡鸭等食材，涉嫌哄抬物价。4月18日，在市公安局经侦总队指导下，区公安分局经侦支队出动警力并会同区市场监督管理局，对该团伙进行打击、抓捕，现场抓获涉嫌非法经营罪的高祺(男，上海市人，43岁)、田辉(男，重庆市人，30岁）2人，总涉案金额达175万余元。经查，自4月1日开始封闭管理，高祺、田辉2人便合谋利用自身原本经营饭店的进货优势，为牟取暴利，哄抬民生物品价格，自4月10日至17日，2人借用某公司营业执照，通过外卖网络平台开设店铺，哄抬价格，销售冷鲜鸡、鸭和蔬菜、鸡蛋等商品，进销差价率最高达437.1%。后该案被市公安局经侦总队评为2022年一、二季度经济犯罪案件侦查破案精品案例。（张碧时）

【金源鼎信商业保理公司合同诈骗案】 5月27日，浙商银行上海分行向区公安分局报案，称其被金源鼎信商业保理有限公司（下称金源鼎信）合同诈骗。8月15日，在市公安局有关单位指导下，区公安分局经侦支队在前期调查取证基础上，出动多名警力到河北承德，在当地公安机关配合下，一举抓获涉嫌合同诈骗罪的李丽（女，42岁，河北省沧州市人）、李冠军（男，38岁，河北省承德市人）2人，破获金源鼎信商业保理有限公司合同诈骗一案，总涉案金额约1亿元。后该案被市公安局经侦总队评为2022年度经济犯罪案件侦查破案精品案例。

（张碧时）

【申恒国际贸易公司等虚开发票、骗购外汇、非法经营（买卖外汇）案】 根据公安部夏季打击整治“百日行动”及打击骗取留抵退税专项行动相关工作部署，在总队五支队指导下，9月中旬，区公安分局联合全市10个公安分局经侦部门，成功侦破全市首例木材进口领域虚开、骗汇、钱庄系列案件。区公安分局根据上海申恒国际贸易有限公司涉嫌出口骗税嫌疑线索，立案侦查上海申恒国际贸易有限公司涉嫌出口骗税案。经查，该公司系从事商品进出口业务的民营企业，属海关总署认定的A类进出口公司。2020年至2021年，犯罪嫌疑人吴杨锡（男，48岁，福建省晋江市人）为骗取外汇，找寻有进出口业务资质的上海申恒国际贸易有限公司联系挂靠，从事木材进口骗汇。经查证，吴杨锡通过他人搞来实际不需要购汇和对外付汇的南美洲木材代理进口业务，冒充申恒公司自营木材进口业务，即把双抬头报关单的代理进口业务充作单抬头报关单的自营进口业务。以申恒公司作为进口木材的境内消费使用单位，以申恒公司需要支付木材货款名义，向申恒公司开户行中国银行骗购外汇美元134.7201万元。用于吴杨锡经营的海鲜业务。其间，申恒公司在未实际支付缴纳南美进口木材增值税情况下，由吴杨锡为申恒公司提供南美木材海关进口增值税缴款书完税总金额共853.844177万元，其中增值税共76.845916万元。后该案被市公安局经侦总队评为2022年度经济犯罪案件侦查破案精品案例。

（张碧时）

【“9·1”制作淫秽物品牟利案】 9月，区公安分局获取情报线索，发现有人利用网络发送海量具有淫秽文字内容的文档给区内一公司制作印刷出版。经查，犯罪嫌疑人吴念、蔡吉祥等5人，在该公司任职期间为牟取利益，在明知委托方发来的文档为淫秽色情内容仍为其制作印刷书籍的犯罪事实。查获淫秽色情出版物1000余册及未装订成册的7万余页纸质读物，犯罪嫌疑人吴念（男，36岁，湖北黄冈人）、蔡吉祥（男，33岁，湖北武汉人）等人从中获利3万余元，5人因涉嫌制作、复制、出版、贩卖、传播淫秽物品牟利罪于9月30日被区检察院批准逮捕。（张碧时）

【“9·29”静安特大盗窃手机案】 9月29日凌晨1时，共和新路1868号大宁国际1座107室

“shenhui”苹果手机授权专卖店被盗苹果手机139台，价值103万元。同日10时许，区公安分局刑侦支队会同大宁路派出所经缜密侦查，在市公安局刑侦总队指导下，在福建警方协助下，依托智慧公安赋能，综合运用图侦等侦查措施，在福建省兰圃高速路口抓获陈恩赐（男，21岁，福建闽侯人）等6名犯罪嫌疑人，缴获全部139台被盗苹果手机，成功侦破该起特大盗窃手机案。 （张碧时）

【“10·21”开设赌场案】 10月，区公安分局获取情报线索，在西康路928号内存在一个网络赌博团伙，涉及赌资较大。经查，赌博团伙隐匿于西康路928号526室，以网络百家乐为主要赌博形式。10月22日，犯罪嫌疑人周瑞光（男，33岁，浙江温州人）、吴宗亮（男，32岁，浙江温州人）等10人因涉嫌开设赌场罪被区公安分局依法予以刑事拘留，11名参赌人员被依法予以行政拘留。现场缴获赌资现金106050元。 （张碧时）

（二）检察

【概况】 2022年，区检察院受理公安机关提请批准逮捕493件、730人，经审查批准逮捕280件、357人；受理移送审查起诉1262件、1895人，经审查提起公诉866件、1210人。严惩严重刑事犯罪，加强提前介入，引导侦查取证，提起公诉16件、22人。常态化开展“扫黑除恶”斗争，严打整治酒吧“吊模宰客”等行业毒瘤，对涉恶犯罪提起公诉5件、13人。坚定不移正风肃纪反腐，加强与区监察委衔接配合，提起公诉4人。加大洗钱犯罪打击力度，与区监察委、区公安分局密切协作，提起公诉2件、2人。突出惩治非法吸收公众存款、集资诈骗等涉众型金融犯罪，提起公诉64件、99人。全链条打击电信诈骗及上下游犯罪，提起公诉99件、147人；多维度加强防范治理，发布《打击惩治帮助信息网络犯罪活动检察白皮书》，协力遏制新型网络犯罪多发高发势头。深度参与市域社会治理，综合运用检察建议、专项监督等手段延伸办案触角，制发检察建议23份，推动行业监管和系统治理。落实“四号检察建议”，联合区市政、城管等部门，对窨井盖安全隐患突出地段开展专项治理，守护脚下安全。落实“七号检察建议”，督促快递企业严格执行“实名收寄、收寄验视、过机安检”三项制度，确保寄递安全。落实“八号检察建议”，联合区应急管理局等部门开展安全检查和法治宣讲，并以“回头看”督促安全责任事故涉案企业整改到位，促进安全生产。 （周佳蕾）

【法治化营商环境营造】 年内，区检察院平等保护市场主体，依法打击侵犯企业权益、扰乱市场秩序犯罪，对职务侵占、合同诈骗等犯罪提起公诉136件。加强与区公安分局、法院配合，综合运用认罪认罚、刑事和解等制度促进退赃退赔，为企业挽回损失1705万元。开展“防疫情、稳经济、保安全”大走访、大排查，结合区域实际和企业法治保障需求，出台“推进安商惠企助力复工复产十二条司法措施”，发布40个企业常见法律问题解答，为经济加快恢复重振提供法治指引。依托与区工商联共建的民营企业家法律服务工作站，提供法律咨询、合规建议、法治宣传等“一站式”司法服务，并组织与企业家“云座谈”，被评为全国100对工商联与检察机关沟通联系机制典型事例，被确定为首批上海市优化营商环境法治保障共同体联系点。 （周佳蕾）

【涉案企业管理改革】 年内，区检察院对7家涉案企业探索合规管理，对经第三方评估整改合规的，依法能不捕的不捕、能不诉的不诉、能不判实刑的提出适用缓刑建议。针对办理“保险黑产团伙”案中发现的行业监管漏洞，会同行业协会和监管部门开展源头治理，推动建立“黑名单”制度、信息共享机制等，实现精准打击、有效预防，获评最高检企业合规改革典型案例、职务侵占典型案例。（周佳蕾）

【服务创新驱动发展】 年内，区检察院聚焦静安国际创新走廊建设等重大项目，发挥知识产权检察办公室刑事、民事、行政、公益诉讼“四合一”办案机制优势，依托市北高新园区法律服务工作站，加强知识产权法治保障。依法惩治侵犯知识产权犯罪，妥善办理假冒“汪汪队”注册商标案、盗版“奥特曼”侵犯著作权案、制售假冒“英雄钢笔”案等，提起公诉52件、101人。1件侵犯著作权案获评中国品保委十佳案例，1件侵犯商业秘密案入选上海检察机关知识产权检察典型案例，被国家版权局评为查处重大侵权盗版案件有功单位。坚持刑事追诉与民事维权并重，邀请冠生园、晨光文具等10余家公司代表参与座谈，发布中英文版《协助取证提示书》，推进权利人实质性参与诉讼和诉前赔偿和解机制，提升取证质量，降低维权成本。（周佳蕾）

【涉老涉残司法关爱】 年内，区检察院对涉老案件实行跨部门专业化办理，坚持双向司法保护。对老年人犯罪案件批准逮捕10人、提起公诉35人、依法不批捕14人、不起诉18人。深入开展打击整治养老诈骗专项行动，办理养老诈骗案件19件、27人，挽回老年被害人损失370万余元。开展系列法治宣传，解析“以房养老”“养生保健品”等典型骗局，提升老年人识骗能力和防骗意识。与区法院、区卫生健康委等部门建立常态化工作机制，就司法救助、公益保护等强化沟通协作，切实维护老年人、残疾人合法权益。（周佳蕾）

【妇女儿童合法权益保障】 年内，区检察院开展“检爱同行、共护未来”法律监督专项行动，深化法治副校长等工作，强化未成年人司法保护。依法严惩侵害未成年人犯罪，批准逮捕4件、6人，提起公诉2件、3人；对涉嫌轻微犯罪并有悔罪表现的未成年人，不批捕4人、不起诉11人。严惩拐卖妇女儿童犯罪，持续对被拐卖儿童等开展经济救助、心理疏导，被授予上海市反拐打拐工作“突出贡献奖”。与区司法局会签工作意见，加强未成年人社区矫正监督，创新异地帮教形式，挽救罪错未成年人。保障困境儿童权益，制发督促监护令21份，开展家庭指导18次。联合区商务委、区绿化市容、区妇联等部门对商场、医院、公园等10余处母婴室设施开展排查整改，维护母婴权益。（周佳蕾）

【优质检察公共服务提供】 年内，区检察院落实最高检“群众信访件件有回复”要求，对343件来信均7日内程序性回复，3个月内办理进程或结果答复。积极践行新时代“枫桥经验”，对13件首次控告申诉案件开展简易公开听证，及时把矛盾纠纷化解在萌芽状态。搭建“检调对接”平台，借助人民调解专业力量，联合开展释法说理，促进事心双解。坚持“应救尽救”，开展司法救助77人，发放救助金100万余元，彰显司法人文关怀。依法保障律师执业权利，提供网上查询、预约、阅卷等服务，接待律师751人次。（周佳蕾）

【刑事检察优化】 年内，区检察院会同公安机关设立侦查监督与协作配合办公室，加强立案和侦查活动监督，监督立案55件，监督撤案

141件，追捕9人、追诉103人。积极贯彻少捕慎诉慎押刑事司法政策，不批捕364人、不起诉394人。针对办案程序不规范等问题，及时制发检察建议书和纠正违法通知书。加强刑事审判监督，依法提请抗诉1件。加强刑事执行监督，做好监管场所同步封闭检察，督促落实防疫和安全措施。深化“嵌入式＋巡回”社区矫正监督模式，及时发现和纠正刑罚执行不规范问题。推动行政执法与刑事司法双向衔接，依法追诉犯罪的同时，对可不追究刑事责任的，移送主管部门行政处罚，办理相关案件57件、81人。

（周佳蕾）

【民事案件监督维权】 年内，区检察院牢固树立精准监督理念，受理民事监督案件49件，提请抗诉1件，制发再审检察建议3份、民事审判和执行监督检察建议23份。加强民事支持起诉，与区法院、法律援助中心等部门建立线索移送等机制，对未成年人、农民工等弱势群体，推动优先立案、快速审理，助力依法维权。推进民事和解工作，创新“调查核实＋专家咨询”模式，促成1件医疗损害赔偿纠纷案达成和解。

（周佳蕾）

【行政案件监督】 年内，区检察院始终秉持监督与支持并重，为法治政府建设提供检察助力，受理行政监督案件96件，向行政机关制发检察建议10份，实质性化解行政争议12件。加强行政审判监督，1件抗诉案件获评最高检行政检察优秀案例。依托行政检察监督工作办公室，开展医疗废物处置专项法治督察，参与规模性租赁专项治理，制发的法律意见书被区委依法治区委向全区各街镇和相关部门转发。对行政非诉执行案件开展评查，督促行政机关依法行政。与上海军事检察院建立军地协作机制，坚定维护军人军属合法权益。（周佳蕾）

【公益诉讼检察全面推进】 年内，区检察院立足公共利益代表的职责定位，打造“检察官＋技术调查官＋特邀检察官助理”监督模式，持续用

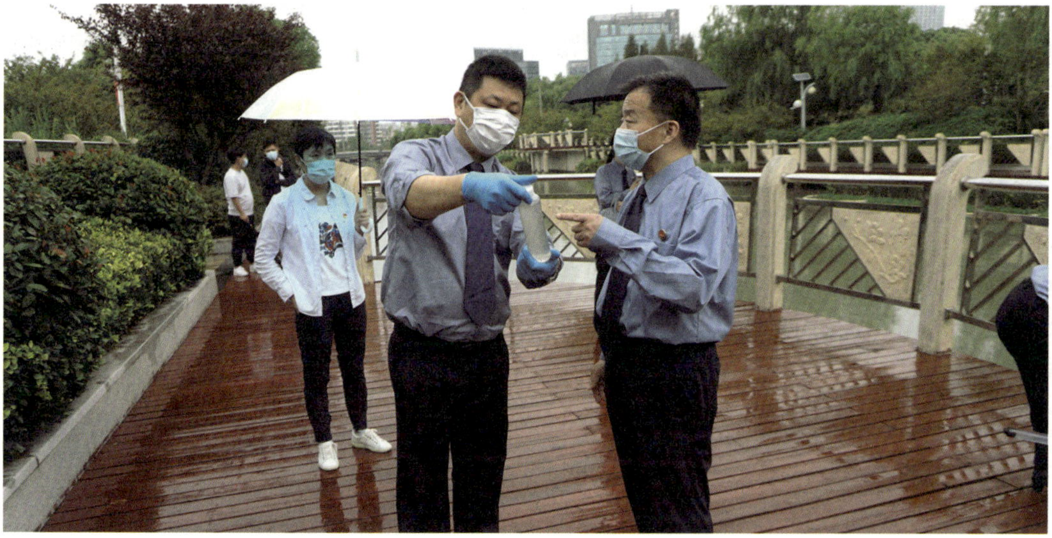

9月28日，技术调查辅助团队配合公益检察室到大宁公园进行福寿螺治理“回头看”

（区检察院　供稿）

好“检助力”平台开展公益诉讼检察，立案100件，制发诉前检察建议75份。聚焦城市公共安全、垃圾分类管理等问题，适用简案快办机制办理30件案件，及时高效保护公共利益，入选市、区级“2022年人民群众最期待的法治为民办实事项目”。聚焦城市光污染、个人信息保护等中心城区治理难题，探索公益保护新模式，2个案件入选上海检察机关公益诉讼十大典型案例。聚焦生态环境保护，联合相关街道，对工地扬尘、危险废弃物处置等问题落实整改，全力守护蓝天、碧水、净土。聚焦食品药品安全，对小餐饮经营备案、“消”字号产品开展专项检查，维护人民群众生命健康。（周佳蕾）

【检察队伍素质和能力提升】 年内，区检察院落实人才队伍建设、数字检察发展五年规划，聘请复旦大学等知名高校学者成立专业导师带教团，打造高素质专业化队伍。探索技术调查官、特邀检察官助理制度，通过参与现场勘验、调查取证、技术咨询等，协助办理知识产权、信息技术等领域案件92次，提升专业化办案水平。坚持14年开展“一对一”带教，落实见习主任成长计划，培养勤学实干的后备人才。广泛开展训、练、赛、评，组织“青年公诉人训练营”，5人入选全国检察机关条线人才库，1人获评全国检察业务数据分析研判实战演练标兵型人才，1人获评上海市五一劳动奖章，知识产权检察办公室青年突击队获评上海市青年五四奖章集体。

（周佳蕾）

（三）审判

【概况】 2022年，区法院受理各类案件63642件，比上年下降23.43%；审结63643件，比上年下降22.67%；结收比100%。全年受理刑事案件872件（包括少年刑事案件），审结870件（包括少年刑事案件）。受理民事、商事案件46152件，审结46161件。集中管辖浦东新区、杨浦

9月27日，区法院召开弘扬社会主义核心价值观涉老案件典型案例新闻发布会

（区法院　供稿）

区、嘉定区3区行政案件，共受理919件，审结921件。受理执行案件15505件，执结15501件，实际执行到位标的额7.28亿余元。审判质效综合指数位居全市法院前列。区法院被最高人民法院挂牌命名为“为群众办实事示范法院”，立上海法院2022年度二等功。区法院围绕区域经济社会发展大局，坚持服务大局、司法为民、公正司法，履行审判职责，服务保障营商环境，为静安全面建设卓越的现代化国际城区提供司法服务有力保障。推进平安静安建设，打击整治养老诈骗行为，切实维护群众合法权益，成立打击整治养老诈骗专项行动办公室，顾某某非法吸收公众存款案入选最高人民法院重点打击六类养老诈骗犯罪典型案例，蔡某某非法吸收公众存款案被《人民日报》报道。发布金融审判白皮书暨典型案例，助推多元主体共建人身保险新业态。举办劳动法知识讲座，就企业常见的用工问题答疑解惑，构建和谐劳动关系。积极参与社会治理，党组书记、院长孙静被聘为市北中学法治副校长，举办“‘未’爱三十年，法暖千万家”纪念少年法庭成立30周年新老传承座谈会，试点设立静安法院青少年保护基地(彭浦镇工作点)。深化涉老审判品牌建设，设立涉老案件工作办公室，优化涉老案件处理机制，发布“司法护老，法暖夕阳”弘扬社会主义核心价值观涉老案件典型案例。发挥司法建议、审判白皮书在助推行业发展、社会治理等方面的重要作用，发出司法建议、审判白皮书26份。推进矛盾纠纷实质性化解，制定《人民群众来信来访办理工作办法》等制度，完善“院长信箱”办理和院庭长常态化接待机制，推动实质性解决人民群众实际困难，依法决定对14名困难群众予以司法救助122.67万元。推进司法公开平台建设，通过中国庭审公开网对569起案件进行庭审网络直播，裁判文书上网率99.52%，有效保障人民群众诉讼知情权、参与权、表达权和监督权。年内，区法院坚持党对法院工作的绝对领导，不断推进法院队伍革命化正规化专业化职业化建设。将学习贯彻党的二十大精神作为首要政治任务，组织全院干警认真收看收听党的二十大习近平总书记所作的工作报告，第一时间召开党组学习会作出专题部署，把学习贯彻党的二十大精神与习近平总书记考察上海时的讲话精神，市第十二次党代会和区第二次党代会精神结合起来，制定具体方案，通过落实党组首学制度、部门双周政治学习、专题辅导讲座等形式，在全院迅速兴起学习贯彻党的二十大精神的热潮。按照最高法院部署，深入开展“两个确立”主题教育。在全市率先成立新闻中心，进一步强化法治宣传、舆论引导等工作，区法院政治部被最高法院评为“人民法院媒体融合工作先进集体”。年内，区法院不断加强队伍专业化建设，制定《静安法院人才培养规划(2022—2025年)》等制度，打造“静帆启航”青年英才培育工程，全方位打造青年干警培养平台，先后开展“院审判业务骨干”“院十佳青年”等培训和评选活动，政治部获评“上海市巾帼文明岗”，法官白云获评“全国法院办案标兵”、上海法院“邹碧华式的好法官、好干部”，法官季玲玲获评第四届上海法院十佳青年，法官章玮获评人民法院少年法庭工作先进个人。20名法官入选区法院审判业务骨干，4名法官入选上海法院审判业务骨干；2篇案例分析在全国法院系统优秀案例分析评选活动中获奖；6个案例、5篇裁判文书、6个庭审入选2021年度上海法院“三个一百”；区法院获上海法院系统学术讨论会组织工作先进奖。年内，区法院严格落实党风廉政建设主体责任，开展“以案为戒”专题警示教育活动，深刻汲取重大违纪违法案件教训。深化应用上海法院“审判执行监督预警分析系统”，开展日常和专项审务督察22次，通报5期，纠正和防止审执工作中的不规范行为。 (范婷婷)

【刑事审判】 年内，区法院依法审结故意伤害、盗窃、诈骗等危害人民群众生命财产安全犯罪案件267件、300人，交通肇事、危险驾驶等危害公共安全犯罪案件58件、60人。依法严惩集资诈骗、非法吸收公众存款等涉众型经济犯罪案件75件、89人，切实维护金融管理秩序。严厉打击恶势力犯罪，审结恶势力团伙强迫交易罪案件3件、7人，推动扫黑除恶斗争常态化。贯彻落实中央关于打击整治养老诈骗的决策部署，审结养老诈骗案件4件、4人，4名被告人均以非法吸收公众存款罪被判刑罚。

（范婷婷）

【民(商)事审判】 年内，区法院稳妥审理餐饮、租赁、建设工程等受疫情影响较大领域案件，加大矛盾化解力度，发挥民商事审判促和谐作用，民商事案件调撤率45.91%。强化知识产权保护，配齐配强办案团队，与区司法局、市场监管局建立知识产权纠纷三方联合调解机制，并率先在全市基层法院中建立知识产权审判咨询专家库，着力提升知识产权审判工作质效。注重发挥金融审判助力金融行业防风险、明底线、树规则的作用。一合同纠纷案首次入选最高法院指导性案例，并且连续3年有案例入选上海法院金融商事审判十大案例。充分发挥家事审判维护家庭和睦、引领社会风尚、弘扬传统美德的作用，一申请变更监护人纠纷案入选最高法院老年人权益保护第二批5件典型案例。（范婷婷）

【行政审判】 年内，区法院依法审理行政案件，行政机关负责人出庭应诉357件，行政机关败诉率4.23%。着力构建行政争议实质解决机制，先后与嘉定区法院、嘉定区司法局共同成立上海市嘉定区行政争议多元调处中心，与浦东新区法院、浦东新区检察院、浦东新区司法局共同成立上海市浦东新区行政争议多元调处中心，协调化解行政案件291件，行政和解撤诉率31.6%，成功化解全市首例涉疫情防控行政案件，3个案例入选2021年上海法院行政争议实质解决案例、1个案例入选2021年上海法院行政审判典型案例。制定《关于助推法治浦东建设，服务保障浦东新区高水平改革开放，打造社会主义现代化建设引领区的实施办法》，努力服务保障浦东引领区建设。（范婷婷）

【执行工作】 年内，区法院巩固深化“基本解决执行难”成果，对2起拒执案件的2名被告人以拒执罪判处刑罚，司法拘留23人，发布限高令9300人次，限制出境88人，发布失信被执行人名单779条；加大财产查控变现力度，对2766起案件采取财产保全措施，查控房产、车辆、银行存款、证券、股权等财产5789次。

（范婷婷）

【推进线上诉讼工作】 年内，根据新冠肺炎疫情防控需要，区法院积极推进在线诉讼工作，通过法院App、“一网通办”诉讼服务栏目等线上平台，做到线上与线下办案相结合，居家与闭环办公相统筹，努力实现“疫情防控不松懈、审判执行不停摆、公平正义不止步”。封控期间，受理案件3586件，结案7487件，结收比达208.78%，位列全市基层法院首位。（范婷婷）

【法治化营商环境建设】 年内，区法院制定《优化法治化营商环境工作方案》，成立专项工作小组，明确“六个一”工作内容（召开一次座谈会，召开一次调研会，形成一份整体分析报告，召开一次专题研究会，制定一份工作计划，制发一份白皮书）。多措并举开展疫情后优化区域法治化营商环境建设。6月1日，区法院出台《关于服务保障常态化疫情防控和复工复产复市的工作办法》，以发布涉疫情司法实务系列解答、服务保障中小微企业发展典型案例及法律风险提示书等方式助力区域疫后经济复苏。设立公司、银行、保险等专项办案团队，保质保量审结各类涉营商环境案件，连续3年有案例入选市高院发布的《上海法院依法保障民营企业健康发展营造良好法治化营商环境的典型案例》，2022年有2个案例同时入选。（范婷婷）

【区法院被命名为“为群众办实事示范法院”】 年内，区法院制定《关于“为群众办实事示范法院”创建活动的实施方案》，聚焦“一站式”多元解纷平台和“一站式”诉讼服务中心建设2项任务，通过网上、自助、跨域立案，移动微法院等举措，增强司法便民利民实效。诉调对接中心共审结民商事案件25226件，占全院审结案件数的39.64%；“12368”诉讼服务平台回复办结联系法官、案件咨询等来电20679件次、网上立案58747件。推行对年老、体弱、行动不便有困难的群众上门立案等便民举措。走进社区、学校等开展各类普法讲座，依托“银发盾牌”项目，每周指派干警到街道开展法律咨询。积极开展家事审判，持续打造“有爱才有家”“法暖夕阳”等为民办实事品牌。构建多维普法宣传矩阵，利用原微信公众号打造人民群众喜闻乐见的、内容丰富多样的“静”系列普法宣传栏目，精心推出打击整治养老诈骗宣传文章，以案释法提高老年人防范意识，相关案例被《人民日报》报道。（范婷婷）

【全流程网上办案体系建设】 年内，区法院将全流程网上办案各环节逐一分析，稳步推进，电子送达143883次，电子送达适用率58.97%，电子送达成功率96.25%；适用庭审改革的庭审34470次，庭审改革适用率55.81%；在线庭审35596次，在线庭审适用率57.63%。编写的在线诉讼案例入选2021年度上海市法治建设十大入围案例、上海法院“民事诉讼程序繁简分流改革试点工作创新奖”十大案例。（范婷婷）

【审判权力运行监督机制改革】 年内，区法院制定针对“四类案件”“大标的案件”等重大、重点案件的专项监管制度，推进院庭长办案的常态化及其示范作用，院庭长承办案件7184件，担任审判长办案13372件，合计结案20556件，占全院结案数的32.3%。强化审判委员会的审判业务指导和监督管理功能，发挥审管办审判质效分析通报、立审执衔接联动机制等积极作用，确保案件审判质效。（范婷婷）

【自觉主动接受监督】 年内，区法院自觉主动接受人大、政协及社会各界监督。认真向区二届人大一次会议汇报法院工作，组织中层干部至区人大各代表团、政协各组旁听代表和委员审议、讨论法院工作报告情况。认真办结人大代表建议1件，政协委员提案3件，并积极回复，代表和委员表示满意。向区人大常委会会议专题汇报区法院持续优化法治化营商环境工作情况，并先后2次召开专题会议学习审议意见，研究整改措施，制定整改方案。向区政协常委会通报区法院工作情况。聘请8名区人大代表、8名区政协委员为区法院新一届特约监督员。接受检察机关法律监督，认真回复检察建议，区检察院检察长列席区法院审委会会议履行监督职责。（范婷婷）

【顾某某非法吸收公众存款案入选最高法院重点打击六类养老诈骗犯罪典型案例】 被告人沈某某（另案处理）先后成立2家金融服务公司，承诺高息回报，通过借款方式向社会公众募集资金，并推出“以房养老”项目，引诱投资客户将房产抵押至小额贷款公司获取抵押款，再将抵押款转投其名下的金融公司。被告人顾某某为获取好处费，在明知沈某某行为意图的情况下，向老年客户宣称“高额回报”“以房养老”，骗取老年人的信任，帮助引诱众多老年客户抵押房产获取钱款，参与房产抵押17套，帮助沈某某吸收资金5450万元。区法院经审理后认为，被告人顾某某非法吸收公众存款，数额巨大，结合其系从犯、家属退赔等情节，依法以非法吸收公众存款罪判处其有期徒刑3年4个月，并处罚金5万元。被告人沈某某被市二中院一审以集资诈骗罪判处无期徒刑，剥夺政治权利终身。被告人利用老年人金融防范意识较差的特点，恶意设套，借“以房养老”实施非法集资，最终导致投资的老年人落得“钱房两空”。区法院秉承人民法院依法从严惩处养老诈骗犯罪的态度和立场，以实际行动维护老年人的合法权益，促进老年产业健康发展。该案入选最高法院重点打击六类养老诈骗犯罪典型案例。（范婷婷）

【孙某乙申请变更监护人纠纷案入选最高法院老年人权益保护典型案例】 被监护人孙某某年过八旬，曾患小儿麻痹症，有肢体残疾后遗症，父母、妻子均已过世。孙某某的房屋因旧房改造被征收，房屋拆迁后，孙某某不再与女儿孙某甲共同生活，孙某某的钱款和证件等均由侄女孙某乙及其父亲保管，孙某乙对其进行照顾。孙某某的女儿孙某甲在其不知情的情况下，向法院申请对孙某某行为能力进行鉴定并指定自己为监护人，后经司法鉴定科学研究院鉴定，法院判决宣告孙某某为限制民事行为能力人，指定孙某甲为其监护人。后孙某乙以孙某某曾办理意定监护公证委托孙某乙为意定监护人为由，向区法院起诉要求变更监护人。区法院审理后认为，孙某某虽为限制民事行为能力人，但有一定的理解和表达能力，其多次表示不愿意让孙某甲担任监护人，同意孙某乙担任监护人，态度十分坚决，故从有利于被监护人孙某某的角度出发，判决变更监护人为孙某乙。该案系全国首例法定监护与意定监护相冲突的变更监护人案件，区法院查明案件事实，正确适用法律，有效维护被监护人的合法权益。该案入选最高法院发布的老年人权益保护第二批5件典型案例。（范婷婷）

【某文化有限公司诉李某、某信息技术有限公司其他合同纠纷案】 被告李某原为原告某文化有限公司创办的直播平台游戏主播，被告某信息技术有限公司为李某的经纪公司。2018年2月28日，三方签订《主播独家合作协议》，该协议违约条款中约定，协议有效期内，两被告未经原告同意，擅自终止本协议或在直播竞品平台上进行相同或类似合作，或将已在原告直播平台上发布的直播视频授权给任何第三方使用的，构成根本性违约，两被告应向原告支付如下赔偿金：原告支付的合作费用、培训费、推广资源费及违约金5000万元。合同约定的合作期限为1年。2018年6月1日，被告某信息技术有限公司向原告发出主播催款单，催讨欠付被告李某的2个月合作费用。此后，被告李某发布微博称将至其他直播平台进行直播，并公布了直播时间及房间号。6月27日，李某在其他直播平台进行首播。原告起诉至法院，请求判令两被告继续履行独家合作协议、立即停止在其他平台的直播活动并支付相应违约金。一审审理中，原告调整诉讼请求为判令两被告支付原告违约金300万元。被告某信息技术有限公司提出反诉请求：确认涉案合作协议解除、某文化有限公司支付合作费用22万余元及律师费2万元。区法院经审理认为，被告李某未经原告同意在竞争平台直播构成违约，应当承担赔偿责任；李某采取“官宣”

或直接至其他平台直播的行为，均不能认定为向原告发出明确的合同解除的意思表示，对确认合作协议解除的诉讼请求，不予支持；根据公平与诚实信用原则以及直播平台与主播个人的利益平衡，酌情对违约金进行调整。一审判决：被告某信息技术有限公司支付原告某文化有限公司违约金 260 万元，被告李某对此承担连带清偿责任；原告某文化有限公司支付被告某信息技术有限公司合作费用 18 万余元。判决后，被告李某上诉，二审法院维持原判。该案审理中，充分考虑网络直播这一新兴行业的特点，准确适用违约金调整规则，依法合理平衡当事人利益，对处理类似网络主播与直播平台间的经济纠纷具有指导意义。该案入选最高法院发布的第 34 批指导性案例。

（范婷婷）

【某国际贸易公司诉某实业公司买卖合同纠纷案入选市高院发布的服务保障复工复产典型案例】 原告某国际贸易公司与被告某实业公司签订《采购合同》后，原告按约为被告承建的工程项目供应洁具，但被告未按期付款。原告诉请要求被告支付货款、逾期利息等 130 余万元，并申请财产保全冻结了被告的银行账户。原、被告均为中小微企业，受疫情影响，资金链较为紧张。被告为企业生产经营，成功申请了银行贷款，但因涉讼导致贷款迟迟未能发放；又因账户被冻结，员工工资未有着落，企业处境岌岌可危。区法院受理该案后，第一时间了解到当事人的利益诉求，迅速组织在线调解，引导双方本着互谅互利、共克时艰的精神协商解决纠纷，最终于开展调解的当晚促成双方在线签订调解协议，区法院随即制作调解书并电子送达给双方。后被告按约履行了付款义务，原告线上提交解除保全申请书，解除了对被告银行账户的冻结。该案审理中，区法院依托全流程网上办案系统，积极回应案件当事人在疫情特殊时期的司法需求，通过在线方式开展调解等诉讼活动，既帮助原告及时回笼资金，又依法快速解除对被告的财产保全措施，畅通银行贷款收取路径，有效缓解企业融资困难，有助于陷入危困之中的中小微企业渡过难关，恢复生机。该案入选市高院发布的服务保障复工复产典型案例。

（范婷婷）

（四）司法行政

【概况】 2022 年，静安区司法行政围绕区委、区政府中心工作，做好法律服务、法治宣传和法治保障等职能工作。全系统党员积极投身抗击新冠肺炎疫情一线，选派 20 余名机关干部、司法所全体干部驻点街道社区、方舱医院、转运专班；建立健全疫情防控法治保障专班机制，印发《静安区疫情防控相关行政行为法律风险应对工作举措》，开展防疫文件合法性审查、专项法律风险排摸、涉疫法治舆情稳妥处置。统筹推进全面依法治区，推行领导干部述法，加强法治建设考核和法治督察，静安区成功创建全国法治政府建设示范区。积极推进法律顾问工作，全面梳理区行政执法“三项制度”（行政执法公示制度、执法全过程记录制度、重大执法决定法制审核制度）工作情况。严格办理行政复议和应诉案件，保障行政复议委员会履行职能，开展行政执法案卷评查，配合做好综合行政执法改革。学习宣传习近平法治思想，落实普法责任，加强法治文化阵地建设，评选首届静安区十佳“法治带头人”。深入开展矛盾纠纷排查化解工作，加大对涉疫新型矛盾纠纷的研判和排查化解。深化区非诉讼争议解决中心建设，成立上海静安区善法调解服务中心。与区检察院、区法院、区市场监管局加强衔接联动，加速人民调解、行政调解、司法调解协调联动。优化公共法律服务质量，积极履行好居村法律顾问工作职能，进一步完善区法援中心—街镇司法所—居村联络点三级法律援助网络，健全区法院、检察院、看守所、劳动仲裁院、妇联、侨联、区委老干部局等法律援助工作站工作机制，区法援中心获评第二十一届上海市文明单位。推动法律服务行业高质量发展，加强对小型律所党建工作指导，出台《静安区关于促进律师行业发展的实施意见》及配套实施细则，深化“百所联百会”活动，鼓励律师参与乡村振兴等优化营商环境专项法律服务工作。公证行业良性发展，推动3家公证处之间跨团队合作，做好公证行业和司法鉴定行业推优选才工作。强化管控帮扶，牢守社会面安全底线，不断提升社区矫正规范化水平，增强教育帮扶工作实效。（谢颖琦）

【《中华人民共和国法律援助法》学习宣传】 自1月1日起，《中华人民共和国法律援助法》（简称《法律援助法》）正式施行，区法律援助中心积极开拓宣传阵地，联合区法宣办制作《法律援助法》宣传候车亭灯箱，在轨道交通7号线法治专列投放法律援助宣传海报；向全区14个街道（镇）发放《法律援助法》宣传挂图，推动法律援助工作深入基层，引导群众依法维权。（谢颖琦）

【成立区疫情防控法治保障专班】 5月，为进一步凝聚疫情防控法治保障合力，区法治政府建设工作领导小组办公室成立区疫情防控法治保障专班，并建立健全工作机制，充分发挥区疫情防控法治保障专班统筹、沟通、协调、桥梁的作用，持续推动重点领域法律指引或工作提示落实，加强涉疫政策措施合法性审核，开展涉疫法律风险研判、涉疫舆情应对指导等工作，确保在法治轨道上完成疫情防控各项工作任务。（谢颖琦）

【“珍爱生命，拒绝毒品”专项集中教育】 6月25日，为迎接第35个“国际禁毒日”，静安区社区矫正中心通过VR全景技术参观上海市禁毒科普馆、开展法律心理线上集中教育、参加全民禁毒知识挑战赛、总结学习感想等方式组织全区300多名在册矫正对象开展“珍爱生命，拒绝毒品”专项集中教育。通过系列教育活动，让社区矫正对象更加了解毒品成瘾机制，了解毒品对个人、家庭、社会乃至国家、民族的危害，教育矫正对象拒绝毒品、远离毒品、珍爱生命。

（谢颖琦）

【习近平法治思想学习实践宣讲团组建】 3月，根据执法、司法、普法工作机关，高等院校及法学研究相关单位推荐的领导干部、法官、检察官、专家学者名单，区委依法治区办组建区习近平法治思想学习实践宣讲团。宣讲团由区委依法治区办、区委宣传部、区法宣办统筹领导，区法宣办负责日常管理。（谢颖琦）

【司法行政审批“突击办”帮办行动】 7月4日起，区公共法律服务中心开展为期2周的司法行政审批“突击办”帮办行动，在严格遵守疫情防控规定的前提下，采取线上咨询、热线沟通、增设服务窗口等多种方式，为各律师事务所与律师提供当前急需的行政审批与政策指导，帮助律师行业在疫情防控后快速恢复正常执业。

（谢颖琦）

【区委全面依法治区委员会第四次会议】 于7月21日在常德路370号709会议室召开。会议传达市委全面依法治市委员会会议精神。区委书记、区委全面依法治区委员会主任于勇，区委副书记、区长、区委全面依法治区委员会副主任王华带头作党政主要负责人专题述法。区民政局、区应急局主要负责人作述法报告。会议以书面形式印发《静安区2021年依法治区建设评估报告》《2021年静安区各单位法治工作情况报告汇编》《静安区关于疫情防控法治保障专班工作情况及下一步打算的报告》。（谢颖琦）

【特约监督员暨公共法律服务体验官聘任仪式】 于7月26日在上海圣知林律师事务所举行。聘请娄晓祯、丁德应、张玉霞、邵开俊、楼凌宇5名政协委员为静安区司法局特约监督员，担任公共法律服务体验官。聘期为5年，与该届区政协同步。公共法律服务体验官将对区司法行政系统开展公共法律服务工作的情况进行监督，对公共法律服务体系建设提出意见和建议，如实反映监督中发现的问题以及人民群众和当事人对司法行政工作的意见建议。（谢颖琦）

【“同助梦圆、让爱成长”特殊人员未成年子女关爱工作推进会】 7月27日，为推进区特殊人员未成年子女关爱工作，区司法局携手区民政局、区未成年人保护中心、天目西路街道、上海申爱社会工作发展中心、张玉霞未成年人工作室在区社区矫正中心会议室联合召开“同助梦圆、让爱成长”特殊人员未成年子女关爱工作推进会。区司法局分管领导王平指出，相关部门要加大凝聚力、协同力、合作力，聚焦护航未成年人健康成长，为未成年人提供全方位、多层次的保护和服务，夯实底线保障，统筹各方力量做好未成年人保护工作。（谢颖琦）

【公诉案件委托人民调解实施意见签约、揭牌仪式】 8月10日，区司法局与区检察院在区检察院就公诉案件委托人民调解工作会签实施意见，并举行“检调对接工作室”揭牌仪式。区检察院副检察长孙琳、区司法局二级调研员吴群出席会议。该实施意见主要建立在原涉老犯罪案件的基础上进行深化。该会签、揭牌是对习近平总书记“把非诉讼纠纷解决机制挺在前面”重要指示和“少捕慎诉慎押”司法理念的贯彻落实，也是对多元化纠纷解决机制的共同探索与实践。（谢颖琦）

【第二批全国法治政府建设示范创建实地评估】

7月26日，举行公共法律服务体验官聘任仪式（区司法局　供稿）

8月22日至28日，第二批全国法治政府建设示范创建实地评估工作组到区开展实地评估。8月23日，第二批全国法治政府建设示范创建评估见面会召开。8月25日至26日，评估组通过现场走访、综合访谈、案卷评查、抽查考试等形式开展评估。评估组实地查看区行政服务中心，听取数家高频办事单位工作情况报告，并对重大决策及行政规范性文件档案、执法案卷、行政复议案卷等进行集中评查；抽取政府机关工作人员进行法律知识考试等。年内，区成功创建全国法治政府建设示范区。

（谢颖琦）

【首届上海法治文化节静安专场暨“百年辅德里，循法而行再出发”主题活动】 9月15日，在中共二大会址纪念馆举办该主题活动。播放宣传片《辅德里1922》，展演原创非虚构戏剧《辅德里》主题歌、微话剧《守护》等法治文艺精品，诵读党章，守护初心。市委宣传部副部长、市文明办主任潘敏，市司法局党委书记、局长陆卫东，区委书记、区委依法治区委主任于勇，市司法局党委委员、副局长罗培新，区委常委、区委政法委书记、区委依法治区办主任王翔出席活动。区委常委、区委宣传部部长、区委依法治区委守法普法协调小组组长莫亮金主持活动。

（谢颖琦）

【《静安区学习宣传研究阐释习近平法治思想的举措》印发】 年内，为进一步贯彻落实《中共上海市委全面依法治市委员会办公室关于2022年度学习宣传研究阐释习近平法治思想的实施方案》，结合静安区实际，区委依法治区办制订印发《静安区学习宣传研究阐释习近平法治思想的举措》，进一步推动学习宣传研究阐释习近平法治思想走深走实，切实用习近平法治思想引领新时代全面依法治区。（谢颖琦）

【设立基层法治观察点】 年内，根据市委依法治市办《关于印发〈全面推行基层法治观察点和基层法治观察员工作机制的指导意见〉的通知》要求，区委依法治区办积极推进设立基层法治观察点，重点围绕营商环境、医疗卫生、教育、矛盾纠纷化解、基层社区治理等向全区各有关单位、各街镇征集法治观察点，研究起草《静安区关于全面推行基层法治观察工作的实施办法》，统筹设立静安区基层法治观察点25个。

（谢颖琦）

【2022年静安区委全面依法治区委员会守法普法协调小组全体（扩大）会议】 于9月6日在区政府举行。会议传达市委全面依法治市委员会守法普法协调小组第三次全体会议精神，发布《2021年静安区国家机关“谁执法谁普法”普法责任制履职工作评估报告》，通报区入选第三批上海市法治文化品牌阵地和品牌活动，部署首届上海法治文化节静安区相关工作。区委常委、区委宣传部部长、区委全面依法治区委员会守法协调小组组长莫亮金出席并讲话。

（谢颖琦）

【医疗废物处置实地督查】 为进一步加强医疗废物依法依规管理，区委常委、政法委书记、区委依法治区办主任王翔和区检察院党组书记、检察长、区行政检察监督办公室主任董学华分别带队对区生态环境局、区卫生健康委、区绿化市容局、曹家渡街道、芷江西路街道、彭浦镇6家单位开展医疗废物处置专项实地督查。区检察院、区司法局、区行政复议局、区委、区政府法律顾问团成员、基层法治观察员等随行参加，通过实地走访、听取工作汇报、座谈交流、查阅案卷台账等方式，全面了解医疗废物处置工作开展情况。区委依法治区办根据该次督查发现的问题反馈至各相关单位，并督促其整改，对被督

察单位逐一形成问题清单、反馈意见，并以区委依法治区办名义反馈至各相关单位。（谢颖琦）

【共享单车专项调研】 9月，根据市委依法治市办安排，区委依法治区办组织协调静安寺街道、天目西路街道、宝山路街道、上海静安寺社区市容环境管理服务中心、上海谦屿市容服务有限公司、上海巍昂实业有限公司等单位围绕共享单车管理清运情况进行座谈，协助市委依法治市办进一步了解基层政府以及第三方清运公司相关工作开展情况，并组织区建设管理委、区公安分局、区城管执法局、各街镇围绕《关于共享单车相关法治事件核查情况的报告》，逐一梳理、核实报告中所提到的问题，积极做好后续整改工作，形成《静安区关于共享单车相关整改工作情况报告》报区政府。（谢颖琦）

【指导成立上海静安区善法调解服务中心】 9月，区司法局指导成立上海静安区善法调解服务中心，该调解中心初始阶段着重于网络购物、通信、银行、保险和知识产权等商业领域矛盾纠纷的化解，未来将拓展其他商业纠纷类型。（谢颖琦）

【《静安区进一步加强党政机关法律顾问工作管理办法》印发】 年内，为进一步加强和规范静安区党政机关法律顾问工作，充分发挥法律顾问在全面依法治区、法治政府建设中的作用，根据中央、上海市有关文件精神，结合区域实际，区委依法治区办制订《静安区进一步加强党政机关法律顾问工作管理办法》，对党政机关法律顾问的选聘条件、聘任形式、权利义务、审查备案、管理监督等作出明确规定，推动静安区党政机关法律顾问工作的顺利开展。（谢颖琦）

【解纷“一件事”上线开通】 12月15日，解纷“一件事”在随申办App和“一网通办”总门户电脑端同时上线开通。通过上述任意一个端口，市民都可以便捷地在线申请矛盾纠纷化解。截至12月31日，静安区共收到解纷“一件事”工单28件，受理11件，不予受理17件（多为对方当事人拒绝调解或不属于受理范围），调解成功5件，调解终止2件。（谢颖琦）

九、人民武装·民防·退役军人管理·应急管理

编辑　庞雅琴

（一）人民武装

【概况】 2022年，全区武装工作紧紧围绕党在新时代强军目标，按照上海警备区党委和区委、区政府部署要求，坚持稳中求进总基调，持续强化政治引领、加强练兵备战、深化改革创新、打牢建设基础，各项建设有序展开、稳步推进。加强思想政治建设。抓好党的创新理论武装，深入学习贯彻习近平新时代中国特色社会主义思想和习近平强军思想，抓好党的二十大精神学习宣传贯彻。聚焦深化“忠诚维护核心、矢志奋斗强军”主题教育，开展庆祝建军95周年活动和“学思想、铸忠诚、担使命”实践活动。巩固党史学习教育成果，建立常态化长效化制度机制。强化任务中政治工作，结合遂行任务、战备执勤、比武竞赛等时机抓好思想发动和精神激励，凝聚官兵意志，确保敢打必胜。组织开展全民国防教育活动，创新方式方法，广泛宣传宣教，拓展深化国防教育成果。当好桥梁纽带，推动双拥共建高质量发展，巩固和加强军政军民团结。推进备战打仗准备。落实战备要求。严格值班备勤制度落实，狠抓战备秩序规范，落实“日检查、周讲评、月考核、季通报”制度，确保值班人员全时值守，值班分队依案加强演练，按规定保持战备状态，巩固提升各级战备水平。推进基础训练。制定民兵年度训练计划，参加市级专业大联训，高质量完成网络专业承训任务。每月结合拉动部分街镇民兵应急排开展科目教学，帮助基层解决组训难问题。进一步创新在岗自训模式，推广无人机分队在岗自训经验成果。组织演练演训。调整军地联合指挥部等级部署编组方案，组织熟悉指挥编组，按照新编组的战时指挥位置进行指挥研练和方案研究，根据上级部署，展开本级全要素等级部署演练。加强国防动员建设。落实国防动员体制改革任务。按时间节点完成改革任务，落实机构设置、人员定编，建立国防动员指挥运用军地协调机制，完善支持配合全民国防教育统筹协调机制。适时组织指挥研练和方案修订。深挖国防动员潜力。加强重点潜力运用研究，注重向水上救援、无人机群、网络信息等新域新质力量延伸。组织全区潜力统计调查，打牢动员基础。提升整组工作质效。落实“编组出战斗力”和“全要素全过程全年度常态考评”要求，调整优化结构

布局，常态组织拉动考核，不断提升遂行任务能力。6月、11月参加上海警备区组织的“逐单位过”考核，纳入年度评先表彰。开展国企民兵规范化建设，梳理国企数质量，掌握底数，加大协调力度，落实国企编建民兵各项规章制度，确保应编尽编。抓好征兵工作。扎实做好疫情常态防控下的“一年两征”工作，开展征兵宣传、体检政考、走访调查、审批定兵和役前教育训练，确保完成年度征兵任务。夯实党管武装基础。抓党管武装制度落实。扛起党管武装政治责任，压实基层党委主体责任和党委领导第一责任，采取以考促建方式，修订完善党管武装考评细则，确保党管武装各项制度要求落地落实。强化专武干部和民兵干部骨干队伍建设，建立专武干部联合考评认证机制，参加上海警备区组织的专武干部任职资格培训和专武干部业务技能比武竞赛，年内出台《专武干部建设工作规范》，切实把2支队伍建强用好。按照“全面推进、全面达标”工作思路，全力推进基层武装工作规范化建设，参加上海警备区组织的基层武装部“星级”考评、达标认证。持续推进民兵训练基地建设，立足军地共享、综合多用，规划打造集“民兵军事训练、新兵役前教育、公安队伍练兵、应急管理演习、全民国防教育”功能于一体的训练基地。提升自身建设水平。强化组织领导。把全面从严治党要求落到实处，高质量贯彻民主集中制，发挥党委集体领导作用，提高党委班子凝聚力战斗力。强化组织功能，抓好组织生活制度落实。加强队伍建设。抓好人员建设，区分层次重点，搞好培训帮带，提高综合能力素质。依托新成立的民兵管理保障中心，合理调配人力资源，激发动力活力。严格规范管理。落实“四个秩序”和《日周月季年工作规范》，从正规秩序、规范养成、落实制度、强化管理入手，严抓作风养成。贯穿全年开展“安全创佳绩、喜迎二十大”活动，守牢安全保密、疫情防控底线。做好新冠疫情防控工作。组织指挥民兵、预备役人员和退役军人一线抗疫。支援社区网格筛查。3月中旬，组织力量支援大宁路、彭浦新村街道网格化核酸筛查，负责现场人员引导、秩序维护、困难群众帮扶等。动员参加抗疫斗争。向全区民兵、预备役人员和退役军人发出“越是艰险越向前”号召，直接组织动员专武干部和民兵4000余人次坚守一线，参加防控斗争，为夺取大上海保卫战胜利作出贡献。选派民兵23人，增援久隆中学方舱建设。宝山路街道民兵担负区域内环境消杀任务，完成800余栋居民楼消杀任务。落实区委、区政府指示要求，抽调精干力量成立民兵运输分队，担负防疫和生活物资输送转运任务，累计装卸搬运500余吨抗疫物资，区委、区政府和上海警备区给予肯定。发挥桥梁纽带作用。选派精干力量入驻融通延安饭店保障军队援沪医疗队，完成保障任务。

（陈姗姗）

【区民兵管理保障中心成立】 1月29日，区委常委、副区长傅俊参加在区人武部举行的区民兵管理保障中心挂牌仪式。管理保障中心是区人武部所属事业单位，承担辖区内民兵整组、教育、训练管理、兵役征集计划与实施等职能任务。

（陈姗姗）

【战备拉动演练暨安全训练】 2月18日，区人武部协调区消防支队，对共和新路街道应急分队进行拉动演练，组织区人武部全体人员和民兵分队进行消防安全理论授课、紧急疏散演练、实操灭火器培训、观摩消防装备，有效落实战备拉动和安全训练制度。

（陈姗姗）

【2022年党管武装工作会议暨党委议军会】 于2月20日在区政府机关会议室召开。区委书记、区人武部党委第一书记于勇主持会议。

区人武部政委蔡啸峰传达学习上海警备区党委十三届八次扩大会议精神，部长于清祥总结2021年武装工作，部署2022年工作。会议审议2022年度武装工作要点、民兵整组、征兵工作，研究《静安区全面深化“四个秩序规范化建设”实施方案》。于勇对武装工作提出指示和建议。区国动委成员单位相关人员、各街镇党(工)委书记与会。 （陈姗姗）

【区委领导调研区人武部】 3月7日，区委书记于勇到区人武部调研，听取人武部工作汇报。于勇对区武装工作表示肯定并提出工作要求。指出要坚持思想武装、聚焦练兵备战、加强国防动员、强化双拥共建。强调区委从全局的角度支持区人武部各项工作有序开展。区领导一行到江宁路街道民兵应急分队视察，了解指挥架构和应急处置流程。 （陈姗姗）

【预定新兵役前教育】 3月上旬和9月上旬，区人武部分别组织春、秋季预定新兵进行役前教育，上海警备区动员局局长、市征兵办主任陈立新，动员局副局长廖刚斌先后到集训点检查指导。区人武部部长于清祥在开训动员会上作动员讲话，勉励参训人员端正思想，增强信念。教育包括法规宣讲、条令学习、军事训练、心理辅导、军人素养养成等方面，帮助预定新兵适应部队生活。 （陈姗姗）

【全国第22个全民国防教育日活动】 9月17日，区人武部和区人防办联合组织防空疏散、应急逃生演练活动。副区长李震，区人武部部长于清祥参加设在天目西路街道金融街的人民防空宣传展示活动，组织指挥全区防空警报试鸣暨防空演练。现场通过发放宣传资料、展示装备器材、技能互动体验等方式，向民众科普人民防空知识。 （陈姗姗）

【组织民兵集训和备勤】 10月31日至11月11日、11月14日至24日，区人武部组织区民兵应急分队在奉贤集中备勤轮训。训练内容包括共同基础训练、专业训练、任务行动训练和备勤。11月28日，接受上海警备区组织的考核。 （陈姗姗）

9月17日，开展全民国防教育日活动 （区人武部 供稿）

(二)民防

【概况】 2022年,区民防办坚持以党建为统领,着眼未战先备,聚焦主责主业,以"保三争二抢一"(保住市年终考核第三、争取第二、抢占第一)为目标,组织"9·17"防空警报试鸣暨全市人防示范演练,完善人防组织指挥和通信警报体系;建立民防全要素审批制度,推进应急避难场所建设,开展新一轮民防工程战备养护,完成民防工程普查试点,深入推进老旧公用民防工程综合治理和公益化使用;创新网上民防宣教形式,推动"六进"(进机关、进党校、进社区、进学校、进企业、进网络)宣传走心、走深、走实;协调推进地下空间安全监管,提高依法行政能力和安全管理水平;抓实抓细疫情防控工作,投身疫情防控攻坚战。区民防办取得全市民防系统业务综合考核第一名、平安民防评比第一档,以及全市地下空间社会满意度测评第一名的成绩。年内,完成中共静安区民防办公室总支部和所属中共静安区民防办公室机关支部、中共静安区人民防空工程管理所支部、中共静安区民防特种救援中心民防指挥信息保障中心支部及中共静安区民防办公室退休支部共4个基层党支部换届选举工作。退休支部被评为2022年度静安区离退休干部示范党支部。 (黄鑫)

【"讲政治、守规矩、严纪律"主题教育】 年内,区民防办党组落实主体责任,以全面深入学习贯彻习近平总书记重要讲话精神为重点,巩固拓展党史学习教育成果,围绕"讲政治、守规矩、严纪律,建设风清气正的民防模范机关"主题,集中组织开展系列活动,持续引导全体党员干部切实增强"四个意识"、坚定"四个自信"、做到"两个维护",切实做到改作风、纠"四风",在民防系统内凝聚起爱党、爱国、爱民防事业的思想自觉和行动自觉。 (黄鑫)

【疫情防控工作】 年内,区民防办选派8批33人次、组建3支17人突击队投身社区一线抗疫和"拔点攻坚"行动,38名党、团员参与社区防疫志愿服务,5名青年在抗疫一线递交入党申请书。区民防办三级调研员沈言龙先后3次担任新和中学方舱医院和万荣绿地密接隔离点总负责人、临时党支部书记。 (黄鑫)

【人防组织指挥和警报通信体系完善】 年内,区民防办完成新一轮区人民防空行动方案编修。建成北站街道人防指挥所,这是按最新技术规范与标准建设的全市首个街镇级人防指挥所。完成12台防空警报"电动改电声"更新升级任务,在"9·17"演练和江泽民同志追悼大会时,组织全区66台防空警报鸣响。落实人防专业队整组,实现专业队扩建。 (黄鑫)

【"9·17"防空警报试鸣暨全市人防示范演练】 静安区防空警报试鸣暨人防综合演练作为全市电视直播示范演练点,紧扣实战需求,围绕人员紧急疏散、民众防护救护、"生命线工程"抢修、社会面管控等为重点展开,组织重要目标单位职工、周边居民、商务楼宇白领和13支人防专业队共280人,动用各型装备11台。演练实现"五个首次":首次尝试将防空警报引入人防工程,首次采用最新版人防工程标识系统,首次启用人防工程内"防化通信值班室",首次将防疫、移动厕所、床铺等疏散隐蔽生存生活设施"全要素"设置到位,首次尝试以机器人实施巡回流动宣传。上海电视台综合频道全程直播。(黄鑫)

【民防全要素审批制度建设】 年内,区民防办通过流程再造,建立多科室并审、一体化纳入的内部审批程序，整合民防工程、防空警报设施专用房、应急避难场所等要素，将民防全要素建设的审批意见纳入“一张表”，做到“一表管全域”。（黄鑫）

【民防行政审批】 年内，区民防办完成警报设施专用房建设审批项目13个，应急避难场所审批项目7个。完成民防工程结建审批项目12个，其中民防配建项目6个；收费项目1个，核准民防工程建设费148740元；临时建筑项目4个，无民防配建要求；免收民防工程建设费项目1个。民防工程拆除项目4个，拆除民防工程12处，拆除面积3466平方米，其中公用民防工程4处1780平方米，落实拆除补偿费9541897元；拆除非公用民防工程8处1686平方米。民防工程联合竣工验收项目5个，竣工面积38559.47平方米。（黄鑫）

【民防工程综合管理】 年内，区民防办完成5处共2512平方米老旧工程综合治理；开展新一轮民防工程战备养护，对168处共154814平方米公用工程制定新一轮的3年战备养护方案，完成其中60处共49839平方米工程战备养护；完成全区103处密封工程物探，探明存在的79处，探测无异常显示的24处；普查民防工程804个、退序工程338个；对506处公用民防工程结构损坏、火灾、电气事故、水灾方面存在的安全隐患进行评估，判定低风险工程505处，中风险工程1处；完成28处计12000平方米民防工程技防监控设施的建设安装。（黄鑫）

【人防门专项整治】 年内，区民防办对纳入整治范围的78处工程4386扇人防门进行逐个排查，发现18处工程134扇人防门被拆除，全部恢复原状，完成整改。（黄鑫）

【民防工程执法检查】 年内，区民防办结合专项行动，开展常态化民防工程执法检查，强化春节、汛前等重要时间节点的安全整治。年内共发放防汛宣传通知300余份，通过短信平台发送防汛通知4515条。检查工程3932个次，发现各类问题147起，全部完成整改。年内行政执法立案14起，其中一般执法10起、简易执法4起。（黄鑫）

【民防工程公益化使用拓展】 年内，区民防办为解决老旧小区非机动车停车难、公共活动场所紧缺等问题，对治理后的公用民防工程进行评估，把其中具备良好使用条件的工程主动移交给所在社区或学校，用作公益性服务场所。同时，拓展使用功能，与区相关部门资源共享，探索共建全民健身地下体育场所、应急安全互动展示馆、街道武装部标准化建设、应急救灾物资库等。至年底，全区建成公益化使用民防工程64个。（黄鑫）

【民防应急支援】 年内，区民防办完成化学事故及报警应急处置12次，出动率和单位（居民）满意率100％。（黄鑫）

【应急避难场所建设】 年内，区民防办完成直接设置应急避难场所38处；完成广场公园和中兴公园2处等级应急避难场所改建项目；建成苏河湾公共绿地项目Ⅰ类应急避难场所。至年底，全区累计建成应急避难场所124个，避难面积127.8万平方米，人均避难面积达1.31平方米。提前并超额完成“十四五”末人均1.2平方米的指标任务。（黄鑫）

【民防知识技能普及】 年内，区民防办结合“六进”要求，在全民国防教育月期间，开展分级分类专题培训，参训楼组长和社区民防骨干

开展民防宣传进商务楼宇活动　　　　（区民防办　供稿）

达17555人次，人防专业队骨干达100人。会同区教育局，组织全区95所中小学100名民防老师，开展警报试鸣演练及集中宣传活动专题培训。组织400余名企业职工、楼宇白领、商圈业主参加民防宣传专题活动。上线“民防守‘沪’”云课堂，开发基于H5技术的“游静安，学知识，增技能”互动游戏，36357人次参加。（黄鑫）

【参加“2022年上海全民国防教育知识大赛”】 年内，区民防办组织全区14个街镇组队参加“社区组”比赛，8支队伍晋级复赛。其中芷江西路、石门二路街道代表队进入前十名；共和新路、宝山路街道代表队进入前二十名。组织全区95所中小学组队参加“学生组”比赛，28支代表队晋级复赛，静教院附中获得“初中组三等奖”。同时，动员组织民防系统干部职工、社区居民、学校师生共108658人，收看2022年上海市红色故事大赛暨国防教育知识竞赛精品展演活动。（黄鑫）

【地下空间安全监管】 年内，区民防办落实地空联办综合协调职能，下发《2022年静安区地下空间管理工作要点》《2022年静安区地下空间安全使用管理检查计划》等相关文件。牵头组织区建设管理委、区应急局、区消防救援支队、区市场监管局、相关街镇等成员单位，定期对区域内大型商务办公场所和人员密集场所的地下空间开展联合安全检查，对发现的问题要求做到即知即改。组织街道和市北高新集团等单位，开展地下空间数据信息普查工作。（黄鑫）

（三）退役军人管理

【概况】 2022年，区退役军人管理工作紧紧围绕贯彻落实习近平总书记“维护军人军属合法权益，让军人成为全社会尊崇的职业”重要指示精神，立足“疫情要防住、经济要稳住、发展要安全”的总要求，把握大局大势，夯实基层基础，为广大退役军人提供高质量服务保障。完善“机关主抓、街镇跟进、经费保障、特色共建”的静安区退役军人服务保障体系，在街镇和居民区打造“信访遗留问题动态清零、应就业未就业动态清零、生活困难动态清零”的“三基”服务站，打通服务的“最后一公里”，推进服务保障体系实体化运作，有关典型经验被国家退役军人事务部报道。开展2022年度“静安区最美退役军人”学习宣传活动，评选出“静安区最美退役军人”10人、“静安区最美退役军人提名”10人。完成军队转业干部、退役士兵接收安置和军休干部移交接收工作，加大退役军人就业促进和创业扶持。有序推进拥军优属工作，围绕“拓展优待领域、提升服务能级、突出静安特色”工作宗旨，全面拓展优待证使用场景，投入399.23万元完成8项实事拥军建设项目，发放各项抚恤优待金2875.36万元，向生活困难的优抚对象发放临时困难补助15.95万元、医疗补助218.29万元。做好军休干部日常服务管理，持续落实军休干部“两个待遇”，推进军休机构用房提质改造，打造“聚力、引领、示范、辐射”新时代创新服务综合平台，鼓励军休干部融入社区、奉献社会。军休干部张赋参与上海市军休系统首届“红色锦绣说”微党课示范赛并获一等奖，军休干部王勇平受聘为全市第一批、全区第一名“社区政委”，军休一所“助学帮困”活动持续第十九年开展。 （徐阳鸣）

【最美退役军人评选】 年内，区委宣传部和区退役军人事务局联合开展“静安区最美退役军人”学习宣传活动，推出一批积极响应党的号召、在静安区建设各个领域取得显著成就、作出突出贡献的优秀退役军人典型。活动经各单位内部选拔推荐，有58人参选。经区委宣传部和区退役军人局初选，20人进入复评，而后组织召开评审会，最后选出10名“静安区最美退役军人”，即静安区静安寺街道社工事务所专职党群工作者王珊，复旦大学附属华山医院普外科副主任王正昕，静安区彭浦镇晋城居民区党总支书记张锋，静安区全民健身中心副主任沈君炜，国家税务总局上海市静安区税务局第一税务所所长张恩和，上海市静安区人民法院专职机关党委副书记、工会主席杨冲根，中共静安区委党史研究室一级主任科员范建英，上海趣游文化旅游发展集团有限公司董事长邢勇峰，上海市公安局静安分局静安寺派出所警长俞晨杰，上海锦炜保安服务有限公司董事长胡璧金。年内，宝山路街道选送的丁家阁被评为“2022年上海市最美退役军人”。

（徐阳鸣）

【退役军人接收安置】 年内，区退役军人局完成军队转业干部、退役士兵、军休干部和复员干部移交安置工作，依托“军人退役一件事”系统，为复员军官、退役士兵办理报到、信息登记、预备役登记及落户提供“一站式”便捷服务。开展就业创业工作，制作就业创业政策汇编，摸清区退役军人重点失业人员，开展线上线下招聘会。组织退役士兵参加市退役军人适应性培训会，举办退役士兵返乡迎接仪式，组织退役士兵技能培训班。完成部分退役士兵社保接续申请和补缴工作，完成资金清算、全国系统录入工作。常态化做好退役士兵学费补助的审核与发放、企业退休复员干部生活补助审核和发放、辖区内易地无军籍人员服务管理工作。开展部分复员干部慰问工作。 （徐阳鸣）

【拥军优属工作】 年内，区退役军人局在春节和建军节，向驻沪、驻区部队开展节日慰问，赠送慰问金（品）304.44万元，面向全区重点优抚对象、现役军人家属和军休干部发放慰问金（品）350.41万元。开展2022年驻区部队军政主官体检工作。完成现役军人子女优待入学。开展驻区部队年度立功受奖和困难帮扶工作，发放奖励金 18.08 万元、困难补助金 26.86 万元。完成 8 项实事拥军建设项目，共投入 399.23 万元。（徐阳鸣）

【优待抚恤工作】 年内，区退役军人局为全区 2.1 万人次优抚对象发放定期抚恤补助金 2875.36 万元；为 2948 人次优抚对象发放医疗补助 218.29 万元；为 45 人次优抚对象发放临时困难补助 15.95 万元。为 16 名残疾人员办理新评、补评、抚恤关系转移接收；为 76 人次办理优抚对象身份确认。为 805 名优抚对象发放元旦春节节日补助 126 万元；组织开展优抚对象体检，服务 484 人，投入经费 43.56 万元；完成 5 户优抚对象家庭全屋整修任务；常态化做好“关爱功臣”优抚之家项目活动，全年投入 96.94 万元。（徐阳鸣）

【优待证工作】 年内，区退役军人局指导军休中心、街道（镇）服务站做好全区军休干部、退役军人和其他优抚对象的建档立卡及优待证申领发放工作，共受理优待证申领申请 30844 人，完成审核 30649 人；静安区户籍对象在静安区和外区合计申请 31305 人。8 月 1 日，举行静安区退役军人和其他优抚对象优待证首发仪式，向区内首批 30 名退役军人和其他优抚对象代表颁发优待证。协调区商务委和各区属企业推出“老字号一条街”“军人驿站”“医疗优待”“拥军影院”“上海有线宽带优惠”5 个大项服务，覆盖零售商超 20 余家、大型酒店 3 家、区级二甲医院 1 家、区级电影院 1 家、网络服务公司 1 家，为优待证持证人提供购物折扣、食宿优待、就诊住院优待、院线最低票价、特色网络优惠套餐等优待服务。（徐阳鸣）

【烈属慰问和烈士纪念】 年内，区退役军人局在烈士纪念日前夕走访慰问全区烈属，发放慰问金 29.6 万元。组织开展“网上祭扫英烈纪念活动”，并为 5 名烈属做好异地祭扫服务保障。在清明节、烈士纪念日，会同辖区内 3 处纪念设施管理单位向烈士敬献花圈。指导李林烈士雕塑管理单位（上海市爱国学校）完成李林烈士雕塑修缮工程，完善保护设施，优化周边环境。（徐阳鸣）

8 月 1 日，举行静安区退役军人和其他优抚对象优待证首发仪式（区退役军人管理局 供稿）

【军休管理服务】 年内，区退役军人局全面落实军休干部政治待遇和生活待遇。以党建为引领，加强思想政治教育，把学习宣传贯彻党的二十大、市第十二次党代会精神作为重大政治任务，充分运用“学习强国”“有声图书墙”“军休天地网络课堂”等学习平台，做到随时学、及时学、跟进学，上门发放“光荣在党50年”纪念章，打造离休退休示范支部。组织军休干部参加红色宣传、红色征文、微党课等活动，上报推荐摄影、书画、文章近80个作品，在国家、市、区各层面获得近10个奖项，各级平台刊登或发表作品、感言、文章100余篇。全面落实军休干部“五个一”医疗服务保障（一份电子健康档案、一次医疗体检、一次疫苗接种、一次健康讲座、一份互助保险）、“7×24”小时重大病患者密切联络制度和日常卫生保健服务，着力畅通特色就医、住院绿色通道，为近40人提供就医入院服务，保障军休干部住院应收尽收，就医便捷高效。新接收85名军休干部，完成人事档案数字化及整编工作。完成新接收师职干部医疗证办证及部分师职干部医疗证换证工作。为全区786名军休干部发放“八一”及重阳节慰问品，走访困难党员、老党员和重点服务对象共436人次，开展“冬送温暖、夏送清凉”活动，上门慰问130余人次。为268户高龄、疾病军休干部申请安装“安康通”，为88名重大病军休干部报销互助保障费用，4名困难军休干部获批护理费。持续丰富老干部文体活动，落实经费保障，线上线下并举，军休老年大学春季和秋季线上智能手机班、摄影班于疫情防控期间正常授课，9月起逐步安全恢复摄影班、舞蹈班、书法班、合唱班、电脑班等线下课程，10月起陆续开展秋季垂钓、摄影采风等户外活动。组织军休干部参与健康宅家行动、达人秀行动、团体操大比武、“退役军人之歌”音乐短片拍摄等各类活动。

（徐阳鸣）

【退役军人服务中心（站）建设】 年内，区退役军人局建强退役军人服务保障体系，对全区14个街镇服务站、256个社区服务站工作人员开展全覆盖培训，通过一对一走访联络，指导街镇、社区服务站开展政治文化环境建设、走访慰问等工作，试点打造“一街镇一特色”的“退役军人之家”。全年，区服务中心窗口接待来访422人次，各街道（镇）服务站接待来访18427人次。

（徐阳鸣）

【疫情防控和保障】 年内，区退役军人局全力支持区疫情防控工作，先后派遣50人次组成突击队到街道、投身隔离酒店支援防控、下沉社区动员疫苗接种，组织全体在职党员干部属地报到、共战疫情，在为民服务实践中淬炼初心、提升党性修养。动员各方力量支援抗疫，组织12名退役军人医疗小分队进驻久隆模范中学方舱开展救治工作，派遣6人参加市退役军人局抗疫医疗队，5人参加区阳性及密接人员转运队；动员256名思想政治工作指导员、130余名退役军人志愿者就地参与社区防控；多家军创企业组建志愿者队伍、捐款捐物。全局严格出入管控，落实24小时值守和防疫日报制度，建立专项应急联络机制、军地协同机制、关爱联系机制，做好全局系统、军休干部、驻区部队营区及家属院防疫工作。向上海警备区支援物资78000元，向2家军队援沪医疗队发放慰问品31.45万元，为支援区的市退役军人医疗队提供生活物资、防护物资及隔离住宿保障，向优抚对象发放临时价格补贴18.9万元，为在沪的每名静安区军休干部发放暖心大礼包1份，有序落实各类群体的服务保障工作。同时，加强典型宣传，传导正向价值，区退役军人局微信公众号开设"'疫'起守'沪'"专栏，编发退役军人事迹130余篇、各级媒体转载90余篇，退役军医贾沛靓事迹被《人民日报》宣传报道，向全社会彰显退役军人的家国情怀和敬业奉献精神。

（徐阳鸣）

（四）应急管理

【概况】 2022年，区应急管理工作坚持"人民至上、生命至上"原则，牢固树立红线意识和底线思维。强化安全生产主体责任、政府部门监管责任、街镇属地监管责任，强化安全工作组织领导。加强风险研判、源头管控和日常防范，提升区安全水平。开展年度安全生产巡查，强化城区安全风险管控，推进重大事故隐患挂牌督办，深化危险化学品安全综合治理，依法开展事故调查、执法检查和信访处理。推进应急管理体系建设，做好应急管理资料收集、应急执法检查、突发事件应急处置。推动自然灾害综合管理体系建设，做好防汛防台工作等。 （毛祎）

【应急管理工作体系完善】 年内，区应急局为进一步适应深化应急管理体制改革工作要求，推进建立区应急管理事务中心，完成单位组建及5名人员招录工作。对全区教育、卫生、宗教系统的部分重点单位开展应急预案评估工作，对35份预案提出评审意见并督促各单位进行预案修订。 （林浩）

【应急处置、演练、培训】 年内，区应急局对市应急局推送及区总值班室通报的各类突发事件信息，第一时间进行核实甄别，向相关科室通报。协同参与台风"梅花"应对工作。按照"条块结合、分级响应、属地管理、统一指挥、灵敏高效"原则，制定《静安区第五届"进博会"应急管理保障工作方案》，为区在第五届"进博会"期间的社会稳定与城区运行安全提供安全保障。相继组织开展"网络安全综合演练""应急指挥保障综合演练""特种设备综合演练"等3次综合性演练活动，提升不同部门、单位应急队伍间协同作战能力，提高各类突发状况下的应急实战水平。 （林浩）

【疫情防控督导】 年内，区应急局做好社会面疫情防控督查，抓好各类防控区域督查。全年检查重点区域2830个次，发现问题758个。全面开展集中隔离点、重要时间节点、重大活动专项督查。对区集中隔离点开展多轮次专项督查，围绕"二十大""五五购物节"等活动对区重点场所开展集中检查。检查点位776个次，发现问题442个。及时汇总督查中发现的各类问题，共形成25份"督导检查情况的报告"。 （林浩）

【应急管理宣教培训】 年内，区应急局在全区开展深入学习宣传和贯彻实施安全生产主题活动，推进安全宣传"五进"（进企业、进社区、进家庭、进学校、进农村），以"安全生产月""安全生产法宣传周""12·4"国家宪法日为重要时间节点，开展公众安全宣教活动。发挥区安委办综合平台推动作用，发动区各部门、街道（镇）、区管国企开展多层次、全方位安全生产宣传教育活动，因地制宜、因疫制宜，组织开展"安全生产云课堂，让安全时时在线"和"安全生产云竞赛，请你来战"活动。协同区安全生产协会，动员全区企业参与企业安全文化优秀论文征集活动，引导和激发企业员工自发、自觉、自主学习安全文化知识。举办2期2022年"责任主体谈主体责任"安全生产培训班，1期安全生产法专题培训，培训200余人。利用"静安应急"微信公众号，深化事故案例宣传，开展应急法治科普，制

作微动漫宣传作品《传播应急法治观念，筑牢安全生产防线》。（王惠慧）

【应急管理法治化工作】 年内，区应急局坚持法治引领，围绕法治建设和法治政府创建工作，建立《静安区重大行政执法决定法制审核办法》，健全行政处罚决定听证程序，规范行政执法决定内部纠错机制，提高行政决策科学性和行政执法规范性，促进履职尽责更具质效。加强安全生产培训机构和考点管理，对区内安全生产培训机构和考点，开展安全生产培训"走过场"专项整治，做好自查自改、执法检查、督导互查、总结提升各阶段工作，并针对检查发现的问题要求各单位立行立改、即行即改、全面整改，确保安全生产培训取得实效。

（王惠慧）

【应急管理信息化工作】 年内，区应急局为更好适应疫情防控形势下相关紧急工作要求，满足远程会商、风险实时监控、多元化会议室等会商需求，组织开发建设应急管理会商视频系统，推动实现数据汇聚、系统集成、联勤联动和反应灵敏的应急处置目标。（王惠慧）

【防灾减灾机制建设】 年内，区应急局按照市灾防委2022年工作意见要求，结合区实际情况及工作计划，制定印发《静安区2022年自然灾害防治工作意见》。根据区政协委员提案和市应急局相关工作要求，制定印发《静安区自然灾害风险隐患排查治理办法》，并对曹家渡街道鑫阳公寓地面塌陷进行治理。（杨芳娣）

【自然灾害综合风险普查】 年内，区应急局完成普查数据市级质检审核，抽查单位81家，其中公共服务单位52家、综合减灾资源25家（项）、加油加气站4家。推进普查数据成果落地，完成本地数据库初步建设及数据可视化。作为国家自然灾害综合风险普查基础数据库专家组成员单位，参与国家数据库建设技术方案编制工作。（杨芳娣）

【自然灾害应对】 年内，区应急局为防范台风"轩岚诺""梅花"对区造成较大影响，前期协调、督促各相关部门、街镇做好城市道路、居民小区、城市下立交、店招店牌、脚手架、树木等风险隐患排查工作，突出抓好高空坠物、户外违规作业整治，防止发生意外。同时，立足人员避险转移、灾情统计报送等工作职责，组织全区人员开展避险安置1次，共转移人员10266人次，并结合防疫工作要求、人员安置要求落实防疫物资、生活物资保障工作，确保汛期安全。（杨芳娣）

【防灾减灾保障能力建设】 年内，区应急局推进基层创建工作，指导、协调区居村委开展"全国综合减灾示范社区""上海市安全发展和综合减灾示范社区"创建工作，组织石门二路街道恒丰居委等3个街道、8个居委完成创建工作。

（杨芳娣）

【危险化学品安全综合治理】 年内，区应急局继续深入推进危险化学品安全综合治理，按照《危险化学品安全管理条例》《静安区危险化学品安全综合治理实施方案》开展全区危险化学品综合治理工作，加强危险化学品领域精细、精准管理。协调区公安分局、区市场监管局等行业主管部门加大对相关企业的联合安全检查，同时指导督促街镇（包括市北高新园区、铁路上海站地区）对辖区各类生产经营单位危险化学品经营使用储存情况进行监督检查。通过各相关部门协作配合，保障全区危险化学品安全监管工作平稳有序。（王睿）

【安全生产基础和执法工作】 年内，区应急局开展安全生产执法检查工作，按照年度执法检查计划安排和《上海市安全生产监督检查办法》要求，组织开展各类安全生产执法监督检查，对监管中发现的违法行为予以处罚，共立案事前处罚案件8起，处罚8次，处罚金额27.1万元。按照“四不放过”(事故原因未查清不放过、责任人员未处理不放过、责任人未受教育不放过、整改措施未落实不放过)要求，开展事故调查处理，共调查生产安全事故5起，对事故责任单位和责任人予以行政处罚，处罚金额共334.20万元。指导监管企业开展安全生产标准化创建和应急预案备案，受理安全生产标准化三级企业初评和复评25家。严格按照国家和市相关法律法规，做好危险化学品经营许可证审核发证和非药品类第三类易制毒化学品备案工作。贯彻实施《中华人民共和国行政许可法》，全面实行行政许可事项清单管理制度，全年行政许可申请170件、受理170件、办结170件。(王睿)

【开展年度安全生产巡查考核】 7月，由区安委办牵头，应急、建管、公安、市监、消防等部门组成联合巡查组，对10家责任单位开展安全生产联合巡查，了解各部门、单位安全履职情况，巡查结果作为年度考核重要依据。年末，区应急局牵头对全区各部门、街镇及区管国有企业开展安全生产绩效考核。(徐庆欣)

【强化城区安全风险管控】 年内，区应急局推进安全生产专项整治三年行动巩固提升见实效，突出抓好危化、燃气2个专项整治和自建房、工贸行业2个“百日行动”，瞄准“从根本上消除隐患”的三年行动初衷，坚决堵塞安全盲点漏洞，动态更新“一进展两清单”(《工作开展情况》和《问题隐患清单》《制度措施清单》)，开展“责任主体谈主体责任”安全生产“六个一”系列活动，推动三年行动企业主体责任专题见成效。(高青)

【推进重大事故隐患挂牌督办】 年内，区应急局督促区各部门、街镇及区管国有企业开展全覆盖隐患排查治理工作。将七浦商厦、西藏北路691弄、693号小区、俞泾港路6号外立面脱落等重大事故隐患列为市级、区级挂牌督办治理项目予以重点整治。年内，挂牌督办项目均按期完成整治目标。(徐庆欣)

十、综合经济管理

编辑　顾瑞钧

（一）计划投资管理

【概况】　2022年，静安区发展改革委围绕“防疫情、稳经济、保安全”，聚焦重点、实干担当，推进区委、区政府部署的各项工作任务。年内，系统推进“十四五”规划，对规划指标、项目进行半年度和年度监测评估，推进主要指标及相关重大项目实施。推进“一轴三带”发展战略，分解落实有关重点任务，明确“一轴三带”2022年度重点工作安排，协调各牵头部门推进年度重点任务落实。开展“推动苏河湾集聚带高质量发展”区委课题研究，围绕苏河湾“产业发展、建设管理、文化氛围、治理体系、运营管理”等方面研究有关工作举措。按照区委工作要求，推进课题成果转化，制订《关于推动苏河湾滨水商务集聚带高质量发展的实施意见》，加快形成举全区之力建设苏河湾集聚带的良好局面。

做好经济形势分析研判，跟踪、分析区域经济运行情况。按季度召开经济运行分析沟通例会，总结经济工作成效和亮点，分别于6月29日和9月22日牵头召开两场季度经济运行分析专题交流会，交流区域经济新情况、新问题，并提出下阶段经济发展工作措施，形成关于静安区2022年一季度、上半年和三季度经济社会运行情况报告。牵头区相关经济部门，形成月度经济运行分析简报。从9月起，形成全区重点楼宇、企业和购物中心监测季度专报机制，供区领导决策参考。推进“全球服务商计划”。10月27日召开上海静安“全球服务商计划”推进大会，会上发布《上海市专业服务业发展白皮书》和《全球服务商融入长三角经济高质量发展行动方案》，以及第三批全球服务商名录，全球服务商数量累计达78家。推进国家大众创业万众创新示范基地建设，制订《静安国际创新走廊双创示范基地2022年工作要点》，形成5项重点任务和32条具体举措。制订《静安国际创新走廊双创示范基地工作推进机制》，明确推进双创工作组织领导架构、工作运行机制、人员配置和支撑保障。参与2022年全国双创活动周展示活动，推荐静安区双创企业20家、双创人物8个、双创活动7场、双创载体2个。按照国家、市有关要求，对照《上海市营商环境创新试点实施方案》中各项任务，结合静安区实际，制订《2022年静安区全面推进营商环境建设的工作计划》，实施10个领域重点工作共170条具体措施。推进静安区公共信用信息服务平台安全建设与评估。完成静安区公共信用信息服务平台升级改造。强化信用数据归集实效，开展“双公示”日跟踪、月通报、季评估工作。加强信用修复管理，完善信用监管闭环。落实《静安区“信易贷”宣传推广方案》，举办线上线下“信易贷”产品推介活动。加强诚信文化建设，围绕重要节点开展各类诚信宣传，营造良好信用氛围。年内，区发展改革委根据《静安区政府财力建设项目管理办法》和《静安区政府财力建设项目储备库管理办法》相关规定，编制完成《2022年度静安区政府财力建设项目计划安排》。针对不同项目类型向各项目建设单位下达年度项目建设计划任务，提出项目建设和推进要求，落实项目分管领导和工作联络员，跟踪各类项目进展，每月按照项目实施情况进度报区重大办汇总。（刘柳）

【区域经济】 2022年，静安区高效统筹新冠疫情防控和经济社会发展，经济运行总体企稳向好。全年实现税收总收入791.7亿元，比上年下降6.0%；还原留抵退税因素后，实际比上年增长0.8%。实现区级一般公共预算收入279.42亿元，比上年增长0.34%；还原留抵退税因素后，实际比上年增长4.38%。全年实现社会消费品零售总额1480亿元。静态管理期间，改造2家医院为定点医院，先后启用23个方舱医院、15000余张床位和5600间隔离房源。制订出台区应对疫情帮扶企业18条、加快经济恢复重振43条等支持政策。全年累计退税减税114.8亿元，为近3年来最高。推进“六增计划”。高质量推进招商引资倍增，全年全区新增注册企业10324户。推进总部经济增能，全年新增跨国公司地区总部及其他总部20家，新增全球服务商15家。推进重点产业增效，六大重点产业实现税收总收入638.89亿元，占全区比重80.7%。商贸服务业税收总收入280.0亿元，金融服务业税收总收入134.4亿元，专业服务业税收总收入115.82亿元，数据智能产业税收总收入29.9亿元，文化创意产业税收总收入37.7亿元，生命健康产业税收总收入41.04亿元。推进土地亩产增长，全区200幢重点楼宇实现税收总收入606.5亿元，比上年增长3.0%，税收超1亿元楼宇82幢，其中“月亿楼”10幢。推进重大工程增速，全年完成开工面积108万平方米、竣工面积101万平方米，全社会固定资产投资额增长2.5%。推进服务效能增优，开展营商环境建设十大专项行动，创新实施“首席数据官”等改革措施。四大功能区建设加速推进。全年三大集聚带实现税收总收入571.38亿元，占全区税收比重72.17%。南京西路功能区张园（西区）正式开业，茂名北路限时步行街开放，华山路263号上海“老字号”品牌展示馆等开业。苏河湾功能区城市更新和功能再造加速推进，苏河湾万象天地开业，优秀历史建筑“天后宫”“慎余里”以新功能重现，苏河湾四行仓库码头开通使用。大宁功能区内8家集成电路业内知名企业落地，环上大国际影视园区累计325家影视企业入驻，39家头部电竞企业入驻。市北功能区新引进企业439家，国家区块链创新应用综合试点工作启动，建设“可信数据经济示范园”。全年承办高峰论坛和双创赛事70场。（刘柳）

【改革创新】 年内，静安区政务服务深化“一网通办”，970项公共服务事项接入“一网通办”平台，新增6项事项实现政策服务“免申即享”。拓展上线38项“政策体检”，实现11个事项、37个子项的便捷高效办理。城市运行“一网统管”持续发力，完成苏河湾“数字湾区”场景开发；在石门二路街道新福康里居民区、曹家渡街道桂花园居民区上线试行“数字小区”；完成“数字单元”“数字街区”“数字站区”等重点标杆场景建设。夯实基层治理基础。全要素社区治理智能平台完成26个场景搭建，推进“社区云”2.0平台推广应用。 （刘柳）

【城市建设】 年内，静安区巩固强化城区运行安全。集中开展安全隐患大排查、大整治，全面排查建筑施工、道路交通、消防、食品等重点行业领域安全隐患。城区环境质量保持良好。全区环境空气质量指数（AQI）优良率87.5%；PM2.5平均浓度每立方米25微克。成功申报“十四五”规划时期国家“无废城市”。 （刘柳）

【民生保障】 年内，静安区持续改善群众居住条件。实施7幅零星旧改项目，既有多层住宅加装电梯全年开工516台、完工502台。完善养老服务体系，新增4个社区老年助餐场所、改建100张认知障碍照护床位，新增2个长者运动健康之家和1个社区长者食堂。提升就业帮困水平，城镇登记失业人数8376人，控制在市下达目标要求9600人以内。帮助746名长期失业青年实现就业，帮扶引领创业988人。

（刘柳）

【社会事业】 年内，静安区开展“一刻钟便民生活圈”建设。静安区成功入选全国城市“一刻钟便民生活圈”试点，曹家渡街道和芷江西路街道成为上海首批“一刻钟便民生活圈”示范社区。组建风华初级中学、大宁国际小学2个紧密型教育集团。推进普惠性托育服务建设，托幼一体化幼儿园占园所总数58.4%，江宁路街道在全市率先打造社区托育“宝宝屋”。推动社区卫生服务中心标准化，强化康复、护理、安宁疗护等功能，江宁路街道社区卫生服务中心成为上海市公立医院高质量发展试点单位。推进“便捷就医”数字化转型，完成2.0版七大应用场景建设。全年公共文化设施服务326.29万人次，新建7个文旅融合服务点、5台图书信用借阅柜。升级体育生活圈，新建4条、翻建3条市民健身步道，新建2个市民健身驿站、2个职工健身驿站、20处益智健身苑点。 （刘柳）

【人口调控与管理】 年内，按照区政府工作部署，区发展改革委牵头推进全区人口管理与服务重点工作，坚持“稳总量、优结构、提素质、强服务”总体思路，编制完成《2022年静安区人口综合调控和管理服务工作方案》，围绕增强人才吸引力和凝聚度、提升人口服务水平、推进人口综合管理、完善人口研究决策体系等重点领域，明确4大项、16小项工作任务、责任部门和时间节点，协调相关职能部门共同做好区人口综合调控和管理服务工作，促进全区人口长期均衡发展，健全人口与经济、社会、资源、环境承载能力相适应的发展格局。全年常住人口数94.05万人。 （朱波）

【社会发展运行分析】 年内，区发展改革委从区域社会发展阶段特点出发，围绕城市运行安全、改善民生保障、优化公共服务供给、提升社会治理能力等领域，健全完善社会发展运行分析和街镇发展运行分析机制，对全区社会发展形势、重点领域及街镇重点工作进行跟踪分析，定期形成全区社会发展运行分析和街镇重点工作分析，注重突出社会运行发展重要变化、特点和问题，关注季度性、季节性、趋势性、苗头性问题，及时预警和建议，发挥参谋助手作用。

（朱波）

【推进常态化核酸采样点布局】 年内，区发展改革委根据市、区工作部署，与区卫生健康委共同牵头推进全区常态化核酸检测相关工作，全区形成以医疗机构为基础、社区便民为主体、重点条线为补充的布局结构，完成市政府要求的工作任务。通过多种方式和渠道组建相对稳定的人员队伍，牵头起草《静安区常态化核酸检测服务工作方案(暂行)》和《静安区常态化核酸采样点信息化管理工作规则(暂行)》，规范采样点布局建设和运营管理。形成《静安区常态化核酸采样近期运行管理情况的报告》，供四套班子领导参阅。会同区财政局、区审计局调研常态化核酸采样点费用支出情况，汇总梳理常态化核酸采样点建设和运营费用报区政府，相关资金列入各街道调整预算。后续形成《关于开展我区核酸采样亭处置相关工作的请示》并报区政府。 （朱波）

【社会信用体系建设】 年内，区发展改革委按照国家、市有关要求，推进静安区公共信用信息服务平台升级改造，于年底完成改造项目正式上线运行。强化信用数据归集实效，开展“双公示”日跟踪、月通报、季评估工作，并将数据归集范围扩展为“五类行政数据”。优化静安“信易贷”平台，与区财政局政策性担保贷款项目合作，制订宣传推广方案，举办线上线下“信易贷”产品推介活动。按照“谁产生、谁修复”原则开展信用修复审核，压缩办理时限。围绕重要节点开展各类诚信宣传，扩大诚信宣传覆盖面，推动全社会提升诚信意识。 （杨珂）

【投资管理与信息公开】 年内，区发展改革委完成各类审批、核准、备案事项123项，涉及总投资717.8亿元，包括项目建议书5项、可行性研究报告26项、核准6项、备案45项、土地储备投资估算和成本认定11项、节能审查及验收30项。开展项目储备库申报和政府财力建设项目与安排工作，开展重大项目和重点工程推进工作。推进政府信息公开工作，主动公开信息112件，收到依申请信息公开15件，作出答复14件。 （周琪）

（二）节能减排管理

【概况】 年内，区发展改革委贯彻落实市政府下达的能耗双控目标，完善能耗双控相关工作机制，制订年度碳达峰碳中和及节能减排重点工作安排，履行监管责任，对全区重点用能单位进行监测预警，指导和督促企业建立健全节能管理制度。统筹专项资金管理，编制形成年度节能减排专项资金预算。定期梳理摸排项目进展情况，以及专项资金使用进度。重点推进相关楼宇和企业的节能技术改造，共兑现企业补贴和奖励13家，带动投资额1033万元，实现节能效益709.6吨标准煤，支持光伏项目396.8千瓦。全年建成屋顶分布式光伏发电项目31个，建设规模3404千瓦。 （余晓燕）

【强化节能责任追究】 年内，区发展改革委按照市政府下达的节能降碳目标责任评价考核办法，制订静安区2022年碳达峰碳中和及节能减排工作考核办法。明确每个部门和街镇具体承担的工作内容、进度、目标及分值。对各部门按季度开展跟踪和督察，开展区政府重点工作评议。 （余晓燕）

【企业节能扶持资金审核】 年内，区发展改革委指导区各行业主管部门做好节能减排项目备案和初审。严格执行相关政策和内部审核流程，并督促各项目单位规范节能减排专项资金使用，加强预算和资金管理。会同区财政局协调做好企业节能减排扶持资金落实兑现工作。完成对13家企业申报的节能减排扶持资金审核，核准扶持资金270万元，实现节能效益

709.6 吨标准煤，支持光伏项目 396.8 千瓦。

（余晓燕）

【重点用能单位监管】 年内，区发展改革委开展 2021 年度重点用能单位考核。对 2021 年度 25 家区重点用能单位进行节能目标责任考核，评选出 3 家优秀企业并在区政府门户网站公开。其中 17 家市重点用能单位考核结果中 9 家完成、8 家基本完成，考核结果按规定上报市发展改革委并由其统一公布。确定区重点用能单位 32 家，并将年综合能耗 3000 吨标准煤以上的 21 幢楼宇纳入监控。按照条块共管原则，明确主管部门责任分工，指导各部门做好 2022 年重点用能单位节能目标任务的制订，指导和督促企业建立和完善节能工作机构和工作制度。开展跟踪督查。加强数据分析，对能耗异动的企业开展数据比对，督促企业加强用能管理，提高能源利用效率。

（余晓燕）

【推进新能源利用】 年内，区发展改革委推动分布式光伏发电和电动汽车充电桩建设。全年建成屋顶分布式光伏发电项目 31 个，建设规模 3404 千瓦。新增公共（含专用）充电桩 815 个，超额完成 350 个的年度目标。临汾花园小区成功创建充电桩示范小区。

（余晓燕）

（三）物价管理

【完成各类价格监测任务】 年内，区发展改革委按时间节点完成国家发改委和市发改委下达的各项监测任务，包括 6 类 64 种主副食品价格日监测；22 种主副食品、19 种家庭日用消费品及 3 种成品粮旬监测；3 类 4 种劳动力市场、2 类 15 种小农产品价格月监测；6 类 18 种食用油价格周应急监测。新冠疫情防控期间，对区域内保供商超每日订单量、社区集采集购商品供应等情况进行监测；防疫政策调整初期，持续对涉疫药品用品供应进行市场调查。并每月对民生商品和时令商品价格开展线上调查工作，所涉商品包括大米、食用油、低温奶制品、汤圆水饺、青团、月饼等。

（常征）

【推进价格信息发布】 年内，区发展改革委推进“网上晒价”工作。在历年基础上，扩大监测点数量，拓展信息发布内容，做好区域内主副食品价格监测信息发布。每日、每周、每月分别在门户网站“公共服务”专栏、静安区官方微博“上海静安”和门户网站“政府信息公开”专栏发布 11 个监测点的 64 种副食品价格信息，形成日发布、周发布、月发布工作制度。

（常征）

【优化创新监测手段】 年内，区发展改革委会同区商务委继续增加监测网点，扩大样本采集量，在原有 10 家监测点基础上，新增 1 家综合性超市作为日常监测点，新增 2 家便利超市作为应急监测点。围绕城区数字化转型，提升数字能级，开发“静安区价格监测预警系统”，可对监测内的主副商品食品价格异常波动情况进行实时消息推送。区发展改革委实时跟踪市场动态，反馈市场信息，在完成主副食品月报及周报分析同时，结合重要时点和应急突发时段，完成专题分析。

（常征）

【政府定价事项管理】 年内，为落实市发展改革委、市财政局等部门《关于转发国家发展改革委等部门〈关于印发（涉企违规收费专项整治行动方案）的通知〉的通知》的工作要求，区发展改革委会同区财政、区民政局、区市场监督局对区内 80 家预算主管单位和彭浦镇、29 家行业协会、15 家商会开展“乱收费”问题专项清理整治。会同区民政局完成和养第一老年公寓、和养第二老年公寓收费价格调整工作。依规制订发布规范性文件，根据《上海市定价目录》(2022年)相关规定，制订《上海市静安区人民政府关于政府定价事项有关问题的通知》；根据《上海市公共文化设施收费管理办法》精神，会同区相关部门梳理区域内体育、文化等领域提供服务收费的设施，发布《关于公布静安区价格管理公共文化设施目录的通知》。（常征）

(四)统计管理

【概况】 2022年，统计局围绕“服务全市，服务区域”两个大局，聚焦服务兴统、改革强统、数字助统、依法治统，做好各项区域统计工作。（王彦）

【在地统计】 年内，开展“线上＋线下”各类常态化企业培训，帮助企业精准掌握报表制度。以提升统计数据质量为目标，“稳存量、拓增量”，上门走访重点企业约300家。克服疫情企业填报人员居家和基层统计人员投身防疫一线双重困难，按照“应报尽报，优先保障重点”原则，做好统计数据采集、加工、审核、验收，在报表上报窗口期推行日报、通报制度，全程推行“随报随审”制度，施行“全流程”管理。加强事前、事中和事后质量检查，落实各专业数据质量控制办法。全年完成各类报表64种，报表量近5万张，各类专项调查任务16项。（王彦）

【统计分析监测】 年内，开展统计月报、统计公报、统计年鉴数据统计和发布工作，改版《稳增长重点指标统计月报》，为相关政策制定提供数据参考。每月向区委、区政府、区发展改革委、区商务委等职能部门提供定制数据，满足各方个性化数据需求。贴合区领导关注重点，加强疫情防控期间经济运行监测分析和预判能力。跟踪监测纳税企业运行状况、四上企业经营情况，从季度经济形势、GDP稳增长情况、税收千强企业、重点行业、重点领域等方面着手分析，形成统计专报20篇，获区主要领导批示16篇。开展七人普数据开发利用工作。形成《静安区第七次人口普查年鉴》，撰写《静安区人口分布与公共资源配置分析》，并获市统计学会统计分析类评比一等奖。（王彦）

【基层统计站建设】 年内，聚焦统计改革，完善基层统计机构设置，规范统计站工作制度。协调推进全区四大功能区统计站全覆盖建立。完成确定功能区统计站工作职责、统计范围、人员配备、业务培训等各项事宜，年末，各功能区统计站全部独立行使统计职能。建立园区、街镇统计站工作流程，对报表催报、报表审核、模板查询、差错修改、建立台账等一系列工作，制标准化质量管理流程。加强统计站统计工作评分考核巡查和业务指导，定期召开统计工作例会，开展多方位、多层次统计人员业务培训，建立科学的质量考核体系，推动基层统计工作规范化、制度化。（王彦）

【优化综合数据平台建设】 年内，紧贴区域经济发展决策需要，优化“静安区经济社会发展综合数据平台”功能模块设置，将平台工作重心从开发建设转为全区推广应用和分析成果转化。通过培训、宣传等多种手段，提高各部门对平台的知晓率和配合度。建立数据共享、安全、监督等工作保障机制。（王彦）

【策划“五经普”启动工作】 年内，按照全市统一部署，成立筹备领导小组，明确工作组人员和职责探索研究立体工作体系，形成《五经普普查人员管理和培训系统业务需求》意见，科学谋划“五经普”工作思路，编制、申请“五经普”经费预算，制普查工作计划表，倒排工作时间节点。

（王彦）

【营造良好统计氛围】 年内，组织动员区委组织部、区纪委监委、区发展改革委、区商务委、区科委、区建设管理委等重点部门学习《防范和惩治统计造假、弄虚作假重要文件汇编》。开展统计系统反复学、深入学，街镇学习范围覆盖至分管领导。在兼顾不同单位特点基础上，发挥好统计执法检查以点带面、以面带全警示效果，全年完成统计执法检查30家，累计寄送法律事务告知数42份，发现问题得到全面整改。开展“数说新时代，奋进新征程”系列主题宣传活动。全区统计系统举行诚信统计承诺仪式，近百名统计工作者作出郑重承诺。开展“进园区进楼宇进企业”宣传活动，营造浓厚参与氛围。加强“静安统计”微信公众号规范运营，及时发布统计数据和咨询。定期推送微信专题栏目“以案说法”，提高社会公众对统计违法案件警惕性、对统计工作配合度。完成“统计造假不收手不收敛问题专项纠治工作”。制订《统计造假不收手不收敛问题专项纠治工作方案》，成立工作领导小组，加强组织保障，聚焦重点领域，针对重点问题自查自纠。围绕“权力干预”“数据寻租”组织重点部门开展自查自纠。围绕“执法不严”，重点检查2020年以来统计执法检查情况。围绕“入库退库专项检查”，对528家“一套表”入退库单位进行数据复核。9月，以“零差错”通过市统计局纠治工作专项检查。加强履行统计监督职能机制性建设。加强与区纪委监委协作配合，建立《上海市静安区统计违纪违法案件移送工作规程》，对违纪违法案件保持高压。区纪委监委全程参与纠治工作，对统计执法检查进行流程性指导，统计监督与纪检监督更加贯通。在区委党校科长班开设统计法课程。 （王彦）

【统筹推进疫情防控】 年内，派员9人次参与浦东机场入境人员转运工作、区疫情防控指挥部疫情数据排查工作、区疾控中心病例流调工作、区疫情机动队小区封控工作等区疫情重点工作，落实党员“双报到”制度，动员居家办公工作人员全覆盖参与所在居民区社区防控，在核酸检测、物资发放、助老助残等工作中参与志愿服务。

（王彦）

（五）财政管理

【概况】 2022年，静安区财政局继续做好“六稳”“六保”工作，统筹新冠疫情防控和经济社会发展，支持打赢大上海保卫战和经济恢复重振攻坚战，围绕“四范”目标，推进“五大工程”，实施“六增计划”，保持区域经济运行在合理区间。全年区级一般公共预算收入完成2794188万元，为预算的100.04%，比上年增收9400万元，增长0.34%。区级一般公共预算支出完成3246938万元，为预算的96.60%，比上年增加319848万元，增长10.93%。区级政府性基金收入1702790万元，为预算的103.55%。区级政府性基金支出1806408万元，为预算的99.38%。区级国有资本经营收入17130万元，为预算的100%。区级国有资本经营支出25729万元，为预算的99.98%。 （郁晓雯）

【新冠疫情防控经费保障】 年内，区财政局加大库款保障力度，做好资金统筹调度，根据不同情况，特事特办、急事急办，及时预拨资金，保障防疫重点部门工作需求，确保不因资金问题影响医疗救治和疫情防控。并快速启动疫情防控有关货物、工程和服务等紧急采购项目“绿色通道”。全年统筹上级转移支付、区级一般公共预算、政府性基金和财政存量资金，投入疫情防控专项经费420778万元，主要用于方舱医院建设和运行维护、集中隔离房源征用和运行维护、核酸和抗原检测、防控设备和物资、疫情防控人员临时性工作补助、辖区居民保供套餐等方面。

（郁晓雯）

【新冠疫情防控经费规范管理】 年内，区财政局健全制度机制，制订下发《关于加强静安区疫情防控专项经费管理的通知》等，明确经费追加程序、使用规范、列支渠道等口径。加强跟踪监管，会同审计部门形成合力，重点审核街镇防疫资金使用管理情况。及时督促提醒，推动专款专用、有据结算。强化归口管理，即归口统一实施标准、归口申报、归口安排预算，强化经费审核，保障全区常态化疫情防控工作有序开展。

（郁晓雯）

【区域经济恢复和重振政策保障】 年内，区财政局推动“国家33条”“上海50条”稳经济一揽子支持政策落地，落实落细《静安区加快经济恢复和重振实施方案》43条政策，强化财力保障和资金监管，纾解市场主体困难，助力区域经济恢复；安排涉企类扶持政策资金40902万元。加大政策性融资担保力度，引导对受疫情冲击严重的行业进行政策倾斜，对餐饮等生活服务、零售业、旅游业、交通运输业和会展等行业困难企业提前全额补贴担保费，并在原有贷款利率补贴基础上再给予贷款基准利率10%的补贴；全年区政策性融资担保企业户数535家，融资担保贷款金额202700万元。优化营商环境，开展走访和服务企业工作，宣传产业政策和惠企扶持政策，协调解决企业诉求和实际困难，吸引更多优质企业和功能平台落户静安区，抓好税收落地，增强企业扎根静安区发展壮大的信心；全年投入促进区域经济发展等资金775286万元。

（郁晓雯）

【民生保障经费投入】 年内，区财政局为提升区域民生保障水平提供财力保障。改善群众居住条件。切入民生需求完善公共配套，拉开彭一小区、谈家桥一期等旧住房成套改造工程；提速既有多层建筑加装电梯项目，累计开工建设516台，完成502台；完成28条道路大中修、积水点和14千米路段架空线入地和合杆整治工程；优化苏州河两岸公共空间品质，支持“美丽街区”和“美丽家园”建设，全年投入资金162563万元。加强道路景观、公共绿地、市区河道等整治，全年投入资金135675万元。推进二级以下旧里征收改造目标任务，启动陕西北路昌平路、芷江西路街道195街坊等7幅地块征收，推进北宝兴路等5幅地块后续工作，全年投入资金328016万元。巩固夯实多层次社会保障体系。支持多元化养老模式融合发展，重点保障久合科技园、华兴新城等养老机构建设，居家环境适老化改造全速推进。支持就业创业环境持续改善，困难行业企业稳就业、扩大就业等各类就业扶持政策落地。老年综合津贴、社会救助、医疗互助帮困、残疾人保障、退役安置等各类综合帮扶政策有效落实。全年投入资金243751万元。

（郁晓雯）

【社会事业均衡协调发展经费投入】 年内，区财政局全年投入教育经费587726万元。主要用于支持落实双减政策，提高“三段式”课后服务质量；推进规范民办义务教育发展专项工作，保障政府购买民办义务教育学校学位经费；改善学校办学条件，促进学校数字化转型；加强教师人才队伍建设，确保教师工资逐年增长。全年投入卫生健康经费312490万元。主要用于支持卫生应急保障水平提升，保障疫情防控支出，夯实完善联防联控机制，保障群众身体健康和生命安全；强化疾病预防控制体系建设，加大慢性病防治、重大疾病防治等投入，提升流行病学调查能力和应急处置能力；推进医疗中心、中医医院等硬件建设，开展公共卫生人才、特色学科、信息化等软实力建设。全年投入文化体育经费52970万元。主要用于支持完善公共文化体育服务体系建设，深化“美在静安”公共文化圈建设，提升公共文化服务效能，推行云展览、云课堂等线上惠民文化活动；引导文商联动，促进文旅新消费，助力产业能级提升；以十七届市运会为契机，培育区域核心竞技体育项目群，追求卓越“争金夺银”；推进公共体育服务数字化转型，创新体育场馆管理模式，提升体育公共服务精细度。（郁晓雯）

【城区智慧治理经费投入】 年内，区财政局支持党建引领社区治理，推进“一网统管”智能化平台建设，构建“党建引领＋网格化治理”新格局。优化完善社区服务和管理各项功能，扩大“美丽楼组”覆盖面，打造特色和品牌楼组，构建为民服务微循环，提升群众获得感、幸福感和安全感。全年投入街道经费234843万元。支持对售后公房实施消防改造和增配消防设施，对社区微型消防站配备新型高效灭火器材及老旧小区居民配备消防应急包等，保障静安区百姓生命财产安全，维护区域社会面安全稳定。全年投入城区公共安全保障经费258819万元。（郁晓雯）

【财政管理效能提升】 年内，区财政局加大财政统筹力度，缓解财政收支压力。一方面，坚持政府过紧日子。压减各类非重点、非刚性支出，调减因工程进程延迟，影响资金拨付进度的项目支出，合计调减资金355727万元，调减下来的资金优先保障重大公共卫生领域资金需求和基本民生支出。另一方面，加强“三本预算”之间衔接、功能互补，盘活用好存量资金，促进资金有序流动，发挥资金整合效益。区财政局加强预算执行和绩效管理，提升资金使用效益。保持适度支出强度，通过大额用款计划报备等措施，加强库款支出管理，做好库款资金调控和流量预判。定期通报预算执行进度，督促部门预算执行提速。开展预算执行进度和绩效目标实现程度“双监控”，对不能支出或效率不高的项目资金，及时收回并统筹安排。强化财经纪律刚性约束，规范财经秩序。严格执行各项财经法规和管理制度，清理整顿财政专户，对长期无业务收支财政专户进行销户；规范地方财政暂付性款项管理，对长期宕账进行核销。加强债务风险管理，督促项目单位加快债券资金支出进度，尽早形成实物工作量，从源头上遏制政府债务资金执行慢、闲置浪费等现象。坚决遏制新增隐性债务，防范财经风险。（郁晓雯）

（六）税务管理

【概况】 2022年，静安区税务工作围绕“疫情要防住、经济要稳住、发展要安全”要求，统筹把握区域经济社会发展和疫情防控两大任务，全区全年完成税收总收入791.7亿元，比上年下降6.0%，减收50.1亿元；完成区级税收收入248.9亿元，比上年增长0.4%，增收0.9亿元。第三季度区级税收正增长2.3%，实现区级税收收入“V形”反转。若还原增值税留抵退税政策因素，全年税收总收入、区级税收收入分别比上年增长0.8%、2.6%。批发零售业、交通运输仓储和邮政业、住宿和餐饮业、金融业、房地产业、租赁和商务服务业六大主要行业合计实现税收

698.1亿元，比上年下降7.0%，占总收入88.2%，比上年减收52.3亿元。税收总收入排名前200强的企业实现税收593.4亿元，占税收总收入75.0%，比上年增长11.9%，增收63.3亿元。“一轴三带”重点税源企业合计实现税收537.2亿元，比上年增长3.5%，增收18.4亿元。全年“亿元楼”82幢，恒隆广场税收达105.7亿元。全年征缴单位社保费309.3亿元，其中企业职工基本养老保险基金175.7亿元，职工基本医疗保险基金97.3亿元。完成11项非税收入226.1亿元，其中国有土地使用权出让207.3亿元。（朱家熠）

【落实减税降费政策】 年内，区税务局建立工作专班机制，落实新的组合式税费支持政策和助企纾困政策，全年11万户次纳税人缴费人享受减税降费114.8亿元，其中新增减税降费政策27.4亿元，缓缴税费14.7亿元。打通“数据传输、政策会商、联络例会、快速应对”四方通道，提速增值税留抵退税审核至平均6.2天办结，办理留抵退税72.6亿元。分类施策助力中小企业，落实“六税两费”、小型微利企业所得税减免、研发费加计扣除等政策2.9万户次，减免金额5亿元。简化流程助力复工复产，核准抗击新冠肺炎疫情“房土两税”减免政策，惠及企业1218户，减免税款4.4亿元。精准帮扶助力困难行业，落实特困行业、个体工商户等社保费缓缴14.1亿元。推进自然人税收优惠政策享受，落实个人所得税专项附加扣除27万人次，减税金额6.7亿元，其中享受新增“3岁以下婴幼儿照护”政策减免1677万余元。优化出口退税管理，压缩申报平均办理时间至2天，累计办理出口退税19亿元。（朱家熠）

【开展税收经济分析】 年内，区税务局加强经济分析团队建设，立足静安区经济发展规划，深挖税收大数据作用，围绕新办企业、税收分段、退税减税、疫情影响等主题开展专题分析，报送各类专报14篇。参与全市“五五”购物节、外资总部、电子竞技等重点分析项目，完成《高度关联疫情，呈现“三个分化”——从税收数据看我市上半年经济运行情况》分析报告，获得中共中央政治局委员、市委书记李强表扬性批示；完成《营商环境打造领先优势，产业赋能引领“生态”聚集——从税收数据看我市电竞产业成绩与问题》，被市政府内参录用；结合静安区外贸行业发展特点，运用出口报关单数据，完成《变局之下展现“强韧性”转型突破迎接“新挑战”——从出口企业看我区外贸行业发展趋势》专题分析，蝉联全市税收经济分析报告评比活动第一名。（朱家熠）

【数字化电子发票全面扩围】 年内，区税务局分批推进数字化电子发票全面扩围。制作扩围方案树状图、数字化电子发票推广全周期图，明确税企双方岗责，细化切换准单轨工作方案。全年推广数字化电子发票20712户，开票超16万份，开票率75.8%，受票超14万份，实现全年推广目标。结合数字化电子发票新特点，研究确定20项高发风险指标库，率先制订授信调整工作规则，为全市授信调整工作提供可复制的有效参考。为首次开具数字化电子发票、接受数字化电子发票的企业提供全流程全方位“首票服务”，分别完成首开、首受数字化电子发票网格化辅导20782户次、13490户次。

（朱家熠）

【税种管理】 年内，区税务局完成企业所得税汇算清缴3.7万余户，申报完成率100%，应补企业所得税45.7亿元，应退企业所得税2.9亿元。开展企业所得税后续管理，涉及纳税调整企业98户，调整应纳税所得额3.3亿元，补税

1051.9 万元。完成个人所得税综合所得年度汇算 71.9 万人次，其中有效申报 44.7 万人次、申报退税 40.7 万人次、申报补税 3.9 万人次、申请退税超 45.5 万人次；汇算补税 5.0 亿元，退税 4.5 亿元。梳理个体工商户定期定额核定、超定额补申报、定额公示、委托代征等业务流程，规范定期定额个体户超定额补税管理，超定额补税 809 户，补税金额 62.2 万元。加强个人住房房产税申报提醒和征收管理，征收 7266 套，入库 8969.5 万元。推进社保费"统模式"改革，建立与医保、民政、教育等部门联动机制，参与全市医保共济缴费政策梳理和流程制订。

（朱家熠）

【税务营商环境优化】 年内，区税务局细化政策宣传辅导，加强智能画像和标签化管理，推送组合式税费支持政策 83 万户次。围绕数字化电子发票扩围等重点工作，运用在线直播、智能互动等形式开展便利化服务 40 余次。扩大"劳模工作室""静税好声音"品牌影响，发挥基层经验优势，明确和规范五大方面疑难问题处理措施和标准。推进"便民办税春风行动"，以"实体＋网络"形式在园区、楼宇、校园等地开展营商伙伴日、税费体验师等服务活动 9 场次，收集建议意见 43 条。推进"春雨润苗"专项行动，联合区工商联、街道园区，为 68 户次小微企业和科创企业开展专题辅导和培训。开展"稳经济"大走访和落实"帮办"800 余户次，完成帮办 300 余件，收集建议、解决问题 70 余条。开展"组合式税费支持政策红利账单"试点，推送账单 10149 户次。以动态"信用＋风险"为驱动，将符合条件的 10 万元以下企业退税审批从人工五岗审批变为系统自动审批，实现退税流程"即点即审、即审即毕"，审核结果当场可见的智能退税模式。新模式通过率达 76.7％，完成退税 1767 户，金额 659.1 万元，该案例获选上海市优化营商环境良好实践称号。推进离境退税"即买即退"重点商圈覆盖，新增退税商店 25 户，开具退税申请单 552 单，消费金额超 1.7 亿元，退税金额 1394.5 万元。

（朱家熠）

【纳税缴费服务提升】 年内，区税务局结合疫情防控需要，拓展线上办税，提升"一网通平台"申报税费用户至 4200 余户，比上年上升 68％。优化线下办税，推广"全预约"模式，做到办税服务场所标准化管理，办税大厅办理业务超 11 万笔。深化"非接触式"办税服务，4 月至 6 月全域静态管理期间，通过远程线上辅导，帮助 3400 余户次企业进行申报、退税、预约发票等事宜。组建"复工复产保供联动专班＋税企专属服务群"，缓解静态管理期间发票领购难等问题，为 184 户企业申请开通"网上申领＋发票配送"白名单，服务 417 户次企业紧急领用增值税发票，解决其他个性化诉求 287 项。巩固共治共建优势，引入居住证自助办理服务，拓宽市北高新园区共治点服务功能。融合"一网通办"业务，构建以服务中小企业为主的江宁路街道社会共治点。成立大企业税收工作领导小组及办公室，加大统筹推进大企业税收工作力度，参加"周周学、户户讲、企业明、行业清"大企业服务活动 4 次，完成 1500 余户千户集团及成员企业、列名企业、规模以上企业的涉税数据采集、审核及报送工作。

（朱家熠）

【纳税人权益保护】 年内，区税务局通过组织参与远程培训、加强对重点对象审核、召开纳税信用评审委员会审议等举措，完成 46644 户企业纳税信用评价工作。其中 A 级纳税人 5498 户，B 级纳税人 16321 户，两级占比 46.8％，比上年下降 4.7％，准予修复、复评、动态调整的企业 61 户。受理市局转办需求工单 3881 件，较上年同期增长 24.4％，其中受理纳税咨询 1459

件，纳税服务投诉和意见建议27件。加强“好差评”分析，收到差评转办20条，其中1条属实，采取“核实-反馈-改进”闭环管理，已办结。采用“居家+现场”模式，保障全年纳税服务“12366”热线“有呼必应”，接听总量超过14万次，平均接听率99.0%。完成个人所得税异议申诉处理，受理1117户、5203人次，均在期限内办结，监控到50人以上涉及冒用检举的企业8户，均已送稽查局处理。加强涉税专业服务机构管理，完成83户涉税专业服务机构年度报告采集工作，围绕违规开展税收策划、虚假宣传及广告和歪曲解读税收政策等问题，开展涉税专业服务机构专项行动，发现并整改问题企业8户。（朱家熠）

【依法治税】 年内，区税务局优化改进“三项制度”执行规范，落实执法公示事项3619户次，全过程执法记录516条，完成重大执法决定法制审核36项次。开展《印花税法》实施调研，核定税种3.5万余条。完善破产企业税收债权申报流程规范，申报税收债权88户次，金额320余万元。加强司法行政衔接，回复检察意见书1份，推进与人民法院协作机制，核实协助执行涉税信息，复函1份。抓牢标准化管理，完善知权明责表单，开展尽职免责试点，完成4户次“微失误”免责认定，推动5条事项纳入全市尽职免责清单。加强内控机制建设，依托内控监督平台，自建内部风险监控指标68项，确认执法过错数据较上年度下降76%。落实“一案双查”，对稽查局转交的10件虚开类案件与4件增值税留抵退税类案件开展核查，全部结案。

（朱家熠）

【税务监管】 年内，区税务局推送风险应对企业1342户次，异议申诉6320户次（人次），入库税款2.7亿元，入库滞纳金0.2万元。规范风险防范制度建设，加强数据查询和数据留痕管理，保障数据安全。推进“一体式”风险防控，围绕数字化电子发票“启、开、受、用、管”企业全生命周期环节，对企业用票额度被动、风险管控滞后等情形做好数据偏离度分析，依托市税务局“鹰眼”风险预警雷达，开展实时监控，触发红黄蓝预警118户，均开展风险应对。围绕企业性质、登记信息、进销项不匹配、税额计算等角度，搭建增值税留抵退税风险指标模型，开展风险应对165户次，追回留抵退税6000余万元。紧盯“应享未享”“违规享受”，推进增值税、财产行为税、企业所得税政策落实风险应对3629户次，其中有问题企业1060户次，“网格化”落实提示提醒和督促整改，完成退税（费）50.7万元，补缴税款218.6万元。加强独资合伙企业对外投资变化、限售股减持、税目混用等重点涉税事项管理，补缴个人所得税4600余万元。常态化开展发票协查，涉及企业500余户次，均按期办结，补缴税款及滞纳金200余万元。（朱家熠）

（七）市场监督管理

【概况】 2022年，静安区共登记各类市场主体75147户，注册资本合计7410.1168亿元，分别比上年增长6.97%、9.69%。其中内资企业4488户，注册资本3071.7072亿元，分别比上年增长2.28%、7.67%；私营企业38215户，注册资本3038.7280亿元，分别比上年增长16.52%、4.79%；外商投资企业3910户，注册资本1295.5363亿元，分别比上年增长3.25%、29.74%；企业分支机构9221户，比上年减少0.46%；个体工商户19313户，注册资本4.1453亿元，分别比上年下降3.49%、增长2.86%。全区专利授权4033件，其中发明专利747件、实用新型专利2559件、外观设计专利727件；PCT专利申请数97件。年内，区市场监管局共查处各类案件1498件，罚没款金额2241.69万元，比上年下降18.1%、36.3%。区市场监管局获"2022年全国清理整顿人力资源市场秩序专项行动取得突出成绩单位"称号；区知识产权局获"2021年度全国知识产权系统和公安机关知识产权保护工作成绩突出集体"称号。

（刘家顺）

【深化商事制度改革】 年内，区市场监管局推行"当场办、一次办、限时办"，推广"绿色通道""容缺办理"，以当场登记为通例，将登记时限压缩至半个工作日，提升市场主体获得感。推进住所标准化登记，首创"易(E)码办"登记模式将书面场地文件转换为数字材料，并制作特定二维码，首批上线6个试点场地，覆盖55.2万平方米商业体，为静安区楼宇经济增效赋能。6月1日，内资企业变更登记"全程网办"和外资企业设立"全程网办"系统上线，设立全程电子化扩展到各类企业。

（刘家顺）

【打造高效许可登记服务】 年内，区市场监管局推行"一业一证"改革，将11个行业串联审批简化为并联审批，申请材料最高精简81%，办事时限最快缩减76%；企业高频证照变更联办"一件事"，企业申请营业执照变更时，可同时申请12类高频许可证关联事项变更；酒证、小型超市、饮品店"一件事""一次申请、多证同发"，打造温暖高效服务体验。并上线高频事项"云际辅导"，在全市率先上线58个高频登记事项"市场主体办照指引"、67个高频许可事项"市场主体办证指引"，实现办事材料从PC端向移动端迁移，用户动动手指快速获取各类示范文本，提升政务服务便利化。

（刘家顺）

【深化"双随机、一公开"监管改革】 年内，区市场监管局推进142类、354个双随机抽查事项管理，通过"互联网+监管"平台开展随机抽查

9月28日，静安区市场监管局牵头区各部门开展打击非法加油行为整治行动联合检查

（区市场监督管理局　供稿）

59次，检查各类市场主体4360户次，发现问题1012余户次，转案件70件。牵头制订联合抽查事项85个，发起联合抽查10次，联合检查各类市场主体182余户次。对检查发现的问题及时落实责令改正、列入经营异常名录、立案调查等后续措施，提升“双随机、一公开”监管效能。

（刘家顺）

【清理整顿人力资源市场秩序】 年内，区市场监管局针对辖区内新冠肺炎疫情防控工作实际情况及人力资源市场现状进行研究，通过细化实施步骤，调动骨干力量，优化检查方法，开展清理整顿人力资源市场秩序专项行动。与上海人力资源服务地方标准化委员会协作，开展普法宣传，及时掌握辖区内复工复产职业中介机构基本情况，确保专项行动开展并取得预期效果。区市场监管局连续3年获由人力资源和社会保障部、公安部、国家市场监管总局共同授予的“2022年全国清理整顿人力资源市场秩序专项行动取得突出成绩单位”称号。

（刘家顺）

【“长江禁捕，打非断链”专项行动】 年内，区市场监管局推进“长江禁捕，打非断链”专项行动，出动执法人员5314人次，检查农贸市场306所次、商超744家次、餐饮单位5314家次，立案17件，罚没款0.274万元。区市场监管局查办的“关于上海魔坊轩餐饮管理有限公司涉嫌发布虚假广告案”被评选为2022年度长三角地区长江禁捕典型案例。 （刘家顺）

【推动全区消费环境提升】 年内，区市场监管局聚焦重点行业、重点领域推进满意消费创建，申报放心消费承诺单位1083家、达标单位227家，培育线下无理由退货承诺单位518家，获评“放心消费优秀单位”称号10家，加入“长三角实体店异地异店退换货联盟单位”品牌经营主体3家，指导创建“放心消费电商平台”2家。以软硬件建设为载体、业务能力提升为主导、工作实绩评查为抓手，开展星级联络点创建，激发基层消费维权联络点工作活力，将维权联络点向新消费领域、行业协会等延伸，尝试打造新型、专业化维权联络点，充实基层维权力量。科学推进联络点分层分类管理，探索基层消费维权网络体系化建设，推荐11家单位成功创评四星级、五星级消费维权联络点。 （刘家顺）

【共筑维权战线】 年内，区市场监管局与司法部门联动，与区检察院、区消保委共同建立加强消费者权益保护支持起诉、公益诉讼协作配合工作机制，构建静安区消费维权“大调解”格局，共建“消费纠纷调解共同体”，妥善处理消费者权益争议，依法保护消费者合法权益，营造和谐消费环境，推动经济社会健康发展。与公益性组织联动，创新放心消费宣传形式、方法，多渠道、多角度、多层次开展宣传活动，在3·15、质量月活动等时间节点，组织相关行政部门、区消保委等单位，开展“共促消费公平”“拒绝浪费·倡导光盘行动”等放心消费系列活动，并适时发布消费提示，引导商家自觉诚信经营、消费者正确理智消费。 （刘家顺）

【精细化综合治理推进】 年内，区市场监管局启用互联网＋无证无照经营管理系统，对所发现无证无照经营行为开展查处。全年共开展执法检查1552项次，系统内共录入整治信息56条，均闭环处理。建立“自治＋共治＋慧治”监管模式，首先成立街镇各辖区“食品安全自治联盟”，划分出点位、网格，再从辖区商户、物业等单位志愿者中选出点位长、网格长。点位长负责督促和提醒责任区域内餐饮企业从业人员落实24小时核酸检测、规范使用场所码、做好消杀记录等工作;网格长负责对分管的点位长工作进行检查,并将检查结果报监管干部;监管人员根据上报情况按分色分级原则开展检查或抽查,形成"一级对一级考核,一级对一级负责"三级管理模式。其次根据点位长巡查、执法人员不定期抽查结果,市场监管所对沿街餐饮户开展每月评比,采取红叉、黄三角、绿圆点进行分色分级分类,并标注于"作战图"。其中红叉代表三级预警,表示该餐饮户食品安全管理有待提高,需要每日督促检查;黄三角代表二级提示,表示食品安全管理良好,但仍需不定期巡查;绿圆点代表一级放心单位,表示疫情防控工作和食品安全整体优秀的经营户。该"作战图"动态更新,每月对监管信息进行分类调整,以实际情况切换分级,进而实现市场监管领域靶向精细化管理。最后启用从业人员健康管理系统,通过数据可视化方式,实现对辖区内餐饮、零售药房、专业市场等行业人员信息精准监管,系统内共录入餐饮、药房等企业 5527 家,从业人员总数 19981 人。（刘家顺）

【推进标准化试点项目建设】 年内,区市场监管局围绕"以服务促发展,以监管惠民生,以示范优环境",推进城市精细化管理、人力资源服务领域标准化工作,"社区食堂服务标准化试点""薪酬数字化标准化试点"等项目按计划完成中期评估,"石油化工设备数字化交付标准化试点"项目通过验收。聚焦区域重点产业,"城市轨道交通列车自主运行(TACS)系统标准化试点"获批立项。推优评先推动静安区相关单位争取市级以上标准化荣誉,全区共 4 个标准获评首届上海市标准创新贡献奖项目奖。

（刘家顺）

【强化特种设备安全监管】 年内,区市场监管局通过多种方式督促特种设备使用单位履行主体责任,指导和督查使用单位利用特种设备双重预防工作平台开展隐患排查和制度建设,杜绝特种设备带病运行,防范事故隐患。通过网络、微信、短信等方式,开展网上监管或督察使用单位 1246 余家,发放工作备忘录或指令书 33 份,发现并整改问题 60 个,发出各类安全提示 1644 家次,核查超期设备 13265 台,开展网上特种设备教育培训 150 余次;并组建全区电梯安全突击队 2 支 12 人,协助组建各街镇电梯安全小分队 14 支,共处置电梯急修 129 次,完成电梯急修 167 台;完成电梯困人救援 50 次,解困 95 人。（刘家顺）

【推进特种设备双重预防机制】 年内,区市场监管局推进静安区特种设备双重预防机制建设,通过联席会议工作平台推进双重预防工作,并依托静安区特种设备专业委员平台定期召开双重预防工作推进会,通报工作推进情况。全年共完成辖区 1900 余家特种设备使用单位双重预防系统注册工作,完成全部 280 家双重预防工作重点单位安全管理评价工作。

（刘家顺）

【加强网络交易监管】 年内,区市场监管局聚焦网络交易监管重点领域,依法开展专项行动和网络监测工作,强化网络商品交易监管,打击假冒侵权、虚假宣传、不正当竞争等网络市场突出问题,全年网络案件立案 173 件,办结 177 件,罚没款 540.51 万元。指导平台完成平台内经营者身份信息报送工作,7 家平台共报送 99094 项数据。与饿了么平台深化数据合作,开通政企共治平台,缩短交易数据协查获取时间。（刘家顺）

【芮文彪调研区知识产权工作】 2 月 10 日,市知识产权局党组书记、局长芮文彪调研静安区知识产权工作，区委副书记、区长王华，市知识产权局党组成员、副局长杨慧，副区长张军，区市场监管局党组书记、局长陈平，副局长王政参加调研。芮文彪对区市场监管局在知识产权工作方面努力和成效予以肯定，并表示将加强统筹协同，提升知识产权发展质效，优化知识产权发展环境，高标准推进知识产权工作。

（刘家顺）

【加强知识产权协同保护能力】 年内，区市场监管局建立健全跨部门协作机制，统筹协调区内知识产权保护工作，打通静安区知识产权全链条保护环节。推进落实行政执法与刑事司法衔接机制，打破“信息孤岛”状态，提高“双轨”联动保护效率。与区法院、区司法局共同签署“知识产权纠纷多元调解备忘录”，探索建立知识产权纠纷“一站式”调解平台，健全静安区协调联动的知识产权纠纷调解工作机制，发挥人民调解组织力量，打造行政执法、司法保护和仲裁调解相结合知识产权多元化解决模式，发挥调解在解决知识产权纠纷中作用，把非诉讼纠纷解决机制挺在前面，加强区知识产权保护工作。

（刘家顺）

【推进知识产权窗口便民化改革】 年内，区市场监管局将原有的国家知识产权局商标业务静安受理窗口升级为静安区知识产权综合服务窗口，并按照《上海市知识产权局公共服务事项清单（第一版）》具体内容，结合自身发展特点制订发布《静安区知识产权局公共服务事项清单》。该事项清单包含五大类、共 19 项知识产权公共服务。主要涵盖包括商标业务受理、知识产权法律咨询、专利资助咨询以及知识产权信息查询等服务，聚焦知识产权创造、运用、保护、管理和服务五大板块，为各类市场主体提供知识产权“一站式服务”。

（刘家顺）

【质量强区工作】 年内，区市场监管局将“聚焦质量提升，推进质量强区建设”项目纳入区政府重点工作项目，制订《静安区重点行业质量提升联合实施方案》，建立区市场监管局与区商务委、区科委、区人社局等主要部门联席会议机制。打造“3＋2”质量提升模式，将南京西路、苏河湾、市北 3 个功能区纳入质量提升重点区域，将数据智能、人力资源列为两大质量提升重点行业，推动“街镇首席质量官”在全市范围内先行先试，率先建立以区域特色为核心的品牌质量基础设施“一站式”服务平台，开展长三角质量提升试点和质量品牌提升示范区建设工作。搭建“1＋14”一站式质量基础设施服务模式，发布 2022 年度静安区质量基础设施“一站式”服务试点项目和试点培育项目，制订《静安区基础设施“一站式”服务工作指南》。华东建筑集团股份有限公司和上海静安置业（集团）有限公司的管理模式获评“上海市质量金奖”。

（刘家顺）

【国家食品安全示范城市创建】 年内，静安区成功入选申报国家食品安全示范城市推荐名单。区市场监管局首先加强组织领导，落实党政同责。按照全市统一部署，静安区成立创城领导工作小组，区市场监管局牵头成立创建工作专班，在原有责任清单基础上，对照《国家食品安全示范城市评价细则（2021）版》，从基础工作、能力建设、食品生产经营状况、食品安全状况、示范引领等方面继续细化，将创建国家食品安全示范城市列入重点工作和督查项目，发动人大代表、政协委员、媒体、市民代表等社会各界聚焦突出问题和薄弱环节建言献策，形成食品安全治理工作合力。围绕新冠疫情防控，构筑安全屏障。滚动排摸全区 136 户进口冷链食品经营单位、58 个冷库经营情况，督促落实“三专、三证、四不得”管理要求。开展冷库物品及环节采样检测25000件次，结果均为阴性；完成7起进口冷链食品涉阳事件应急处置。再次聚焦综合治理，落实“四个最严”。强化行政执法力度，保持高压态势，推进综合治理，出动执法人员5456人次，共排查整改问题隐患1414个，立案583件，结案583件，罚没款146.3万元，案值567.7万元。推广食品安全责任强制保险试点工作，参保单位逾500家。加强食品安全信息追溯管理，进口冷链食品经营企业实现全覆盖。最后通过开展宣传，营造食安氛围。全区建成食品药品安全科普站18家，开展食品安全宣传活动92场，推进“食品安全百千万”建设工程，完成3条示范街区、250家实体示范店创建工作。 （刘家顺）

【食品安全“两个责任”落实】 年内，区市场监管局召开多场“两个责任”工作推进会，统一思想，狠抓落实，统筹推进分层分级包保工作。成立领导工作小组和区级、街镇级“两个责任”工作专班，区四套领导班子、17位区领导均签订承诺书和责任清单，带头成为包保干部，全区组建一支700余人包保干部队伍。把握节点摸清底数，对辖区食品生产经营主体开展全覆盖实地摸底排查，按照分布、业态、规模等精细进行ABCD四级等级划分，为有序建立实施分层分级、层级对应的包保责任制度夯实基础，完成7104家食品生产经营主体调查摸底和等级划分。推进督导督查工作，在全区范围内开展一次所有包保主体全覆盖督导和督查工作。区领导干部、14个街镇主要领导发挥“头雁”牵引作用，带头开展督导检查工作，对照任务清单深入食品生产经营主体督导检查。村居级包保干部协同作战、群而效之，及时发现和推动处置食品安全问题，共发现并推动问题处置141件。

（刘家顺）

【用药用械安全保障】 年内，区市场监管局对药品、医疗器械、化妆品生产、经营和使用单位实施日常监督检查4534户次。其中药品经营和使用单位1291户次，医疗器械生产、经营和使用单位2026户次，化妆品生产、经营和使用单位1217户次。开展药品医疗器械市计划抽检，完成药品常规监督抽检342件、试剂快检392件；完成医疗器械常规监督抽检42件，合格率97.62%。制订药品区计划抽检方案，完成药品区计划抽检11件。制订化妆品区计划抽检方案，完成产品抽样检验8件，检验结果均为合格。收到辖区内药械化各类主体单位上报可疑药品不良反应报告2008例（其中一般药品不良反应报告1841例，新的/严重的药品不良反应报告167例）、医疗器械不良事件532例、化妆品不良反应872例。 （刘家顺）

表10-1 2022年区市场监管局单位和个人获奖情况表

日期	获奖单位（个人）	荣誉奖项	评奖单位
6月	区市场监督管理局团委	上海市五四红旗团委	中国共产主义青年团上海市委员会
6月	区知识产权局	2021年度全国知识产权系统和公安机关知识产权保护工作成绩突出集体	国家知识产权局、公安部

（续表）

日期	获奖单位（个人）	荣誉奖项	评奖单位
8月	区市场监督管理局	第四届“十佳案件”优秀案例	上海市市场监督管理局
8月	食品安全监督管理科副科长陈祎清	首届全国市场监管系统食品安全抽检检测技能大比武决赛团体一等奖	国家市场监督管理总局
9月	区市场监督管理局	2021年度“优化营商环境，建功新时代”主题立功竞赛优秀项目成果二等奖和三等奖	上海市市场监督管理局
10月	区市场监督管理局	2022年全国清理整顿人力资源市场秩序专项行动取得突出成绩单位	人力资源和社会保障部、公安部、国家市场监督管理总局
10月	区市场监督管理局	上海市市场监管系统“12345”市民服务热线承办工作立功竞赛集体赛优胜奖	上海市市场监督管理局
11月	区市场监督管理局	首届“十佳行政处罚决定书”一等奖	上海市市场监督管理局
11月	区市场监督管理局	上海市产品质量安全监管立功竞赛二等奖	上海市市场监督管理局
11月	区市场监督管理局	上海市重点产品质量攻关优秀组织奖	上海市市场监督管理局、上海市经济和信息化委员会
12月	区市场监督管理局	上海市市场监管系统食品安全快速检测技能竞赛团体一等奖、个人一等奖和二等奖	上海市市场监督管理局
12月	区市场监督管理局	上海市特殊食品安全主题立功竞赛优胜奖	上海市市场监督管理局

（刘家顺）

（八）审计

【概况】 2022年，静安区审计局全年开展审计项目26个，审计查出主要问题金额245906万元，审计发现非金额计量问题33个，审计期间整改金额198548万元，审计促进整改落实有关问题资金2316万元，审计提出建议20条。（卢成韵）

【财政预算执行审计】 年内，区审计局围绕新形势下财政收支“紧平衡”要求，对一般性支出压减、财政绩效管理、存量资金统筹盘活、财政支出结构优化、重点专项资金管理使用等情况进行审计，强化预算执行和决算草案编制，推动严明财经纪律，严格预算约束，把钱用在刀刃上。 （卢成韵）

【经济责任审计】 年内，区审计局围绕“查问题、防风险、促改革、助发展”目标，提高政治站位，审计目标密切聚焦领导干部履职成效，紧扣权力运行和责任落实。2022年度按计划开展对区教育局、市北高新集团等5家单位领导干部经济责任审计，涉及领导干部10人。

（卢成韵）

【国有企业审计】 年内，区审计局聚焦企业资金、资产、资源使用管理情况，对2家集团公司领导人员履行经济责任情况进行审计，揭示重大经济事项决策不规范、不科学，存量房租赁管理存在漏洞等方面问题，督促被审计企业和国资监管部门深化改革、完善体制机制，达到发现问题、规范管理、促进改革目的。并加强对国有企业内部审计工作业务指导和监督，通过“以审代训、审训结合”方式选拔企业中优秀内审人员参加区审计局的国企审计项目。

（卢成韵）

【固定资产投资审计】 年内，区审计局对静安区中医医院平型关路院区（暂名）工程、静安区区域医疗中心改扩建工程、静安老年健康中心工程开展第二阶段跟踪审计，将审计监督环节从事后转向投资项目全过程。 （卢成韵）

【旧区改造审计】 年内，区审计局以保障民生、规范管理、促进公平为目标，加强旧改审计监督力度。全年实施电影技术厂周边等旧区改造审计项目，采取外聘专家、实地丈量、件袋审核等方式，重点关注征收程序是否规范、征收政策是否落实到位、征收成本是否真实合规、内控制度是否健全且有效执行，督促相关部门加强旧改项目征收补偿的管理。 （卢成韵）

（九）国有资产管理

【概况】 2022年，静安区国资国企落实“疫情要防住、经济要稳住、发展要安全”要求，坚持新冠肺炎疫情“动态清零”总方针，围绕降新增、防反弹，抓好常态化疫情防控。锚定年度目标不动摇，保供应、稳增长、调结构、拓市场，实施“六增”计划、推进“五大工程”，推动国企改革三年行动高质量收官。至年底，全区共有国有企业423户，区国有资本及权益总额432.31亿元，比上年增加40.15亿元，增幅10.24%。支援全区疫情防控。区国资委组织国资系统企业承担方舱医院、隔离点建设运营，以及抗疫物资采购等各类工作任务，共建设26家方舱医院和隔离点，并运维保障其中的22家，管理床位15983个；组织各区管企业组建专业消杀团队，动员230多个企业对集团下属物业小区、商业载体等十大重点场所进行环境消杀，单日出动消杀人员35000多人次。组织疫情防控志愿者队伍支援各街镇核酸检测、超市菜场保供支援，密接人员、物资转运，机场、火车站、隔离酒店驻守等，累计提供志愿服务5345人次。深化国资国企改革。以推进“五大专项行动”为抓手，推进国企改革三年行动，国企党建、上市公司高质量发展、主业管理、资产盘活、管理提升等多领域改革，跨度为2年的“五大专项行动”收官；在二级及以下企业推行经理层任期制契约化管理，建立健全考核评价和薪酬激励机制，提高企业经营管理人员市场化水平。提高国资监管效能。加快企业全面预算管理信息系统开发建设和功能深化，夯实系统数据，研究国资分析平台中稽查核查数字化实现场景，探索实行数字化监管；制订《区国资委监管提示、责任约谈和通报工作规则》，完善事中事后监管体系。优化国资布局。为九百集团增资1亿元，指导开开集团以非公开协议转让方式转让上海雷允上西区药品零售有限公司10%股权，整合优化企业原本分散的股权结构；将上海市闸北公共租赁住房投资运营有限公司无偿划转至置业集团，助推区属房管集团转型发展；完成置业集团对负责张园开发的项目公司增资3.8亿元，加大项目开发推进力度。加强国资国企党的建设。组织专题授课，加强党章、党的二十大和市、区党代会精神学习宣传，加强政治思想引领；开展优秀年轻干部选拔、组织中层管理人员队伍调研，规范人事档案审核和选拔任用制度把关，加强国资系统干部人才队伍建设；做好党风廉政建设工作和中央八项规定精神落实。（曹晨曦）

【组织加强思想政治引领系列活动】 年内，区国资委以党章学习和学思践悟习近平新时代中国特色社会主义思想为主线，结合区委宣传部“纪念中共二大召开和首部党章诞生100周年系列活动”，开展党章学习。运用市委宣讲团、区委“明灯”讲师团资源，开展专题授课。协同团区委举办青年马克思主义者理论学习班，开展青年学党史系列教育活动；开展党的二十大和市、区党代会精神学习宣传。发挥党委中心组学习示范引领作用，区国资委党委开展10次中心组学习，集体研讨、交流发言5次。

（曹晨曦）

【国资系统基层党建】 年内，区国资委推进党组织规范化建设，拟订《上海市静安区国资系统企业基层党支部规范化建设细则（试行）》初稿，落实区委组织部关于党支部落实“三会一课”制度、专题组织生活会、民主评议和主题党日活动要求，开展13家区管企业党组织书记抓基层党建述职评议，组织171名基层党组织负责人参加为期4天基层党组织书记培训班。（曹晨曦）

【推动国企党建和经营融合】 年内，区国资委以强化党组织功能发挥为目标，结合国企党建30项重点工作“回头看”问题整改，完成已建立独立党支部且处于正常经营状态的独立法人企业“党建入章”，完善“双向进入、交叉任职”领导体制，在完善公司治理中加强党的领导。聚焦城发集团、凯成公司2家承载城市托底保障的功能类企业，对企业党建工作与生产经营融合的现状、存在的短板、制约因素开展调研，形成《探索如何推进功能保障类企业党建工作与生产经营深度融合》调研报告，提出对策和建议。

（曹晨曦）

【国资系统干部人才队伍建设】 年内，区国资委开展企业人才队伍建设情况调研，制订推进国资系统干部人才队伍建设工作方案。开展新一轮优秀年轻干部选拔推荐工作。明确新一轮优秀年轻干部选拔标准，推进企业选拔推荐工作。推进国资系统中层管理人员队伍建设。深化区管、委管企业中层管理人员人事档案全覆盖审核工作，根据区管企业中层管理人员选拔任用制度进行严格把关。推进国资系统人才工作，完成关于深入开展人才工作中“唯帽子”问题专项治理工作，就相关问题开展自查自纠。申报2023年度人才专项资金项目，推荐、落实市、区优秀人才评选申报工作，推荐1人申报2022年东方英才计划领军项目；完成2名杰出人才、5名领军人才、7名中青年拔尖人才申报材料预审上报。2名青年入选市国资系统青联委员。（曹晨曦）

【党风廉政建设】 年内，区国资委落实党风廉政建设责任制，制订印发《2022年静安区国资委党风廉政建设和反腐败工作重点任务》，与区管企业党委开展2022年度落实全面从严治党主体责任书签约，推动系统企业党组织履行主体责任。按照区纪委监委要求，对区国资委2022年度上半年党员干部贯彻落实党中央疫情防控大政方针情况、职能职责履行情况进行政治生态分析，以及落实全面从严治党情况进行专项政治生态分析。抓好中央八项规定精神落实。针对公务用车管理、落实中央八项规定精神、解决形式主义为基层减负、专项督查问题对照检查等内容向企业进行通报与解答，指导企业加强公务用车管理，修订公务用车管理制度，规范车辆停放与缴费等各环节操作，年内13家区管企业均完成制度修订。针对群众较关切问题，着手排摸企业劳防用品发放、重要年节一线职工慰问等情况。完善基础性廉政防范工作。将日常学习与廉政教育相结合，开展廉政教育月活动，组织党员干部、公职人员参观体验区网上廉洁文化展馆，宣传相关纪法知识，提升党员干部、公职人员廉洁自律意识。 （曹晨曦）

【国资监管制度完善】 年内，区国资委根据上级文件精神，修订《静安区企业国有资产交易监督管理办法》，全文分8章35条，主要涵盖企业产权转让，国有产权无偿划转，企业资产转让，上市公司国有股权变动，企业合并、分立、改制、解散、更名等其他国有资产出资人权益变动相关事项等行为。提高审批效率，优化审批权限设置，简化审批流程。将原本均要上报区政府审批事项，根据交易金额和交易对象作不同区分。非公开协议转让原来均要报区政府审批，新修订的文件规定，协议受让方为非区管国企及其下属子企业的，或转让标的金额超过5000万元的，报区政府审批，其余由区国资委审批。并规定同一项目若涉及多个行为的，可以该项目为单位实行合并审批。突出强调加强事中事后监管，要求企业落实产权变更登记工作，并向区国资委报送相关工作的年度情况汇报。修订《静安区国有企业投资监督管理办法》，全文分6章22条，包括总则、投资监管体系建设、投资事中事后管理、投资风险管理、责任追究、附则等。区分主业投资和非主业投资不同监管方式，加强对超额度非主业投资、基金投资、负债率过高企业投资管理，要求年度非主业投资规模不超过年度投资总规模5%，若超过这一规模的非主业投资项目均须报区政府审批。非主业范围内的基金投资均须报区政府审批，主业范围内认缴金额在1亿元及以下，且不超过上年度末经审计合并报表净资产10%的基金投资报区国资委审批，超过此范围的报区政府审批。加强对企业投资风险管控，督促企业控制债务风险、降低负债率，规定区管国企上一年度资产负债率超过区国资委核定水平的，当年度所有投资行为均要报区政府审批。 （曹晨曦）

【区国资委权责清单制订】 年内，区国资委为依法履行国有资产出资人职责，规范权力运行，提高科学决策水平和国资监管工作效能，对照市国资委下达的33条共性权责事项，梳理形成静安区国资委权责清单，包含共性权责清单和自设权责清单，共涉及行政处罚2项，行政检查5项，其他类别26项。清单制订后，加大对清单执行落实力度，对清单内事项管住管好管精，清单外事项交由企业自主决策，向管资本转变，提高国有企业决策、运行效率。 （曹晨曦）

【区管企业领导人员任期考核】 年内，区国资委完成2019至2021年企业经营业绩任期考核及薪酬分配。制订任期绩效考核及任期激励考核工作方案和程序，注重从经济指标、改革成果、区政府重点工作完成情况等多个维度，对企业2019年至2021年任期工作情况进行综合考评。经济指标方面，制订3年经济运营价值专项审计模板，整理各项考核调整因素，委托事务所开展专项审计，根据审计报告确定各企业经济指标完成情况；区政府重点工作完成情况方面，加强与区投资办等相关委办局其他沟通，确定企业2021年和3年任期招商引资考核结果，以及重点工作完成情况评价；改革成果方面，制订各企业任期工作汇报模板，实行企业领导班子、领导人员向区国资委述职，全方位总结企业改革发展成效。（曹晨曦）

【开展监管提示、责任约谈和通报】 年内，区国资委根据市国资委相关要求，结合静安区管企业实际，制订《区国资委监管提示、责任约谈和通报工作规则》，完善事中事后监管体系，加强对区管企业存在风险和问题警示力度，规范企业责任约谈工作。明确区国资委内部各部门职责分工及分类监管方式：对执行部署和法规不到位，存在苗头性和倾向性问题的开展监管提示，对发生可能造成严重不良后果的重大事项的开展责任约谈，对执行部署存在重大问题、严重违反法规、造成重大损失的开展通报，确定操作流程，制发《流程手册》。（曹晨曦）

【稽查核查数字化监管探索】 年内，区国资委以全面预算系统为抓手，夯实系统数据，为推动数字化监管奠定基础。开展2019至2021年度区管企业全面预算系统分中心使用情况检查，通过导出各企业分中心线上运行数据，与企业实际业务数据进行比对，逐一评价企业数据录入完整性、信息化融合程度，督促企业全面理清家底，加强系统运用和完善提升。依托全面预算分中心房产、合同、工程等模块功能，研究国资分析平台中稽查核查的数字化实现场景。在全面预算系统中，对国企出租房屋单价水平低于每平方米每月2元，以及单价水平明显异常情况进行排查，解决因系统取数、企业数据录入等造成数据失真问题，逐一检查单价水平存疑房屋租赁合同实际情况。（曹晨曦）

【违规经营投资责任追究】 年内，区国资委根据市国资委《关于做好违规经营投资责任追究工作情况报告有关事宜的通知》要求，落实违规经营投资责任追究重大事项报告及定期工作报告机制，逐项梳理、分析区管企业损失风险情况，推动违规经营投资问题线索及早发现、及时处置，减少国有资产损失风险，提高企业合规经营管理水平。年内撰写报送年度报告、专项工作情况报告各1份，并做好上海市违规责任追究报告管理系统信息填报。（曹晨曦）

【区管企业资本注入、资源整合】 年内，区国资委加大对张园项目推进和支持，支持置业集团对负责张园开发的项目公司上海静安城市更新建设发展有限公司增资3.8亿元；助力九百集团发展，增强集团发展实力，为九百集团增资1亿元，使其在营造优质营商环境、推进南京西路功能区繁荣发展方面发挥更大作用；完善区房屋管理体制，将上海市闸北公共租赁住房投资运营有限公司无偿划转至置业集团，助推区属房管集团转型发展，做大区管企业主业规模；支持企业拓展新零售业态，做大做优药品零售业务，指导开开集团以非公开协议转让方式转让上海雷允上西区药品零售有限公司10%股权，使其成为上海雷允上药业西区有限公司下属全资子公司，整合优化企业原本分散的股权结构，提升决策管理效率；开展区管企业代建情况调研，与区建设管理委沟通，收集相关区管企业项目数、工程面积、代建合同金额、实际收到代建费等数据和情况，形成

区代建业务整合初步方案。（曹晨曦）

【街道及行政事业单位所办企业资产清理规范】 年内，区国资委结合《上海市市级行政事业单位所办企业清理规范工作的实施意见》（沪财教〔2016〕58号）要求，为街道所办企业清理规范工作提供政策支持和指导。对区街道所办企业清理规范具体标准提出建议，并对街道所办企业持有的上海银行股票情况进行分析、提出处置建议；完成区卫生健康委下属企业位于苏州市吴江区松陵镇笠泽路671号房产及附属设施无偿划至区国资委，并由区国资委划转至置业集团；推进区教育局下属事业单位静安区校产管理中心所办企业上海锦都房地产经营开发有限公司90%股权无偿划转至九百集团，指导帮助相关企业推进被划转企业产权登记和工商登记工作。（曹晨曦）

【国企改革三年行动收官】 年内，区国资委以推进"五大专项行动"为抓手，深化国企党建、上市公司高质量发展、主业管理、资产盘活、管理提升等多领域改革。深化国企党建方面，在区国资系统企业中开展区国资系统党建品牌创建工作，创建国资系统党建品牌"菁资汇"，形成上报15个基层党建创新案例，成立"菁资汇·支部书记沙龙"，开展国有企业党建品牌总结交流活动。推动上市公司发展方面，制订下发《静安区国资委关于推动区属国有控股上市公司高质量发展的实施意见》，从加强上市公司党的领导、提高上市公司治理水平、促进上市公司规范发展、支持上市公司做优做强、提升国资监管效能五大方面提出13项举措。加强企业主业管理方面，制订下发《静安区区管企业主业管理办法》，涵盖主业目录的确定、分层分类管理体系的构建和全程监管机制的建立等方面内容，并指导各区管企业、委管企业完成主业目录第一轮修改工作。加强存量资产盘活方面，推动各企业完成各自存量资产梳理，制订盘活清单和行动方案，加快清单内企业和资产处置盘活。至年底，低效企业中共执行清算4家、注销1家、转让1家，3家实现扭亏或减亏。闲置房产共出售20余处，低效低税房产中11处引进新租户。加强管理提升质量强企方面，通过信息化、精细化管理，推动企业压缩法人层级、加强招商力度、提高可租房产出租率、减少房产空置面积，开源节流、控制各项成本费用等措施实现挖潜减亏、提质增效目的。年内13家区管企业共减少亏损企业户数38家。（曹晨曦）

【企业领导人员薪酬制度改革】 年内，区国资委根据深化国有企业领导人员薪酬制度改革工作的有关要求及市国资委部署，开展新一任期区管企业法定代表人薪酬标准核定，在静安区国有企业在岗职工平均薪酬基础上，改变原三结构薪酬结构为四结构，增加正向激励薪酬，结合企业发展实际测算薪酬标准，建立"业绩上，薪酬上"的正向激励评价机制。（曹晨曦）

【推进数字化转型】 年内，市北高新集团确立"数字化产业社区运营商"发展定位，与市大数据中心、市经信委信息化推进处、上海市大数据股份、上海信投、蚂蚁区块链、阿里元境等市级部门和行业龙头开展专题调研和座谈21场，与中国国际发展知识研究院、上海流程智造研究院以及上海中创产业创新研究院共同开展数字化转型实施方案研究工作。以建设"可信数据经济示范园"，打造数字信任和数据价值创新转化的基础性制度平台为目标，形成工作方案，明确发展路径和重点任务。强化品牌营销，扩大数智市北影响力。市北园区承办10场高峰论坛和双创赛事，包括世界人工智能大会全球产业区块链峰会、静安国家区块链创新应用综合性试点启动仪式、以"数字经济引领新增长"为主题的第三届中国上海金融科技大会、以"数智赋能，焕新城市"为主题的2022上海SODA开放数据创新应用大赛、市大数据中心主办的上海"随申码"应用创新大赛、以"光联万物，华彩未来"为主题的全国首届"光华杯"千兆光网应用创新大赛、"长三角"大数据行业劳动竞赛、链上市北区块链主题系列论坛等。（曹晨曦）

【在二级及以下企业推行经理层任期制契约化管理】 年内，区国资委落实中央、市委关于建立健全市场化经营机制、激发企业活力决策部署，完善企业领导人员分层分类管理制度，建立健全考核评价和薪酬激励机制，提高企业经营管理人员市场化水平，在区属二级及以下企业全面推行经理层成员任期制契约化管理。将293户符合条件的子企业纳入改革范围，指导各区管企业制订经理层任期制契约化管理制度和方案，并完成备案。制订下发《关于进一步做好经理层成员任期制契约化管理工作的通知》，明确总体目标，要求企业坚持业绩导向和市场对标，考核指标设定应科学合理、有一定挑战性，依据考核评价严格落实任期激励、退出机制等相关规定。至年底，经理层成员"岗位聘任协议"和"经营业绩责任书"契约率达100%。在推进二级及以下企业经理层成员任期制契约化管理过程中，针对不纳入契约化改革范围的不正常经营、歇业或待注销、未来将进行综合改革的企业，以及无具体经营业务的企业，按照存量资产盘活专项行动、深化管理提升质量强企专项行动等相关改革要求，督促企业制订实施方案，列出完成工作时间表。（曹晨曦）

【抓好总会计师队伍建设及管理】 年内，区国资委聚焦总会计师队伍能力提升、规范履职，发挥总会计师在提高企业财务管理、合规经营水平、防范风险方面积极作用，制订总会计师年度履职目标责任书。落实总会计师定期报告制度要求，做好总会计师报告事项收集整理，对重大风险事项进行跟踪关注。结合总会计师日常工作表现和年度任务完成情况，做好总会计师薪酬考核工作，所有总会计师均完成年度工作目标。（曹晨曦）

【承担方舱医院、隔离点等建设运维】 年内，区国资委根据区委、区政府决策部署，区属企业承担方舱医院、隔离点建设运营，以及抗疫物资采购等各类工作任务，建设26家方舱医院和隔离点，并运维保障其中22家，承担209座核酸检测亭采购、2个保供仓库运维等其他抗疫任务。区管企业提供酒店、人才公寓、养老机构等各类经营性房产用于疫情防控，运维管理15983个床位，动员上千名干部职工直接进驻方舱隔离点、街道、机场等防疫机构参加防控工作。

（曹晨曦）

【做好小微企业、个体工商户租金减免】 年内，区国资委为减轻新冠疫情对小微企业、个体工商户的冲击，缓解各社会主体资金压力，根据市国资文件精神，制订印发《静安区国有企业减免小微企业和个体工商户房屋租金实施办法》及工作指南，明确租金减免政策口径、任务安排、时间节点和办理流程。指导各区管企业结合实际，建立工作机制，成立工作小组，明确分管领导、任务分工和负责部门，制订实施细则，加快开展租金减免，帮助困难企业恢复发展；加强政策培训和解读，对13家区管企业及下属二三级子公司租金减免工作人员，以及事务所租金减免审计人员进行房屋租金减免政策培训，共205人次。总结阶段性问题，先后5次下发《静安区国资委关于房屋租金减免工作提示》《关于进一步严格执行小微企业和个体工商房屋租金减免政策的通知》等文件，指导督促企业规范操作，提升减免工作进度和质量。确保租金减免政策切实到位，开通租金减免热线，接听群众来电504个，均予以答复办结。加大对企业经办人员政策口径把握的电话抽检，通过拨打承租商户电话，掌握区属企业房屋租金减免落实情况，累计拨打电话1840个。开展房屋租赁现场实地抽查，检查企业租金减免工作组织、审批流程、减免对象审查资格认定、协议签订等情况。针对检查发现问题，组织区管企业对房租减免工作进行自查自纠，并安排会计师事务所对区管企业房租减免工作进行专项审计。至年底，减免租金总额约5.5亿元，纾困政策惠及小微企业及个体工商户约2276户，房屋租赁面积约81.19万平方米。

（曹晨曦）

【加强国企所属重点场所管理】 年内新冠疫情防控期间，68家涉及环卫保洁、园林绿化、市政养护、养老服务、物业管理、园区管理、医药制造、食品制造等民生保障职能的区属国有及下属企业，共计86处场所均处于正常经营或开放状态。区国资委从严从紧抓好疫情防控，严格场所内从业人员管理，保障居民基本生活需求。针对国资系统养老院、建筑工地、物业管理小区等重点场所，督促制订疫情防控管理预案，实施封闭管理，强化内部管控，阻断公共场所传播面，筑牢疫情防控屏障。复工复产前期，指导各区管企业做好防疫风险点排摸评估，协助企业向各行业主管部门递交复工申请材料，备齐防疫物资。复工后，对区管企业开展重点场所防疫措施落实情况专项检查，并督促整改。

（曹晨曦）

【推进场所码、数字哨兵部署】 年内，区国资委科学精准防控疫情，织细织密"防控网"，区管企业加快场所码申请张贴。至5月底，区管企业下属办公楼宇、居民小区、商业综合体、菜场、建筑工地、公园、公厕等重点场所张贴"场所码"3437个，基本实现"场所码"全覆盖。根据区委、区政府指示精神，发挥国企担当，提升区"场所码"覆盖度，至5月底，引导帮助招商引资企业、租赁企业实现注册"场所码"24241个。功能区企业加大对功能区内其他企业宣传动员，帮助企业完成10542个"场所码"注册。区属企业累计完成全区38220个"场所码"注册。在人流密集场所部署"数字哨兵"相关智能设备228台，做好大数据、大客流扫码承载准备，以及异常码色应急处置，做到"应扫尽扫、逢扫必验、不漏一人"。

（曹晨曦）

【开展环境消杀专项行动】 年内，区国资委组织各区管企业组建专业消杀团队，对各集团下属物业小区、办公楼宇、商业载体、建筑工地等十大重点场所进行预防性消杀、物管小区涉阳楼栋及区域终末消杀，以及方舱及隔离点环境消杀工作。巩固各类消毒行动，坚持常态长效与应急处置相结合，开展爱国卫生运动和城市大清洁等专项行动，为疫情防控和复工复产提供保障。4月5日至12月14日，区国资系统参与开展消杀企业230多个，单日出动消杀人员35000多人次，平均单日消杀物业小区面积约1102万平方米、办公楼宇面积约299万平方米、公共场所71万平方米、产业园区27万平方米。

（曹晨曦）

【扩大企业招聘】 年内，区国资委落实国企专场招聘工作任务。根据"2022年静安区政协委员单位暨百家企业招聘活动"工作方案，组织22家国有企业参与招聘，提供55个岗位。组织国企参加市国资委组织的华政，二工大、上海外贸大学学生专场招聘活动，招收高校应届毕业生。按照市国资委关于开展国企招收高校应届毕业生情况月报的通知，及时布置、汇总统计，按时报送有关企业招聘月报表。年内签约高校应届毕业生30人。（曹晨曦）

【组织国资国企参加志愿服务】 年内，区国资委党委梳理排查国资系统职工健康状况和所在小区隔离封控情况，在保障职工安全前提下，组织动员国资力量，动态调整国资志愿者储备库，成立一支以党员干部为骨干的疫情防控志愿者队伍。新冠疫情防控期间，由区国资委组织、召集的国资国企疫情防控志愿者累计志愿服务5345人次，分别支援各街镇核酸检测，超市菜场保供支援，密接、物资转运，机场、火车站、隔离酒店驻守等。并根据《静安区加快推进老年人新冠病毒疫苗接种实施方案》和区委、区政府领导指示精神，组织国资系统14家区管、委管企业主动对接14个街镇，为推进60岁以上老年人群新冠疫苗接种做好物资支援保障。（曹晨曦）

【加强疫情防控期间党建宣传和慰问工作】 新冠疫情防控期间，区国资委根据区委组织部疫情防控工作相关要求，每日报送区委组织部及宣传部各企业防疫抗疫先进事迹等疫情防控信息，累计报送12则集体、5则个人抗疫先进典型情况，报道线索42篇。精选国资系统各企业117篇国资系统抗疫先进典型和模范事迹，编辑形成《同心抗疫共筑堡垒——静安区国资系统战"疫"纪实》，并依托区级"五星微语"平台、区融媒体中心进行报道宣传，营造国资干部冲锋在前、勇于担当的战疫氛围。区国资委党委根据区委要求，先后分2批落实疫情防控一线人员及其家属慰问工作，共834人，并组织各企业党委根据慰问对象组织关系或人事关系落实相关慰问工作。（曹晨曦）

十一、商贸服务业

编辑 顾瑞钧

（一）综述

2022年，静安区商务委一手抓好新冠疫情防控，一手抓经济恢复重振。全区实现商品销售总额10130.37亿元，规模和增幅均列上海市中心城区第三名；实现社会消费品零售总额1480.7亿元，规模保持上海市中心城区第一名，增速位列上海市中心城区第二名；实现进出口总额520.38亿元；实到外资8.47亿美元。

年内，区商务委做好新冠疫情防控的大上海保卫战物资保障，帮助企业做好复工复产复市工作。第一时间建立保障供应专项工作机制，从供需两端双向排摸居民需求，发放9批共476万多份生活物资爱心大礼包；建立南北保供仓，集中向居民供应约10万份60元蔬菜包；推动市场保供，组织大润发、华联吉买盛、盒马鲜生等16家重点保供超市为社区居民提供116万余单购买服务，配送小区超过450个；向市民梳理发布9个批次、1226家保供企业名单，服务覆盖居民食品、药品、理发等基础生活各领域。聚焦重点保供，发挥特殊人群物资保障专班作用，排摸独居老人、婴幼儿、孕产妇等各类特殊群体93528户、共144866人，确保将各类重点人群生活物资保障落到实处。向“三老”群体发放各类大礼包超过50万份。区商务委坚持“最快速”“最精准”原则，24小时全天候响应，做好防疫物资保障。共组织约20家供应企业提供各类防疫物资（含口罩、防护服等防疫物资，床、床品、洗漱用品等方舱、隔离点生活物资）2000多万件，完成全区各街镇、隔离酒店、方舱医院及相关单位一线防疫工作防疫物资保障任务。按照“有序放开、有限流动、有效管控、分类管理”原则推动复商复市、复工复产。制订重点外贸企业、商贸企业、产业园区等复工复产方案及商业网点复商复市方案。通过“技防＋人防”筑牢安全防线，在各产业园区、重点商场、大型综合性超市全面落实“数字哨兵”和“场所码”。

年内，区商务委推进“国际消费中心城市”示范区建设。做大做强商贸服务业，优化区域商业环境，加速发展新业态，加强静安区高端商贸业服务集聚优势。全年商贸服务业实现税收280.01亿元，占总税收比重35.37%。强化布局培育打造消费地标，协调推进南京西路主街业态更新，中信泰富广场、锦沧文华、万象天地、华山263“老字号”品牌馆、合生MOHO、金融街中心、茂名北路限时步行街相继开业，张园西区于年底开业。发展“品牌经济”，推动静安区加强国际品牌高地优势，鼓励“老字号”和上海本土品牌转型创新。陕西北路“老字号”专业街8家“老字号”的30件产品入选2021年度“上海礼物”榜单、7家店铺入选“上海礼物优选经营店”。提升“首发经济”，全年引入各类首店226家，含Machine-A全球首店、普拉达香水店亚太首店、上海牌手表全球首家旗舰店等。举办2022年上海国际美妆节，联合抖音、天猫美妆、B站和商场密集开展新品首发活动。第五届“进博会”上，58家全球知名参展企业旗下超35个品牌带来各类全球、全国级的新品首发、首展活动。做优特色领域消费。高端消费方面，恒隆广场继续保持全国购物中心坪效第一，路易威登、古驰、迪奥、欧莱雅、娇韵诗和希思黎等高端消费品企业延续高增长业绩。夜间经济方面，突破空间与场景限制打造2022首届静安露台季，安义夜巷等于年底与市民重逢。数字消费方面，深化南京西路数字商圈建设，加快打造“国际消费中心城市数字化示范区”，引导品牌企业、商场上云端和向线上拓展，创造智慧商业新场景。打造系列主题促消费活动，结合跨年迎新以“虎 in 新春‘静’享消费”为主题开展系列促销活动。以“当夏・重逢，Meet in 静安”为主题开展“五五购物节”系列促销活动。开展中秋、国庆等节庆主题活动、“双11”线下促消费活动。组织动员千余家企业报名参与“爱购上海消费券”活动。

年内，静安区全面稳住外资外贸基本盘。稳步推进“总部经济增能计划”，新引进跨国公司地区总部12家，累计引进跨国公司地区总部112家。总部企业增长速度和整体规模均在全市名列前茅，举办静安区外商投资促进大会，推出“外商投资促进合作伙伴计划”，与多家境外驻沪商会及市国际贸易促进委员会签署合作备忘录，做好新一轮静安区总部经济和涉外经济宣传。全年引进合同外资14.2亿美元。提升贸易便利化水平，开展区域全面经济伙伴关系(RCEP)研究，加强与上海海关及属地海关联动，推动进出口企业AEO培育推荐，全区AEO高级认证企业达11家。推荐静安人力资源服务产业园区获评全国首批人力资源服务领域特色服务出口基地。放大“进博会”溢出效应，第五届“进博会”组织58家区内企业参展，静安交易分团有注册单位805家、专业观众3950人，参观单位数和人数均超上届，交易分团意向采购订单金额实现2位数增长。

年内，区商务委培育壮大产业发展新动力。制订《2022年度静安区文化创意产业提质增效工作方案》《静安区关于促进设计产业发展的实施方案》，通过完善体制机制、加强政策保障、搭建服务平台、优化产业生态、落地重点项目等诸多措施，推进文化创意产业创新发展，打造“设计之都示范区”。推动技术创新，启动2022年区级企业技术中心评定工作，扩充“专精特新”企业培育库，加快培育“专精特新”企业。至年底，全区共有专精特新企业128家，较上年度增长17.4%，其中专精特新“小巨人”企业4家。深化园区服务，加快落实产业园区提质增效，为产业发展提供优质载体。

年内，区商务委加强民生保障，优化公共服务。克服新冠肺炎疫情影响，推进标准化菜场改建，开展平价菜保供稳价工作。推进落实涉粮问题专项巡察整改，完成全年大米1100吨、食用油150吨的粮食社会储备任务。“白领午餐”网点得到优化。早餐工程优化调整44家(目标24家)，新增示范点11个(目标5个)，完成情况与浦东新区、闵行区并列全市第一。“一刻钟便民生活圈”示范建设初见成效，曹家渡街道入选全国城市“一刻钟便民生活圈”试点地区，曹家渡街道和芷江西路街道成为上海首批

"一刻钟便民生活圈"示范社区建设试点。（夏敏）

(二)商业活动

【春节期间多家商场旺销】 据抽样统计，春节7天静安区线下销售总额9.27亿元，比上年同期增长7.9%。其中13家商业载体共实现销售总额8.87亿元，比上年同期增长8.72%。久光百货"新春福袋"首次采用线上线下联动方式，把超市福袋和线下新春福袋提前在线上商城做销售，福袋总数近1万个。新开业的上海久光中心联动100多个品牌推出超1000件新年福袋商品。恒隆广场依托"恒隆会"微信小程序，携手古驰、葆蝶家等众多品牌推出新春限量款销售和新春工作坊跨年系列活动。静安大融城以"寻年味"为主题，打造传统与国潮、小而精致的新春市集。静安大悦城推出的"霸福开门红"，霸福满返、摩天轮优惠套票吸引众多年轻消费者。（夏敏）

【商业场所部署"场所码"提高商超防疫效率】 年内，为做好新冠疫情防控工作，加强疫情溯源和监测，区商务委落实上海市和静安区疫情防控工作部署要求，全面推进全区重点商场、超市、菜市场"场所码"的部署应用，提升数字化疫情防控能力和水平。（夏敏）

【静安区商圈复商复市】 6月1日，静安区商圈加快复商复市步伐，全区共11家商场恢复营业，大润发、奥乐齐、Ole、FRESHMART鲜品馆、CITYSUPER等13家大型超市卖场以及其他商业网点同步回归。按照"有序放开、有限流动、有效管控、分类管理"原则，静安区一手抓疫情防控，一手抓复商复市，分阶段逐步有序推进恢复商业市场活力。以"当夏·重逢Meet in静安"为主题，统筹新品首发、主题活动、打折促销三条主线，联动区内重点商场以及区内顶级品牌、美妆护肤品牌、运动潮流品牌等，开启2022欢乐消费季活动。（夏敏）

【锦沧文华广场开业】 8月18日，上海锦沧文华广场试营业。上海锦沧文华广场是城市更新重点地标项目，原址所在的锦沧文华大酒店曾是20世纪90年代上海的标志性建筑之一，地标历史可以追溯到100多年前的沧州饭店。作为上海城市更新的重点地标项目，宝华集团收购锦沧文华大酒店后，在原址上启动升级改造，秉承"城市更新、功能提升、文化传承、灵感生活"理念，改造为"高端办公+高端精致购物中心"的复合型商业体。历经8年多时光，改造后的锦沧文华广场由1座塔楼与1座裙楼组成。塔楼为总面积3.5万平方米的办公空间，按照甲级写字楼标准定位打造，共17个楼层，平均单层面积2150平方米，为跨国企业提供优质办公空间及服务。位于裙楼的高端精致购物中心，总面积约为2万平方米，涵盖B1至4F共5个楼层。业态包含具有独特个性的国内外设计师品牌、米其林级别的高端餐饮，以及家居、健身、美容等多个领域的一线生活体验配套服务等，各类首店齐聚一堂，致力于重现海派文化精致生活理念。JCPLAZA与意大利奢侈品集团Only The Brave(简称OTB)携手，以超2400平方米、4个品牌2层店铺的体量布局，造就旗下四家炙手可热的先锋奢侈品牌临街并立的景观，以各类"首店""首发"概念打造全方位先锋美学感官体验。（夏敏）

【区商务委"金钥匙"商务服务管家开展企业服务日活动】 9月15日，区商务委党组举办"金钥匙"商务服务管家项目发布暨静安南京西路商圈企业服务日活动。区公安分局、区市场监管局、区绿化市容局、区城管执法局、区疾控中心5个单位相关负责人以及兴业太古汇、久光百货、静安嘉里中心、芮欧百货、中信泰富广场、梅龙镇广场、晶品、一七八八国际广场、铜仁八八、锦沧文华广场10家静安区南京西路商圈的商场代表参加活动。为参与静安区"治立方"多元善治体系,区商务委党组组建首席服务团队并命名为"金钥匙"商务服务管家,旨在提升服务企业的能力和水平,打造更好的营商环境。活动以"政企面对面,服务零距离"为主题,聚焦静安南京西路商圈的商场在建设"国际消费中心城市"示范区过程中遇到的瓶颈问题和发展需求,共谋商圈新发展。　(夏敏)

【举行2022上海国际广告节】　9月29日,2022上海国际广告节在静安香格里拉酒店开幕,市政府副秘书长庄木弟、中国广告协会会长张国华、市市场监督管理局局长陈学军、市委宣传部副部长王亚元、东浩兰生(集团)有限公司总裁李栋、市广告协会会长杜贵根、区长王华以及长三角省级广告协会等领导参加开幕式。王华在致辞中表示,静安区历来重视广告业发展,广告业是静安文化创意产业中的代表性行业,也是静安全球服务商计划的重要组成部分。

(夏敏)

【"南京西路160周年暨全球好物嘉年华"】　11月21日,为放大"进博会"溢出效应,促进静安区消费提质扩容,"南京西路160周年暨全球好物嘉年华"启动仪式在吴江路休闲街举办。日本国驻中国总领事馆、保加利亚领事馆、澳大利亚贸易委员会、墨西哥亚太联合会及各国企业代表等出席启幕仪式。南京西路已成为上海建设国际消费中心城市的重要组成部分,是上海国际高端品牌密集度最高的区域之一,集聚2000多个国内外知名品牌。　(夏敏)

【四大文创产业项目落地静安区】　11月23日,2022年第四届上海静安国际设计节开幕式暨静安区文创投资促进大会在"800秀"举行。市文化创意产业推进领导小组办公室专职副主任强荧、区委副书记王益群为开幕式致辞。上海静安国际设计节历时5天,以"共生·元创"为主题,聚焦全球设计典范,融合"可持续设计、数字文创"两大核心内容,集中展示与发布一批优秀文创作品及设计成果;设计企业、行业协会与院校等专业机构人士通过论坛、圆桌讨论等形式,共同探索"元年时代"文创设计行业圈层如何凝聚共生、打造可持续设计的元生态体系的话题。开幕式上,帕森斯设计创新中心项目、遇见博物馆项目、啊哈娱乐项目、SAND文创企业服务平台暨SAND文创路演大会项目4个文创产业重点项目共同签约落地。　(夏敏)

【兴业太古汇搭建数字化营销新媒体矩阵】　年内,兴业太古汇主动拥抱数字化运营,通过多平台、多形式的线上宣传手段与混哆创意演绎。兴业太古汇以微信公众号和抖音为核心传播阵营,并将触角延伸至小红书、大众点评等第三方平台,以触达更多目标客群,及时提供新鲜商场资讯。表现形式上,兴业太古汇突破"图片+文字"的传统宣传形式,开展"弹出新花样""拍一拍你的friend"等主题的抖音挑战赛及直播等线上活动,借助不同长度的视频表达手法,更为生动、直观地展示场内活动,并用趣味内容吸引消费者主动进行内容互动,在"Dare For More爱混敢哆"层面建立紧密情感连接。针对备受好评的纸质版《Dare For More爱混敢哆》别册,兴业太古汇也创新打破纸媒的传播局限性,制

作多元主题的微 H5 电子杂志，提升营销多样性。（夏敏）

（三）商务合作交流

【上海建设世界一流“设计之都”推进大会在静安区召开】 2月17日，该推进会在上海展览中心召开，静安区作为设计之都建设的重要力量，为该次大会落地上海展览中心做好相关保障工作。会上，市委副书记、市长龚正开启上海建设世界一流“设计之都”新篇章，副市长张为致辞，市政府秘书长马春雷、副秘书长陈鸣波出席。区长王华参加会议。会上，王华代表静安区支持上海设计周落地静安区，聚力打造融创意设计、时尚消费、文化体验、科技创新为一体的“设计之都示范区”。（夏敏）

【静安区 2022 年外商投资促进大会】 于8月16日在常德路370号区政府举办，静安区外商投资各领域代表与会。会上，静安区创新发布“外资促进合作伙伴计划”，美国、英国、德国、意大利、西班牙、日本、澳大利亚等驻沪商会及机构成为静安区首批合作伙伴，被授予“静安区外国投资促进合作伙伴机构”证书。静安区与上海市贸易促进会、多家境外驻沪商会及机构、一批外资重大项目达成合作。（夏敏）

（四）社区商业

【启动“首届静安露台季”】 年内，静安区在潮流夜市、文创集市等传统夜间经济基础上，将夜间经济发展触角延展到露台、天台，利用中信泰富、大悦城、久光、兴业太古汇、UCCA 等各类载体资源，启动“首届静安露台季”，打造融合夜购、夜食、夜娱、夜秀、夜动的“露台经济”，开辟“夜间消费”新空间、新模式、新产品。（夏敏）

【安义夜巷重新开放】 11月19日，上海静安嘉里商务中心的人气周末 IP 活动安义夜巷在冬季的第一个周末正式回归，时间定为每周末及节假日的14点至22点，持续到2023年1月2日。2022 安义夜巷除举办爱心公益、宠物友好、健康生活等一系列好逛、好拍、好玩的活动外，还在入口处布置冰雪装置，营造浪漫的冰雪天地氛围。（夏敏）

（五）涉外经济

【第五届“进博会”静安交易分团意向签约金额实现超 20%增长】 11月7日，第五届“进博会”静安交易分团集中签约仪式在国家会展中心7.1馆举行。活动现场，多特瑞、蔻驰、嘉吉投资、欧莱雅等14家境内外企业现场签订采购协议，助力“进博会”采购成交。在第五届“进博会”上，静安交易分团发挥区位优势，对接海外重点展商的首发、首秀、首展，实现意向签约金额20%以上的增长。报名观展的企业机构从第一届374家，增加到第五届784家，区内参展企业也从第一届16家增加到第五届58家。（夏敏）

十二、金融业·专业服务业

编辑　顾瑞钧

(一)金融服务业

【概况】 2022年,静安区金融服务业实现总税收134.36亿元,比上年下降0.03%,税收占比16.97%,比上年增长1.01%;实现区级税收32.92亿元,比上年增长4.99%,区级税收占比13.22%,比上年增长0.58%。年内,区金融办围绕"建设上海全球资管中心的重要承载区和全球财富管理高地"区域产业定位,全年累计引进千万元级项目10.5个,包含山证创新投、亘曦私募等优质项目。引进百万元级项目10个,持牌金融机构19个。与各职能部门、功能区及街镇联动,协助推动30个投资类项目落地。区金融办根据"疫情要防住、经济要稳住、发展要安全"总要求,聚焦产业发展重点领域。结合静安区大走访、大排查工作,开展金融企业全覆盖走访,至年底,共走访联系企业400余次,关注金融企业发展动态,掌握税收、营收等情况,做好经济运行分析工作。举办苏河湾峰会、私募基金行业交流会、私募股权和创业投资份额转让研讨会等各类活动,促进区内金融产业发展。开展"静安金融阅读"文化活动,为金融企业高管配送专业书籍等,完善个性化、集成式人才服务体系。做好新冠疫情防控期间金融行业人员申请来华事宜,帮助符合条件的金融机构外籍员工及家属返沪,2021年至2022年共为区内15家金融机构的高管及家属办理来华邀请函52人次。开展自由贸易账户拓展工作,全年梳理申报自由贸易账户企业10家,至年底,全区共有785家企业获开设自由贸易账户资格,在跨境结算和境内划转业务等方面享受快捷化服务。深化政银交流。组织召开区内银行行长座谈会,合力推动静安区招商安商、金融赋能实体经济发展等方面合作。动员银行做好全国文明城区测评迎检工作及"进博会"宣传工作。建立银行存贷款余额月报表制度,为精准分析预测提供依据。年末,区内40家重点银行分行、支行人民币存款余额为10619.25亿元,比上年增长11.71%,人民币贷款余额5595.38亿元,比上年增长8.41%。　　　　(元斌)

(二)金融监督管理

【概况】 2022年底,静安辖区内共有小额贷款、融资担保、融资租赁、商业保理及典当行5类地方金融组织52家。区金融办对其中符合标准的48家金融组织完成专项现场检查，提出并督促企业落实整改意见，其中监管评级为A类的地方金融组织占比45.8%。推进私募基金领域风险治理，年内协助市证监局对区内60家私募机构开展专项检查整改验收工作，联合基金业协会、公安及市场监管等单位对问题机构进行分类整治，做好风险化解与市场出清。加强准入管理，做好源头防控。与区市监局强化联合审查工作机制，对投资类企业开展综合研判，全年通过新设及迁入投资类企业31家。保持与各街镇、功能区及重点楼宇园区工作对接力度，落实“谁引进、谁负责”制度，有效拦截风险企业入驻静安区。畅通群众反映问题渠道，回应正当合理诉求。发挥行业监管作用，综合运用协会调解、法律援助、司法途径引导等多元化方式化解矛盾。全年处理答复群众来电、来信及通过“12345”市民服务热线反映问题149次。

（元斌）

（三）金融服务实体经济

【概况】 2022年，区金融办开展区域内企业上市服务工作，支持企业对接多层次资本市场，推动实体经济高质量发展。年底，区内拟上市培育企业库共有企业53家。全年为多家证监会在审拟上市企业出具11份协调函、情况说明，协调解决各类上市审核中重点关注问题。上海灿瑞科技股份有限公司于10月成功在上海证券交易所科创板上市，成为静安区首家科创板上市企业。开展上市培育工作，为企业对接多层次资本市场。联合上海市中小企业上市促进中心举办“浦江之光”百家中小企业改制上市培育系列培训（第三十七期）静安区专场活动，为50家具备高成长性、科技创新性的“专精特新”“小巨人”企业提供资本市场政策、公司运营等上市专项培训。发挥科创企业资本市场服务中心（加速器）专家智库作用，联同上交所拜访拟上市企业银欣高新、先为土木、网班教育、聚音信息、鸣啸科技等，了解企业上市进度，提供精细化咨询与服务。协助上海证监局完成上海游久游戏股份有限公司退市工作。在4月至6月新冠疫情防控攻坚时期，区金融办派出7人支援江宁路社区一线疫情防控工作。疫情防控过程中，为保障金融市场平稳运行，区内券商、基金公司、期货公司等金融机构有400多人驻守公司。为解决生活所需、用餐问题等后勤保障问题，区金融办于封控首日就为多家金融机构值守人员提供近2000件贴身衣物，500件洗漱用品，落实好团餐配送、蔬菜配送等，解决留守人员后顾之忧。并向区内金融企业发起“静安金融携手抗疫，齐心守沪共同家园”倡议，鼓励企业投入支援一线疫情防控捐赠活动，号召20家金融机构为社区防疫一线捐赠防疫物资、食品等，物资金额累计达400余万元，缓解部分社区物资匮乏问题。

（元斌）

【全球财富管理论坛上海苏河湾峰会】 于1月15日至16日通过线上形式举办。峰会由全球财富管理论坛组委会、市金融工作局、静安区政府主办，国研财富管理研究院、上海苏河湾（集团）有限公司承办，获中国人民银行上海总部、上海银保监局、上海证监局特别支持。全球财富管理论坛理事长、全国政协外事委员会主任楼继伟，市委常委、常务副市长吴清出席致辞。财政部党组成员、副部长许宏才，中国人民银行党委委员、副行长刘桂平，中国银保监会党委委员、副主席曹宇，亚洲基础设施投资银行行长金立群，中投公司党委书记、董事长兼首席执行官等嘉宾发表主旨演讲。峰会举办2场高峰对话。分别是楼继伟与保尔森基金会主席、美国财政部前部长 Henry Paulson 举行闭门对话;以及 GAMF 执委会主席、清华大学经管学院院长白重恩公开对话斯坦福大学商学院教授 Philip H. Knight 及名誉院长、诺贝尔经济学奖得主 Michael Spence,就全球经济形势、资本市场走势、中国经济展望、中美经贸关系和竞合领域、数字经济和科技发展、金融监管和数据治理、全球绿色转型等作出研讨。中国工商银行董事长陈四清,中国农业银行副董事长、行长张青松,伦敦金融城市长 Vincent Keaveny,摩根士丹利投资管理首席执行官 Daniel Simkowitz,东方汇理资产管理董事长 Yves Perrier,富兰克林邓普顿总裁兼首席执行官 Jenny Johnson 就"全球经济绿色转型的挑战与金融业作为"议题作主题演讲。中国银行董事长刘连舸,交通银行副董事长、行长刘珺,中国建设银行副行长李运,安盛集团董事长 Denis Duverne,友邦保险集团首席执行官兼总裁李源祥,安本集团主席 Sir Douglas Flint,施罗德集团中国业务主席、英国前驻华大使 Sir Sebastian Wood 就洞悉全球经济金融合作的机遇与挑战发表主题演讲。上海浦东发展银行董事长郑杨、普徕仕集团首席执行官兼总裁 Rob Sharps,威灵顿管理总裁兼管理合伙人 Stephen Klar,霸菱主席兼行政总裁 Mike Freno 就应对人口老龄化、可持续发展与财富管理全球趋势与中国机遇发表主题演讲。 (元斌)

【区内银行行长工作会议】 于3月3日在山西北路77号新泰仓库召开,区内40余家内、外资银行行长应邀出席。副区长张军,区政府办公室、区金融办、区规划资源局、区建设管理委、区国资委、区房管局、区统计局等职能部门及四大功能区相关负责人出席会议。会上,银行机构代表就推动区域经济稳增长、提升金融服务实体经济实效、打造优质营商环境等方面开展交流讨论,并为区域经济发展提出意见。 (元斌)

【金融机构助力企业复工复产线上活动】 4月20日,区金融办举办"金融助力中小企业共抗疫情云课堂"线上活动,邀请区发展改革委、区科委、区财政局等职能部门和银行共同参与,为20多家拟上市企业纾困解难。6月16日,联合苏河湾功能区举办"全力以'复',金融助力企业复工复产云端对话"线上活动,国泰君安证券、中国银行闸北支行、农商银行静安支行等区内金融机构推出助力企业复工复产的金融服务产品和措施。针对企业受疫情影响造成的资金流紧张、用工困难和供应链断裂等问题,动员区内金融机构发挥助企纾困金融功能。 (元斌)

【"融无限,创未来"企业资本对接路演活动】 年内,静安区搭建平台,结合区产业发展方向和结构布局,以区内创新创业企业为重点服务对象,举办2期投融资对接路演活动,第1期于6月24日以线上模式开展,第2期于11月3日在江场路1398号"汇智·园满星空间"举办。以"数字经济""元宇宙"为主题,通过线下+线上多平台联合直播形式,为12个创业项目、50余家金融投资机构代表提供投融资对接交流机会。至年底,累计举办16场资本对接路演活动,为94个创业项目提供路演机会,吸引300多家投资机构参与,促成融资项目24家,融资金额近5亿元。 (元斌)

【2022年私募基金行业交流会】 于8月31日在山西北路77号新泰仓库召开。区金融办主任、区税务局个税科负责人出席活动,秋晟资管、亘曦私募等20余家重点私募证券机构代表

参会。区税务局个税科负责人就私募证券基金税收制度及特点做详细解读，中金财富证券研究员就 ETF 互联互通、中证 1000 股指等专题开展主题交流。 （元斌）

【2022 年静安区金融巡讲进社区暨“智金坊”项目启动仪式】 于 9 月 28 日在愚园路 172 号环球世界大厦 A 座举办。区金融办与区业余大学、建设银行静安支行合作，开展“智金坊”品质宣传教育活动，启动 2022 年金融巡讲进社区活动。围绕识别和防范非法集资等金融风险等主题，面向社区老年人、青少年与楼宇白领等“一青二白”群体，通过“E 学静安”网站开展专题线上视频学习和知识问答竞赛。活动覆盖全区 14 个街镇、4 个主要功能区及辖区内 50 余家地方金融组织，参与群众千余人，其中完成课程并获答题奖励群众 480 余人。 （元斌）

【参展第十六届金洽会】 由市金融业联合会及各区金融办一起举办的第十六届上海金融服务实体经济洽谈会于 9 月 27 日至 12 月 31 日以线上展示形式举行，主题为“金融助力人民城市建设——抗疫纾困助实体，同频共振稳经济”。区金融办在参展同时，还邀请区内有代表性的金融机构和实体企业参展，全方位展现静安区金融产业风采，为金融服务机构和实体企业搭建交流对接平台。通过参与市级交流平台，展示静安区金融服务形象。 （元斌）

【静安区私募股权和创业投资份额转让研讨会】 11 月 17 日，区金融办联合上海市国际股权投资基金协会、上海股权托管交易中心在威海路 380 号举办 2022 年静安区私募股权和创业投资份额转让研讨会。歌斐资产、孚腾资本、通和毓承、领中资本等近 40 家私募股权代表参加活动。 （元斌）

（四）专业服务业

【概况】 2022 年，静安区六大产业共实现税收 638.89 亿元，比上年下降 8.3%，占全区税收总收入的 80.7%，同口径下占比较上年减少 2.1 个百分点。实现专业服务业税收收入 115.82 亿元，比上年下降 6.2%，占全区税收总收入 14.6%，占比与上年基本持平。其中企业管理服务实现税收 5160 亿元、下降 11.70%，商务咨询服务实现税收 63.85 亿元、下降 1.2%。 （叶供发）

【法律服务】 年底，静安区有区属律师事务所 258 家；区属律师 6840 名，其中硕士及双学士以上学历占比超 45%，党员律师 2162 名，占比 31.6%。有全国优秀律师事务所 4 家、全国优秀律师 7 名、东方大律师 4 名，中华全国律师协会监事长 1 名，上海市律师协会会长 1 名、副会长 1 名、理事 8 名、监事 1 名。在 2023 年度《法律 500 强》（*The Legal 500*）、钱伯斯、ALB 等全球权威法律评级榜单中，多家静安区律所榜上有名。 （费佳蕾）

【2022 年静安区律所 20 强元宵座谈会】 2 月 15 日，区司法局、区律工委召开“春风拂面齐奋进，扬帆远航谱华章——静安律所 20 强元宵座谈会”，该活动是虎年第一期静安区律师合伙人圆桌会。区委常委、常务副区长傅俊，区司法局党委书记、局长吕忆农，区政府办公室副主任陈敏，区司法局副局长李成梅出席活动。区律工委、2021 年创收 20 强律所、区管公证处负责人参加会议。会上，区司法局副局长李成梅解读静安区推动律师行业发展相关政策。与会人员就法律服务行业如何更好服务区经济建设建言

献策。傅俊在讲话中对静安区律师为区经济社会发展所作出的贡献表示感谢。（费佳蕾）

【召开“公证质量建设年”工作推进会】 年初，区司法局制订《关于开展“公证行业质量建设年”工作实施方案》，并于3月1日进行动员部署。7月7日，区司法局召开“公证质量建设年”工作视频会。会上，区司法局副局长李成梅要求各公证机构要以“公证质量建设年”为契机，强化监督指导，堵塞管理漏洞，促进区公证行业高质量发展。市北公证处主任凌云峰作交流发言。区司法局专业服务业管理科和静安区、闸北区、市北公证处全体公证员及助理等50余人参加会议。（费佳蕾）

【开展司法鉴定机构能力评查工作】 按照市司法局开展鉴定机构和鉴定人评审工作要求，年内，区司法局配合市司法局、市司法鉴定协会对区内洁湛电子数据司法鉴定所、润家司法鉴定中心2家司法鉴定机构进行线下评查。评查小组通过评审座谈、实地查看、资料审查、量化打分等方式，对机构司法鉴定能力、鉴定文书档案管理、实验室条件等情况进行分析考评，规范执业行为，提升行业公信力，推动司法鉴定质量和公信力再上新台阶。（费佳蕾）

【2022年公证工作会议】 于12月9日召开，区司法局党委书记、局长吕忆农，副局长李成梅出席。会上，吕忆农对3家公证处2022年取得的工作成绩表示肯定，并就提升公证服务水平提出3点意见：坚持政治引领，加强公证行业思想政治建设；加大公证人才培养力度，稳定和发展公证队伍；完善公证监督管理体系，提升公证公信力。静安区、闸北区及市北3家公证处党政班子成员作交流发言。区司法局政治部、专业服务业管理科、执业监督科负责人就公证行业发展提出建议。（费佳蕾）

【2022年度“沪港两地法律人才交流”项目线上研讨会】 于12月16日举办。区司法局党委书记、局长吕忆农线上出席并发表致辞。国际争议解决及风险管理协会主席罗伟雄博士等香港法律界朋友与静安区律师代表进行线上专题分享及交流。（费佳蕾）

十三、房地产开发和管理

编辑　顾瑞钧

(一)综述

2022年,静安区内商品住宅开工49.1万平方米、施工150.02万平方米、竣工29.05万平方米;住宅供应3244套,供应面积39.21万平方米,成交2876套,成交面积35.58万平方米,成交金额420.6亿元,网签均价每平方米11.82万元;主要住宅可售964套、建筑面积16万平方米。住宅项目中全装修建筑面积28.84万平方米。商品房预售许可证核发16张,包含13个项目(9个住宅项目、1个配套商品房项目和3个商办项目),总套数3377套,总建筑面积47.96万平方米。商品房销售方案备案证明核发17张,包含16个项目(8个商办项目、8个地下车位项目),总建筑面积51.67万平方米(含自持)。住宅交付使用许可证核发10张、建筑面积29.05万平方米。装配式住宅项目证明单核发12张。房地产开发企业暂定资质新办2件、二级资质新办21件。销售人员上岗证备案31件、注销12件。区内注册且资质证书在有效期内的房地产开发企业40家(二级33家、暂定资质7家)。房地产经纪机构备案93件、注销21件、变更或换证23件,经纪人资质确认37件、注销7件。区内备案的房地产经纪机构635家(独立机构318家、分支机构317家),全国资质注册执业经纪人189人。存量房合同备案2160件、撤销108件、变更113件。租赁网签备案1114件,一手房集中认购8345件、非集中认购235件,房屋状况查询8094件。房屋建筑面积实测54件、建筑面积158.09万平方米,预测15件、建筑面积106.94万平方米,房屋变更调查测量3件,房屋灭失调查22件,房屋进度签证19件,房屋征收测绘1件。优秀历史建筑修缮(装修改造)项目受理10件,设计方案审批4件。优秀历史建筑简易装修备案申请受理124件、备案123件。物业服务企业招投标14家,物业区域项目核定15个,物业管理用房项目核定15个。维修资金归集2896万元、划转6367万元。公房凭证核发63件,其中换发证55件、补发证6件、新发证2件。为物业服务企业办理公房系统账号10件(修改账号4件、查询账号密码3件、创建账号3件)。公房租赁信息注销3件。区"962121"物业服务呼叫中心受理维修7.48

万件，受理投诉2784件，接待咨询3.97万件。区房屋应急维修中心维修5597件（含险单235件），处置老干部、劳模特约服务维修121件。对区内1330户、150779.65平方米私房开展安全巡查，发放《私有房屋督修通知书》78份、《自查自修告知书》1010份。出具房屋权属来源证明核查（开发商状况核查）意见16件，认定业主共有和公益性公共服务设施16件。解决总登未登历史问题6件。征收、补缴4个新建住宅项目或已竣工项目的城市基础设施配套费19824.6817万元。免缴4个住宅项目配套费。完成19件国有建设土地使用权招拍挂出让意见征询，12件建设工程设计方案审核、并联审批。签订10个项目公共服务设施配套合同，认定14个项目公共服务设施，移交4处公共服务设施房屋2611.54平方米。行政复议14件。行政应诉105件（一审26件、二审27件、再审28件、庭前调解9件、行政监督案件15件），比上年下降66.45%，败诉0件。行政首长出庭率97%。受理信息公开申请473件，比上年下降31.75%，作出答复476件。房地产限制交易、解除限制审核11件。办理信访件594件，接待来访2176批次、来电4058个。信访复查16件。区政府民生专场接待807批次。化解信访突出矛盾53件。处置区城运中心和市物业中心转派的工单2689件，退单1133件，占总量25.23%；结案1836件，不满意工单73件，未解决工单65件。区行政服务中心房管局窗口受理281件，比上年下降47.76%；咨询1715人次，比上年下降38.44%。汇总、整理档案1903件、2180卷，归档2021年新冠肺炎疫情防控档案28件。向区卫生健康委移交档案21件。接待档案查阅264人次，调阅2183卷；借阅65人次，调阅232卷。（张川）

（二）房地产市场

【商品住宅供销量略高于上年】 年内，静安区内商品住宅市场供应3244套、39.21万平方米，供应面积比上年上升95.66%；成交2876套、35.58万平方米，成交面积比上年上升41.75%，成交金额420.6亿元，成交面积和成交金额均居中心城区第三；网签均价每平方米118216元，居全市第三，比上年上升4.7%。全年新增供应9个市场化商品住宅项目，分别是都汇名邸7.28万平方米（680套）、静安华邸0.21万平方米（12套）、晋元华庭3.24万平方米（304套）、静悦名邸12.26万平方米（1004套）、新湖青蓝国际城二期3.82万平方米（275套）、宁嘉馨苑1.33万平方米（142套）、宝珀公寓0.15万平方米（12套）、市北华庭1.62万平方米（149套）和鸿印里5.71万平方米（333套）。

（张川）

【商办项目供销比上年上升】 年内，区内商办项目供应（含自持）756套、34.43万平方米，供应面积比上年大幅增加；商业项目成交35套、3.1万平方米，居中心城区第二，成交面积比上年上升3.4%；成交金额18.17亿元，居中心城区第一。成交量主要来自万科翡翠雅宾利（13套）、中粮天悦壹号（7套）和金融街融府（4套）。成交均价每平方米58558元，居全市第四，比上年上涨0.6%。办公项目成交174套、16.17万平方米，居全市第二，成交面积比上年上升451.8%；成交金额104.54亿元，居全市第一。成交量主要来自中粮大悦城（62套）和苏河湾中心（59套）。成交均价每平方米64660元，居全市第二，比上年上升94.9%。（张川）

表 13-1　2022 年各月静安区商品住宅网签情况表

月份	成交面积（平方米）	成交套数	成交均价（元/平方米）	成交均价全市排名
1	38750	257	119750	3
2	18735	122	124414	2
3	16776	106	123070	2
4	2910	19	125351	2
5	2577	16	125470	2
6	32918	262	123669	2
7	93337	848	125400	3
8	68319	573	115602	6
9	27051	225	107516	6
10	13767	107	125322	3
11	39952	344	108691	6
12	17270	155	100439	7

注：网签情况随交易状况变化而异，本表仅反映年内各月网签的实际情况。（张川）

表 13-2　2022 年静安区商品住宅楼盘成交情况表

项目名称	所在街镇	成交面积（平方米）	成交套数	成交总价（元）	成交均价（元/平方米）
天汇世纪玺	宝山路	72782	680	9017224050	123894
保利静安天悦	大宁路	63108	568	6585353540	104351
新湖青蓝国际	宝山路	63076	472	7153157279	113406

（续表）

项目名称	所在街镇	成交面积（平方米）	成交套数	成交总价（元）	成交均价（元/平方米）
华发仁恒苏河世纪	北站	32448	304	4275844529	131773
珠江安康苑	北站	51373	271	6817851073	132712
宝珀公寓	宝山路	20188	181	2268640806	112375
宁嘉馨苑	北站	13310	142	1703747111	128001
市北华庭	大宁路	15150	140	1506617342	99446
明园森林都市	大宁路	6784	26	666231012	98203
万科中兴路一号	宝山路	2955	18	403822874	136642

注:按成交套数取前10位。

（张川）

表13-3　2022年静安区新建商品住宅交付情况表

建设单位	项目名称	地址	交付面积（平方米）	许可证核发时间
上海恺冠臻房地产开发有限公司	静雅名邸	鸿兴路177弄	11164.41	1月13日
上海恺冠臻房地产开发有限公司	静雅名邸	鸿兴路177弄	13630.16	1月13日
上海民都置业有限公司	铭德漪景庭	永兴路358弄	35736.67	1月21日
上海市市北高新集团不动产经营管理有限公司	市北云盛公寓	万荣一路89弄	20790.72	7月19日
上海恺冠臻房地产开发有限公司	静雅名邸	鸿兴路177弄	6516.97	8月19日
上海恺冠臻房地产开发有限公司	静雅名邸	鸿兴路177弄	31397.76	8月19日
上海融政新置业有限公司	映然都	寿阳路158弄	66986.03	9月28日
上海仁嘉房地产开发有限公司	璟安悦庭	云飞东路518弄	72546.44	9月30日
上海北航置业发展有限公司	福新名苑	恒通东路99弄	29626.57	10月31日
上海华泓尚隆房地产开发有限公司	静安华邸	万荣路1199弄	2108.48	12月22日

（张川）

表 13-4　2022 年静安区地下车库(位)交易价格情况表

项目名称	成交数量(个)	最高销售价格(万元/个)				最高租赁价格(元/月)			
		标准	子母	微型	无障碍	标准	子母	微型	无障碍
华合汇都	393	60	100	48	60	1500	1500	1500	1500
金茂雅苑	228	51	79	29	55	800	1200	600	800
静安福邸	134	47	80	38	—	1000	1000	800	—
明园森林都市	105	48	75	43	53	1000	2000	1000	1000
宝恒名邸	31	58	100	48	63	1500	1500	1500	1500

注:按成交套数取前 5 位,仅含备案项目。　　(张川)

表 13-5　2022 年静安区房屋交易情况表(网签)

项 目	2021 年	2022 年	比上年增长(%)	项 目	2021 年	2022 年	比上年增长(%)
新建商品房交易				二手存量房交易			
成交套数(套)	3791	4074	7.47	成交套数(套)	13491	7580	−43.81
住宅	1788	2876	60.85	住宅	11778	6569	−44.23
商办、其他	2003	1198	−40.19	商办、其他	1713	1011	−40.98
成交面积(万平方米)	39.8	59.06	48.39	成交面积(万平方米)	92.9	54.58	−41.25
住宅	25.1	35.58	41.75	住宅	79.9	45.63	−42.89
商办、其他	14.7	23.48	59.73	商办、其他	13	8.95	−31.15
成交金额(亿元)	318.1	547.02	71.96	成交金额(亿元)	542.1	295.58	−45.48
住宅	283.3	420.6	48.46	住宅	501.2	274.36	−45.26
商办、其他	34.8	126.42	263.28	商办、其他	41	21.23	−48.22

(张川)

(三)住房保障和房屋管理

【新冠疫情防控】 4至5月,区房管局牵头全区环境整治消杀工作,会同区绿化市容局、区消防支队等单位,对10类场所(办公楼宇、建筑工地、公共场所、农贸市场、大型商场、社区商业、社区、学校、养老机构、政府机构办公场所)消杀10.14万次。消杀有新冠感染者的楼房3869栋。为1.5万户有新冠肺炎感染者的家庭消毒。在全市率先完成3%消杀抽样要求,抽检结果良好。向49.5万户居民、租赁房租户、沿街商铺发放消毒药水和喷壶并开展消杀指导。协调中冶梦想荟等保障性租赁住房项目用于密接人员隔离。会同静安置业集团、大宁集团、中建八局等单位建造2个方舱医院和1个隔离收治点,其中江场西路纺控租赁房和成都北路原静安区三中心小学旧址2处方舱医院,从接到任务到竣工交付仅用10天。发动6名干部进入大宁自仪厂方舱隔离收治点负责运维管理,点位运营35天,收治3412人。组建以央企、区属国企为主要力量的3支应急维修队伍,保障区内各方舱医院、隔离点平稳运行。 (张川)

【既有多层住宅加装电梯320台集中开工仪式暨推进大会】 于2月25日在临汾路街道社区党群服务中心举行。市住建委、市房管局、市住宅建设发展中心、市房屋安全监察所和区既有多层住宅加装电梯工作领导小组成员单位相关领导,社区居民代表,电梯加装参建单位约180人参加。市住建委、区委主要领导致辞。活动以《踔厉奋发,笃行不怠——静安区持续全力推进既有多层住宅加装电梯工作》宣传片开场,随后举行320台电梯集中开工和50台电梯运维集中签约2场仪式。集中开工仪式由主会场连线4处分会场同步进行,主会场启动仪式同时,共和新路街道洛川中路1100弄小区、彭浦新村街道彭新小区、临汾路街道汾西路261弄和彭浦镇龙潭小区为新梯开工落铲奠基。阳曲路760弄业委会与振华重工、置业集团签署电梯加装后管理协议。大会还表彰2021年度区内既有多层住宅加装电梯工作中表现突出优秀个人43人、优秀团队18个、优秀参建单位5家、优秀案例10个。区房管局、区建设管理委和临汾路街道交流发言。 (张川)

【静安区既有多层住宅加装电梯完工量居全市第一】 年内,全区签约加装电梯514台、开工516台、完工502台,完工量连续2年排名全市第一。2014年至2022年累计完工860台,受益3万余户。 (张川)

表13-6 2022年静安区既有多层住宅加装电梯情况表

街镇	开工数	完工数
静安寺	1	1
曹家渡	15	13
江宁路	2	5
石门二路	2	0
南京西路	2	2

（续表）

街镇	开工数	完工数
北站	2	1
芷江西路	16	20
天目西路	4	4
共和新路	21	34
宝山路	6	8
大宁路	32	35
临汾路	140	119
彭浦新村	138	130
彭浦镇	135	130
合计	516	502

（张川）

【彭三小区(五期)旧住房成套改造项目居民回搬】 1月7日至2月28日，彭三小区（五期）居民通过7场选房确定房址，3月起陆续回搬。7月21日，小区举行回搬仪式（因新冠疫情推迟）。该项目于2019年12月开工、2021年12月完工。（张川）

7月21日，彭三小区（五期）旧住房成套改造居民回搬仪式　（区房管局　供稿）

【保障性租赁住房筹措供应启动】 3月8日，区政府成立保障性租赁住房工作领导小组，组长由分管区城建副区长担任，领导小组办公室设在区房管局，成员单位31个。该领导小组的成立标志着区内保障性租赁住房筹措供应工作正式启动。年内，筹措指标6047套(间)、实筹7516套(间)(含市场化人才公寓128套)，供应1597套(间)、实供1995套(间)。 (张川)

表13-7 2022年静安区保障性租赁住房筹措情况表

认定项目	项目地址	可供房源(套/间)
市北高新N070501单元02-16-A地块	万荣一路89号	504
市北高新N070501单元22-01地块	东至寿阳路，南至规划绿地，西至规划商住办综合用地22-02，北至云飞东路	1276
市北高新N070501单元15-02地块及配套幼儿园	东至静安大宁国际学校，南至规划绿地，西至15-01厂房建设项目，北至铁路	889
市北高新N070501单元02-16-B地块	江场西路200号	250
灵石社区N070402单元081b-03地块	东至081b-02地块，南至081b-06地块，西至江场三路，北至汶水路	1430
共和新路临汾路租赁住宅(彭浦新村街道彭浦社区N070701单元zb005-07地块)	东至zb005-08、zb005-10地块，南至临汾路，西至zb005-06地块，北至zb005-06地块、安泽路	846
宁家公寓(止园路店)	止园路401号	113
宁家公寓(星光耀店)	沪太路1111弄5号	361
永兴路555号2—3层	永兴路555号	69
友间公寓	大统路988号A幢	241
大宁社区N070302单元117b-01地块	东至117b-02地块，西至泽州路，北至洛川中路，南至117b-04地块	671

（续表）

认定项目	项目地址	可供房源（套/间）
延长中路 578-596 号	老沪太路 300 号 1 幢	128
中山北路 835 号（悦樘公寓）	中山北路 835 号	82
塘南 0721-0C 地块	东至上海芷新汽车修理有限公司，南至诺城 1895 创业园	656
总计		7516

（张川）

【上海市户籍第十批次和非本市户籍第四批次共有产权保障房供应】 6 月 27 日至 7 月 1 日咨询（预检），7 月 2 日至 24 日受理申请，接待咨询 6589 户，发放申请表 1051 户，出具材料收件单 788 户。9 月 24 日，东方网现场直播第十批次供应摇号排序，692 户（含第九批次未参加当期选房的 57 户）到场。10 月 23 日至 27 日在云峰剧院完成 2 个批次选房，其中本市户籍第十批次备 10 个基地、926 套房源，销售基准价格区间每平方米 10800—15800 元，购房人产权份额区间 55%—65%，692 户取得准购资格，实际选房 555 户，选房率 80.2%；非本市户籍第四批次备 3 个基地、19 套房源，销售基准价格区间每平方米 13100—15800 元，购房人产权份额区间 55%—60%，15 户取得准购资格并实际选房。本市户籍 10 个批次累计受理 23947 户、审核通过 20548 户、实际选房 18001 户，非本市户籍 4 个批次累计受理 60 户、审核通过 50 户、实际选房 49 户。 （张川）

【廉租房和公租房供应】 年内，区内廉租房受理 586 户，新增配租 544 户，发放租金补贴 12482.31 万元；复核 1140 户，清退不符合条件 855 户。公租房面积核查 5231 户。发放市筹公租房准入资格确认书 828 份；审核通过区筹公租房申请 1526 户。公租房新增受益 318 户。签订配建公租房 4 个项目、214 套。公租房新增供应 3 个项目、141 套。8 处公租房项目、1168 套房源安装身份识别门禁系统（人脸、指纹、身份证）。 （张川）

【“美丽家园”建设】 年内，区财政投入 2.23 亿元实施屋面及相关设施改造、综合整治 15 个项目、50 万平方米，受益 7275 户。完成 173 个小区电动自行车充电设施新增或改造。区内有业委会 721 个（年内无新增），组建率 97.56%。 （张川）

【零星旧里改造】 年内，全区启动零星旧里改造 7 幅地块，均高比例生效，涉及居民 400 余证，占地面积约 15000 平方米，建筑面积约 14000 平方米。作出房屋征收补偿决定 1 证，涉黄山路地块遗留单位。受理建（构）筑物备案、报监 7 件。完成 3 幅征收地块房屋拆除工作。 （张川）

表 13-8　2022 年静安区新开零改地块情况表

地　块	街道	征收决定发布日	生效比例（%）	计划（证）		剩余（证）		年内进展
				居民	单位	居民	单位	
芷江西路 195 街坊	芷江西路	9 月 19 日	100	15	0	0	0	100%签约
宝山路 153、155 街坊	宝山路	9 月 19 日	100	64	0	0	0	100%签约
陕西北路昌平路	江宁路	9 月 19 日	98.13（居民 99.04）	105	2	0	0	100%签约
康定路陕西北路	江宁路	9 月 19 日	98.81（居民 98.75）	80	4	0	0	100%签约
通阁路零改	宝山路	10 月 8 日	100	27	0	0	0	100%签约
常德路新闸路	江宁路	11 月 1 日	96.77（居民 96.43）	28	3	0	0	100%签约
华山路 421 弄	静安寺	11 月 17 日	100	101	5	0	0	100%签约

（张川）

【住宅配套道路建设】　年内，区住宅配套道路建设开工 1 条道路，3 条道路取得初步设计批复，1 条道路取得规划方案批复。　　（张川）

表 13-9　2022 年静安区住宅配套道路建设情况表

道　路	长度（米）	开工日期	竣工日期	进展
中华新路（西藏北路—宝昌路）	675	—	—	取得初步设计批复
止园路（天通庵路—中华新路）	196	—	—	取得初步设计批复
公兴路（中华新路—中兴路）	118	—	—	取得初步设计批复
新疆路（乌镇路—规划兖州路）	110	—	—	取得规划方案批复
云秀路（江场路—汶水路）	565	8 月	—	在建

（张川）

十四、旅游业·会展业

编辑 顾瑞钧

（一）综述

2022年，静安区旅游业实现营业总收入28.45亿元，旅行社、星级旅游饭店和A级旅游景区共接待境内外游客304.32万人次，星级旅游饭店客房平均出租率为44％，星级旅游饭店平均房价每天每间480.81元。全区有经营性文化娱乐场所109家，其中影剧院28家、歌舞娱乐场所37家、游戏游艺场所7家、互联网上网服务营业场所32家；旅游企事业单位281家，其中星级旅游饭店17家（白金五星级1家、五星级3家、四星级10家、三星级2家、二星级1家）、一般旅行社156家、出境旅行社50家、旅行社分社55家、5A级旅游景区1家（中共二大会址纪念馆）、3A级旅游景区2家（上海四行仓库抗战纪念馆、大宁灵石公园）。

年内，区文化旅游局坚持动态清零攻坚，集结7个联防联控工作小组，就辖区内宾旅馆涉疫及房源变化情况每日进行网格化排摸，及时反馈区卫生健康委及各街镇，督促及时复核和转运。新冠肺炎疫情封控期间，全力提供物资保障，向区内166家宾旅馆发放口罩、防护服等15万余件。多次向区内宾旅馆发放方便食品，帮助滞留旅客解决实际困难。腾挪转运保障接待房源、确保接待力量、筹备各类物资，做好援沪医疗队保障工作。征用接待保障酒店19家，接待援沪医疗队成员4596人。协助排摸深挖隔离房源，做好酒店房源排摸和征用工作，累计完成房源排摸1.37万家次，征用或部分征用各类防疫酒店136家。

开展文旅行业疫情防控大排查大整治专项行动，自7月起采取“常规巡查＋飞行巡查”“明察＋暗访”“日查＋夜巡”相结合方式，抽调基层单位人员作为巡查志愿者，每周对宾旅馆开展2轮全覆盖检查，对4类娱乐场所除日间巡查外，每日开展夜查行动。局执法大队对巡查反馈情况开展核查。至年底，共出动巡查人员9.1万人次，巡查各类文旅场所8.2万家次，实现140余轮全覆盖巡查。在持续排查整治基础上，8月中下旬起，联合属地街镇推进4类场所严而有序恢复开放备案和实地检查工作。有序推进文旅行业纾困工作。根据市、区两级指导意见于全市率先出台文旅企业助企纾困政策，共有78家企业、94个项目申报补贴，补贴总额208万元。

推进“建筑可阅读示范区”建设。根据《上

海市“一江一河”发展“十四五”规划》，打造静安区苏河湾海派城市考古“建筑可阅读·水岸探秘”文旅品牌，设计制作《苏河湾文化旅游地图》，策划“静安四景”文创衍生伴手礼。

推进国家文化旅游消费试点城市建设。加速疫情后文旅行业重振和文旅民心工程建设，举办静安文旅消费季活动，共征集20余家单位、50余个项目，打造多元文旅消费产品。首次引入“线上＋线下消费券”联动模式、“消费季＋直播周”宣传模式，3场直播总人气值41万，点赞数23万，共发放消费券2.3万张，总面额677万元。结合《静安文旅消费季特刊》线下发放7万张消费券，拉动文旅消费规模超8000万元。继续打造静安街区新景观、文博新空间、文旅新体验。 （蔡萌萌）

(二)旅游活动

【2022静安·新湖郁金香花博会】 3月，2022年花博会以“绽放静安·上海的第一眼春天”为主题，共有150万株郁金香、100余个品种、近3万平方米种植面积，覆盖全区10个公园、7座地标性商圈、22条街区，并深入到彭三小区、静安别墅、愚园路等社区园区，以及区文化馆、区图书馆等多个公共空间，分布范围之广大于往年，是年内上海市中心举办最早、规模最大的花展之一。花博会设计6条以“春”为主题的“花博会微旅游主题线路”，为市民提供“赏花攻略”。活动举办期间恰逢新冠肺炎疫情，花博会与几大商圈沟通协调，为解除封控的商户、配合核酸检测的白领等送上代表爱与祝福的郁金香盆花逾千盆。活动中各媒体平台发布信息近50条，媒体曝光量近100万，“上海静安”视频号发布视频内容4条，观看量近20万，点赞近6000个。 （蔡萌萌）

【“上海弄堂工业”系列展】 9月23日起，同乐坊推出“上海弄堂工业”系列展：那些年我们身边的品牌(饮食篇)，该展览以曾经坐落于同乐坊的马宝山糖果饼干制造厂为出发点，寻找那

3月，2022静安·新湖郁金香花博会在静安区举办。图为静安雕塑公园 （区文化旅游局 供稿）

些年在江宁和静安的我们身边“食”领域的老品牌，有马宝山糖果饼干、泰昌食品等，通过对这些老品牌的回忆，从一个侧面反映上海民族品牌形成和发展的历史。（蔡萌萌）

【开展静安金秋都市游等活动】 年内，根据2022年上海旅游节总体方案，区文化旅游局配合做好“最上海·苏州河”全媒体大直播、乐游云购917等上海旅游节相关活动。以“静安——国际范”为特质，精选上海总商会、四行仓库、裕通面粉厂、天后宫、浙江路桥、蝴蝶湾公园、静安少儿图书馆等优秀地标和昆曲表演、白领团队舞蹈、沉浸式戏剧等文化特色，参与“最上海·苏州河”全媒体大直播，借助市级平台推广苏河湾周边的文化旅游资源，展现与众不同的苏河静安范。推荐3家文化旅游企业参与乐游云购917直播，推荐静安文旅消费季活动参与“满天星”直播，助力静安区文旅品牌宣传和市场推广。根据静安金秋都市游活动方案，推出南京西路、苏州河、大宁片区“一路一河一片”的食住行、娱购游特色文旅路线，并协调相关活动内容在乐游上海、《青年报》《上海日报》、乐游频道、《旅游时报》等平台进行宣传推广。（蔡萌萌）

（三）旅游宣传与市场开发

【“喜欢上海的理由——静安篇”宣推活动】 年内，区文化旅游局为加快区文旅行业全面恢复和高质量发展，完成“喜欢上海的理由——静安篇”短视频拍摄，在各大平台转发、点赞量均为全市前列。该活动向市民游客推送18家文旅单位，累计直播时长104分钟，乐游上海及腾讯平台直播观看近49万人次，点赞2.1万。（蔡萌萌）

【区相关单位、景点参与市级评选】 年内，区文化旅游局现场指导、推进新业坊园区申报上海市工业旅游景点。完成2022年中秋假期市红色旅游情况信息上报工作。开展第三批“家门口好去处”遴选推荐工作，区内12家单位进行申报。指导嘉里中心的安义夜巷开展申报“上海市级旅游休闲街区”工作。（蔡萌萌）

【静安区获评第二批“长三角高铁旅游小城”】 在12月18日举行的2022年“长三角高铁旅游小城”评选活动颁奖典礼上，静安区凭借独特的文旅区位优势、丰富而鲜明的文旅资源和高效便捷的公共文化旅游服务入选“长三角高铁旅游小城”。该次评选由长三角文化和旅游联盟组织，共评选产生30个“长三角高铁旅游小城”。（蔡萌萌）

（四）旅游管理

【重点场所预防性消毒专项行动】 3月30日至4月29日，区文化旅游局根据市局统一部署，通知全区各类文化旅游场所开展为期1个月重点场所预防性消毒专项行动，发动各场所参加线上培训，并要求各场所对照市疾控中心修订版消毒技术要点，开展预防性消毒专项行动。（蔡萌萌）

【《静安区文旅行业应对疫情帮扶企业相关政策措施实施细则》起草】 4月7日，区文化旅游局起草《静安区文旅行业应对疫情帮扶企业相关政策措施实施细则》,就防疫消杀支出补贴、困难企业贴息政策、旅游业纾困扶持措施、平台退费补贴等多条帮扶措施的具体帮扶方法、帮扶对象、申报途径等给予明确解释与说明。

(蔡萌萌)

【卢映川到开元曼居酒店、百乐门精品酒店实地检查酒店封控管理情况】 4月25日,文化和旅游部副部长卢映川到开元曼居酒店、百乐门精品酒店实地检查酒店封控管理情况。卢映川指出,当前上海疫情形势总体稳中向好,但是基础还不牢固,不能有丝毫侥幸松懈,要坚持以管理为中心,要做深做细各项防控措施,要千方百计为宾旅馆提供可靠的物资保供渠道,必要时给予相应防疫物资保障。在开元曼居酒店旁的美团买菜配送点,卢映川与快递小哥、分拣人员交流,询问疫情防控措施落实和物资配送情况,叮嘱大家做好个人防护,做好配送服务。

(蔡萌萌)

(五)住宿业

【召开静安区精品酒店管理工作会议】 于11月20日召开。会议主要就3方面进行交流:继续做好疫情防控工作,确保文旅行业安全平稳运行;做好消防和安全生产工作,时刻紧绷"安全"这根弦,坚决防范各类安全事故发生;政企联手,为静安区文旅行业经济发展注入更多活力。

(蔡萌萌)

(六)会展业

【UCCA Edge《集光片羽——The Pieces I Am》】 于9月28日在盈凯文创广场举办。该展览邀请15位国内艺术家,聚焦于多媒介艺术家的电子生态采样,展开对"数字生存"(Digital Living)以及数字物弥散存在的新人类状况的读解。展出由网站、社交媒体平台、模拟环境、智能设备及系统等组成的当代线上世界,提示一种由彼此依赖、相互交缠的微系统所共筑的网状岛群,代表着数字身份或数字自我不断涌现的生机与潜能。

(蔡萌萌)

【遇见敦煌——光影艺术展】 于10月4日在静安新业坊开展。展览以敦煌文化艺术为核心创作光影艺术沉浸展。遇见博物馆联合"常沙娜敦煌图案研究设计工作室",通过3D光雕数字技术,在总面积超过1000平方米的展示空间打造一座沉浸式光影世界,对敦煌壁画进行全新创作和演绎,再现敦煌石窟文化艺术魅力。

(蔡萌萌)

【第十届ART021上海廿一当代艺术博览会】 于11月10日至13日在上海展览中心举行。该届ART021博览会汇聚来自19个国家、36个城市的134家海内外顶尖画廊的近万件当代艺术佳作,其中25家一线画廊首次参展。静安区首次在ART021博览会上设置静安区文化空间官方展台,宣传与推介公共公益、商业艺术、跨界融合、文创园区、美术馆和户外公共场地6类共16处不同主题文化艺术空间。

(蔡萌萌)

十五、国有重点企业

编辑　李佳丽

(一)上海市北高新(集团)有限公司

【概况】 2022年,市北高新园区内企业实现总营收2400亿元,完成税收总额为86.13亿元,对静安区整体税收贡献率为10.88%。累计吸引跨国公司地区总部26家,具有总部特征的龙头企业100余家,数据智能类企业600余家,在上海市开发区协会组织的园区综合评价中,市北高新园区单位土地税收产出强度连续多年排名全市第二,仅次于上海自贸区。 (沈昀)

【抗击新冠疫情】 4月5日,市北高新集团接到静安区委、区政府指示,24小时内将市北高新2-16人才公寓改建为方舱医院。集团抽调工作人员42名,连夜奋战,于4月6日晚上10点完成改造与物资导入工作。4月6日至5月4日,市北高新园区2-16方舱医院共设床位944张,累计收治1774名患者,其中年龄最小者为刚出生20天左右的婴儿、年龄最大的101岁。市北高新集团党委副书记、总裁陈军带领130余名工作人员驻场服务,为入住者配送三餐、饮用水、温度计、连花清瘟胶囊等物资。经一系列布草、消杀、环评等工作,原2-16方舱医院于5月9日至31日成为密接人员隔离观察点。运行期内,944张床位累计接住密接人员1375人。市北高新集团副总裁张俊松进驻隔离点负责整体运营,保证热饭热菜热水供应、窗明地净的舒适环境,确保医疗管理、物资保障、公安消防、应急保障、维保工勤等各方面机能高效运转。 (沈昀)

【静安国家区块链创新应用综合性试点启动仪式】 于8月23日在市北高新园区举行。中央网信办信息化发展局副局长王江,市委网信办主任姜迅,市科技工作党委副书记王宇,静安区委书记于勇,静安区委副书记、区长王华,上海科创办专职副主任刘燮,静安区委宣传部部长莫亮金出席活动。上海市科创办、静安区相关部门以及市北园区等主要负责人参加活动。区块链领域权威专家、相关行业企业代表、投资机构等应邀出席。姜迅、于勇、王华共同点亮静安国家区块链创新应用综合试点启动键。作为上海唯一的“国家区块链创新应用综合性试点”,位于市北高新园区的上海区块链生态谷集聚包括蚂蚁区块链、上海科学院区块链技术研究所、万向区块链、信医科技、玳鸽区块链等在内70

余家上下游企业。以“跨境贸易、数字金融、数据交易”等为导向，共同推动区块链底层共性技术的自主突破。还与复旦大学、上海交通大学、同济大学等开展联合攻关，形成“技术平台＋示范应用＋产业联动”创新链条，以“区块链＋大数据”发展主线，为城市数字化转型和经济高质量发展提质赋能。（沈昀）

【市北数智生态园揭牌】 8月25日，以“共建共享，数字之都”为主题上海城市数字化转型体验周在上海国际时尚中心开幕。同日，市北数智生态园等首批上海城市数字化转型市级示范区正式揭牌。市北数智生态园区拥有数智企业600余家，其中核心大数据企业占全市总数1/3，区块链企业总体规模近70家。市北数智生态园以“国家区块链创新应用综合性试点”建设为抓手，遵循“技术平台＋示范应用＋产业联动”发展思路，建设具有泛在感知功能的园区可信数字底座，打造规范数据流通的可信服务体系，推出更多数字综合配套，形成可信数据服务高效产业链，构建以大数据为基底的数智创新生态，创建市级数据要素产业集聚区。（沈昀）

【万荣一路120号改扩建项目开工】 12月15日，举行万荣一路120号改扩建项目开工仪式。市机关事务管理局党组书记、局长倪一飞出席开工仪式并宣布项目开工。静安区委副书记、区长王华，上海建工集团股份有限公司党委副书记、总裁叶卫东，上海市机关事务管理局党组成员、副局长、一级巡视员陆清冬，上海建工集团股份有限公司副总裁王志刚，上海农商银行副行长应长明，上海市北高新集团有限公司党委书记、董事长罗岚和上海上勤集团有限公司党委副书记、总裁周德骏出席仪式。该项目是市北高新走马塘城市更新区域组成部分，也是继上药信谊江场西路项目后第二个成功启动的自主转型项目。该项目由市北高新集团推动、上勤集团自主更新开发，总占地面积9692.5平方米，规划总建筑面积52517.5平方米（地上29417.5平方米，地下23100平方米），将建成2

8月23日，上海区块链生态谷企业入驻签约仪式在市北高新技术服务园区举行

（市北高新　供稿）

栋研发办公楼，提供近3万平方米高质量产业载体。（沈昀）

【市北高新技术服务业园区建园30周年活动】 2022年是市北高新技术服务业园区成立30周年。园区于12月29日在线上举行建园30周年活动，对外发布可信数据经济试验区发展规划与相关政策。市经济和信息化委员会主任吴金城、静安区委书记于勇作线上致辞，静安区委副书记、区长、市北高新园区管委会主任王华从平台建设、示范项目、基金培育、标准制定等方面介绍可信数据经济试验区有关情况。（沈昀）

（二）上海九百（集团）有限公司

【概况】 2022年，上海九百（集团）有限公司贯彻静安区"一轴三带"发展战略，推进国资国企改革，承担南京西路功能区投资促进任务，促进集团经营恢复，做大做强集团主业，推动复工达产，确保完成年度各项目标任务和经济指标，助力南京西路功能区成为静安区经济发展"动力源"，打造具有世界影响力的社会主义现代化国际大都市标志性区域。至年底，九百集团营业收入26.92亿元，完成预算106%；归母净利润1633万元，上缴税金5.1亿元。各项指标均超额完成任务。（金鑫）

【区领导调研九百集团"老字号"品牌】 9月19日，区委书记于勇走访九百集团"久佰里""老字号"甄选体验馆，调研"老字号"品牌保护传承与创新发展情况。"久佰里"是2022年九百集团根据市、区统一部署，结合华山路近延安西路路段营造"老字号"一条街氛围，打造的展示集团旗下"老字号"的品牌文化及特色产品微缩展示窗口。9月20日，区委副书记、区长王华一行走访"正章洗染"和900食品城，调研九百集团"老字号"品牌振兴与发展情况。（金鑫）

【区政府决定梅龙镇广场产权划转事宜】 12月20日，区政府第33次常务会议讨论研究并同意在沪港合作期满前将梅龙镇广场产权从梅龙镇集团转移登记至九百集团。（金鑫）

【协助完成阿波罗大厦收回并启动大厦城市更新项目】 经与区绿化市容局（区绿化管理中心）共同努力，九百集团于12月31日按计划交接收回阿波罗大厦。大厦内实际使用人与阿波罗公司相关工作人员全部撤离，集团下属成泰物业入驻大厦，并负责日常物业管理，完成水电等公共事业服务清算过户事宜。并启动大厦城市更新概念设计。（金鑫）

【九百集团完成接收上海静安建设投资公司】 2月，上海静安建设投资公司从区发展改革委无偿划入九百集团并完成公司制改制，改制后企业名为上海静安建设投资有限公司。（金鑫）

【房屋租金减免】 年内，为落实小微企业房屋租金减免政策，帮助小微企业和个体工商户应对新冠肺炎疫情、共渡难关，九百集团根据市、区国资委关于国有企业减免中小企业房屋租金相关政策规定，对自有和租赁房产出租情况进行排摸和调查。全年根据"应减尽减"政策，对262户租户进行政策性减免，减免面积7.91万平方米，减免金额8402.33万元。实施经营性减免租户28户，减免面积2.04万平方米，减免金额1282.16万元。（金鑫）

【九百集团上新"上海礼物"优质成员】 9月，由市文旅局指导，市商业联合会、市旅游协会联合开展评选和认定的2022年度“上海礼物”品牌和“优选经营店”榜单公布。西区老大房900食品店、景德镇艺术瓷器公司入选优选经营店；西区老大房“萌虎出山”综合糕点礼盒、九百自主艺术瓷器文化品牌“九景轩”、九百自主日用瓷器文化品牌“九景阁”入选“上海礼物”品牌。（全鑫）

【九百集团获上海市五一劳动奖状】 9月27日，静安区举行2022年上海市“人民满意公务员”、五一劳动奖表彰大会，上海九百(集团)有限公司获2022年上海市五一劳动奖状。（全鑫）

【上海九百股份有限公司参与东方证券配股】 4月25日，九百股份第十届董事会临时会议、第十届监事会临时会议审议通过《关于参加东方证券股份有限公司2022年度配股的议案》，使用自有资金人民币60069299.40元，全额认购获配东方证券A股股份7100390股。（全鑫）

【九百食品开展“疫情保供攻坚战”】 年内，九百食品全力以赴投入抗疫一线，开展“疫情保供攻坚战”，以社区团购为切入点多措并举保障民生所需。全年开展“疫苗物资供应战”，为社区提供优质服务和产品。通过两大专项工作，累计服务静安区及上海其他区社区居民30万人次，累计销售4500余万元。（全鑫）

【中安发展引进法国香奈儿集团旗下时尚服饰品牌并开设大陆地区首家街铺专卖店】 1月，上海中安商业发展有限公司引进法国香奈儿集团旗下时尚服饰品牌上海凡妮莎布鲁诺商业发展集团有限公司和瑞士独立制表企业尤利西斯芝柏(上海)贸易有限公司作为中国地区总部，并开设凡妮莎·布鲁诺大陆地区首家街铺专卖店。（全鑫）

【静安商投取得巨鹿花园原有项目续租权并争取到增量】 年内，上海静安商业投资有限公司位于巨鹿路专业街巨鹿花园内5—6号、9—10号、21—22号2—4层、巨鹿路891—909号4个项目租赁合同陆续到期，公司专人负责参与项目公开招投标并成功取得4个项目新一期承租权，并首次取得巨鹿花园11—12号、23号2个项目承租权。（全鑫）

【百乐门大酒店驰援方舱建设】 年内新冠疫情防控期间，百乐门大酒店承接黄山路方舱医院筹建和运维保障任务。从4月6日接收病患至5月20日休舱，历时45天。执行方舱新冠患者转运管理、三餐配送、安全防范、环境保洁、设备维护、物资保障采购搬运等任务，共收治病患1334名，运维团队无一人感染，高质量完成对舱内患者救治工作。4月18至23日，百乐门大酒店又承担海防路(备用)方舱前期建设工作。与此同时，百乐门精品酒店落实华东医院医护人员保障接待任务。从4月10日至5月28日，共接待华东医院医护人员20批、3419人次。（全鑫）

【美丽园大酒店完成安徽省马鞍山医疗队等接待保障任务】 4月至5月上海新冠疫情封控期间，上海美丽园大酒店有限公司44名员工驻守酒店，投入生产保供，完成安徽省马鞍山医疗队、“方舱”施工队伍、市纪委疫情防控督导组、环保执法队等防疫重要团队接待保障任务，以及上海北方智选假日酒店13个楼层、200多间隔离客房清洁消杀任务。（全鑫）

【锦华广告与新云传媒合资设立上海万马齐传媒广告有限公司】 年内，上海南西运营管理有限公司与久昌实业有限公司下属全资子公司上海锦华广告有限公司依据九百集团“十四五”规划及静安区“南西功能区”专项规划相关精神，配合集团整体发展战略，参与在南西功能区新设立合资公司——上海万马齐传媒广告有限公司。（全鑫）

【景德镇公司“九景轩”“九景阁”自主品牌创建成功】 1月，景德镇公司“九景轩”“九景阁”自主品牌创建成功，并自主设计研发九景轩“青花釉里红茶花压手杯”与“珐琅彩虞美人杯”、九景阁“青花赏秋图瓷盘”，入选2022年“上海礼物”。11月24日，上海景德镇艺术瓷器有限公司自主品牌揭牌及新品发布会在南京西路功能区投资服务中心举行。集团党委书记、董事长许辞，集团领导班子成员，集团旗下各“老字号”品牌企业负责人出席发布会。（全鑫）

【成泰物业承担南京西路993号便民“核酸采样工作站”运维工作】 年内，九百集团旗下成泰物业承担南京西路993号便民“核酸采样工作站”运维工作，为核酸采样工作亭配备相关设施设备，助力构建南京西路“15分钟”核酸检测服务圈。自5月6日正式运行至12月31日，共完成45万人次核酸检测服务。（全鑫）

【“白玉兰”真丝被认定为“上海老字号”品牌】 年内，“白玉兰”真丝品牌申报“上海老字号”，梳理历史沿革、传承脉络、经营事件、产品服务、荣誉证明等相关材料，经过市商务委、市文旅局、行业协会专家2轮现场答辩，于3月入选“上海老字号”认定名录。并获颁证书和牌匾授权使用官方标识，实现九百集团现代百货板块中“上海老字号”品牌零的突破。（全鑫）

【正章洗染开拓服务和销售新渠道】 年内，正章洗染公司在原电商部基础上，补充力量成立线上管理部。通过开发微信洗衣小程序，将正章服务产品化推到线上，拓展新渠道。通过探索运营抖音、小红书等社交平台，形成公司员工直播和第三方合作带货相结合方式，使之成为正章品牌和产品链接年轻消费群体的一个露出端和销售出口。（全鑫）

【九百中糖优化库存结构】 九百中糖公司贯彻“去库存、回笼资金”工作要求，经过3年努力，至2022年将库存商品从2万余箱，减少到7000箱；库存商品品种从121个，减少到18个；回笼库存商品资金300余万元。中糖酒类销售业务逐渐转型为以销售中高档名白酒为主。（全鑫）

（三）上海北方企业（集团）有限公司

【概况】 2022年，上海北方企业（集团）有限公司（简称北方集团）、西藏城市发展投资股份有限公司（简称西藏城投）实现房产销售收入23.38亿元，房产租赁收入2607.3万元，直管公房物业租金收入1243万元，客房餐饮收入5359.56万元，收到商场营业收入5001.35万元，上缴税金（含北万置业、静安更新及外地项目）6.97亿元，净利润1.2亿元。年内，累计引进收税千万元级企业2家，百万元级企业10家，一般项目企业243家，完成招商指标。

（王永莹）

【新冠疫情防控】 年内，北方集团共承接北方商务大厦方舱医院、纺控租赁房方舱医院、北方智选假日酒店等3处方舱医院建设及运维工作，涉及床位3385张，累计收治患者8295名，接收隔离人员1563名。北方智选假日酒店年初作为区境外人员隔离酒店，4月6日改建为方舱医院，5月3日至8月期间作为密接隔离点，共接收 2587 名患者和密接人员，随后重新作为健康观察宾馆接受境外旅客。集团全面落实租金减免工作，制订《减免小微企业和个体工商户房屋租金的实施办法》，减免小微企业和个体工商户涉及 67 家，面积 1.96 万平方米，减免租金约 502 万元。（王永莹）

【旧改基地征收】 年内，北方集团共落实管辖范围内芷江西路 195 街坊、通阁路 193 号、共和新路 281 街坊 3 个零星旧改基地征收工作。完成 257 街坊、中兴城（一期）8、9、10 地块、宝丰苑川宝地块等基地残值补偿信息核对、合同签订等工作，累计上缴残值资金 6.81 亿元。

（王永莹）

【彭三五期项目居民回搬】 年内，集团承担的彭三五期住宅小区旧住房拆除重建工程项目于 3 月通过摸号选房为居民办理进户手续，共完成 878 户居民回搬工作。（王永莹）

【成套改造项目开工】 集团承担的彭一住宅小区旧住房拆除重建项目地块面积为 49203 平方米，新建 17 幢住宅楼、1 个变电站、1 个垃圾压缩站、地下机动车库及垃圾房等；该项目于 2 月开工，年底完成一区底板浇筑工作。彭一小区养老院新建工程用地面积 2340 平方米，拟新建 1 栋地上 6 层、地下 2 层社区养老院设施，包含基本养老床位 172 张以及多功能厅、厨房、医务室、活动室、职工用房等配套设施，同步实施外景观绿化和道路广场等；该项目于 2 月开工，年底完成桩基、首道支撑及栈桥施工。彭一小区配套公建项目规划新建社区服务中心、社区文化活动中心、社区体育中线、3 条线路的公交枢纽站和地下停车库等；该项目于 9 月底取得桩基施工许可证，10 月 28 日集中开工。谈家桥 155 弄、121 弄部分旧住房拆除重建工程总用地面积 23117 平方米，拆除建筑面积 13672.12 平方米，保留建筑面积 24131.73 平方米，规划新建项目总建筑面积 54925 平方米；该项目于 2 月开工，年底完成底板浇筑。（王永莹）

【洪南山宅项目开发方式转变】 洪南山宅项目

5 月 29 日，江场西路 200 号纺控方舱医院关舱　　（北方集团　供稿）

实施主体上海静安城市更新投资发展有限公司原为北方集团与上海地产集团下属子公司上海城市更新建设开发有限公司共同出资成立的合资公司。新冠疫情防控期间，公司采取视频会议形式与市地产集团洽谈，完成评估和市国资委备案、审批，于8月获取联交所交割单，完成静安更新60%股份收购并完成工商变更，项目开发方式由合作开发转变为独立开发。至年底，完成洪南山宅项目方案征询工作，各施工准备工作同步进行。（王永莹）

【竞得静安区中兴社区C070202单元304-03地块】 中兴城三期项目由北方集团与万科集团共同开发，项目公司为上海北万置业有限公司。年内，北方集团推进中兴城三期项目征收收尾及方案研究工作，重点完成北万置业股权转让、土地受让、股权回转等工作。9月23日，以120.60亿元成交价竞得静安区中兴社区C070202单元304-03地块；后续完成土地出让金滚动缴纳。该地块东至止园路，西至西藏北路，南至中华新路，北至天通庵路，占地面积43841.3平方米，规划为约25万平方米的商业、办公、住宅综合体。（王永莹）

【西藏城投盐湖矿业开发】 5月6日取得龙木错采矿许可证，7月5日完成更名和开采矿种变更。年内，采取对盐田卤水摊薄制卤加快浓缩、提高结晶池的周转率，完成4次结晶池梯度层制作等多种措施，共生产约970吨锂精矿产品，实现销售收入约2.51亿元，首次实现盈利。推进结则矿区萃取和铝系粉体中试试验工作，并建设以结则原卤为原料的300吨铝系粉体吸附中试线，为结则茶卡盐湖开发提供一条新的工艺路线，验证和优化龙木错原卤吸附提锂工艺及设备选型。铝系粉体提锂技术列入西藏自治区科技厅重大科技专项，结则茶卡资源潜力研究课题纳入阿里地区科技局项目库。推进两湖扩能前期行政审批手续工作，包括结则茶卡盐湖矿区6万吨锂盐项目和龙木错盐湖矿区锂盐项目的各项报告编制及评审工作，同步推进两湖扩能项目设计、人员培训、生产物资踩点和资金准备等各项工作。与上海中楷集团签订框架协议，解决结则茶卡矿区能源短缺问题。（王永莹）

【推进新材料开发新进展】 年内，北方集团借用外部设备在湖南岳阳开展单壁管的浓硫酸处理工作，处理完成得到80Kg单壁管产品；通过改进并进行高温提纯实验，制备出纯度大于99%的单壁碳纳米管产品，成功固定提纯方法。（王永莹）

【西安北关项目DK1预售】 年内，北方集团西安北关项目DK1在建工程总面积257207.85平方米，C-1标段5—8号楼及地下车库主体结构与二次结构施工完成，外墙保温及外立面真石漆基本完成，年底机电安装工程完成80%。C-2标段1—4号楼10月份主体结构全部封顶，年底二次结构工程与地下车库主体结构工程施工完成。C-2标段解除协议重新招标，8月，完成DK1住宅价格备案及住建局公示；8月16日，完成5号楼与8号楼“商品房预售许可证”办理；8月18日开盘销售。（王永莹）

【推进泾河新城项目】 北方集团泾河新城住宅项目在建工程总面积为50.39万平方米，其中铭城项目4个标段(DK1一标段、DK2一标段/二标段、DK3一标段)共37.10万平方米，其中DK2施工单位重新招投标；至年底，铭城项目7号、9号楼主体结构施工至19层，16号、18号、19号楼主体结构封顶；铭城DK2二标段完成正负零以下结构工程施工，26号、32号楼主体结构施工至19层。馨城项目2个标段(DK1一标段、DK2一标段)共13.29万平方米；至年底馨城项目洋房1号、2号、3号、4号、5号楼全部封顶并完成二次结构施工；高层住宅23号、24号、25号楼主体结构封顶，二次结构施工完成50%。世贸新都项目于8月份实现新开工，新开工面积为16.36万平方米，至年底完成首层基坑支护、首层与二层局部开挖、基坑围护等工作。 （王永莹）

【集团泉州项目进展顺利】 年底，C-3-2项目住宅外立面施工完成，商业外立面幕墙大面积安装完成，1层外立面零星收尾；住宅室内公共电梯前室及套内装饰完成，商业垂直电梯及扶梯安装完成；市政配套电力通电完成，燃气安装完成进入竣工验收阶段，自来水工程安装完成并准备调试试压；水电安装、消防、通风、桥架、智能化等安装完成，进入整体调试阶段；地下车库人防工程施工完成进入专项验收阶段。东海假日酒店客房水电管线安装到位，消防喷淋点位安装完成，客房地砖完成21%、天棚吊顶完成25%，基层墙面封板完成50%。年内，泉州项目C-3-2地块住宅成功与泉州市东海投资管理有限公司（泉州城建集团）签订整体销售协议并取得第一批80%回款（7.24亿元）。此外，还完成LOFT、商铺、车位等其他存量产品签约4672万元。售后工作方面，住宅交房率超97%，C-3-1地块完成办证约97%，B-1地块完成办证约85%。 （王永莹）

【静安荟奥莱公园经营调整】 年内，受西安新冠疫情影响，西咸奥莱客流比上年下降30%，为保证在疫情冲击下品牌的平稳经营和蓄力，集团公司进行重新规划品牌布局、重点品牌移位洽谈、优化商品活动规则、重点品牌业绩跟进、卖场环境形象提升、加强员工管理和培训等一系列工作。新引进361°儿童、鸿星尔克儿童、利源酒家、亚曼造型、苹果、华为等12只品牌。年底，西咸奥莱项目实际经营约11个月（剔除疫情直接影响35天），完成销售1.54亿元；剔除疫情影响免租，完成收益2461.03万元。 （王永莹）

【静安荟生活奥特莱斯开业】 静安荟生活奥特莱斯（简称北关奥莱项目）在筹备期共洽谈品牌800余个，于3月5日开业。开业当天客流突破16万人次，销售额突破612万元，约40只品牌当日销售额达到西北区域或西安的第一位。至年底，北关奥莱项目实际经营约8个月20天（剔除未开业2个月及疫情直接影响43天），完成销售1.86万元。 （王永莹）

【建立“纪审联动”工作机制】 北方集团纪委利用“大监督”概念，探索企业协同监督新模式，8月起建立“纪审联动”工作机制，通过纪检监察监督与审计监督互促互进，形成监督合力，放大监督效能，推进集团党风廉政建设向纵深发展。12月，出台《北方集团纪检监察及内审联合督查工作制度》，汇聚督查合力，构建集团风清气正政治生态。 （王永莹）

【开展安全检查】 年内，北方集团对上海在建工程项目开展安全检查51次，发现并落实整改各类风险隐患64处。组织各直管公房、七浦路市场等物业单位安全专项检查65次，发现并落实整改安全隐患133处。应急中心共完成抢修单2105件次、出动人员8420人次，任务完成率100%，居民满意率100%。 （王永莹）

（四）上海开开（集团）有限公司

【概况】 2022年，上海开开（集团）有限公司累计完成营业收入 17.07 亿元。年内，集团应对多重困难挑战，战疫情、稳经济、促发展，经济运行保持平稳向好。健康产业开启“新赛道”，推动数字化平台建设，加速推进区属医疗机构SPD(供应加工配送的英文 Supply、Processing、Distribution 首字母)信息系统实质运行；开发运营微商城、会员制系统，完善“云药房”服务能级，增加延伸处方药品种数；升级中药饮片处方平台，饮片批发业务保持增长；拓展医疗服务新领域，筹建雷允上西区门诊部口腔科项目，引入颜氏内科等特色诊疗服务。传承创新中医药，承办静安区医联体中医文化节，成为静安区医联体成员单位。静安制药提前布局省外市场，主打产品销量比上年大幅增长，全年经营业绩实现历史性突破。食品板块承接民生物资保供任务，开拓粮油团购业务，立足原辅料产品优势和渠道优势，以核心客户需求为导向开展经营活动；优化红宝石经营战略和产品结构，凭借电商网络渠道和灵活销售策略，实现创收增效。服饰板块发力团购业务渠道，开开制衣参与团购项目竞标，业务实现大幅增长；亨生公司突破自身服饰品类局限，成功竞标百万元级订单。蓝棠-博步、鸿翔制衣等“老字号”企业运用各大平台、小程序、微信社群等新零售技术，尝试发展会员制经济，提供私人定制、成衣改制等增值服务，通过品牌 IP 打造高颜值设计和开发高附加值产品。民生板块推进国家级标准化试点工作，以管理规范化、数字智慧化为目标，构建东亚商贸流通标准体系，打造星级市场、放心市场标杆。推进智慧化菜市场建设，以镇宁菜市场为试点，依托数字化赋能，优化标准化菜市场供应链建设，推动更好服务和保障市民“菜篮子”。集团公司深化改革管理创新。开展经理层成员任期制和契约化管理改革，优化目标、考核、薪酬闭环管理，强化制度相互衔接，纳入改革范围的二级及以下子企业签约率达 100%。推进服饰企业综合改革，优化商贸板块改革方案，完成1家企业歇业清算工作，妥善解决产权归属历史遗留问题。深化投资促进工作，克服新冠肺炎疫情影响，围绕“招商引资倍增”计划，推动营商环境再提升、再优化。全年累计引进项目253个，与7家重点招商企业签订园区产业扶持协议，2家知名品牌商户入驻南京西路商圈。集团党委强化管控体系建设，建立健全16项内控管理制度，制订新三年财务集中管控方案，开展二级财务中心基础管理专项检查，加大重点领域和关键环节审计力度，夯实监管基础。集团党委启动新一轮后备干部和储备人才工作计划，制订有针对性的培养举措；优化完善“三定”(定职能配置、内设机构、人员编制)方案，推动明责、知责、履责、尽责；到学校开展宣讲活动，吸引、挑选有潜力的应届毕业生、高素质专业人才充实人才队伍。全年引进大专及以上人才67人，完成各类培训18场次、1000余人次。

(江跃辉)

【筑牢防疫保供战线】 年内，在新冠疫情防控期间，开开集团第一时间启动专班工作机制，3支保供队伍打响“开开保供战役”。上海雷允上药业西区有限公司为全区150余个点位配送抗原试剂100余批次、近6000万人份，为数百家单位配送防疫物资超2300万件、11万余箱；上海东亚食品储运经营有限公司建立的蔬菜应急保障仓为全区14个街镇、工地、保障单位提供蔬菜包6万余份、约460吨；上海静安粮油食品有限公司连夜落实紧急配送任务，筹措保供物资，1周内将7万余包、近180吨大米送往40多个居民区，8500余份慰问物资送达一线。在疫情防控、保供生产和人员紧缺的多重压力下，集团公司有序推进复工复产，雷允上保障百姓购药需求，窗口服务从未间断；红宝石推出社区团购套餐，丰富市民多样需求；静安粮油坚持粮油供应、配送不脱销；新镇江每天为辖区内保障部门配送1000余份营养快餐。恢复常态化防控以后，集团公司落实各项防疫防控措施，开展重点场所、自营出租网点防疫防控专项督查，巩固防疫防控成效。 （江跃辉）

【3个品牌入选2022“上海老字号”名录】 8月29日，市商务委员会公示第一批2022年“上海老字号”拟认定名录，集团旗下“第六粮油”“亚细亚”“杜六房”3个品牌入选。 （江跃辉）

【周昕获上海市五一劳动奖章】 9月27日，静安区举办2022年上海市五一劳动奖表彰大会，上海雷允上药业西区有限公司周昕获上海市五一劳动奖章。新冠肺炎疫情防控期间，周昕和班子成员果断指挥，齐心协力，克服困难，30多名干部职工坚守雷允上药城60余天，做好区域防疫物资保障供应。复工复市后，周昕带队高频次开展窗口单位疫情防控专项检查，并加强“后疫情时代”市场形势调研分析。

（江跃辉）

【集团团委完成换届选举】 11月29日，召开共青团上海开开（集团）有限公司第二次团员大会。集团党委班子成员、所属企业党组织负责人出席，集团团员青年共40人参加。大会审议通过集团团委第一届委员会工作报告，并选举产生集团团委第二届委员会委员。 （江跃辉）

【镇宁菜市场获评“2022年上海市示范性智慧菜场”】 12月5日，市商务委发布“2022年上海市示范性智慧菜场名单”，东亚公司的镇宁菜市场榜上有名。全市共74家标准化菜市场参与创建，按加强“制度建设、人员管理、经营管理、场所管理、运行分析”5方面要求，综合“环境整洁、布局合理、保供有序、便利惠民”和现场评价，20家标准化菜市场最终获评，镇宁菜市场成为静安区唯一入选菜场。 （江跃辉）

【推进“开开YOUNG”党建品牌建设】 年内，集团党委丰富“开开YOUNG”党建品牌内涵，将品牌建设融入业务实践，发挥雷允上公司党建示范点引领作用，实施中医药品牌文化打造，

2022年，改造后的镇宁路菜市场获评“上海市示范性智慧菜场”称号 （开开集团 供稿）

深化特色诊疗服务，提升数字化平台服务能级。做实服务民生保障，开展“我为群众办实事”共建项目，丰富“第六粮油”社区商业模式，构筑以菜市场为中心社区便民服务圈，想方设法创新为民服务项目。尝试老字号品牌创新破局，挖掘企业文化资源，以“青年突击队”“大师工作室”为抓手，设计策划国潮元素的文创新品。集团党委还参与国资系统“党建品牌创建年”交流展示活动，开展“我在岗位上”“志愿先锋”等行动，以“七一”特色党课，重温抗疫精神，凝练“创新、克难、忠诚、担当”的企业文化精神。

（江跃辉）

【龙凤文创新品激发国潮品牌新势能】 年内，龙凤公司以上海博物馆“大克鼎”为原型制作国家工艺身份证——“盘故鼎新”宝证，参与央视《国家宝藏》栏目拍摄，并亮相“何以中国”北京故宫特展，赢得国家级文博类品牌宣传高地。集团坚持守正创新，鼓励老字号 IP 打造高颜值设计和高附加值产品，龙凤盘扣技艺结合新中式美学设计“手作压襟 · 花香蝶舞”，登陆东方卫视直播间；“手绣真丝茶垫 · 茗香雅韵”将生活与艺术相融合，尽显雅致与情怀。

（江跃辉）

【东亚公司推进国家级标准化试点工作】 年内，按照国家级服务业标准化试点要求，东亚公司以管理规范化、数字智慧化为目标，构建东亚商贸流通标准体系，梳理菜市场运营标准文本和管理制度资料，完成 20 项国家标准、2 项行业标准、3 项地方标准和 53 项企业标准编制。内容涵盖菜市场管理、服务每一个环节。并以标准化建设为重点，结合创全迎检工作，打造星级市场、放心市场标杆，5 家市场被评定为“五星级”市场。

（江跃辉）

【富春小笼新增分店 4 家】 年初，为配合区域改造，位于愚园路 650 号富春小笼馆总店正式闭店。暂别愚园路店后，富春小笼凭借品牌知名度，开拓市场份额，在全市又新增分店 3 家，海外市场新增分店 1 家，连续 5 年进驻进博会提供餐饮保障。

（江跃辉）

表 15-1　2022 年开开集团及下属企业获奖情况表

获奖单位	荣誉称号	颁发部门
上海静安粮油食品有限公司（本部）	2022 年度上海治安安全合格单位	上海市公安局治安总队
上海市静安区第六粮油食品商店有限公司	上海商贸服务业抗击新冠疫情先进集体	上海市商业联合会
上海雷允上药业西区有限公司		
上海雷允上药业西区有限公司	企业信用等级证书 AAA 级	中国商业联合会
上海雷允上药业西区有限公司	在新冠疫情防控大上海保卫战中为维护消费者权益作出突出贡献单位	上海市消费者权益保护委员会上海市消费者权益保护基金会

（续表）

获奖单位	荣誉称号	颁发部门
上海东亚食品储运经营有限公司（镇宁菜市场）	2022年上海市示范性智慧菜场	上海市商务委员会
上海东亚食品储运经营有限公司（武定菜市场）	2020—2021年度上海市“五星级标准化菜市场”	上海市副食品行业协会
上海东亚食品储运经营有限公司（镇宁菜市场）		
上海东亚食品储运经营有限公司（大沽菜市场）		
上海东亚食品储运经营有限公司（兴泰菜市场）		
上海东亚食品储运经营有限公司（同仁菜市场）		

（江跃辉）

表15-2　2022年开开集团及下属企业品牌获奖情况表

获奖单位	荣誉称号	颁发部门
上海雷允上药业西区有限公司	苏浙皖赣沪优秀企业文化50例	苏浙皖赣沪市场监管局
上海雷允上药业西区有限公司药品仓库	上海商贸服务业服务品牌（柜组）	上海市商业联合会
上海雷允上药业西区有限公司雷允上药城医保柜		
上海大沽菜市场经营管理有限公司大沽菜市场市场管理组		
上海鑫增银菜市场管理有限公司鑫增银菜市场管理组		
上海东亚食品储运经营有限公司市场管理服务中心	上海商业服务品牌	
上海开开制衣公司	2022年度上海市首发经济引领性本土品牌	
上海龙凤中式服装有限公司		

（江跃辉）

表 15-3　2022 年开开集团先进个人获奖情况表

获奖个人	荣誉称号	颁发部门
周　昕	2022 年上海市五一劳动奖章	上海市人力资源和社会保障局
吴咏志	上海商业杰出人物	上海市商业联合会
周烨昊	上海商贸服务业服务品牌(个人)	
时维佳		
顾丹瑜	上海商贸服务业技术能手	
沈青翠	上海商贸服务业销售能手	
姚　清	上海商贸服务业抗击新冠疫情先进个人	
沈　杰		

（江跃辉）

(五)上海大宁资产经营(集团)有限公司

【概况】 2022 年，面对新冠疫情反复等多重因素冲击造成的复杂困难局面，上海大宁资产经营(集团)有限公司(简称大宁集团)迎难而上、全力奋战，落实区委、区政府各项统筹疫情防控和经济社会发展决策部署，在抓好常态化疫情防控措施落地见效同时，抓招商、强产业、促转型，盯住全年主要目标不放松，实现经济发展正增长。年底，大宁集团资产总额 260.59 亿元，合并营业收入 5.13 亿元。（凌俊）

【新冠疫情防控】 年内，面对严峻复杂的疫情防控形势，大宁集团落实区委、区政府相关决策部署，先后承接上海静安体育中心方舱、上海久隆模范中学方舱、上海自仪厂方舱、万荣路绿地西块临时隔离点、市北中学方舱等多个方舱医院、隔离点建设及运维任务；运营静安区居民生活物资保障仓北仓，开仓 61 天，为静安区 12 个街镇发放约 11 万份、550 吨蔬菜，用实际行动为打赢“大上海保卫战”贡献国企力量。此外，大宁集团配合推进疫苗接种工作，支援大宁路街道 430.5 万元物资，宣传动员 60 岁以上老人 36902 人次。6 月起，有序推动复工复产复市，为小微企业和个体工商户减免租金超 1.41 亿元，惠及 457 户。（凌俊）

【加速产业转型】 年内，大宁集团科创产业集聚态势初步形成，集成电路/芯片设计、数字化安全、智慧健康成为特色主导产业。产业投资拓展招商渠道，集团于 2021 年 3 月投资的华登国际 VC 三期基金至 2022 年底对应账面浮盈 3580 万元；2022 年 5 月参投的华登国际 PE 三期基金完成广州粤芯等 6 个重量级项目投资。获投资收益同时，通过实施“招投联动”，成功吸引包括由芯信安电子携手国际顶尖测试设备商打造的“芯片测试联合实验室”、EDA龙头企业行芯科技的上海总部（行昕科技）、人工智能关键技术平台独角兽企业深圳云天励飞的上海总部（云天励飞信息技术）、芯迈半导体研发中心（芯星半导体）、艾诺半导体区域总部（艾诺微半导体）等8家企业总部、研发中心落户。召开“上海集成电路行业高端芯片测试研讨会”“集成电路设备零部件供应链高端论坛”等活动。与业内权威部门合作助推数字化安全、智慧健康产业集聚，与公安部第三研究所联合建设的国家数字化安全中心（大宁基地）完成整体施工。雅培医疗心脏起搏器线上全国运营中心、烨是信息技术等企业已入驻。协助IDC举办2022CSO全球网络安全峰会（中国站），并举行首届IDC中国20大杰出安全项目和CSO名人堂颁奖典礼等。召开与上海市生物医药科技发展中心联合举办的中国生物技术与医药创新论坛，并颁布“2022中国生物医药科技创新价值榜”，以举办行业大会为契机，构建与生物医药企业链接通道。围绕城市数字化转型，启动大宁中心广场二期智慧化园区改造项目，与云天励飞共同打造数字孪生智慧园区，探索元宇宙场景应用。 （凌俊）

【凸显“科创＋文创”特色】 年内，大宁集团文创产业规模持续壮大，“环上大国际影视园区”全年新引进影视企业10家，累计吸引325家影视企业入驻；“灵石中国电竞中心”新引进电竞企业6家，共有39家头部电竞企业入驻。成功举办第二十四届上海国际电影节、创投训练营活动。 （凌俊）

【营商环境优化】 年内，大宁集团应对新冠肺炎疫情带来的不利影响，开启“云招商”等模式，确保招商目标顺利推进，优化营商环境。集团全年缴纳区级税金6.4亿元，引进企业949户，其中亿元级总税特征企业1户，千万元级17户，百万元级80户。加大自有载体招商引税力度，提升运营效益。大宁音乐广场作为环大宁市级商圈重要组成部分，迎来开业第六年，全年举办会员专属活动21场，商场注册会员32.69万人，比上年增长10.7%。大宁音乐广场H

11月10日，中国生物技术与医药创新论坛在静安区举办 （大宁集团　供稿）

座、大宁中心广场二期、宁汇广场、大宁商务中心平均出租率超90%，大宁星光耀项目办公楼保持满租，大宁中环广场、华清大厦、启迪大厦出租稳定。大宁公园郁金香花博会开展线上“云赏花”，6月2日恢复开放后，日均客流量6110人次。（凌俊）

【大宁功能区建设推进】 年内，大宁集团立足提升大宁功能区环境品质，深化完善载体开发建设。宁嘉馨苑开盘2小时内142套房屋售罄，销售总额超17亿元；天目社区C070102单元07-03地块住宅项目预计2023年一季度开工；新建472街坊公共绿地和地下空间开发项目完成基础底板浇筑；大宁路252号（宁盛菜市场）房屋装修工于11月完工并开业；中华新路567号房屋完成拆除。（凌俊）

（六）上海静工（集团）有限公司

【概况】 2022年，静工集团把握稳中求进工作总基调，做好新冠肺炎疫情防控工作，为打赢大上海保卫战作出贡献；围绕区域重点，聚焦招商引资、国资国企改革与民生服务保障，实现疫情防控和经济发展“两不误”。集团公司围绕后街经济发展规划与要求，优化产业定位、推进项目更新、提升管理能级，以各片区为抓手进行统筹谋划，推进各片区载体项目建设和市场推广工作。“800秀”继续办好上海静安国际设计节，扩大节事辐射效应，为文创行业成果展现及文创人才共生共创提供国际化交流平台。黎安路项目清退工作收官，做好产业结构调整的“加减法”，打造长租公寓，实现国有资产安全与收益并行。现代产业园结合造桥提升园区形象，完成阶段性目标任务，提升招商引资成效。H951产业园3号楼完成现场清退工作，计划改造成为园区并引入优质税收客户，提升园区能级。航创990园区做好稳商惠商工作，助推园区税收经济体量。盛达园区围绕延平路“夜市经济、后街经济、网红经济”定位，多措并举提升园区沿街形象，业态持续优化。作为人社合作孵化园区，维客空间帮助10多家入驻企业获取房租及社保补贴资格，减轻小微企业启动成本，入驻企业上海昀捷信息技术有限公司获评高新技术企业；服务大局，助力集团完成招商引资指标。集团对园区打造有明确产业发展定位和目标，即专注于时尚、创意、文化和设计行业，以打造文化创意产业可持续发展的生态系统为目标，不是单纯的招企业，而是致力于发展产业创新集群，并贯穿于园区建设、运营和招商引资全过程。围绕“静工翌园”品牌，加强市场调研与分析，挖掘自身潜力，提倡科学育儿、优质育儿，激发优势，做好2家普惠性托育点开办和招生；制订园所与园区联动方案，于2022开学季进园区开展宣传工作，增进彼此间沟通与互动。集团公司深化国资国企改革，落实综改工作要求，各板块在降本增效、强化管理、提升规范、优化布局等方面取得进步，打好三年综合改革工作计划收官战。推进全面预算管控平台2.0版建设，根据区国资委统一部署，围绕“靠制度、能控制、有权威”核心要求，全面预算管理管控平台主中心上线运行以后，历经迭代优化，逐步成为系统功能较为全面、能够满足集团日常业务需要、具备大数据分析能力的综合性管控平台，具备增强预算管理水平，细化预算编制，加强预算执行跟踪分析和考核的优点。（章维佳）

【筑牢新冠疫情防控屏障】 年内，集团公司以“时时放心不下”的责任感和“事事落实到位”的执行力，抓好新冠肺炎疫情防控各项工作。集团公司于4月8日晚接到区委、区政府指令，委派集团支援场中路3000号和成都北路997号2处区级方舱医院运营维护，其中场中路3000号方舱需要改建后立即投入运维。该方舱团队在60小时内完成530人方舱改建任务。成都北路997号方舱医院于4月16日投入使用，可收治400名轻症和无症状患者。集团公司承担2座方舱管理运维和服务保障任务，为方舱医院提供保安、保洁、餐饮、通勤、物资采购与管理、设施设备运维等服务，2座方舱分别于5月11日与5月19日完成任务，顺利关舱。集团公司全年共派出13批次、121人次参与支援街镇核酸筛查、密接感染人员转运、机场转运工作平台、酒店隔离点、铁路上海站疫情防控和电话溯源流调等专项工作。集团104名在职党员，除4名党员大病、在外地等之外，100名党员全部完成社区报到要求，投身到所在社区参加防疫工作。根据区委、区政府、区国资委统一部署和工作要求，对口支援宝山路街道。捐赠总价值约402万元的接种慰问物资，并提供场地、物资、人员等各方面保障；发动职工家属、园区客户到区内开展新冠疫苗接种；集团系统内在职349名职工均完成全程接种，接种率100%，对入驻企业开展逐户宣传发动，累计发动2316人完成接种。（章维佳）

【2022年上海静安国际设计节】 11月23日，2022年第四届上海静安国际设计节开幕式暨静安区文创投资促进大会在静安“800秀”举行，4个文创产业重点项目签约落地静安区，包括帕森斯设计创新中心、遇见博物馆、啊哈娱乐和SAND文创企业服务平台暨SAND文创路演大会等。设计节集中展示与发布一批优秀文创作品及设计成果。设计企业、行业协会与院校等专业机构人士举办论坛、圆桌讨论等，为文创行业成果展现及文创人才共生共创提供国际化交流平台。上海静安国际设计节以“设计典范，聚会上海”为主题，升级成为区级主要文创品牌节。活动以当下潮流的“可持续设计+数字文创”为核心内容，从世界大师巅峰对话的高度、全球厂牌趋势发布的广度、设计名校成果展示的速度、头部企业限时开放的深度、携手助力慈善公益的温度，共5个维度搭建一个聚力共享的设计创意舞台。以“800秀”之力助力区域文创产业发展，获得市、区相关部门及领导支持与认可。（章维佳）

【“秀尚”服务品牌提升】 年内，“800秀”园区团队策划及发布“秀尚 Show Style”全新视觉识别系统，结合常态化疫情防控，推出秀尚 Linking计划，以共同的兴趣为出发点，连接人群、连接环境、连接情感，打造园区创意人才阶层高黏度的社群，服务好园区文创企业高层和白领“二人”，营造更优营商环境。官宣园区IP人物“小八”，“小八”的专属表情包作为文创衍生品上线微信表情平台，并在公众号推出留言寄语送文创礼盒活动，探索虚拟人物赋能园区品牌运作、提高园区知名度和品牌附加值新路径。（章维佳）

【招商能效提升】 年内，集团公司发挥自身优势，提高区域经济发展贡献度，通过完善招商工作机制、集中招商资源、开展全员招商及转变招商模式等措施，提升招商能效。根据招商引资工作要求，将园区招商工作量化指标自上而下层层分解，落实到人，由领导班子带头招商，延伸招商触角，做强“朋友圈”。各所属企业和部门挖掘潜力，利用供应商、合作方等渠道获取招商信息和资源。围绕300个项目，提升招商服务专业化水平，根据各企业和部门提供的招商信息，及时、深入地与对应企业保持联系，提供跟踪服务。执行招商引资工作奖励方案，激励全体人员发挥各自优势，冲刺招商目标。执行园区企业全覆盖走访，建立“一企一档”。在对企业走访过程中，传达惠企政策、收集客户需求，让企业感受到静安区“金牌店小二”的温暖。（章维佳）

【精品幼教建设】 年内，集团公司推进普惠性托育点建设。根据静安区托育服务三年行动计划，推进张家宅托儿所、华业托儿所与江宁路街道、南京西路街道、石门二路街道合作，开办普惠性托育点，承接政府实施项目，满足区域内市民群众对婴幼儿照护和早期教育需求。（章维佳）

（七）上海苏河湾（集团）有限公司

【概况】 2022年，上海苏河湾（集团）有限公司（简称苏河湾集团）实施“一轴三带”发展战略，推进国资国企综合改革，依托苏河湾建设管理委员会平台，发挥区域“服务商”“运营商”功能，加强统筹协调，加大开发力度，做实主业经营，凝心聚力、求真务实，打造高品质滨水商务集聚带。面对上半年突如其来的新冠疫情，苏河湾集团压紧压实责任，确保重点工作不断不乱，疫情防控、重点工作及管理体系均正常运转，克服疫情影响，抓落实、保质量、稳进度，各项指标总体完成情况良好，全年营业收入7533.42万元，归属于母公司净利润1604.16万元，上缴税金2192.43万元。疫情防控方面。派出多批志愿者支援区内街镇开展核酸筛查；根据区委、区政府安排，承担新中初级中学和大宁国际学校2处区级方舱运营维护职责；选派5名员工参与机场、火车站和街镇抗疫等志愿工作；承担新发展大厦核酸检测亭运维工作；对口支援天目西路街道疫苗接种工作，为打赢抗击新冠肺炎疫情的大上海保卫战贡献国企力量。主业经营方面。持续推进产业集聚、项目代建、地产开发、城市更新等板块重点任务；实施招商引资倍增计划，坚持招大引强，强化战略招商、精准招商，实现量质齐飞；根据区重大办要求，推进房屋代建和道路代建项目工作。迁建上海棋院实验小学工程于12月28日竣工移交；普善路—万荣路—三泉路道路辟通改建二期工程（中山北路—芷江西路）于9月29日正式开工建设并完成固投纳统要求。协调推进上海大悦城二期北地块商办项目、苏河国际商业中心、苏河湾华侨城中心等区域重点功能性开发项目，总量达256.5万平方米（商办191.7万平方米、住宅64.8万平方米），其中计划开工项目总量达到73.6万平方米，施工中的项目118.8万平方米，推进竣工64.1万平方米。苏河湾绿地竣工并向市民开放，天后宫、慎余里成为网红打卡地。继续做好天星大厦城市更新改造以及福新面粉厂、会审公廨等历史建筑保护利用。（王乙静）

【全球财富管理论坛·上海苏河湾峰会】 1月15日至16日，全球财富管理论坛（GAMF）举行主题为“全球共同复苏下的经济金融新图景”的上海苏河湾峰会，峰会由全球财富管理论坛组委会、上海市金融工作局、静安区人民政府主办，国研财富管理研究院、苏河湾集团承办，获中国人民银行上海总部、上海银保监局、上海证监局特别支持。GAMF理事长、财政部原部长楼继伟，市委常委、常务副市长吴清致辞。财政部副部长许宏才、中国银保监会副主席曹宇、亚洲基础设施投资银行行长金立群、中投公司董事长兼首席执行官彭纯等特邀嘉宾分别作主旨演讲。峰会期间举办2场高峰对话，分别是楼继伟与保尔森基金会主席、美国财政部前部长Henry Paulson（亨利·保尔森）举行闭门对话，以及GAMF执委会主席、清华大学经管学院院长白重恩公开对话斯坦福大学商学院 Philip H. Knight 教授及名誉院长、诺贝尔经济学奖得主 Michael Spence，就全球经济形势、资本市场走势、中国经济展望、中美经贸关系和竞合领域、数字经济和科技发展、金融监管和数据治理、全球绿色转型等作出研讨。 （王乙静）

【信息安全和人力资源服务发展研讨活动】 于3月7日在中国上海人力资源服务产业园区新动能空间，由静安区人力资源和社会保障局、苏河湾集团联合举办。活动邀请园内部分重点人力资源企业负责人参加。区人力资源社会保障局党组书记、局长为活动致辞。苏河湾集团副总经理以“百年苏河湾，国际新地标”为主题分享美丽苏河湾这几年的变化和未来规划。区人力资源社会保障局产业发展科科长向与会者介绍市、区两级相继出台的促进人力资源服务产业高质量发展政策。上海圣知林律师事务所主任楼凌宇律师为企业家们从《中华人民共和国个人信息保护法》法律角度分享人力资源服务业未来如何更好合规化发展。最后，与会者就“信息安全和人力资源发展”主题开展讨论。

（王乙静）

【新中初级中学方舱医院运维】 新中初级中学方舱医院于4月15日深夜开舱收治病人，始终保持高强度运转状态。苏河湾集团运维团队在临时党支部带领下坚持每日召开2次工作例会，加强团队沟通，及时复盘问题，综合协调处置医疗救治、环境卫生、物资采购、治安消防等各个环节工作。新中方舱坚持应收尽收、应治尽治，为孕妇、心脏病患者等出现不适症状的急症病人协调医疗资源，及时转诊至上级医院救治；为入舱高三学生患者开辟学习角，保障课桌、网线、文印资料等；对舱内的老幼人群、回民等有特殊饮食需求的患者，按需配餐，给予人性化关怀。方舱共设386张床位，从4月15日开舱至5月16日关舱期间，累计收治1055人，从3个月的婴儿到90多岁的老人，均得到悉心治疗与照顾。 （王乙静）

【大宁国际学校方舱医院运维】 苏河湾集团运维团队在开舱前成立临时党支部，带领医疗、运维、保安、消杀等团队负责人到方舱内实地勘察，排摸现场。为全面了解舱内病人需求，将热线电话张贴于舱内。4月18日开舱后，运维团队把公司精细化管理的企业精神运用到方舱管理和服务中去，集团副总经理亲自进舱关心病人居住环境，查看保安、保洁及消杀等具体工作落实情况。运维团队对舱内病人的餐饮习惯、用药需求、日常生活等进行详细记录和确认，并在订餐、配药、护理等方面进行定制化服务。该方舱共设800张床位，自4月18日开舱到5月27日关舱，累计收治1482人。 （王乙静）

【静安孵化器2家企业获第五届“中国创翼”创业创新大赛上海选拔赛优胜奖】 7月4日至7日，在由市人力资源和社会保障局、市发展和改革委员会、市科学技术委员会、市农业农村委员会、共青团上海市委员会、市残疾人联合会联合主办的第五届“中国创翼”创业创新上海选拔赛决赛评审中，静安孵化器企业斩获主体赛制造业组2个优胜奖，获奖企业上海蔚波微电子科技有限公司专注于开发国际一流的射频、微波、毫米波前端芯片和解决方案，重点用户为国内一线通信企业；上海智逍遥机器人有限公司是由机器人行业领军企业家、资深技术专家及投资人联合创办成立的智能机器人企业。 （王乙静）

【区档案馆新馆及大宁社区活动中心竣工】 由苏河湾集团全资子公司上海不夜城新发展有限

公司承担代建的静安区档案馆新馆及大宁社区活动中心位于平型关路1173号，建筑面积21298平方米，地上8层，地下2层，于10月1日正式投入运营。区档案馆新馆项目曾获市建委颁发的"市优质结构"评定，方案设计获华建集团内部"华建杯"优质奖、"最美丽建筑"、"设计类综合大奖"等奖项。该项目建筑功能多元复合，不仅为区档案馆提供了乙级档案馆所需的专业技术用房和扩容库房，还为大宁路街道提供了公共活动空间如社区剧场、图书阅览、活动教室等。（王乙静）

【王华一行调研苏河湾功能区】 10月12日，区委副书记、区长王华，副区长李震、张军一行到苏河湾集团开展功能区调研工作。区政府办公室、区商务委、区科委、区财政局、区人力资源社会保障局、区规划资源局、区建设管理委、区国资委、区房管局、区金融办等相关部门负责人参加调研座谈。会上，苏河湾集团就区域和集团各项工作情况进行汇报，与会者进行交流讨论。（王乙静）

【2022年苏州河赛艇公开赛】 于10月29日至30日在苏州河水域举行。2天的比赛设置4.2千米追逐赛和500米城市冲刺赛，共吸引来自专业组、高校组和俱乐部组的40余支八人艇队伍，以及来自俱乐部组别的10余名单人艇运动员参赛。赛事口号为"艇力重燃"，以赛艇运动团结、拼搏、向上的精神，凝聚城市正能量，彰显申城魅力与活力。比赛线路中苏河湾区域的赛道占据绝大部分赛程。（王乙静）

【携手全球知名人力资源服务企业联合组团亮相"进博会"】 11月5日至10日，苏河湾集团会同区人力资源社会保障局，携手12家人力资源服务机构，共同组成"苏河湾全球人力资源服务联合展区"亮相第五届中国国际进口博览会。这是中国上海人力资源服务出口基地首次以企业联合组团方式参加"进博会"。全球人力资源服务联合展区位于8.2馆服务贸易区A1-01展台，由米高蒲志、瀚纳仕、华德士、万宝盛华、科锐国际、仕卿人力、力德人才、德筑企业管理、讯升人力、国朗咨询、众和人

2022上海赛艇公开赛在苏州河水域举行（苏河湾　供稿）

力、新视野等人力资源服务机构组成。“进博会”期间，展区以“聚英才、链内外、惠全球”为主题开展一系列活动，集中展示园区企业的新产品、新服务。前来观展的各界人士可以体验到职场身价诊断室、MP读脑实验室等技术。展区还有报告智能投递、人岗智能匹配等新品发布，以及跨境人才引进、企业出海策略等专题路演，展现人力资源服务的全球化服务能力与数字化创新活力。“中国上海人力资源服务产业园区”是全国首个国家级人力资源服务产业集聚区，2010年11月9日在静安区苏河湾区域揭牌运营。2022年3月，园区被人社部、商务部评为首批国家人力资源服务出口基地。园区内既有任仕达、海德思哲、米高蒲志等30家跨国人力资源服务企业，也有上海外服、北京外企、前程无忧、智联易才、科锐国际等国内知名人力资源服务机构，共集聚各类人力资源服务机构411家。（王乙静）

【王思政一行走访苏河湾】 11月24日，市宏观经济学会会长王思政、副会长阎加林，市发改委规划处副处长孔媛及秘书处相关专家学者到苏河湾功能区进行调研，苏河湾集团董事长朱明胜、总经理韩益及相关人员陪同。王思政一行先后参观上海总商会旧址与福新面粉厂，并听取苏河湾区域规划建设和产业发展现状。座谈会上，与会专家学者对苏河湾区域的产业集聚、文脉传承、品牌形象等方面进行讨论，为苏河湾区域产业发展建言献策。（王乙静）

【安远路跨苏州河桥新建工程实现全线通行】 12月2日实现全线通行。作为一座慢行桥，安远路跨苏州河桥不仅能满足市民通行及非机动车推行过河需求，还能为游人提供休憩场所。安远路桥又名“趣桥”，全桥总长252米，是上海第一个全民征集设计方案的苏州河桥梁。主桥桥梁实现一跨过河、水中不设墩。独特的C形走向，成为苏州河上一道靓丽的风景线。“趣桥”通行之后，可以推动苏州河（中心城段）滨水贯通和慢行空间网络化，增强两岸已贯通的人行步道横向联系。（王乙静）

【区域品牌党建活动暨党的二十大精神宣讲】 12月2日，苏河湾集团党委与华润置地华东大区党委、华润万象生活商业华东大区党委在山西北路99号苏河湾中心42楼举办党委理论学习会，邀请中国浦东干部学院副院长曹文泽作题为“以中国式现代化全面推进中华民族伟大复兴”党的二十大精神宣讲报告会。报告会上，曹文泽从党的二十大召开的历史方位、主要成果；大会报告的主题、起草过程、框架结构；大会报告的主要内容和作出的战略部署3方面进行解读。（王乙静）

【苏河湾集团成功竞得中兴社区地块】 12月9日，在上海市2022年第四批集中供地竞拍中，苏河湾集团全资子公司上海不夜城新发展有限公司以48830万元成功竞得静安区中兴社区C070202单元313-07地块。该地块位于苏河湾地区宝山路街道，东至会文路，南至永兴路，西至市北高中，北至规划313-06地块。土地面积5197.6平方米，土地用途为商业用地、教育用地、普通商品房，容积率2.58，计容建筑面积13409.81平方米。（王乙静）

【“悠游苏州河”水上航线开启试运营】 历时近1年时间准备，“悠游苏州河”水上航线于12月15日开启试运营。首日门票基本售罄，市民游客乘船从水路穿越城市腹地，在“笃悠悠”的行程中，换个视角看上海城市发展。苏州河静安段独有全长6.3千米“一河两岸”“中西合璧”的滨河岸线，其间坐落有50万平方米历史建筑，既有安康苑、东斯文里等成片历史风貌街坊，也有上海总商会、天后宫、四行仓库、新泰 1937、福新面粉厂、裕通面粉厂、吴昌硕故居、延陵寄庐等独栋保留保护建筑。

（王乙静）

【迁建上海棋院实验小学工程竣工】 由苏河湾集团全资子公司上海不夜城新发展有限公司承担代建的上海棋院实验小学于 12 月 28 日竣工移交。上海棋院实验小学是上海市唯一一所体教结合的棋类特色学校，原有校区用地十分狭小。新校区由于地处中心城区，校区的建设用地仅为 9250 平方米，面对条件限制，不断优化设计方案，以便复合高效地利用空间，营造优质校园环境。根据基地形状和功能组织要求，在北侧布置公共区，南侧布置教学行政区。公共区分为东西 2 组，东部 1 楼布置入口门厅和 1 个可以容纳 300 人左右的报告厅，2、3 楼为体育馆，在 3 层屋顶布置篮球场和活动场地。西部 1 层为校史陈列室，展览学校在各个方面，尤其是在棋类培训和比赛方面的成绩；2 层为资料室；3 层为图书馆；4 层为音乐和舞蹈教室。教学行政区南侧为架空抬起，既保证校舍品质，还获得主要地面活动空间，穿过架空层布置 200 米环形跑道。该场地面积较大，可以举行升旗仪式。中部场地是休闲空间和半室外活动场地，通过递进处理，丰富学校的空间层次，东部场地则设置面积较大的下沉广场，为地下餐厅提供良好外部环境。教学楼按照双廊设计，南部 2 至 4 层布置所有普通教室，日照充分；北部 2 至 4 层布置各类专用教室以及教师办公室。在每个教学楼层，布置阅读和交流空间，北部 5 层为办公区域。5 层南侧为屋顶活动空间，也是室外植物教学园地。地下 1 层南侧设置为棋牌活动中心，北侧为餐厅、厨房。地下 1 层局部及地下 2 层是地下车库，地下空间的利用拓展学校的功能配置。新校舍可全封闭管理，新风系统创造健康环境。底层挑高设计，校园空间连续开敞，感受舒适。地下庭院可采光空间使地下公共区域拥有良好的空间品质。教学楼的公共区域，有良好的自然通风和采光。采用环保节能的建筑材料，使用太阳能和雨水回收等技术。

（王乙静）

【北苏州路（浙江北路—福建北路）道路新建工程竣工】 该工程是市政府“一江一河”品质提升重大工程之一，被纳入市政府对静安区的考核项目。道路西起浙江北路，东至福建北路，全长 260 米。除新建道路外，还同步实施架空线入地、合杆及绿化景观等工程。在区各委办局通力支持下，苏河湾集团克服新冠肺炎疫情影响，于 9 月 15 日开工建设，仅用 3 个月时间便完成管线铺设、合杆整治、人行道铺装、绿化景观等各项工程。年底，该项目全线贯通。

（王乙静）

【静安新业坊园区开发运营】 年内，静安新业坊园区针对重点企业、重点产业开展专题服务。组织园区内入驻企业摩登汽车申报“2022 年度科技型中小企业技术创新基金”“2022 年海聚英才全球创新创业大赛”，SMT 申报“2022 年临港科创英才项目”，遇见博物馆申报“2022 年上海市文创资金”等政策，为园区入驻企业搭建合作互动平台。遇见博物馆落户后，带来全球艺术真迹展和光影主题展等大展，其中“遇见毕加索：天才的激情与永恒”“遇见凯斯哈林：后波普时代潮流艺术展”“遇见敦煌光影艺术展”“遇见慕夏：线条的魔术”等主题展还与各大官方主流媒体、互联网媒体、短视频流量平台达成深度合作，获上百万人打卡、上亿次曝光。在做好园区运营同时，静安新业坊加大招商力度，围绕上海市及静安区重点发展产业，突出抓好高质量产业项目招引，推进重点项目落地，全年累计去化面积6154.67平方米，累计入驻率86%，全年园区内企业税收增长率为52%。（王乙静）

（八）上海新静安（集团）有限公司

【概况】 2022年，上海新静安（集团）有限公司（简称新静安集团）按照区委、区政府推进“一轴三带”发展战略，落实“疫情要防住、经济要稳住、发展要安全”要求，围绕企业“立足静安、围绕主业、双轮驱动、多元发展，朝着规范化、精细化、专业化发展”指导思想，落实全年各项经济目标和工作任务。全年完成营业收入5.74亿元，利润总额2.13亿元，税后净利润1.92亿元。（刘文炜）

【风华高中方舱医院筹建运维】 4月9日至6月28日，集团负责开展风华高中方舱医院的筹建、运维及关舱后的评估消杀工作。风华高中方舱医院从4月11日正式开舱到5月13日关舱，历时33天。设置床位317张，累计收治新冠肺炎患者846人，实现零感染，零死亡。（刘文炜）

【对口街道疫苗接种支援】 集团根据区委、区政府和区国资委安排，2021年12月30日至2022年1月24日期间，配合曹家渡街道完成接种疫苗34269剂次、共和新路街道完成接种疫苗31513剂次。2022年12月5日至12月31日期间，配合曹家渡街道完成60岁以上老年人接种疫苗1203剂次、共和新路街道完成60岁以上老年人接种疫苗2000剂次。（刘文炜）

【疫情防控期间房屋租金减免】 4月至12月，集团根据区国资委要求推进并落实疫情防控房屋租金减免工作。至12月15日，按照减免小微企业和个体工商户房屋租金政策规定，集团对符合减免条件的最终承租人减免房屋租金共8817.62万元。（刘文炜）

【静安区73街坊北地块项目改造】 1月4日，桩基工程开工。6月6日，取得建设工程规划许可证。7月8日，取得建筑工程施工许可证。1月17日前，完成工前试桩施工。2月12日起，恢复节后施工。至3月30日累计完成718根工程桩（提前3个月完成）。3月31日起，因疫情影响，工地处于停工状态，施工单位及监理单位人员根据疫情防控要求，全员在工地进行封闭管理。6月28日复工后至8月23日，1107根工程桩全部施工完毕。整个桩基工程实际工期103天，比原计划缩短工期35天。10月7日，基本完成立柱桩和西区围护桩施工。11月19日，完成西区栈桥、围檩及首道支撑施工。11月27日完成东区地下连续墙施工。（刘文炜）

【静安区86号地块静安老年健康中心项目推进】 第一季度，完成首道支撑；6月中旬，完成第二道支撑；7月下旬，完成第三道支撑；9月下旬，完成底板施工。因地下室3层涉及地下人防医院，结构较为特殊，施工作业面狭窄，施工难度较大，叠加12月初疫情导致施工人员严重不足等客观情况，项目速度有所放缓，12月底完成地下室3层结构施工。（刘文炜）

【融资渠道拓展】 1月17日至18日，上海新静安（集团）有限公司2022年度第一期中期票据成功发行。债券简称：22新静安MTN001，主体和债项评级：AAA，发行规模：8亿元，债券期限:3 年,票面利率:3.07%,全场倍数:5.09倍。10 月 31 日至 11 月 1 日,上海新静安(集团)有限公司 2022 年面向专业投资者成功发行非公开发行公司债券。债券简称:22 静安 01,主体和债项评级:AAA,发行规模:27 亿元,债券期限:5(3+2)年,票面利率:2.85%,全场倍数:2.26 倍。(刘文炜)

【静安区陕西北路昌平路零改征收项目完成征收】 陕西北路昌平路零改征收基地共有居民 104 证、单位 3 家。3 月 5 日,第一轮意愿征询以 100%同意率通过。8 月 20 日开始第二轮征询和签约工作,8 月 20 日签约首日,以 98.13%签约率并达成生效,8 月 21 日完成 100%签约。9 月 15 日完成 100%搬迁。(刘文炜)

(九)上海城市发展(集团)有限公司

【概况】 2022 年,上海城市发展(集团)有限公司(简称城发集团)按照"疫情要防住、经济要稳住、发展要安全"要求,坚持"一手抓疫情防控、一手抓民生保障",扛起国企社会责任,承担区内城市运行保障工作,守好城区市容环境保障"底线"。全年实现经营收入 9.95 亿元,资产总额 23.86 亿元。确保国庆节、党的二十大等重大节点期间市容环境保障任务,做好第五届中国国际进口博览会、全国文明城区复评检查迎检等各项工作。年内,在上海市生活垃圾分类实效综合考评中静安区列第三名,在全市市容环境质量公厕、垃圾收集点和道路实效监测评比中静安区分别列第一、第二和第三名。(胡亦斌)

【高标准保洁区域打造】 年内,城发集团制订 4 个市级"美丽街区"和打造 3 个高标准保洁区域的提升方案,灵活配置人员、车辆、机具,凸显"保洁定制、流程再造"特点。优化工作机制、创新作业模式,实施污染点位"黑名单"挂牌督战。重点突出"一路一区"(南京西路街区及周边背街小巷)、"一河两岸"(苏州河南岸、北岸)、"一站两场"(上海站南、北广场)地标性。9 月,3 个高标准保洁区域通过验收。(胡亦斌)

【垃圾分类清运管理】 年内,城发集团贯彻执行"不分类、不收运"机制,将 6 个大项、19 个小项考评内容全部纳入环卫清运作业规范及质量考核标准,加强环卫车辆冲洗点及小型压缩站规范化管理。湿垃圾称重系统整体验收通过。湿垃圾清运作业点位数字化监管覆盖率 100%。推行装修垃圾不落地新模式,采用固定厢房、"以箱换箱"、临时交付点等方式避免二次污染。(胡亦斌)

【新冠疫情防控】 年内,城发集团承接回民中学方舱医院运维保障任务,该院累计收治感染者 2069 人,舱内单日收治病患数最高达 1477 人;负责塘南隔离点管理运营,该隔离点累计接收密接 1395 人、次密接 201 人。约 140 人支援全区核酸检测亭工作。做好重点区域防控,配合铁路上海站实施"落地检"工作,确保进站旅客"人人尽扫,人人尽验"。根据《静安区国有企业减免中小企业房屋租金实施细则》工作要求,减免小微企业和个体工商户房屋租金 611.23 万元,减免房屋总面积 1.03 万平方米,涉及 26 处经营性房产,惠及小微企业和个体户 37 家。疫情防控期间,累计清运专项防疫垃圾 10359 吨,医废垃圾 1651 吨。市、区重大项目施工组织坚持"一工地一方案"原则。在铁路上海站站区、公园绿地、公共厕所、办公场所等 336 处重点场所设置场所码,实现场所码"应贴尽贴、应扫尽扫"。(胡亦斌)

【企业改革】 年内，城发集团优化主业管理架构，组建静环分公司装备保障部，制订机修资源整合优化工作方案。加快高技能人才培训中心建设，建立实训基地项目验收专项小组，开展职工职业技能培训。完成2家市政公司业务和人员整合，推进部分关停并转企业注销清算、股权划转等事项。制订集团二级以下企业经理层任期制和契约化管理实施方案，完成岗位聘任协议、任期经营业绩责任书签订。依法合规完成太仓苗圃征收签约和腾地工作。加快信息化建设，制订集团环卫作业数字化应用场景建设三年行动计划，有序推进环卫、市政、物业、绿化四大业务板块数字化转型项目。

（胡亦斌）

【园林绿化】 年内，城发集团完成绿化工程项目11项，室内花艺装饰、绿植租摆服务项目16项；草花种植87.5万余盆；整形修剪绿篱、球类2400余株；布置友谊会堂绿地、南京西路绿地花艺景点。静安雕塑公园打开围墙并实行24小时开放。静安中环公园在2022年市级公园园艺展示活动中获评“花坛展示”一等奖。

（胡亦斌）

【市政养护】 年内，城发集团完成8条道路大、中修工程，5项积水点改善项目，4项架空线入地、合杆整治工程及21项综合配套项目。打造红色经典步道静安段精品工程。 （胡亦斌）

【物业管理】 年内，城发集团承接物业管理项目3个。在管旧区改造基地27幅，移交基地1幅，新增4幅。 （胡亦斌）

（十）上海静安置业（集团）有限公司

【概况】 2022年，静安置业集团全年实现营业收入11.51亿元，获评2021年度上海市质量金奖、上海市实事立功竞赛优秀公司、静安园区突出贡献奖等称号。年内，城市更新板块完成张园西区修缮施工、招商、策划等，并对外开放。

11月27日，张园焕新亮相。图为张园内景 （静安置业集团 供稿）

物业管理板块与科技企业合作打造物业智能化管理服务平台；新增天目西路和南京西路街道办事处等4个非居物业项目；探索经租管理模式，落地公租房经租管理项目。建筑装饰板块完成静安区疾控中心新址装修、美丽园大厦修缮等区重点工程和慎余里、“华山·263老字号品牌馆”德莱蒙德住宅、岳阳医院青海路门诊部等文保、历保修缮项目，浙江省江山市清湖古镇文旅升级改造项目、景德镇锦莱酒店改造等EPC转型项目竣工。商业地产运营板块丰盛里出租率达93.4%，获评第三批上海市民“家门口好去处”；静安寺广场项目完成换乘通道资料及实体移交、苹果公司第三次补充协议签署、下广场排水和室内消防排烟整改工程等。房产开发置换板块推进静安卫培中心吴江分部资产划转及委托管理工作；完成金山产业、实训综合园区“青柚工坊”改造，实现物流仓储、企业团建等功能。（胡逸雯）

【张园西区完成修缮对外开放】 年内，张园西区克服疫情、高温等客观困难，完成修缮施工；成功与路威酩轩、历峰、开云三大奢侈品集团旗下多个头部品牌达成合作关系，落位多家特色概念店、中国首店等；完成天井画廊展示，推进开业方案策划，包括开业仪式、新闻发布会、设计迈阿密艺术展、“六幕拾光·张园百年”光影秀等，于11月27日开业，重现“海上第一名园”风采。同步实现茂名北路分时段步行街开街，先后策划举办路虎快闪博物馆、天井艺术展、都市与自然艺术印象展、海上拾光音乐秀、时尚插画艺术展等展览展示活动，为市民群众带来品质生活和海派文化新体验，释放张园和丰盛里地块整体联动效益。推进东区前期工作，先行启动3幢历史建筑平移施工；获得静安区南京西路街道南西社区C050401单元115-10地块，为张园区域整体开发补上最后一块拼图。

（胡逸雯）

【推进实事任务】 年内，静安置业集团完成康定路陕西北路、常德路新闸路、华山路421弄基地征收任务。落实住房保障工作要求，年内参与2批市重点人才安居保障工作，并为近400名有居住困难的公共服务行业和公益性单位员工提供公租房保障；配合落实中兴路一号等4个配建房项目相关工作；推进共和新路619弄项目加装电梯工作，提升公租房品质。

（胡逸雯）

【深化改革管理】 年内，静安置业集团根据区国资委部署要求，制订集团经理层成员任期制和契约化管理改革制度及实施方案，并100%完成改革范围内企业签约工作。拓宽融资渠道，成功发行静安区首单SPV-CMBS——国泰君安-静安置业丰盛里商业物业资产支持专项计划，规模11.47亿元，期限21年，大幅缓解资金压力；相继发行2022年中期票据及2期超短融；完成银团贷款首次及后续提款。邀请外部相关领域专家，先后举办2期“强管理、重规范、促发展”系列讲座，提升规范管理、防范风险意识能力。（胡逸雯）

【践行抗疫担当】 年内，静安置业集团面对3月以后空前严峻复杂的新冠疫情，投身社区防疫、方舱建设与运维、商业保供、环境消杀等防疫一线。守好近700万平方米管辖小区“大门”，配合街道、居委会做好核酸筛查秩序维护、人员出入管控、生活物资采购、快递外卖运送、政府物资分发、消毒消杀等社区防疫工作。抢抓重要抗疫场所建设、运维任务，如期完成永兴路、闸北中心医院等4个方舱建设任务，承担10个区级方舱项目代建主体责任；完成全季酒店、市北高新人才公寓等15处隔离酒店和集中隔离点改造工程，以及核酸实验室配套工程等12处其他防疫设施援建项目；并承担静安诺亚方舱彭浦点位、中冶梦想荟、国展中心P2隔离点3个方舱和隔离点位运维任务。聚焦民生发挥商业保供作用，封控期间成功推动丰盛里石窑面包、广莲申、塔可贝尔、法西诺等9家餐饮商户纳入供保名单，缓解民生保障供给难题，得到东方卫视、上海新闻频道等主流媒体宣传报道。创新升级夯实消毒消杀屏障，探索并推广“人防＋技防”消杀防护模式，做好重点场所预防性消杀等工作，完成曹家渡街道、江宁路街道、静安寺街道等涉阳小区、楼栋，及国展中心P2隔离点等处终末消毒任务。开展企业帮扶，在线做好商办载体企业服务工作；落实减免小微企业和个体工商户房屋租金政策，减免租金6856.11万元，惠及租户427家。呵护员工健康，定点设立核酸检测点，为员工开展8轮免费核酸检测服务，累计完成采样近700人次；为职工发放“防疫守护包”、值班值守人员配发“抗疫补充包”，多次为居家封控员工配送生活物资等，缓解封控期间物资储备难题。参与防疫志愿服务，3月以后共出动志愿者近270人次，驰援街道核酸筛查、静安区防疫转运及浦东国际机场、铁路上海站出入客运管理等工作，累积志愿服务时长超过2676小时。并与区内相关部门、街道、兄弟企业分享江山市人大、天津市河北区国资公司等合作方捐赠物资近45吨。

（胡逸雯）

（十一）上海凯成控股有限公司

【概况】 上海凯成控股有限公司（简称凯成公司）是静安区国资委下属的国有独资公司。作为区属功能型企业，公司主业为养老事业与产业、旧区改造征收与服务和城市更新与建设。2022年，凯成公司围绕静安区发展战略，坚持“精、锐、善、和”的企业文化，完成零星基地旧改征收3块、区代建项目25个，提升区域养老服务质量。全年公司实现营业总收入2.28亿元。

（洪艳丽）

【完成3块零星基地旧改征收】 年内，凯成公司征收团队完成宝山路街道153、155街坊，芷江西路街道195街坊及宝山路街道通阁路零改基地征收工作，实现100%签约，完成旧改指挥部的征收任务。公司明确把征收工作重心转移到化解历年征收（动迁）矛盾上的战略部署，事务所成立矛盾化解专项工作小组，年内化解81证历年矛盾，完成预定工作目标。

（洪艳丽）

【全年代建项目25个】 年内，凯成公司承担区代建项目25个，其中区卫生系统11个、区公安系统7个、区文化局1个、区民政局1个、区档案局2个、区体育局1个、区教育局1个，配合北横通道的隔声降噪改造工程1个。年内，25个项目中处于前期审批手续7个、在建1个、完工17个。2022年列入区重大办考核的重点工程4个，其中静安区区域医疗中心改扩建工程A区出正负零，B区完成大底板；新建静安区中医医院平型关路院区（暂名）工程完成现场施工；静安区全民健身中心新建工程和市北初级中学（分部）新建工程取得桩基部分施工许可证。

（洪艳丽）

【区域养老服务质量提升】 年内，凯成公司下属7家养老机构共收住长者1033位，占总可用床位数72.8%。爬楼机各服务站全年服务7685人次。护理站居家养老服务老人4235人，

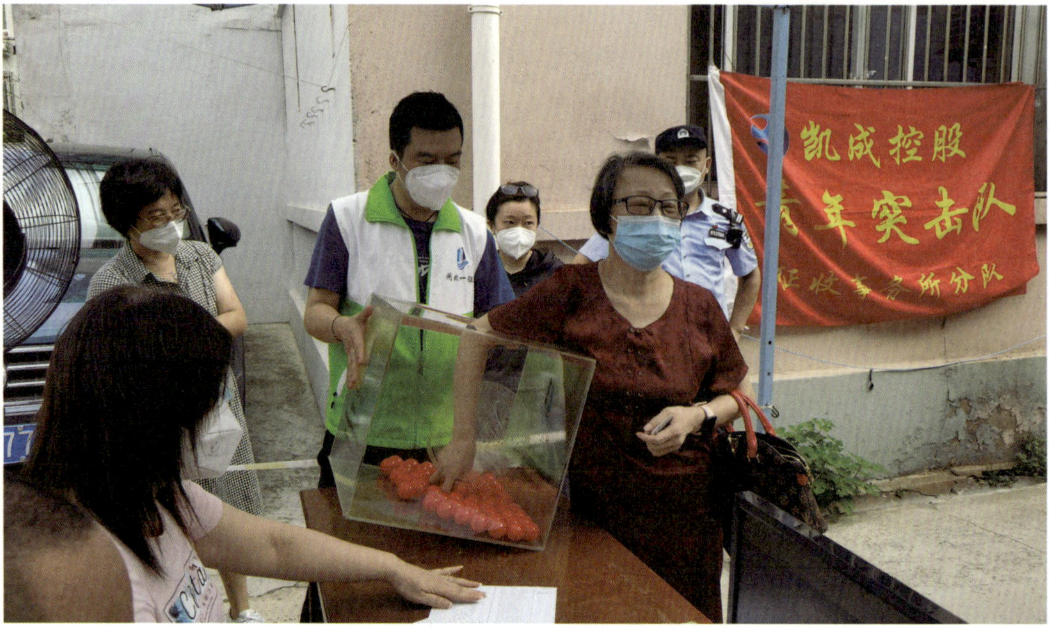

8月18日，宝山路街道153、155零星旧改居民抽取签约顺序号　　（凯成控股　供稿）

全年累计服务时长32万小时。长护险评估年内收到申请17539人次，完成评估16466人次。开展老年居家环境适老化改造项目，年内完成老年居家环境适老化改造1100户。在下属机构设立认知症照护专区，调整宝华养护院和彭浦养护院改造100张认知症专区运营方案，完成100张认知症床位验收工作并投入运营。推进久合科技园养老项目装修工程、华兴新城养护院改扩建项目和宝丰苑医养设施更新改建项目建设。（洪艳丽）

【国有资本对外投资管理】 年内，凯成公司以对外投资管理为基础，以加强资产分类管理和资本运作能力建设为抓手，提升公司资产和对外投资管理能级。推动公司资产清理管理工作进程，对公司名下僵尸企业进行清理，做好国资收益分红收缴工作，行使好国有股东权力，发挥投、融资平台作用。（洪艳丽）

（十二）上海静安投资（集团）有限公司

【概况】 2022年，上海静安投资（集团）有限公司（简称静投集团）资产总额168亿元，营业收入1.45亿元，上缴税金5065万元。集团深化国资国企改革要求，围绕区域经济发展需要，落实疫情防控，推进集团"十四五"规划，高质量发展主责主业，打造区国有资本投资平台，做大做强静安投资品牌。（陆伟杰）

【落实疫情防控任务】 年内，静投集团党委始终把疫情防控作为一项重要政治任务，强化国企责任担当，不折不扣贯彻执行区委、区政府疫情防控决策部署，发动党员职工深入一线支援抗疫。集团分别组建机场、铁路上海站志愿组、方舱医院及密接隔离点运维组、抗疫物资运输保障组、社区防疫志愿服务组等多个志愿者团队，组织静投志愿者前往浦东机场、区级方舱和密接隔离点、铁路上海站、多个社区开展志愿服务工作，累计派出 92 人次。推进"双报到"工作，党员自觉深入社区抗疫一线，32 名在职党员就地成为所在居民区疫情防控工作人员或志愿者。4 月起，集团连续承担新和中学方舱和万荣绿地密接人员隔离点运维保障任务。至年底，方舱和隔离点累计接收 6192 人，集团承担运维费用约 5100 万元。（陆伟杰）

【推进投资管理主业发展】 年底，区产业引导基金总认缴规模超 10 亿元，投资 7 支基金规模近 160 亿元，包括市北高新大数据基金、国泰君安母基金、摩登汽车基金、华虹产业链基金、央视融媒体基金、东浩瑞力基金、涌铧祥禾五期基金，另有华侨城盛趣基金正在推进过程中。子基金投资项目 67 个，涉及以新能源、新材料、新媒体为重点的新兴产业，平均投资回报倍数为 1.18 倍。静投股权基金投资项目总体运行情况稳定，并做好已投 5 个基金投后管理。集团直投项目中，尚演公司保持《不眠之夜》的话题性并不断推陈出新，在湖南长沙推出《不眠之夜》特展＋沉浸式演出，以"戏剧＋"形式走出上海，走向全国。小额贷款公司降低疫情影响，年底存量贷款 17 笔共 6244 万元，净利润 480.12 万元。（陆伟杰）

【推进城市更新项目建设】 年内，静投集团有序推进城市更新项目 72 号地块开发建设进度。项目整体受全年疫情影响，工期停滞近 3 个月。6 月初复工后，项目建设各方全力推进施工进度，加强分包设计与施工协作，于 9 月初实现住宅结构全面封顶，10 月底复建建筑封顶，12 月中旬公建钢结构封顶，打赢"战疫、复产"双赢战，抢回延误的工期。落实项目预售工作，确定项目案名"鸿印里"，开展前期市场调查与信息收集，实施房产销售管理系统建设。于 12 月中旬取得住宅预售许可证，年底前完成认筹，超过 1000 组客户认购。对接市场融资趋势，完成项目开发贷款融资 13.08 亿元，从资金上确保集团重大建设项目推进。推动一级银团贷款利率调整，计划在交易所市场发行 22 亿元非公开公司债券，至年底已完成 10 亿元发行，替换存量贷款，预计整体年节约财务费用约 3000 万元，优化集团负债结构。（陆伟杰）

【保障资产运营效益稳定提升】 年底，静投集团经营性房产整体出租率 96.6%，全年租金收入 9531 万元，租金收缴率 100%。集团下属公租房公司共接待政策咨询 3259 户，受理 2062 户，审核通过 2014 户。公租房和人才公寓整体出租率 97.16%，租金收入 3224.85 万元，完成全年预算 102.37%。主动对接区房管局等相关部门及项目开发商，提前完成静安映、静安世纪 2 个项目房源接收工作，实时推进天汇世纪玺、静安天悦、市北高新 22-023 等在建项目施工进度，与开发商洽谈万科雅宾利四期、中兴社区 321-01、曹家渡社区 4-3b 等 3 个配建房源项目协议签订工作。（陆伟杰）

【落实全年招商引资任务】 年内，静投集团压实招商引资工作任务，建立企业服务和常态化走访机制，发挥基金投资引导效应，对接已投基金，挖掘招商引资线索，累计提供招商信息 18 条，推动涌铧祥禾、华虹产业链等一批重点企业落地静安区。做好 72 号地块新建项目商业开发，推进"M＋马利"创意园区招租、招商，注重项目引进，实现落税静安区，以项目建设促进招商，完成"2022 年度静安区投资促进工作目标责任书"相关招商指标。（陆伟杰）

（一）规划和土地管理

【概况】 2022年，静安区规划和自然资源局优化规划布局，完成重点项目控规调整工作，聚焦重点区域，推进铁路上海站南北广场、北郊站地区城市更新研究，启动静安区养老设施布局专项规划研究工作。以聚焦民生保障、区域经济发展和服务年度土地出让及低效产业空间高质量发展为目标，实现土地出让总价252.3亿元。做好土壤污染防治及修复工作，保障土地收储任务完成。确权登记事务中心推广房屋买卖“一件事”工作品牌，提升客户体验，优化不见面抵押业务，率先完成全市第一单“跨省通办不见面抵押”业务。推进审批制度改革，聚焦2个“一百万”开竣工项目，打造美丽和谐美好城区。优化公共服务供给，以“十五分钟社区生活圈建设”为载体，通过“全员规划师机制”推动政社联动、多方参与，并聚焦居民家门口的幸福，打通规划落地“最后一公里”。（魏琪元）

【铁路上海站南北广场城市更新研究】 年内，区规划资源局在铁路上海站南广场区域方案研究基础上，重点深化南北广场连通方案研究，促进南北广场无缝衔接。并加强上海长途客运总站和环龙商场2个地块更新研究，促进南北广场区域整体功能和品质提升。（杜艳佩、张璐）

【北郊站地区城市更新研究】 年内，区规划资源局加强中环两翼地区北郊站地区城市更新研究，从上海大都市圈角度研究北郊站地区转型发展目标、功能定位和规划策略，在此基础上结合北郊站未来新功能、新定位开展城市设计方案研究，展现北郊站地区未来转型的愿景，促进北郊站转型实质性启动。（张璐、杜艳佩）

【推进“两旧”地块高效利用研究】 年内，区规划资源局按照市、区两级政府既定“两旧”（零星旧改、小梁薄板等旧住房）工作目标，立足区域资源禀赋，发挥规划智慧，对全区零星旧改和旧住房改造地块进行研究。加强零星旧改和周边地块规划整合研究，形成规模效应，促进整体开发，扩大零星旧改地块综合收益。

（张璐、杜艳佩）

【联合启动并推进静安区养老设施布局专项规划】 年内，根据静安区实际情况和公共服务设施布局均衡性要求，区规划资源局与区民政局同步联合启动该规划。在编制机构养老服务设施规划、社区养老服务设施规划，提出养老服务设施建设近、远期目标基础上，形成《上海市静安区养老服务设施布局专项规划（2022—2035年）（草案）》。（张洁）

【重点项目控规调整】 年内，区规划资源局完成衡山路—复兴路历史文化风貌区保护规划102街坊、江宁社区C050202单元控制性详细规划053街坊（JA-16-Ⅱ风貌保护街坊保护规划）、天目社区C070101单元控制性详细规划08街坊、中兴社区C070202单元控制性详细规划303、304、313、321、322、334b街坊、灵石社区N070402单元控制性详细规划064街坊局部调整。（杜艳佩、唐尧峰）

【区土地出让工作】 年内，面对新冠肺炎疫情和市场不确定性影响，在经济下行压力巨大和招商环境异常不利情况下，区规划资源局聚焦土地市场平稳运行，加快经济恢复重振，加强市场推介与意向人培育，尊重市场规律，跟进市场反馈，坚持“能出尽出，应出尽出”，保证出让工作稳步推进。全年出让地块8幅，出让总面积14.88万平方米，建筑面积52.70万平方米，土地出让总价252.3亿元，其中商住办等经营性用地7幅：天目社区C070102单元07-03地块（北站街道73街坊）、曹家渡社区C050301单元4-3b地块（115街坊）、中兴社区C070202单元304-03地块（257街坊）、中兴社区321-01、322-09地块（电影技术厂）、中兴社区C070202单元313-07地块（市北高中东）、南西社区C050401单元115-10地块（威海路550地块）、江宁社区050201单元031-a-3地块（80号北）。为缓解居民停车难问题，加快推进“沉井式”车库民生项目出让工作。7月26日，与中铁十五局集团上海智慧交通科技有限公司签订灵石社区N070403单元058d-01地块（地下停车库）土地出让合同，将建成上海首个“沉井式”车库，预计增加停车位约300个。（练款）

【土壤污染防治及修复】 年内，区规划资源局完成计划内地块土壤污染修复工程2幅：73街坊晋元加油站东侧地块和280街坊钢圈厂地块，覆盖土地面积2.12公顷；完成13幅地块土壤污染状况初步调查，其中计划内地块4幅：257街坊、258街坊、161/162街坊电影技术厂、383街坊9丘彭浦新村二卫中心地块，计划外地块9幅：242街坊旧改、149街坊旧改、威海路550号、安远路899号、北站新城、福新面粉厂、150街坊、胶州路康定路零星旧改、镇宁路愚园路零星旧改地块，覆盖土地面积20.66公顷；完成土壤详细调查、风险评估2幅：285街坊地块117a-06和117a-07、09地块，覆盖土地面积5.3公顷；完成上海市静安区低效转型工业地块土壤环境质量调查评估研究，对全区域内地块进行分类评估，并对试点区域完成采样工作；完成每季度地块安全利用率核算，涉及6个核发工程规划许可证地块，安全利用率100%。

（俞俊）

【土地收储】 根据区委、区政府“聚焦民生保障和区域经济发展”要求，优先保障“一轴三带”重点发展区域土地需求，为产业转型和能级提升提供土地资源和空间发展保障，区土地储备中心围绕目标任务做好土地储备各项工作。全年完成8幅地块土地收储目标任务，涉及土地面积16.51公顷（约合165100平方米），建筑面积38582.9平方米，收购总价约1354554.28万元。其中签订收储合同2个：257街坊地块、威海路550号，收储土地面积4.87公顷（约合48700平方米),合同总价为1164461.06万元;完成合同上报区政府请示件6个:481街坊1/1丘精神卫生中心扩大用地地块、塘南村北块光明乳业地块、江杨南路2号爱德夏地块、彭浦新村街道383街坊15丘(雷勃公司)、393街坊55丘地块、393街坊56丘地块,涉及土地面积11.64公顷(约合116400平方米),建筑面积38582.9平方米,收购价格合计190093.22万元。（俞俊）

【保障重大项目建设推进】 年内,静安区围绕加快重大项目复工达产,推出一系列线上管理服务举措,促进项目审批提速增效,加强施工项目现场管理,保障重大项目建设推进,减少新冠疫情对经济社会发展影响。区规划资源局加强与市、区相关管理部门、建设单位、设计单位等之间线上沟通,充分讨论项目推进方式、进度目标、技术难点等内容,听取企业诉求、确定规划方向、做好支撑保障,为推进项目尽快落地打下基础。在疫情封控期间,通过“云上会商”方式,完成彭一住宅小区、谈家桥路121弄、155弄等旧住房拆除重建项目共26.44万平方米、临汾路租赁住宅项目8.20万平方米以及2个科教文卫体项目的规划土地意见书审批。（傅挺挺）

【彭三五期旧住房成套改造项目竣工】 7月,彭三五期旧住房成套改造项目竣工。该项目占地面积21213.1平方米,总建筑面积57205.4平方米,共有7栋单体,并配有菜场、底层商业等配套设施。老百姓回搬新居,每户将享有独用的厨房、卫生间和阳台,新房还配备电梯和地下停车库。彭三五期项目涉及原有11幢非成套旧公房,建筑面积约27560平方米,居民878户,房屋面积狭小、阴暗潮湿、破损老化。2018年8月,彭三五期旧住房成套改造项目启动签约。（傅挺挺）

【张园项目规划审批】 年内,区规划资源局配合、协调市规划资源局完成张园西区项目全过程审批,并启动东区项目规划方案审批。西区项目包含16栋历史建筑,其中4栋文物保护点,12栋优秀历史建筑,项目难点在于时间周期紧、保护建筑作为高端商业零售开发的首次尝试等问题。区规划资源局发挥在项目全过程参与的优势,依托强有力的业务执行力,与市规划资源局纵向配合、联动,以最快速度完成从规划实施深化、方案审批、工规证核发、到竣工验收及产证办理的全周期服务;并横向借助区政府的支持,主动跨前一步,与建管、房管、文物等部门衔接,突破以往项目行政审批流程中时间壁垒。东区项目完成规划条件征询、设计方案评审等工作,后续将重点研究地下空间开发,地上历史建筑保护及新建公建设计(美术馆)等专项技术难点,为项目在城市核心历史街区落地、实践高复合型商业空间,把关技术可行性、提供行政合规许可。（唐洁琼）

【市二中院等审判法庭业务用房扩建项目】 市第二中级人民法院等审判法庭业务用房扩建项目位于静安区共和新路街道,东至和田路,南至现市二中院和人民检察院第二分院地块,西至规划130-13地块(教育科研)和130-09地块(公共绿地),北至规划130-08-B地块(公共通道)。规划用地性质为行政办公用地。项目占地面积14381.4平方米,容积率1.38,建筑高度约24米,总建筑面积32956.27平方米,其中地上建筑面积23956.30平方米(地上计容面积19823.3平方米),地下建筑面积8999.97平方米(含民防防空专业队工程4000平方米)。区规划资源局于9月19日核发该项目《建设工程设计方案》。（宋颖）

【78街坊项目竣工】 该项目地处陕西北路以东、海防路以南、江宁路以西、昌平路以北,用地

面积36361平方米，容积率3.6，限高100米，总建筑面积约27.7万平方米，街坊内有1处文物保护单位——中共中央秘书处(阅文处)旧址。规划建设2栋综合楼1#、2#楼、1栋甲级写字楼3#楼、1栋精品商业综合体4#楼，地下建设5层。该项目于2018年初开工建设；2022年11月底部分竣工；12月，商业部分开业。 (林琳)

【市北初级中学扩建工程建设项目】 该项目东至规划育婴堂路，南至中华新路，西至302a-02地块、302a-08地块，北至拟建全民健身中心302-05地块，总用地面积6064平方米，用地性质为初级中学用地。其中总建筑面积21534.2平方米(地上建筑面积12693.2平方米、地下建筑面积8841平方米)，计容面积12431.2平方米。地面教学楼1栋地上6层(底层架空)、地下2层，设有24个班，行政办公、风雨操场、图书馆、合班教室、专业教室、厨房、餐厅及地下停车库等设施。该项目于11月21日取得《建设工程设计方案批复》。 (王衍杰)

【新建全民健身中心建设项目】 该项目东至规划育婴堂路，南至拟建市北初级中学302a-06地块，西至302a-02地块，北至302a-03地块、302a-04地块，总用地面积6676.66平方米，用地性质为体育用地。其中总建筑面积28690.9平方米(地上建筑面积9263.9平方米、地下建筑面积19427平方米)，计容面积9013.49平方米。地上2层、地下3层，设地下停车库、游泳池、篮球场、羽毛球场、网球场、综合健身馆等设施，屋顶运动场地拟对市北初级中学体育课开放。该项目于11月21日取得《建设工程设计方案批复》。 (王衍杰)

【新建万荣消防站项目】 年内，区规划资源局将该项目作为重点规划项目，并列入区重大工程。项目位于彭浦镇，东至093a-06地块，南至093a-06地块，西至彭越浦路，北至灵石路。规划用地性质为消防设施用地，用地面积3600平方米，总建筑面积4000平方米。区规划资源局于4月30日核发《建设工程设计方案》，于12月8日核发《建设工程规划许可证》，并于12月27日开工建设。 (宋颖)

【上海山东能源大厦】 该项目东临育婴堂路，北临中兴路，西、南两侧为已建多层住宅。项目用地面积3045平方米，总建筑面积33591.11平方米，地上计容建筑面积22531.82平方米，地下建筑面积9480平方米，建筑高度99.9米。设计为地下4层、地上21层。项目用地规划性质为商业、办公及社区级文体设施混合用地，其中配置社区级文化设施约2494平方米，社区级体育设施约2447平方米，公共停车位80个。项目地块原为老旧建筑，整体拆除重建，创建舒适宜人商办环境。结合地区公共要素评估情况，建成后将补充地区内紧缺的公共要素，增加社区级文化、体育及公共停车设施。 (李婕)

【推动市北寿阳110千伏变电站景观提升方案落地】 市北寿阳110千伏变电站位于寿阳路江场路，市北高新园区内，东、南两面毗邻市北绿地，西至江场路，北面靠近走马塘。变电站高12.1米，总建筑面积2525平方米，其中地上建筑面积1468平方米、地下建筑面积1057平方米。年内，区规划资源局委托专业景观设计团队，在项目预算有限情况下，结合周边环境、变电站工艺、造价控制等要求，雕琢3版外立面提升方案。优化后的变电站外立面方案改善变电站建设带来的“邻避效应”，促进周边景观环境提升。 (张菊亮)

【景观化道路云秀路、云飞东路建设落地】 云秀路、云飞东路位于市北科创社区内，云秀路道路长度约564.71米，规划红线宽度20米；云飞东路全长约670.75米，规划红线宽度20米。年内，区规划资源局提出景观化设计与方案审批相结合理念，2条道路在进行景观化设计时，结合公共绿地，设置公共老人健身区、儿童活动区以及多个出入口，为周边民众提供丰富的活动区域，最大化地促进街道与园区融合发展。并在静安国际小学门口增加遮雨连廊，为后续家长接送提供人性化等待空间。（张菊亮）

【社区规划师工作推进】 年内，区规划资源局以创新模式推进社区规划师工作，结合党建品牌“更新者”主题，在保留原工作亮点基础上，加强工作统筹，引入第三方专业力量赋能规划师工作。以“十五分钟社区生活圈建设”为载体，通过“全员规划师机制”推动政社联动、多方参与，聚焦居民家门口的幸福，打通规划落地“最后一公里”，落实全过程人民民主。以党建促业务，推进“宜居、宜业、宜游、宜学、宜养”社区营造工作，建设属于人民、服务人民、成就人民的美好城区。协同区委组织部、区地区办、属地街镇试点成立社区规划师工作专班。在前期现场踏勘基础上，初步遴选出曹家渡、江宁路、彭浦新村街道3个点位作为全年微更新试点项目，推进项目建成落地，包含微空间、微景观改造等。（刘天生）

【推广房屋买卖“一件事”业务品牌】 年内，为打通线上审核通道，提升客户体验，区确权登记中心建立“一件事”工作群，工作人员在线上工作群内回应试点中介机构提出的业务问题，及时与税务、交易部门进行协商。并在微信公众号、大厅等平台，推广“一件事”服务模式，提高该业务占比。8月，利用政府开放月，组织市民以“体验员”身份通过“实地参观＋座谈交流”方式面对面、零距离观摩体验房屋买卖联办“一件事”业务受理流程，扩大知晓度并令中心认识到该业务存在的不足，帮助完善流程。全年“一件事”窗口累计完成业务765件，较上年增加107％以上。（张逸儿）

【企业服务专区效能提升】 年内，区确权登记中心企业服务专区功能从原先仅受理企业间转移登记扩展至所有涉及企业的登记业务。并设置专人为企业提供免预约、免取号服务，让企业不动产登记专享“预约、受理、缴税”“一条龙”绿色通道，从而节约企业办事时间成本、提高企业办事效率。为受新冠疫情影响困难企业解决燃眉之急，加快办理快速通道，为企业纾困提供保障。区确权登记中心率先实施“先领证后缴税”新服务模式，帮助上海工业投资集团有限公司办理存量房交易项目。（张逸儿）

【优化不见面抵押业务】 年内，区确权登记中心拓展不见面抵押业务普及度，率先完成全市第一单“跨省通办不见面抵押”业务，解决市民办理房产抵押注销往返跑难题。根据市确权登记中心线上登记(不见面抵押和注销)相关工作布置要求，规范线上不见面登记操作流程。并安排专员在工作群内与各银行进行业务沟通，解决银行案件各类问题，确保案件办结率。

（张逸儿）

【“十五分钟社区生活圈”建设】 年内，区规划资源局结合党的二十大“增进民生福祉”会议精神，按照“人民城市”理念，推动“十五分钟社区生活圈”规划建设工作，加快调整公共服务设施布局，织密社区公共服务网络。创建合理工作机制，将社区作为空间治理基本单元，结合社区管理层级设置，针对街道、居委会和居民3个层级，精准聚焦社区公共服务设施短板和缺口；通过住区微更新，提升公共绿地、公共开放空间及慢行步道品质，提供微型社区设施；通过城市更新，结合存量工业用地转型，完善片区广场绿地和社区公服空间布局，提高公共服务设施服务水平，提升片区公共环境品质。（唐尧峰）

【街坊线数据清理工作】 因项目建设开发、新建道路等变化，区域街坊内宗地数据发生较大变化，而街坊线数据自2003年大机系统启用以后从未清理，造成街坊线数据不现势。为确保测绘成果管理系统中街坊数据现势性，年内，区规划资源局对街坊线进行清理，先后开展拓扑检查宗地重叠、间隙情况并进行修补，将宗地线与原有街坊线进行融合，结合现状与控规对街坊线数据进行优化，优化后街坊图层线性与外围宗地图层边缘一致。该工作于7月底提交市检，9月完成数据入库。（张逸儿）

【地图专项排查整治】 年内，区规划资源局开展静安区2022年地图专项排查整治工作。在制订专项排查工作方案基础上，受理并查处地图案件2件；派出1名工作人员参加市局组织的展会地图执法工作；联合市测绘院、区教育局、区文化旅游局和区市场监督局，开展“问题地图”专项排查整治活动，涉及198所学校和19家具有一定知名度的博物馆、纪念馆、文化艺术馆。在排查同时，还做好相关法律法规宣传和地图知识普及。（沈炯浩、汪小婷）

【国家地名信息数据库质量建设行动两轮整改】 为推进《地名管理条例》贯彻落实，提升国家地名信息库数据质量，年内，区规划资源局开展国家地名信息数据库质量建设行动两轮整改工作，集中开展信息库数据质量审核工作。主要聚焦地名名称书写、罗马字母拼写、地名类别、图上坐标、多媒体属性信息及地名来历含义沿革等信息，集中力量进行审校更新。第一轮行动于3月启动，第二轮行动于9月启动，年底完成两轮整改工作。（汪小婷）

【国土年度变更调查】 年初，区规划资源局按市规划资源局部署开展区级年度变更调查工作，先后从明确调查方案、落实调查队伍、组建工作小组、监督协调外业调查、区级案件审核等环节确保成果准确性。年内市规划资源局共下发调查案件251个，区自主发现变化案件40个，经调查确认合并为225个案件。3月初完成并通过市级检查；7月初，完成国家级核查整改。（汪小婷）

（二）建设和交通管理

【概况】 2022年，静安区建设管理委落实防疫防控工作，推进二级旧里以下零星地块改造，推进重点房建类项目和市政路桥建设，实施苏州河静安区段两岸综合提升，常态化开展建筑业、交通、水务、防汛防台、燃气等行业管理和应急管理。（王菡）

【新冠疫情防控】 4月，区建设管理委开展区级方舱建设工作，建设区级方舱项目24个（利用学校13个、养老机构3个、收储用地2个、旧改基地1个、体育场馆1个、租赁住宅1个、商务楼宇1个、卫生机构1个、收治医院改造1个，床位共计15000余个），区级隔离板房项目3个（2305间、4133个床位）。5月，配合区发展改革委建设302个核酸采样点，办理其中涉及市政道路的270处占路许可；协调落实38辆强生出租车作为缓解静安区居民全市就医“点到点”交通的运力补充。配合市级部门对静安区内3家长途客运站（长途客运总站、沪太客运站、中山客运站)开展常态化防疫工作,填补防疫漏洞,并在上述3家长途客运站内开展“落地检”工作,共完成来沪返沪人员核酸检测6.2万人次。针对客运站工作人员进行“一天两检”工作,共检测9616人次。配合宝山邮政管理局开展邮政快递行业从业人员“一天两检”工作,共完成人员检测16.2万人次。实施静安区邮政行业一线从业人员阶段性财政补贴工作,保障静安区元旦、春节期间快递运力,满足市民寄递需求。 (王菡)

【苏州河两岸公共空间贯通提升综合整治工程】 年内,长寿路桥下通道贯通提升建成并投入使用。以“苏河幽径”为主题,打通长寿路桥下约60米长断点,增设净宽5米人行通道,实现桥下空间再提升。苏河幽径顺接北侧光音栈桥和南侧锦绣花园,形成连续、立体、复合型滨水活动空间。共和新路桥下公共空间品质提升项目基本建成,该项目北至恒通路,南临苏州河,占地面积约11000平方米,通过对原有桥下体育场地、道路、停车区域等进行一体化设计,整体提升空间功能,增加跑步道、滑板场、霹雳舞舞台等多元潮流运动元素,为市民提供更多城市体育文化活动聚集地。此外还新增一处市民驿站,提供公共厕所、直饮水点等配套服务设施。年底,北苏州路空间提升工程基本建成,占地约8000平方米,通过道路改建、防汛墙提标改造及高品质公共空间建设,打造市中心超大面积苏州河亲水活动空间。 (王菡)

【停车场(库)管理】 年内,新增备案场库9个,新增与市级平台联网公共充电桩815个。向市级公共停车信息平台新接入217个公共停车场(库)的电子支付功能,完成10个停车共享项目电子签约功能,共140个共享泊位。抽查公共停车场库32家,对18家企业开具责令整改通知书。完成“一键叫车”进社区项目,共建设66个“一键叫车”点位。 (王菡)

【停车难综合治理】 年内,开工建设完成834个公共停车泊位。完成3个停车综合治理先行项目,分别为三泉路693号空地、普善小区、

缓拥堵工程——场中路平顺路(东向)港湾车站改造 (区建设管理委 供稿)

华怡园愚谷村小区项目，通过内部挖潜增建、周边资源共享等方式向附近居民提供201个停车泊位。完成华东医院、华山医院、眼科医院3个医院停车预约项目，共上线预约泊位12个，解决市民就医停车难问题。完成3处示范性智慧停车场（苏河湾万象天地、皮肤病医院智慧停车场项目、大悦城）。示范性智慧道路停车场方面，完成增补高位视频或地磁道路13条。全市首个垂直掘进（盾构）地下智慧车库实现开工建设。 （王菡）

【燃气管理】 年内，完成8.36千米燃气隐患老旧管网整治；完成凤阳路660弄等75处（市北燃气37处、大众燃气38处）燃气占压整改；梳理排摸全区天然气餐饮用户燃气报警装置安装情况，全区总用户数3099户，完成90%年度目标；开展13次燃气安全专项检查，出动约110人次。 （王菡）

【落实装配式建筑】 年内，区建设管理委落实新建且在监在建项目装配式建筑项目14个。 （王菡）

表16-1 2022年静安区新建且在监在建项目装配式建筑项目情况表

项目名称	装配式建筑面积（平方米）	单体预制率（%）	单体装配率（%）	建设单位	施工单位
静安区中兴社区C070202单元321-01地块项目	67152	40	60	上海兴铖房地产开发有限公司	浙江磐陀基业岩土科技有限公司
洪南山宅240街坊建设项目	95624.82	40	60	上海静安城市更新投资发展有限公司	上海建工五建集团有限公司
南京西路永源浜4号地块项目	130680	40	60	上海嘉铭鑫咨询管理有限公司	上海堡华建筑工程有限公司
静安区全民健身中心新建工程	9263.9	40	60	上海市静安区全民健身中心	中国建筑第二工程局有限公司
静安区市北初级中学（分部）新建工程	12693.2	40	60	上海市静安区教育局	中国建筑第二工程局有限公司
新建彭一小区公建配套设施项目	10890.33	40.3	40.3	上海北方企业（集团）有限公司	中铁二十四局集团有限公司
新建江场西路570号科研设计用房项目	51900	40	60	上海百汇云灏置业有限公司	上海建工二建集团有限公司

（续表）

项目名称	装配式建筑面积（平方米）	单体预制率（%）	单体装配率（%）	建设单位	施工单位
万荣一路120号改扩建项目	29419	40	0	上海上勤汽车维修有限公司	上海建工集团股份有限公司
上海山东能源大厦	22533	40	60	山东能源大厦上海有限公司	上海建工七建集团有限公司
静安区天目社区C070102单元08-01、08-04地块华兴新城项目	390773.4	40	60	上海晟诺置业有限公司	上海建工一建集团有限公司
新建共和新路临汾路租赁住宅项目	62353.8	40	0	上海厚瓒房屋租赁有限公司	江苏南通二建集团有限公司
大宁国际学校（小学部）新建工程	18160.19	40.2	60	上海市静安区教育局	上海建工二建集团有限公司
上海塘南实业公司072c-01地块租赁住宅项目	36295.45	40	0	上海塘南实业公司	浙江宏伟建筑工程有限公司
张园城市更新（西区115-02地块保护性综合改造工程）项目	19388.7	0	0	上海静安城市更新建设发展有限公司	上海静安建筑装饰实业股份有限公司

（邢慧娟）

【绿色建筑推广】 年内，区建设管理委落实新建且在监在建绿色建筑一星项目2个，建筑面积52244.73平方米；二星项目12个，建筑面积1177175.76平方米；三星项目1个，建筑面积170680平方米。

（王菡）

表16-2 2022年静安区新建且在监在建项目绿色建筑项目情况表

项目名称	绿建星级	建筑面积（平方米）	建设单位	施工单位
静安区中兴社区C070202单元321-01地块项目	二	99000	上海兴铖房地产开发有限公司	浙江磐陀基业岩土科技有限公司

（续表）

项目名称	绿建星级	建筑面积（平方米）	建设单位	施工单位
洪南山宅240街坊建设项目	二	153650.57	上海静安城市更新投资发展有限公司	上海建工五建集团有限公司
南京西路永源浜4号地块项目	三	170680	上海嘉铭鑫咨询管理有限公司	上海堡华建筑工程有限公司
静安区全民健身中心新建工程	二	28690.9	上海市静安区全民健身中心	中国建筑第二工程局有限公司
静安区市北初级中学(分部)新建工程	二	21534.2	上海市静安区教育局	中国建筑第二工程局有限公司
新建彭一小区公建配套设施项目	二	48995.16	上海北方企业(集团)有限公司	中铁二十四局集团有限公司
新建江场西路570号科研设计用房项目	二	75450	上海百汇云灏置业有限公司	上海建工二建集团有限公司
万荣一路120号改扩建项目	二	52517.5	上海上勤汽车维修有限公司	上海建工集团股份有限公司
新建万荣消防站	一	4000	上海市消防救援总队	诸几安装集团有限公司
上海山东能源大厦	二	33591.59	山东能源大厦上海有限公司	上海建工七建集团有限公司
静安区天目社区C070102单元08-01、08-04地块华兴新城项目	二	554453.4	上海晟诺置业有限公司	上海建工一建集团有限公司
新建共和新路临汾路租赁住宅项目	二	62353.8	上海厚瓒房屋租赁有限公司	江苏南通二建集团有限公司

（续表）

项目名称	绿建星级	建筑面积（平方米）	建设单位	施工单位
大宁国际学校（小学部）新建工程	二	27549.94	上海市静安区教育局	上海建工二建集团有限公司
上海塘南实业公司072c-01地块租赁住宅项目	一	48244.73	上海塘南实业公司	浙江宏伟建筑工程有限公司
张园城市更新（西区115-02地块保护性综合改造工程）项目	二	19388.7	上海静安城市更新建设发展有限公司	上海静安建筑装饰实业股份有限公司

（邢慧娟）

（三）旧区改造

【概况】 年内，区旧区改造工作启动7幅零星地块改造，完成5个旧改地块收尾，旧改受益居民493户。（肖旭锋）

【零改地块征收】 年内，启动7幅零星地块改造，其中江宁路街道陕西北路昌平路地块和康定路陕西北路地块、芷江西路街道195街坊及宝山路街道153、155街坊、宝山路街道通阁路地块、静安寺街道华山路421弄等6幅地块居民达到100%二轮征询签约率，推进江宁路街道常德路新闸路地块项目。（肖旭锋）

【旧区改造地块收尾】 年内，完成北宝兴路基地、陕西北路昌平路地块、芷江西路街道195街坊及宝山路街道153、155街坊、通阁路地块等5个地块收尾。（肖旭锋）

（四）重大项目推进

【概况】 2022年，区重大办落实跟踪服务推进制度、重要节点协调制度、项目催办督办制度等，全年完成开、竣工面积分别为108万平方米、101万平方米，区重大办工程质量安全处于总体受控状态。（赵慧敏）

【静安区2022年重大工程建设总结表彰大会暨2023年重大工程签约仪式】 于2月22日在区机关大楼举行。区委书记于勇，区委常委、组织部部长宋宗德，区委常委、区纪委书记高飞，区人大常委会副主任周伟，副区长李震，区政协副主席陈琦华以及区各委办局、区属国企、各街镇主要负责人出席会议，李震主持会议。会议总结回顾2022年重大工程推进工作，部署2023年工作；对2022年度市重点工程实事立功竞赛先进集体和先进个人进行表彰、对市优秀团队和优秀建设者进行表扬；区民政局、区发展改革委、苏河湾集团、大宁集团代表分别代表责任单位、审批部门、代建单位和推进办公室，与区建设管理委签订“目标责任书”。（赵慧敏）

表 16-3　2022 年静安区重大工程房建项目开工情况表

项目名称	分类	面积（平方米）
天目社区 C070102 单元 08-01、08-04 地块华兴新城项目	商住办项目	551391.69
张园城市更新（西区）	商业项目	19388.7
中兴社区 N070202 单元 332-01-A 地块、333-01-A 地块新建商品房项目（中兴路壹号西块）	住宅项目	66099
新中动力机厂（东块）	商住办项目	130000
寿阳路站	基础设施	2400
威海路 500 号（原四季酒店）项目	商办项目	75109.2
彭一小区公建部分	公共服务和民生保障	48967
大宁国际学校	公共服务和民生保障	27549.94
万荣路 120 号改建项目（上勤地块）	功能性产业	52517.5
山东能源大厦	商办项目	33000
新建江场西路 570 号科研设计用房项目（申林木业）	功能性产业	75450

（赵慧敏）

表 16-4　2022 年静安区重大工程房建项目竣工情况表

项目名称	分类	面积（平方米）
63—64 大统基地	商住办项目	112452.29
彭三五期旧住房拆除重建项目	成套改造	57205
铁路上海站北广场 C1 地块商办项目	商办项目	170724.2
皮肤病医院	公共服务和民生保障	48988

（续表）

项目名称	分类	面积（平方米）
市北园区 18-01 地块(静安映)	住宅项目	102422
市北园区 18-03 地块(静安世纪)	住宅项目	104553
苏河湾中心	商办项目	97254.5
闸北广场	商办项目	94347
张园城市更新(西块)	商办项目	19166.4
三普养护院	公共服务和民生保障	27162.1
甘肃 110 千伏变电站土建新建工程	市政基础设施	6749.8
78 号地块(3＃、4＃、5＃)	商办项目	173428.3

（赵慧敏）

（五）市政道路建设和配套管理

【概况】 2022 年，静安区推进市属路桥工程建设，安远路桥建成通车。推进区属路桥项目建设，基本建成三泰路（福建北路—山西北路）、福建北路（天潼路—北苏州路）、寿阳路（江场路—北郊站大门）、云飞东路（共和新路—寿阳路）、国庆路（乌镇路—晋元路）；推进百合桥（原 M50 桥）、南北二期北段（芷江西路—中山北路）开工建设；启动宝川路、句容路、育婴堂路前期手续办理。（王菡）

【安远路桥建成】 该项目横跨静安区、普陀区，西起西苏州路向东跨越苏州河，沿光复路落地，采用 3 跨钢桁架连续梁结构和辅助双塔拉索，实现一跨过河。主梁采取工厂预制、两岸分段拼装。桥身坡度平缓，高差过渡自然，方便步行、非机动车及无障碍设施等不同方式跨越苏州河。该项目 2021 年 4 月开工，2022 年 12 月建成通行。（王菡）

【区域道路、桥梁技术状况】 根据《上海市城市道路路面技术状况分析报告静安区分报告》，区域主干路、次干路、支路平整度达到良好水平，路面损坏状况处于优级水平。根据《静安区城市桥梁技术状况分析报告》，区域城市桥梁 34 座、人行天桥 3 座、地道 7 座，均为 A、B 级桥梁，无 C、D、E 级桥梁，平均状况高于全市水平。（杜莉敏）

【市政道路养护维修工程】 年内，实施宝通路（宝源路—宝山路）、安庆路（河南北路—浙江北路）等道路大修工程，胶州路（昌平路—余姚路）、安远路（江宁路—句容路）等道路中修工程，累计28个市政道路养护维修项目。实施6项交通缓拥堵工程，延长中路童家浜、大宁路万荣路、场中路平顺路（东向）、场中路岭南路（东向）改造港湾式公交站；延长中路万荣路普善路、江场路粤秀路实施道路交叉口渠化工程。

（杜莉敏）

【道路积水点改善工程】 年内，完成市水务局下达的静安区4条道路积水点改善项目。分别是浙江北路（安庆路—七浦路）、安庆路（河南北路—浙江北路）、宝源路（宝山路—东宝兴路）、宝通路（宝源路—宝山路）下水道改建工程。累计翻排DN600-DN1800合流管1297米、DN600-DN400沟通管399.5米，砌筑检查井100座，新建雨水口103座，工程总造价约3670万元。

（杜莉敏）

【道路架空线入地和合杆整治工程】 年内，完成静安区中山北路、武宁南路、天目中路等25个项目、合计14千米架空线入地和杆箱整治。工程围绕北横通道高架段、不夜城、市北高新等重点区域，以及愚园路、陕西北路等历史风貌保护道路和中兴路、新闸路、万航渡路等主、次干道实施整治。

（杜莉敏）

【精品示范道路创建】 年内，创建区域11条上海市精品道路。分别是长安路（裕通路—汉中路）、恒丰路（天目西路—光复路）、北京西路（成都北路—泰兴路）、石门二路（南京西路—新闸路）、茂名北路（延安中路—南京西路）、延安中路（石门二路—老成都北路）、凤阳路（南京西路—成都北路），以及临汾街道区域的保德路（共和新路—江杨南路）、闻喜路（岭南路—阳泉路）、景凤路（岭南路—阳泉路）、阳曲路（景凤路—场中路），结合区域精细化管理、城市更新、道路设施新改扩、专项整治等，初步建成临汾路街道精品示范区域。

（杜莉敏）

【静安区红色经典步道创建】 年内，创建静安区红色经典步道。步道串联中共二大会址纪念馆、八路军驻沪办事处旧址、1920年毛泽东旧

年内，创建静安区红色经典步道。图为1920年毛泽东旧居　　（区建设管理委　供稿）

居等17处红色景点。涉及延安中路、石门一路、石门二路、愚园路、北苏州路等11条市政道路，长度约8千米。步道工程实施车行道改建、人行道铺装、增设导览图、改造附属设施及桥下空间等，使经典步道融入红色文化，形成互动体验的城市徒步名片。（杜莉敏）

【桥下空间品质提升工程】 年内，实施内环（沪太路—大统路）、共和新路（天目中路—铁路）、天目西路（恒丰路—长安路）桥下空间品质提升工程，总面积约8100平方米。工程对既有构筑物进行景观美化，更新现状道班房及围挡样式；增加桥下空间灯光照明，配置园林垂直绿化植物，改建给排水与电力设施。（杜莉敏）

【道路及其附属设施养护维修】 年内，累计维修车行道11万平方米、人行道10.4万平方米、侧平石6455米，维修保洁、油漆护栏824千米次，维修保洁、调换路名牌3.92万块次。道路日常养护小修率达3.88%。（杜莉敏）

【道路分隔设施专项整治】 年内，整治中、外环间禁车柱分隔栏，累计拆除红白杆532根，更换不锈钢禁车柱775根。2021至2022年，总计完成禁车柱减量2367根、更换4795根，实现区域道路分隔设施全覆盖整治。（杜莉敏）

（六）水务管理

【概况】 2022年，静安区以水质综合评价为目标，推进各项河长制工作。17个水质监测断面中，年均值达到或好于Ⅲ类的14个，占比82.4%；《静安区雨水排水规划（2020—2035）》获区政府批复；推进彭浦西系统初雨调蓄池项目、苏州河北岸（浙江路桥—福建路桥）防汛墙改建工程等项目建设；完成35千米排水管网检测及5.24千米隐患管网修复；抵御2次台风和多场暴雨袭击，实现安全度汛。（赵露）

【河长制工作】 年内，静安区总河长、副总河长巡河5人次；街镇、部门、企业总河长巡河215人次；民间河长巡河1152人次。召开二级河长办公会议5次，培训人员135人次。完成28处市政、企事业单位雨污混接点改造；推进42个住宅小区完成外部截留设施优化并制订内部改造计划。（章格）

【防台防汛】 年内，区境内出现局部暴雨11次、大暴雨2次，经历2次台风影响。区防汛指挥部发布防汛防台预警25次，其中Ⅱ级响应1次、Ⅲ级响应7次、Ⅳ级响应17次。汛期内降雨量427.5毫米（防汛办基准点测得雨量），最大降雨量为闸北公园监测站，达655.9毫米；梅雨期为19天（6月12日至7月1日），梅雨季节降雨量为54毫米（防汛办基准点测得雨量），最大梅雨量出现在闸北公园监测站，为89.7毫米。3月3日，开展防汛培训；5月22日，修订完成《静安区防汛防台专项应急预案》；5月27日，召开全区防汛工作视频会议；6月17日，开展以应急队伍集结、进水口垃圾清理、移动泵车抢排、管道疏通和路面清淤等为主要内容防汛排水应急演练；6月23日，开展以管涌封堵、子堤抢险为主要内容堤防应急抢险演练。11号台风“轩岚诺”和12号台风“梅花”期间，全区参加值班2.28万人次，巡查3.1万人次；检查在建工地、地下空间、玻璃幕墙、老旧房屋、旅游景点、堤防泵闸等点位5.2万次；加固树木2941棵，加固、拆除广告牌和店招店牌780块，转移安置10266人。（姚亚平）

【河道景观建设工程】 苏州河北岸(浙江路桥—福建路桥)防汛墙改建工程于8月19日开工,年底完成主体工程,形象进度完成100%。彭越浦(汶水路—江场西路)两岸陆域贯通环境改造工程于2021年10月开始实施,2022年10月14日通过完工验收;苏州河(静安段)防汛墙迎水面改造工程于2021年11月开始实施,2022年10月14日通过完工验收。

(陈琦晟、王纯婕)

【河道水质提升项目】 3月11日,西泗塘—俞泾浦水质提升项目通过竣工验收;10月,走马塘(先锋河泵闸段)水质改善项目开工,11月完成主体工程。(陈琦晟、王纯婕)

【水利设施管理】 年内,完成清洁、勾缝防汛墙356460米;养护防汛通道305567平方米;养护河道绿化1702378平方米;油漆除锈除尘护栏183604米;养护各类河道标识标牌7992块次;养护水闸、泵站50座次;养护水处理设施20座次;水域日常保洁出动打捞船只9000艘次,出动打捞人员18000人次,打捞水面垃圾570.254吨。(陈琦晟)

【排水设施管理】 年内,开展排水设施外部巡查3.09万千米,检查井约95万只、雨水口约78万只,修复支连管757米,检查井、雨水口922座。疏通下水道831298米,清捞检查井44408只、雨水口41961只,清捞污泥1784吨并进行规范化处置,投入养护经费约2500万元。加装雨水口截污挂篮7074只,实现全区雨水口截污挂篮全覆盖。完成排水管道结构性检测46.955千米,其中主管专项检测26.955千米,结合道路工程项目检测20千米。完成排水管网修复改造约8.5千米,其中包含5.24千米隐患管网。结合道路积水点改善工程,改建粤秀路(灵石路—江场路)沿线DN300污水管约1100米;改建永和路(平型关路—粤秀路)沿线DN1400雨水管、DN400污水管250米。(王纯婕)

【水务海洋执法】 年内,开展水利执法巡查39次、78人次,包括防汛保安、河湖面积变化、河湖“清四乱”“违法取水”等专项执法,清理地笼等捕鱼装置15件,对发现零星取水行为进行教育劝阻;开展排水执法检查35次,出动107人次,其中包括市、区联合执法2次,查处水务违法案件2例。对市水务局下达的3批次、12个疑似违法违规图斑开展实地复核工作。经复核,5个为合规项目,7个为非生产项目。开展在建生产建设项目水土保持方案批后监管,书面检查54个项目,现场随机抽查7个项目。

(陈琦晟、王纯婕)

【行政服务】 年内,受理河道管理范围内从事有关活动审批8件,在河道管理范围内建设项目施工方案3件,核发供水接入掘路许可23件、施工临时排水许可10件,受理生产建设项目水土保持方案审批2件,设施验收报备9件。全年市政排水方面接听受理热线工单257件,河道方面受理热线工单36件(其中市水务热线平台热线工单14件,区网格平台22件),工单处置满意率100%。(陈琦晟、王纯婕)

(七)建筑建材业管理

【概况】 2022年,静安区建管中心履行建设工程行政审批、招投标、安全质量监管等职责,受理监督工地(土建+装修+市政)341个,加装电梯项目482个,完成招投标备案项目144项。

(叶丽卉)

表 16-5　2022 年静安区建管中心受理监督工地情况表

项目类别	数量(个)
土建工地(建筑面积 573.6 万平方米)	61
装饰工地	249
市政工地	31
加装电梯	482

(叶丽卉)

【工程安全质量监督】 2022 年,区建管中心受理各类信访投诉数量 2275 起(2021 年 1986 件),比上年上升 14.55%,涉及金额 1986.53 万元。完成信访投诉处理 2292 起,完成率 100%。办理安全生产许可证 63 家。

(陈亮)

表 16-6　2022 年静安区建管中心受理信访投诉情况表

信访投诉类别	数量(起)
施工扰民	723
房屋质量	358
民工维权	1050

(陈亮)

表 16-7　2022 年静安区建管中心受理工程项目情况表

	项目类别	数量(个)	建筑面积/造价
发放施工许可证 360 张	土建	41	1585714.93 平方米
	装饰(包括加固及修缮)	292	142980.88 万元
	市政	27	27455.38 万元

（续表）

	项目类别	数量(个)	建筑面积/造价
竣工备案 380 个	土建	27	1307296.1 平方米
	装饰	346	141267.8 万元
	市政	7	23448.9 万元

注：申请企业资质 21 家(其中延续 7 家、告知承诺 0 家)。（陆奕）

【招投标备案管理】 年内，区建管中心完成招标项目 144 个(全部为政府及国有资金的公开招标项目)，合计中标价 51.9155 亿元。按招标类型分为：勘察招标 2 个、设计招标 15 个、施工招标 53 个、监理招标 14 个、总承包 46 个、暂估价 14 个。年内调整招标方式 0 个，涉及招投标串围标行政处罚 1 起。

（王文俊）

【建设工程消防审验】 年内，区建管中心在市住建委业务指导下完成建设工程消防竣工验收项目 201 个，完成消防竣工备案项目 74 个。

（倪飞飞）

【行政审批制度改革】 年内，区建管中心推进工程项目审批制度改革，牵头成立静安区社会投资项目审批审查中心，审批环节、时限、跑动次数均呈缩短趋势，共通过联审平台发放 333 张施工许可证，完成竣工备案 305 个，其中土建 27 个、装修 278 个。（陆奕）

【建筑市场稽查】 年内，区建管中心以双随机方式共组织领导带班检查总计 73 个在建工程项目(含 1 次专项巡查)，出动检查人员 365 人次。巡查重点围绕疫情防控、危大工程施工、装配式建筑质量安全、特殊类装饰装修等在建项目。年度累计签发整改通知单 73 份，局部暂缓和暂停施工单 10 份，项目经理质量安全违法违规行为记分 58 人次。开展基坑工程专项检查，对全区 19 个处于基坑施工阶段工程项目从参建各方质量安全责任落实、承发包管理、项目负责人到岗履职以及实体质量和安全生产、文明施工等方面进行全数检查。年内累计签发整改通知单 403 份、局部暂缓单 52 份、停工单 9 份，动态记分 58 人次。行政处罚结案 89 件，罚款金额 161.8927 万元。（陆奕）

表 16-8　2022 年静安区建管中心行政处罚情况表

处罚项目	数量(件)	处罚金额(万元)
安全生产类案件	20	39.7
建设程序类案	16	64.9205

（续表）

处罚项目	数量(件)	处罚金额(万元)
市场行为类案	18	34.1547
质量类案件	5	11.2375
执业人员类案件	29	9.88
其他类案件(工程管理类)	1	2

（白桦、叶丽卉）

表 16-9　2022 年静安区创优工程情况表

申报创优工地(市级)	数量(个)	申报创优工地(区级)	数量(个)
市优质结构工程	8	区优质结构工程	13
白玉兰工程	2	区优质工程“静安杯”	2
申安杯工程	1	区文明工地	7
市文明工地	5		

（潘生幸）

表 16-10　2022 年静安区申报上海市优质结构工地情况表

工程名称	施工单位
安康苑一期项目 1 号楼	中国建筑第八工程局有限公司
安康苑一期项目 2 号楼	中国建筑第八工程局有限公司
安康苑一期项目 3 号楼	中国建筑第八工程局有限公司
新建市北高新技术服务业园区 17-02 地块研发用房项目 1# 楼	上海建工二建集团有限公司
新建市北高新技术服务业园区 17-02 地块研发用房项目 2# 楼	上海建工二建集团有限公司
新建市北高新技术服务业园区 17-02 地块研发用房项目 3# 楼	上海建工二建集团有限公司

（续表）

工程名称	施工单位
静安区72号街坊旧改地块商办住新建项目1#住宅楼	上海建工二建集团有限公司
新建市北高新技术服务业园区N070501单元21-02地块商办项目1#楼	中国建筑第八工程局有限公司

（潘生幸）

表16-11　2022年静安区申报上海市优质工程（白玉兰）工地情况表

工程名称	施工单位
苏河湾大统基地63—66街坊地块旧区改造项目	江西恒伟建设工程有限公司
上海市皮肤病医院门急诊医技病房综合楼	上海建工四建集团有限公司

（潘生幸）

表16-12　2022年静安区申报上海市安装优质结构（申安杯）工地情况表

工程名称	施工单位
上海市皮肤病医院门急诊医技病房综合楼	上海建工四建集团有限公司

（潘生幸）

表16-13　2022年静安区申报上海市文明工地情况表

工程名称	施工单位
静安区灵石社区N070403单元095a-02、095b-01地块项目	上海海宏建设集团有限公司
静安区天目社区C070102单元38-01、39-01地块项目	江苏南通二建集团有限公司
静安区区域医疗中心改扩建工程	上海建工一建集团有限公司
南西社区C050401单元115-12地块项目	上海建工一建集团有限公司

（续表）

工程名称	施工单位
静安老年健康中心建设工程	中铁十五局集团有限公司

（潘生幸）

表 16-14　2022 年申报静安区优质结构工地情况表

工程名称	施工单位
静安区 72 号街坊旧改地块商办住新建项目 2#住宅楼	上海建工二建集团有限公司
静安区 72 号街坊旧改地块商办住新建项目 3#住宅楼	上海建工二建集团有限公司
新建上海市静安区中医医院平型关路院区（暂名）工程综合楼	上海建工二建集团有限公司
宝山路街道 263 街坊（青-12）二期旧区改造商品住宅 11#楼	长业建设集团有限公司
宝山路街道 263 街坊（青-12）二期旧区改造商品住宅 12#楼	长业建设集团有限公司
宝山路街道 263 街坊（青-12）二期旧区改造商品住宅 13#楼	长业建设集团有限公司
静安区江宁路 54A 项目商办楼	上海建工一建集团有限公司
静安区天目社区 C07-0102 单元 20B-01 地块住宅项目 1 号楼	上海八润建筑有限公司
静安区天目社区 C07-0102 单元 20B-01 地块住宅项目 2 号楼	上海八润建筑有限公司
新建大宁路街道 466 街坊征收安置房项目 1 号楼	中国建筑第八工程局有限公司
新建大宁路街道 466 街坊征收安置房项目 2 号楼	中国建筑第八工程局有限公司
新建大宁路街道 466 街坊征收安置房项目 3 号楼	中国建筑第八工程局有限公司
川宝基地商品住宅项目 3 号楼	中国二十冶集团有限公司

（潘生幸）

表 16-15　2022 年申报静安区优质工程(静安杯)工地情况表

工程名称	施工单位
苏河湾大统基地 63—66 街坊地块旧区改造项目	江西恒伟建设工程有限公司
上海市皮肤病医院门急诊医技病房综合楼	上海建工四建集团有限公司

（潘生幸）

表 16-16　2022 年申报静安区文明工地情况表

工程名称	施工单位
新建市北高新技术服务业园区 N070501 单元 21-02 地块商办项目	中国建筑第八工程局有限公司
静安区灵石社区 N070403 单元 095a-02、095b-01 地块项目	上海海宏建设集团有限公司
静安区天目社区 C070102 单元 38-01、39-01 地块项目	江苏南通二建集团有限公司
静安区区域医疗中心改扩建工程	上海建工一建集团有限公司
南西社区 C050401 单元 115-12 地块项目	上海建工一建集团有限公司
静安老年健康中心建设工程	中铁十五局集团有限公司
静安区天目社区 C07-0102 单元 20B-01 地块住宅项目	上海八润建筑有限公司

（潘生幸）

十七、市容环境

编辑 李佳丽

(一)绿化和市容管理

【概况】 2022年,静安区绿化和市容管理局践行绿色发展理念,推进生态空间建设,巩固垃圾分类实效,提升区域景观品质,打造优美城区环境,提高绿化市容各项工作水平。年内,静安区在上海市林长制考核中位列全市第一;在下半年度上海市市容环境质量社会公众满意度测评中位列全市第三;在上海市生活垃圾分类实效综合考评中位列全市第三,14个街镇全部达到"优秀"水平。在2022年区绿化市容、林业工作目标考核中,静安区绿化市容综合评定等级为优秀,排名全市第二。 (褚银行)

【各类绿化建设推进】 年内,全区新建各类绿地8.67万平方米,其中公共绿地5.84万平方米、附属绿地2.83万平方米。新增立体绿化2.5万平方米、绿道2.9千米。年末,全区公共绿地面积330.58万平方米,人均公共绿地面积3.37平方米;绿地面积829.93万平方米,人均绿地面积8.47平方米;绿化覆盖面积923.86万平方米,绿化覆盖率24.77%。 (褚银行)

【良好绿化景观营造】 年内,区绿化市容局完成迎"十一""二十大""进博会"花卉布置工作。完成苏河湾中央绿地、市北铁路公园、天目西路街道119、120街坊公共绿地建设。完成和宁菜场、长途客运总站、合建大厦等23处点位立体绿化建设。完成江场西路道路绿化提升改造。创建石门一路(南京西路—威海路)为2022年上海市绿化特色道路。 (褚银行)

【林长制工作推进】 年内,区绿化市容局建立区、街镇、居民区三级林长责任体系,制订检查督导、考核评价、日常巡查、信息报送、成员单位协作5项配套制度。7月底,全市首块居民区"林长制"公示牌在静安区揭牌;8月底,在全市率先完成林长制公示牌全覆盖。完成林绿资源统计调查,摸清全区公园、公共绿地、行道树、居住区绿地、单位附属绿地等底数。

(褚银行)

【新增1座城市公园和3座口袋公园】 年内,广中路绿地新纳入上海市城市公园名录。曹家渡绿岛花园、问秋园、拾影花园3座口袋公园新纳入上海市口袋公园名录。曹家渡绿岛花园位于长宁路万航渡路西南角,面积1745平方米,重建活动场地，配备座椅、照明等服务设施。问秋园位于光复路梅园路西北角，面积2781平方米，园内彩叶、观花等适生彩化植物应用比例较高。拾影花园位于南京西路青海路东南角，面积3510平方米，通过改造活动空间和设施，增加了园路、亭廊、座椅。（褚银行）

【公园城市理念践行】 年内，区绿化市容局以“繁花静安·百园融城”为建设愿景，推进《静安区公园城市建设规划》编制工作。与上海戏剧学院、上海大学美术学院签订战略合作协议，拓展公园艺术、科普、新媒体等主题功能。完成静安雕塑公园围墙改造，并实行24小时开放。推动单位附属绿地开放共享，完成上海展览中心、彭浦镇社区文化中心2处附属绿地打开。完成三泉公园步道及大门改建。彭浦四季公园创建为五星级公园，永和公园、99广中绿地创建为三星级公园。（褚银行）

【开展群众绿化活动】 年内，区绿化市容局开展2022年全民义务植树“互联网+”认养工作，共认养500株树木，其中含古树45株。新建大宁路街道大一居委会宁馨小区、曹家渡街道叶庆居委会益民公寓2处园艺师工作站，宝山路街道、彭浦新村街道、曹家渡花园3处市民园艺中心。（褚银行）

【生活垃圾全程分类体系构建】 年内，静安区为上海市垃圾分类示范城区，14个街镇为上海市垃圾分类示范街镇。全区生活垃圾分类覆盖40余万户居民，430余家重点单位实施强制分类，12000余家沿街商铺上门分类收集全覆盖。全区建成两网融合服务点1024个（固定点812个、流动点212个）、两网融合中转站18座、两网融合集散场1座。生活垃圾无害化处置率100%，全区居住区、单位达标率95%以上。全区日均分出干垃圾658.22千克，湿垃圾371千克，可回收物290.3千克。（褚银行）

【开展小包垃圾专项整治】 8月起，区绿化市容局开展“小包垃圾”百日专项整治行动，通过

雕塑公园围墙打开照片　　（区绿化市容局　供稿）

采取优化投放开放时间、完善投放点位布局、增设误时投放点、完善节假日投放模式等措施，规范生活垃圾分类投放行为，解决聚集性小包垃圾问题。还开发应用静安区小包垃圾“随手拍”小程序，拓展垃圾分类社会监督和民主评议渠道。（褚银行）

【装修垃圾收运新模式推广】 年内，区绿化市容局在各街镇推广装修（大件）垃圾收运新模式（固定堆放场所、专用回收箱、临时交付点）。至年底，静安区195个居民区建有固定厢房，占全区小区总数24.47%；490个居民区设有临时交付点，占全区小区总数61.48%；13个居民区采用专用回收箱，占全区小区总数1.63%；装修垃圾收运3种新模式占全区小区总数87.58%。（褚银行）

【高标准保洁区域打造】 年内，区绿化市容局推进高标准保洁区域（道路）创建工作，创建“席地可坐”高标准保洁区域3处，分别为常德路（北京西路—康定路）、光复路（西藏北路—乌镇路）含四行仓库广场和双拥公园以及大宁久光、马戏城周边区域。至年底，全区建成“席地可坐”高标准保洁区域14处。（褚银行）

【“一河两高架”景观照明建设提升】 年内，区绿化市容局推进苏州河沿岸二期景观照明建设，完成天鼎大厦、静安河滨花园和金峰大厦3处楼宇建筑景观照明提升。推进延安高架路沿线二期景观照明建设，完成昆仑大酒店、环球世界大厦、巨鹿大厦和百乐门大都会4处楼宇建筑景观照明提升。对南北高架路沿线重点建筑及楼宇夜景进行提升，完成三五大厦、凯宾斯基酒店、华晓公寓、区行政中心、海博大楼、农保大厦、共和商务广场7处楼宇建筑景观照明改造提升。（褚银行）

【区域特色户外广告阵地建设】 年内，区绿化市容局围绕区域发展特点和经济形式需要，鼓励体现经济发展区域特色的广告形式和内容，助推使用新展示技术的试点发布阵地建设。南京西路上海商城曲面LED屏建设完成并投入使用，该屏呈180度半圆弧形，面积约954平方米，处在已建成的高端商务中心区域，是上海市少有的大体量、高规格、画质高清的户外媒体发布阵地。（褚银行）

【景观户外设施督办整治】 年内，区绿化市容局根据市绿化市容局督办要求，推进全区重点区域、重点道路违规户外广告、户外招牌及各类电子走字屏整治，全年共完成整治市绿化市容局督办的违规户外广告116块、走字屏50块、违法户外招牌27块。（褚银行）

【户外景观设施安全管理】 年内，区绿化市容局强化户外广告、招牌设施安全排查，尤其加大汛期安全检查力度，全年共出动人员700余次，检查户外广告、招牌9120处，拆除临时广告1272处；拆除户外招牌2处，加固8处。对全区重点区域户外招牌进行钢结构安全检测，全年共检测户外招牌9832块，并配合“一店一档”基础数据库更新，推进户外招牌设施现场信息核查工作。（褚银行）

【重大活动市容环境保障】 年内，区绿化市容局按照市、区关于党的二十大、第五届“进博会”等重大活动市容保障工作部署和要求，开展绿化整治、绿地调整改造、花箱花坛花境布置，招牌广告整治和灯光维护等工作，完成任务项目165个。建立市容环境保障督办机制，对辖区内各条道路、各商圈、各类工地、各旧改基地等进行全覆盖、地毯式检查，完成市级督办件整改266件。（褚银行）

【“美丽街区”建设深化】 年内，区绿化市容局创建完成大宁精品居住区、沿河漫步区、南京西路高端商务区、俞泾浦宜居区“四片区”共2.85平方千米范围“美丽街区”。开展街镇32处节点提升改造，进行公共设施、街景绿化、灯光店招等多方位配套提升。启动巨鹿路、昌平路、中山北路等有特色街区景观提升改造。落实精细化管理要求，开展5处市级微更新点位改造建设。（褚银行）

【提升公共空间休憩座椅优化】 年内，区绿化市容局制订静安区公共空间休憩座椅、城市家具设置导则和工作方案，根据导则推动全区性休憩座椅新建、改建、共建、共享认养工作和城市家具品质优化提升。结合“美丽街区”建设、街头绿地公园改造等项目，发动各街镇推进公共空间休憩座椅优化提升，全年新增公共座椅238把。（褚银行）

【门前责任区管理强化】 年内，区绿化市容局对全区环境卫生进行检查、考核和问题督办，加强对14421个沿街单位门责管理，责任区履责率95%以上。巩固上海市市容环境综合管理达标示范街镇建设成果，做好大宁路、临汾路、石门二路、芷江西路4个街道复评工作。落实市“薄弱区域市容环境专项治理”要求，完成长临路、平顺路等6个点位薄弱区域和中小道路整治任务。加强自律组织建设，获市2022年度十佳优秀自律组织1个、优胜自律组织1个。（褚银行）

(二)城市“一网统管”

【概况】 2022年，静安区城市运行综合管理中心紧紧围绕市委、市政府“一网统管”助力新冠疫情防控指挥战的要求和城市运行“一网统管”工作部署，根据市、区不同阶段工作任务，立足实战管用、立足服务基层，强化落实“四早五最”（早发现、早报告、早隔离、早治疗，力将在最低层级、最早时间、相对最小的成本、解决最大的关键问题、综合效益最佳）机制，以治理数字化推动治理现代化。结合区委、区政府关于全面推进静安城区数字化转型整体规划安排，制定《2022年静安区城市运行“一网统管”工作要点》，致力于实现城市运行数字化呈现、智能化管理、智慧化预防；同时全力做好市民通过“12345”市民服务热线等反映的各类合理诉求，努力提升市民满意度，为打赢抗击新冠疫情的大上海保卫战充分发挥好区级“总客服”职能。（方顺）

【城运指挥体系完善】 年内，区城市运行综合管理中心在区城市运行和突发事件应急管理委成立的基础上，进一步健全平急融合工作机制，实体化运作城运应急办，通过业务整合、信息共享、机制完善、力量调整，更加有效地实现“城区常态化运行与应急指挥”衔接和联动。强化专项指挥的载体功能。基于现有资源，重点做好疫情防控、防台防汛、文明迎检等专项平台指挥保障和及时响应。（方顺）

【治理数字化转型试点场景建设】 年内，区城市运行综合管理中心严格落实“全覆盖、全过程、全天候”7×24小时运行机制，组织落实人员力量，保障指挥大厅值班值守、联勤联动、应急响应、日常指挥等职能，调阅相关点位的视频图像资源，开展全覆盖巡查疫情防控重点地区和点位，发现问题告知有关部门及时处置。年内，做好全区各类视频会议保障746次，累计开展55次巡场养护工作。（方顺）

【加快上线运行数字化转型试点场景】 年内，区城市运行综合管理中心依托数字孪生、物联智联等数字化应用技术，整合城区治理相关要素、资源和数据基础上，在石门二路街道新福康里居民区、曹家渡街道桂花园居民区上线试行“数字小区”场景。对标苏河湾发展规划，从“宜居、宜游、宜业”3方面着手，初步完成“数字湾区”场景开发。 （方顺）

【完成06014网格数字单元、数字街区、数字站区等数字化标杆重点场景建设】 年内，区城市运行综合管理中心围绕南京西路精细化管理、经济治理、交通体征等方面，建设南京西路数字化街区。从精细化管理、经济治理、交通体征等方面着手，对南西商业街城运分中心平台进行升级优化，并整合11类物联感知应用场景，进一步提升南京西路街区智能化、数字化管理水平。 （方顺）

【稳步推进城运平台升级优化】 年内，区城市运行综合管理中心会同区应急局、区防疫办，不断完善优化常态化疫情防控场景，围绕场所码预警、核酸异常、追阳、转运等关键环节，线上线下联动有效助力疫情防控。配合区卫生健康委、区民政局、区地区办等部门，升级防台防汛应用场景，更加贴近实战指挥和应急处置，助力打赢“梅花”台风防御战。会同区民政局、彭浦新村街道、城投水务等，完成智慧养老应用场景开发并上线试行。在天目西路街道上线试运行“随手拍”微场景。优化单兵指挥系统功能，在“夏令热线”期间发挥积极作用。 （方顺）

【感知网建设】 年内，区城市运行综合管理中心对全区2.6万路公共财力建设的视频监控资源进行标签化管理，根据需要实现日常、应急、专项轮巡。依托公安“雪亮云”平台，对网格内重点事项、突发事件实施“事图联动”，便于现场指挥调度，发挥1.6万只“千里眼”作用。会同区委政法委、区公安分局，建立和完善公安视频共享管理机制，为各街镇、相关职能部门共享公安视频监控资源做好服务保障。 （方顺）

【“两网”数据共享】 年内，区城市运行综合管理中心在区政务数据管理框架体系内，结合“一网统管”建设实际，积极推动“两网”数据的对接和融合。按照数据归集的要求，以系统直连、实时更新的方式，将网格案件、“12345”市民服务热线工单等信息汇聚到区数据资源管理平台。按照市、区关于大数据共享和使用的要求，根据区城运平台和场景运行的需要，依法依规申请各类动、静态数据，并落实规范使用和数据保密要求。 （方顺）

【区城市运行生命体征完善】 年内，围绕城市运行“一网统管”和治理数字化转型相关要求，结合城区运行实际，区城市运行综合管理中心不断优化完善城市全生命周期体征指标体系，更加精细、精准地聚焦发现、解决问题，梳理完成6个大类30项指标。结合“网络安全周”活动，在区应急局、区委网信办等牵头组织下，开展城运大厅突发事件（断电、黑客攻击等）应急演练。 （方顺）

【网格精细化管理效能提升】 年内，依托人工巡查和智能发现等有效手段，全区共产生城运网格案件83.82万件（受疫情影响，同比减少29.90%），结案83.66万件，结案率99.81%，其中督办案件结案率99.83%，实际解决率83.07%。制定实施《静安区城市运行综合管理监督员岗位制度》《静安区城市运行综合管理监督员工作绩效考核评分办法》等制度，进一步规范区级2支队伍勤务管理和业务管理，科学评价履职情况。继续深化“路长制”专项检查。依托区级督查力量对全区主要道路，问题高发路段，背街小巷等部位的市容环境、街面秩序和设施管理问题开展检查，发现问题0.68万件。积极开展防汛防台专项检查。组织力量对户外设施，行道树、店招店牌、高空悬挂物等开展预防检查和善后巡查，发现和解决问题43件。开展道路专项检查。根据区政协提案，组织区级和彭浦镇两级发现力量对运城路两侧管理乱象开展集中检查，并联合相关部门和属地力量对39处突出问题进行整治。（方顺）

【“12345”市民服务热线工单办理实效提升】 年内，区城市运行综合管理中心承办“12345”市民服务热线工单175774件（其中“12345”上报132384件、“12345”随申拍43307件、“12345”分平台83件），其中紧急工单16636件、次紧急工单67217件。定期召开热线例会，通报工单处置情况和满意度测评情况，开展业务培训，及时协调解决疑难问题。对月度考核中排名靠后且工单量较大的单位进行走访指导。强化批量工单的及时预警，提示承办部门及时采取措施，防止事态蔓延。区纪委监委还专门对前4个月“12345”热线工单不属实率和不满意率进行监督调研和督导提示。会同区纪委监委印发《深化开展“12345”市民服务热线工单联合督办工作机制》文件，进一步强化对未解决、不满意、不属实工单的联合督办。（方顺）

【“12345”市民服务热线办理质量管控】 年内，继续严格把好关键环节，严格结案规范性审核。进一步优化“不属实”三级审核和有现场工单结案前复核制度。重点强化督办督查。增加市抽查未解决工单跟办制度，抽调专人对市里抽查未解决工单进行复核，复核存疑的发放跟踪督办单，必要时实地督办。开展工单结案后回访抽查工作，对回访不满意、未解决工单及时提示承办部门继续做好工作。继续坚持每日提示、双周评议、每月排名、年度考核制度。强化对先行联系环节的指导，紧急增设先行联系短消息功能，坚持录音备案制度，对市抽查未先联件较多单位进行提示督办。继续开展重复来电专项治理工作，对45件重复来电进行跟踪治理，有效治理率达到97.8%。（方顺）

【“12345”市民服务热线疫情应急管理期间值班值守】 新冠疫情应急管理期间，工单量急剧上涨，高峰期达到每日近3000件，是平时工单量的近20倍。为确保工单及时派遣处置，中心分成AB班加强热线工单值守，尽量内部挖掘潜力，顶住压力，保证平台值守力量。同时，重点加强热线紧急工单值班值守，确保及时跟踪转送市民诉求。针对疫情工单，密切关注政策变化和社会关切，加强与市热线办、区卫生健康委的沟通，及时梳理明确疫情工单派单方向和工作口径。根据市热线办要求，专门建立封闭隔离期间化疗、血透、放疗、急症等重病救助特殊事项内部跟办机制，努力确保该类工单第一时间转送，及时得到处置。（方顺）

【推进热线工作数字化转型探索】 按市“12345”热线办的要求，区城市运行综合管理中心积极推进热线“一线通达”工作，实现派单到人，进一步提升办理效率，已在全部街道推开，并鼓励条线部门积极试用。积极推进静安区“12345”热线系统迁移至云环境。结合城运系统平台升级，探索开发“12345”智能分析系统，实时展现热线工单指标全景，对“一人多诉”“多人一诉”等进行研判预警，强化热线数据挖掘利用。（方顺）

【疫情防控期间区级为民服务热线承接】 3月下旬，各区相继发布疫情防控期间各街道（镇）

24 小时为民服务热线电话，和区级 24 小时服务热线电话。区城市运行综合管理中心第一时间制定相关工作办法、组织人员力量，全力以赴做好区级 24 小时服务热线电话接听与转办处理，切实为群众排忧解难。截至 5 月底，共接听、办理市民直接来电求助 5905 余件(个)，主要集中在抗原检测及核酸检测、园区或小区封控情况、复工复产政策、生活求助和举报投诉等。（方顺）

【与区融媒体中心搭建涉疫问题处置平台】 新冠疫情应急管理期间，区城市运行综合管理中心与区融媒体中心就市民通过“上海静安”融媒体端反映涉疫问题，优化完善城市网格化综合管理系统，实现案件一键上报、自动流转，利用新媒体和信息化技术，建立起及时获取和高效处置市民在疫情应急管理期间反映问题的联动机制，进一步拓展疫情应急管理期间静安区市民反映问题渠道。至 5 月 31 日，接收并流转有关案件 809 件。（方顺）

(三)城市管理行政执法

【概况】 2022 年，静安区城管执法工作全面学习贯彻落实党的二十大精神，认真践行“人民城市”理念，聚焦静安“四范”定位要求，坚持“一支队伍、一套标准、一个手势”目标，高效统筹疫情常态化防控和城管综合执法各项工作，各项工作取得新进展。对 18450 家重点场所环境消杀开展专项监督检查，对 23850 家商户开展“场所码”落实情况专项监督检查。全年拆除违法建筑 822 处、6.55 万平方米。行政处罚案件共 5385 起，罚款总金额 373 万元。（陶君）

【新冠肺炎疫情防控】 年内，区城管执法局严格落实新冠肺炎疫情防控措施，开展重点场所环境消杀专项监督检查，累计检查各类场所 18450 家，发现问题 518 个，整改率 100%。开展商户“场所码”落实情况专项监督检查，累计检查场所 23850 家，发现问题 565 个，整改率 100%。开展站区流浪乞讨、滞留人员巡查，巡查发现流浪乞讨、滞留人员 362 人，配合转运初筛异常 13 人，协助移送处置 56 人，其余均引导至临时安置点、救助站等场所。组织支援抗疫一线，选派 35 人支援静安体育馆、石门二路街道参与疫苗接种工作；派驻 89 人次支援机场、方舱医院、铁路上海站、辖区街镇参与疫情防控工作，进一步壮大一线防疫力量。落实在职党员参与所在社区抗疫“双报到”，48 名机关干部主动参与核酸采样、物资转运、楼道垃圾清理等志愿服务工作，充分发挥党员模范带头作用。由局领导牵头，抽调精干力量筹建大宁 365 方舱医院，并保障运行。（陶君）

【拆除违法建筑工作】 年内区城管执法局以“止新销旧”为主线，严格管控违法建筑。截至年底，我区累计拆除存量违建 822 处，拆除面积 6.55 万平方米，完成年度基础任务量 159%。组织开展违建治理日常动态评价，严控新增违建，14 个街镇日常评价结果均为“绿灯”。以专项整治为抓手，消除安全隐患。组织开展河湖沿岸违建专项整治，结合市、区“一江一河”沿岸整治行动，梳理点位 28 处，整治完成率 100%。开展重点场所安全隐患专项排查工作，针对菜场、医院、学校、居民活动室等人员密集的场所，深入开展隐患排查和综合整治，排查点位 14 处，整治完成率 100%。开展高架与铁路沿线整治，重点加强区域内主干道高架沿线(19 处美化点位)与铁路沿线(加固点位)疑似违建点位巡查。以示范创建为牵引，全力提升人居环境。

图为开展拆除违法建筑工作　　（区城管执法局　供稿）

按照市精细化办要求，顺利创建3个无违建示范街镇和7个“零”违建居村。　（陶君）

【执法办案】　年内，区城管执法局实施行政处罚案件5385起，罚款总金额373万元。重大法制审核案件64起。聚焦专项执法整治。开展2022年违法户外广告设施执法整治，拆除市级督办点位192块。开展垃圾分类专项整治，开展执法检查8694次，开出责令改正单1465张，结案691起，罚款金额近48万元。开展自建房百日执法和规模性租赁住房整治攻坚行动，依法查处违法建筑、擅自变动承重结构等违法行为，全区整治点位252处，联合相关部门开展检查、约谈、取缔等工作。做好第五届“进博会”执法保障，按照全面排摸、集中整治、巩固提升、全力保障4阶段，聚焦核心商业区、景观区域、主要道路、主要河道4重点，依法治理影响城市运行安全、街面环境脏乱差、工地扰民、空气污染、河道污染5类突出问题，确保问题动态清零。此外，区城管执法局积极做好“助力创城”专项行动、防汛防台专项治理、校园周边环境整治、中考高考绿色护考行动等工作。结合“防疫情、稳经济、保安全”大走访、大排查，认真宣传贯彻城管助力经济恢复重振7条新规，通过实施轻微免罚制度、落实“两个免予提交”措施等方式，助力优化营商环境，促进区域经济社会发展。强化诉件处置，共计接处“12345”“12319”市民投诉工单549件，比上年下降62.6%；坚持“应立案尽立案”原则，夯实以立案推动问题解决的机制，诉转案率42.9%。　（陶君）

【城管执法工作数字化转型】　年内，区城管执法局深化“智慧城管”建设，明确建立“4+1+1”框架，打通市局、区局、街镇中队三级应用体系。在原有的“四个网上”具体应用系统基础上（网上勤务、网上办案、网上督察、网上考核），升级“一个数据资源中心”——执法音视频管理系统，实现城管执法核心数据归集和管理；升级“一个平台”——城管综合执法监管平台，提高网上办案和诉件处置系统实战应用水平，为中队减负增能。优化“智能勤务”模式，根据日常检查、执法办案以及市民投诉、媒体曝光、实效督察等情况，不断完善街面分级分类勤务管理机制，运用执法对象监管系统对沿街商户开展分类执法检查。至年底，全区沿街商户红、黄、绿3色分级管理执法检查率达到99%。

（陶君）

【综合行政执法体制改革深化】 年内，区城管执法局围绕“一支队伍、一套标准、一个手势”的要求，以标准要“高”、手势要“精”、队伍要“尖”为建设目标，进一步深化综合行政执法体制改革，加强指导、协调、监督职能。强化执法办案指导，建立健全与街镇及相关管理部门的工作联络机制，推进条块联动，梳理体制机制改革后执法工作的痛点、堵点，研究制订协调解决机制和攻坚举措，为基层依法行政工作提供有力支撑。同时，加大案卷评查力度，组织司法所和街镇中队共同开展评查，强化评查频次和评查维度，提升执法办案水平，年内，累计开展案卷评查7场。深化管执联动，与公安部门协作，开展非机动车执法整治工作，责令相关企业清理街面共享单车12.9万辆次，教育整改6288次，配合物业清理住宅小区电动自行车4021辆次，教育整改1535次；与房管协作，依托物业管理执法联动系统查处违建、破坏承重结构、群租、规模性租赁等行为；与绿化市容部门协作，加强公共绿地、户外广告、店招店牌精细化监管；与生态环境、建设管理协作，提高文明施工执法效能。年内，共接收移送案件12件，均按规定处置。落实执法评议制度，首次将街镇综合执法评议纳入区政府考核体系，初步搭建覆盖“条块”的考核框架，即以市局重点工作绩效考核为基础对街镇中队的考核。以及以街镇综合执法评议为基础，作为行业管理部门对14个街镇综合执法工作进行考核，统一考核标准，统一评价体系，促进系统权责清晰、指挥顺畅、运行高效。健全法制制度体系，落实普法责任制，推动“法润静安”项目，组织普法宣传5场。推动落实中心组学法制度，强化领导干部关键少数，守法懂法；拓展法宣渠道，设立第二个城市精细化便民普法点，为群众提供法治服务；创新法宣形式，推出法宣手偶剧系列。充分发挥立法采集点作用，不断优化执法法治环境。优化城管社区工作室运行机制，创建6家优秀城管工作室，不断强化社区工作室投诉受理处置、人民建议征集等功能。

（陶君）

【城市管理执法监督】 年内，区城管执法局共收到市局开具的督察单27张，比上年下降27%。开展街面实效、进中队等日常督察，对全区14个街镇中队开具督察单208张，比上年下降56%。聚焦年度重点工作落实、疫情防控、重大案件、执法办案规范化等内容开展专项监督。结合工会劳动竞赛开展队列会操比赛，各街镇综合行政执法队、机动执法中队和机关组共16支队伍参加比赛。

（陶君）

【城管执法队伍培养】 年内，区城管执法局积极调整培训方式，开展线上培训与封闭式分级分类培训，全系统各类培训完成率均100%。将考核结果作为人员激励奖惩的重要参考依据，对于连续考核末3位的中队，开展中队党政负责人专班约谈，抓住“谈话”这个利器，推动履行责任从“要我做”向“我要做”转变。

（陶君）

【拓宽公众互动渠道】 年内，区城管执法局开设“静安城管”微信视频号，开展“7·15”城管执法公众开放日、“局长接热线”“夏令热线”等活动，解决群众急难愁盼问题，把活动成果转化为工作实效，将特色活动打造成为与群众互动的品牌化、特色化“保留节目”。

（陶君）

十八、环境保护

编辑　李佳丽

（一）综述

2022年，静安区区域生态环境质量持续改善，生态环保“十四五”规划和第八轮环保三年行动计划各项任务达到预期目标，减污降碳协同增效，有效防范化解生态环境风险，环境安全得到保障。全年全区环境空气质量指数（AQI）优良率为87.6%，优于全市平均值0.5个百分点；PM2.5平均浓度为每立方米25微克，比上年下降10.7%，达到国家二级标准，无重污染天气。水环境质量持续改善，市级考核断面II-III类比例达100%。土壤环境质量总体保持稳定，污染地块安全利用率保持100%。区域环境噪声保持稳定，环境安全风险平稳可控。年内，区生态环境局以“双随机、一公开”执法检查为主，开展VOCs2.0、辐射、非道路移动机械、固体废物、加油站、土壤等专项执法工作，累计出动1079批次、3039人次，检查1631户次。加大执法监管力度，依法查处群众反映强烈、环境管理不力的排污单位，对违反环保法律法规行为作出行政处罚决定27件（其中简易处罚13件），罚款人民币57.1万元，没收违法所得7484.93元，对5起生态环境轻微违法违规行为免予处罚。发出责令改正违法行为决定书56份，发出行政决定催告2件，申请法院强制执行1件，督促环境违法行为整改。优化审批服务，累计完成各类行政许可323件、行政备案375件、行政协助30件。全年共取得环境质量监测数据285031个，完成污染源监督监测126家次、移动源监测1250辆（台）、信访监测25户次，为全面掌握环境质量现状和加强环境监管提供技术支持。加强与各街镇及相关部门联勤联动，全年受理各类环境信访及“12345”市民服务热线投诉393件，全部办理完毕，先行联系率保持100%；主动跟踪回访，提高信访投诉满意率，收到表扬感谢来电来信3件。按时办理答复2件区人大代表建议和4件区政协委员提案，落实领导包案制，办结率和满意率保持100%。

（吴滨）

（二）环境管理与监察

【环境保护投入3.4543亿元】 年内，全区完成环境保护投入3.4543亿元，其中市财政投入0.2321亿元、区财政投入2.9772亿元、其他投入0.2450亿元。全部投入中用于污染源防治 0.4233 亿元，用于生态保护和建设 0.0616 亿元，用于城市环境基础设施建设 2.5591 亿元，用于生态环境管理能力建设 0.2502 亿元，用于环保设施运转0.1536亿元，用于其他 0.0065 亿元。（吴滨）

【新冠疫情防控支援保障】 年内，区生态环境局履行疫情防控环保职责，守牢疫情防控环境安全防线。做好涉疫垃圾收运，成立局疫情防控工作专班和医疗废物监督检查工作组，制订《静安区关于疫情期间涉疫垃圾和医疗废物应急收运处置的实施方案》《静安区生态环境局疫情突发事件应急处置工作预案》。牵头协调市、区相关部门，确保区中小型方舱收治点、集中隔离点、核酸检测点医疗废物全部由区级收运力量完成(全市唯一的区)。建立健全集中隔离点垃圾中转点“点长制”，编写点长应知应会手册，经验做法被全市推广。对 1000 张床位以上的方舱收治点和定点医院等加强和市级部门的收运协调，每日跟踪调度，确保日产日清、产运平衡。强化医疗污水监管，建立“一人一点”24 小时全天候工作机制，为涉疫点位提供医疗污水处置在线指导，每日进行跟踪监督。指导拟保留的常态化集中隔离点位加紧改造规范化废水处理设施，消除防控隐患。开展 45 次现场和 116 次远程监控监督抽测，做好 3 次方舱关闭终末消杀后的周边河道水环境质量监测，确保区域水环境安全。严格涉疫监督执法，对 23 家集中收治(转运)点、19 家集中隔离点、8 家发热门诊、15 家社区卫生服务中心、3 家核酸检测机构和 14 家病原微生物实验室开展检查，共出动 779 批次、1925 人次，现场检查 117 户次，非现场检查 594 户次，发现问题 66 个，发放执法建议书 26 份。编制发放“社区黄袋医废垃圾常见问题及工作提示”，开展街面专项巡查，共出动 73 批次、228 人次，累计发现问题 526 处，发出“核酸检测医废巡查问题告知书”1 份和“执法建议书”5 份，督促完成整改。支援疫情防控工作，助力抗疫志愿服务。发扬“特别能吃苦、特别能战斗、特别能奉献”生态环保铁军精神，3 月下旬以后，局主要领导带队，安排精锐骨干在单位值守，做好生态环境领域“人、物、环境”疫

生态环境执法大练兵——无人机助力立体巡查，提升环境执法能力 （区生态环境局 供稿）

情防控和统一监管。各党支部和团支部召开线上组织生活会，做好组织发动，落实党员"双报到、双报告"。局系统党员干部职工响应号召，17 名工作人员根据组织部安排先后支援静安寺街道、江宁路街道、共和新路街道、宝山路街道、区地区办、隔离酒店和浦东机场等一线抗疫。封控居家干部职工积极参与所在社区抗疫工作，争当志愿先锋。（吴滨）

【生态环保工作统筹协调】 年内，区生态环境局发挥区生态文明建设领导小组办公室对全区生态环保工作的牵头、指导和监督职责，推进区"十四五"生态环保规划、第八轮环保三年行动计划和各专项计划落实。组织观看 2021 年长江经济带生态环境警示片，抓好本市生态环境警示片发现问题整改，巩固提升中央、市生态环保督察等整改成效。压实《静安区生态环境保护工作责任清单》，细化落实各部门、街镇环保工作责任。制订《2022 年静安区生态环境保护工作目标考核办法》及考核细则，按照区统一部署做好生态文明考核。推进"双碳"战略实施。落实《上海市 2022 年大气环境与应对气候变化工作计划》要求，推动区内 4 家企业继续做好碳排放交易履约工作。编制完成《2016—2020 年静安区温室气体排放清单报告》。推进市唯一依托城市建成区已有高层建筑的站点——静安国媒站正式落户静安区（首批"7＋1"个温室气体监测站点之一）。指导石门二路街道、彭浦镇永和二村等开展低碳社区创建，形成"一社区一特色"。配合市北高新园区推进低碳发展实践区创建取得进展。指导彭浦镇争创"绿水青山就是金山银山"实践创新基地。加快"无废城市"建设。静安区申请并成功入选国家"十四五"时期"无废城市"建设城市名单。成立区"无废城市"建设工作领导小组，召开区"无废城市"建设动员会。编制《静安区"无废城市"建设实施方案》，形成"四张清单"（产废清单、任务清单、项目清单、责任清单），围绕固体废物"减量化、资源化、无害化"原则，推进"无废城市"建设。探索现代环境治理。坚持多元共治、精细管理，探索符合静安区特点和规律的现代环境治理路径，鼓励基层单元管理组织开展现代环境治理体系试点示范。市北高新技术服务业园区、嘉里建设管理（上海）有限公司入选市第一批现代环境治理体系试点示范名单。（吴滨）

【污染防治攻坚】 年内，区生态环境局打好蓝天保卫战，制订《静安区 2022 年清洁空气行动计划工作方案》，完成全部 44 项重点任务。推进 5 家 VOCs2.0 企业综合治理和 19 家汽修行业提标改造，推进机动车、油品质量、餐饮、工地和生活源管理，强化重点时段和秋冬季大气质量保障。启动大气环境精细化、网格化治理体系建设，开展国控点数据专项分析和小范围管理试点，完成原有 8 个空气子站升级，强化臭氧异常天气分析预警。巩固碧水保卫战，启动入河排污口排查、监测、溯源行动，推动源头防控、水岸同治，完成辖区内市管、区管河道及公园水体排查、监测、溯源。推动固定污染源自动监控系统建设、联网和管理，6 家重点排污医疗机构完成流量计实时数据联网及一点多传，2 家提前完成余氯自动在线监测数据联网。跟踪分析考核断面水质，做好数据动态分析和趋势预警。加强与区建设管理委等部门沟通协调，彭越浦楔形公共绿地二期塞尚湾水质提升项目完成竣工验收。推进净土保卫战，根据全区用地计划安排，推进地块场地环境调查、风险评估、修复方案编制、修复效果评估环节第三方评审工作，共完成线上评审 21 个。做好污染地块安全利用率核查，全年安全利用率 100%。开展地块评审达标到安全利用的闭环管理，抽查场地 5 次，确保污染地块在修复效果达标后安全利用。制订地块调查推进表，对进度缓慢项目及时预警，确保土地高效、安全利用。做好噪声污染防治，对新修订《中华人民共和国噪声污染防治法》进行培训。聚焦噪声扰民难点，加强执法运用和调查监测，深化在线监测数据审核与分析研判，强化噪声源头防控和分类管控。推广夜间施工审批“一件事”办理，做好夜间施工扰民的投诉处理和绿色护考等工作。（吴滨）

【区域环境安全保障】 年内，区生态环境局严守辐射安全，制订实施《2022年静安区辐射安全监管工作计划》，明确全年工作任务和重点，做好辐射安全隐患排查、放射源监管和辐射类建设项目事中事后监管等，推行辐射安全许可证和放射诊疗许可证两证“一件事”办理，消除监管盲区。加强固体废物监管，制订实施局《2022年固体废物监管工作计划》，做好危险废物、一般固体废物和新化学物质管理。全年完成60家企事业单位危险废物规范化管理检查与考核，204家危险废物产废单位管理计划备案率94.7%，386家医疗废物产废单位年度申报完成率96.1%，转移危险废物1186.8吨、医疗废物4631.3吨。开展风险隐患排查，共排摸环保项目54个，环保设施162个，发现问题4个，均即时指导企业落实整改。（吴滨）

【行政审批制度优化】 年内，区生态环境局做好环境影响评价审批制度改革和排污许可证管理工作，主动跨前服务市、区重大建设项目。做好企业服务和招商引资工作，制订局《贯彻落实区投资促进工作目标责任行动方案》，18家对口服务企业全覆盖走访，帮助解决问题2个；引进新建企业3家。对照梳理，明确4个公共服务事项纳入“免申即享”事项范围，年内均实现“免申即享”服务。新增排放源统计年报企业申报、环评档案查询、污染源自动监控设施备案等3个区管依申请公共服务事项。通过挖潜提升，将政务服务事项的3个事项、5种情形的承诺办结时限进行压缩，共减少13个工作日，将减时限比例从81.25%提高到83.51%。深化电子证照制发及应用，7个免于提交事项中，凡涉及电子证照均归入电子证照库。配合区卫生健康委开展“静安区医用影像诊断（新办）一件事”，对辐射安全许可证和涉及放射诊疗许可证相关业务流程进行优化再造，实现“一次申请、两证同发”。开展“帮办”工作，由分管局长带队主动上门服务，帮助1家企业办理核技术利用单位辐射安全许可，在“帮办”过程中优化完善政务服务流程，提升服务效能。（吴滨）

【环保数字化建设】 年内，区生态环境局主动对接市大数据生态环境分中心、区政务数据管理中心、区城运中心等部门，加强整合拓展应用场景，深化信息系统全面融合。明确本部门纳入《静安区全面推进城市数字化转型三年行动方案》具体工作内容和项目任务，启动环保数字化转型升级，申报“区域一体化生态环境智慧治理平台”数字化转型建设项目。推进实施市生态环境局固定污染源数据回流归集工作，实现市、区系统对接功能应用落地，加快打造区域环保数字底座，为全区环境治理“一网统管”夯实基础。年内，启动实施环保移动执法系统——新增联勤联动应用开发建设，完成3个信息系统信创改造项目验收。深化巩固“绿盾通”终端应用运行，拓展生态环境损害赔偿线索登记、“进博会”空气质量保障等场景应用开发，全年通过“绿盾通”新增各类数据信息467条，共享传输接入数据信息217条，为各街镇、相关部门提供2万余条污染源基础数据查询。（吴滨）

【强化生态环保法治建设】 年内，区生态环境局落实法治建设责任制要求，做好全国第二批法治政府建设示范创建实地评估涉及本部门迎检工作，梳理各项指标、制度机制、典型案例、工作总结等创建材料，突出反映局依法行政、规范执法、创新执法、提升执法效能等工作成效。贯彻执行好行政执法“三项制度”，对3个案件启动重大执法决定法制审核程序。年内，1件生态环境处罚案例被市司法局评为2021年度全市十大行政执法案例，1件处罚案卷获全市生态环境行政处罚优秀案卷三等奖。全年未发生因行政处罚案件引起的行政诉讼，对1起联合执法引起的行政诉讼做好应诉，最终胜诉。落实所收到4份检察建议书整改要求。开展生态环境损害赔偿工作，制订并出台《静安区生态环境损害赔偿线索收集及认定工作细则》，针对区生态环境损害赔偿案件推进实施过程中的薄弱环节，通过主动梳理、明确责任、划定范围、落实任务，将案件线索收集认定环节和报送流程予以确定和固化，完善工作机制，推进生态环境损害赔偿工作常态化、制度化、规范化。年内，申报1个案例获评长三角生态环境损害赔偿十大典型案例，推进2个案件线索启动损害赔偿工作流程。组织对市下达73家企事业单位开展环境信用评价。推进“谁执法谁普法”普法责任制落实和“八五”普法工作，制订实施局系统行政执法人员年度培训计划，组织编写环境管理台账、噪声等执法监管领域2个“以案释法”普法案例。（吴滨）

【生态文明宣传】 年内，区生态环境局巩固生态文明宣传阵地，发挥宣传引导作用。全年结合绿色低碳、“无废城市”、示范创建等工作内容，用好线上线下各类载体，开展形式多样宣传活动，宣传践行习近平生态文明思想，贯彻落实新发展理念。组织拍摄“从这里看见美丽中国·上海静安”——“迎接党的二十大生态环保成就”宣传片并进行展播，展示区域生态文明建设成果。加强本部门在工作成效、特色亮点等方面宣传报道，全年累计推送发布微信公众号1033篇次、微博1096篇次，在《中国环境报》、“中国环境”等国家级媒体平台刊登报道10篇次，被“上海环境”“上海静安”等市、区级媒体平台录用转载94篇次。开展六五环境日宣传活动，结合国家环境日主题和疫情防控工作实际，以“绿色低碳、美丽静安”为活动主题，以“主题+互动”线上形式，联合欧莱雅(中国)有限公司、市北高新(集团)有限公司等企业代表，石门二路街道、彭浦镇等社区代表，以及静安区环境科学学会等社会团体组织，通过政企联手、条块联动的多元化宣传模式，加强线上互动和公众参与。六五环境日线上宣传活动自5月31日至6月10日共历时11天，经各方宣传发动，在线参与累计7000余人次，宣传受众超过1万人次以上。完成第三届环保短视频制作大赛活动，以“‘静’享低碳，绿建未来”为主题进行短视频征稿评选，引导全社会绿色低碳生活方式的养成、绿色低碳示范创建的践行和绿色消费方式的普及。大赛共征集投稿作品64件，经组织评审，评选出一、二、三等奖作品9件，优秀奖作品10件，相关作品线下线上同步展播，并进行网络投票选出3个人气奖作品。整合资源、加强联动，增加环保宣传广度和力度，联合区政协、石门二路街道等部门，共同举办“静界‘碳’路，绿建未来”——“静·界”读书会活动，聚焦静安区绿色发展实践，着眼于低碳社区、“无废城市”建设以及绿色低碳新赛道布局，通过在阅读中思考、在阅读中建言，激发政协委员助力静安区绿色发展的责任感与使命感，为静安区“双碳”目标的实现贡献才智。配合市生态环境局做好“奋进新征程，建功新时代——见证美丽长三角”集中采访活动，三省一市联合采访团走进市北高新园区，共同见证静安区生态先行、引领高质量发展的路径。联合区建设管理委(河道所)、区环境科学学会、区少年宫等单位举办区第六届中小学生水环境科普夏令营活动，拍摄《静安区水质监测站点介绍》课程短片，通过线上授课、云参观等方式，组织全区中小学生探秘河道水质自动监测站等知识内容，增强青少年水环境保护意识。结合“政府开放月”和“环境监测设施公众开放”活动，举办河道水质自动监测站线上云参观及2场线下参观活动。（吴滨）

（三）环境监测

【生态环境监管、监察、监测“三监”联动工作机制落实】 年内，区生态环境局按照“双随机、一公开”和固定污染源监管管理相关要求开展日常监测。累计完成126家次固定污染源执法监测、5家通信基站电磁辐射监督监测、7家电离辐射监督监测、8家建设项目事中事后监管监督监测。加强环境投诉监测数据支撑作用，促进信访矛盾有效化解。全年完成12户次噪声、12户次餐饮油烟、1户次辐射的投诉信访监测。打好柴油货车污染治理攻坚战，完成机动车路检路查1023辆；完成柴油车入户监测165辆；对辖区内62台非道路移动机械开展监督监测；对8家加油站进行油气回收系统监测抽查及油气在线系统比对；开展OBD和柴油车车用尿素质量情况入户监督抽测，各抽测30辆；通过机动车排放检验机构监管平台对车辆排放检验数据进行核查；对属地范围内3家机动车排放检验机构开展日常监管和在线监管，并结合区“双随机、一公开”监督检查对3家机构进行现场检查。强化监测站技术监督职能，以线上线下相结合方式加强对企业自行监测监督指导，并对10家单位进行现场检查，督促排污单位依法依规开展自行监测。做好固定污染源在线监测技术支持工作，加强自动在线数据审核，掌握并跟进排污单位在线监测运维及联网数据情况。对生态环境监测社会化服务机构进行常态化监管，依托监管系统开展非接触式检查，根据社会监测机构信用风险等级和工作需要，开展现场抽查。综合运用多种方式对在辖区内承接环境监测或环境监测设备运营维护服务的机构开展日常质量监管，共实施外部监督12次，发放盲样14支。联合区市场监管局、区生态环境局执法大队对区内2家生态环境监测机构开展“双随机、一公开”联合抽查。（吴滨）

【空气、地表水噪声监测】 年内，区生态环境局协调做好空气、地表水、功能区声环境质量自动监测运维保障工作，加强环境质量自动监测数据审核与巡查，发挥自动站监测数据应急预警作用，确保环境质量安全。谋划好应急准备工作，扩充监测站应急队伍人数，组织应急人员开展应急监测培训及演练，为突发环境事件应急处置做好准备。对区内涉疫医疗废水排放单位开展自行监测监管，确保消毒措施落实到位，涉疫污水稳定达标排放。先后进行49次现场监督抽测，162次远程监控监督抽测，开展3次方舱关闭终末消杀后周边河道水环境质量监测，确保区域水环境安全。配合市环境监测中心落实6个新建、扩建水站前期建设协调保障工作；加强自动监测站运维管理、质量监督及数据审核；开展辖区市控（含市考）、区级河道、水功能区和进出水考核等断面监测，加强对采测分离现场监测和采样的监督。开展环境空气自动监测站点数据审核与基础保障工作，配合全区大气环境质量精细化监控网络建设，提高对在线数据分析应用能力，通过监测数据分析和趋势判断，适时地、预判性地为区域环境治理提出必要建议。配合市监测中心完成静安国媒中心碳排放监测点建设。根据不同监测周期和频次分别在12个环境空气、17个地表水环境、38个声环境监测点位开展环境质量监测，共取得 285031 个环境质量监测数据。编制完成《2021 年静安区环境质量报告书》及静安区环境质量相关报告。完成区环境监测站实验室搬迁，年内分 2 批次以告知承诺审批方式取得噪声和振动、流动源废气、油气回收等项目的检测能力资质 15 项参数，15 个标准。完成武定西路 1480 号场所变更，获得检测能力资质 44 项参数，62 个标准。（吴滨）

表 18-1　2022 年静安区环境空气质量综合评价表

项目/指标	2022 年	
AQI	优良天数（天）	319
	优良率（%）	87.6
环境空气质量综合指数	3.20	
二氧化硫（SO_2）年平均浓度（μg/m³）	4	
二氧化氮（NO_2）年平均浓度（μg/m³）	26	
可吸入颗粒物（PM10）年平均浓度（μg/m³）	37	
细颗粒物（PM2.5）年平均浓度（μg/m³）	25	
一氧化碳（CO）24 小时平均第 95 百分位数（mg/m³）	0.9	
臭氧日最大 8 小时滑动平均值（O_3-8h）第 90 百分位数（μg/m³）	162	

注：依照《环境空气质量标准》（GB3095-2012）评价。（吴滨）

表 18-2　2022 年静安区地表水市考断面水质类别评价表

河流名称	走马塘	彭越浦	夏长浦	徐家宅河	江场河—先锋河	中扬湖
监测断面	共和新路桥	汶水路桥	物华苑桥	徐家宅河桥	江场西路 1550 号	中扬湖桥
水质类别	Ⅲ类	Ⅲ类	Ⅲ类	Ⅱ类	Ⅱ类	Ⅱ类

（吴滨）

表 18-3　2022 年静安区功能区声环境质量评价表

时段	二类	三类	四类
	武定西路 1480 号	江场三路 280 号	昌平路 658 号
昼间	52.6	52.4	54.3
夜间	46.8	47.4	49.0

注：噪声值为年均值。（吴滨）

十九、现代交通

编辑 李佳丽

(一)铁路上海站地区建设与管理

【概况】 2022年,铁路上海站地区管理委员会办公室(简称上海站管委办)加快推进铁路上海站地区(简称站区)发展,建设安全、有序、文明的“美丽站区”,完成春运保障、疫情防控、重大安保等各项工作。上海站管委办加强综合治理,组织站区相关执法单位针对站区重点区域开展常态化巡查和各类专项执法整治。年内,站区执法单位整治拉客“黄牛”1260人次,清理共享单车23600辆次,集中整治共享单车1500辆,整治五类车非法客运行为22570例、四轮车非法客运行为156例、平台案件62起。上海站管委办获“2022年上海市春运工作优秀集体”称号。 (高靖玺)

【领导调研】 2月11日,市政府副秘书长、铁路上海站地区管理委员会主任王为人一行至站区调研,对疫情防控、交通枢纽功能、提升管理服务、更新改造4方面工作提出要求,区长、铁路上海站地区管理委员会副主任王华,副区长、上海站管委办主任李震参加调研。3月15日,王华检查指导上海站地区疫情防控工作。5月17日,王华赴上海站管委办召开紧急会议,专题研究部署上海站离沪列车恢复运行后旅客进出站查验等准备工作,并到进出站口现场指挥,李震参加会议并陪同现场指导。5月18日,王为人至铁路上海站地区察看上海站恢复运行首日情况。5月23日王华至上海站南广场检查离沪旅客进站查验核码情况,并对下一步工作进行部署。5月23日,区委常委、常务副区长傅俊至秣陵路恒丰路召开现场调研会,研究上海站地区滞留人员处置工作。5月25日,区委常委、副区长梅广清至上海站南、北广场现场察看新增常态化核酸检测点位,确定在南广场(白玉兰广场)、北广场(中祥大酒店门口)各设1个采样点;另设1个标本检测实验室(中祥大酒店门口另一侧)。5月25日,副区长、上海站管委办主任李震至南广场检查离沪旅客查验情况和广场周边、恒丰路桥洞下滞留人员清理情况。5月26日,副市长吴清、市政府副秘书长华源一行至站区察看白玉兰广场常态化核酸检测点、北广场常态化核酸检测点、北进站口离沪旅客查验工作并听取相关情况介绍。5月27日,区人大常委会主任顾云豪到上海站南进口慰问区机关增援干部,对增援干部们奋勇争先、冲锋在前表示肯定，嘱咐大家加强个人防护，坚决守住查验口。5月27日，李震巡检南北广场，对站区新设置常态化核酸采样点工作提出要求。6月2日，市医保局副局长曹俊山一行至上海站北广场，实地调研核酸检测方舱实验室及常态化核酸采样点等工作。（高靖玺）

【2022年春运工作】 40天春运期间（1月17日至2月25日），区内铁路上海站、长途客运总站、沪太路客运站、中山客运站和长途客运北站5家客运单位累计到发旅客390.94万人次，比上年增加19.84%。其中铁路上海站到发旅客370.04万人次，比上年增加21.04%；区内4家长途客运站累计到发旅客20.53万人次，比上年增加1.58%。轨道交通1、3、4号线上海火车站站累计到发旅客456.8万人次。上海站管委办完善站区红、橙、黄3色预警处置和联动机制，实行24小时值班、每日零报告制度，加强信息报送工作。春节前后，会同区应急管理局牵头在站区广场、铁路候车室、联动指挥中心等地开展综合演练。在上海站南广场搭建春运大棚，为等候乘坐轨道交通头班车的旅客提供遮风避雨场所。节后客流返程期间，上海站管委办组建的旅客健康码查验、返程客流工作专班通宵作业，深入站区广场、客运现场，开展志愿服务，提醒旅客注意疫情防控和自我防护，引导旅客乘坐轨道交通1、3、4号线及夜宵线、出租车有序离开站区。强化联动指挥平台防控体系建设，组织相关执法部门，加强社会秩序管理和重点场所治理，集中打击票贩、“黑车”、盗窃、拉客等违法行为，优化站区春运环境。站区派出所、交警支队、交通执法大队、武警部队、市场监督管理所、城市管理执法等部门联合开展安全大检查，加大安全隐患排查，强化重点地区防控。站区治安派出所、交警支队等部门累计处置刑事案件29起、治安案件63起，查获各类危险品近2.32万批、3.96万余件，处罚机动车违法行为1377起、非机动车1221起。市交通执法总队一大队累计出动交通行政执法人员338人次，出动执勤车116辆次，查处各类运输违法案件149件。市场监督管理部门检查特种设备177台、餐饮单位81户次，开具监察指令书2份，排查、整改隐患2项，核查超期设备48台。城市管理部门开展市容环境专项整治12次、教育整改36次、立案查处6次。市交通执法总队一大队、区交警支队二大队和站区综合管理大队开展2次联合整治非法客运行动，出动执法力量31人次、执法车辆7辆次，查获各类违法行为23辆次。区司法局以春运大棚和站区电子向导屏为阵地，开展春运及疫情防控法治宣传。铁路上海站、区内各客运单位落实便民利民措施，完善售票、候车、导向标识等公共服务设施，结合场所实际优化安检、换乘等流程，提升旅客出行体验。轨道交通部门开展“爱心接力”行动，遇有通行不便的旅客主动询问帮扶，并与线路各站做好对接转送。（高靖玺）

【抗击新冠疫情应急管理】 3月初，上海再次出现新冠疫情。3月13日，上海站管委办召开紧急会议，研究离、返沪人员核酸检测报告查验工作。3月14日起，实行AB班轮班制。3月15日，市卫生健康委协调上海市肺科医院选取28名医护人员支援铁路上海站地区核酸采样工作。3月18日，安排工作人员支援天目西路街道核酸筛查工作。4月1日至5月31日，为打赢抗击新冠肺炎疫情的大上海保卫战，打破原有组织架构，将工作人员分为综合协调组、核酸筛查组、转运工作组、交通运输保障组、后勤保障组。5月5日至6日，召开专题会议，研究站区及周边流浪人员分类处置工作。5月18日，铁路上海站离沪列车恢复运营，上海站管委办组织进出站口旅客查验队、站区综合管理大队及相关派出所，梳理查验流程，设置查验通道，做好铁路上海站离沪列车班次运行前准备和恢复正常客流的压力测试。5月20日，区委组织部选派42名机关干部增援站区，以协助完成离沪旅客核酸检测报告查验及滞留旅客疏导工作。5月25日，在上海站南广场(白玉兰广场)、北广场(中祥大酒店门口)各设1个采样点；另设1个标本检测实验室(中祥大酒店门口另一侧)。5月27日上午，区委副书记王益群，区委常委、副区长梅广清召开专题会议，研究建立铁路上海站地区“追阳”工作机制，在铁路上海站地区设6个常态化核酸采样点和新建1个核酸检测方舱实验室相关工作，区卫生健康委主任、区发展改革委主任、上海站管委办常务副主任、区公安分局副局长、天目西路街道办事处主任参加会议。5月29日，召开建立站区“追阳”机制专题会议，明确站区“追阳”工作由应急处置转化为常态化处置。5月19日至5月31日，会同铁路上海站、铁路上海站派出所组织对夜间提前到达上海站的持票旅客进行核酸、抗原检测后，提前送入上海站候车室，累计安置持票滞留旅客进候车室4208人次。3月至5月，累计召开专题会、碰头会30余次，研究大上海保卫战各类问题。4月1日至5月31日，累计完成核酸检测37轮(37020人次)、抗原筛查20轮(22721人次)，封控涉疫场所7次，完成阳性人员转运114人次(其中流浪人员29人次)。4月至5月，共查验到沪列车115班次、旅客6531人。5月18日至5月31日，累计查验离沪列车班次148趟，查验旅客98600人，安置流浪人员(含闲散人员)200余人次。站区治安派出所累计出动警力3120人次，处置警情273起；站区城市管理执法中队累计出动执法人员347人次；天目西路市场监督管理所完成站区保供企业备案监管、特种设备安全检查和场所码张贴等工作；世缘实业公司累计投入巡游出租车700余辆次，运送旅客750余人次，北广场串联大巴累计运送旅客80余人次。

(高靖玺)

【常态化疫情防控】 年内，上海站管委办针对站区入城口“交通保障+疫情防控”新常态，结合客流及防疫政策变化，不断调整、跟进、完善、落实相应工作机制，建立“科、队、组”三级工作体系。在上海站进出站口安装健康码自助查验通关闸机，采用“人机结合”方式，提升健康码查验准确度和工作效率，通过大数据对接，确保信息采集和流调追踪。年内，累计查验来沪列车21207班次、来沪旅客682.6万人次，查验离沪列车20893班次、离沪旅客650.1万人次，处置“黄码”旅客1910人、“红码”旅客91人。10月中旬，全市推行“落地检”工作，上海站管委办先后增设11个核酸采样亭，增配核酸采样、辅助人员120余名，增加秩序疏导安保人员40余名。10月14日至10月31日，累计采样出站旅客69.1万人次，日均采样2.88万人次，实现上海站来沪出站人员“采样率100%”目标。探索跨部门、跨区域联合检查机制，组织站区执法单位开展全覆盖、滚动式联合检查，持续督查站区文娱行业、宾旅馆、餐饮、沿街商铺、商务楼宇等重点经营场所防疫措施落实情况。针对铁路上海站内商铺防疫工作，召开专题会，协调铁路管理、市场监督管理和城市管理执法等部门，开展联合检查，共同督促商户落实防疫主体责任。根据区委有关“追阳”工作专题会议精神，建立站区“追阳”常态化工作机制，完善《铁路上海站地区“追阳”工作方案(试行)》。抽调科室青年骨干成立“追阳”工作组，做好站区“追阳”、场所封控、红黄码处置工作。自6月铁路上海站地区“追阳”工作机制运行以后，站区共处置涉疫人员839

人，封控场所51处。年内，制订并完善《铁路上海站地区涉疫列车抵沪人员处置方案（试行）》，会同区卫生健康委、区公安分局、铁路上海站协同处置新疆、郑州等高风险地区到沪列车35班次、旅客10334人，转运456人。（高靖玺）

【重大节点安保工作】 年内，上海站管委办调动站区各单位积极性，形成工作合力，完善大客流安保、疫情防控及各项应急预案，组织站区各执法单位开展1、3、5分钟处突演练78次，完成春运、国庆、中共二十大及第五届“进博会”等重要节点安全保障任务。（高靖玺）

【文明城区创建复评迎检】 年内，上海站管委办发挥站区党建工作联席会议作用，对照测评指标，协调站区相关单位落实常态化巡查整改，做好新一轮全国文明城区创建复评工作。9月22日，上海站管委办会同天目西路市场监督管理所联合召开站区商圈复评“诚信计量示范街区”线上动员大会暨诚信计量业务知识培训会。12月1日，上海站管委办组织区救助站、站区治安派出所、铁路上海站派出所、上海站城管中队、站区综合管理大队、环卫所等协同配合，对站区内露宿人员开展联合集中救助安置行动。

（高靖玺）

【站区更新工作】 年内，上海站管委办立足站区需求对部分设施进行更新，完成南北广场可升降式防撞柱改造、南北广场地坪排水沟整修、站区花箱翻新和绿化改造等项目，启动南广场地下人行通道大修项目。（高靖玺）

【整治非法客运】 年内，上海站管委办根据上海市整治非法客运跨部门联席会议工作组下发的《关于开展7月份本市非法客运集中整治行动的通知》，研究制订整治方案，开展非法客运整治工作。下半年开展非法客运集中整治，重点整治四轮车非法客运行为，以及五类车非法客运及其他交通违法行为。8月31日，上海站管委办召集站区各执法管理单位，举行铁路上海站地区非法客运整治工作布置推进会。12月8日，上海站管委办组织牵头市交通执法总队一大队，轨道交通上海火车站站派出所，静安区交警二大队，轨道交通3、4号线上海火车站站以及站区综合管理大队等执法管理部门，在轨道交通3、4号线上海火车站站西大厅组织举办“进地铁”整治非法客运主题宣传活动。年内，站区执法部门整治五类车非法客运行为22570例（残疾车90辆、三轮摩托车450辆、二轮摩托车35辆、电动自行车21995辆）、四轮车非法客运行为156例，平台案件62起。

（高靖玺）

【志愿服务工作】 年内，上海站管委办依托站区“向导服务社”和“志愿者服务基地”，常态化开展志愿服务工作。以3月5日学雷锋日和12月5日志愿者日为首尾节点，每月20日，上海站管委办组织武警五中队与站区部分单位集中开展小型联合志愿者服务活动9次，组织大型联合志愿者服务活动1次，累计为1800余人次来往站区的旅客提供便民服务。

（高靖玺）

【双拥工作】 年内，上海站管委办围绕“站区一家亲，军民鱼水情”主题，推进疫情之下的站区双拥工作。八一建军节期间，上海站管委办先后向驻站区武警部队调拨数字哨兵等防疫设备，提供核酸检测等防疫支持，提高站区武警及营区疫情防控能力；协调站区企事业单位开展双拥共建，为驻站区武警官兵送上背包、食物、生活用品等物资，为武警官兵防疫、生活和训练等提供力所能及的支持。8月3日，上海站管委办常务副主任郁霆、副主任余建清接待到站区开展双拥慰问的上勤物业公司副总经理於铭、贺缨一行，并与驻站区武警部队进行座谈交流。

（高靖玺）

【安全生产和消防安全】 年内，上海站管委办完善《铁路上海站地区安全消防风险管控技术服务方案》，邀请第三方专业机构对站区28家经营单位现场消防安全隐患及消防安全管理进行全面排查和专业指导，并将隐患排查的触角延伸至站区范围沿街商铺，对所发现的消防安全隐患向相关单位发出整改建议书，实行差异化、精准化分级动态监管，有效管控站区安全风险。压实安全生产责任，开展各类安全检查387次，其中领导带队检查97次。

（高靖玺）

（二）铁路运输

【概况】 中国铁路上海局集团有限公司（简称上海局集团公司）机关设在上海市静安区天目东路80号，是中国国家铁路集团有限公司（简称国铁集团）下属的18个特大型运输企业之一，承担管内铁路运输和铁路建设管理等任务，具有5A级物流企业资质。铁路基本建设投资完成额连续7年（2016—2022）超800亿元，旅客发送量持续排名全路第一，是全国旅客运输最繁忙的铁路局集团公司。2022年末，上海局集团公司固定资产原值6027.97亿元，其中国铁2914.24亿元、合资铁路公司3065.14亿元、非运输企业48.59亿元。铁道线路主要分布在安徽、江苏、浙江、上海三省一市。管辖车站746个（不含线路所59个，不含浙江金温铁道开发有限公司车站28个），其中高铁车站（不分车站等级）224个、普速铁路车站522个，另有动车所10个；高普共站（不分场，按普速管理）共8个，高普共站分场设置共30个。年底，上海局集团公司铁路营业里程13749.7千米（比上年增加375.4千米），其中国铁营业里程4103.6千米、合资铁路营业里程9646.1千米（控股合资铁路公司5745.9千米、非控股合资铁路公司3900.2千米）。管内高铁（客专）营业里程6704.4千米，比上年增加375.4千米。区域内上海市铁路营业里程490.9千米、高铁里程172.3千米，江苏省铁路营业里程4276.9千米、高铁里程2217.6千米，浙江省铁路营业里程3596.8千米、高铁里程1876.5千米，安徽省铁路营业里程5264.6千米、高铁里程2398.9千米，江西省铁路营业里程10.3千米、河南省52.2千米、湖北省58.2千米。上海局集团公司复线营业里程10241.9千米、比上年增加371.3千米，其中国铁2963.7千米；复线率74.5%，比上年提高0.7个百分点。电气化铁路营业里程11129.0千米，比上年增加375.4千米，其中国铁3101.6千米、合资铁路8627.4千米；电气化率80.9%，比上年提高0.5个百分点。线路延展里程31700.3千米（国铁11938.6千米、合资铁路19761.7千米），其中正线延展里程24541.6千米。机车配属总量1485台（不含动力集中动车组FXD1-J型），其中内燃机车740台（国铁653台、合资铁路公司87台）占总配属台数49.8%；电力机车745台（国铁配属736台、合资铁路公司9台），占总配属台数50.2%。国铁配属机车中电力机车736台（和谐型电力机车680台），比上年增加10台；内燃机车653台（和谐型内燃机车90台），比上年减少24台。历史上电力机车配属数量首次超过内燃机车配属数量。动车组配属622组（自然组，为上海局集团公司所属资产口径）共6796辆

(含复兴号动车组199组、2168辆,动力集中动车组21组、252辆),比上年增加2组、14辆。其中国铁配属553组、6064辆,比上年减少0组、4辆;合资铁路公司69组、732辆,比上年增加2组、18辆。普速客车配属2835辆,比上年减少150辆。其中国铁配属2261辆,比上年减少146辆;合资铁路公司574辆,比上年减少4辆。联锁道岔总数23376组(国铁15851组、合资铁路公司7525组)。主要信号设备管辖站场总数992个(国铁491个、合资铁路公司501个),车载ATP设备1246套(国铁1242套、合资铁路公司4套)、LKJ设备1966套(国铁1874套、合资铁路公司92套)、GYK设备903套(国铁831套、合资铁路公司72套)。管内直属运输站段76个:直属站17个、车务段8个、货运中心7个、客运段4个、机务(机车检修、机辆)段6个、车辆(动车)段5个、工务(桥工、大机、大修、高铁基础设施)段14个、电务(通信)段6个、供电段4个、房建公寓段5个。直属非运输企业15个。其他直属单位4个:职工培训中心1个、疾控所(卫生监督所)1个、科研所1个、党(干)校1个。枢纽工程建设指挥部6个。控股合资铁路公司管理机构6个,其中局管控股合资公司管理机构4个,国铁集团重点监管控股合资公司管理机构2个。管内控股合资铁路公司15家,由上海局集团公司分别与安徽省、江苏省、浙江省、上海市人民政府出资人代表和中国铁路发展基金股份有限公司合资组建,分别为合武、芜湖大桥、宁安、皖赣安徽、杭黄、沪宁城际、沪杭客专、金山、浦东、萧甬、沿海浙江、宁杭、杭甬、杭州枢纽、沪昆浙江公司。参股合资铁路公司5家,分别为江苏高铁、浙江铁路发展控股集团、庐铜、合安、徽黄公司。参股合资铁路公司子公司8家,分别为新长、丰沛、苏南沿江城际、湖杭、金温、九景衢浙江、金台、杭黄(浙江)公司。年底,管内控股合资铁路公司总资产4621.02亿元,实收资本总额2661.46亿元,其中铁路方出资1266.62亿元。2022年底,上海局集团公司用工总量160956人,比上年减少891人。其中职工总量141521人,比上年减少302人;其他从业人员19435人,比上年增加991人。在岗管理和专业技术人员21737人,其中管理人员14554人、专职专业技术人员7183人、具有专业技术资格17748人。年内,上海局集团公司落实中共中央、国务院《交通强国建设纲要》《国家综合交通网规划纲要》,国铁集团《新时代交通强国铁路先行规划纲要》,以及国铁集团党组年度工作部署。面对新冠疫情持续(第三个年头)、高温酷暑历史罕见、强对流恶劣天气多发、客运经营大幅下滑等近年来形势最严峻、最复杂、最困难的情况,迎难而上、勇毅前行,推动集团公司高质量发展取得新成效。6月17日,集团公司党政工团联合印发《关于落实"四保"目标任务为稳住经济大盘担当作为多作贡献的通知》(上铁委办〔2022〕43号),部署"保安全防疫、运输畅通,保建设投资、新线投产,保货运增量、客运补欠,保职工收入、队伍稳定"工作。至年底,集团公司图定开行旅客列车1286.5对(动车组列车1076.5对、普速列车210对)、货物列车1321.5对。完成运输收入668.51亿元,比上年减少238.64亿元,下降26.3%。其中客运收入471.84亿元,比上年减少237.17亿元、下降33.5%;货运收入196.67亿元,比上年减少1.47亿元、下降0.7%。 (孔令贵)

表 19-1　上海局集团公司 2022 年主要指标完成情况表

项目名称	计量单位	年度预期值	年末实绩	上年实绩
换算周转量	百万换算吨千米	361000	269732	332911
旅客周转量	百万人千米	219000	121375	191020
货物周转量	百万吨千米	142000	148357	141891
直通货物周转量	百万吨千米		113044	107612
旅客发送量	万人	67800	34628	57573
占全路旅客发送量	%		21.5	22.7
安徽省内车站旅客发送量	万人		7201	10996
江苏省内车站旅客发送量	万人		11399	19075
上海市内车站旅客发送量	万人		4313	9284
浙江省内车站旅客发送量	万人		11646	18120
动车组旅客发送量	万人		30210	48979
货物发送量	万吨	19600	19682	19301
占全路货物发送量	%		5.04	5.2
安徽省内车站货物发送量	万吨		7769	7617
江苏省内车站货物发送量	万吨		6826	6727
上海市内车站货物发送量	万吨		497	496
浙江省内车站货物发送量	万吨		4522	4398
集装箱发送量	万吨	5570.0	5728.3	4972.0
煤炭发送量	万吨		7071	6986
货车周转时间	天	2.38	2.19	2.30
货车中转时间	小时	5.0	4.8	5.0
货车停留时间	小时	18.8	18.0	18.6
货车旅行速度	千米/小时		46.7	44.6

（续表）

项目名称	计量单位	年度预期值	年末实绩	上年实绩
日均装车数	辆/日	11780	11703	11125
日均卸空车	辆/日		16674	15121
货车静载重	吨/辆		46.1	47.5
客车出发正点率	%		100.0	100.0
客车运行正点率	%		100.0	100.0
货车出发正点率	%		98.6	98.6
货车运行正点率	%		97.9	97.9
货机日产量	万吨千米	118.3	131.0	128.4
货机日车千米	千米	470	516	509
货机列车平牵总重	吨	2750	2797	2798
内燃机车单耗	千克		32.1	32.1
电力机车单耗	千瓦时		178.8	199.1
货车运用车	辆/日	62000	61518	59080
部属现在车	辆/日		64191	61219
工作量	辆/日		28111	25726
运输收入	亿元		668.51	907.15
其中：客运收入	亿元		471.84	709.01
货运收入	亿元		196.67	198.14
非运输业营业收入	亿元		293.3	266.32
其中：安徽省内单位运输收入	亿元		138.98	171.02
江苏省内单位运输收入	亿元		235.26	318.24
上海市内单位运输收入	亿元		96.64	162.45
浙江省内单位运输收入	亿元		197.63	255.44
运输业劳动生产率	万吨千米/人		189.2	233.5

（续表）

项目名称	计量单位	年度预期值	年末实绩	上年实绩
铁路客货服务第三方满意度测评	%		88.37	88.17
客运服务总体满意度	%		86.65	86.15
货运服务总体满意度	%		89.56	90.20
年末固定资产原值	亿元		6027.97	6131.75
安全天（无A类及以上责任行车事故）	天		3154	
盈亏总额	亿元		-168.2	21.37

注：1.受新冠疫情影响，相关指标属于年度调整指标；2.资料来源于《上海局集团公司2022年统计公报》中的上海局集团公司运输部、客运部、货运部、工务部、劳卫部、财务部（收入部）、安监室、调度所等相关部室。（孔令贵）

【安全运输生产】 年内，上海局集团公司推行施工安全"正负面"积分、"六位一体"管控和"智慧工地"建设，完成营业线施工18519项、邻营施工监督12730项。科学防洪，有序应对21轮强降雨及突发龙卷风、强台风"梅花"2次登陆等恶劣天气。完成繁忙干线大修和有砟高铁大机清筛试点，开展动车组部件"松脱断"、高铁隧道掉块、弱膨胀土病害、信号和接触网隐患、站房雨棚部件脱落等突出问题攻关整治，设备故障同口径下降66.5%，高温胀板、胀轨得到有效管控，机车故障率创历史最好成绩。铁路沿线环境整治三年行动收官，长三角"三省一市"铁路安全管理条例全部施行，环境安全事故发生率下降67%。履行消防、反恐和护路巡防职责，开展火灾隐患排查整治和重点时期安保检查。深化安全治理体系建设和双重预防机制运作，组织作业指导书和台账清理整治，建成音视频监控平台、汇集1.5万路视频监控，梳理规范"小专业"管理和路地结合部分工作。强化安全综合保障，安排安全投入106亿元，编制安全生产责任制履职清单，集团公司层面督查问责75人次，嘉奖防止事故有功人员1668人次、216.5万元。至年底，实现安全生产3154天、连续第八个安全年。（孔令贵）

【企业改革三年行动收官】 年内，上海局集团公司完成企业改革三年行动160项重点任务，巩固显现改革成果。完善集团公司、非运输企业法人治理结构和机制，提升运作质量，健全参股企业管控机制。加大生产经营布局调整力度，实施卫生单位、职业技能培训基地、江苏地区直属非运输企业、安徽地区建设管理机构整合及房建生活给水一体化管理，成立合肥高铁基础设施段、撤销蚌埠工务段，全年减少建制单位11家，非运输系统整合下属企业22家，完成地区集体企业改制、关闭歇业115家。集成推进设备修程修制、生产劳动组织和专业融合等运输生产领域改革，重构工电供生产管理体系，健全房建设备大维修体系。推进"三项制度"改革，修订完善劳动合同管理办法和奖惩办法，出台市场化用工和薪酬分配改革指导意见，引进成熟人才和职业经理人11人，在非运输企业实施一系列市场化改革试点。编制“十四五”发展规划和安全、科技等专项规划，深化标准化规范化建设和“对标找差、创优争先”。规范经营管理，强化廉政风险防控，抓好巡视、巡察、审计等发现问题整改，制修订法律事务5个管理办法，建立法律风险库1.0版，办结法律纠纷案件146件、避免经济损失2.23亿元，内部审计纠正问题金额2.44亿元，促进增收节支和挽回损失4000万元。

（孔令贵）

【科教人才工作】 年内，上海局集团公司投入科研经费2795万元，立项攻关重点课题243项，199项获集团公司、12项获省部级科技进步奖，牵头研究国铁集团重点课题12项、创近年新高，示范性推广应用科研成果15项。完成“数字上铁”建设20项年度任务，打造“一专业一平台”，精简信息系统98个，杜绝网络安全事件。征集合理化建议和技改成果2.2万项、“金点子”4474条。开展站段优秀年轻干部暨领导班子专项调研，新提拔“80后”领导人员27人，挂职锻炼管理人员280人，引进优质高校毕业生占本科及以上毕业生总数28.8%，组织“优才培养计划”278人集中培训，选树上铁工匠20人，新建技能大师工作室6个，考核晋升专业技术和高技能人才7381人，竞赛产生各层级技术能手134人、获评中华技能大奖1人。开展职工培训专项整治，推行职培中心“双重领导、专业主导”，创新新冠疫情防控期间“线上培训＋线下管理”模式，编制74个岗位必知必会手册，完成各类重点培训1164期、56万人次。

（孔令贵）

【职工生产生活】 年内，上海局集团公司克服新冠疫情影响和经营困难，保障职工生活必要投入，抓好10方面职代会实事项目推进。职工年平均工资增长3.5%。改善硬件设施，推进南京西善桥、杭州萧山保障房项目，改造老旧小区1.46万户，完成既有线站区生活房屋补强整治289处，建成启用安庆、安庆北、宁波行车公寓，南京南、合肥南行车公寓1号楼开工，完成7处公寓、宿舍大修，投入3775万元补强职工实训等设施设备。完成健康体检14.1万人，建成健康食堂77家、健康伙食团294个，建立网上“心理驿站”。提高职工医疗和帮扶救助水平，支付补充医疗补助2.1亿元，助医助困助学8793万元，地方互助保障理赔1936万元，医保数据路地对接覆盖面96%以上。拓展服务职工渠道，开展职工文艺作品展评、网络健步走等活动，全员投保安全生产责任保险，抓好“缘在高铁”“你好星期六”青工服务平台运作，实现“青年之家”五大地区全覆盖。

（孔令贵）

【企业发展环境优化】 年内，上海局集团公司优化企业发展环境。对内发挥党政纪工团各级组织作用，把握企业改革发展正确方向，开展“奋进新征程、喜迎二十大”“强国复兴有我”等主题宣讲，举办“建设命运共同体、阔步迈向新征程”职工辩论赛，讲好长三角铁路“非凡十年”发展故事，深化基层思想政治工作和企业民主管理，启动安全、服务文化建设示范点创建，推进全面从严治党，引领干部职工命运与共、团结奋斗。对外发挥铁路行业优势，服务国家战略和经济社会发展，全年开行中欧班列2672列、中老列车1918车，完成消费帮扶1885万元、投入定点帮扶195万元，举行路地会谈25次、办理涉地重点事项120件，在服务大局、合作共赢中争取地方政府、社会各界支持铁路工作，参与铁路建设发展。

（孔令贵）

【旅客运输】 年内，上海局集团公司客运工作面对新冠疫情冲击，实施站区一体化管理，推出新票制产品、电子化补票、“一窗通办”“一个好觉”等服务新举措。通过分类施策算账开车、优化交路，付费支出、客运服务、设备维修等，变动成本压减95亿元。年内，完成旅客票价收入率每人131.11元，担当列车客座率53.8%，始发列车客座率54%。至年底，完成旅客发送量3.46亿人、比上年下降39.9%；客运收入471.84亿元、比上年减少237.17亿元。（孔令贵）

表19-2　上海局集团公司2022年各站段、货运中心(含合资铁路公司)客货发送量完成情况表

省市	单位名称	旅客发送量（万人）	货物发送量（万吨）
安徽省	蚌埠（直属）站	776.1	120.1
安徽省	合肥（直属）站	2545.7	0.1
安徽省	淮南西（直属）站	351.8	3109.2
安徽省	阜阳北（直属）站	881.2	260.2
安徽省	芜湖东（直属）站	6.4	479.8
安徽省	淮北车务段	183.7	2750.8
安徽省	合肥车务段	798.2	718.6
安徽省	芜湖车务段	1583.4	411.8
江苏省	徐州（直属）站	1420.4	2.4
江苏省	徐州北（直属）站	0	70.0
江苏省	南京（直属）站	3382.4	0
江苏省	南京东（直属）站	0	414.5
江苏省	镇江（直属）站	459.4	119.0
江苏省	常州（直属）站	681.2	169.1
江苏省	无锡（直属）站	780.7	149.0
江苏省	苏州（直属）站	2077.1	118.9
江苏省	徐州车务段	694.4	5511.6
江苏省	新长车务段	2047.4	258.7
浙江省	杭州（直属）站	4415.2	82.7
浙江省	乔司（直属）站	0	91.0
浙江省	嘉兴车务段	1269.0	375.6

省市	单位名称	旅客发送量（万人）	货物发送量（万吨）
浙江省	金华车务段	2081.0	1185.5
浙江省	宁波车务段	3844.7	2040.0
浙江省	金温铁道公司	79.1	745.6
上海市	南翔（直属）站	322.6	386.3
上海市	上海（直属）站	3947.1	0
上海市	芦潮港（集装箱中心站）	0	99.7
上海市	浦东铁路公司	0	11.5
上海局集团公司合计		34628.1	19681.8
安徽省	蚌埠货运中心		6240.3
安徽省	合肥货运中心		718.7
江苏省	徐州货运中心		5584.1
江苏省	南京货运中心		1852.9
浙江省	杭州货运中心		2589.3
浙江省	金华货运中心		1185.5
浙江省	金温铁道公司		745.6
上海市	上海货运中心		765.5
各货运中心合计			19681.8

注：1.资料来源于《上海局集团公司2022年统计公报》；2.各车务单位（车站、车务段）货物发送量为联挂考核指标≈各货运中心指标；3.部分货运中心有跨省市业务，如上海货运中心含上海市、江苏省苏州、无锡地区和浙江省嘉善地区；4.本表指标为铁路全行业统计数据；5.货运指标不含行包专列。（孔令贵）

【货物运输】 年内，上海局集团公司货运工作面对市场波动打好攻坚战，实施业务集中办理和营销体制改革。年内单日装车10次刷新历史纪录（最高日12月16日完成装车13893辆）、卸车5次刷新历史纪录（最高日10月22日完成卸车19250辆）。其中煤炭通过港口返装保持稳中有增，光伏产品抓住市场机遇增长350%，集装箱运输增长15.3%，海铁联运、敞顶箱分别增长28%、16%，服务国计民生的电煤、涉农物资分别增长13.8%、35.7%。各系统面对车流高峰，清理作业冗余，保通保畅保供，技术站服务中间站日均开行高质量列车68列，708名机车乘务员"客转货"，推广枢纽大天窗集中修，货车周时旅速、机车平牵日车、天窗综合利用率等指标全面优化，货车检修修时压缩20.7%，货运工作量增长9.3%，提供服务收入较预算增加6.5亿元，以货补客得到较好体现。5月1日，上海局集团公司收到国铁集团调度中心嘉奖令，对集团公司4月日均装车（12261辆）、卸车（17442辆）双创历史新高给予嘉奖。至年底，完成货物发送量1.97亿吨、比上年增长2%。 （孔令贵）

表19-3 上海局集团公司2022年各货运中心主要指标完成情况表

单位名称	货物发送量（万吨）	其中		日均装车（辆）	其中		静载重（吨/辆）	其中	
		大宗	白货		大宗	白货		大宗	白货
上海局集团公司	19682	12047	7635	11703	5019	6684	46.1	65.8	31.3
徐州货运中心	5584	3297	2287	2458	1342	1116	62.2	67.3	56.1
蚌埠货运中心	6240	5315	925	2940	2198	742	58.2	66.2	34.2
合肥货运中心	719	216	503	465	93	372	42.3	63.6	37.0
南京货运中心	1853	860	993	1264	399	865	40.2	59.1	31.4
上海货运中心	765	110	655	1033	53	980	20.3	56.8	18.3
杭州货运中心	2589	1359	1231	2327	560	1767	30.5	66.5	19.1
金华货运中心	1186	255	930	842	117	725	38.6	59.8	35.1
金温公司	746	635	112	374	257	117	54.7	67.7	26.2

注：1.徐州货运中心运量涵盖江苏省部分、河南省部分、安徽省部分；蚌埠货运中心运量涵盖安徽省部分、江苏省部分、河南省部分；南京货运中心运量涵盖江苏省部分、安徽省部分；上海货运中心运量涵盖上海市、江苏省部分、浙江省部分；2.资料来源于货运部。 （孔令贵）

【非运输企业完成营业收入293.3亿元】 年内，上海局集团公司在新冠肺炎疫情导致收入减少、利润减少严峻形势下，通过以增量补减量等措施，确保实现年度经营目标。全年非运输企业完成营业收入293.3亿元、比上年增长10.14%，实现考核利润49.1亿元、比上年增长13.33亿元。其中土地房屋板块增加利润贡献7.6亿元，杭州西站雨棚上盖项目交付，安德门等3个项目累计销售1410套、45.4亿元。建筑施工板块增加利润贡献4.4亿元，新签代建合同270亿元，拉动产业链70亿元。商旅板块优化疫情下的招商策略、合作模式，互联网订餐和特产预定业务扩大到21个车站，探索深化广告和“旅途易购”直营模式。光伏新产业取得突破，金鹰重工项目完成施工，杭州西站项目并网发电。制造维修板块新开发产研合作项目5个，物流板块收入、毛利、发到业务量均比上年增长，科信板块建成非运输企业数智化管理平台。履行国铁企业社会责任，落实减免租金和扶持政策4.9亿元。加强土地管理，新办理土地确权领证4980亩，新纳入授权经营4.1万亩，转增国家资本金110亿元。 （孔令贵）

【节支降耗】 年内，上海局集团公司结合新冠肺炎疫情实际，柔性生产、精准维修，创新检修模式手段，压减移动设备大修投资10亿元、成本2亿元，完成动车组自主修152组，和谐型电力机车C5修部件自主修达90%，启动货车检修生产组织和用工方式优化试点，牵引变电所无人值守扩大到43座。修订公布18个高铁、192个普铁主要生产岗位标准，生产劳动组织改革核减定员901人，跨单位调剂富余人员790人，清理通用工种1290人，每营业千米用工总量比上年减少3.4%。多渠道开源节流，争取助企纾困政策扶持50.7亿元，其中节支10.4亿元；争取开车补贴6.7亿元。实现资产处置收益54.4亿元，节约物资成本2.5亿元，间管费比上年压减3.6亿元，水电费压减3200万元，利息节约1.3亿元。加强公寓宿舍清理和调剂使用、节约外租成本6400万元，加强业务外包卡控和清理，完成风险债权清理目标，清欠委托管理费206亿元。全年在运输总收入较年初预算减少361.1亿元困难局面下，实现调整后的盈亏努力目标。 （孔令贵）

【运输其他业务利润完成41.97亿元】 年内，上海局集团公司各运输站段及辅助单位发挥自身资源、技术、设备和管理优势，加大经营开发力度，推动运输其他业务稳步增长。至年底，集团公司完成运输其他业务利润41.97亿元、比上年增长3.2%。 （孔令贵）

【完成年度基建项目投资任务】 年内，上海局集团公司克服新冠肺炎疫情影响，争取地方政府支持，协同相关单位，保开通、盯在建、抓开工、抓收尾，科学有序推进年度重点工作。年内基建大中型项目32个（含以前年度计划项目3个），计划投资800.94亿元，完成投资801.31亿元，连续7年保持800亿元以上。杭台、湖杭、宿州站改造3个项目开通，21个在建项目施工组织兑现率95%，北沿江沪合段、通苏嘉甬等6个项目开工。突出质量安全，落实红线管理一系列硬举措，攻关解决跨江跨海桥梁隧道、引入枢纽无砟道岔插铺等关键技术难题，实现工程质量“零事故”。注重依法合规，探索完善零出资项目委托代建、咨询服务等市场化法治化管理模式。坚持高普并重，开通6个、开工4个新建改扩建物流基地，完成10个货场“短平快”和3条专用线项目。至年底，集团公司完成基建投资1089亿元（含北沿江高速铁路项目100亿元），其中零出资代建项目（地方下达投资计划）188亿元。 （孔令贵）

表 19-4 2022 年上海局集团公司基本建设大中型项目投资完成情况表
(按省市划分)(国铁集团下达投资计划)

项目所在省份	建设项目和单项工程名称	建设单位名称	规模长度(千米)	批复概算(亿元)	年度预期值(亿元)	年度实绩(亿元)
安徽省	阜淮、淮南、水蚌线电气化扩能改造	宁安铁路公司(合肥枢纽指挥部)	283.2	47.8276	5.8176	5.8176
	合肥至安庆铁路	宁安铁路公司(合肥枢纽指挥部)	162	332.5964	23	23
	安庆至九江铁路安徽段	宁安铁路公司(合肥枢纽指挥部)	130.138	168.9531	7	7
	南昌经景德镇至黄山铁路	皖赣铁路安徽公司	89.585	125.1573	16	16
	宣城至绩溪高速铁路	皖赣铁路安徽公司	111.7	173.9776	50.5	50.5
	池州至黄山高速铁路	皖赣铁路安徽公司	121.4	183.7	49	49
	合新铁路	皖赣铁路安徽公司	207.36	291.6617	63	63
	商合杭铁路及芜湖长江公铁大桥	皖赣铁路安徽公司	519	757.2686	23.9686	23.9686
	新建合肥派河港铁路物流基地工程	宁安铁路公司(合肥枢纽指挥部)	0	10.3997	5	5
	淮北至宿州至蚌埠城际铁路	徐州枢纽指挥部	164.39	242.7297	56.5	56.5
	代建沪渝蓉高铁上海至合肥段(安徽段)*	皖赣铁路安徽公司	103	181.462	14.7	14.7
	代建沪渝蓉高铁上海至合肥段合肥枢纽*	宁安铁路公司(合肥枢纽指挥部)	49.76	41.7925	0.3	0.3
	改建铁路京沪线宿州站改建工程	宁安铁路公司(合肥枢纽指挥部)	0	11.4617	5.5	5.5
	宁芜铁路扩能改造工程安徽段	宁安铁路公司(合肥枢纽指挥部)	41.713	19.44	0.06	0.06
	阜阳北站扩能	宁安铁路公司(合肥枢纽指挥部)	0	38.4528	0	0.0016
	宁西铁路西安至合肥增建二线上海局管段	宁安铁路公司(合肥枢纽指挥部)	147.3	36.849	0	0.0821
	安徽省小计		2130.546	2663.7297	320.3462	320.4299

（续表）

项目所在省份	建设项目和单项工程名称	建设单位名称	规模长度（千米）	批复概算（亿元）	年度预期值（亿元）	年度实绩（亿元）
江苏省	南京西站地区铁路机辆设施搬迁工程	南京枢纽指挥部		12.0297	2	2
	连云港至镇江铁路	南京枢纽指挥部	304.9	551.0722	58	58
	江苏南沿江城际铁路	南京枢纽指挥部	278.5	516.6595	95.5	95.5
	连云港至徐州铁路	徐州枢纽指挥部	180.4	270.1584	5	5
	宁芜铁路扩能改造工程江苏段	宁安铁路公司（合肥枢纽指挥部）	60.457	78.96	0.44	0.44
	太仓港疏港铁路专用线	上海枢纽指挥部	13.1	18.12	2.8356	2.8356
	上海至南通铁路南通至安亭段	沪宁城际公司	119.18	191.1982	0.87	0.87
	沪通长江大桥	国铁集团工管中心沪通长江大桥指挥部	11.072	140.0107	0.73	0.73
	上海经苏州至湖州铁路	上海枢纽指挥部	52.165	98.1689	24	24
	上海至南通铁路太仓至四团段	沪宁城际公司	3.45	25.88	4	4
	陆家浜铁路货场	上海枢纽指挥部		3.5989	0.15	0.15
	代建沪渝蓉高铁上海至合肥段（江苏段）★	沪宁城际公司	300.609	1091.4	76.9	76.9
	代建沪渝蓉高铁上海至合肥段南京枢纽★	南京枢纽指挥部	64.4	120.95	0.9	0.9
	南通至宁波高速铁路江苏段	沪宁城际公司	135.038	398.97	10.5	10.5
	江苏省小计		1523.271	3517.1765	281.8256	281.8256

（续表）

项目所在省份	建设项目和单项工程名称	建设单位名称	规模长度（千米）	批复概算（亿元）	年度预期值（亿元）	年度实绩（亿元）
上海市	上海经苏州至湖州铁路	上海枢纽指挥部	64.853	254.8543	54	54
	上海至杭州铁路客运专线上海南联络线	上海枢纽指挥部	7.99	45.7486	12	12
	上海至南通铁路太仓至四团段	沪宁城际公司	97.69	322.6222	63	63
	代建沪渝蓉高铁上海至合肥段(上海段)*	沪宁城际公司	51.038	329.9	7.2	7.2
	上海至南通铁路南通至安亭段(不含代建)	沪宁城际公司	18.293	58.0898	0	0
	上海市小计		239.864	1011.2149	136.2	136.2
浙江省	上海经苏州至湖州铁路	上海枢纽指挥部	46.695	72.0847	14	14
	金华至宁波铁路	杭州枢纽指挥部	185	286.78	59	59
	沪昆线嘉兴站站场及站房改扩建工程	杭州枢纽指挥部		8.5718	0.0718	0.0718
	宁波枢纽庄桥至宁波段增建三四线	沿海铁路浙江公司	7.4	21.62	5.5	5.5
	商合杭铁路浙江段	沪杭铁路公司	51	65.797	1.097	1.097
	衢州至宁德铁路浙江段	沿海铁路浙江公司	206.858	153.7271	0.7	0.7
	新建金建高速铁路项目	沿海铁路浙江公司	64.51	119.2063	20	20
	湖州至杭州西至杭黄高铁连接线	沪昆客专浙江公司	135.788	327.7094	41	41
	南通至宁波高速铁路浙江段	沪宁城际公司	165.914	606.9600	20.2	20.2
	沪昆线义乌高架站房	杭温工程指挥部	0	17.0332	1	1
	浙江省小计		863.165	1679.4895	162.5688	162.5688

（续表）

项目所在省份	建设项目和单项工程名称	建设单位名称	规模长度（千米）	批复概算（亿元）	年度预期值（亿元）	年度实绩（亿元）
	上海局集团公司合计		4756.846	8871.6106	900.9406	901.0243

注：1.★北沿江高速铁路项目100亿元；2.资料来源于上海局集团公司建设部。（孔令贵）

【杭台高铁开通运营】 新建杭州经绍兴至台州铁路（简称杭台高铁）为非控股非代建委托运营铁路。2021年12月9日，完成初步验收；12月15日，完成安全评估；2022年1月1日，开通启用；1月8日，正式运营。该线路起自杭州东站，在杭甬客专绍兴北站北侧杭绍台车场接出，在既有温岭站和杭深铁路联通。（绍兴北站至温岭段，线长226.556千米）设绍兴北站（既有站）、上虞南站、嵊州北站、嵊州新昌站、天台山站、临海站（既有站）、台州站、温岭站（既有站）8座客运车站。设计时速350千米。（孔令贵）

【合杭高铁湖杭段开通运营】 9月22日，新建合杭高铁湖杭段（简称湖杭高铁）线路开通，桐庐东站、富阳西站、杭州西站启用。该线路自湖州站引出，接入杭黄高铁桐庐站。新建正线长度137.837千米，为双线高速铁路，设计时速350千米。全线设车站6座，其中利用既有站2座（湖州站、桐庐站），改建既有站1座（德清站），新建车站3座（杭州西站、富阳西站、桐庐东站）。（孔令贵）

【宿州站改建完成、开通运营】 京沪铁路中间站——宿州站站改工程项目于12月26日完成初步验收，于12月28日，完成安全评估；12月31日，开通运营。该站为线侧平式车站，站房面积14998平方米，旅客最高聚集人数1800人，车站设到发线8条（含正线）、站台3座。人工售票设备3台、自动售票机10台、半自助检票终端3台、进站检票闸机12台、出站检票闸机8台。（孔令贵）

【姜堰站改建】 宁启铁路中间站——姜堰站位于江苏省泰州市。该站为线侧平式车站，站房面积5000平方米，旅客最高聚集人数1600人，车站设到发线5条（含正线），站台2座。人工售票设备3台、自动售票机5台、半自助检票终端2台、进站检票闸机6台、出站检票闸机4台。2022年，改建完成；2023年1月6日，开通启用。（孔令贵）

【新冠疫情防控】 年内，上海局集团公司科学精准、因时因势调整内外部防疫措施，应对新冠防控大上海保卫战及区域内多个城市静默、封控考验，自主建成投用核酸检测实验室，灵活用好云平台、音视频、“白名单”等措施保持生产办公有序，完成援沪、援藏、援疆等重点人员物资运输。印发《铁路单位疫情防控分类分级管理工作指引》《铁路单位防控聚集性疫情工作指南》《涉疫旅客列车应急处置指引》等各类疫情防控指南指令48份、风险预警提示通知7份；接报及指导处置各类疫情信息3043条，协助地方防控部门核查涉疫旅客信息4100趟次、256.9万条。压实疫情防控单位责任和个人责任，推行内部人员分类分级管理和业务外包人员一体化管理，严格落实站车测温验码等防控措施。年内累计发现并处置发热旅客285人，开展客车途中涉疫旅客应急处置321趟，下交涉疫风险旅客15653人；冷链食品运输1916辆，190名相关从业人员健康良好。开展疫情防控指导检查，累计覆盖车站813站次、列车528趟次、公寓343户次、其他单位129次。年内，完成铁路重点人员核酸检测25.5万人次。（孔令贵）

【公共卫生管理】 年内，上海局集团公司完善卫生管理工作机制，组织各客运段开展普速客车卫生环境专项整治和自查，并组织铁路疾控所（卫生监督所）围绕卫生管理、设备设施、基础卫生、卧具备品、厕所管理等方面开展专项检查，累计检查普速列车125车底，发现并整改各类卫生问题111个。督促指导站车单位做好病媒生物预防控制工作，消除病媒生物孳生环境，组织疾控所每月开展鼠、蟑、臭虫等病媒生物密度监测，监测覆盖1091车底、245站次，站车鼠虫密度均达到铁路控制标准要求，未发生鼠虫滋扰旅客事件。做好铁路站车供水监测，保证供水水质符合国家生活饮用水卫生标准，保持供应洁、净、开水，满足旅客需求。每季度开展全覆盖水质检测，累计检测列车上水176次、集中供水32次，未发生饮水污染卫生不良事件。开展铁路爱国卫生运动，培养职工健康文明生活方式。按照“我的门前我清洁、我的区域我负责”要求，动员干部职工自己动手，整治卫生设施，消灭卫生死角，改善铁路沿线环境卫生状况。（孔令贵）

【健康上铁建设】 年内，上海局集团公司克服新冠疫情影响，统筹推进健康上铁建设和集团公司职代会职工实事项目，全年投入0.9亿元，完成14.1万名职工健康体检，体检兑现率95.2%，发现重大阳性指标2434人、高危人员9人，相应落实规范就医和调整岗位等健康维护措施。用好“互联网＋健康咨询”，依托体检定点机构专家和铁路疾控所健康管理师资源，开展健康咨询和健康讲座。指导站段食堂（伙食团）落实减盐减油、控糖和食品安全要求，完成健康食堂（伙食团）建设371个。开展心肺复苏、AED（自动体外除颤器）使用等应急救护普及培训1.1万人次，举办红十字救护员培训3093人次。（孔令贵）

【铁路食品安全监管】 年内，上海局集团公司落实《食品安全法》《铁路运营食品安全管理办法》等法律法规要求，坚持业务指导和现场检查相结合、定期监督和专项督导相结合，以车站餐饮、动车盒饭、普速餐车、单位食堂等为重点，压实包保职责，加强日常监督管理。抓好关键食品、关键场所、关键环节和重点时段（传统节假日和春运、暑运）管控，严格食品采购、贮运、加工、销售全过程管理，强化食品安全风险排查整治，开展零点行动和食品安全专项检查。通过开展驻点包保、强化督导、回头看检查，严把采购关、加工关、贮存关、消毒关、人员健康关。累计出动卫生监督员2825人次，监督单位5489家次，销毁不符合食品安全要求的食品31千克，责令下架停售不符合要求的预包装食品2228千克，全年未发生责任食物中毒事件。（孔令贵）

（三）铁路上海站

【概况】 上海直属站管辖上海站、上海南站、上海虹桥站3个大型客运站及上海西、南翔北、安亭北、安亭西4个城际中间站，共7个营业站；

管辖客技站、光新路站(存车场)、上海南动车所、虹桥动车所4个客车、动车整备、存放场(所);另管辖4个高铁线路所。作为京沪、沪昆两大铁路干线的交会点,以及京沪、沪宁、沪杭、沪苏通4条线路的终到始发站,上海直属站是东部铁路重要客运枢纽站。车站下设安全科、营销科10个职能科室,售票车间、客运车间、运转车间、综合车间、行包车间、上南客运车间、上南运转车间、上南行包车间、虹桥车间、上西车间10个车间,共设置69个工班。车站地址为秣陵路303号,占地面积43平方千米,其中主站房建筑面积4.5万平方米,候车室总面积2万平方米,南北广场总面积9.3万平方米,采用“高架候车,南北开口,高进低出”布局。设有长500米的高站台13座、15股道。电梯56部,其中有35部自动扶梯、21部垂直电梯(含6台货运电梯),有10吨锅炉2台、6吨锅炉1台,250万和200万大卡溴化锂机组3台,250千瓦热泵机组2台、400千瓦热泵机组3台等大型设备。车站共设售票房2个,人工售票窗口37个(日常开10个)、自助售取票机40台、取票专机12台、自助临时证件办理设备2台。共设自助实名制验证设备28台、进出站检票闸机149台。设置上水设备147套、三品检查仪12台。

(袁霞)

【安全生产保持总体稳定】 年内,铁路上海站聚焦“防风险、保安全、迎二十大”,推动安全双重预防机制落实落细,建立健全每日安全风险研判制度,完善常态化隐患排查治理机制,开展安全生产大检查和安全专项整治行动,全年发现解决安全问题469件,完成客站消防、安检查危等专项整治工程6个,整治Ⅲ类以上隐患57件。分系统梳理研判“黑天鹅”“灰犀牛”风险26项,分项制订落实风险管控措施。有针对性地加大检查特别是夜查的频次和力度,提高现场控制强度,确保恢复运营过渡期、党的二十大前后等关键敏感时期安全稳定。推动铁路外部环境治理三年行动全面收官,82处隐患问题全部得到整治并通过集团公司验收。改进加强施工组织和安全监管,全年完成营业线施工767次、邻近营业线施工4831次。深化安全治理体系建设,修订全员岗位安全生产责任制,编制管理人员履职清单,完善安委会工作制度和安全生产奖惩、安全红线管理、履职督查问责、事故责任追究等办法,全年督查问责13人次,嘉奖有功人员38人次、35300元。至年底,车站实现安全生产10354天。

(袁霞)

【运输经营展现难中有为】 年内,铁路上海站面对严峻经营形势主观不躺平,做到市场响应更及时、运能配置更精准,争取最好经营结果。客流恢复期按照“四先四后”原则,梯次增能全力补欠,市场低迷期讲求投入产出,及时减能有效止损,动态优化提高运力资源和生产要素配置效率,增强弹性适应能力。抓牢暑运和中秋、国庆长假等客运市场短暂回暖期,加强客流分析预测,增加运能提报频次,紧盯票额利用效率,加大增运补欠力度。10月1日,客发和运收分别达50.07万人、1.06亿元。全年完成旅客发送3945万人,占全局客发总量11.4%;完成运输收入70.06亿元,占全局客运收入总量14.9%。注重加强与非运输企业协作配合,在总体经营困难情况下求增量,全年完成其他业务收入5702万元,实现利润749万元。

(袁霞)

【深化服务提质】 年内,铁路上海站适应电子客票全面普及后线下办票量下降趋势,推进“窗口革命”,扩大实行“一窗通办”,虹桥站区“一窗通办”窗口实现全覆盖,上海、上南站区覆盖率接近70%,三大站总开窗数比上年减少30%，实施“三微工程”，完成上海站自助售票处、9号候车室、东南西南出口处、重点旅客候车室厕所等更新改造，建成虹桥站联通工程，动态调整旅客进出站流线及候乘组织，推动虹桥站出发层商业改造升级，提升车站环境和服务品质。做深做细分类服务，推出两院院士“一人一档”个性化服务，优化老年旅客、脱网旅客服务，聚焦旅客乘降过程中遇到的突发情况和临时困难，设立客服专员，改进完善现场应急服务，帮助旅客排忧解难。开展客运基础工作专项整治和客运岗位“一月一规范”活动，强化服务质量问题分析和闭环管理，直属站旅客满意度高于全局平均值1.12分，继续保持领先地位。（袁霞）

【完成2022年春运任务】 2022年春运40天（1月17日至2月25日），车站共完成运输进款12.76亿元，比上年增加50.3%；完成旅客发送688.31万人，比上年增加25.94%，其中上海站177.50万人、上海南站102.63万人、上海虹桥站及3小站408.19万人。1月29日为旅客出行最高峰，当日客发达38.54万人。各类媒体对铁路上海站进行正面报道1587篇次，其中中央级媒体报道425篇次。（袁霞）

（四）长途客运

【上海长途客运总站停止营业近5个月】 为全力配合新冠疫情防控工作，自3月13日起，上海长途客运总站暂停营业，已购买2022年3月13日（含）以后车票的旅客，全额退款。8月8日起，上海长途客运总站试运行上海至南通市省际客运班线，其他班线将根据到达地防疫要求逐步开行。（叶供发）

【12月上海至江苏浙江多条高速客运线路恢复运营】 12月12日起，根据新冠肺炎疫情防控政策调整，交运巴士所属上海白玉兰高速客运有限公司跨省班线将陆续恢复营运。区内沪太站（中山北路1015号）恢复与江苏省、浙江省间的多条客运线路。（叶供发）

（五）市内交通

【832路公交车线路调整】 为更好地方便彭浦新村街道长临路沿线居民公交出行，自1月17日（星期一）首班车起，832路走向、设站进行调整，起讫站：长临路共康四村——长临路共康四村，调整后走向：自长临路共康四村起经长临路、共康路、共和新路、临汾路、长临路至长临路共康四村止。中途设站：长临路共康四村、长临路共康路、共康路地铁站、共和新路汾西路、长临路临汾路、长临路共康四村。新增站点：长临路共康四村（共康中学对面）、长临路共康路、共康路地铁站、共和新路汾西路、长临路临汾路。撤销站点：长临路共康三村、长临路临汾路、共和新路闻喜路、三泉路临汾路。（叶供发）

【上海市内恢复常态化通行】 5月22日起，上海公交陆续恢复，5月22日至31日，优先恢复273条线路运营，主要服务于全市机场、火车站、三甲医院和各区中心医院。从6月1日0时起，上海市公安机关将取消越江桥隧、区与区边界道路等防疫查控岗位。外地车能进上海市，来沪返沪人员需提供48小时核酸检测阴性证明。（叶供发）

【静安区茂名北路实施限时步行街】 为进一步推动夜间经济发展，把静安区张园打造成为商业文化结合的品质街区，同时进一步挖掘张园整体地块的潜力，充分释放张园和丰盛里地块的整体联动效益，自9月24日起的每周六0时至次周周一晨4时，及国定节假日期间假期第一日0时至假期结束次日晨4时，静安区茂名北路（威海路—经典茂名公寓出入口）实施限时步行街。（叶供发）

【上海机场四线、五线合并营运】 根据上海市道运中心2022年度线网调整计划，空港巴士所属机场四线、五线于12月25日头班车起进行走向及站点的调整合并营运。五线名取消，四线终点站由虹口足球场（龙之梦）改为途经站并延伸至铁路上海站北广场，取消原机场五线中山东二路（新开河路）站、龙阳路地铁站。原机场四线浦东大道德平路站、张扬路（金桥路、云山路）站及机场五线浙江中路（延安东路）站由机场二线替代。（叶供发）

【铁路停止查验核酸证明和健康码】 12月7日起，按照国务院联防联控协调机制防控政策要求，铁路购票、乘车及进出站停止查验48小时核酸证明和健康码，各项进京防控措施调整时间另行通知。上海优化调整来沪返沪人员防控措施来沪返沪不再显示“来沪返沪不满5天”的标记。（叶供发）

二十、科学技术·信息化

编辑　顾瑞钧

（一）综述

2022年，静安区科技工作重点聚焦大数据、人工智能、云计算等特色优势产业，布局新赛道，发挥科技创新对推动经济高质量发展的支撑保障作用，优化科技创新发展环境，统筹疫情防控和科技创新工作，做到疫情防控和本职工作“两不误”，有序推动区域科技创新工作和数字化转型工作健康发展。

区科委运用科技支撑新冠肺炎疫情防控阻击战，与相关企业联系排摸，筛选适合的抗疫产品，推广应用至疫情防控一线，如上海网班信息科技股份有限公司的“数字哨兵”、上海有个机器人有限公司的“抗疫机器人”等。其中一机器人公司的送餐机器人，在国家会展中心、世博中心、临港等处方舱投入应用。

区科委以提升全区核酸检测能力为关键目标，强化市、区联动，强化资源配置，推进华测艾普新建气膜实验室、中检气膜实验室、金域静安方舱实验室建设和运行。设立现场驻守员制度，2名专职干部分别驻守中检和华测，在协调实验室建设问题时，对采—送—检—报各环节运行状况及时与疾控中心反馈、修正，区内核酸检测效率大幅提升，静安区封控期间的核酸检测能力达到25万管（单管），位列全市中心城区前列。

区科委围绕科技领域重点产业、新兴产业发展趋势，发挥功能区（街镇）和部门各司其职、协同作战工作优势，突出精准招商、专题招商和统筹招商，强化平台招商、服务稳商和外向型招商。全年落地千万元级项目12家，百万元级项目54家。并抓住疫情中行业发展机遇，持续稳住存量、扩大增量，做好“防疫情、稳经济、保安全”大走访、大排查工作，根据三级服务名单，细化落实稳商留商走访清单，按优先度有序开展走访调研，帮助企业安心发展，6月以后，累计下沉走访科技企业百余家。聚焦数据智能、生命健康等重点产业，与区统计局加强工作联动，建立常态联系协调机制。对所主管的软件信息业、科技服务业企业加强分析研判和挖潜，开展针对性措施，保存量引增量，做到应统尽统，确保区软件和信息服务业和科技服务业实现平稳发展。

区科委发挥基金杠杆集聚作用，对将到期的引导基金管理办法及实施细则等进行政策有效期延长，在严控风险基础上，落实区产业引导基金管理委员会各项会议精神。2022年，引导基金对接储备项目7个，经筛选、分析研究后，引导基金受托管理机构向引导基金管理委员会上报2个项目投资方案并经管委会审议通过。新增《关于被投子基金税收、返投落实的管理办法》，进一步细化、明确引导基金对被投项目返投、税收相关完成情况跟踪管理办法。累计过会认缴投资额12.1亿元，撬动其他社会资本总认缴规模达84.67亿元，子基金层面放大约7倍。引导基金发挥招商引资纽带作用，吸引相关主体对接落地静安区。

为优化海外引智环境，上半年，区科委根据疫情防控形势，立即部署线上办公方案，窗口业务启动VPN远程登录审批模式，开通网上业务咨询接待。对于情况紧急，受疫情影响无法完成线下材料核验的用户，采用“视频核验＋远程受理”方式进行审批。经统计，封控期间区内外国人来华工作许可业务审核2253件次，视频受理15件，处理热线工单17件，答复线上咨询近2700条，保证疫情防控期间静安区外专窗口工作不停摆，咨询服务不掉线。外国人来华工作许可业务实施提质增效计划，在“能办”的基础上推进向“好办”“快办”转变。外国人来华工作许可8个事项累计法定办结时限215个工作日，缩减承诺审批时限至29个工作日，压减率达86.5％。至年底，全区外国人来华工作许可办理工作量27119件次，审批量4584件，其中“不见面”审批受惠办理量3959件。就企业关心的外国人来华工作许可相关政策，制作一批折页资料，方便到窗口办事人员随时取阅。通过腾讯会议App线上直播课形式召开外国人来华工作许可系列政策线上宣讲活动，针对“外国人来华工作不见面审批4.0版”“外籍人才薪酬购付汇便利化”等外国人才创新政策举措，以及疫情防控期间推出的外国人来华工作许可便利化服务，进行在线宣讲和解读。针对部分企业与外籍人才的特殊困难采取“一事一议”，精准高效地解决就业、用工的难点、堵点。

区科委构建引才求职生态圈，推荐天翼数字生活科技有限公司作为静安区“双招双引”重大人才项目参与第二届海聚英才全球创新创业峰会集中签约仪式，签约金额9亿元，形成区域技术领先和高端人才的示范效应。推荐市北聚能湾、上大科技园成功申报“上海市海聚英才创新创业示范基地”，高质量打造高层次人才创新创业生态圈。发挥区人才政策引领作用，全年通过申报“启明星”“扬帆”“技术带头人”等人才项目，落地静安区的青年人才40余名，初步形成高端人才、专业人才和青年科技人才梯度结构，涌现一批承接国家重大科技创新项目、重大科学计划的高端人才，集聚一批在优势领域的专业人才，以科技企业为代表的科技人才队伍更趋年轻化。推进科技人才就业，通过“云招聘”等方式帮助企业解决疫情防控期间招聘难、人才求职难问题，全年累计征得30余家单位提供228个岗位，招录人数470余人，解决疫情影响下人才就业企业用工现实问题，吸引集聚优秀高校毕业生和科技人才，助力企业复工复产。

区科委强化科技企业政策宣传，每月初推出当月“云课堂”课程表，邀请市、区相关部门领导、专家在线为企业送政策上门，4月以后，静安科技“云课堂”开展线上、线下各类活动20余场次，服务人次过1万，全面扩大科技政策影响面。在“静安科技”微信公众号开辟企业抗疫专栏，形成“静安科技范，创新正能量”为主题的科技企业家、静安创新券申领等多个系列主题报道，对在疫情防控期间参加抗击疫情和技术研发等的静安区企业做好宣传服务工作，企业抗疫专栏共推送21期相关栏目。

区科委做好科技企业服务工作，完成349家科技型中小企业入库。做好技术合同认定登记工作,至年底,技术合同项数超 600 项,成交总金额超 220 亿元,金额为上年 8 倍,成为全市增速最快的区域。开展 2020 年“小巨人”企业验收绩效评价工作,共向市科委推荐 18 家企业申报本年度科技“小巨人”工程项目。统筹企业服务资源,形成由点到面的高企服务网络,全年共受理 273 家高企申报,年度认定高企突破 200 家,创历史新高。动员企业申报高新技术成果转化项目,至年底,推荐办理高新技术成果转化项目 23 项,经认定项目 17 项,居中心城区第三。 (唐陈艳)

(二)科技创新

【推进国家新型工业化大数据产业示范基地建设】 年内,区科委引进具有自主知识产权和技术创新能力的大数据、云计算、人工智能、区块链以及生命健康龙头企业,构筑具有静安区特色的开放式创新生态圈。探索引导静安区大企业由内部创新走向开放创新,强化大企业龙头带动作用,助力跨国企业与科技企业协同创新。发挥静安区大企业国际化融通优势,协同区招商营商重点工作,逐步构筑大数据、云计算、人工智能、区块链以及生命健康等领域体系化开放创新网络。至年底,共引进大数据企业 130 家,累计集聚大数据企业近 500 家。其中灿瑞科技成为静安区首家登陆科技创新板的企业。莱茵技术全球 XR 技术基地等 4 个项目入选 2022 年世界人工智能大会闭幕式重大项目签约仪式。 (唐陈艳)

【培育科技创新载体】 年内,新增 1 家载体纳入 2022 年市级载体培育范围,新推荐 3 家孵化器申报国家级孵化器。对 19 家已经纳入市级培育体系的科技载体开展年度绩效评价。依托静安国际双创示范基地建设,继续支持国际化众创空间发展完善,推进 X-node 中新创新加速计划等双向跨境创业加速孵化服务。支持上大科技园建设,深化项目战略合作,促进“产、学、研、用”深度合作,提高上大科技园产业集中度和显示度。为 11 家科技企业成功申请“科技创新券”,并对参与疫情防控企业开辟绿色通道。全区累计发放区级“科技创新券”50 万元,惠及逾 40 家科技企业。支持众创空间联盟、园区、创业团队等载体,利用线上培训等模式开展政策宣讲、创新活动等,助企业发展。依托静安区众创空间联盟开展政策培训、火炬统计、线上论坛等各类活动近 80 场。 (唐陈艳)

【科技载体指导服务】 年内,区科委助推科技园区,包括科技企业孵化器、大学科技园复工复产和安全生产。加强与重点载体沟通,落实后续防疫措施跟踪监管,平稳有序推进科技载体恢复生产经营活动。并加强对区科委纳管科技载体运营情况和安全生产的监督、指导、服务。对区内重点科技企业开展调研,了解科技企业在疫情下存在的困难,掌握企业防疫情况、复工复产情况、受疫情影响情况等,为区内深入了解企业疫情下发展情况和更好地应对疫情打好基础。 (唐陈艳)

【张江静安园建设】 年内,区科委联合 4 个功能区、科技园区等载体进行广泛宣传,组织动员园区、企业参加在线政策指南培训,主动做好申报阶段咨询、指导、服务工作,完成两批次 2022 年张江专项发展资金重点项目申报工作。制订“十四五”《张江高新区静安园专项发展资金项目管理细则》,规范张江专项资金使用的科学性、合理性。跟踪做好未结项项目过程管理,争取尽快完成验收工作。对园区 2021 年评价结果进行专题分析，从加强高新技术企业、高成长企业、创新型领军企业的培育，强化产学研合作，提高技术交易活跃度等方面，推动张江静安园迈向更高水平、更高质量的发展。做好张江火炬统计调查工作，全年共完成230家非高企年报填报工作。（唐陈艳）

【国家区块链创新应用试点工作】 1月，静安区获批国家区块链创新应用综合试点区以后，根据中央网信办对试点工作推进统一部署，区科委会同区委网信办，组织相关单位进行沟通和讨论，在向区相关部门征求意见、专题沟通等基础上，并在国家区块链创新试点对口专家组指导下，形成区块链试点任务书。并组织召开区块链试点启动仪式，正式发布14个区块链＋应用场景，围绕数字经济发展需求，发挥区块链在促进数据共享、优化业务流程、降低运营成本、提升协同效率、建设可信体系等方面作用，促进区块链与大数据、人工智能融合创新，赋能政府公共服务与产业高质量发展，推动静安区成为上海国际数字之都核心片区。（唐陈艳）

【开展新赛道课题调研】 年内，区科委布局数字经济、绿色低碳、元宇宙新赛道，开展课题调研，制订详细工作计划安排表并明确组织领导和任务分工，深入课题调研工作。新冠疫情防控期间，课题组克服困难，组织召开4场企业、专家线上座谈会，围绕静安区数字经济、绿色低碳、元宇宙的分课题分别梳理国内外及上海的相关产业发展趋势态势及重点政策和核心要点，并基于高质量发展的需求，分析静安区发展布局新赛道基础、特色、优势，以及存在问题与短板，并开展两轮书面征求意见和专家论证会，立足静安区发展基础与产业特色，最终形成“1＋3”课题报告，提出静安区发展与布局新赛道目标和建议等。（唐陈艳）

（三）信息化建设

【信息化项目管理】 年内，区科委做好信息化项目的评估、验收等各项工作，将全区2022年度信息化项目预算分别下达到各部门；组织开展项目评估工作。启动2023年度静安区信息化项目预算申报，开展全区性申报培训，组织进行四方会审、专家评审等工作。完成电子政务专项改造一期、二期及密补项目专项验收，委托第三方进行竣工财务审计，配合完成市审计局相关审计工作。组织完成相关信息化项目专项验收，对自行验收项目备案材料进行审核，并对2016—2020年尚未完成验收或备案的信息化项目发出督促通知书。开展信息化项目绩效评估，委托第三方对已建成并完成验收的部分项目进行绩效评估。（唐陈艳）

【疫情防控期间通信保障工作】 年内，区科委启动应急模式，做好区内核酸检测点、方舱医院、集中隔离点应急通信建设，并保障全区居民信息服务通畅，满足空中课堂在线教育、居家办公等需求。落实市经信委、市通管局“满格上海”专项行动相关部署，支持区内常态化核酸采样点移动通信网络信号优化工作，协调运营商对区内常态化核酸采集点进行通信信号排摸及测试。严格落实防控举措，按照区领导要求，协调电话亭运营公司申请场所码，并完成区域内电话亭场所码粘贴工作。对接相关街镇，协助推进运营商营业厅复工复产，满足用户电信业务办理需求。常态化疫情防控后，牵头推进区域协查组工作。协助开展区内小微企业“数字哨兵”购置补贴申报工作。（唐陈艳）

【推进数字化转型】 年内,区科委建立健全全区相关部门沟通联系机制,统筹推进数字化转型工作。形成《静安区全面推进城市数字化转型三年行动方案(2021—2023年)(征求意见稿)》《静安区数字化转型一季度总结和二季度计划》及《2022年静安区数字化转型工作要点》,落实"上海城市数字化转型活动周"相关筹备、分会场体验活动(涉及临汾路街道和区卫生健康委现场体验活动)等工作。配合完成市经信委2022年度第一批、第二批上海市数字化转型项目申报相关工作,对注册在静安区的申报企业相关材料进行受理审核。与上海市研发公共服务平台管理中心、三大运营商区域公司达成战略合作,支撑静安区数字化转型工作。

(唐陈艳)

【政务网络运行保障】 年内,区科委在完成区政务外网网络设备、安全设备带宽和性能升级基础上,实现区电子政务外网核心、汇聚带宽速率达100G,支持IPv4和IPv6双栈技术,构建完成视频和数据业务分离承载的"一网双平面"新型政务外网。完成政务外网机房撤并项目收尾工作,进入相关验收程序。做好信息安全工作,提升网络安全防护能力。做好疫情防控期间技术支撑保障,实施24小时机房驻守值班,确保封控期间政务网络畅通,仅用不到1个小时就开通相关医院与政务网的连接,实现医院通过政务网上传核酸检测报告,至12月,为支撑各部门居家办公需要,为16个单位提供居家办公VPN账号申请、市区网络开通等服务,提供网络保障与技术支持47次,开通VPN账号58个。为14个街镇共开通24个VPN账号确保疫情流调工作能及时上报。做好党的二十大、区两会、区委全会等重要时间节点技术服务和各类线上会议网络保障,确保区级政务外网运行基本稳定,未发生重大信息安全事件。新增政务网光纤接入点3个,区级政务外网光纤接入点达129个,在用VPN接入账号163个。全年共处理各类服务和故障204起,涉及50多个部门。 (唐陈艳)

【推进数据开放】 年内,区科委在开放清单、数据质量、日常运营、利用成效、安全保障、管理支撑、创新工作、数字化转型9方面、22条指标进行自评估,撰写"公共数据开放工作绩效与应用成效自评报告"。研究市经信委制订的评价指标,明确2022年度工作方向。配合开展公共数据开放审计整改工作,对整改任务逐项核对、查漏补缺。针对部分更新不及时的数据,向各数据所属部门发送通知,收集最新数据并上传平台。 (唐陈艳)

二十一、教育

编辑　顾瑞钧

（一）综述

2022年，静安区有教育所属机构167所，其中高中9所、完全中学8所、初中23所、九年一贯制7所、小学43所、幼儿园58所、中职2所、区属高职1所、业大1所、特教2所、其他教育单位13所。基础教育在校学生100384人，其中高中12483人、初中28077人、小学38100人、幼儿园19862人、职校1862人。在职教职员工11744人，其中教师10347人、在职上海市特级教师38人。

深化综合改革。“十四五”规划科研项目“激活学生创造力：发达城区教学深度变革的实践性循证研究”获批教育部课题。5个项目获2022年上海市教学成果奖特等奖。举办由中国教育学会主办、面向全国召开的教学成果推广应用示范区中期汇报活动。打造全市首个社区托育“宝宝屋”，年内开设5家“宝宝屋”。建立覆盖全区所有幼儿园与小学的幼小衔接研究共同体。新增风华初级中学教育集团、大宁国际小学教育集团2个紧密型集团。“静安教育·友好江宁·升级典范”教育友好型社区启动。上海市培明中学更名为上海市静安区协和双语培明学校，上海市育群中学更名为上海市静安区风华初级中学南校。举办以“激活创造力，开启新变革”为主题的“静安教育学术季·第七季”。

推进立德树人。以迎接党的二十大和学习贯彻二十大精神为主题，深化以党史学习教育为重点的“四史”宣传教育活动，开展“从小学党史，永远跟党走”静安区中小学生纪念“二个百年”主题教育，启动“弘扬城市精神，争当时代新人”静安区中小学生主题教育实践活动。举行“伟大的斗争精神”——静安区青少年纪念中共二大召开和首部党章通过100周年主题展示活动。启动“三全育人”高标准实践项目建设，打造中小学生“新思想家园”。推进《习近平新时代中国特色社会主义思想学生读本》一校一案建设，开展“静安区中小学思政建设在路上”主题研讨活动。开展新一轮高中学段德育工作局长、校长双向述职交流工作。组织“自主守护更健康，家校携手向未来”中小学心理健康教育活动月系列活动。深化中小学全员导师制内涵建设。加强家校社共建的实效性研究。

提升学生综合素养。推进体质健康，推进学校体育“一条龙”育人体系建设，开展体育素养评价，开展“学生运动等级技能测试”试点工作。做好卫生工作，开展中小幼近视防控工作，加强中小学食品安全工作，开展医教结合工作，做好疫情防控工作。重视科技教育，14 所学校创建上海市绿色学校，开展 2022 上海市第十七届青少年科技节静安活动暨 2022 静安区青少年科技节。加强艺术教育，推进学校艺术“一条龙”人才培养体系建设，开展学生艺术节等活动，推送线上“五育”课堂，促进区艺术团和艺术联盟建设。

完善队伍建设。启动职初教师胜任力发展专项行动，研究启动 5—15 年教龄教师的“515 工程”实施方案。7 名校长（书记）获评上海市特级校长（书记）称号，市西中学书记方秀红获评上海市“四有好老师（教书育人楷模）”提名奖。

各类教育协调发展。举办静安区纪念“4·23”世界读书日活动。开办优质终身学习项目 16 个，涵盖艺术修养、健康科普、劳动教育等方面，覆盖白领、老年人、学生等人群。举办静安区“全民终身学习周”活动。开展静安区“人文行走”活动。（万翰杰）

（二）教育行政

【“静安教育学术季·第六季”闭幕】 3 月 2 日，“静安教育学术季·第六季”闭幕式在静安区教育局大礼堂举行。闭幕式上，区教育局发布 4 项区域教育教学项目，即静安区数理学院——面向“强基”创新拔尖人才培养专项行动、静安区高中基于学科核心素养的学习活动设计与实施专项行动、静安区素养导向的“新题创生”专项行动、“十四五”静安教师发展系列专项行动。“静安教育学术季·第六季”于 2021 年 11 月开幕，采用线上线下融合方式，共举办 2 场区域主题论坛、19 场区级活动、43 场学校自主活动，涵盖区域学业质量检测、全员导师制、“双减”、高中“双新”“双选”实施等主题。

（万翰杰）

【举行第七季学术季开幕式暨“十四五”规划教育部重点课题开题会】 11 月 24 日，“静安教

11 月 24 日，“静安教育学术季·第七季”开幕式在区教育局大礼堂举行　　（区教育局　供稿）

育学术季·第七季”开幕式在区教育局大礼堂举行。该学术季以“激活创造力,开启新变革”为主题,包含有主题论坛、区级活动和校级活动三大部分。开幕式以静安区承担的全国教育科学“十四五”规划教育部重点课题“激活学生创造力:发达城区教学深度变革的实践性循证研究”开题报告会为主要会议内容。（万翰杰）

【新冠疫情防控期间学校方舱、隔离点建设】 至5月31日,区教育系统被征用作方舱和隔离点的学校30所,其中9所小学、11所初中、10所高中。其中作为方舱的学校10所、作为隔离点的学校13所、作为街道第三方工作人员居住的隔离点学校7所。（万翰杰）

【庆祝第38个教师节座谈会】 9月9日,静安区教育系统在区青少年活动中心多功能厅召开以“迎接党的二十大,培根铸魂育新人”为主题的庆祝第38个教师节座谈会,区委副书记王益群、副区长龙婉丽、区政协副主席宋大杰,以及区教育局党政班子、部分学校党政领导、优秀教师代表共同参加。（万翰杰）

(三)基础教育

【区中小学心理健康教育活动月推进会】 于4月21日在线上举行。根据推进会部署,区教育系统以“关注学生心理自助互助,指导家长优化亲子互动”为目标,结合上海市心理健康教育活动月,开展各项心理健康教育云端活动。全区整合区中小学生心理健康教育发展中心、区家庭教育指导中心、区教育学院德育室力量,为学校提供《居家学习期心理健康教育指南》等资源及专业指导。各中小学结合学生年段特点和发展需要,发挥全员导师制优势,依托同伴互助渠道,通过心理课、班团队课、讲座、团体辅导、社团活动、宣传互动等平台,开展丰富多样活动。（万翰杰）

【基础教育国家级优秀教学成果推广应用第九期研讨交流活动】 于5月13日举行,该活动由中国教育学会主办,静安区教育局、静安区教育学院承办。第九期交流分享团队为上海市静安区。来自全国60个推广应用示范区、74项成果持有方、部分省级教育学会等教育界代表参加该次线上交流研讨活动。（万翰杰）

【区家庭教育宣传周暨学校特色项目线上交流会】 5月28日,召开“疫”起守沪,共育成长——2022年静安区家庭教育宣传周暨学校特色项目线上交流会。会上宣布2022年静安区家庭教育宣传周学校特色项目获奖名单,共有6所中小学、幼儿园获一等奖,10所中小学、幼儿园获二等奖,15所中小学、幼儿园获三等奖。大宁国际第二幼儿园、一师附小、风华初级中学教育集团、上戏附中作工作汇报。（万翰杰）

【上海市培明中学更名为上海市静安区协和双语培明学校】 区教育局引进优质教育品牌,委托上海协和教育中心自2022学年起管理上海市培明中学。学校对口生源保持不变,学生可享受更为丰富的课程资源。学校以国家义务教育课程为基础,结合协和教育的课程特色,为境外学生学习中国文化、学讲中国故事提供优质课程和教育服务。（万翰杰）

【2022年静安区学生体质健康工作推进会】 于9月8日召开,会议线上线下同时举行。2021年静安区中小学生体质健康综合评价优

秀率为 26.1%，优良率为 64.1%，及格率为 98.8%，均高于全市平均水平。其中体质健康综合评价，肺活量、50 米跑、坐立体前屈、1 分钟跳绳、1 分钟仰卧起坐评价等高于全市平均水平。（万翰杰）

【开学第一课活动】 9 月 9 日，举行静安区中小学“从小学党史，永远跟党走”系列活动——“家书亲子情，同盼二十大”开学第一课活动。活动主会场设在区教育局，分会场设在静安区第四中心小学，通过直播互动形式与中共二大会址纪念馆实现 3 个场域实时交互。活动现场通过 1 份特殊时期的“抗疫”家书，展现在抗疫期间医务人员、学生及教育工作者的生活和工作情景，采用实地连线形式，“云访”中共二大会址纪念馆，开展爱国主义教育。（万翰杰）

【实施职初教师胜任力发展专项行动】 9 月 21 日，在区教育局 115 会议室召开静安区职初教师（2—5 年）胜任力发展专项行动工作会议。根据区域职初教师队伍现状，区教育局推出《静安区职初教师（2—5 年）胜任力发展 TBL 任务式学习手册（1.0 版）》，发挥教师、学校与区域 3 方协同作用，提升职初教师岗位认同力、树人育德力、教学执行力、学习研究力、协作沟通力等五大关键能力。（万翰杰）

【启动教育友好型社区建设】 9 月 27 日，“教育友好、江宁启航”教育友好型社区发布会在江宁路街道社区党群中心 7 楼召开。发布会现场举行教育友好型社区启动仪式，与会领导为社区“宝宝屋”揭牌，为学生代表赠送“江宁启航”活动手册。现场举行静安区“三段式”课后服务资源聚合管理平台上线启动仪式。“教育友好型社区”包括六大领域，涵盖“宝宝屋”社区服务共建、“悦享里”综合素养共育、“师友轩”职业能力共培、“桃李居”人才共赢、“柏乐阁”学习型养老共享、“惠风堂”教养指导共享 6 个领域，建立覆盖从婴幼儿早期教育到全人群终身教育的高质量学习型社区。区教育局与江宁路街道率先在全市建成首批 3 个嵌入式、标准化社区托育点——“宝宝屋”，为 0—3 岁婴幼儿家庭提供就近便的临时托、计时托服务。“宝宝屋”实践入选央视新闻频道“新时代新征程新伟业”专栏首期全国 4 个先进典型之一。（万翰杰）

【首创“三段式”服务样态】 双减政策推出后，静安区首创“三段式”服务样态，为 3 万余名学生提供免费优质课后服务，被教育部确定为义务教育创新举措和典型经验。在此基础上，年内，江宁路街道与教育局共同合作、试点探索，推出社区合作新课表，助力课后服务升级。通过“送进去、引出来”，整合社区优质课程资源，50 多位名教师、名教练提供近 20 门课后服务课程，全年送课达 2000 余学时，8 万余人次学生受益。（万翰杰）

【2022 第十九届上海教育博览会“数字新时代，教育大未来”上海教育大直播】 于 10 月 16 日举行。区教育学院院长陈青云、闸北第八中学校长陈婷、一师附小副校长谭姗姗、风华初级中学副校长金雷、风华初级中学学生家长郝淑娟参与直播，共同探讨静安区教育的数字化转型。（万翰杰）

【与现实同频、与实践同行——静安区落实思政一体化建设在路上主题展示活动】 于 12 月 13 日在区教育局举办，开展课程展示、专家点评、“新思想家园”主题论坛、静安区中小学思政一体化建设校外实践基地揭幕暨红色巡讲大课堂讲师团成立仪式等活动。（万翰杰）

【上海市中小学生涯教育推进会静安专场活动】 12月21日，由上海学生心理健康教育发展中心和静安区教育局主办，静安区教育学院、静安区中小学生心理健康教育发展中心、上海市第一中学联合承办的“五育并举助生涯，生命创造向未来”——上海市中小学生涯教育推进会静安专场活动在线上举行。会上，区教育学院作“五育并举助生涯，生命创造向未来”主旨报告，展示静安区多所代表学校制作的项目数字故事，举办“五育并举背景下的生涯教育”圆桌论坛，发布静安区中小学生涯教育行动纲领，启动静安区生涯教育优质项目孵化工程。

（万翰杰）

（四）终身教育

【开展老年数字教育进社区行动】 9月，区教育局以“畅享数字时代，拥抱智慧生活”为主题，开展老年数字教育进社区行动。区教育局依托社区教育、老年教育队伍，汇聚优质数字化学习资源，安排100余场次社区“智慧助老”服务活动，在全区265个居委会就近向老年人提供数字教育课程、资源。（万翰杰）

【区全民终身学习活动周开幕】 11月30日，“拥抱数字时代，乐享智慧学习”2022年静安区全民终身学习活动周开幕式暨人文行走主题活动启动仪式在区党建服务中心直播大厅举行。活动现场发布《静安区老年人跨越“数字鸿沟”标准指南（1.0版）》，为区内4个街（镇）的上海市街（镇）社区（老年）学校优质校授牌，表彰静安区获评2022年上海市“终身学习品牌项目”“百姓学习之星”的先进单位和个人。活动现场启动2022年静安区人文行走主题活动，发布“品质文化，活力时空”人文行走线路。区文化馆、上海展览中心、美琪大戏院、元利当铺旧址博物馆、区少年儿童图书馆5个场馆，被评为上海市民终身学习人文行走学习点并授牌。（万翰杰）

（五）上海戏剧学院

【概况】 2022年，上海戏剧学院有华山路、莲花路、虹桥路和昌林路4个校区，设表演系、导演系、舞台美术系等10个二级教学单位和戏曲学校、舞蹈学校2所附属中专。全日制在校本科生2111人，硕士生770人，博士生157人，留学生53人，成人本、专科教育802人。招收本科生590人，硕士生285人，博士生39人，留学生27人，成人本、专科教育41人。应届毕业本科生466人，硕士生174人，博士生17人，成人本、专科教育278人，留学生33人。至8月29日，总体就业去向落实率为92.61%。博士生毕业去向落实率为95.65%，签约率为78.26%；硕士生毕业去向落实率为94.89%，签约率为47.16%；本科生毕业去向落实率为91.81%，签约率为26.08%。全校教职工746人，其中专任教师332人。年内，学院坚守校园阵地，贯彻中央、市委疫情防控政策，通过组建应急指挥部、分设4校区工作专班、校领导带头驻班、干部教职工值班值守，确保防控责任落实；通过抓严破防点管理，抓实方案、流程、台账、工作提示等基础工作，抓牢物资和隔离点储备，抓细思想引导和关心关怀，抓好校地部门联动协作等，保障“保阴”“保稳”两大目标。开展1080门课程线上教学，组织艺术类专业校考、硕士研究生复试、博士研究生考试，推出“八大行动”，保障教学中心任务、就业民生大事。党员干部支援基层一线抗疫。形成不畏艰辛、不分彼此、不打折扣的上戏抗疫“三不精神”。下半年因时因势调整优化防疫措施，不简单“一刀切”或“层层加码”，统筹疫情防控和正常教育教学秩序。年内，3个专业获批国家级一流本科专业建设点，4个专业获省级一流本科专业建设点。获市级一流课程5门、市级课程思政示范课程7门、市级课程思政示范团队5个、市级课程思政示范名师2人、市级重点课程7门。2组教师获上海市高校教师教学创新大赛一等奖，1组教师获市级教师教学创新大赛二等奖。1名教师获上海市级青年教师教学竞赛人文社科组二等奖。产教直通的学生艺术实践项目“依旧花开”在校内外展演。推出5个来自2022年立项的大创项目中优秀作品，艺术门类囊括话剧、音乐剧、木偶剧等。2022年大学生创新创业计划立项答辩项目40个；承办第七届“汇创青春”——上海大学生文化创意作品展示活动戏剧舞蹈类优秀作品展演，上戏师生斩获83个相关奖项。2个项目分别获中国国际“互联网＋”大学生创新创业大赛（上海赛区）一等奖、三等奖。依托人才揽蓄行动和“PT计划”，全职引进学科领军人才3人、青年骨干人才7人，柔性聘用70名驻校专家、艺术家。入选2名“CJ学者激励计划”讲习学者、1名国家特支计划教学名师、3名上海高校“DF学者”。加大青年教师队伍建设力度。出台《上海戏剧学院关于进一步加强青年人才队伍建设实施意见》及《华山英才支持计划》《创新团队启航计划》2个实施细则，设立专项资助，构建双序列评价体系，搭建成长平台，健全培育体系。新聘18人为高级专业技术职务，招聘17名专任教师，优化教师队伍结构。组织师生参与“新征程·新奇迹——2022年上海市红色故事大赛（校园组）暨首届上海市校园文化传播志愿者展评活动”，4名参赛学生分别获一、二、三等奖，2名教师被评为“优秀指导教师”，学校获优秀组织奖；组织“学习二十大、永远跟党走、奋进新征程”团员青年学习习近平新时代中国特色社会主义思想演讲比赛，1名团员入围市级决赛；组织创意学院团总支创作微团课《新渔阳里6号》参与上海学校共青团主题微团课大赛获一等奖；组织29名学生参与第五届“进博会”志愿者上岗宣誓仪式暨临时党、团组织成立仪式，用专业艺术实践唱响青春进博中的上戏声音。2022年度，舞蹈学院团总支获评2022年度上海市高校标杆团总支，创意学院团总支获评上海市高校活力团总支。开展“高校心理危机评估与预防”“思想政治教育研究能力提升”“大学生领导力提升”等校内外国家级和上海市级50余人次培训；形成相对完整系统的“戏剧＋思政”辅导员工作室建设方案（三期），打造“艺”起抗疫之“辅导员说”栏目，2个微视频作品在《文汇报》微信平台宣传，1个作品获2022年文汇视讯青年营“身边的暖心故事”短视频线上征集活动二十佳作品，1个作品获优秀作品。工作室所集体凝练的“大学生成长剧场工作法”入选2021年上海市首批辅导员特色工作法，被编入《领航有道——上海高校辅导员特色工作法》一书。发布《关于加强上海戏剧学院2022年毕业生就业创业工作的方案》，通过“提高站位，严格落实‘三不得’‘四不准’要求；一人一策，精细对接；精准织密‘2＋2’核查机制”3项举措。拓展就业岗位，落实校长“访企拓岗”行动，举办线上线下招聘会5场，邀请292家单位招聘，招聘人数6113人，提供生均岗位数约9个。累计开展创新创业教育活动24场，累计参与学生6126人次；共有1634人次学生、405个项目报名参加第八届中国国际“互联网＋”大学生创新创业大赛，20支团队进入决赛，10支团队进入上海市赛。其中1支研究生团队获红旅赛道金奖，1支本科生团队获主赛道铜奖，其他团队获优胜项目奖。在第十三届“挑战杯”上海市大学生创业计划竞赛中，共获市级金奖1项、银奖2项、铜奖1项，其中1项入围国赛。创业指导站评估首次获A级单位。重点推进“上海市文教结合项目——大学生红色文创大赛”项目，承建上海戏剧学院大学生红色文化创意基地，基地承办上海市大学生红色文化创意作品大赛、作品展，共收到来自全市21所高校共124个项目参加比赛，参赛学生365人，109个项目参加线上立项答辩，3个赛道共立项87个，其中重点项目11个。调整优化学科发展布局。启动学位授权点对应调整，申请设立一级学科博士点1个、专业学位博士点2个、专业学位硕士点6个。成立上海戏剧学院实验电影制片厂、上海戏剧学院舞蹈协同创新中心，打造高水平学科平台。出台项目资金管理、出版资助、科研扶持3项制度。获省部级及以上科研项目共8项，其中国家社会科学基金艺术学项目(重大项目)1项、国家社会科学基金艺术学项目(一般项目)2项、国家社会科学基金后期资助项目1项、文化和旅游部财务司委托课题1项、文化和旅游部科技教育司委托课题1项、文化和旅游部市场管理司委托课题1项、上海市哲学社会科学规划课题1项。王云的《艺术争议的类型与亚类型》、厉震林的《改革开放40周年:中国电影表演学派渐行渐远》获上海市第十五届哲学社会科学优秀成果奖(2018—2019)学科学术优秀成果奖。出版《京剧打击乐教程》《京胡训练与演奏教程》2部教材，出版《华语电影的新发展与新探索》《外国剧作新选:法国戏剧家拉戛尔斯剧作选》《2019中国话剧、电影、电视剧年度报告》等11部学术著作。年内，学院申报国家艺术基金项目11项、上海文化艺术基金项目18项。推进原创话剧《路遥的世界》《辅导员》、舞剧《情满都江堰》创作排练。拍摄8k全景声话剧电影《前哨》，在暑假期间完成11场由国家艺术基金资助的上海市、苏州市、宁波市3地巡演，在东方网、新浪微博、“学习强国”等各类平台和网站线上直播近20场。与上海大剧院艺术中心联合出品舞剧《白蛇》，公演协同创新版京剧《穆桂英再挂帅》。推出3部线上版实习剧目、5部毕业剧目，举办纪念俞振飞诞辰120周年演出活动。师生主创作品获“金鸡奖”“文华奖”“韩国国际现代舞比赛”金奖等，入选国际舞美双年展、“梨花杯”等展览展示。推进全院共享教学资源平台。上戏实验剧院、端钧剧场和新实验空间3个剧场在资源有限情况下，尽最大努力服务于教学与演出。推动和开展“演后谈空间”活动，加强戏剧演出创作间各专业横向交流，形成以教学演出为主导，以即时学术研讨评论相结合的人才培养模式。推进由上戏实验剧院发起，面向全世界范围内知名的艺术院校与剧院的“国际剧院联盟”筹备工作，制订“国际剧院联盟章程”“成立仪式暨首届论坛”等方案。开发“上戏票务”智能化网络预约平台，投入试运营。重视剧场安全，配合疫情管控，全年无安全事故。上戏实验剧院全年使用天数146天，端钧剧场、新实验空间全年使用天数150天。举办第十一届上海国际小剧场戏剧展演及学术研讨会;参加第十五届亚太戏剧院校联盟(在线)艺术节暨校长会议和ATEC第五届世界戏剧教育大会。导演系学生作品入选第十五届摩洛哥丹吉尔大学生戏剧节;推选舞美系学生的美术作品和舞蹈学院学生的舞蹈作品参加“中俄文化艺术交流周”。2022年度上海暑期学校中国戏曲课程通过“录播+直播”方式，录制戏曲双语线上课程;2022年一带一路人才培优项目在线课程开班;参与世界戏剧日60周年全球线上庆典活动。上海戏剧学院与英国创意艺术大学正式申请在横店设立1所具有独立法人资格的中外合作办学机构——横店英国创意艺术大学，向教育部提交申请材料。选送8名学生赴英、美等国和中国香港交流学习，拓展国际交流渠道。

年内，上海戏剧学院加入中国教育国际交流协会及其分支机构艺术教育专业委员会。（李莉）

【国际学术论坛暨上海高校国际青年学者论坛】 10月14日至15日，由上海戏剧学院和国际戏剧协会上海代表处主办的“2022国际舞蹈日：舞蹈与传统——传统舞蹈的多元面向”国际学术论坛暨上海高校国际青年学者论坛在舞蹈学院举行，来自国内外20多所高校和研究机构的86名专家、青年学者线上线下分享学术成果。校党委书记谢巍，联合国教科文组织国际戏剧协会总干事托比亚斯·比昂科内，市文联党组成员、专职副主席、秘书长沈文忠，市教卫工作党委人才工作处处长王庆宇分别致开幕辞，校党委副书记、院长黄昌勇致闭幕词。（李莉）

【第十一届上海国际小剧场戏剧展演暨学术研讨会】 10月17日至23日，由上海戏剧学院和云南艺术学院、国际戏剧协会共同主办的第十一届上海国际小剧场戏剧展演暨学术研讨会举行，主题是“疫情下的小剧场戏剧——致敬莫里哀”。展演汇集来自中国、希腊、德国、意大利、韩国等十几个国家的16台新创剧目，其中《蚕食》和《评论太太学堂》为上戏参加展演剧目。（李莉）

【原创话剧《辅导员》剧目创排启动仪式】 11月16日，学校举行主题为“学习贯彻党的二十大精神讲好学生引路人的青春故事”的原创话剧《辅导员》剧目创排启动仪式。市教卫工作党委副书记、市教委副主任闵辉，校党委副书记、院长黄昌勇等领导以及相关职能部门负责人、主创团队、辅导员代表、媒体代表出席仪式。启动仪式由校党委副书记、副院长张伟令主持。市教卫工作党委副书记、市教委副主任闵辉结合学习宣传贯彻党的二十大精神，加强辅导员队伍建设提出工作要求。（李莉）

【舞蹈协同创新中心挂牌仪式】 11月18日，舞蹈协同创新中心举行成立挂牌仪式。谭元元国际芭蕾艺术工作室负责人、学校PT计划引进人才谭元元，舞蹈学院党总支书记、副院长张麟，附属舞蹈学校党总支书记、校长吴洁分别就舞蹈协同创新中心如何助力舞蹈学院、附属舞蹈学校的发展进行交流。副院长刘庆为舞蹈协同创新中心授牌，总会计师张佳春为舞蹈协同创新中心主任谭元元、副主任张麟颁发聘书。（李莉）

【“公共文化校地共建基地”揭牌】 11月24日，上海戏剧学院与静安区人民政府共建的“公共文化校地共建基地”在静安公园举行揭牌仪式。校党委副书记、副院长张伟令，市教卫工作党委二级巡视员、市教育工会常务副主席李蔚，市绿化和市容管理局副局长、一级巡视员周海健，静安区副区长李震等为“公共文化校地共建基地”揭牌。这一共建基地的成立，旨在践行“人民城市人民建，人民城市为人民”理念，提升城市文化软实力，促进公园与文化、音乐、影视、戏曲、新媒体、红色资源等元素有机融合，构建“公园＋”和“＋公园”相融合公园城市体系。（李莉）

【举行上海戏剧学院附属松江实验学校合作共建签约仪式】 11月25日，签约仪式在松江区举行。附属松江实验学校将采用艺术高等院校与普通学校共建共享的合作办学模式，在打造艺术教育特色品牌、艺术课程系统规划建设、艺术师资队伍建设等方面合作，实现合作共赢。签约仪式上，校党委书记谢巍、松江区委书记程向民分别致辞。松江区委副书记、区长李谦，区委副书记韦明，副区长顾洁燕，上戏副院长杨扬

等出席仪式。（李莉）

【举行上海戏剧学院实验电影制片厂成立仪式】 12月1日，成立仪式在昌林路校区举行。校党委副书记、院长黄昌勇致辞。中国电影家协会副主席、上海市文联副主席、上海电影家协会主席任仲伦，上影集团原副总裁、上海电影家协会原副主席许朋乐，上戏教授、原美国电影学院校长、哈佛大学教授扬·舒特，上戏教授、国际影视摄影师协会会长基斯·范·奥斯特鲁姆等出席仪式。上戏实验电影制片厂是继北京电影学院青年电影制片厂之后，国内高校成立的第二家电影制片厂。（李莉）

【上海市政协民盟界别委员工作室暨上戏“盟员之家”揭牌】 12月14日，揭牌仪式在昌林路校区举行。市政协副主席虞丽娟，市政协常委、界别和地区工作委员会主任于秀芬，校党委书记谢巍出席，并为民盟界别委员工作室揭牌。仪式由市政协常委、民盟界别召集人、科教委常务副主任杨德妹主持。（李莉）

【《中国话剧编剧学理论研究》开题论证会暨《熊佛西文集》新书发布会】 12月28日，2022年度国家社科基金艺术学重大项目《中国话剧编剧学理论研究》开题论证会暨《熊佛西文集》举行新书发布会。校党委书记谢巍、全国艺术科学规划项目管理中心主任邱邑洪、市教委副主任孙真荣分别致辞。全国艺术科学规划项目管理中心项目主管姚宇航，上海市教委科研处处长许开宇，校党委副书记胡敏、副院长刘庆，上海教育科学研究院院长桑标，上海人民出版社副编审赵蔚华，上海辞书出版社编审王圣良及一批专家学者和相关部门负责人等出席论证会。（李莉）

（六）上海大学

【概况】 上海大学延长校区（延长路149号）校园占地面积24.07平方千米，现有校舍等建筑面积约27万平方米。延长校区主要学院及研

12月1日，上戏实验电影制片厂举行成立仪式（上海戏剧学院　供稿）

究机构有上海电影学院、新闻传播学院、上海美术学院、国际部国际教育学院、MBA 教育管理中心、继续教育学院、上海市应用数学和力学研究所、上海温哥华电影学院、上海研究院等。延长校区共有全日制本科生 2000 余人、研究生 1600 余人、留学生 800 余人次。上海大学静安校区(新闸路 1220 号)主要有继续教育学院、巴黎国际时装艺术学院等单位。（王霖）

【上海电影学院】 学院形成覆盖学士、硕士、博士 3 个层次的完整教育体系。拥有表演、导演、摄影、动画、电影美术、电影制作、戏剧文学、广播电视编导、数字媒体技术 9 个本科专业，拥有戏剧与影视学、艺术学理论、数字媒体创意工程 3 个学术型博士和硕士学位点，以及 MFA 专业硕士学位点。此外还拥有影视学博士后流动站。2022 年底，上海电影学院共有教职员工 129 人、专职教师 98 人，教授(含研究员)18 人、副教授 18 人。在校本科生 838 人、硕士研究生 344 人、博士研究生 66 人。至年底公开发表的论文中有 CSSCI 论文 32 篇、SCIE 期刊 15 篇、SSCI 期刊 1 篇；出版专著 6 部、教材 3 部、其他文集 2 部；新增国家哲学社会科学基金重点项目 1 项、国家艺术基金项目 2 项、国家社科基金一般项目 2 项、外专项目 1 项，其他省部级项目 2 项；学院高水平艺术创作 15 项。纪录片《第三极之植物王国》在央视九套、CGTN 纪录频道、凤凰卫视、上海纪实频道播出。由学院青年教师指导的电影《四季咖啡馆》系列——《咖啡冷翠》，以及纪录片《百年巨匠——马识途篇》，于年内在央视 3 套、“学习强国”等 19 个卫视和融媒体平台联动播出。教师王姜永作为剪辑师，剪辑院线电影《空中之城》、电影《四季咖啡馆》之《哨子》、剪辑短片《美狄亚》获戛纳世界电影节最佳女性电影奖、洛杉矶女性电影节最佳摄影奖。全年举办国际会议 1 次，举办“We 爱 · 第六届两岸青年短片大赛”，进行外籍专家讲座 4 次。7 月 15 日、8 月 25 日，学院分别与美国雪城大学、英国研究与创新部展开合作洽谈，期待在未来有实质性合作。本科生党支部创建上海大学第十八轮基层党的建设“好项目”，以“史”为鉴、以“影”促学、以“赛”促学。发挥学生专业特长开展红色社会实践活动、“追寻淞沪抗战印记，传承历史革命精神”活动，学院团委开展“弘扬五四精神 · 担当青春使命”五四青年节系列活动、“弘扬抗疫精神，担当时代使命”、“弘扬冬奥精神，赓续前行力量”、“热议两会精神”、“国校双庆献华章”爱国主义系列教育活动、“喜迎二十大、永远跟党走、奋进新征程”等各类主题教育实践活动。（王霖）

【上海大学新闻传播学院】 拥有新闻传播学系、广告学系、智能传播系、智能视听系 4 个系，有广播电视学、新闻学、广告学、会展、网络与新媒体 5 个本科专业，有新闻传播学一级学科硕士点、博士点、新闻与传播专业硕士点以及新闻传播学博士后流动站。2022 年，学院有教职工 105 人，其中专任教师 84 人、教授 26 人、副教授 22 人。有在校学生 1035 人，其中本科生 429 人、研究生 473 人、留学生 133 人。学科点有博士研究生导师 24 名、硕士研究生导师 56 名，并聘请共建单位的学界、业界导师 50 余名。作为上海市教委和上海市重点学科，自 2003 年以后，新闻传播学科得到上海市政府重点支持，主要包括上海市高校教育高地建设、上海市人民政府重点学科建设、上海市高校人文社会科学重点基地建设、上海市高等教育“085”内涵建设、上海市一流学科建设、上海市新闻传播卓越人才培养计划、上海市新闻传播高原学科建设等。新闻传播学科在 2014 年、2017 年、2022 年 3 次教育部全国新闻传播学学科综合评估为 B

十。2022年度，学院对接上海大学“五五”发展战略，推进学科建设与科研创新。学院建设国内高校第一个“智能媒体传播创新平台”。引进南开大学等高校3名教授学术带头人，1名教授获上海市东方学者。新闻学专业、广告学专业入选国家一流专业建设点。软科专业排名中，会展专业A+、网络与新媒体专业A。获1项国家重大科研项目、1项国家重点科研项目、3项国家社科基金项目、3项教育部人文社科项目、3项上海市社科基金项目；在国内外高层次期刊上发表论文40多篇（包括A刊《新闻与传播研究》、SSCI）；38篇专报被省部级以上单位采纳。1篇疫情相关决策咨询受到上海市政府发展研究中心致谢。学院与智能媒体行业发展的头部4家企业签订战略合作协议、成立4个联合实验室，获近1000万元设备捐赠支持。年内，学院课程思政建设与马克思主义新闻观价值引领亮点显著。1个项目获上海市高等教育优秀教学成果项目一等奖、1门课程获上海市一流本科课程、1门课程获上海市级重点课程、1门课程获上海大学课程思政教学设计比赛一等奖、1门微课获上海大学“党史学习教育与课程相融合”微课二等奖、2门课程获批2022年度上海大学“党史学习教育与课程相融合”示范课建设项目立项。1名辅导员获全国高校思想政治工作优秀案例征集活动一等奖、1名领导班子成员获市教委以及市委组织部、市人力资源和社会保障局颁发的记功奖章。在创新实践方面，学生获国家级奖项11项，省部级以上学科、科技、艺术竞赛等获奖数量超过38人次，获大学生创新创业奖项国家级3项、市级10项、校级12项。在学生社会实践方面，2个项目获“知行杯”上海市市赛一等奖。（王霖）

【上海大学上海美术学院】 拥有3个一级学科博士点（美术学、设计学、艺术学理论），1个一级学科硕士点（建筑学），2个专业硕士学位点（美术、艺术设计），1个博士后流动站（美术学）。学院有中国画、绘画、雕塑、美术学、视觉传达设计、环境设计、艺术与科技、数字媒体艺术、建筑学、城乡规划、艺术设计学、产品设计、工艺美术、实验艺术14个本科专业，其中7个国家级一流本科专业建设点、3个省级一流本科专业建设点。学院下设8个教学系、1个国家级实验教学示范中心“公共艺术技术实验教学中心”、1个首批市级协同创新中心“上海公共艺术协同创新中心”。2022年，学院在编在岗教师272人，其中专业教师215人、教授33人、副教授67人。延长校区共有全日制本科生782人、研究生808人、留学生22人。新增绘画、中国画、数字媒体艺术国家级一流专业建设点，建筑学、城乡规划和艺术与技术获省级一流专业。年内，学院新增工艺美术、产品设计、艺术设计学和实验艺术4个本科专业。2022软科中国大学专业排名院内14个专业全部上榜，其中美术学、视觉传达设计、环境设计获评A+级。《上美讲堂——海纳经典机制下的人才培养模式探索》获2022年上海市优秀教学成果奖一等奖。获上海市级课程思政示范项目1项、第五届上海高校青年教师教学竞赛优秀奖1项。“云上一公里”2022年毕业展，累计线上观看量超过500万人次。获2022年度国家社科基金艺术学一般项目1项、国家自然科学基金面上项目1项、国家艺术基金一般项目3项。举办“2022风自海上——蝶变宝武与艺术社区场域”展，作为学院学术品牌项目，也是在“大美术馆”计划下，上海美术学院和中华艺术宫（上海美术馆）文教结合的合作项目。举办“上海设计‘10×10’全球大奖展”。举办“互鉴——上海美术学院教师作品观摩展”，首次展出学院教师在全国美展（或其他国家级展览）中获奖及入选的优秀作品和创作成果。以“设计新海派”为主题，通过“雕塑艺术邀请展”“青年设计师作品展”等七大展项参与2022世界设计之都大会，提升学院设计学科影响力。举办中国现代美术教育文脉大展，聚焦美术教育国家记忆。完成宝武主校区建筑方案设计工作，签署主校区项目建设四方框架协议，主校区建设进入实质性阶段。与宝山区教育局、南桥镇、祝桥镇、塘桥街道开展共建，与鼎力雕刻集团、上海书画出版社、华文集团签约，与人民公园、静安雕塑公园开展主题公园共建，将艺术元素融入公园发展。学院主持设计制作的传统工艺设计搭载梦天实验舱进入空间站，助力航空事业发展。年内，新签约意大利米兰新美术学院“2+1”硕士生联合培养项目。深化与皇家艺术学院、东京艺术大学的“在地留学”培养体系和课程框架建设。与大阪艺术大学举办第30届中日学生作品交流展。国际博士生项目招收2名国际博士生，3名学生赴国外交换学习。 （王霖）

【上海大学国际部国际教育学院】 国际教育学院是上海大学国际学生归口管理部门，也是从事国际学生语言教学和研究的教研部门，承担全校国际学生招生、管理、服务等工作，负责长短期国际学生项目开发、运行及管理；负责中国政府奖学金、上海市政府奖学金、孔子学院奖学金等项目管理工作；负责汉语言本科、汉语国际教育本硕专业及全校国际学生汉语教学，全校英语授课专业平台建设及东京学院教学运行等。学院既有一般学院的教学与科研功能，又兼具机关部门部分管理职能。学院是中国高等教育学会外国留学生教育管理分会常务理事单位和上海市高校外国留学生教育研究会副会长单位。生源质量不断提升。已报到的130名研究生新生中，有30名研究生新生毕业于QS全球排名不低于上海大学的大学，占比23.1%，36名毕业于QS前500的学生，占比超过27%，超过2022年自定核心指标（12%）。提前策划、筹备国际中文教育一级学科专博申报。积极参与、推动国际中文教育专业博士学位点申报工作，2022年召开专题推进会8次，初步确定专博支撑方向（中外文明互鉴研究、国际中文教育基础理论与应用研究、中文国际传播能力研究、国际中文教学智慧化研究）及各方向带头人和团队。成立国内首个国际中文教育学科专家咨询委员会。7月26日，召开第一次上海大学国际教育学院学科发展专家咨询委员会成立大会暨2022年度上海大学国际中文教育学科发展研讨会。申办教育部（语合中心）“国际中文教育实践与研究基地”。1月至6月，召开申办工作专题会5次，6月10日，邀请5名国际中文教育教指委专家召开论证会，基地申报材料于9月初提交语合中心等待审批。创新人才培养，推进产教融合，成立全国首家国际中文教育学科校企合作机构。自2022年起，学院打出人才培养组合拳：3月至4月，在3名国际中文教育学科教指委专家指导下，与文学院共同推进专硕培养方案改革，4月8日，召开培养方案调整讨论会；6月，召开全国研究生汉语教学微课大赛终评会、颁奖会，酝酿成立“上大-唐风微课研究中心”；9月，国内首家国际中文教育学科校企合作研究机构正式揭牌，全国近50所高校相关学院、部门的院长、书记或处长出席仪式并致贺。加强对外交流，扩大上大国际中文教育学科朋友圈、影响力。4月，召开国际中文教育应有产品化思维专题研讨会；8月上旬，学院书记欧阳华带队走访中国国际中文教育基金会；8月上旬，学院领导走访北京语言大学、北京唐风汉语教育科技有限公司。10月中旬，召开智库沙龙——国际学生教育的目标及实施路径。10月下旬，召开“建用一体”国际中文教学资源建设研讨会。11月至12月，召开上海大学高端学术平台——莘远讲坛共4讲，特邀著名专家北京大学教授陆俭明、北京大学教授马真、北京语言大学教授崔希亮、北京语言大学教授杨玉玲主讲。服务上大国际学生培养。2月，召开国际学生本科生培养专题沙龙；1月至6月，编制全校2019—2021级18个学院、48个专业共96个国际学生培养方案。4月至5月，完善国际学生课程设置，增加汉语学术写作及中国社会文化类课程。7月，召开系列会议推进上大全英文授课专业（课程）建设项目。科研成果创历年最佳，突破最大。教师何二林获社科基金教育学规划项目，打破上海大学零的突破；教授裴雨来获国家社科基金1项；教授姚喜明获正国级、副部级领导批示。学院教师发表核心以上论文12篇，为历年最多。建设“走进学科”项目，执行“导师团牵引选育”计划，举办招生夏令营，加大对优质生源精准吸引。全年招收211、985院校推免生2人，研究生报录比达7.17∶1，位列全校第二。学院师生在多个比赛中获奖。学院中外师生在“第四届全国研究生汉语教学微课大赛”上获多个奖项：一等奖1个、二等奖1个、三等奖1个、优秀奖2个、优秀指导教师奖1个，上海大学获最佳组织奖。周梅老师指导4名同学参加第四届中华经典诵写讲大赛，分获上海赛区一等奖1个、二等奖2个、三等奖1个，其中阮美好入围全国决赛；周梅获优秀指导教师奖、顾琛获上海赛区大学教师组二等奖。知华教育取得新成就。举行9场知华讲堂，开展15次知华实践活动，“知行合一”，帮助国际学生了解中国、理解中国、读懂中国。“鉴往知来，从非遗到非遗＋”暑期社会实践项目获校级示范项目，入选团中央中外大学生社会实践周活动，国际学生逸馨作为上海高校唯一留学生代表在总结交流会发言。中外学生融合取得新的进展。依托中外大学生社会实践周、GHA英语角、国际学生访学院、汉语角等平台，开展多次中外学生融合活动，多形式、多途径搭建中外交流平台。知华传播初见成效。国际学生影响力得到扩大，上大形象传播更加广泛。央视国际台CGTN、《中国青年》杂志、《上海日报》《文汇报》、看看新闻等多家校外媒体对国际学生进行专题报道。学业发展取得新突破。成立国际教育学院学业发展指导分中心，做好国际学生学业帮扶工作，鼓励国际学生参与各项竞赛。2022年，国际学生共参加10余项国家级、省市级、校级竞赛，累计获奖20余人次。辅导员队伍创佳绩。国际教育学院2名国际学生辅导员凭借扎实理论功底、突出业务能力以及良好心理素质在上海大学辅导员素质能力大赛中脱颖而出，获取佳绩。肖潇老师以全校前十的优秀成绩进入决赛，并获决赛三等奖；谢文博老师以全校前二十的优秀成绩进入复赛。新冠疫情背景下，高质量完成就业工作。2022届毕业生就业率为94.12%，其中82.4%的毕业生从事教育教学或教育行政相关岗位，9位进入事业单位，占比53%。国际教育学院获评就业贡献集体，获卓越领导奖1人、先进个人1人，赴西部工作并获就业攀登奖1人。（王霖）

【“低碳生活·绿色城市”“一带一路”高级研修项目研讨会】 年内，“低碳生活·绿色城市”“一带一路”高级研修项目共招收优秀学员19名，邀请国内知名专家学者开设讲座10场。通过视频拍摄录制，带领国际学员参访4家绿色企业，使学生更直观地感受中国的发展。此外，项目还组织线上研讨会，“一带一路”沿线国家优秀学员一起探讨低碳环保、城市治理等相关话题。（王霖）

【2022年新时代国际学生非学历教育工作研讨会】 由国际学生项目中心策划和组织，于11月30日在上海大学召开。沪上11所高校通过线上和线下2种方式参加，上海交通大学、复旦

大学、上海外国语大学、华东师范大学和上海师范大学就国际学生非学历教育作主旨报告。上海大学党委副书记欧阳华和上海国际教育交流协会秘书长李维平分别致辞。研讨会是沪上首次以“国际学生非学历教育”为主题,交流新冠肺炎疫情时代下国际学生非学历项目所面临的新机遇、新挑战,探讨解决问题的新思路、新办法,为沪上高校国际学生非学历教育工作搭建沟通交流平台。 (王霖)

【上海大学 MBA 教育管理中心】 上海大学 MBA 教育管理中心(简称 MBA 中心)是 2003 年教育部批准的 MBA 专业硕士第五批授权单位,于 2004 年正式开始招收 MBA 专业学位研究生。MBA 中心立足于学校经济与管理学科,秉持“培养全面发展的、可相信与可共事的 Global Local 人才(Developing Outstanding Whole-Personand Global Local Talents Peoplecan Trustand Workwith)”办学理念,以提供具有贡献与影响力的一流研究生商学院教育为己任,坚持“全球本土(Global Local)”与“知智融合(Know-Lligence)”特色,不断改革创新教与学方法,在人才培养与教育质量方面取得成效,并具有一定国际、国内影响力。上海大学 MBA 中心共设置全球本土 MBA(GLMBA)、全球中国 MBA(GCMBA)、以及全球产业 MBA(GIMBA)3 类 MBA 项目。2022 年 QS 全球 MBA 排名发布,上海大学在职 MBA 项目再次登榜,位列世界 200 强,亚太地区第 24 位,中国大陆第 4 位;上海大学全日制 MBA 项目再创佳绩,位列世界 200 强,亚洲前 32 位,中国大陆前 8 位。美国《彭博商业周刊》2022 年最佳商学院 MBA 排行榜,上海大学 MBA 再次登榜,位列亚太区 MBA 第 7,其中校友网络和创业教育 2 个方面的排名分别位列第 5 和第 6。 (王霖)

【上海大学上海温哥华电影学院】 上海大学上海温哥华电影学院成立于 2014 年 9 月 29 日,是国内唯一一所以北美师资、英语教学为主,以好莱坞电影工业规范为教学内容的中外合作高等教育学院。合作双方为上海大学和加拿大娱乐艺术人才培训学校温哥华电影学院。学院开设有电影制作、3D 动画与视觉特效设计、视觉媒体声音设计、影视化妆设计、游戏设计、影视表演、影视编剧 7 个全日制专业,开设 1 年制高端培训和 2+2 中外合作本科教学。此外,学院还根据市场需求,开设有影视制片与管理、影视长剧本编剧训练营等周末课程和短期课程。学院实行以英文为主双语教学,注重实操能力培养,是国内影视教育改革的成功试点。2022 年,学院教学人员有 43 名(其中讲师 17 名、高级讲师 13 名、助教 9 名、教学行政人员 4 名),行政人员 17 名。含外籍人士 14 名。年内共有 145 名学员完成所有课程顺利毕业,其中春季毕业生 57 人、秋季毕业生 88 人;新招收学员 189 人,其中春季入学新生 45 人、秋季入学新生 144 人。 (王霖)

【纪录片《红色学府》陆续登陆东方卫视、央视网等主流媒体平台】 由上海广播电视台和上海大学联合出品、上海广播电视台纪录片中心承制、上海大学上海温哥华电影学院统筹、上海大学上海温哥华电影学院执行院长蒋为民参与策划并担任联合制片人的 6 集系列纪录片《红色学府——20 世纪 20 年代的上海大学》于 9 月 20 日起至 10 月 4 日,连续 3 周每周二晚 22:00 在东方卫视播出。纪录片分为《上青云》《入洪流》《在天涯》3 个篇章,从追求真理、革命实践、牺牲奋斗 3 个层面讲述 20 世纪 20 年代的上海大学历史,体现这所红色学府传承百年的革命精神,并通过上海大学这所高校的历史,展现上海这座城市生生不息的红色血脉。2021 年 2

月至2022年9月，学院作为统筹单位全程参与纪录片《红色学府》的创制和宣传推广，发挥全流程人才培养功能与作用。（王霖）

【温哥华电影学院副院长受访《老外讲故事·另眼观盛会》】 11月9日，上海温哥华电影学院副院长迪恩·伯恩斯(Dean Burns)受邀进行市政府新闻办和《新民晚报》的《老外讲故事·另眼观盛会》第10期的校园采访和拍摄。迪恩·伯恩斯于2014年受邀来到中国，参与指导过的短片剧本有1万多个。（王霖）

【温哥华电影学院与上海广播电视台纪录片中心签署产教合作协议】 11月25日，上海大学上海温哥华电影学院2022年毕业典礼在上海大学延长校区第一教学楼406剧场举行，温影第一次在学院视频号现场直播毕业典礼。学院与中国历史最悠久、最优秀的纪录片平台——上海广播电视台纪录片中心签署产教合作协议，建立合作伙伴关系。上海广播电视台纪录片中心为温影提供"学年优秀毕业生"的作品引进、影视人才培养储备以及独家奖学金资助，温影作为上海广播电视台纪录片中心校企合作伙伴单位，双方将开展影视表演课程建设、实习与就业等全方位合作。（王霖）

【承办企业沙龙活动】 12月10日，由区文化旅游局主办，上海大学上海温哥华电影学院承办，主题为"数字化赋能文创多业态跨界融合"的线下企业沙龙在静安区文化馆"光影车间"举行。区委副书记、区长王华，区委宣传部副部长、区文化旅游局党组书记、局长陈宏等区政府领导出席企业沙龙。上海影视制作业协会会长、上海兴格文化传媒有限公司董事长杨文红，上海电影放映协会会长、上海电影股份有限公司总经理戴运，上海市动漫行业协会秘书长张炜等行业协会领导与30余家驻静安区的企业家、企业代表受邀出席沙龙活动。"光影π"文旅企业系列沙龙是静安区文化和旅游局在服务企业、走访调研过程中，梳理企业的实际困难和需求，根据文旅产业发展特点，分主题打造、定期开展的系列活动。（王霖）

【上海研究院】 于2015年6月5日成立，是由中国社会科学院与上海市政府共同创建的新型智库。2022年，上海研究院落实"十四五"发展规划，坚持思想引领，坚守借助中国社会科学院优质智力资源和国家学术交流资源"总结上海经验、讲好上海故事、服务国家战略、扩大国际影响"的建院初心，推进高端思想库(智库)建设、高端人才培养基地建设、高端国际交流合作平台建设、高端国情调研基地建设，以科研团队建设为抓手，聚焦思想生产和智库成果培育，深耕上海经济社会发展和助力上海大学一流大学建设，增强辐射上海高校文科建设能力，凸显上海研究院作为独立机构的地位，推进治理体系与治理能力现代化建设。围绕国家战略和上海经济社会发展需要，推进高端思想库建设开新局、布新篇。在研究课题立项方面，共设立专项研究1项、年度课题15项、交办项目2项、国情调研项目2项。在智库成果转化方面，推出《上海服务"一带一路"建设发展报告(2022)》和《中国国际进口博览会发展研究报告(2022)》《中国周边安全形势评估(2021)》，出版上海研究院智库丛书8部。在决策信息编报方面，全年经中国社科院报中办、国办采用21篇，报送上海市委、市政府要报16篇，调研报告12篇，《国家高端智库要报速递》等编印21篇，合计49篇。在组织高端学术论坛方面，组织"中国哲学社会科学话语体系建设·浦东论坛——哲学话语体系建设·2022""2022上海慈善论坛""2022中国经济形势分析圆桌峰会”等高端学术会议12次。在举办高端学术讲座方面，开设人文社科高端讲座4次、智库大讲堂4次，涵盖经济、社会、法律、国际关系等学科。推进高端人才培养基地建设，推出智库研究成果《迈向2035：现代化的中国与上海发展》。上海研究院推进高端人才培养基地建设，以中国社会科学院为依托，发挥中国社会科学院高端人才资源汇集地优势，推进人才培养与科研成果产出相结合，年内推出智库研究成果《迈向2035：现代化的中国与上海发展》，提升上海研究院智库研究水平和能力。实现跨学科背景下基础理论研究与应用对策研究融合发展的尝试与探索。为上海大学本科生开设通识课程“明辨社会”。发挥上海研究院优势对接上海大学本科生拔尖人才培养，上海研究院常务副院长赵克斌担任上海大学本科生“全程导师”，直接、深度融入上海大学本科生培养。上海研究院组织中国社会科学院专家为上海大学本科生开设通识课程“明辨社会”，依托中国社科院优势资源，在助力上海大学本科人才培养工作中发挥积极作用。推进高端国际交流合作平台建设，聚焦学科建设、学术传播、国际重大前沿问题，先后与多家院属科研单位主办“阿富汗形势多边对话国际视频会议、第四届世界传播论坛：国际视野下传媒与城市数字化转型”等国际会议，协办中国社会发展与国家现代化经验与智慧国际研讨会。应邀视频参加在乌克兰国立敖德萨海事大学举办的“‘一带一路’倡议与发展国际研讨会”、阿根廷国家技术委员会与布宜诺斯艾利斯大学共同举办的“人口与文化：中国和阿根廷”研讨会，并在2个重要地区国家举行的学术研讨会开幕式受邀致辞，宣介上海研究院，增进国际战略合作伙伴对上海研究院的了解，提高上海研究院在国际智库机构美誉度、知名度，增强上海研究院中国故事国际叙事能力。推进高端国情调研基地建设。上海研究院作为中国社会科学院院级国情调研基地，发挥上海研究院协调作用，为中国社会科学院科研团队到沪调研提供最优质平台、资源。上海研究院与北站街道洽商国情调研基地建设，建立苏河湾国情调研基地。推动调研基地建设实体化，将上海研究院自贸区研究中心搬迁到临港新片区，就近、实地化建设国情调研基地，增强基地建设在地性。在苏州市建立上海研究院太湖生态岛生态文明研究基地，服务太湖生态岛建设，为太湖生态岛建设发展蓝图建言献策，促进长三角生态文明建设。

（王霖）

【上海大学继续教育学院】 2022年底，上大继续教育学院共有教职员工64人，其中高级专业技术人员5人、中级48人，其他人员11人。其中博士5人、硕士37人。学院探索继续教育领域学生思政教育有效方式，打造继续教育全程育人链，加强学生理想信念教育，发挥校史育人功能，赓续上海大学红色基因。新冠肺炎疫情防控期间，建立“督导专家-教务人员-班主任-任课教师”立体联络机制，教师和管理人员以立德树人、教书育人高度责任心，云端无缝衔接“管”“教”“学”各个环节，确保在线教学平稳、有序。重视课程思政，学院在上海大学“课程思政建设研修班”活动中获“最佳组织奖”；承办并组织参与学校课程思政教学设计比赛，3个团队分获特等奖、一等奖、二等奖，1个案例获编入册《上海高校继续教育课程思政和思政教育优秀案例》，2个团队获上海大学“党史学习教育与课程相融合示范课程”立项。在“溯源·奋进·共襄·传扬”为主题的“纪念上海大学建校100周年IP形象及文创产品设计”比赛中，2名学生作品分获网络人气投票第三、第四名。《弘扬伟大建党精神赓续上大红色基因》三全育人案例获市教委《工作简报》展示宣传。按照教育部和市教委关于高等学历继续教育专业设置有关管理办法和要求，学校学历继续教育坚持突出行业特色，集中力量办好优势本科专业的思路，2022年停止招收专科层次专业；严格毕业及学业要求，2022年教学计划中增设学位课程，修订《上海大学高等学历继续教育学士学位授予工作细则》《上海大学继续教育学院毕业设计（论文）指导手册》，本科毕业生启用毕业论文管理系统，实施毕业论文全部查重检测，接受教育部对2022年学历继续教育毕业生学位论文抽检工作。加强对教材的建设与管理，年内出版教材1本，并对高等学历继续教育使用的教材进行专项排查。规范校外教学点管理，根据教育部及市教委相关文件要求，对学校高等学历继续教育校外教学点进行梳理自查和整改，并接受市教委检查。依托上海大学综合性大学学科优势和办学特色，非学历教育培训拓展培训领域，开展党政机关领导干部、企事业单位人才、行业协会、专业技术人才、出国预科及证书辅导等各类培训，构建“多层次、多规格、多形式、多渠道”继续教育培训服务体系，满足产业结构升级对劳动者素质提升需求。学院推进产教融合，培养学生实践能力，提升教学效果与教学质量，并规范办学，自觉维护行业公信力，赢得社会赞誉。通过多年连续耕耘，ACCA国际证书培训和数字艺术高端技能培训成为行业和专业领域内有一定影响力非学历培训品牌，培养一批应用型技术人才，服务上海市学习型城市建设和地方经济发展。自学考试共开设机械设计制造及其自动化、金融等6个本专科专业。因新冠疫情防控，上半年高等教育自学考试推迟至下半年举行，全年累计报考14245门次，新生1065人，毕业生203人。受市教育考试院委托，下半年起，由学校承担全市计算机公共实践课考试组考工作。年内，上海大学如期承办“上海市第十八届全民终身学习活动周开幕式”。2021级广播电视编导专业学生沈学超获评“2022年度上海市百姓学习之星”称号。上海市水利水电继续教育培训项目获上海市2022年百姓学习之星终身学习品牌项目。（王霖）

【上海大学巴黎国际时装艺术学院】 上海大学-巴黎国际时装艺术学院（简称上大巴黎）是由上海大学（Shanghai University）与法国巴黎国际时装艺术学院（MOD'ART International）合作创办的专业时装艺术类高等院校。学院采用法国先进时装教学模式，体现当代法国时装艺术设计风格，传承法国高级定制设计工艺，融东西方文化于一体，形成鲜明中外合作办学特色，注重质量和艺术品位。开设时装设计与制版、奢侈品营销与管理、时尚传播等专业。学院面向全球招生，现有在校生中，国外和港澳台学生约占学生数10%。（王霖）

【上大巴黎接待织里童装城代表】 2月25日，织里童装城企业代表一行在浙江省湖州市吴兴区织里镇人大副主席、童装科技创新中心主任潘新林带领下到学院考察。双方通过会谈，初步达成产学研融合与童装指数发布合作意向。（王霖）

（七）上海第二工业大学

【概况】 2022年，上海第二工业大学作为上海市“高水平地方高校建设”培育单位、浦东新区博士后创新实践基地，人才培养覆盖工学、管理学、经济学、文学、理学、艺术学6个学科门类，23个专业类别。学校下设17个二级教学单位，在校全日制学生13832人（其中普通本科生

11100人、专科生1843人、预科生44人、硕士生675人、留学生170人),继续教育学历教育在校生5257人。有教职工1135人,其中专任教师889人、副高级及以上专业技术职务的教师346人。具有博士学位教师400人,具有博士学位的教师占比45.17%,拥有教育部新世纪优秀人才支持计划、东方学者特聘教授、曙光学者等各级各类人才40余人。学校拥有1个一级学科硕士学位点、7个硕士专业学位点,45个本科专业、18个高职专业。“环境科学与工程(资源循环科学与工程)”学科获批上海高校Ⅱ类高原学科建设。“十四五”规划期间,学校结合高水平地方高校建设目标,依据规划安排建设“机械工程(智能制造工程)”“材料科学与工程(节能与新能源材料)”2个高原学科和“人工智能”“能源与环保”2个新兴交叉学科。2022年,新增“机械工程”一级学科硕士学位授权点和“教育”硕士专业学位授权类别;依托校级学科建设,培育建设“马克思主义理论”“应用统计”等硕士点。学校基本形成本科生学院硕士点全覆盖。学校拥有国家级特色专业3个、国家级一流本科专业建设点3个,教育部卓越工程师教育培养计划专业、教育部“本科教学工程”地方高校第一批本科专业综合改革试点、上海市属高校应用型本科试点专业、上海市一流本科专业建设点、上海市本科教育高地建设项目等30余个;拥有国家级一流本科课程、国家级精品课程、上海市一流本科课程、上海市精品课程、上海市重点课程等170余门。年内,学校共获12项上海市优秀教育成果奖,其中特等奖1项、一等奖3项、二等奖8项;新增一流本科专业建设点国家级1个、市级8个,15门课程获上海高校市级重点课程立项;环境工程专业通过中国工程教育专业认证;经济与管理学院正式成为ACBSP会员;学校教师在“第二届上海市高校教师教学创新大赛”中获3个一等奖。年内,学校招生计划执行总体情况良好,在秋季招生中,学校在一本、二本批次招生的省份为15个,录取人数为1132名,其中超过当地省一本控分线人数为771名,总一本率为68.11%;学校应届毕业生初次毕业去向落实率为96.38%,高于上海市平均水平(93.53%)和应用技术型学校平均水平(95.19%)。在毕业去向落实率稳步提升同时,就业质量明显提高。人才培养效果显著,朱珂、梁俊2名学生分获世界技能大赛特别赛货运代理项目与网站设计与开发项目金牌和铜牌,实现中国在该项目上奖牌零的突破。学校承担国家“863”项目、国家自然科学基金重大项目、国家重点研发计划项目、国家自然科学基金项目、国家社会科学基金项目等国家级项目百余项。获批教育部新世纪优秀人才计划、上海市领军人才(海外)计划、东方学者特聘教授(含青年)、启明星计划、浦江计划、曙光计划、阳光计划、扬帆计划、晨光计划等人才类项目60余项。作为第一单位获上海市科学技术奖二等奖3项、三等奖4项。全年承担校外各级各类科研项目329项,到账总金额4956万元,较上年增长22.2%,其中纵向科研项目立项57项,项目数较上年增长20%,合同金额969.53万元,到账金额915.19万元;横向科研项目立项272项,到账经费4040.92万元,较上年增长32%;科技成果转移转化12项,合同金额220万元。国家级项目中,获国家自然科学基金5项、国家社科基金2项,国家艺术基金、科技部国家外国专家项目实现零的突破。人文社科类项目立项数量进步明显,获教育部人文社科一般项目2项、上海市政府决策咨询项目3项、上海市科委软课题1项、上海市哲学社会科学课题5项、上海市教育科研项目5项。人才项目稳步前进,启明星扬帆专项2项,首次获2项C类浦江人才项目。全年共发表论文388篇,其中收录论文156篇,SCI收录110篇;

SSCI 收录 6 篇；EI 收录 9 篇；EI（会议）29 篇；CSSCI 共 15 篇，人大复印转载以及《解放日报》《文汇报》各 1 篇。获江西省科学技术奖三等奖 1 项、中国产学研合作促进会产学研合作创新奖 1 项、中国产学研合作创新成果三等奖 1 项、中国物流与采购联合会科技进步二等奖 1 项、中国纺织工业联合会优秀出版物一等奖 1 项。学校拥有“上海市热物性大数据专业技术服务平台”“上海先进热功能材料工程技术研究中心”“上海电子废弃物资源化协同创新中心”“上海市逆向物流与供应链协同创新中心”“上海市标准化创新中心（物流）”“上海市职业技术教师教育研究院”“上海市劳模文化研究中心”等省部级科研平台。“上海市热物性大数据专业技术服务平台”首次获批上海市专业技术服务平台。学校与上海材料研究所联合共建“上海市工程材料应用与评价重点实验室”，与国家无线电监测中心检测中心合作共建“工信部重点实验室上海第二工业大学分实验室”。学校拥有全国首批“科学家精神教育基地”及上海市首批“学生（青少年）科创教育基地”。学校注重产教融合，与江南造船厂、商飞、华虹、航天八院、上海电气、中银上海市分行、上海市计算技术研究所、迪士尼等企业和科研院所开展全面合作。依托二工大国家大学科技园和在长三角地区的数十个技术转移工作站，开展科技成果转化和产业孵化，与浙江省武义县共建的“智能制造”产业技术研究院成功落地并正式运行。年内，参加浙江建德、丽水、武义等地科技成果拍卖会，累计成交科技成果 13 项，成交金额超 1500 万元，涉及智能制造、材料等多个学科。成立浦东智能制造产业学院理事会，中科新松有限公司、上海发那科机器人公司、上海合见工业软件公司等成为首届理事单位，学校服务区域经济社会能力得到提高。学校与 37 个国家和地区的 160 余个高校和机构建立稳定合作关系。有中外合作办学机构 1 个、中外合作办学项目 2 个。开展学生国（境）外项目近 150 个，其中联合培养项目 50 余个。有来自 27 个国家的 170 名学历留学生。建有全英语专业 5 个、上海高校示范性全英语课程 9 门、上海高校国际学生英语授课示范性课程 13 门，共开设本科全英语课程 118 门、全英语项目 24 项。学校拥有国际联合实验室及联合研究中心 16 个，与海外联合申报欧盟“伊拉斯谟＋”项目 10 项。（孙金懿）

【上海劳模学院开学】 2 月 26 日，上海劳模学院 2022 年度开学典礼在上海第二工业大学举行。市总工会劳模实验班、上飞公司劳模进修班（专升本）、上海电气劳模工匠研修班同时开班。150 余名劳动模范及先进骨干走进大学课堂，利用业余时间进行为期 2—3 年的高升专、专升本和硕士能力班学习，提升学历层次和文化素养，增强自身在专业知识方面技能和水平，更好发挥劳模先进在产业工人队伍中的榜样引领和在实际生产及终身学习方面的示范带头作用。（孙金懿）

【2022 年全球合作伙伴周】 3 月，二工大成功举办上海第二工业大学 2022 年全球合作伙伴周活动。该活动贯串整个 3 月，以线上方式举办，包含项目日及学术沙龙活动。来自全球 12 个国家和地区 25 所高校（机构）的 29 名专家和代表，以及国内专家学者应邀出席。副校长丁力、相关职能部门和二级教学单位负责人、校师生代表参加相关活动。（孙金懿）

【2022 年首届国际青年学者论坛】 于 3 月 30 日至 31 日举办。论坛共设低碳能源材料与系统、智能制造创新技术及应用、人工智能与计算机科学、环境治理与低碳发展 4 个分论坛，采取线上会议形式举行，共有来自国内外 36 所高校

3月30日至31日，首届国际青年学者论坛举办。图为校长谢华清在论坛上发言

（二工大　供稿）

和企业的50多名优秀青年学者在线参会。与会学者来自美国普渡大学、法国马赛中央理工学院、澳大利亚塔斯马尼亚大学、韩国蔚山大学、英国德蒙福特大学、韩国东西大学等境外高校以及清华大学、复旦大学、中国科学技术大学、浙江大学、南京大学、北京师范大学、中南大学等国内高校。（孙金懿）

【包起帆创新之路展示馆入选首批科学家精神教育基地】 5月30日，中国科协、科技部在线举办2022年全国科技工作者日主场活动，全网公布2022年度科学家精神教育基地拟认定名单。经申报和评审，全国共有140家入选，其中上海10家，“上海第二工业大学包起帆创新之路展示馆”成功入选，成为全国首批科学家精神教育基地。（孙金懿）

【“长三角职业技术教育教师培养培训创新联盟”】 于6月11日成立。该联盟在教育部及三省一市教育主管部门指导和支持下，将推进一流职教教师培养，服务长三角乃至全国职业教育发展作为重要举措，对职业技术教育教师培养培训问题进行前瞻性、系统性、引领性研究，致力于建设成为职业教育教师培养研究的学术交流平台、长三角职业教育智库交流平台，促进长三角职教教师培养的资源共享和联盟单位之间人员交流与互学互鉴。（孙金懿）

【上海市职业技术教师教育学院首届研究生入学】 9月3日，上海市职业技术教师教育学院首届研究生开学典礼在上海第二工业大学学术交流中心3楼报告厅举行，首批按“技术＋教育”模式培养的研究生入学。学校在现有电子信息专硕点下，设立职业技术教育类别，在大数据与智能信息服务、计算机与人工智能、电子与测控3个专业方向招生。2022年计划招生50名全日制研究生、5名非全日制研究生。9月，有51名学生正式入学，包括47名全日制研究生和4名非全日制研究生。（孙金懿）

【浦东智能制造产业学院理事会成立】 9月22日，浦东智能制造产业学院理事会成立暨产教融合研讨会在第二工业大学学术交流中心3楼报告厅举行。上海第二工业大学领导以及相关职能部门、学院负责人，上海金桥经济技术开发区管理委员会相关负责人，浦东智能制造产业学院理事会组成单位代表，相关专家等参加会议。 （孙金懿）

【搬校浦东20周年系列活动】 9月28日，举行应用型高校产教融合论坛暨上海第二工业大学搬迁浦东20周年大会。浦东新区副区长晏波，金桥经济技术开发区党组书记、局长吕东胜，市教委高教处处长束金龙，中国工程院院士杨为民，上海交通大学教授赵长颖，同济大学教授陈明以及浦东新区相关委办局、曹路镇政府相关负责人，企业代表，校领导谢华清、翁德玮、徐玉芳，离退休老同志、老教师代表以及师生代表等出席。 （孙金懿）

【科技赋能助力社会抗击疫情】 年内，新冠疫情防控期间，第二工业大学科研团队发挥学科优势，自主设计的集中式冷链物品消杀站、深紫外快速消毒输送流水线等设备，成功破解冷链物品在校外缓冲区进行过程性低温臭氧消杀难题，实现对进校快递包裹、文件等360°全方位覆盖快速外表消毒，以科技守护校园平安，为上海疫情防控工作增智赋能，被东方卫视等多家媒体报道。 （孙金懿）

二十二、文化

编辑　顾瑞钧

（一）综述

2022年，区文化旅游局围绕打响“上海文化”品牌、加快建设国际文化大都市核心区的战略目标，推动全区文化旅游事业向高美誉度、高开放度、高知名度提升，实现新作为、开创新局面。

打造“辅德里”IP，贯彻学习党的二十大精神，打响静安区“红色文化”品牌，讲好首部党章诞生地故事，将《辅德里》高清戏剧影像搬上银幕，年内面向全区14个街镇党员群众，共配送140场，开启“好听、好看、好懂”文艺党课《辅德里》全国巡讲活动，讲好伟大建党精神和上海“党的诞生地”的初心一课；在上海书展发布新书《辅德里：一部经典红色戏剧的诞生》，完成“辅德里五星计划”的拼图集成。

提升公共文化配送服务效能，优化“静安文化公益配送”小程序各项功能板块，提升公益配送的惠民功能。开展“一街一品”特色文化工作，组织参与2022上海市民文化节市级赛事、红色故事演讲大赛等赛事，为各街镇提供交流展示平台。加大静安区红色文化弘扬传承力度，完成12场“行走的博物馆公教课”。优化数字化公共服务，通过国家公共文化云等平台，推出“艺起前行”线上艺术展览6场，线上观展点击量3000余人。优化公共文化服务设施布局，完成7个文旅融合服务点建设，新建5台图书信用柜设备，引进遇见美术馆等一流美术馆在静安区落地，创新开辟越界·陕康里等一批个性化文化空间。

传承活化，探索文化传承与现代城市功能相结合发展新模式。推进陕西北路中国历史文化名街、苏河湾、张园地块保护性开发。推进张园西区4幢文物建筑装修方案评审及东区19幢文物建筑迁移托换和修缮项目等工作，以全新理念加强对张园文物保护建筑群的妥善保护和活化利用。有序推进巨富国潮文化馆项目开工、淞浦特委机关旧址陈列馆保护性修缮及布展提升工程。加大文物安全隐患巡查力度。

促进文商联动，文化创意产业在提质增效方面实现新突破。聚焦重点项目，引导产业资源集聚。推进影视、电竞产业政策兑现。支持举办第二届中国游戏创新大赛颁奖盛典、服务保障好2022年第三届电竞上海大师赛，推进全球电竞之都核心区建设。

提升从严治党水平。贯彻落实党的二十大

精神，推进文化自信自强，激发文化创新创造活力。以高质量党建促进文化旅游新发展全面提速。召开2021年度党史学习教育专题民主生活会。开办"奋进新征程"2022年上海市民文化节市民艺术大展摄影专题展，唱响主旋律，传递正能量。（蔡萌萌）

（二）公共文化建设

【新春文化活动配送】 2021年12月30日至2022年2月中旬，2022年新年第一展"福虎添翼春愈新"——2022年静安区迎新书法展举行。该展览共征集到作品100余幅，经过遴选，最终确定88幅书法作品在静安区文化馆尚·空间展厅展示，展期47天。期间，书法家们为驻区部队"送福、写春联"近200幅。1月23日，在静安区文化馆"静"剧场举行"戚毕"越剧专场演出。静安区文化馆青年越剧团为市民准备1台2022"祥龙福虎"迎新戚毕越剧流派折子戏专场，演出采用现场录制、云上赏析方式。区文化馆将传统新春歌曲《新年好》《财神到》改编成爵士乐风格，拍摄贺新春祝福爵士乐短视频，于2月1日、4日为市民送出线上新春祝福。（蔡萌萌）

【开启"艺起前行"线上文化服务新模式】 3月10日起，区文化馆暂停开放，各类线下文化活动转为线上模式。通过国家公共文化云、上海数字文化馆、微信公众号（"静安文旅"、静安区文化馆）等各类媒体平台，推送"艺起前行"云课堂系列、"云展览"等线上服务。至10月20日，服务23.56万人次，其中区文化馆业务干部创作抗疫作品《安shanghai》、书画作品《勇往直前》《稳赢》《江山依然多娇》、越剧开篇《抗疫曲》等在网络平台点击总量突破7.1万次。（蔡萌萌）

【静安文化公益配送升级】 年内，结合常态化疫情防控工作要求，推动"线上＋线下"多渠道提供公共文化服务，"静安文化公益配送"微信小程序升级为"静安文化公益配送及文旅消

11月19日，新书《辅德里》在上海书展发布　（区文化局　供稿）

费”。在公共文旅场所因疫情暂停线下服务期间，小程序不间断为广大市民提供线上公共服务，至8月31日，小程序累计注册用户40660人。为促进消费人气回暖、提振静安区经济，小程序于9月新增“消费季”板块，并拓展服务功能，提升服务效能，将公益配送券使用范围扩大至区内部分美术馆，增设公共文化场馆公益课报名功能等。（蔡萌萌）

【“悦读静安”第十届静安读书周活动】 于8月20日至26日举办。作家简平做客静安讲坛，作“陪伴是共同的成长”专题讲座，吸引逾15万人次在线观看；上演“童话苏河”决赛；区文化馆青年馆员、志愿者诵读经典“谱写青春”；并有亲子绘本阅读、党章知识竞赛、聋人线上答题、借书免邮活动等覆盖各类读者群体的活动共11场。（蔡萌萌）

【电影《辅德里》公益配送活动】 年内，为讲好“上海党的诞生地”故事，让“辅德里”红色IP成为静安区的一张重要名片，区文化旅游局为静安区党员群众开展“百年辅德里·奋进新时代”2022红色电影《辅德里》公益配送活动，呈现“好看、好听、好懂”的艺术党课。《辅德里》作为非虚构戏剧《辅德里》剧院现场拍摄的同名高清影像，于10月中旬至12月底在沪北电影院面向全区14个街镇党员群众配送140场，在严格落实影院疫情防控措施要求下，服务42000人次。（蔡萌萌）

【推进区作家协会工作】 年内，区作协刊物《静·安》推出春、夏、秋3期。“静安作协”微信公众号1月正式上线，精选《静·安》相关内容，每周定期发布微信，共发布39篇，累计点击量15553次，文章被“上海作家”“收获”等微信公众号转载。区作协与《静安时报》“上海静安”微信公众号合作，在“百乐门”副刊设立“静待花开”专栏，以报纸专栏与微信转载形式不定期推送与静安区相关文章，扩大区作协文学影响力。（蔡萌萌）

【“奋进新征程”2022年上海市民文化节市民艺

11月7日，文艺党课《辅德里》首演　　（区文化局　供稿）

术大展摄影专题展】 该展览于10日27日在区文化馆尚·空间艺术展厅开幕。作为上海最高级别的群文静态类双年展，该次摄影专题展征集活动以“奋进新征程”为主题，全方位全景式展现新时代精神气象，获得广大摄影爱好者响应。至8月23日，共征集作品1620件。经层层评选，最终入围180幅作品，其中一等奖6件、二等奖12件、三等奖18件、优秀奖24件和入选作品120件。 （蔡萌萌）

（三）历史文化保护

【他们眼中的抗战——《工人之路》抗战报道文献资料展】 为纪念“一·二八”淞沪抗战爆发90周年，1月25日，上海四行仓库抗战纪念馆携手上海音像资料馆共同举办该展览，通过128篇关于中国抗战的相关报道，展示中国军民团结一致，不屈不挠的抗战精神和奋斗伟力，弘扬以爱国主义为核心的伟大民族精神。展项中诗人、毛泽东在湖南师范的同学萧三的《八佰勇士赞》属于首次发现和展览。在“八一三”淞沪会战爆发85周年之际，纪念馆连续转发上海音像资料馆“回到历史现场：八一三纪念特辑”5集，将珍藏的淞沪抗战历史影像以高清视频方式呈现出来，让广大市民能够亲历硝烟弥漫的历史现场，重温不屈的抗战精神。 （蔡萌萌）

【行走的博物馆公教课】 上半年，因新冠肺炎疫情原因，区文史馆推出“静安区文物史料馆行走的博物馆‘在线’公教课”，并以“菜单可预约”方式开展活动。下半年度“在线公教课”总计开展线上宣讲12场，先后走进芷江西路街道、国际大厦、上海市商业学校、战略支援部队驻沪某部进行宣讲，受众人群超500人。 （蔡萌萌）

【沪台交流回眸展（线上展览）】 为庆祝中共二大召开100周年，8月26日，上海四行仓库抗战纪念馆携手区台办在纪念馆临展厅举办“沪台交流回眸展（线上展览）”上线启动仪式。 （蔡萌萌）

【“静安好地方”主题日在线直播】 为配合2022年静安文旅消费季启动活动，9月21日，上海四行仓库抗战纪念馆参与“静安好地方”主题日在线直播，纪念馆馆长马幼炯带领市民“云体验”这座上海唯一的抗战纪念类遗存和八百壮士英勇抗战事迹。 （蔡萌萌）

【推进“建筑可阅读”示范区建设】 年内，根据《上海市“一江一河”发展“十四五”规划》，区文物史料馆打造静安区苏河湾海派城市考古“建筑可阅读·水岸探秘”文旅品牌，设计制作《苏河湾文化旅游地图》，策划“静安四景”文创衍生伴手礼。 （蔡萌萌）

【第四批静安区非物质文化遗产代表性项目名录公示】 根据《中华人民共和国非物质文化遗产法》《上海市非物质文化遗产保护条例》，区文化旅游局开展第四批静安区非物质文化遗产代表性项目申报工作。11月21日，第四批静安区非物质文化遗产代表性项目名录开启公示。

（蔡萌萌）

（四）文化产业

【推进文旅行业纾困工作】 年内，根据《上海市加快经济恢复和重振行动方案》（50条）以及《静安区关于应对疫情帮扶企业相关政策措施的实施意见》（18条）的指导意见，区文化旅游局在全市率先出台文旅企业助企纾困政策，共

有78家企业、94个项目申报补贴，补贴总额208万元。（蔡萌萌）

【引导产业资源集聚】 年内，区文化旅游局完成千万元级以上（含亿元级）税收规模项目6个，百万元级税收规模项目13个。全年引进影视企业16家，电竞企业6家，其他文化、艺术类企业24家。引进落地啊哈娱乐（上海）有限公司、上海遇博文化科技有限公司、上海有容有乐影视文化有限公司等行业内优质企业。（蔡萌萌）

【推进影视、电竞产业政策兑现】 年内，区文化旅游局完成2021年度静安区影视、电竞产业发展专项资金申报、受理及评审工作，支持金额1733.37万元。支持举办第二届中国游戏创新大赛颁奖盛典、服务保障好2022年第三届电竞上海大师赛，推进全球电竞之都核心区建设。（蔡萌萌）

【加强重点企业大走访】 年内，区文化旅游局推进关键领域重点企业大走访活动，确保全年对口服务企业走访覆盖率100%，落实“五个必访”。全年线上线下共走访120家企业，搜集问题38个，均已办结。（蔡萌萌）

（五）文化市场

【区内文娱场所暂停开放】 3月10日凌晨，区文化旅游局发布《重要提醒》：即日起，静安区所有文旅公共服务场馆（含区域内图书馆、文化馆、博物馆、美术馆、街镇社区文化活动中心、旅游咨询服务中心等）、歌舞游艺娱乐场所、互联网上网服务营业场所、剧院等演出场所、棋牌场所、艺术培训场所、密室剧本杀场所暂停开放。（蔡萌萌）

【区内文旅经营场所全面推广“场所码”】 4月1日，区文化旅游局根据市局统一部署，指导督促辖区内文旅经营场所全面推广“场所码”使用。要求各场所抓紧申领“场所码”，场所恢复营业时须在进出通道显著位置亮明本场所“场所码”供进入场所人员扫码使用。督促场所管理者、经营者执行扫码亮码要求，做到应扫尽扫、逢扫必验、不漏一人。（蔡萌萌）

【起草《静安区文旅行业应对疫情帮扶企业相关政策措施实施细则》】 于4月7日由区文化旅游局起草，就防疫消杀支出补贴、困难企业贴息政策、旅游业纾困扶持措施、平台退费补贴等多条帮扶措施的具体帮扶方法、帮扶对象、申报途径等给予明确解释与说明。（蔡萌萌）

【推进文旅行业复工复产】 5月15日，根据《上海市文化旅游行业复工复产指引（试行）》，区文化旅游局召开文旅行业复工复产工作部署会，提前谋划和筹备局机关及下属企事业单位、文旅企业、文旅场馆等复工复产工作。局领导班子、机关科室负责人参加会议。（蔡萌萌）

【开展疫情防控大排查大整治专项行动】 7月起，为贯彻落实市、区统一部署，区文化旅游局开展文旅行业疫情防控大排查大整治专项行动，采取“常规巡查＋飞行巡查”“明察＋暗访”“日查＋夜巡”相结合方式，配强文旅系统联防联控专班力量，抽调基层单位工作人员作为巡查志愿者队伍，每周对宾旅馆开展2轮全覆盖检查；对4类娱乐场所除日间巡查外，每日开展夜查行动，做到全覆盖、无死角、不间断。局执法大队对巡查反馈情况开展核查。至12月底，共出动巡查人员 9.1 万人次，巡查各类文旅场所 8.2 万家次，实现 140 余轮全覆盖巡查。在排查整治基础上，8 月中下旬起，联合属地街镇推进 4 类场所严而有序恢复开放备案和实地检查工作。 （蔡萌萌）

【加强文化产业新业态监管】 8 月，区文化旅游局与区政法、公安、消防、应急、市场监管等部门联手开展对新业态安全监管，与街镇联手开展疫情防控工作，各司其职，齐抓共管。完善工作机制，加大疫情防控检查力度。成立疫情防控 7 个专项工作小组，形成由局领导带队执法检查、处级领导突击检查和文旅系统全覆盖检查相结合工作机制。强化部门合作，完善信息通报、线索移送和联合执法等工作机制，加大文娱场所疫情防控检查力度。严而有序，推进文娱场所恢复开放。严惩违规经营，对擅自违规经营的文娱场所，第一时间清场，采取约谈等方式强化警示教育，并对涉嫌违法问题开展调查。 （蔡萌萌）

【“卫星锅”整治】 10 月 11 日，由市文化旅游局、市经信委、市市场监管局、市文化执法总队、市广播电视监测中心 5 部门组成的卫星锅整治督察组到静安区开展卫星锅整治工作实地督查。现场督察云海苑社区、素凯泰酒店、镛舍酒店，听取区文化旅游局（区卫星锅整治办）关于静安区“迎二十大”境外卫星电视传播秩序专项整治工作情况汇报。 （蔡萌萌）

【执法监管】 年内，区文化旅游局执法大队共受理举报 1856 件，其中涉疫情举报 1274 件（歌舞游艺娱乐 122 件、网吧 184 件、棋牌室 457 件、密室剧本杀 376 件、旅馆业 130 件、电影院 5 件）。累计出动执法人员 1847 人次，巡查各类场所 2620 家次，与各街镇和区相关职能部门开展联合检查 99 次。立案 56 件、立案处罚 50 件，案件涉及歌舞娱乐、旅游、体育、出版物、艺术品、版权等 12 个监管领域。 （蔡萌萌）

【“扫黄打非”专项行动】 年内，区文化旅游局以“正道 2022”集中行动为平台，深化“清源”“固边”行动，打击涉政、涉民族宗教非法有害出版物及信息传播活动。抓好市文化执法总队“蓝光行动”案件侦办，经调查取证、告知程序后，对郭某擅自发行“黑胶碟”非法音像制品违法经营行为，作出没收违法所得 11222.04 元、罚款 61110.2 元、没收非法音像制品“黑胶碟” 664 张的行政处罚。根据年度“护苗”工作指引及市执法总队关于暑期网络文化市场集中执法检查要求，在暑假期间加强文化市场执法检查，出动执法人员 11 人次，检查辖区内文具店、书店共 24 家次，均未发现违法行为。根据总队《关于转发〈进一步加强青少年版权保护工作的通知〉的通知》要求，出动执法人员 773 人次，检查相关场所 643 家次。 （蔡萌萌）

【“互联网＋”监管】 年内，区文化旅游局完成静安区“互联网＋监管”系统双告知信息反馈，主动联系企业提供政策咨询以及政务服务，推动政务服务便利高效，打造优质营商环境，提升企业和群众办事便捷度、体验度和满意度。推进“一业一证”工作，推广书店一件事，加快推进书店行业综合许可证落地。搭建静安区政务数据管理中心数据可视化分析平台基础数据库，导入企业从业人员基础数据库以及企业场所码基础数据库，为疫情防控数据赋能，对企业场所扫码工作以及从业人员核酸信息进行数据监管。开通“随申办”中静安区旗舰店特色服务——文旅虚拟游，通过“随申办”可以 VR 全景游静安区，方便百姓了解静安区建筑历史以及文化风貌历史。 （蔡萌萌）

二十三、卫生和健康

编辑　顾瑞钧

(一)综述

2022年,静安区户籍人口平均期望寿命82.86岁(全市83.18岁),其中男性80.50岁,女性85.36岁。婴儿死亡率1.82‰,无孕产妇死亡。每10万常住人口甲乙类传染病总发病率为3383.57,除新型冠状病毒感染外每10万常住人口甲乙类传染病总发病率为77.61,每10万户籍人口甲乙类传染病总发病率为2683.20,除新型冠状病毒感染外每10万户籍人口甲乙类传染病总发病率为90.41。常住人口计划生育率99.21%;常住人口出生性别比104.8。户籍人口出生3834人,出生率4.23‰,流动人口出生857人,出生率3.37‰。户籍人口自然增长率−7.84‰,仍处于负增长状态。年底,全区有医疗卫生机构409家;其中三级医院11家(综合性4家、中医医院2家、专科医院5家)、二级医院10家(综合性医院5家、中医医院1家、专科医院4家)、未评级医院20家,社区卫生服务中心15家、社区卫生服务站70家,公共卫生机构8家,其他卫生机构9家,各类门诊部、诊所、医务室、护理站266家。全区医疗机构实有床位数12888张,常住人口每千人口床位数13.70张,每千人口医生数8.43人,每千人口注册护士数11.41人。2022年度完成医疗机构执业新证审批21例、医疗机构校验审批340例、医疗机构变更审批134例、医疗机构延续换发许可证34例、医疗机构执业许可证注销5例。2022年度共完成各类卫生许可项目4261件,其中公共卫生许可571件、医疗执业许可3598件、备案或其他37项。其中公共卫生许可项目包括公共场所卫生许可365件、建设项目预防性卫生审核42件、放射诊疗许可164件,医疗执业许可包括医务人员许可3598件,备案包括病原微生物实验室备案37家。年度监督检查5921户次。年度实施卫生行政处罚案件314件,其中警告169件、罚款257件、听证案件14件。卫生行政处罚罚款金额计124.365万元,没收违法所得2.17万元。行政复议8件,8件均维持;行政诉讼6件,6件均驳回。接到举报投诉554件。献血量8593人份,临床用血38716人份,临床用血自给率100%。年内,共审核未参保及支内支边独生子女父母年老退休时一次性计划生育奖励248人,发放资金132.14万元。审核独生子女伤残死亡家庭一次性补助229人,发放资金97.1万元。审核计生家庭特别扶助金 23782 人次，发放资金 5821.43 万元。

2022 年，静安辖区内累计报告新冠肺炎确诊病例和无症状感染者累计 26608 例；自疫情发生以后，住址区内的确诊病例和无症状感染者累计 32214 例。累计管理密切接触者 76983 人次，累计管理密切接触者的密切接触者 83084 人。年内，推进新冠病毒疫苗接种工作，全区共完成全程接种 940494 人，3 岁及以上人群疫苗全程接种覆盖率 97.84%；累计完成加强针接种 552039 人，加强接种覆盖率 57.43%。其中 60 岁及以上人群新冠疫苗累计完成接种 515098 剂，第一剂 196448 剂，接种覆盖率 78.58%；全程接种 185023 剂，加强针接种 133381 剂。

年内，区卫生健康委统筹医疗资源，设立 7 个发热门诊、15 个发热哨点，在抗击新冠肺炎疫情的大上海保卫战中，公惠医院和闸北中心医院转换为区新型冠状病毒肺炎救治定点医院，共设立床位 600 张；常态化疫情防控中，确定闸北中心医院作为后备定点医院，加强医疗资源配置，配足配齐急救、抢救、重症救治、监护、检测等仪器设备。成立定点医院、方舱医院医疗救治专家组，指导区级定点医院和区级方舱医院做好会诊转诊，形成分工协作、上下联动、有序畅通的新冠病例诊疗模式。开展全区域核酸筛查。成立筛查工作专班，构建以区新冠肺炎疫情防控领导小组为指挥核心、各部门、街道（镇）为组织主体、区属各医疗机构、区域各 PCR 检测机构为检测主体，全区构建以街道（镇）为单位的网格化体系，从 3 月 14 日起，根据防控要求开展全区域核酸筛查工作。按照“126”的工作要求，组织每一轮“采、送、检、报”，确保区域核酸检测高质量、高效率。累计支援采样人员 7.5 万余人次，核酸检测超过 1 亿人次。做好阳性患者医疗救治。区属各医疗机构主动请战、周密部署、高效运作、攻坚克难，迅速集结队伍、筹集物资、制定方案，选派精兵强将组成医疗团队，承担辖区内 23 家方舱医院、集中隔离点和外省市的医疗服务保障。做好每日院感防控、医疗物资、临床用药、入院出院人员登记、信息梳理和报送等工作。全部完成阳性感染者转运收治工作。

年内，区卫生健康委落实新冠疫情常态化防控。完善疫情应急处置机制，完善全区性防控组织体系，做好突发疫情紧急处置。建立由区委书记、区长任组长，区委副书记任防控办主任的区新冠肺炎疫情防控领导小组。建立疫情防控办公室和应急处置办公室，成立流调专班、转运专班、隔离专班、检测专班、舆情专班、信息专班、区域协查、督查专班等工作专班，落实落细各项措施。建立常态化防控下的应急处置机制。区疫情防控应急处置专班，区、街镇两级应急处置力量 24 小时保持临战状态，对涉区突发社会面疫情，快速准确做好疫情处置工作。提质提速疫情流调溯源。制订《关于组建静安区疫情防控流调溯源队伍的实施方案》，完善由公安、卫生健康、街道（镇）、机关等部门共同组成的流调溯源队伍机制，建立三级响应机制，其中一级流调溯源队伍为核心力量，主要由区公安分局、区疾控、街道（镇）基于现有队伍进行选配；二级流调溯源队伍可在 24 小时内增援，主要从公安、卫生健康、街道（镇）、机关人员中选配。加强流调溯源队员培训，梯次投入疫情防控响应。落实常态化核酸检测和落地检工作。根据《新冠病毒常态化核酸检测工作操作指引（2.0 版）》要求做好采样人员及辅助人员招募及培训，累计完成培训 9392 人；成立静安区常态化核酸检测质量督查专班及静安区常态化核酸检测质量督查组，加强全区常态化核酸采样点及核酸检测实验室管理，确保新冠病毒核酸检测质量和安全。6 月 1 日以后，开设常态化核酸检测点689个和落地检采样点9个，完成常态化采样约3200万人次。

年内，区卫生健康委保障封控区域医疗需求。完善各街镇，区内二、三级医院，社区卫生服务中心，120急救中心的联动机制，建立沟通群，明确专人专岗，第一时间回应封控人员就医需求，确保及时、精准提供医疗服务。3月10日后，累计完成封控区域人员应急就诊保障1600余人次。保障血液透析患者需求。累计完成封控区人员血液透析1200人次，协助徐汇区及普陀区同济医院177名患者完成血液透析。累计排摸涉疫孕产妇信息2000余条，随访重点孕产妇517人，协调孕产妇就诊、转运150人，辖区定点医疗机构处置涉疫孕产妇607人次，确保孕产妇和儿童得到有效医疗保障服务。

年内，区卫生健康委全部完成区政府重点工作和实事项目。开展“功能社区”规范化建设，开展面向功能社区不同人群的服务，发挥资源整合平台功能，形成包括绩效、考核、筹资、补偿在内的制度性突破，并凝练总结，全区推广。做好“便捷就医服务”，推进区域医疗中心改扩建工程项目和静安老年健康中心建设工程项目建设。

年内，区卫生健康委以落实“公卫20条”工作为契机，推进全区公共卫生体系建设。加快公共卫生体系建设三年行动计划项目推进，将新冠疫情常态长效防控作为计划的重中之重，聚焦安全保障、能力提升、人群健康需求、支撑保障4方面完成13项重点建设项目。推进疾病预防控制体系现代化建设。推进区疾病预防控制机构达标建设和能力提升，完成区疾控中心实验室新址（江场三路221号）装修工程，并投入使用。实验室检测能力达606项，其中428项通过检验检测机构资质认定；有核酸抽提3台、PCR3台、高通量自动核酸检测仪1台、基因三代测序仪1台，区疾控中心新冠核酸日最大检测量约为3000例。优化岗位结构，区疾控中心高级岗位12%，中级岗位51%。

年内，区卫生健康委完善医疗服务体系建设。开展公立医院高质量发展建设，静安区闸北中心医院作为上海市公立医院高质量发展辅导类试点单位，探索区域医疗中心高质量发展模式和路径，聚焦服务能级转换提升。推进慢性病健康管理路径，依托医疗联合体建设和家庭医生签约服务工作，在原有基础上新增压力性尿失禁和慢性眼底病变，以临床诊疗为核心，以卫生信息化平台为支撑，与慢性病诊疗与健康管理相衔接，建立全程、易操作、可量化评估的工作规范，逐步提高区域内慢性病人的预防、诊疗、管理、康复和护理。

年内，区卫生健康委加强社区卫生工作。开展高质量发展社区卫生服务中心建设，江宁路街道和彭浦新村街道社区卫生服务中心作为率先实施全市高质量社区卫生服务中心建设试点单位，同步开展各社区卫生服务中心在机构设置、服务功能、服务方式、服务支持方面的改进和提升。提升安宁疗护服务能力，搭建安宁疗护区级管理平台，统一安宁疗护入院评估模块和电子医嘱模板等，提升安宁疗护整体信息化服务能力及效率，统一、规范安宁疗护服务流程。推进示范性康复中心建设，推进以彭浦新村街道和曹家渡街道社区卫生服务中心为第二批示范性社区康复中心建设，落实软硬件建设、人员队伍培训、运行管理及建设与运行经费落实，并完成验收。（陈平华）

（二）健康城区建设

【国家卫生区建设巩固】 年内，区卫生健康委贯彻学习《国家卫生城镇评审办法（2021版）》《国家卫生城市标准（2021版）》，制订《静安区2022—2024年巩固国家卫生区工作方案》，建

立巩固常态长效机制。（陈平华）

【疫情防控群防群控机制完善】 年内，区卫生健康委构建全媒体、多渠道健康科普工作网络。开展预防性消毒线上培训。发挥爱国卫生工作网络协调联动作用，开展环境清洁7项重点集中行动，推进群众性爱国卫生运动，夯实疫情防控群防群控基础。（陈平华）

【爱国卫生70周年纪念活动】 年内，区卫生健康委开展爱国卫生70周年纪念证书先进个人评选，12人获赠上海市爱国卫生运动70周年纪念证书。联合区教育局开展“战疫·我与爱卫共成长”主题征文活动，静安区中小学生获一等奖3个、二等奖6个、三等奖10个。发动居委会开展爱卫70周年黑板报征集活动，并优选30幅代表作品通过区、街镇官方微信公众号推广。（陈平华）

【获评全国健康城市建设样板市】 年内，区卫生健康委推进健康上海行动，巩固“全国健康县区”建设成果。一户居民家庭获评全国“十大优秀健康家庭”称号。1名健康自管小组成员为全市唯一获评首批全国“老年健康达人”称号人员。全年静安区居民健康素养水平达44.4%，15岁以上人群吸烟率持续下降，无烟医院、无烟机关、无烟学校实现全覆盖。静安区在2021年度全国健康城市建设评价中获评全国健康城市建设样板市。（陈平华）

（三）医疗服务

【国家非物质文化遗产“施氏伤科疗法”传承工作站签约揭牌】 1月14日，国家非物质文化遗产“施氏伤科疗法”传承工作站签约揭牌仪式在彭浦新村街道社区卫生服务中心举行。中心按照“中西医并重”的公立医院高质量发展要求，发挥中医药“简、便、廉、验”特点，让老百姓在家门口就能享受优质中医药服务，推动社区中医传承创新发展。（陈平华）

【静安区中心医院开设偏瘫专病门诊】 2月22日，区中心医院增设偏瘫专病门诊，由医院肢体功能重建中心及相关科室组成的MTD团队，致力于改善卒中、脑外伤、脑瘫等脑损伤导致的肢体瘫，提高患者生活质量。（陈平华）

【区中医医院完成二级中医医院等级复评审暨医院巡查】 9月2日，市卫生健康委、市中医药管理局组织专家对区中医医院开展新一轮中医医院等级评审暨医院巡查工作。对医院各方面工作进行多层次、多维度、全方位检查和评价。专家组对医院各方面取得的成绩和亮点予以肯定和点评，并就评审中发现的问题和不足之处提出中肯意见。（陈平华）

【2022年区卫生健康系统专项工作现场督导】 9月26日至10月10日，区卫生健康委对辖区内44家医疗机构进行专项工作现场督查。督查内容主要涉及医联体综合绩效考核、改善医疗服务行动计划、疫情防控重点工作、医疗行业作风建设、“平安医院”建设、社区综合评价重点项目、打击欺诈骗保医保基金落实情况等。

（陈平华）

【2家社区卫生服务中心入选市公立医院高质量发展试点单位】 10月9日，上海遴选确定40家改革意识强、创新劲头足、学科基础扎实、提升空间大的公立医疗机构为全市公立医院高质量发展试点单位，江宁路街道社区卫生服务

中心和彭浦新村街道社区卫生服务中心入选并成为上海市公立医院高质量发展试点单位，试点工作为期5年。（陈平华）

【接受医疗卫生行业综合监管市级督察】 10月12日，市卫生健康委综合监督处处长孙瑾带领市第一督察组到静安区开展督察，区卫生健康委、区公安分局、区市场监管局、区医保局等部门参加。督察组对区医疗卫生行业综合监管工作予以肯定。（陈平华）

【眼科多模态影像AI合作研究中心落户市北医院】 10月15日，由静安区市北医院与苏州大学医学影像处理与分析实验室、苏州比格威医疗科技有限公司联合共建的眼科多模态影像AI合作研究中心在市北医院成立。该中心的成立让更多患眼底疾病的社区居民实现早发现、早干预、早治疗。为眼科AI在基层医疗机构临床一线的落地应用起到示范和推广作用。（陈平华）

【区中心医院获评第五届“上海医改十大创新举措”奖项】 12月14日，第五届“上海医改十大创新举措”评选结果揭晓，静安区中心医院的——十年磨一剑，打造有温度的“华山医院-静安”医联体举措，获评第五届“上海医改十大创新举措”奖项。（陈平华）

【互联网医院在线诊疗服务正式上线】 年内，区中心医院和区精神卫生中心互联网医院在线诊疗服务正式上线。互联网医院深度融合线下线上全就医流程，结合医疗管理规范，为广大慢病、常见病患者提供便捷、高效的新型医疗服务模式和可触及的数字化就医体验。（陈平华）

【数字化转型助力便民就医服务】 静安区作为上海市“便捷就医服务”数字化转型与数字医疗创新发展试点区之一，在2022年开展的数字化转型2.0工作中，再次率先于7月20日完成七大标准场景建设任务，实现区属26家医疗机构（8家二级医院、3家专业站所、15家社区卫生服务中心）功能全覆盖。静安区连续2年获上海市“便捷就医服务”数字化转型示范区评选第一名。（陈平华）

（四）公共卫生

【慢性肾脏病防治康一体化诊疗中心创建】 6月，彭浦镇第二社区卫生服务中心中医康复综合诊疗区域改造完成，正式投入使用。集中医特色门诊、传统康复、治未病为一体，依托现有名老中医“陶明龙”等名医效应，结合静安区中医专病诊疗中心建设项目——慢性肾脏病防治康一体化诊疗中心，形成彭二独有的慢性肾脏病中西医结合健康管理模式，获2022年静安区社区卫生特色服务项目，并在全区乃至全市推广。（陈平华）

【预防出生缺陷日系列健康科普活动】 9月12日是全国第十八个预防出生缺陷日。区妇幼保健所以“三孩”政策下新生儿出生缺陷防控的新挑战为契机，开展“爱在九月”系列健康科普活动，覆盖人群辐射长三角。借助“好孕好育1000天”科普文化基地优质平台，着眼于做好婚前、孕前、孕期、产时、产后的优生优育健康宣教服务，降低出生缺陷，提高人口素质。（陈平华）

【第三十四届爱牙日主题宣传活动】 9月20日是第三十四届全国爱牙日，主题为“口腔健康，全身健康”，副主题为“护牙健齿少年强，健康中国民族兴”。爱牙日系列科普活动覆盖全年龄段，既有寓教于乐的“大手握小手，爱牙护成长”亲子活动，又有惠及各种病人需求的爱牙小讲课。美好生活，从“齿”开始，通过科普活动，提升辖区内群体对牙齿健康认知。（陈平华）

【静安区公共卫生联席会议精神卫生综合管理组会议】 于9月21日在区精神卫生中心召开。区委政法委副书记胡长春，区卫生健康委主任叶强，精神卫生综合管理组成员单位分管领导、联络员及区精神卫生中心领导等出席会议。（陈平华）

【开展婚前保健、产前筛查技术服务设置规划及母婴安全工作专题调研】 10月21日，市卫生健康委对静安区开展专题调研。调研由市卫生健康委妇幼处一级调研员张炜带队，四级调研员闵琛、市妇幼保健中心副主任秦敏、中国福利会国际和平妇幼保健院院长程蔚蔚、普陀区妇婴保健院副院长陈念姝等领导和专家同行。（陈平华）

【骨质疏松全-专联合门诊启动】 11月28日，江宁路街道社区卫生服务中心与复旦大学附属华东医院“骨质疏松全-专联合门诊”启动，华东医院代谢性骨病科主任程群等出席仪式。（陈平华）

（五）社区卫生

【世界安宁缓和医疗日系列活动】 每年10月的第二个星期六是“世界安宁缓和医疗日”。2022年“世界安宁缓和医疗日”的主题为“疗愈心灵与社区”。由临汾路街道社区卫生服务中心原创的微电影《生命》，在安宁缓和医疗日当天首次公开线上展映，该影片由该中心安宁疗护患者、安宁疗护志愿者及社区居民共同参与拍摄，旨在打破死亡禁忌，共同探讨生命尽头的选择和意义。（陈平华）

【快易名商园区职工健康服务点试运行启动仪式】 7月18日，在芷江西路街道总工会和芷江西路街道社区卫生服务中心共同努力下，快易名商园区职工健康服务站点服务项目正式落地，并在快易名商园区1楼路演厅举行职工服务站点试运行启动仪式。该项工作被列为2022年上海市为民办实事项目。（陈平华）

【获评市重点工程实事立功竞赛优秀团队称号】 年内，区卫生健康委加强中医药服务能级，提升社区居民获得感和满意度。大宁静安府站点、南西延中站点、彭浦新村临汾路894弄站点和彭浦镇原平路站点率先在全市范围内完成上海市为民办实事项目“上海市中医药特色示范社区卫生服务站”建设，区卫生健康委中医科（中医示范站点建设）团队获2022年度上海市重点工程实事立功竞赛优秀团队称号。（陈平华）

【通过上海市示范社区康复中心验收】 9月底，彭浦新村街道社区卫生服务中心和曹家渡街道社区卫生服务中心接受“上海市示范性社区康复中心”市级专家评审并通过验收。专家们对康复中心建设工作给予肯定，并围绕医疗环境、硬件设备和人员配备等方面提出建设性意见。（陈平华）

（六）老龄服务

【全国示范性老年友好型社区创建】 3月2日，区老龄办制订《静安区关于开展上海市老年友好型社区创建工作的通知》。10月，静安寺街道华山居民区、石门二路街道新福康里社区、临汾路街道760弄居民区获国家卫生健康委、全国老龄办颁发的2022年全国示范性老年友好型社区称号。临汾路街道闻喜路251弄社区、石门二路街道华沁社区、彭浦新村街道第三社区获2022年上海市老年友好型社区称号。

（陈平华）

【老龄工作委员会全体（扩大）会议】 于7月21日召开。区委副书记、区老龄委主任王益群出席会议并部署工作，副区长、区老龄委副主任龙婉丽主持会议。会议下发《2022年静安区老龄工作要点》和《2021年静安区老龄事业发展报告》等文件。区老龄委全体委员、区卫生健康委、区民政局党政主要负责人参加会议。

（陈平华）

【老年健康宣传周活动】 7月25日至31日，区老龄办开展主题为"改善老年营养，促进老年健康"的老年健康宣传周活动。开展人口老龄化国情教育，增强广大居民正确健康观念及生活方式，营造有利于老年人健康生活的社会环境。共发出宣传资料1510份，提供咨询2150人次，开展知识讲座3场讲座，墙报专栏张贴海报宣传280张，微信等自媒体宣传24次。

（陈平华）

【敬老月系列活动】 10月1日起至10月31日，区老龄办开展以"反诈防骗，敬老助老"为主题"敬老月"系列活动。开展"温暖重阳"节日走访慰问活动。区领导对区内有特殊贡献、高龄、独居困难的10位老人进行走访慰问。为每位静安区户籍的90岁以上老年人送上100元节日慰问金。开展"反诈防骗"宣传活动。区公安分局针对易受电信诈骗的老年人群体开展集中反电信诈骗宣传。各街镇开展内容丰富、形式多样反诈防骗宣传活动。各委员单位开展丰富多彩文体活动，促进老年人社会参与。发动各街镇参与"上海市第十六届老年文化艺术节"系列活动。

（陈平华）

（七）人口监测与家庭发展

【适龄生育宣传引导】 年内，区卫生健康委开展《上海市三孩生育政策实施情况调查问卷》抽样调查，完成抽样调查问卷600余份，为上海市完善支持家庭生育养育政策和公共服务提供科学依据。发动辖区居民参加2022年上海市第一届"好孕来——生育促进暨家庭健康宣传服务直通车"网络知识竞赛，共参与1877人、2942人次。

（陈平华）

【开展线上生育养育和生殖健康科学指导】 年内，区卫生健康委推进科学育儿和生殖健康指导服务进社区、进家庭。启动静安区"健康家庭——科学育儿社区行"线上服务项目，通过案例分享、案例解析、亲子游戏的合理搭配，普及婴幼儿家庭养育的科学知识，受益家庭1600户。通过中心微信平台发布线上科学育儿及生殖健康宣传128篇，其中科学育儿25篇（其中韩老师育儿说11篇）、生殖健康知识37篇、主题活动宣传51篇、防疫常识15篇。借助"互联网＋健康教育"服务形式，开展线上健康知识讲座，受益人数6357人次。

（陈平华）

【完善计生特殊家庭全方位帮扶】 年内，区卫生健康委落实计生特殊家庭联系人制度、家庭医生签约服务、就医绿色通道"三个全覆盖"。实施计生特殊家庭"一键通"援助服务和辅助就医项目，服务对象由独生子女死亡家庭扩大到夫妻一方年满 70 周岁或者子女残疾等级为一级的独生子女伤残家庭。提高市计划生育家庭特别扶助制度扶助标准，独生子女伤残后未再生育和未再收养子女的人员：49—59 岁，每人每月 770 元；60—69 岁，每人每月 820 元；70 岁及以上，每人每月 870 元。独生子女死亡后未再生育和未再收养子女的人员：49—59 岁，每人每月 960 元；60—69 岁，每人每月 1010 元；70 岁及以上，每人每月 1060 元。（陈平华）

【人口监测评估】 年内，区卫生健康委做好出生人口监测，开展静安区人口监测和家庭发展抽样调查，完成《三孩政策背景下静安区育龄妇女生育状况和生育意愿调查数据分析报告》。通过对调查数据分析，了解静安区育龄妇女生育意愿和生育水平，评估三孩政策成效和存在不足，为研究和完善支持家庭生育、养育、教育的配套政策和支持措施提供科学依据。

（陈平华）

【静安区卫生计生系统安全保障管理中心注销登记】 上海市静安区卫生计生系统安全保障管理中心受委托为区卫生计生委及所属单位提供安全保障管理、后勤服务，并管理其部分行政事务和资产。中心于 2022 年 3 月 1 日在区事业单位登记管理局完成注销登记及印章封存登记，附注销登记和印章封存登记，在编和退休人员已全部转入静安区卫生事业管理中心。

（陈平华）

表 23-1　2022 年静安区（辖区）公立医疗卫生机构情况表

机构名称	地址
华山医院	乌鲁木齐中路 12 号
华东医院	延安西路 221 号
上海市第十人民医院	延长中路 301 号
上海市第一妇婴保健院（西院）	长乐路 536 号
上海市儿童医院（北京西路）	北京西路 1400 弄 24 号
上海市眼病防治中心	康定路 380 号
上海市中医医院	芷江中路 274 号、石门一路 67 弄 1 号
上海市皮肤病医院	保德路 1278 号
同济大学附属口腔医院	延长中路 399 号
民政第三精神卫生中心	闻喜路 590 号
静安区中心医院	西康路 259 号
静安区闸北中心医院	中华新路 619 号
静安区市北医院	共和新路 4500 号

（续表）

机构名称	地址
静安区北站医院	南星路29号
上海市公惠医院	汶水路450号
上海市第四康复医院	新闸路1739号、康定路909号
静安区中医医院	延长中路288号
静安区精神卫生中心	平遥路80号
上海邮电医院	长乐路666号
上海市第三康复医院	交城路100号
静安寺街道社区卫生服务中心	新闸路1729号
曹家渡街道社区卫生服务中心	万航渡路858弄5号
江宁路街道社区卫生服务中心	淮安路736号
石门二路街道社区卫生服务中心	山海关路456号
南京西路街道社区卫生服务中心	成都北路165号
天目西路街道社区卫生服务中心	梅园路111号
北站街道社区卫生服务中心	大统路168号、188号
宝山路街道社区卫生服务中心	天通庵路51号
芷江西路街道社区卫生服务中心	芷江西路335号
共和新路街道社区卫生服务中心	洛川东路151号
大宁路街道社区卫生服务中心	广延路101号
彭浦新村街道社区卫生服务中心	平顺路15号
临汾路街道社区卫生服务中心	临汾路385号
彭浦镇社区卫生服务中心	平陆路277号
彭浦镇第二社区卫生服务中心	高平路1011号
静安区妇幼保健所	康定路1297号、共和新路1873弄4号、秣陵路80号2楼（免费婚前检查服务点）
静安区牙病防治所	平型关路15号、愚园路505、507号，沪太路909弄15号甲104，武宁南路408号3层，江宁路422号甲1楼，场中路1990号

（陈平华）

二十四、体育

编辑 顾瑞钧

(一)综述

2022年,静安区体育局贯彻落实《静安区体育健身设施补短板五年行动计划(2021至2025年)》《静安区全民健身计划(2021至2025)》,加快补齐体育健身设施短板。全年新建(翻建)7条健身步道、2个市民健身驿站、2个职工健身驿站、20处益智健身苑点,完成95处健身苑点老旧健身器材更新。恒丰北路社区市民健身中心8月8日面向市民开放。区全民健身中心新建项目于12月20日开工建设。

推进静安区公共体育服务数字化转型升级,深化区块链、人工智能和大数据等新技术应用,年初完成"静安体育综合服务平台"微信小程序上线运行。区属公共体育场馆球类运动场地实名制线上预订功能接入"一网通办"平台,用户可提前14天预订场地,完成平台运动地图、共享球场、公益配送、赛事服务、线上课程、体育资讯等功能建设。依托"静安体育综合服务平台"将场地预订系统与配送券发放系统加以融合,实现同步组合支付。"静安体育公益配送"通过"静安体育综合服务平台"全年服务市民10.3万人次,区体育局配送经费182.9万元,带动市民直接健身消费540.9万元,投入带动消费比例较2021年提高15%。

围绕"静安体育综合服务平台"建设,以提升赛事参与性、趣味性、观赏性为目标,探索线上全民健身赛事办赛机制,举办覆盖各类人群的线上赛事活动,打造"创卓越·享静赛"国际静安精英挑战赛品牌,培育"一街镇一品"特色项目。完成2022上海赛艇公开赛、上海国际马拉松赛、中国围棋甲级联赛(静安主场)、第五届上海静安女子马拉松线上赛办赛任务。抗击新冠肺炎疫情的大上海保卫战期间,以"静"情云动、"安"居战疫为主题,开展为期2个月4期居家线上运动会,市民参赛5100余人次。组织"百年党章映初心,百里奔跑向卓越"静安百公里云上跑、第四届静安运动盲盒挑战赛"苏河湾走百桥"亲子线上赛、上海残健融合运动会静安线上融合跑、《弈棋耍大牌》上海三打一静安街镇巡回赛等线上赛事。线上线下结合开展中国坐标·上海城市定向户外挑战赛静安分赛场、上海市少数民族运动项目大赛启动仪式暨民族文化定向赛、国家体育锻炼标准达标赛等赛事。举办静安体育广场周周赛、SOC上海体育舞蹈公开赛、青少年滑雪精英挑战赛以及轮滑、电竞、飞镖、瑜伽、橄榄球、攀岩、台球等都市运动项目的区级品牌赛事。举办各级各类赛事活动132项,市民参与超过20万人次。

加强"体医养融合",提供群众身边的健身指导。指导恒丰路市民健身驿站、彭浦镇市民健身驿站、华清大厦职工健身驿站等申报认证工作,指导大宁路街道、临汾路街道、彭浦镇建成3处"长者运动健康之家"。开展市民免费体质监测13011人次,"你点我送"体育配送健身气功、广场舞、太极拳等项目各类线上线下课程387次,受益市民7930人次。完成社会体育指导员三级线上培训1173人。

配合区教育局梳理区域内各招生学校上报的招生方案,做好2022年静安区高中学校区级优秀体育学生招生工作。响应"双减"政策,做好全区79所中小学校、25个项目新学期体育专项课程配送服务。受新冠肺炎疫情影响,3月18日起,暂停课程配送。静安区滑雪协会获评2022—2023年"上海市竞技体育后备人才社会培养精英基地",上海昱同体育有限公司获评2022—2023年"上海市竞技体育后备人才社会培养基地"。

落实静安区青少年体育智训平台管理,完成静安区青少年体育智训平台国产化系统改造,原有系统与国产系统由原先的双轨运行向单轨运行转变完成。实现体校运动员训练过程动态科学监控,提高区域青少年体育业余训练管理信息化、标准化、科学化水平。

围绕"争创一流、综合多元"总体目标,加强场馆精细化管理。依托"都市运动中心"建设,不断丰富全民健身及体育产业服务功能,为市民提供运动、休闲、培训、社交等多元化综合服务平台。合理利用区属公共体育场馆空闲时段向市民低价、免费开放。受新冠肺炎疫情影响,区属体育场馆全年接待市民40.77万人次,低价开放服务市民14.2万人次;全区15个共享球场、3个共享健身房、1个共享市民健身驿站接待市民18.28万人次;学校体育场地于1月14日起暂停开放。

推进静安区公共体育服务数字化转型升级,深化区块链、人工智能和大数据等新技术应用,优化"静安体育综合服务平台"功能,完成共享运动场、健身电子地图、新闻资讯3项功能整合上线。区属公共体育场馆场地预约功能接入"一网通办"。推进"静安体育综合服务平台"信息化项目验收,做好项目升级改造。

年内,区体育局走访对口重点企业23家,强化与企业沟通交流,协助解决实际问题。支持体育企业复工复产、稳定健康发展,受理审核体育产业基地纾困资金补贴申报3家、小微体育企业房租补贴申报17家、经营性体育场所复工复市补贴申报265家、线上模式支持发展资金申报1家、协调金融信贷支持申报1家。开展体育场所疫情防控督导,走访经营性体育场所1251次。全年体育彩票销量28511.28万元,居中心城区第一。　(李钧)

(二)群众体育

【"静安体育综合服务平台"微信小程序】 于1月1日正式上线。平台集场地预约、培训、公益配送、运动地图、新闻资讯等功能于一体。　(李钧)

【区社会经营性场所落实疫情防控】 3月14日,根据市、区疫情防控工作相关要求和市体育局《关于进一步加强本市体育赛事活动和体育场馆疫情防控工作的通知》精神,为降低疫情传播风险,区社会经营性体育场所按照"非必要不开放""能线上不线下"的原则落实疫情防控措施。　(李钧)

【新冠肺炎疫情静态管理期间推广居家线上运动】 4月1日至5月31日，上海市为抗击新冠肺炎疫情蔓延实行静态管理，居民“足不出户”。区体育局推出居家线上运动，强健体魄、携手战“疫”。设置1分钟跳绳、1分钟仰卧起坐与俯卧撑、八段锦和抗疫视频项目。设置健康课堂板块，推出太极健身、冠军健身、居家亲子运动等健身视频。参与静安区居家抗疫活动，累计积分即可兑换奖品。 （李钧）

【2022年上海市青少年“五步拳”线上公开赛】 于4月4日至4月15日举行。比赛采取线上比赛方式。通过最新AI人工智能竞赛系统，参赛运动员经赛事平台自行上传比赛视频，并采用智能武术评价系统与人工裁判审核相结合评判方式。 （李钧）

【体育场所专项排查整治】 6月初，区体育局成立由局长担任组长、局分管领导担任副组长，职能科室和社体中心相关负责人为成员的体育行业防控督察工作专班，开展体育场所疫情防控督导工作。由主要领导带队，组织人员每日对区域内重点体育场所进行抽查，协助街镇对违规开放的场所进行现场督察。7月9日，市、区关于大排查的工作部署会议召开后，按照市体育局《关于进一步加强本市健身行业及其重点场所疫情防控监督检查的通知》要求，组织人员分头走访排查。7月9日、10日，区体育局组织24人次实地检查经营性体育场所70家，指导协助全区14个街镇完成排查健身场所149家。7月11日，静安区体育局开展体育场所专项排查整治行动。 （李钧）

【“百年党章映初心，百里奔跑向卓越”静安区百公里云上跑】 于8月8日启动。由静安区99处红色文化地标串联而成的5条初心如炬20千米挑战跑路线，20条使命必达5千米健康跑路线，以及由静安区15个新时代文明实践中心汇聚而成的文明实践专线，共26条云上赛道。在为期100天的赛程中，参赛者通过线上线下自由奔跑方式，在寻访静安区99处红色历史地标过程中重温党史，感受“国际静安卓越城区”魅力。 （李钧）

【全民健身日《中华人民共和国体育法》专题讲座】 8月8日是全国第十四个全民健身日，区体育局特邀清华大学法学院教授、国家体育总局《中华人民共和国体育法》修改起草组副组长田思源教授作新修订的《中华人民共和国体育法》学习宣传专题讲座。局中心组（扩大）成员、基层单位办公室负责人及局团总支支委参加学习。 （李钧）

【全民健身日系列活动“喜迎二十大运动促健康”】 8月8日，50余名健身爱好者汇聚在静安社区市民健身中心，为全国第14个全民健身日静安区系列活动预热。市体育局一级巡视员赵光圣，区委常委、宣传部部长莫亮金等领导嘉宾出席仪式活动。静安区包括区属体育场馆、市民球场、市民健身房、区级体质监测中心等20余处体育场馆设施全天向市民免费开放。同日，新落成的静安社区市民健身中心正式向市民开放，中心占地约1600平方米，总建筑面积3437.5平方米，1至4层分别为1个乒乓球房、恒丰北路共享市民健身驿站、2个健身操舞教室、1个游泳池，满足市民多元化健身需求。 （李钧）

【街镇开展“大手牵动小手，健康动起来”第五届趣味乒乓球线上海选赛】 8月15日，区社体中心组织各街镇开展海选赛，229组选手、458人线上报名参与。 （李钧）

【“静安论棋”中国围棋甲级联赛】 9月11日，“静安论棋”2022华为手机杯中国围棋甲级联赛(静安主场)在静安寺举行。赛前，区体育局与市围棋协会就静安区围棋普及推广及赛事服务等方面签订友好合作协议。（李钧）

【静安区社区运动会】 10月，区体育局结合上海社区健康运动会，发动各街镇以3+X(X≥2)模式开展静安区社区运动会。联合五星体育开展《弈棋耍大牌》巡回赛5场，近6000人参与。共有9个街镇的近500人参与亲子运动会、运动魔盒挑战赛。（李钧）

【2022年上海市健身气功联赛总决赛获奖项】 10月20日至11月20日，区体育局组队参加市健身气功联赛总决赛，获集体赛大舞、六字诀等三等奖3个，个人赛六字诀、太极养生杖第一名和第三名。（李钧）

【静安体育周周赛羽毛球比赛】 10月23日，该比赛在静安体育馆开幕。比赛自10月23日至11月6日，历时3周，以预选赛+总决赛形式开展，参赛选手通过4场预选赛争夺总决赛名额，最后决出周周赛年度总冠军，192名羽毛球爱好者报名参赛。比赛设置男子单打、女子单打、混合双打3个比赛项目，陶臻岐、任秋雅、王强/唐铮嘉分别摘得该次比赛的男单、女单和混双组单项冠军。（李钧）

【2022上海赛艇公开赛】 10月29日至30日，来自专业组、高校组和俱乐部组40余支八人艇队伍，以及10余名单人艇运动员在苏州河上挥桨竞舟。赛事出发点设在静安区普济路桥至安远路桥间，4.2千米的赛程有80%赛程涉及苏州河静安区段。随着赛事的举办，苏州河静安区段两岸的上海总商会旧址、四行仓库、苏河湾万象天地、蝴蝶湾公园、福新面粉厂等也迎来一波打卡潮。（李钧）

【中国门球冠军赛上海选拔赛获名次】 10月28日，区内南西门球队参加2022北虹桥杯中国门球冠军赛上海选拔赛，获第六名。（李钧）

【静安区跆拳道精英赛】 10月28日，2022年“兴业银行杯”上海城市业余联赛跆拳道联赛暨“创卓越·享静赛”国际静安精英挑战赛静安区跆拳道精英赛在静安大融城举行线下品势决赛。赛事采用线上线下相结合形式进行，通过线上预赛选拔出各组别的前4名参加线下决赛。400人次参加线上预赛，50人参加线下决赛。（李钧）

【静安体育周周赛乒乓球比赛】 10月29日，静安体育周周赛乒乓球比赛在金融街市民健身中心开幕，比赛设置男子单打、女子单打、混合双打3个项目，设4场预选赛、1场总决赛。至11月26日，历时5周，240人次参与。（李钧）

【静安共享运动场篮球联赛】 10月30日，“创卓越享静赛”国际静安精英挑战赛暨静安共享运动场篮球联赛开赛。联赛在大宁公园市民篮球场打响，首次设置南北分区赛场，鼓励篮球爱好者就近场地参赛，推广共享运动健身模式。增设趣味篮球交友特色专场，发挥体育除竞技对抗、增强体质外的社交属性。通过男女三分投篮大赛、夹背球分组PK赛等趣味篮球项目，让青年男女丰富业余生活，在轻松快乐的篮球氛围中增加互动交流。（李钧）

【第二十一届中老年舞蹈(服饰)大赛健身舞(操)线上比赛】 于11月2日举办，14个街镇选派优秀队伍录制视频参与，18支来自其他区

优秀代表队报名参加。（李钧）

【2022 年“静英”创新创业大赛暨上海市第三届“海聚英才”全球创新创业大赛】 于 11 月 8 日举行。经过激烈角逐，静安体育产业企业上海坤悦润健康科技有限公司参赛项目“体育产业数字化”在众多项目中脱颖而出，获得铜奖并晋级全球创新创业大赛复赛。（李钧）

【静安体育周周赛游泳比赛】 于 11 月 12 日在静安运动健身中心开幕。比赛设置蛙泳、自由泳 2 个项目，举办 4 场预选赛、一场总决赛。自 11 月 12 日至 26 日，比赛历时 3 周，近 800 名游泳爱好者报名参赛。（李钧）

【参加 2022 年“兴业银行杯”上海市老年人体育联赛高智尔球公开赛】 11 月 16 日，曹家渡街道组队参加上海城市业余联赛 2022 年“兴业银行杯”上海市老年人体育联赛高智尔球公开赛，获第三名。（李钧）

【SOC 上海体育舞蹈（国际标准舞）公开赛】 11 月 25 日，来自全市各中小学、舞蹈俱乐部 64 支代表队的 540 名运动员汇聚梅龙镇广场，参加“兴业银行杯”上海城市业余联赛体育舞蹈系列赛暨 SOC 上海体育舞蹈（国际标准舞）公开赛。赛事设职业组、师生组、壮年组、专业院校组、十项全能组、精英组、等级组、新人组、集体组、成人业余组、争霸组、考级组 12 个组别、512 项比赛。（李钧）

【2022 上海静安精英跑团接力挑战赛】 12 月 3 日，“金秋好时节，健身正当时”主题活动暨中国田径协会大众田径健身达标系列赛 2022 上海静安精英跑团接力挑战赛在上海市火车头体育场落幕。赛事由中国田径协会指导，静安区体育局、静安区体育总会主办，静安区田径协会、上海欣铁锦物资有限公司承办，上海能量矩阵文体娱乐有限公司、上海静安唤动青少年体育俱乐部协办。比赛设男子 3000 米、女子 1500 米、混合半程马拉松接力 3 个项目，227 人

10 月 30 日，2022 年“兴业银行杯”上海市业余联赛上海市少数民族运动会项目大赛在静安区大宁公园举行（区体育局　供稿）

参赛。彭浦新村街道的郭颖佳获女子1500米第一名;超越自己跑团的牟振华获男子3000米第一名。3男2女的团体混合接力经过上、下午22支队伍的比赛角逐,彭浦新村街道跑团以1分15秒12的成绩摘夺冠军。个人单项比赛有39人达到中国田径协会大众田径健身达标标准。 (李钧)

【静安区参加市《国家体育锻炼标准》达标赛总决赛取得一等奖】 12月11日,2022年上海市《国家体育锻炼标准》达标赛总决赛在浦东新区祝桥镇举办,静安区代表队取得一等奖。

(李钧)

【2022静安女子马拉松线上赛暨10千米精英邀请赛】 于12月26日开赛,2023年1月8日落幕,设置10千米、半程马拉松和线上线下2个组别。

(三)学校体育

【学校体育场地开放】 1月1日至1月14日,静安区符合开放条件的78所公办中、小学校室外体育场地保持常态化开放;并配合区财政局,完成学校体育场地开放2021年度专项经费绩效评估工作。 (李钧)

【2022至2023学年第一学期专项课程】 2022至2023学年第一学期专项课程配送工作于9月上旬正式开始,覆盖至全区94所学校,开展项目25个。 (李钧)

【运动员技术等级称号复核】 年内,完成2022年(第一批)高校高水平招生报名运动员技术等级称号复核工作,复核二级运动员10人。

(李钧)

【市十七届市运会】 9月16日,举行第十七届市运会静安区代表团成立大会,进行赛风赛纪和反兴奋剂宣誓及代表团授旗。9月20日,完成所有市运会参赛运动员及辅助人员的反兴奋剂准入工作。静安区承办上海市第十七届运动会棒球B、C组(10月1日至7日)、男子篮球C、D组(11月12日至27日)及男子跆拳道(12月10至11日)3项比赛。上海市第十七届运动会于2022年11月至2023年1月举行,静安区1882名运动员参加市运会青少年组棒垒球、篮球、排球、体操、田径、游泳等34个大项,48个小项比赛。静安区代表团在市第十七届运动会比赛中获金牌99枚、银牌56枚、铜牌73.25枚,总分5428.5分。市运会周期的各类全国比赛及优秀体育后备人才的培养和输送中带分392.5分、带牌30枚,代表团在市运会周期综合排名团体总分和团体奖牌均列全市第五,创静安区代表团历史最好成绩,获市第十七届运动会"体育道德风尚奖"。并获市第十七届运动会"团体奖牌最快进步奖"、2019至2022年度"奥全运突出贡献奖"及2019至2021年度"上海市青少年精英系列赛优胜奖",在十七届市运会青少年组"优秀组队奖"评选中获一等奖。静安区2名教练员获2018至2021年度上海市"优秀青训教练员"、42名运动员获十七届市运会"未来之星"、23人次运动员超、创市级青少年纪录;静安区承办的市运会男子棒球B、C组和男子跆拳道比赛获市运会优秀赛区奖,完成十七届市运会组队参赛任务。 (李钧)

【区选手全国青少年五子棋锦标赛夺冠】 1月22日,在2021年全国青少年五子棋锦标赛上,静安区五子棋青少年队棋手孔思好(静安区第

三中心小学)获女子少年组冠军,廖蕴彤(静安区市西小学)获女子少年组亚军。（李钧）

【组队参加2022年世界五子棋青少年赛(线上)】 7月15日至22日,由静安区组队代表上海参加2022年世界五子棋青少年赛(线上),取得1金、2银、2铜优异成绩。其中静安区五子棋青少年棋手孔思好、廖蕴彤首次参加该赛事,表现出色,分别获H组冠军和F组季军。（李钧）

【区选手全国青少年高尔夫球锦标赛夺冠】 8月1日,第二十八届朝向全国青少年高尔夫球锦标赛在广西桂林落幕。静安区的2名青少年运动员朱骏楷、宋若霖分别以较大优势获男女B甲组冠军。（李钧）

【输送运动员国际国内比赛夺冠】 8月14日,在泰国佛统举行的2022年男排亚洲杯决赛中,静安区输送运动员张哲嘉助力中国男排,以3比0击败日本队,时隔10年再度夺得亚洲杯冠军。11月13日,2022年全国花样游泳锦标赛在江苏省苏州市奥体中心落幕,静安区输送运动员裘心怡与队友以171.0936分摘得双人金牌。（李钧）

(四)体育产业

【开展体育领域助企纾困】 6月25日,静安区开展体育领域助企纾困。根据市体育局发布《关于支持体育企业抗击疫情加快恢复发展的实施细则》,出台10项措施助企纾困。6月24日,10项助企纾困措施的申报指南出台,内容包括减免承租公共体育场馆租金、给予体育企业纾困资金补贴、体育消费券补贴、体育场馆防疫物资补贴、金融信贷支持等。静安区还配合开展房租减免、纾困资金、消费券补贴等2022年上海市体育领域助企纾困政策申报。（李钧）

【开展体育产业主营机构名录库信息核对及填报】 6月29日,为完善区体育产业主营机构名录库信息,确保《2022年上海市体育领域助企纾困政策》落实落地,根据《关于本市体育产业主营机构名录库(2021年版)核对的工作提示》精神,在全区范围内集中开展体育产业主营机构名录库(2021年版)信息核对及填报工作。（李钧）

【体育彩票】 8月,区体育局推进体育彩票实体网点全面开展签署全新的电子代销合同。11月18日,推进为期1个月卡塔尔世界杯责任彩票销售严格监管服务。（李钧）

(五)体育场地设施建设与管理

【曹家渡共享市民多功能球场开放】 3月1日,升级改建的曹家渡共享市民多功能球场面向公众开放,面积为50平方米,是静安区近年来投入使用的第16个市民共享球场,球场位于昌平路984弄弄口。（李钧）

【共享运动场做好保供物流人员的服务】 3月8日起,区内共享运动场暂停对外开放。5月15日至5月31日,为配合区防疫工作整体部署,做好保供物流人员服务工作,经宝山路街道、天目西路街道申请,将宝虬绿地球场和天目西路球场作为外卖骑手的临时露营地。（李钧）

【共享运动场复工】 6月1日起，区体育局开展共享运动场复工各项准备工作，进行各场地场所码张贴、小程序与场所码和随身码对接、设施设备检查调试、场地全面消杀和保洁、安全隐患排查、防疫物质配备、限流措施、防疫措施、应急处置措施等前期准备。7月起，根据属地街镇疫情防控要求，共享运动场陆续开业。（李钧）

【2022年新建、翻建市民健身步道】 3月24日，进行新建、翻建市民健身步道项目招标。6月7日，开展项目评标；6月15日，项目开标。7月13日，新建、翻建市民健身步道项目开工，9月12日，竣工。（李钧）

【恒丰北路共享市民健身驿站】 8月8日，静安区社体中心管理的恒丰北路共享市民健身驿站正式启用，向市民开放。健身驿站位于恒丰北路8号2层，400余平方米的配套空间可满足市民多元化健身需求。（李钧）

【开展2022年夏季游泳场所联合执法】 8月18日，静安区开展2022年夏季游泳场所开放联合执法检查。8月17日，开展“政府开放日”系列活动——夏季游泳场所开放联合检查。由区体育局局长带队，区社会体育管理中心会同区文化和旅游局执法大队、区卫生健康委监督所、区消防救援支队、区教育局等部门组成联合检查组，赴区内游泳场所开展检查，确保区游泳经营场所安全、有序向市民开放。（李钧）

【开展夏季游泳场所开放联合执法检查】 8月23日，静安区开展“政府开放日”系列活动——夏季游泳场所开放联合执法检查。由区体育局、区社会体育管理中心会同区文化和旅游局执法大队、区卫生健康委监督所、区消防救援支队、区教育局等部门组成联合检查组，先后前往沈坚强游泳俱乐部、威尔士健身(国际丽都店)、静安府社区健身会所开展游泳场所检查，对游泳池疫情防控、应急预案、安全管理、消防救生等安全措施落实情况进行逐项实地检查并查阅台账。（李钧）

【2022年新建市民共享健身房项目】 10月11日，进行新建市民共享健身房项目招标。10月18日，开展项目评标；10月20日，项目开标。11月7日，新建市民共享健身房项目开工，12月7日，竣工。（李钧）

【静安体育中心改建方舱医院】 静安区体育中心方舱医院于3月29日开工建设，由大宁集团承建，于4月3日上午7时正式投入使用。方舱医院由静安区体育中心改建，利用全民健身馆作为隔离区，并结合各球馆设置A、B、C、D、E、F6个独立病区，设置床位840张，舱区建筑面积约1.1万平方米；清洁区由原体育中心综合体育馆改建，1层为物资储备仓库，2层及中心球场为保障人员办公及住宿点，3层、4层封闭。方舱医疗团队由静安区中心医院选派，有150名医护工作者参与医疗救治工作；由静安区体育局抽调系统内干部职工、华润集团场馆运行团队组建174名工作人员组成的运维团队，包含综合协调、运维管理、公安、消防、保安、保洁、消杀等诸多专业。方舱成立了临时党支部，由1名区正处级干部担任党支部书记，并在场外设立工作专班，做好协调服务保障工作。4月3日投入使用后，共平稳有序运行64天。累计收治患者4512人，其中7周岁以下患者134人，最小年龄为3个月；60周岁以上患者1820人，其中80周岁以上443人，最年长者101岁。6月5日起，休舱。（李钧）

二十五、民政

编辑　竺慧君

(一)社会救助与社会福利

【概况】 2022年,静安区全区最低生活保障对象0.93万人,全年救助最低生活保障对象11.4万人次,发放最低生活保障金1.5亿元;落实政策救助149.8万元;粮油帮困332.3万元,实物帮困1160元;临时救助1.44万人次,救助资金527.85万元;因病支出型贫困生活救助337人次,救助资金43.57万元。(陈艳华)

【救助帮困】 年内,全区各部门、各街镇共发放元旦春节帮困送温暖和节日慰问金6333.31万元,帮困人数10.58万人次。全年发放支援外地建设退休(职)回沪定居人员帮困补助16.2万人次,补贴金额2.18亿元,12月底享受帮困补助对象共40428人。全年共为6469人次实施综合帮扶,使用资金416.54万元,其中个案帮扶221人次,使用资金109.84万元。

(陈艳华)

【社会规范救助化长效机制建设】 年内,区民政局对街镇救助业务开展实地检查。梳理完善重残无业、特困供养、支出型贫困生活救助、低收入困难家庭资格认定、资金内控平台等工作要点,规范业务流程、档案整理、文书表单等内容,加强救助工作管理。修订《静安区社会救助工作规范化操作手册》。(陈艳华)

【社会救助领域"政策找人"工作】 年内,区民政局强化"线上+线下"双轮驱动模式。在线上完善"区困难家庭精准服务信息管理系统"线上识别、智能查找、人群标签等服务功能,各街镇结合实际落实信息采集维护、数据比对分析等工作,完善救助对象主动发现和精准识别机制。在线下强化社区救助顾问队伍建设,组建一支342人的"3+N"社区救助顾问工作团队,并开展线上业务政策培训和线下能力提升培训。完成社会救助资源分类、梳理和完善,形成资源清单,对接政府救助政策库、救助对象数据库,拓展"全周期"社会救助服务内涵。(陈艳华)

【开展"全周期"服务类社会救助】 年内,区民政局健全分层分类综合救助体系,探索开展"全周期"服务类社会救助。全年共为6549人开展服务类社会救助,分别提供政策导引、心理疏导、能力提升、社会融入、社会支持、资源链接服务等共11929次。推动“桥计划”等服务类救助品牌建设，在细化服务、丰富内容、资源联动等方面进行探索，形成各街镇救助群体情况分析报告和《2022年度静安区“全周期”服务类社会救助优秀案例集》。更新综合救助“项目库”，形成《社区救助顾问手册（政策篇）》。推进“民生暖心屋”“光合式”服务类救助及“益残助业”等社会救助领域创新试点项目。（陈艳华）

【居民经济状况核对】 年内，13个核对项目共完成核对16203户，其中共有产权保障房项目785户、廉租住房项目1476户、低保项目12158户、因病支出型贫困项目84户、医疗救助项目591户、临时救助项目156户、教育救助项目187户、养老补贴项目63户、残疾补贴项目255户、就业援助项目6户、特困供养项目195户、资助参保项目19户、工会帮扶项目228户。

（陈艳华）

【流浪乞讨人员救助管理】 年内，区救助管理站救助各类城市生活无着流浪乞讨人员1620人次，其中站内救助228人次、街面巡查引导1392人次。站内救助对象中，男性167人次、女性61人次；18周岁以下儿童3人次、18至60周岁人员208人次、60周岁以上老人17人次。医疗救助（包括急病、精神病、传染病等）208人次。全年共为267人次救助对象提供购票返乡服务。开展“寒冬送温暖”“高温送清凉”专项救助，加强重点区域巡查，开展劝离安置和寻亲服务，并发放防寒保暖、防暑降温用品和食品。以线上形式开展救助管理主题宣传月活动。严格按照标准化流程开展救助管理和服务，并于10月25日通过市局标准化试点项目验收。（陈艳华）

【慈善工作】 年内，区民政局开展“上海慈善奖”评选推荐工作，“爱传递 · 再生电脑教室”（上海众谷公益青年发展中心）项目获第一届“上海慈善奖”慈善项目。开展以“汇聚慈善力量，助力共同富裕”为主题的静安区首届“上海慈善周”活动。强化日常走访联络，落实慈善超市工作监管指导，鼓励慈善超市创新运营合作，推动慈善超市间交流学习。市慈善基金会静安区代表处全年接收捐款5451.59万元，全年公益性资助支出4610.81万元，帮困项目覆盖安老、扶幼、助学、济困、乡村振兴等方面。

（陈艳华）

（二）养老服务

【概况】 至2022年底，全区户籍总人口90.57万人，其中60岁及以上老年人口37.57万人，占全区户籍总人口41.5%；80岁及以上老年人口5.47万人，占户籍老年人口14.6%，占户籍总人口6.0%。（陈艳华）

【养老服务设施建设】 年内，区民政局制订区级养老服务设施布局专项规划（2022—2035）。285街坊养老院项目完成竣工验收；久合科技园养老项目建设完成装修施工；华兴新城养护院、静安老年健康中心、彭一小区养老院等养老机构建设项目稳步推进。全区共有养老机构（含长者照护之家）48家，建成养老床位7466张，其中护理型床位达到总建成床位数62%。新增2个长者运动健康之家、1个社区长者食堂。按照新修订的社区养老服务设施日常运行评估标准，推进社区养老服务设施评估，指导街镇提升设施运行水平和服务质量。（陈艳华）

【养老服务保障】 年内，区民政局加大为老助餐力度，全区96家助餐服务所为2.36万名老人提供助餐服务,全年供餐261万客,日供餐能力达到65岁以上户籍老年人的5.14%。探索社区为老助餐标准化建设,发布区级规范指引。推进居家环境适老化改造项目,全年完成改造1038户,为中心城区第一位。分批组织490名养老顾问开展养老政策应知应会培训;对300名护理员开展上岗证培训考核,提升养老护理队伍专业技能。开展民政部居家和社区基本养老服务提升行动试点,推广家庭养老床位服务,完成家庭养老床位建设779张,超额完成民政部下达任务指标。累计上门服务18044人次,实现补贴梯度化、服务清单化、政策红利最大化、操作人性化、服务智能化、机制市场化、服务标准化和建床规模化,大幅度激活自费市场。

(陈艳华)

【养老服务创新】 年内,区民政局联合区卫生健康委、区医保局等部门在全市首创"五床联动"(家庭养老床位—养老机构床位—家庭病床—医疗病床—安宁疗护病床)居家和社区整合性照护服务模式,在和养老年福利院开展试点,推动医养康护等服务资源整合,基本形成联动机制。做深做实社区嵌入式养老服务,制订出台首个区级《家庭养老床位建设和服务规范》,并发布《社区老年助餐服务规范化建设指南》和《静安区深化"社区嵌入式"养老服务工作规范》。在天目西路街道和彭浦镇开展"时间银行"试点。在彭浦新村街道探索开展"智能水表"试点,对80位老年人实行居家安全监测。开展为老"一键通"服务项目,全年为8968名独居老人提供服务38.39万次。推进爬楼机服务,全年服务"悬空老人"7685人次。在静安区医联体平台支持下,实现"养老院+互联网医院"2家,通过互联网医院为养老院住养老人提供线上咨询、慢病随访、复诊续方、药物配送等服务。

(陈艳华)

【惠老政策落实】 落实年内,区民政局开展"老伙伴计划",组织3450名志愿者为1.8万名高龄独居老人提供上门看望、电话看望等关爱问候服务。推进"乐龄有伴"项目,发动1054名关爱员结对4752名无子女独居老人,提供关爱服

年内,开展认知障碍照护床位改造　　（区民政局　供稿）

务 70.9 万次。为 1.06 万名符合养老服务补贴政策的老人发放服务补贴 4530 万元；为 28.59 万名老人发放老年综合津贴 4.52 亿元。开展老年人意外伤害险项目，全年受理保险理赔 432 人次，赔付资金 80.38 万元。推进牛奶发放无纸化免订购模式，为 1.35 万名 90 岁以上及低保等老年人发放每日 1 瓶牛奶。全区设有 342 个养老顾问点，配备 490 名顾问员。

（陈艳华）

【养老服务行业监管】 年内，区民政局开展养老机构行业监管“1＋6”专项行动，聚焦消防安全、食品安全、疫情防控、房屋安全、医疗活动、防诈骗等重点领域，聘请上海房屋质量检查站对全区养老机构开展“两改房”（改变使用性质或用途的房屋）安全隐患排查；实现养老机构出入口视频监控全覆盖，并将监控信息接入区城运中心，加强监测预警；开展打击整治养老服务诈骗专项行动、内设医疗机构和非法诊疗活动检查整治专项行动，排查整治养老机构安全风险隐患。联合第三方机构开展养老机构服务质量督导和养老服务机构安全检查。年内，对全区养老机构疫情防控、服务质量、安全生产等工作通过线上线下等方式开展督导检查，对全区养老机构（含长照）共开展 35 轮视频连线检查和 23 轮线下随机抽查，确保各项工作措施落实到位。

（陈艳华）

（三）基层政权建设和社会工作

【居委会标准化建设】 年内，区民政局推进居委会下设五大专业委员会实体化、项目化运作，指导各街镇完善专业委员会组织架构、工作职责、功能定位和运作机制。做好居委会标准化督导实地走访工作，建立常态长效督查机制，形成全区督查评估报告。制订《静安区居务公开基本目录》，指导各街镇细化符合居民区特色的居务公开目录。

（陈艳华）

【社区工作者队伍建设】 年内，区民政局继续实施“能力提升”工程，开展新任居委会主任培训、社区工作者初任培训。受新冠疫情影响，初任培训采用线上直播课程、专业实操任务以及线上考试相结合方式进行，共 182 人参加。组织区内社会工作者参加上海市专业社会工作高级人才培养计划。成立静安讲师团，精选 70 门优质课程，向社区推广传递优秀社区治理经验。牵头组织招聘社区防控专岗人员，充实基层工作队伍力量，全区共招聘社区防控专岗 51 人。

（陈艳华）

【“社区云”平台应用推广】 年内，区民政局推进“社区云”2.0 平台在全区推广应用，指导各街镇居委会做好各类功能使用。发动居民广泛注册上云，至年底，全区上云家庭 8.4 万户，上云率 24.6％。结合“社区云”的推进，优化区社区综合治理服务平台应用，将区平台与“社区云”2.0 平台对接融合，实现部分功能和数据互通。

（陈艳华）

【社区分类治理推进】 年内，区民政局结合居委会常态化走访制度，继续开展社区需求调研。撰写《2021 年社区需求大数据报告》，以辖区内 18 万余户居民需求为分析样本，对公共服务和参与自我管理两大事项和 5 类人群需求进行统计，并结合不同小区类型，对需求数据作进一步分析。将社区分析需求调研与“社区云”2.0 系统对接融合，推出“民意直通车”线上问卷，引导居民随时随地提出需求和问题。

（陈艳华）

【社区事务受理服务中心规范化建设】 年内，区民政局加强社区事务受理服务中心标准化建设，召开工作推进会、答疑会，迎接第三方标准化建设评估。提升“一网通办”服务水平，规范电子证照调用流程及“一网通办”接单响应时间。加强综合类自助终端建设，指导有条件街镇开设24小时自助服务区域。推行个人政务服务“社区就近办”，开发使用社区事务受理服务中心延伸服务系统，推动群众办事向居委会延伸。举办全区受理中心业务技能竞赛，提升团队凝聚力与业务能力。 （陈艳华）

【专业社会工作发展推动】 年内，区民政局推进社工站建设，成立街镇综合社工站14家，推动综合社工站实体化运作，开展社会工作服务项目。继续深化“三实基地”建设，共有签约社会工作实习基地22家，实习合作单位18家。继续开展“静安区社会工作者工作模型研究”，分析不同社会工作者职业所需具备的各项素质要素，并设置相应能力提升课程。全年静安社工“随身听”共上线10期，阅读量3235次，完成答题数900人次。 （陈艳华）

【社区公益服务项目化工作】 年内，区民政局完成上海社区公益招投标项目5个，均为安老类项目，项目资金总额104万元。为全区老年人、困难人群、社区居民提供各类服务共20万人次。委托专业机构对实施项目进行过程管理与服务监测。完善监测管理制度，做好现场活动跟踪，制订疫情防控措施，保障项目推进。 （陈艳华）

【调整行政区划】 年内，区民政局做好共和新路街道、大宁路街道部分居委会行政区划调整工作。全区有13个街道、1个镇，266个居委会和1个村委会。 （陈艳华）

表25-1 2021—2022年静安区居(村)委会数量情况表

单位：个

街镇	2021年底居委会	2021年底村委会	2022年底居委会	2022年底村委会
静安寺街道	11	0	11	0
曹家渡街道	14	0	14	0
江宁路街道	16	0	16	0
石门二路街道	11	0	11	0
南京西路街道	12	0	12	0
天目西路街道	12	0	12	0
北站街道	14	0	14	0
宝山路街道	18	0	18	0
芷江西路街道	18	0	18	0
共和新路街道	25	0	26	0

（续表）

街镇	2021 年底居委会	2021 年底村委会	2022 年底居委会	2022 年底村委会
大宁路街道	24	0	25	0
彭浦新村街道	33	0	33	0
临汾路街道	20	0	20	0
彭浦镇	36	1	36	1
合计	264	1	266	1

（陈艳华）

（四）社会组织登记管理

【概况】 2022 年底，全区共有社会组织 1022 家，其中社会团体 194 个，民办非企业单位 828 个。区社会组织管理局坚持党建“三同步”工作，强化党对社会组织全面领导。完善社会组织日常登记，规范“一网通办”工作事项，简化办事流程和申请材料，推进承诺告知等便民制度，实现在线服务成效度社会组织登记“零跑动”100%，在线办理成熟度实际网办件 100%。

（陈艳华）

【社会组织内部治理指导】 年内，区社会组织管理局指导社会组织建立健全内部工作制度和工作规范体系，强化内部监管机制，督促内部治理更加规范。在新登记社会组织法定代表人集体约谈基础上，扩展约谈层面、丰富约谈内容、优化约谈方式，探索建立拟成立社会组织、新成立社会组织、慈善组织、问题社会组织、主要事项变更社会组织等多层面、广维度社会组织法定代表人约谈制度，帮助社会组织提高认识、明确方向、“立好规矩”。全年先后对 32 家社会组织法定代表人进行约谈，其中集体约谈 1 次、线上约谈 3 次、直面个别约谈 20 多次。

（陈艳华）

【社区社会组织扶持】 年内，区社会组织管理局重点扶持发展在社区开展为民服务、公益慈善、邻里互助、文体娱乐等活动的社区社会组织，重新调整社区社会组织标识 529 家，其中公益慈善类 17 家、生活服务类 375、社区事务类 80 家、文体活动类 57 家。

（陈艳华）

【社会组织年度检查】 年内，区社会组织管理局完成 2021 年度社会组织年检工作，应检 995 家，实检 939 家，参检率 94.4%，合格率（含基本合格）92.8%。发挥街镇枢纽型社会组织作用，通过提供电话咨询服务、发布填报视频等方式，提升社会组织填报能力，提高填报准确率。与各业务主管单位加强年检结论审核，抓好年检结果运用。

（陈艳华）

【社会组织专项整治行动】 年内，区社会组织管理局通过全面自查和抽查方式，开展社会团体分支（代表）机构专项整治行动和社会服务机构非营利监管专项行动。开展社会组织领域重大风险防范化解工作。开展打击整治非法社会组织专项行动，指导街镇和相关部门依法对涉嫌非法社会组织进行取缔或劝散。开展“僵尸型”社会组织专项清理行动，全区有13家社会组织被列入“僵尸型”社会组织整治名单，其中有4家被撤销登记。 （陈艳华）

【社会组织等级评估】 年内，区社会组织管理局开展2次动员申报，召开3次线上评估工作培训会，举办现场观摩会，动员组织参评机构赴区社联会学习取经。针对有指导需求的参评组织，通过区社联会、区社服中心平台，邀请专家进行上门指导。委托第三方机构进行实地评估，全区等级评估实评34家，获得5A级4家、4A级11家、3A级19家。 （陈艳华）

【社会组织三级预警网络建设】 年内，区社会组织管理局调整完善社会组织三级预警网络工作机构和成员，重点调整建立居委会预警网络工作小组。建立完善专项行动预警联络机制，做到适时交流信息，定期通报情况，掌握一手信息。督促指导各街镇做好群众团队备案、预警信息员和预警信息等数据库维护更新。组织预警网络专题培训20余场，受训人数600多人次。 （陈艳华）

【社会组织综合监管】 年内，区社会组织管理局完善区社会组织建设与管理工作联席会议制度，梳理明确各管理部门权责，强化部门协作，落实对社会组织日常抽查机制。会同相关部门建立联合执法机制，形成监管合力。发挥区、街镇社联会、区社服中心作用，让枢纽型社会组织服务社会组织，形成社会组织之间互助共赢伙伴关系。 （陈艳华）

【社会组织公益慈善主题活动】 年内，区社会组织管理局开展2022年“上海慈善周”暨静安公益伙伴月系列活动，各街镇、社会组织1800余人参加启动仪式线上直播。各街镇以多种形式组织企业、社会组织、公益人士举办义诊、义卖、助学、助残、扶老等公益慈善活动。区有关部门重点开展公益慈善服务项目。全区300多家社会组织共同参与。 （陈艳华）

（五）未成年人保护和儿童福利

【概况】 2022年，全区有享受基本生活费补贴的儿童63人，全年累计发放基本生活费119.7万元，发放5次疫情防控期间物价补贴2.43万元。区民政局推进2022年“为义务教育阶段家庭监护缺失或不当的儿童提供支持服务”项目，对区内22名参与项目的困境儿童开展上门走访服务115次，上门走访服务总时长230小时；其他服务152次，时长311.5小时；总计投入服务529人次。指导石门二路街道完成市儿童福利院成年孤儿回归社会安置任务。 （陈艳华）

【未成年人关爱保护】 年内，区民政局宣贯《上海市未成年人保护条例》。完善急难个案处置机制，确保突发事件信息沟通渠道畅通，介入处置及时高效。加强疫情防控期间困境未成年人关爱保护，建立困境未成年人每日联系和长效关爱制度，加强与学校、家长联动，支持困境未成年人疫情防控期间居家生活和学习。推进街镇未保工作站建设，全区14个街镇于3月上旬提前实现未保工作站全覆盖。拍摄《话未保、听心声、促发展》未成年人保护工作宣传片，制作《静安未保》宣传画册。召开未成年人保护工作推进会暨主题研讨活动，夯实未保社会支持体系，扩大未保工作社会影响力。 （陈艳华）

(六)残疾人福利

【精神障碍社区康复服务】 年内,区民政局在石门二路街道、共和新路街道和江宁路街道试点开展精神障碍社区康复服务工作。服务精障康复者 79 人、精障照顾者 27 人;开展集中定点康复训练 21 场,服务 177 人次;开展精神卫生、心理健康等社区讲座 3 场,服务 32 人次。

(陈艳华)

【残疾人两项补贴发放】 年内,区民政局开通两项补贴"不见面"办理线上渠道。全年发放困难残疾人生活补贴 39087 人次,补贴金额 1596.47 万元;重度残疾人护理补贴 175946 人次,补贴金额 3622.64 万元。 (陈艳华)

(七)婚姻登记管理

【概况】 2022 年,全区依法办理结婚登记 4693 对、结婚补证 929 份,离婚申请 2047 对、离婚登记 1680 对、离婚补证 265 份,开具(无)婚姻登记记录证明 15 人次。 (陈艳华)

【全市通办工作落实】 静安区作为全市首批开展试点的城区,自 9 月 1 日起实施婚姻登记全市通办。区婚姻(收养)登记中心通过制订完善工作预案细则、协调优化服务保障措施、升级适配智能信息化设备等举措,推进全市通办工作落实。全年依法办理跨区结婚登记 741 对,跨区离婚申请 223 对、离婚登记 136 对。

(陈艳华)

【提供优质服务】 年内,区婚姻(收养)登记中心创新推出婚姻登记线上预审服务,上线后共提供预审服务 153 人次;优化升级硬件设施,引入自助拍照设备并提供免费证件照服务,累计服务 754 人次;登记窗口叫号端升级接入"一网通办"统一预约平台,实现自助扫码取号,推进婚姻登记服务便民利民。婚姻登记场所主动落细落实各项防控举措,筑牢疫情防控防线,实现登记窗口"安全、有序、高效、顺畅"。婚姻登记窗口获市总工会颁发的"工人先锋号"荣誉称号。 (陈艳华)

【弘扬传统婚姻文化】 年内,区婚姻(收养)登记中心发挥"美丽静安,幸福启航"颁证服务品牌效应,丰富婚姻家庭服务内容,开展发扬传统文化的主题颁证活动,如"甜甜蜜蜜元宵节"、七夕节"心心相夕"、"同心礼赞中国心"等多场主题颁证仪式和非遗特色手工艺活动,累计提供颁证服务 1956 人次。 (陈艳华)

【婚姻家庭辅导】 年内,区婚姻(收养)登记中心深化"舒心驿站"婚姻家庭辅导服务品牌,全年共接待婚前辅导 542 人次,完成心理辅导 140 人次、婚姻法律咨询 165 人次(起)、离婚调适 57 起,回访 41 起。开展多场公益讲座,受益 43 人次。开通心理咨询和法律咨询服务热线,累计帮助 740 人次婚姻当事人疏导缓解情绪,维护合法权益。开展"幸福家庭,普法先行"线下家庭教育普法活动,40 人次参与。开展婚姻角活动 7 次,137 人次受益。 (陈艳华)

二十六、人力资源和社会保障·医疗保障

编辑 叶供发

（一）人力资源和社会保障

【概况】 2022年，区人力资源和社会保障局高效统筹疫情防控和主责主业，最大限度减少疫情影响，推进经济重振。全年全区新增就业岗位28592个，帮助746名长期失业青年实现就业，帮扶引领成功创业988人，城镇登记失业人数控制在市政府下达目标以内，培养企业新型学徒880人次。（章蕾）

【抗击新冠疫情保障】 年内，区人力资源和社会保障局制订《静安区关于向抗疫一线人员发放临时性工作补助的实施方案》，牵头组织参与一线疫情防控医务人员、街镇事业单位工作人员以及社区工作者临时性工作补助发放工作。针对抗疫一线重点岗位大量用工需求，发挥人力资源服务产业园区优势，组织协调人力资源服务机构加强人力资源供给，全力保障区内方舱、隔离点以及转运工作用工需求。（胡芳、宋屏）

【涉疫劳资纠纷化解】 年内，区人力资源和社会保障局成立以执法大队为主体的应急小组，24小时应急值守。制订《处置方舱类劳资纠纷预案》。完成区内方舱和隔离点劳动用工情况排摸，为用人单位提供精准指导。会同区公安分局和区建设管理委等部门，处置方舱类劳资纠纷36起，维护社会面稳定。（蔡丽倩）

【企业扶持政策落实】 年内，区人力资源和社会保障局落实市、区重振经济方案，在市级政策基础上，根据区域实际，扩充政策内容，加大区级政策保障力度，对符合条件的用人单位，按每人3000元标准，再给予区级一次性吸纳就业补贴。（葛幸蔼）

【就业服务】 年内，区人力资源和社会保障局举办空中招聘会，让求职者实现宅家"云求职"，启用"网上预约职业指导"功能，开放线上职业指导；开展网络创业训练课堂，在线为在校高校学生进行市、区两级创业政策解读。新建"就业服务"一件事。（朱蓓奕）

【和谐劳动关系构建】 年内，区人力资源和社会保障局开展根治欠薪专项行动，对辖区范围

内30个在建项目实施联合检查，实现欠薪“动态清零”。夯实基层劳动人事争议调解组织工作基础，提高劳动人事争议调解工作规范化、标准化、专业化、信息化水平。重新修订《静安区基层劳动人事争议调解组织调解办案补贴方案》。调解中心工会分中心获评市“金牌调解组织”。（蔡丽倩、丁颖）

【“一网通办”服务深化】 年内，区人力资源和社会保障局依托“一网通办”平台，开展不间断服务。针对人才落户、居住证积分等热点业务，开通“绿色通道”，采取特事特办，容缺受理，通过“邮件办”等形式，满足人才服务办理需求，优化营商环境。（李艳华）

【推进人力资源服务产业发展】 年内，区人力资源和社会保障局开展“梅园论剑”“大咖谈创新”等活动，鼓励人力资源服务业从业人员交流创新理念。打造产业全球服务平台，启用6个海外人才交流服务站，为海外人才搭建平台。成立“梅园书院”，探索行业专业人才培养新模式。（宋屏）

（二）社会保险

【概况】 2022年，上海市社会保险事业管理中心静安分中心（简称分中心）全年办理退休12716人，办理工伤保险业务2641人次。年内，分中心做好港澳居民内地参保政策宣传，开展工伤宣传，优化企业办事营商环境，积极参加新冠肺炎疫情防控工作。（刘铭翌）

【港澳居民内地参保政策宣传】 1月6日、11日，根据市社保中心做好港澳居民内地参保政策宣传工作总体部署，分中心结合实际情况，选择部分单位举办2场小型座谈会，有针对性开展政策宣传。结合新冠肺炎疫情防控要求，组织部分单位至分中心开展现场政策宣讲。针对人才大厦进行专题宣讲及座谈，通过上门宣传方式引导未参保港澳居民在内地参加社会保险。（刘铭翌）

【分中心党员干部参与驻地街道涉疫居委支援工作】 3月11至13日，分中心党总支响应市社保中心党委号召，践行“人民至上”、学雷锋践行志愿服务理念，发挥战斗堡垒作用，分中心党员突击队和志愿服务队以实际行动扛起使命、逆行支援，共同筑牢疫情战斗防线。分中心党政主要领导率先垂范，第一时间在工作群内动员，分中心党员突击队和志愿服务队响应号召、率先行动，在不到一个小时时间内，第一批驰援社区的志愿者即赶赴共和新路街道中山北路805弄封闭小区。一天内，就有50多名党员干部先后报名参与社区防控工作，除去长病假等无法正常出勤党员外，自愿报名人数接近100%。自11日下午至13日，共组织10人、5批次参与支援。（刘铭翌）

表26-1　2022年静安区参加养老保险情况表

年份	参保户数（万户）	参保职工人数（万人）	离退休人数（万人）
2022	7.95	70.04	54.51

（刘铭翌）

【现场办公优化企业办事营商环境】 1月24日，由分中心主任带队，经办业务分管领导、经办科室业务骨干一行到中国电气装备集团有限公司，主动与电气装备人力资源部对接，了解企业社保业务办事需求。（刘铭翌）

【孙明丽赴分中心走访调研】 1月25日，区人大常委会副主任孙明丽带队赴分中心走访调研，区人大社会建设委领导陪同，分中心党政主要领导参加。（刘铭翌）

【开展工伤宣传】 为宣传、普及工伤保险政策法规，助力企业安全生产，预防和减少各类工伤和职业伤害，依法维护企业职工特别是建筑业工人工伤保障权益，9月起，分中心开展为期1个月"工伤保险普法宣传"活动。（刘铭翌）

【党员干部在疫情封控期间积极返岗】 根据市中心"应返尽返"工作要求，分中心做好符合相关条件工作人员的返岗统计、保障工作，履行保障民生职责。4月11日起，由分中心主任带头，共有9名职工返回工作岗位，奋战在受理、审核、内控、社服以及办公室的工作岗位，保证分中心能够正常开展工作、保障民生。封控期间，分中心累计返岗63人次，返岗885天。（刘铭翌）

【赵永峰指导疫情防控】 3月14日，市人力资源和社会保障局局长赵永峰赴人才大厦现场检查指导疫情防控工作，对人才大厦疫情防控工作提出要求及建议。分中心梅园路分点作为人才大厦集中办公点窗口单位之一，自疫情多点散发以后，严格按照市局加强聚集性活动疫情防控管理工作通知要求，除做好1楼社保办事大厅内规范佩戴口罩、相关场所清洁消毒、加大通风力度和加宽服务接待距离等日常防疫工作外，还畅通与大厦管理层沟通渠道，配合属地做好各项疫情防控措施和相关应急预案演练工作，织牢织密企业入驻楼宇疫情防控网。（刘铭翌）

【赵永峰等检查指导疫情防控】 6月1日，市社保中心主任程征东赴分中心实地检查指导恢复对外经办前准备工作。6月2日，市人力资源和社会保障局局长赵永峰在程征东陪同下，赴分中心指导疫情防控。（刘铭翌）

【驻市人社局纪检监察组领导王巍等人指导疫情防控】 10月18日，驻市人社局纪检监察组领导王巍等人赴市社保中心分中心梅园路分点检查指导疫情防控工作，分中心副主任、综合经办服务科负责人等陪同检查。（刘铭翌）

（三）医疗保障

【概况】 2022年，静安区医疗保障工作根据区委、区政府和市医保局工作总体部署，做好待遇保障、强化基金监管、提升经办质效。年内，区医保局优化困难群众"医疗救助服务"一件事免申即享服务项目。完善公务员医疗补助系统。创新推出长护险智能管理"云调换""云评估""云质控"，打造15分钟上门服务圈，确保评估服务不间断、护航照料护理准又好。并完善医保基金监管体系建设，加强和规范事中事后监管，落实依法监管、信用监管、协同监管及"互联网＋监管"，推进打击欺诈骗保及医疗乱象专项治理，重视监管结果应用和宣传教育。规范医药机构服务行为，开展辖区内医药机构履约考核自查工作。打造"静心办"综合管理信息平台，实现业务经办全流程管理、服务质量有效管控、业务数据科学分析。推进“一网通办”工作，完善梅山服务点经办模式，加大“一网通办”政策宣传，完成与“一网通办”后台受理系统对接工作。构建“智能化、便捷化、人性化”智慧医保服务体系，入选国家医保局第八批医保管理增效案例。（万雪宜）

【医疗救助精准管理】 年内，区医保局优化困难群众“医疗救助服务”一件事免申即享服务项目，对医疗救助系统进行3个版本更新。拟订《静安区医疗救助一件事操作办法（修订稿）》，加强业务操作培训。全年累计完成免申即享65785人次，共2049.5万元。获国务院职转办、市审改办肯定，获区内困难群众和街镇工作人员好评。10月，静安区困难群众医疗救助免申即享工作被作为创新案例纳入全市“非凡十年”“一网通办”专题宣传报道。按计划完成医疗救助专项治理工作，根据市医保局相关要求，成立专项治理攻坚领导小组和专班，拟订《关于开展本区困难群众救助补助资金审计发现医疗救助领域相关问题专项治理的工作方案》，审计问题及自查自纠中发现的问题，全部列入静安区“医疗救助服务”一件事系统升级改造内容。

（万雪宜）

【长护险创新智能管理“三朵云”】 年内，区医保局通过“云调换”打造15分钟上门“服务圈”。运用社区基层网格化管理思路，创造性提出“全区一盘棋、服务一张网”方案，动员区内全部24家长护险居家服务机构，引导护理员以住家陪护或者片区内租房形式，长期稳定居住在静安区域的800多个小区内，服务同一小区老人。开发“服务对象云调换系统”，1915名护理员入驻静安区，20044名老人与护理员完成同一小区服务调换匹配工作，占长护险居家服务对象总数93.02%。该项工作被《新民晚报》等市级媒体报道。通过“云评估”确保评估服务“不间断”。在养老机构开展长护险“云评估”模式，做好老人健康管理信息“云上传”、家属“云委托”，评估人员与养老机构医生开展“云对话”，采取视频连线方式开展失能等级评估，实现远程不见面、评估不接触、服务不间断。6月1日启动“云评估”以后，完成健康管理信息“云上传”864人、“云评估”审核851人。该项工作被看看新闻等媒体平台跟踪报道。通过“云质控”护航照料护理“准又好”。运用大数据、声纹识别等新技术，护理员上门时佩戴服务数据采集终端，以智能识别为主、人工校对分析为辅综合评判服务情况，并将评判结果与机构长护险费用结算挂钩，有效破解居家照护监管“黑箱”难题。平台累计导入现场服务数据378万小时，日均上传现场数据1.3万小时，超范围服务时长占比明显下降，较好地实现长护险监管从“照护到没到”到“照护准不准”“服务好不好”转变。10月，“质控技防推动长护险提质增效”工作案例被《中国医疗保险》杂志登载录用。（万雪宜）

【医保基金监管体系建设】 年内，区医保局加强和规范事中事后监管。落实依法监管：推进公平公正执法，强化责任担当，依法依规严肃查处问题。强化内部制度建设，加强与法律顾问沟通，推进自身监管队伍建设，加大对机构医保管理人员培养。落实“互联网＋监管”：研究制订《进一步加强静安区域医保定点零售药店监督管理方案》，完成对22家医保定点零售药店的双随机一公开联合抽查及协议管理，并将检查结果录入“互联网＋监管”平台对外公示，并根据市局针对医疗机构医疗服务量、医疗费用、医疗费用结构3个维度，约300个专项指标，建立大数据预警模型，提高现场检查精确度。推进打击欺诈骗保及医疗乱象专项治理：区医保局与区卫生健康委、区公安分局、区市场监管局、区纪委监委、区民政局等部门通过成立专项治理局际领导小组、召开基金监管工作联席会议等形式，建立联合执法和综合治理机制。年内，定点机构监督检查全覆盖，累计处理、处罚 338.54 万元。其中行政处理追款 89.71 万元、行政处罚 42.86 万元。医疗机构自查自纠主动退回医保基金 204.27 万元。落实信用监管：根据各定点医疗机构自查自纠结果与疑似数据比对分析，进行信用风险分类管理，对自查认真，主动发现问题，主动汇总违规医保结算金额，主动上交违规金额的医疗机构，给予“信易管理”激励。并建立违规医保医师约谈记分机制，将违规责任追溯到医师个人。年内，违规医师记分管理 7 人、违规医师暂停医疗费用联网结算 1 人、约谈医保医师 32 人。落实协同监管：区医保局与区卫生健康委建立行政执法信息互通机制，形成联合执法机制；与区市场监管局开展联合执法，实现联查联处；与区公安分局加强医保领域行政执法与刑事衔接；与区纪委监委沟通协作，畅通监督渠道。年内，行刑衔接案件 2 起，与公安机关联合开展欺诈骗保线索核查 2 起，行纪衔接案件 1 起，医保、卫健行政执法信息互通案件 1 起，联合检查 2 家次、联合约谈 1 次。落实监管结果应用：通过“静安医保”微信公众号发布区专项整治工作推进情况；通过工作简报、季度通报、专项培训等形式，向医疗机构反馈区内监管总体情况；建立日常行政处理决定公示制度；建立医保、卫生健康日常监管情况互通机制，推进监管结果统筹运用。落实宣传教育：坚持“两条腿走路”，教育培训不间断，为医保定点机构规范使用医保基金提供知识储备。普法宣传广覆盖，提高定点机构工作人员对医保政策知晓率，强化机构及参保对象诚信意识，营造维护医保基金安全良好氛围。

（万雪宜）

【医药机构诊疗行为规范】 年内，区医保局开展辖区内医药机构履约考核自查工作，现场考核医药机构 30 家。完成辖区内长护险机构履约考核现场检查全覆盖。将优化国家医保业务编码纳入履约考核范畴，要求医疗机构启用最新版疾病诊断和手术操作代码（2.0 版），新增使用“医药机构目录编码”进行结算。加大审核力度，制订《静安区医疗机构医疗保障定点管理操作细则》《静安区零售药店医疗保障定点管理操作细则》及《静安区定点零售药店纳入“双通道”管理初评实施细则》。全年共审核 189 家次医药机构，完成扣款 327.69 万余元。

（万雪宜）

【擦亮“静心服务”品牌】 年内，区医保局打造“静心办”综合管理信息平台。建设全区统一的医保经办信息平台——“静心办”综合管理信息平台，统一数据规范、统一经办服务，实现区、街镇两级医保信息互联互通、数据有序共享，通过业务办理进度“随时查”，街镇业务材料交接“电子化”，急件要件“提醒办”，让群众少跑路，为基层减负担，使管理部门提高工作效率。实现业务经办全流程管理。打通与街镇社区事务受理服务中心信息壁垒，将社区受理的医保业务接入“静心办”平台，构建区、街镇两级业务全流程管理。实现服务质量有效管控。平台对受理模式、人员绩效、报销稽核、报销凭证电子档案管理、数据共享等进行流程再造，对材料录入、流转、办理时限进行全流程管控，责任到人。实现业务数据科学分析。对经办服务事项、满意度评价等进行数据统计分析，合理调配岗位、开展有针对性培训，为月度年度考核提供数据支撑，提高干部绩效管理精细化水平。区医保局对区医保中心服务大厅开展标准化改造。设置“一网通办”自助服务区、母婴区，配备轮椅、老花镜、放大镜、爱心医疗护理箱、AED急救设备等，优化服务大厅环境。开展领导帮办活动。区医保局主要领导和分管领导带头到区医保中心窗口开展领导帮办活动，通过现场解答和指导，发现群众关心的业务堵点、难点、痛点，提升优化经办服务水平。做好医保政策调整实施。通过开展政策宣贯、印制发放宣传册等方式做好2022医保年度调整职工医保统筹基金最高支付限额在全区的实施工作以及大学生持卡就医结算工作。年内共完成城乡居民医疗保险登记缴费17.31万人，征缴医保基金4664.70万元；完成市民互助帮困计划登记缴费2.28万人，征缴金额296.70万元。完成医疗救助8.50万人次，金额3373.47万元；审核完成生育保险1.95万笔，支付生育金66876.53万元；窗口现金报销3.04万人次，金额12803.16万元。办理各类非现金业务4.31万人次，各类接待、电话咨询2.68万人次。（万雪宜）

【“一网通办”工作推进】 年内，区医保局完善梅山服务点经办模式。在市医保中心指导下，市医保中心、梅山服务点、区医保中心3方签订补充协议，调整报销款支付方式，由原来的先垫付后结算转变为银行卡支付，缩短梅山职工获得报销款项时间，并对梅山服务开展业务培训。全年共完成梅山服务点报销结算5071人次，金额约1540.79万元。区医保局还引领区内各街镇社区事务受理服务中心，聚焦群众急难愁盼问题，将“一网通办”传统服务与智能创新结合，探索医保政务服务流程优化。加大“一网通办”政策宣传。响应2022静安区“一网通办”4周年宣传月活动号召，拍摄随申办App申领生育保险待遇流程解读视频，区医保中心服务大厅内设置“一网通办”宣传咨询台，放置“一网通办”宣传易拉宝，大厅屏幕滚动播放相关宣传海报和视频。联合区卫生健康委开展“一网通办”宣传活动，针对医保高频事项现场演示指导市民体验便捷就医服务。做好平台对接。区医保局落实区政府“一网通办”公共服务应上尽上工作要求，完成与“一网通办”后台受理系统对接。拓展新增区级公共服务45个项目，新增项目数在全市医保系统排名第一。（万雪宜）

【新冠肺炎疫情防控】 年内，区医保局按照国务院联防联控机制和区政府相关要求部署落实各项疫情防控工作。做好医保政策上传下达，支持医疗机构完善社区“长处方”“延伸处方”政策，支持符合条件定点医疗机构开展“互联网+”医疗服务，破解封控期间居民配药、就医难题。梳理完善《关于近期长护险居家照护中疫情防控工作要求》，要求长护险居家机构从严从紧从细做好疫情防控工作。并鼓励全区长护险机构承担社会责任，投身社区、核酸检测监测点、方舱医院相关服务。区内近400名护理人员考取核酸检测证书，奔赴近70个核酸检测监测点提供服务，近160名护理人员转岗为核酸检测员；近300名护理员进入方舱为患者提供保障。恢复常态化管理后，区医保局联合区卫生健康委、区民政局共同制订《静安区关于逐步有序恢复长护险服务的工作指引》，指导各机构制订并执行复工方案、应急预案。区医保局重视区医保中心窗口疫情防控和经办服务工作。严格窗口防疫措施，加强人员管理，鼓励业务线上办，尽可能减少服务大厅人员聚集。疫情形势最严峻时期，区医保局机关支部响应区委组织部和区级机关党工委号召，组织党员完成社区“双报到”，发动机关党员干部充实疫情防控一线。6名干部在局长带领下，值守单位，保障疫情防控和医保日常

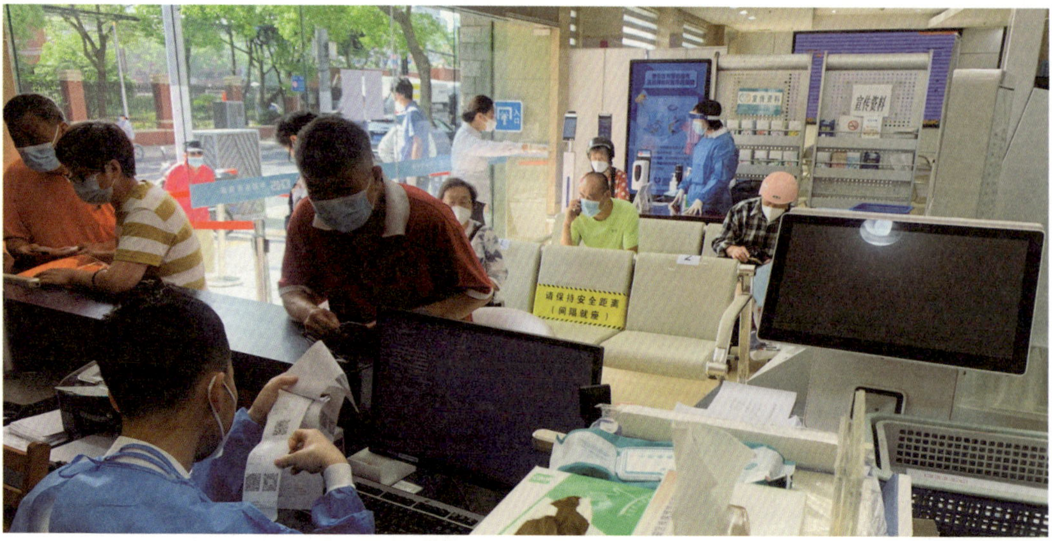

6 月,疫情防控工作恢复常态化管理后,区医保局服务大厅场景　　（区医保局　供稿）

工作。20 名干部作为社区志愿者奔赴社区,志愿服务约 6000 小时。3 名干部先后赴浦东机场支援防疫工作。区医保中心刘佳青和张立权获区机关工会委员会授予的"疫路有你,与爱同行"感言征集活动一等奖。闭环管理期间,区医保局完成区生育保险待遇审核 1593 人次,累计支付金额 4190.41 万元;完成区内 21 家次医疗机构结算改账申请,涉及 1187 条交易流水,费用总额 4.52 万元;完成区内相关医疗机构(华山医院、闸北中心医院、市北医院、公惠医院)新冠肺炎救治费用统计上报工作,合计金额 116.15 万元;完成全区每月医药机构费用申报结算工作,结算总额 13.41 亿元。

（万雪宜）

二十七、街道·镇

编辑 竺慧君

(一)社区建设与管理

【概况】 2022年,静安区地区办结合全区重点工作,明确工作任务,聚焦民生和社区治理中的难点、热点、重点问题,探索社区治理途径。开展区委“基层治理现代化建设”重点课题调研。以健全完善“四治协同”基层治理体系为目标,聚焦新冠肺炎疫情防控背景下基层治理,会同5个分课题组了解基层治理经验成效,查找存在的差距不足,在听取基层意见基础上,研究并提出相关思考建议,形成“1+5”调研成果。推进“基石工程,共同家园”“美丽楼组”建设。明确2022年各街镇“美丽楼组”创建任务,因地制宜打造楼组特色和品牌。开展2021年度区级特色示范楼组和楼组先进个人申报工作,推选出2021年度区级特色示范楼组20个、区级楼组建设先进个人14名。开展社区治理智库建设。挖掘国内外关于社区治理动态信息、学术文献、官方统计、研究报告以及优秀案例等,并结合区内各街镇社区治理创新经验,全年定期印制并发放智库《学习参阅》6期,全年收集765篇学术案例动态信息向基层推送,为静安区社区治理创新提供智力支持和有效借鉴。抓好重点,搭建平台,推进基层治理机制建设更趋完善。建设全要素社区治理智能平台,着眼基层赋能增效,助力科学决策,建设以“1+N+X”为架构的静安区全要素社区治理智能平台。注重基层减负增能,强化场景应用,优化用户体验,推动基层全覆盖深度应用。并开拓数据来源渠道,深挖数据潜力,与“社区云”“一网统管”“一网通办”等平台及区各职能部门业务数据加强对接,实现数据汇聚和深度应用。落实条块沟通协商制度,围绕区委、区政府中心工作,通过街镇例会,牵头区有关职能部门提出工作意见和工作指导,统一工作认识和思路,发挥地区办协调条块桥梁纽带作用。全年就涉及街镇的重点工作,邀请区政协等单位和部门与街镇主要领导进行面对面沟通。并结合区委、区政府中心工作和社区新冠疫情防控工作,落实街镇书面工作提示。推进街道所属企业清理规范工作。针对市委巡视提出问题,区地区办作为双牵头部门之一,围绕清理目标,指导各街道对尚未清理完毕的企业进行分析梳理,制订清理路径,细化预计完成目标数和时间节点。搭建平台,推动区国资委、区财政局、区市场监管局等相关业务部门加强工作指导和服务下沉。做好下沉准入审核把关、居委会约请和群众满意度测评等工作。首先，根据《静安区下沉社区工作管理办法的若干补充说明》，严格执行下沉准入把关制度，指导相关部门开展下沉准入事项流程。根据相关规定要求，做好区人大办、区残联等部门下沉街镇社区工作事项、挂牌等情况审核和相关工作，初步建成并完善下沉准入审核申请等线上流程。其次，对2021年区内居委会约请实施情况进行统计并形成分析报告，指导约请工作推进。以公众满意度为评价导向，引入第三方专业机构开展社区工作社会绩效评价，为提升社区治理效能提供参考。做好社会组织培育扶持，推动社会组织规范健康发展。提升社会组织发展专项资金补贴有效性，加强对静安区社会组织发展专项资金补贴的受理、审核、拨付、督查工作。在专项资金（补贴类）方面，2批次共收到78家社会组织申报的103个项目，涉及资金306.4017万元。审核通过80个项目，涉及资金228.40604万元，较申报资金核减77.9957万元。在公益创投项目方面，共收到58个申报项目，涉及资金1214.89297万元。审核通过16个公益创投项目(含2个重点项目、2个微项目)，涉及资金286.5774万元。对2020年专项资金项目开展全口径审计工作，做好全过程管理，对资金使用存在问题的机构发出整改通知书，督促整改。提升政府购买社会组织服务工作规范性，继续牵头做好2023年政府购买社会组织服务立项联审工作。提升社会组织高质量发展工作实效性，开展“静安·城市公益季”系列活动。发挥区社会组织服务中心业务指导作用，推动区级培育孵化基地功能提升、优势互补，发挥创益空间、静益坊区级基地旗舰作用，链接市孵化平台资源，促进街镇孵化基地升级完善，联动互动。参与社区疫情防控工作，确保社区管控到位。区地区办作为区新冠肺炎疫情防控指挥部地区组双牵头部门之一，根据区委、区政府统一部署，领导班子带领全员参与疫情防控工作。全过程承担治愈阳性人员转运工作、“三区”划分和上报工作、中高风险地区人员转运工作、居家隔离的审批和把关工作，协同做好老年人疫苗接种、应检未检工作等，并指导提醒各街镇强化属地防控责任，定期给出工作提示，协调落细落实社区防控各项工作，并开展相关督查检查工作，保障社区防控有序开展。（崔兼明）

【全要素社区治理智能平台工作完善】 年内，该平台以“1+N+X”搭建整体架构，形成全区“民情日志”标准版。“1”即建立统一的社区治理数据底座。依托区数据资源平台，推进社区治理主题库建设，形成以人口库（167万条信息）、房屋库（52万条信息）、法人库（9万条信息）数据为基础，分类标签为扩展，基层实用数据为补充的数据底座。协同各类标签的业务主管部门，制订标签业务规范，合力推进标签内容建设。依托市、区、街镇数据共享资源建设身份标签、服务标签、行为标签。用户面向区、街镇、居民区3个层级，按照区级标签字典+街镇自定义标签原则，推动基层深度维护、运用数据。“N”即开发N个社区治理场景。围绕治理痛点、难点和堵点，开发出党建引领、社区安全、社区管理、社区服务、自治共治、社区发展、通用工具7个版块、21个场景、44项应用。通过建设一批如精准服务、数字画像、电梯加装、数字吹哨、社区防疫、驿起公益、资源匹配、业务课堂等场景，辅助提升基层组织动员、协商议事、服务供给、风险防范、环境营造和教育引导能力。“X”即实现与基层治理各类系统衔接。“上接天线”，衔接全市“社区云”平台，通过基础数据、分类标签对接和应用场景联动，实现延伸拓展。全要素平台作为“社区云”区级项目，在平台嵌入、数据交互等领域纳入全市平台体系。横向联动。衔接全区政务数据资源平台、“一网统管”及各业务条线(民政、建管、房管、地区办、城运等)平台，畅通数据交互渠道，实现功能升级叠加。“下接地气”，衔接以临汾“民情日志”为主各类系统应用，尊重基层首创精神，复制推广好的应用场景。（崔兼明）

【政府购买社会组织服务工作审核】 年内，区地区办建立科学高效管理制度，组织2023年政府购买社会组织服务立项线上申报工作。全年共有34个单位申报318个项目，涉及资金9640.84万元。经审核，最终确定通过33个部门申报的304个项目，涉及资金9203.23万元，较申报资金核减437.61万元。（崔兼明）

【社会组织发展专项资金补贴审核拨付】 年内，区地区办完成2批次社会组织发展专项资金补贴受理、审核、拨付工作，共涉及96个项目，资金514.98344万元。围绕发展重心严选公益创投项目，关注未成年人保护法、全过程人民民主、特殊群体关爱等领域需求，并开辟为公益创投微项目赛道，助力新进、微小社会组织发展。全年共资助16个公益创投项目(含2个重点项目、2个微项目)，涉及资金286.5774万元。（崔兼明）

【社会组织高质量发展工作实效性提升】 年内，区地区办开展静安·城市公益季系列活动。围绕社会组织助力乡村振兴主题，在愚园路500号静益坊开展“艺心筑梦沪滇共建图书馆”计划主题展，通过书画义卖为云南广南县小学筹建爱心图书馆。开展“滇富”静安区社会组织援滇主题展等，展示区内10余家社会组织近年来远赴云南开展的扶贫助困项目，如“微笑图书室”“爱传递，再生电脑教室”等，以多种形式展现静安区社会组织在振兴乡村国家战略中作出的贡献。围绕推动静安区社会组织高质量发展主线，开展组织走访、项目分析、专家研讨等，研究社会组织发展评价体系，挖掘优秀社会组织。（崔兼明）

【区委重点课题调研】 3月至6月，区地区办以健全完善党组织统一领导、政府依法履责、各类组织积极协同、群众广泛参与、自治法治德治数治“四治协同”的基层治理体系为目标，聚焦疫情防控下基层治理，牵头5个分课题组共32家成员单位了解基层治理取得的经验成效，查找存在的差距不足，并研究提出相关思考建议，形成“1＋5”调研成果。该课题获市党建研究会“加强基层治理体系和治理能力现代化建设”征文活动三等奖。（崔兼明）

【条块沟通协商平台搭建】 年内，区地区办就涉及街镇的重点工作，邀请区政协领导以及街镇等部门主要领导进行面对面沟通，通过构建条块协商沟通制度，落实职能部门相关指导工作，统一条块思想认识和基本工作思路，发挥地区办协调条块桥梁纽带作用。（崔兼明）

【街道所属企业清理规范工作】 年内，区地区办贯彻落实市委巡视整改要求，会同区国资委、区财政局等单位，指导各街道对尚未清理完毕的企业再次进行分析梳理，形成清理路径，细化预计完成目标数和时间节点。做好与区国资委、区财政局等相关业务科室沟通协调。至年底，累计完成清理315家，正在清理中353家。明确相关职能部门及各街道对口联系人，通过建立微信工作群，推动相关职能部门加强工作指导和服务下沉。（崔兼明）

【“美丽楼组”建设】 年内，区地区办明确各街镇“美丽楼组”创建任务，会同区文明办开展全区抽样评估，并就2020至2021年“美丽楼组”建设开展“回头看”，助力全国文明城区创建复评工作。全年各街镇共推进“美丽楼组”2663个。（崔兼明）

【约请制度完善】 年内，区地区办规范流程，明确责任，对区内居委会约请实施情况进行统计并形成分析报告，将各部门参与约请情况作为部门打分评判依据之一，对所发现的突出和共性问题作为协调条块工作重点。落实部门下沉街镇事项准入把关制度，每月主动问询各部门和街镇相关下沉事项情况，审核部门下沉准入事项，指导相关部门开展下沉准入事项流程，全年协调做好区人大办、区残联等部门下沉街镇社区工作事项、挂牌等情况审核和相关工作，初步建成并完善下沉准入审核申请等线上流程。规范各部门在居委会挂牌内容，在征询各街镇和部门意见基础上，发布《2022年居委会上墙内容清单》。（崔兼明）

【社区治理智库建设】 年内，区地区办通过建立研究库、信息库、知识库、专家库，收集国内外关于社区治理的动态信息、学术文献、官方统计、研究报告以及优秀案例等，结合区内各街镇社区治理中好的做法经验，定期印制并发放《学习参阅》，更新完善静安社区智库网站，为静安区社区治理创新提供智力支持和有效借鉴。做好社区治理群众满意度测评工作，对全区各街镇机关及下沉社区相关职能部门派出机构的社会绩效开展评价。委托第三方，以公众满意度为导向，对项目评价对象公共服务、公共管理和公共安全等工作开展情况受益程度、满意程度进行评价，挖掘各测评单位在社区工作中存在的优势与不足并根据测评结果和居民服务需求，对全区社区工作提出参考性优化建议。（崔兼明）

（二）静安寺街道

【概况】 静安寺街道位于静安区西南部，东起富民路、常德路，西至镇宁路，南迄长乐路，北至万航渡路、新闸路。面积1.57平方千米。辖区内有户籍户数1.2万余户，户籍人口3.6万余人。下辖11个居委会、335个居民小组。街道办事处位于万航渡路55弄7号。2022年，街道围绕中心、服务大局，统筹落实“疫情要防住、经济要稳住、发展要安全”的要求，完成好年度各项目标任务。年内，街道累计发放社会救助帮困总金额1489.9万元，受益19784人（户）次。发放元旦春节帮困资金64.1万元，覆盖对象1052人（户）次。事务受理中心全年累计业务受理量19509件，其中“全市通办”22件、“一网通办”575件。完成投资促进工作指标任务，其中税后规模千万元级以上2个、百万元级以上16个。街道获评上海市人民满意公务员集体，获评第三批市级特色创业型社区，街镇市容环境公众满意度测评第27次蝉联全市第一。街道城市运行管理中心获评“上海市‘一网通办’‘一网统管’先进集体”，华山居民区获评“全国示范性老年友好型社区”。（施瑾）

【党建引领】 年内，街道围绕党建引领基层治理各项要求，形成基层治理年度工作要点及重点项目，20项“民心工程”全面落地。筑强“同心家园”核心品牌及内涵、特色，丰富子品牌打造，品牌建设入围静安区“十佳党建品牌”竞演。做好5幢重点楼宇“治立方”多元善治体系实践推进，抓实楼宇党委、楼务会组建筹备和配套制度体系建设，组建南京西路静安寺商圈街区治理联盟并推出3项治理项目。成功创建静安区“学思践悟新思想”现场教学点。

推进“静·邻一家”党群服务中心功能体系建设，构建“家门口”服务体系，将中心建设成为集党建引领的阵地、服务群众的窗口、群团活动的平台、文体艺术的中心为一体社区综合性服务枢纽，年内基本完成党群服务中心硬件装修改造工程。抗击新冠疫情的大上海保卫战期间，落实“楼组党建”“健康守护”“特殊关爱”三大行动，吸纳728名在职党员社区报到参与疫情防控，组建居民区疫情防控一线临时党支部、党小组38个，组建以66名机关党员干部为主体抗疫党员先锋突击队。“两新”党组织落实一线结对、一线关怀、一线报到，近1300名“两新”组织党员赴属地报到。组织基层党组织负责人及骨干专题培训。落实居民区党组织书记“领跑一件事”项目11项，“领跑善治”重点项目3项。培育市、区两级担当作为优秀居民区党组织书记3名，考察提拔居民区党总支副书记6名。培育区级“党支部建设示范点”2个。全年发展党员14名，党组织换届37个，颁发“光荣在党50年”纪念章32个。深化基层民主政治建设，践行全过程人民民主理念，高度重视党代表、人大代表、政协委员等密切联系群众。发挥“社区云”等平台功能，畅通和规范群众诉求表达、利益协调、权益保障通道，提升各类主体在网格内民主参与议事决策能力水平。（施瑾）

【城区管理】 年内，街道开发建设“一网统管”1+4数字化转型应用场景项目，打造同一数字底座上的“智慧党建、数字经济、数字生活、数字治理”四大应用场景。发挥区城运平台调度作用，提升联勤联动和问题处置实效。“一网统管”平台主动发现案件19580件，结案率98.1%。建立垃圾分类智慧平台场景，实现集聚性小包垃圾即时发现、即时处理，提升垃圾分类实效和环境卫生质量。推行个人政务服务“社区就近办”，在居委会形成服务闭环。全面推行“51530”工作机制(5分钟响应、15分钟到场、30分钟处置)，高效处置非机动车停放、流动设摊、“三乱”、流浪乞讨等城区管理难题。推进“两美”(美丽家园、美丽城区)等实事项目建设，加强重点区域、背街小巷、区际结合部综合整治，重点推进美丽园大厦、华山路263弄、宝城大楼、延安西路394弄、新闸路1855号等整治项目以及巨鹿路等重点道路建设。完成镇宁路愚园路零星旧改搬迁。布局增设20处公共空间休憩座椅点位。愚园路608弄6号等居民开放自家花园；富民路184号等商户自行设计制作外摆位座椅。全面落实林长制属地责任。推进“网格深耕”计划，征集网格议题35个，开展网格项目117个，提升网格治理能级。推进居委会标准化建设。建立街道社会工作站，开展“小巷治多星”培训，提升社区工作者专业化水平。推进71个“同心楼组”和11个示范楼组创建。推进物业规范化建设提升工程，起草完成《红色物业创建指引手册》，推动红色物业公司创建，开展业务培训，推动物业服务升级。开展社会组织绩效评估和审计管理，加强社会组织规范管理。《解放日报》在党的二十大前夕对街道网格治理相关工作进行专题报道。（施瑾）

【社会事业】 年内，街道深化街、居两级新时代文明实践体系，打造文明实践亮点品牌。提升“一街一品”特色文化，深化文商体旅联动，提升公共文化供给水平，选送的2个作品获上海市民文化节中外家庭戏剧大赛“百个戏剧之家”称号。落实校外培训及托管机构疫情防控工作。落实“静安网校数字化学习推进”项目，增强公共教育服务效能。克服新冠疫情影响，巩固和扩大医疗健康、体育健身等服务受益面。做实统战工作，深化群团组织建设。（施瑾）

【民生保障】 年内，街道完成上海市“认知症友好社区”初步建设，探索提供社区认知障碍全链条服务。打造创新智慧养老综合平台，开展社区养老顾问服务运营体系咨询(三期)项目。完成老年人居家环境适老化改造市级3户、区级41户。开设适老化居家智慧养老场景体验。为老助餐全年累计36万余客，上线“金夕和年”老年品牌早餐。建设辅具租赁展示平台。启动“助老直通车”，与强生集团共同探索“出行+就医、就餐”为老服务新模式。拓展“为老服务一键通”服务内容，累计提供服务6.5万人次。建成“长乐966就业创业服务指导站”平台，全年帮助68名应届毕业生、28名长期失业青年、281名停领失业金人员实现就业。安置98名大龄就业困难人员。帮扶引领创业成功66人，其中35岁以下青年45人，登记失业人数控制在下达目标内。对困难群体开展日常救助20809人次，累计金额1554万元。完成残联换届，做好残疾人日常服务保障工作。做好双拥和退役军人服务，发放退役军人优待证1474人。按照全国未成年人保护示范区创建要求推进未成年人保护工作。 （施瑾）

【经济发展】 年内，街道围绕“六增”计划目标要求，深化“商圈管家”品牌内涵，落实市、区关于应对疫情帮扶企业、加快经济恢复重振的相关政策，增强市场主体信心，推进区域经济向好发展。发动全员招商、专业惠商、服务稳商，完成“防疫情、稳经济、保安全”全覆盖企业走访，掌握属地率转化、商业空间挖掘、企业稳定性、新项目资源等动态信息，通过企业服务系统，将信息进行更智能的梳理归类，形成有效预警和对接服务机制，帮助各类企业纾困解难。 （施瑾）

【公共安全】 年内，街道开展“保安全”大排查，开展重点单位执法检查48家次，排查无主管小企业4898家次、中小型工地330处，发现并整改消防安全与生产安全隐患175处。为居民区更新1164支灭火器，新增小区、沿街充电桩5处。完善居民区技防物防设施，新增安装12扇电控门，新增安装带人脸识别功能的电控门10扇，落实专人巡视360个小区监控，开展“群租”等行业乱象专项整治行动，开展文化市场管理。常态化开展扫黑除恶工作，确保社会面稳定。健全依法行政工作制度，推动普法宣传、人民调解工作开展。推进社区公共法律服务提升工程，为各居民区配备专业法律顾问，全年共调处各类矛盾纠纷542起，平息“110”非警务类警情引发矛盾357起。 （施瑾）

【民生实事】 年内，街道推进既有多层住宅加装电梯工程，完工电梯加装2台(延安西路376弄14号、愚园路532弄50号)；正在施工电梯1台(胶州路11弄20号)；新签约电梯1台(富民路22弄7号)；意见征询中电梯6台(常熟路85弄3台、巨鹿花园60号1台、长乐路1222弄甲1台、长乐路963弄9号1台)。推进乐龄养老工程，优化“一馆七圈”布局，通过“4+X”打造嵌入式养老服务(4即老年活动室、卫生服务站、康健苑、党群服务站等家门口服务站点，X为特色设施或服务半径更广的综合设施)，实现15分钟内服务可及，全年提供“十助”服务638155人次。推进学龄前儿童善育工程，对普惠性民办幼儿园和提供普惠性学位的民办幼儿园，帮助缓解资金困难。完成街道普惠托育点建设。推进停车难综合治理工程，华怡园小区停车位由不到20个增加到28个；愚谷邨小区停车位由26个增加到35个；协调周边单位共建共享，愚园支路等公共停车场让出部分车位为居民提供停车场所。推进医疗健康服务体系优化提升工程，升级改造康健驿站和智慧健康驿站。全年康健驿站服务群众7000余人次，智慧健康驿站和康健苑健康服务配送全年累计约9000余人次。推进体育资源共享工程,全年完成器材新增及调整12件。调整器材位置8件,新增点位1个,新增器材申报3件。拆除老旧器材6件。推进红色文化传承弘扬工程,开展主题党课活动。完成第二批红色资源竖碑挂牌。做好辖区内红色资源巡查。“百年耕耘路”项目被提名为静安区群众最喜爱的“十佳”红色文化项目。推进社区数治工程,运用区全要素平台,聚焦党建引领、社区安全、社区管理、社区服务、自治共治、社区发展6个板块,26个场景,53项应用。全年完成系统房屋梳理17547户、社区人口32893人、法人2717个,汇集数据1784390条,基本完成数据底座建设。推进“一键叫车”配建工程,完成新闸路1855号、南京西路1728号、常熟路88号3处具有信息化功能的出租车候客站点建设。推进“一网通办”自助帮办工程,启动“全民纳保”纾困工作。全年完成社区内符合居民基本养老保险条件的低保、低收入人员动员97%,完成重残无业人员动员100%。（施瑾）

【于勇一行开展走访慰问】 1月7日,区委书记于勇、区人大常委会副主任杨志健、一级巡视员顾春源一行赴静安寺街道慰问困难群众和街道社会救助事务管理所工作人员。区民政局局长焦志勇,静安寺街道党工委书记、人大工委主任洪明铭陪同走访。（施瑾）

【市外办赴静安寺街道开展党建共建活动】 2月16日,市外办及下辖相关单位赴街道开展党建共建参观座谈活动。市外办副主任傅继红、副主任周亚军、马颖惠出席。静安寺街道党工委副书记汝熙玲陪同调研,街道党工委书记、人大工委主任洪明铭,党工委副书记、街道办事处主任韩松等领导出席座谈会。市外办一行先后赴静安寺商圈党群服务中心、静安区“白领驿家”、“两新”组织促进中心、静安寺街道城市运行管理中心,视察楼宇党建、区域化党建和网格党建工作,并在街道城市运行管理中心会议室召开调研座谈会。会上,市外办一行针对党建共建参观活动交流感想,就拓展党建共建项目内涵、签署党建共建协议达成共识。（施瑾）

【于勇赴静安寺街道开展“促发展、保安全”大走访、大排查】 2月21日,区委书记于勇率相关委办局负责人等前往静安寺街道嘉天汇御苑小区和爱俪轩大厦,检查消防安全,排查安全隐患。区房管局、区应急局、区消防救援支队、静安寺街道主要负责人陪同调研。（施瑾）

【于勇等实地查看核酸检测情况】 3月18日,区委书记于勇到常熟路113弄23号实地察看核酸检测情况。区委副书记、区长王华到云峰剧院实地察看核酸检测情况。（施瑾）

【市督查组赴静安寺街道查看疫情防控工作】 4月2日,市督查组到静安寺街道和嘉天汇小区察看疫情防控工作情况,市文旅局一级巡视员王玮带队进行督查。（施瑾）

【胡文容调研小区封控管理情况】 见“领导视察和调研”相关条目。（施瑾）

【胡文容赴静安寺街道调研检查】 见“领导视察和调研”相关条目。（施瑾）

【陈通调研保供情况】 见“领导视察和调研”相关条目。（施瑾）

【卢映川带队调研封控小区管控情况】 见“领导视察和调研”相关条目。（施瑾）

【华源带队调研核酸采样点】 4月27日，市政府副秘书长、市发展改革委主任华源，市发展改革委副主任陈石燕实地调研静安区南京西路1649号采样点，区委书记于勇、副区长梅广清出席。 （施瑾）

【吴清实地调研核酸采样点】 见“领导视察和调研”相关条目。 （施瑾）

【于勇赴三义坊居民区慰问】 5月2日，区委书记于勇慰问三义坊居民区，向居委会干部、物业人员、公安民警和机关志愿者问好，感谢大家夜以继日奋战在抗疫一线，全力守护社区安全和居民安康。 （施瑾）

【于勇实地察看疫情防控工作情况】 5月11日，区委书记于勇实地察看胶州路170弄小区疫情防控工作情况。 （施瑾）

【市委组织部副部长曹远峰实地察看疫情防控工作情况】 5月13日，曹远峰到静安寺街道世纪时空大厦、华怡园小区实地检查疫情防控工作落实情况。 （施瑾）

【于勇实地调研静安寺街道有序放开试点工作】 5月20日，区委书记于勇分别前往900食品城和雷允上药城察看线下零售压力测试情况，区商务委、静安寺街道、九百集团主要领导及区公安分局、区市场监管局、雷允上药城等负责人参加调研。 （施瑾）

【市督查组察看封控管理情况】 5月27日，市督查组分别前往华怡园、文元坊、裕华新村、柳迎邨等小区察看封控管理情况，市文旅局一级巡视员王玮带队进行督查。 （施瑾）

【王华赴静安寺街道调研疫情防控工作】 5月28日，区委副书记、区长王华到静安寺街道听取疫情防控工作情况并提出工作要求。（施瑾）

【曹俊山调研静安公园便民采样点】 6月2日，市医保局副局长曹俊山实地调研静安公园便民采样点，察看常态化核酸采样情况。区发展改革委、区医保局、静安寺街道领导陪同。 （施瑾）

【于勇赴美丽园居民区慰问】 6月3日，区委书记于勇慰问美丽园居民区，向居委会干部、物业人员、公安民警和机关志愿者问好，感谢大家坚守岗位，为大上海保卫战作出贡献。 （施瑾）

【新冠肺炎疫情防控】 4月至5月，街道按照“四应四尽”要求，做好核酸检测、流调排查、转运隔离、生活保障、就医救治等各项工作，率先在全区实现阳性病例零留存，第一批次实现阳性病例零新增，完成48批次保障捐赠物资发放，每日为老供餐1000余客，提供助老代配药服务2795人次，解决求医问药居民困难1500余人次。6月起，巩固疫情防控成果，推动复工复产复市，过渡到常态化防控。优化常态化防控应急处置流程，精准执行疫情防控各项优化措施，推进“场所码”“数字哨兵”应用、“落地检”、常态化核酸采样等工作。推进疫苗接种，在全区率先实现老年人疫苗接种率超80%阶段性目标。 （施瑾）

【莫亮金赴静安寺街道调研】 7月14日，区委常委、宣传部部长莫亮金带队赴静安寺街道开展调研走访工作。区委宣传部副部长、区新闻办主任周晴华，区委宣传部副部长姚掌宏，区委宣传部副部长、区委网信办主任李晟晖，区委宣传部二级调研员、区融媒体中心负责人杨嫣参与调研。静安寺街道党工委书记、人大工委主任洪明铭，街道党工委副书记、办事处主任韩松等陪同走访。莫亮金一行参观静安寺商圈党群服务中心暨静安寺商圈新时代文明实践站，视察社区志愿服务中心和学雷锋实践服务站，并对一线工作人员进行慰问。在新时代文明实践分中心召开座谈会，与会领导进行交流分享。

（施瑾）

【共青团上海市静安区静安寺街道团员代表大会】 于7月28日在静安寺街道社区党群服务中心召开，街道机关事业、居民区和"两新"组织团员代表出席会议。会议通过《共青团上海市静安区静安寺街道代表大会选举办法》以及监票人名单，并差额选举产生静安寺街道参加静安区二届团代会的正式代表8名。

（施瑾）

【"静·界"读书会活动】 7月29日，区政协在市文联举行"静·界"读书会活动，区政协党组书记、主席丁宝定，区政协党组副书记、副主席宋大杰，区政协党组成员、副主席陈琦华，区政协党组成员、秘书长李颖婷，静安寺街道党工委副书记、办事处主任、区政协社区建设委员会副主任韩松等出席活动。读书会活动由区政协主办，区政协机关党组、静安寺街道党工委协办，区政协社区建设委员会、静安寺街道政协委员联络组联合承办，静安寺街道政协委员联络组市、区委员，区政协机关干部，静安寺街道办事处干部以及静安寺街道社区代表等50余人参加。（施瑾）

【顾定鋆调研街道统战工作】 8月4日，区委常委、统战部部长顾定鋆一行赴静安寺街道调研统战工作。静安寺街道党工委书记洪明铭、静安寺街道党工委副书记汝熙玲等参加调研。

（施瑾）

【葛影敏一行赴静安寺街道调研】 8月5日，市妇联副主席葛影敏一行到静安寺街道开展调研走访。区妇联党组书记陆颖、静安寺街道党工委副书记汝熙玲等参与调研。葛影敏一行实地参观街道美丽园居民区妇女之家活动室、妇女维权室、妇女议事厅、白玉兰开心家园舒心点等场所，慰问困难妇女李荣芬家庭，考察楼宇妇女之家，最后就各自工作领域开展互动交流。

（施瑾）

【静安寺街道工会代表会议】 于8月15日在街道5楼大会议室召开，选举出席上海市静安区工会第二次代表大会的代表。会议审议通过《静安区静安寺街道工会代表会议表决办法(草案)》《静安区静安寺街道工会代表会议选举办法(草案)》《出席静安区工会第二次代表大会代表候选人名单(草案)》以及《静安区静安寺街道工会代表会议总监票人、监票人名单》，并以差额投票选举方式选出19名正式代表参加上海市静安区工会第二次代表大会。（施瑾）

【杨志健赴静安寺街道调研创全工作】 8月31日，区人大常委会党组副书记、副主任杨志健赴静安寺街道实地走访华山路421弄小区和海园小区，查看居民区整体环境、居民公约展示情况等；重点检查长乐路与华山路路面非机动车辆停放和占道经营等情况。（施瑾）

【王益群赴静安寺街道调研创全工作】 9月1日，区委副书记王益群赴静安寺街道实地走访乌鲁木齐中路9弄，了解创全迎检工作开展情况，并就所发现问题逐一提出整改要求。

（施瑾）

【蒋蕊一行赴静安寺街道调研走访】 9月21日，市民政局局长蒋蕊、副局长曾群，区委副书记、区长王华，区委常委、常务副区长傅俊以及区民政局、区地区办等相关领导到静安寺街道调研社区分类治理工作，实地查看枕流公寓楼组和华山路303弄社区，静安寺街道党工委副书记、办事处主任韩松陪同调研。 （施瑾）

【静安寺街道党规党纪教育动员大会】 于9月27日在街道5楼大会议室召开。会上，街道党工委副书记、办事处主任韩松结合街道实际，为全体干部上了一堂专题党课。街道机关公务员、事业干部、部分社工等60余人参加学习。会上传达“全区党规党纪教育暨四责协同推进大会”会议精神，部署下半年街道党风廉政建设工作，观看《蚁贪之害警示教育片》。 （施瑾）

【静安寺街道第二届社区代表会议第三次会议】 因新冠疫情原因，会议调整为以线上书面形式开展。9月22日至9月28日，108名二届社代会三次会议代表评议街道办事处及派出所、市场监管所、社区卫生服务中心、静置物业等辖区职能部门派出机构工作报告，审议街道2022年实事项目（草案）。会议共发放《辖区职能部门派出机构工作测评表》《实事项目意见表》108份，收到书面反馈105份。经汇总，社区代表对街道办事处及辖区职能部门派出机构的工作总体评价较好，代表一致同意街道2022年实事项目。 （施瑾）

【杨志健督导信访维稳工作】 10月13日，区人大常委会副主任杨志健赴静安寺街道督导信访维稳工作，静安寺街道党工委副书记、办事处主任韩松，街道党工委副书记徐建峰及相关人员陪同。 （施瑾）

【静安寺街道残疾人联合会第二次代表大会】 于10月24日在街道社区党群服务中心召开，大会设主会场及3处分会场。区残疾人联合会党组书记、理事长吕立祥，静安寺街道党工委副书记、办事处主任韩松出席大会。街道残疾人及其亲友和社会各界人士代表共120人参加。大会听取并审议《静安寺街道残疾人联合会2017—2022年工作报告》，选举出静安寺街道残疾人联合会新一届主席团及出席区残疾人联合会第二次代表大会代表。主席团第一次全体会议选举产生主席团主席及执行理事会理事长，表决通过街道残联5个专门协会主席以及区残疾人联合会新一届主席团委员候选人街道推荐人选。 （施瑾）

【“城区治理精细化推动高效能治理”专题研讨会】 11月15日，街道在会德丰国际广场58楼举办该专题研讨会，邀请参与社区治理的多元主体共同参加探讨，为静安寺街道城市治理精细化水平再上台阶提供更多启示与指引。区人大常委会副主任杨志健，副区长李震，市绿化和市容管理局市容管理处一级调研员陈启华，静安寺街道党工委书记、人大工委主任洪明铭，静安寺街道党工委副书记、办事处主任韩松，市绿化和市容管理局生活垃圾分类处副处长李妙恬等出席活动。街道领导班子，辖区重要单位、机构负责人，辖区主要物业企业、共享单车负责人，白领、居民代表参加。 （施瑾）

【王益群赴静安寺街道调研】 11月16日，区委副书记王益群赴静安寺街道嘉天汇小区调研小区7号楼房屋外立面保温层空鼓脱落隐患整治情况。静安寺街道党工委书记、人大工委主任洪明铭，静安寺街道党工委副书记、办事处主任韩松陪同调研。 （施瑾）

【举行"119"消防应急综合演练】 11月25日，街道围绕"抓消防安全，保高质量发展"主题，在越洋国际广场举行2022年"119"消防应急综合演练活动。街道党工委副书记、办事处主任韩松，区应急管理局副局长杨步君，区消防救援支队综合指导科科长左乾正，静安寺街道、派出所、大众燃气公司相关领导，辖区重点单位负责人及各居民区代表50余人参加活动。（施瑾）

12月11日下午，静安寺街道华山路421弄零星旧改项目二轮意愿征询100%通过

（静安寺街道　供稿）

表27-1　2022年静安寺街道居委会基本情况表

名称	地址	居民小组数(个)
愚谷村	愚园路395弄11号	50
四明	愚园路520弄8号	30
静安	北京西路1585号107—108室	18
三义坊	新闸路1911弄5号	24
百乐	乌鲁木齐北路103号	31
景华	华山路303弄5号	32
华山	长乐路1236弄1号	30

（续表）

名称	地址	居民小组数(个)
海园	华山路 343 号	46
美丽园	延安西路 376 弄 42 号	17
裕华	长乐路 774 弄 20 号	33
嘉园	万航渡路 458 弄 3 号	25
合计		336

（施瑾）

(三)曹家渡街道

【概况】 曹家渡街道东起胶州路，西到长宁路、江苏路，南临武定西路、新闸路，北至长寿路、安远路，与长宁区、普陀区 2 区交界。辖区面积 1.49 平方千米。下设 14 个居委会，楼组数 738 个，户籍人口 71269 人，常住人口 70230 人，居民住宅小区 92 个。街道办事处设在武定路 1108 号。2022 年，曹家渡街道全面完成各项工作，其中重点项目 39 件，包括实事项目 10 件。在招商引资方面，引进项目 406 个，包含千万元级税收规模 3 家，百万元级税收规模 9 家，重点企业零迁出。街道成功创建上海市第一批“一刻钟便民生活圈”示范社区建设试点，入选全国“一刻钟便民生活圈”试点街镇。街道社区事务受理服务中心获“2021 年度上海市居住证工作先进街镇”(受理网点)，标准化建设第三方评估获评 5A 等级。街道商会获“乡镇(街道)商会法律服务示范点”，与上海市通浩律师事务所共建“万所联万会”机制做法入选“万所联万会”机制典型事例(2021—2022)。万航居民区被评为上海市人大代表“家站点”市级示范平台。

（崇雷）

【党建引领】 年内，街道党工委中心组第一时间传达党的二十大精神，学习贯彻习近平总书记关于基层治理重要指示精神，集中学习《习近平谈治国理政》第四卷。并以情景党课、戏曲党课、音乐党课、电影党课和沉浸式党课等形式，采用送课进楼宇、送课进企业等“送学上门”方式，做到 181 个基层党组织、5106 名党员学习培训全覆盖、无遗漏。构建具有曹家渡特点的“1＋1＋14＋8＋X”(即 1 个街道党群服务中心、1 个街道西部党群服务中心、14 个居民区党群服务阵地、8 个楼宇园区党群服务阵地、若干个党群服务站)党群服务阵地体系，开展 12 次主题党课、2 场沪剧党课、2 场京剧党课，“学党章・知党史・守初心”品读会系列活动共 6 场，推出原创情景党课《金色晨曦》。对 84 家区域化单位，梳理形成街道层面 32 项需求，挖掘资源 68 项，形成项目 96 项。在智慧广场、悦达八八九广场、越商大厦、德必园区 4 个重点楼宇试行“楼务会”，协商开展楼宇日常治理事务，实现“楼事楼议、楼事楼办、楼事楼管”。完成静安区第二届人大代表补选工作，创建万航市级示范“家站点”，三和、智慧广场区级示范“家站点”。开展“静工学堂·曹家渡睦邻课堂”，曹家渡街道“三八”国际劳动妇女节表彰暨儿童友好社区创建推进会，“学习二十大、永远跟党走、奋进新征程”主题团日活动。（崇雷）

【城区管理】 年内，街道推动“美丽家园”建设，推进高荣小区加梯配套综合整治工程和长宁路225弄修缮工程2个项目落地，既有多层住宅加装电梯竣工启用13台，开工15台。完成6个老旧小区、7个点位的化粪池、污水管道改造。推进“美丽街区”建设，延平路北侧通过布置花箱、护栏，优化非机动车停放，拓展人行空间，还绿于民。推进林长制，完成胶州路段（康定路—昌平路）约200米垂直绿化工程和曹家渡绿岛花园建设。深化具有曹家渡特色的“一码统管”建设，把门责管理从街面拓展至辖区92个小区、635个居民楼、124个地下空间，完成辖区92个小区门洞、地下空间近1800个公示牌全覆盖上墙并录入信息，累计巡查打卡7200余次。实体化运作东、西2个联勤联动工作站，凝聚各支执法管理力量，聚焦楼道堆物、地下空间住人、酒吧噪声扰民等一些长期存在的难题，将联勤联动从“突击性”向“常态化”转变，从“被动整治”向“主动整治”转变，市容环境满意度测评全市第32名，继续位列优秀水平。全年出动检查人员1600余人次，检查点位约5500家次。聘请第三方服务机构对街道居住区、重点单位及沿街店铺做全覆盖的垃圾分类实效测评并针对性开展巩固提升。实现所有老旧小区垃圾厢房通水通电，支持2个有条件的商品房小区进行垃圾厢房整体改造，全年垃圾分类实效测评位列全市59名，相较2021年下半年进步35名。万航居委会城管执法社区工作室成功上榜“全市第四批50佳城管执法社区工作室”。（崇雷）

【社会事业】 年内，街道成功创建上海市第一批“一刻钟便民生活圈”示范社区建设试点单位，是静安区唯一上榜全国城市“一刻钟便民生活圈”试点单位，并在《人民日报》《文汇报》《新民周刊》、新闻透视，静安融媒体各类宣传媒体上刊登相关报道6篇。街道把散落的资源连点成线，连线成圈，形成“五色生活圈”（“绿色宜居圈”“金色宜业圈”“橙色宜购圈”“紫色宜学圈”“银色宜养圈”）并打造三大“样板间”，即在延平路周边，打造“国际范”样板间，展现老上海烟火气与国际范的新时尚；在万航渡路沿线，打造“国潮范”样板间，展现国潮品牌与传统文化新魅力；在新旧社区里，打造“安居范”样板间，展现14个居民区各具特点的安居乐业新生活。街道在居委会推广使用全要素社区治理智能化平台，完成“社区云”小程序2.0居务公开初始化，完善社区人房信息，重点关注党员、残疾人、高龄老人、困难人群信息，提升居民上云率和居民互动指数。创建156个“美丽楼组”，结合楼道环境综合整治行动，打造10个精品楼组。做好45项睦邻微公益项目，全年完成“虎虎生威话团圆”等活动类项目33个，高荣小区睦邻点建设、睦邻小广场微更新等实事类项目12个。指导82个业委会日常运作规范化，完成12个业委会改选。（崇雷）

【民生保障】 年内，街道社区事务受理服务中心业务受理业务6.3万余件，大厅及24小时自助服务区业务办理16473件，帮困救助359人，涉金额1955.31万余元。开展“情暖空巢”乐龄有伴和“老伙伴”计划项目；为街道80岁以上独居老人和困难老人累计提供助餐服务总客数10万余客；完成170余户高龄独家老人用电用气安全入户检测，为老年人居家安全用电用气创造良好环境；添置、更新轮椅 50 台；采用“线上＋线下”模式，为老年人、残疾人、伤病员等功能障碍者提供康复辅具租赁服务，开展宣传活动 6 场，审核辅具租赁订单 57 件；整合昌平路沿线玉兰社区卫生服务站、宝贝计划屋、智慧健康驿站、康健驿站等资源，开展线上宣教活动 2 场，录制 10 个健康短视频，量血压、测血糖等线下健康检测服务 1431 人次，中医理疗服务 247 人次。建设儿童友好社区，总结“曹”宝贝屋特色工作，形成宝贝计划屋、宝贝安全屋、宝贝成长屋、宝贝暖心屋，完成街道未成年人保护站挂牌、儿童友好社区创建验收；每周五下午放学后在社区文化活动中心向街道中小学生开展美育艺术、非遗文化、科普手工等多种形式的“三点半课堂”，共开展 41 课时，服务 2000 余人次。提高劳动保障水平，帮扶长期失业青年就业 56 人，扶持成功创业 79 人，新增就业岗位 2058 个；受理劳动争议调解申请 169 件，成功率 86.98％，满意率 100％。加大残疾人帮扶力度，实施残疾人家庭无障碍改造提高型 17 户和基础 22 户。深化退役军人服务，对 2200 多名退役军人实现走访全覆盖，全年建档立卡通过率 100％，优待证办理率 99.4％。（崇雷）

【经济发展】 年内，街道紧盯优质目标企业家，开展“星期二俱乐部”、经济论坛等活动，在帮助街道企业拓“圈”同时吸引其他企业落地。街道还推进经济发展服务中心改建，形成“1＋n”服务特色，“1”即经济发展服务中心，围绕“四厅”（“形象展示厅”“企业会客厅”“数字经济荟聚厅”“企业办事厅”）打造，把实体服务空间资源用足用好；“n”即 n 个联合企业服务中心，在 11 家重点楼宇挂牌设立“联合企业服务中心”，形成“1＋n”楼宇招商网络，全程参与企业招租。提供开办企业、跨区迁移、集中注册、经营场地选址等 8 项帮办服务；对企业关注的经营变更、企业办税、人才服务等 12 项内容，开展法律法规、创业创新扶持政策宣讲，服务近 10000 人次。结合“五五购物节”，开展为期 1 周“邻里生活节”，促进消费市场回暖。（崇雷）

【公共安全】 年内，街道开展安全隐患大排查、大整治，结合“燃气安全”“高层住宅建筑消防安全”“地下空间安全”等专项工作定期排查并督促整治，共巡查单位及居民区 3160 余次，排查出各类安全隐患 925 处，整改完成 915 处，限期整改 10 处，隐患处置率 100％。在多次返潮群租点位试点安装探头并纳入“一网统管”，共整治群租点位 285 处，劝退租客 392 人次，法制约谈 116 名涉嫌违法、违规租赁人员，立案 8 起，共处罚金 8 万元，完成怡沣小区梦里水乡、筑梦居 2 处规模性租赁清理整治、恒森广场青年旅社 1 处过渡整改以及嘉荣环卫驿站 1 处规范纳管。完成非机动车“3 分钟安全充电圈”两年计划，通过老旧小区和商品房小区非机动车充电设施增建、社区单位结对共建、街面景观式公共充电设施建设等方法，完成 5000 个充电位建设。通过睦邻和乐社区法律服务工作室、社区法律服务窗口和居民区“一居双顾问”等项目为居民提供“家门口”公共法律服务，累计解答法律咨询 212 件，举办法治讲座 17 场，化解矛盾 1022 件。（崇雷）

【新冠疫情防控】 年内，街道以社会面清零为目标任务，成立疫情防控工作领导小组。全体机关干部和居民区工作人员舍弃小家，24 小时坚守岗位，尽最大努力减少疫情扩散。静默期间，消杀楼栋约 9900 栋次，阳性病人家庭终末消杀 994 户，收运隔离期间医废垃圾约 10400 户；向居民发放保供物资 9 批，向沿街商铺、酒店和楼宇园区等留守人员发放物资 8 批，调派就医车辆 300 余次，派送“互联网医院”药品

3257份。健全常态化防控体系。进入常态化疫情防控阶段后，成立街道常态化疫情防控应急处置专班，下设1个综合协调组、7个应急工作组和3个专项工作组，以快制快做好各项疫情防控应急处置。考虑居民区、楼宇园区等核酸检测需求，合理布局24个核酸采样点，平均每日检测人数达20000人次以上。全覆盖推进辖区92个住宅小区、28处楼宇园区及758家沿街"六小"店铺实现"场所码"或"数字哨兵"布设及应用，开展沿街商铺及文娱重点场所疫情防控专项检查，推动重点场所扫码"应扫尽扫"，筑牢疫情防控屏障。推进新冠疫苗接种，老年人第一剂疫苗接种覆盖率达80.55%。（崇雷）

【节前大走访行动】 1月25日至29日，街道党政主要领导带队走访辖区企业，排摸企业需求，听取企业意见，并送上新春问候。其中街道党工委书记唐凌峰走访位于金融街的上海众恒信息产业股份有限公司，了解企业生产发展情况，对企业在过去1年中取得的成绩表示祝贺，并对企业提出针对税收和资金扶持政策的咨询进行解答。街道办事处主任张丽珍先后走访上海捷强烟草糖酒（集团）有限公司、德必园区入驻企业上海禾延文化发展有限公司、三和大厦入驻企业业霆网络科技有限公司。针对园区企业，张丽珍询问其所在园区内产业结构和园区空置情况，并对众多企业关心的公租房申请和租金减免情况进行解释。街道领导班子也对辖区内其他企业进行走访慰问，在送上新春祝福同时，听取企业发展情况，解答企业提出问题，探寻企业需求，帮助企业解决实际问题。

（崇雷）

【食品安全"你点我检"系列活动】 2月25日，区市场监管局、区商务委（区粮食和物资储备局）在武定菜市场举办2022年静安区"你点我检"活动启动仪式暨首次抽检服务工作。区市场监管局局长陈平、街道办事处主任张丽珍等领导出席活动。年内，街道食药安办联合市场监督管理所开展多种多样食品安全监督检查活动，鼓励社区公众积极参与。活动包括让公众投票"点"出自己最关注、最期盼抽检的食品品种项目以及经营场所，市场监督管理部门组织第三方专业检测机构开展有针对性抽检并邀请公众现场观摩抽样过程，让每位市民都成为食品安全参与者、见证者和监督者。食品药品科普站快检室还向居民提供免费快检服务，守护群众"舌尖上的安全"。（崇雷）

【"美在静安·志愿服务我践行"主题活动】 在第59个"学雷锋日"来临之际，曹家渡街道举行"美在静安·志愿服务我践行"主题活动。居民区代表、楼宇新时代文明实践站代表、市民巡访队代表、社区志愿者等30余人在街道新时代文明实践分中心共同开启文明实践之旅。区文明办创建指导科副科长曾华珺启动"曹家渡新时代文明实践·个十百千万"三年行动倒计时冲刺。风光摄影志愿者分享团队发挥摄影专长，参与社区志愿服务的故事。与会者观看《一部党章百年史》主题教育片后，街道党群办主任陈巍和上海广慧物业管理有限公司副总经理汪剑平为智慧广场楼宇新时代文明实践站揭牌。该活动还通过故事分享、征集展示和参与说明等环节，开启"强国复兴有我——寻找你身边的志愿服务故事"征集活动，向全社区征集证章、文件、志愿者马甲、书信、照片、影音资料等各类志愿服务物件、资料，寻找身边的志愿服务故事。

（崇雷）

【区级部门支援街道"抗疫"】 3月起，街道陆续接到各类疫情封控通知。面对疫情形势突然变化，街道第一时间启动应急机制，集结防疫人员前往封控区域，开展各项防疫工作并做好封控区后勤保障。区纪委监委、区委政法委、区信访办、区委老干部局、区红十字会等机关支援干部及时支援一线，参与社区防疫工作，解决一线人手紧缺问题。街道对辖区商场、园区、菜场、沿街商户等区域进行疫情防控检查。在把好防疫进门入场、清洁消毒、人员管理、场所限流、证件查验等“五关”和做好从业人员核酸检测排摸工作同时，做到应检尽检，不漏一户、不落一人。

（崇雷）

【开展复工复产复商复市安全生产专项检查】 6月1日，街道党工委副书记、办事处主任张丽珍，党工委副书记王燕锋带队对辖区889广场商办楼、越商大厦、奥乐齐卖场及联华超市等重点单位进行安全生产专项检查。公安派出所、市场监管所、街道平安办（应急办）、营商办（发展办）、城运中心、经发中心等部门参与检查。检查的特点是不发通知、不打招呼、不听汇报，直插现场。检查组共发现各类隐患2处，当场整改2处。

（崇雷）

【静安区人大常委会曹家渡街道工作委员会宪法宣誓仪式】 于7月21日在余姚路346号街道党群服务中心举行。宣誓仪式上，区人大常委会副主任孙明丽宣读区人大常委会关于曹家渡街道工作委员会任命决定，并向人大街道工委主任、副主任、委员颁发任命书。被任命的人大街道工委委员依法举行宪法宣誓仪式。

（崇雷）

【王华到曹家渡街道调研】 7月25日，区委副书记、区长王华到街道调研，区政府办公室、区政府研究室负责人陪同，街道党政班子全体成员参加。街道汇报总体工作情况，重点介绍疫情防控、招商引资、党建引领、民生保障等方面工作安排。王华对街道工作给予肯定。（崇雷）

【召开专场招聘会】 8月16日，2022年“‘职’有我们·就在静安”高校毕业生就业服务系列

8月16日，“‘职’有我们·就在静安”高校毕业生就业服务系列活动暨曹家渡街道专场招聘会在社区文化中心2楼举办

（曹家渡街道　供稿）

活动暨曹家渡街道专场招聘会在社区文化中心2楼举办。招聘会在区人社局和街道办事处指导下，由区就业促进中心和上海静安区众爱社区公益服务中心承办，并邀请"乐业上海"就业服务专家陈思红和蔡永军莅临现场进行就业指导。招聘会共有10家企业参与，提供就业岗位29个，涉及行政文员、销售专员、会计出纳、消防救援等多个行业。活动共吸引到42位求职者及其家属参加，达成初步录用意向率88%以上。（崇雷）

【邻里生活节开幕】 9月2日，"五五购物节·曹家渡街道邻里生活节"拉开帷幕，五大主题活动一直持续到9月12日。区委常委、常务副区长傅俊，市、区商务委，街道党工委以及静安区部分"老字号"企业、重点商圈代表等参加启动仪式。活动由"啡尝曹家渡"咖啡文化活动、"赏味曹家渡"绿色消费活动、"嗨购曹家渡"进口产品展销活动、"发现曹家渡"首发新品探店活动和"睦邻曹家渡"便民服务活动组成。"啡尝曹家渡"咖啡文化活动以延平路咖啡小店布局为主轴，打造曹家渡咖啡文化集市，并在悦达八八九广场向社区居民提供多家品牌商制作的限定款"曹家渡特调"咖啡，打造人与人、文化与文化之间的连接载体。"赏味曹家渡"绿色消费活动把新疆维吾尔自治区、西藏自治区、云南省等东西部协作省市特色农产品和老字号国货产品相融合，打造"国潮范"。"嗨购曹家渡"进口产品展销活动则以市中心最大免税店中服免税和无印良品、BLT精品超市、ALDI奥乐齐等商超的进口商品展销为基础，为社区居民带来便利、舒适购物体验。"发现曹家渡"首发新品探店活动围绕现所园区展开，聚焦服装鞋帽、潮品酷玩、户外用品、创意设计等品类，以现所园区50余个创意生活方式潮牌为基础，开展延平路特色街区直播探店等活动，支持相关知名品牌和本土原创品牌围绕新产品、新技术、新服务开展品牌主题日等活动。"睦邻曹家渡"便民服务活动则围绕生活惠购、便民服务、亲子康养、公益活动、文体休闲等领域开展，包括邻里买菜日、家庭保洁日、家电清洗日、便民服务日、洗涤护理日、家庭维修日、家居安装日等主题活动，并为市民提供免费服务、5.5折、8.5折等力度不同的优惠。（崇雷）

【街道楼宇事务委员会成立】 9月9日，街道在智慧广场楼宇党群服务站举办"'治立方'多元善治体系引领楼宇党建新高地"——曹家渡街道楼宇事务委员会（简称楼务会）成立仪式。街道党工委书记章钧、区社工委副书记蒋燕、街道党工委副书记王燕锋、区委组织部组织三科科长米长亮、区党建服务中心主任袁文珺等出席，来自智慧广场、889广场、德必园区、越商大厦4个楼宇园区的楼务会成员及白领代表参加活动。（崇雷）

【防汛防台专项检查】 9月14日，为应对第12号台风"梅花"来袭，街道党工委副书记、办事处主任张丽珍带队对辖区内防汛物资储备仓库、易积水小区、在建工地、地下空间等重点区域开展防汛防台专项检查。检查组对街道的储备物资点、老旧房屋、地下空间、加装电梯工程等进行检查，督促物业管理方做好窨井疏通、小区内树木加固等工作，重点关注地下空间、低洼地势等易积水点位，确保各类防汛设施设备正常使用。街道还第一时间启动应急预案，开展高空坠物及店招店牌巡查、做好防汛物资准备、宣传防台措施、关注气象动态、及时响应处置突发情况，确保安全、顺利度汛。（崇雷）

【"交通安全伴我行"游园活动】 9月16日，街道未成年人保护委员会、上海屋里厢社区服务中心，携手上海浦东新区恩派公益基金会、福特上海志愿者协会在街道文化中心开展“交通安全伴我行”游园活动。活动分为交通知识我来答、交通标志我来画、交通手势我来学、交通违法我来查、交通安全我代言5个环节。通过游戏打卡方式，小朋友们不仅收获欢乐，更认识了交通标志，掌握交通安全知识，懂得交通安全的意义。（崇雷）

【街道社区卫生服务中心通过示范性社区康复中心创建验收】 10月，曹家渡街道社区卫生服务中心通过2022年上海市为民办实事项目示范性社区康复中心创建验收。建成后的康复中心，服务面积达400多平方米，将传统与现代康复有机融合、门诊与住院康复并进发展，并将服务场景延伸到了站点、居家及功能社区，展示了示范康复中心的“新、专、全、特”。在服务项目方面，新增针对神经系统、骨-关节系统、慢性疼痛等特色治疗项目，开设肩肘膝关节病特色门诊、退行性关节病特色门诊、医联体肢体康复联合门诊。与静安区中心医院手外科、骨科、神经内科等专家共同开展社区MDT多学科康复门诊，针对中枢神经系统及骨关节系统及各种慢性病、外伤导致的肢体功能障碍开展康复项目，运用新增的上下肢康复机器人、平衡训练、手功能训练、踝关节训练等智能化设备，开展智能化康复服务项目，满足社区居民多元化需求。在人员配备方面，除了现有康复医师、康复治疗师、康复护士、中医医师外，中心还聘请华东医院、华山医院、静中心及四康等医院的专家、治疗师下沉社区组成康复服务团队，使团队人员的理论认知及实践能力得到提升。（崇雷）

【街道残联换届选举】 10月27日，街道召开残疾人联合会第二次代表大会，完成街道残联换届选举工作。街道各社区残疾人、残疾人亲友、残疾人工作者代表共117人参加会议。大会选举产生街道残疾人联合会第二届主席团成员9人，选举通过张善琴为街道残疾人联合会第二届主席团主席；通过秦莉为街道残疾人联合会第二届执行理事会理事长、黄山为副理事长；选举通过张善琴、秦莉等12人代表街道参加区残疾人联合会第二次代表大会；选举通过专门协会主席名单。（崇雷）

【学习宣传贯彻党的二十大精神】 11月，街道党工委举办深入学习宣传贯彻党的二十大精神暨社区党校第十四期主题党课，特邀市委党校科社教研部副教授、硕士生导师、复旦大学法学博士丁长艳主讲。党课分设1个主会场和15个分会场，线上和线下结合，街道机关、事业单位全体干部，部分人大代表、政协委员，居民区“两委”班子成员，居委会委员，居民区社工，“两新”组织党组织党员，党群工作者以及区域化党建单位代表近400人参加。（崇雷）

【首家“家门口的进口奶酪”科普站揭牌】 11月，静安区首家“家门口的进口奶酪”科普站揭牌仪式及现场体验活动在街道举办。新建成的科普站除了拥有常规阅读、展示、现场服务和互动体验功能外，还与街道“一刻钟便民生活圈”的建设目标结合，为社区周边居民服务。科普站内设“奶农休憩小屋”“乳品制造区”“动物牧场区”和“乳制品销售区”四大功能区。（崇雷）

【2022年“12·5”国际志愿者日主题活动】 12月，街道在九三学社上海市委、九三学社静安区委支持下，在区文明办、区新时代文明实践中心指导下，以“奋进新征程，投身新实践，建功新时代”为主题，开展2022年“12·5”国际志愿者日主题活动。九三学社上海市委社会服务部部长

戎伟栋，街道党工委副书记、办事处主任张丽珍，街道办事处副主任张善琴出席活动。来自九三学社和市第四康复医院的医护人员，曹家渡市场监督管理所代表，各居民区及各楼宇新时代文明实践站代表，以及区防疫优秀志愿者代表等参加活动。在仪式上，戎伟栋和张丽珍共同启动"二十大时光·文明实践在行动——志愿者学习贯彻二十大精神"系列活动，张善琴向曹家渡市场监督管理所"新时代文明实践点"授牌，并向5名区优秀防疫志愿者代表颁发纪念品。活动现场，志愿者代表对"陪伴一小时"品牌项目进行回顾介绍，分享自己的成长和收获。该项目帮助居民群众进行认知症的科普和预防，将科学知识和健康理念带入社区、惠及群众。（崇雷）

表27-2　2022年曹家渡街道居委会基本情况表

名称	地址	居民小组数(个)
长春	康定路980弄1号302室	58
玉兰	安远路669号	70
姚西	余姚路487弄46号底楼	78
均泰	武宁南路418弄4号101室	80
四和	新闸路1910弄7号107室	59
三和	延平路123弄4号104室	50
叶庆	延平路223弄4号205室	65
武南	万春街63弄33支弄3号	31
中行	万航渡路623弄64号底楼	38
高荣	万航渡路661弄23号2楼	50
康定	康定路1299弄21号103室	21
万航	万航渡路858弄18号101室	64
武西	万航渡路676弄50号105室	59
达安	长寿路999弄11号楼1C	93
合计		816

（崇雷）

(四)江宁路街道

【概况】 江宁路街道位于静安区中部,东起泰兴路、西苏州路,西沿胶州路、常德路,南迄新闸路、北京西路,北至安远路。辖区面积1.84平方千米。居民24416户、66857人,下设16个居委会,714个居民小组。街道办事处设在江宁路838号4楼。2022年,街道推进1个"美丽家园"建设。累计发放社会救助帮困总金额2092.0万元,受益13377人次。发放元旦春节帮困资金90.4万元,覆盖对象1288人(户)次。全年引进项目203个,其中税收规模千万元级项目3.5个,百万元级项目10个。事务受理中心全年累计业务受理量45913件次,其中全市通办67件次,"一网通办"1113件次。街道获评"国家级充分就业社区""上海市社区书院建设特色创新单位""上海市法治建设示范街道乡镇""2022年度人大代表'家站点'市级示范平台"。 (陈伟欣)

【党建引领】 年内,街道打造"做服务人民的孺子牛"党建特色品牌,建成"孺子牛"初心展厅,开展"争做孺子牛、迎接二十大"暨"对标'四范'、践行'四民'"主题实践活动,开展学思践悟"孺子牛"精神专题调研,设立孺子牛讲堂和孺子牛工作室、开展居民区书记和青年干部培训班,展开"全覆盖"学习讨论,确保党的二十大精神和习近平新时代中国特色社会主义思想深入人心。牵头区域化党建"社区联盟"各成员单位党组织,联合发布、共同遵守平战结合的行动约定。开展资源、需求、项目"三张清单"建设,引导区域单位党组织主动承接社区"微项目",满足居民"微心愿"。调整优化街道党建网格工作架构,把党的领导贯穿到网格治理的全过程各方面,提升基层治理能力。推进"双结对"工作,走好新时代党的群众路线。 (陈伟欣)

【城区管理】 年内,街道推进康定路陕西北路零星地块107证、陕西北路昌平路零星地块84证、常德路新闸路零星地块31证零星旧里征收工作,3幅地块全部实现征询、签约和搬迁三个

9月,昌平路710号建成学思悟践"孺子牛"精神初心展厅 (江宁路街道 供稿)

100%。推进既有多层加装电梯工作，完工5台，签约11台。推进康宁村综合改造、常德路安远路周边环境综合改造及北京西路儿童医院周边环境综合改造“两美”建设项目。建立工地日常监管、矛盾化解、夜间巡查等管理制度，从源头治理抓起，改善居民群众生活环境质量。按照“应拆尽拆、应管尽管”原则，遏制新增违建，共拆除违建点位8处，拆除违法建筑总面积7219.23平方米。（陈伟欣）

【社会事业】 年内，街道实体化运作街道“民情驿站”——江宁路街道全过程人民民主实践基地，完善“问题诉求、协商沟通、调研监督、改进解决”闭环工作流程。办好以“家在江宁，你我同行”为主题的第19届江宁社区节。依托“乐宁”系列群团项目，向基层工会、团组织和妇联配送活动服务。围绕“县级工会加强年”“青年发展型城区街镇建设”和“四新”领域妇联组织建设，加强非公领域工建、团建和妇建。（陈伟欣）

【民生保障】 年内，街道以综合为老服务中心为枢纽，联动8个乐龄站点，实现2个长者食堂辐射东西，提升助餐服务、专业照护、医养结合等8个大类社区嵌入式养老服务功能。新冠防控疫情期间，常德路长者食堂和各乐龄站点持续提供送餐服务，保障社区刚性老人和特殊困难的老人用餐需求。依托全市首个社区“老年脑健康管理工作站”，为建设老年认知障碍友好社区提供专业技术支持。推进长者照护之家运作，探索家庭养老床位服务。开展居家环境适老化改造服务项目，年内已完成53户，为117户独居老人安装“一键通”应急呼叫设备。提升就业服务和社会保障水平。全年帮扶引领成功创业人数为82人，WECAN园区在孵企业210家，为入驻企业受理并落实人社部门各类扶持政策计57次，申请金额1319003.71元。开展创业服务活动12场，挖掘有效资源，新增合作单位51家，新增就业岗位2159个。完善助业服务中心用工制度，关注“零就业”家庭和就业困难人员，保障街道内公益性就业托底人员。完成残联换届工作，发挥专门协会作用，关心关爱残疾人。（陈伟欣）

【经济发展】 年内，街道对标全年招商指标和稳商留商任务，夯实工作责任、构建“协同作战”工作网格，成立陕康里、Uyao55、MOHO工作专班。召开“美丽江宁·宁聚共荣”投资促进工作推进会，聘任营商环境大使、投资促进顾问团。全年引进项目203个，其中税收规模千万元级3.5个，百万元级10个。加大招大引强选优力度，提升经济核心竞争力。建立与重点商办载体长效联动机制，专题研讨产业定位，专员定向输送服务，专班组团解决问题，推动提升Uyao55、MOHO等新落成商办载体功能升级。建成“乐宁创业园”集中登记地，建立健全集中登记地使用管理制度，保障引进企业“有址可落”，共入驻142家企业。优化营商环境。举办“练好内功·比学赶超”企业服务专员专题培训活动，通过经济形势讲座、业务知识培训、参观学习、技能竞赛和座谈交流等形式，检验企业服务专员业务能力，有针对性地补足业务短板，激发动力提升干劲；编制营商工作动态，汇总街道经济工作完成进度，剖析工作难点，提炼工作案例，为有效推进经济工作提供数据和信息保障。结合“防疫情、稳经济、保安全”大走访、大排查活动，各部门条线开展企业走访服务工作，把减租减税等政策送上门；开展“走进江宁”系列活动，加深企业间交流，凝聚共识，孕育商机。（陈伟欣）

【公共安全】 年内，街道常态化开展“防火防疫，清洁清障”排查整治专项行动。组织居民区开展应急通道、防火安全排查整治109次，清理垃圾204车，355名志愿者共2727人次参与专项整治行动。开展群租整治32次，整治群租117处(含“回潮”)，拆除高低床631张，清退租客1095人，整治面积5627平方米。与社区小单位、物业、园区、居委会等签订安全生产和消防工作责任书700份，引入第三方专业化核查高层住宅建筑消防设施，开展燃气隐患专项治理。结合辖区老旧小区消防安全现状，为老旧居民区配发灭火器1800只，为居民区充电棚(室)配备230个悬挂式温感干粉灭火球。做实信访稳定工作。开展“集中治理重复信访，化解信访积案”专项工作，减少积案矛盾。坚持和发展新时代“枫桥经验”，把矛盾化解在基层和萌芽状态。依托新成立的“民情驿站”设立红色邮筒，拓宽人民建议征集渠道，打造征集工作新亮点。 (陈伟欣)

【新冠疫情防控】 年内，街道在疫情防控保卫战中，贯彻中央、市委、区委决策部署，全员出战、全力以赴落实“四应四尽”要求，落实领导班子包保包干制度，建立核酸筛查、阳性转运、密接转运、社会面管控、物资保供、紧急就医、数据复核和研判等10个工作专班，细化落实“一小区一方案”。街道遵循“一种精神坚持到底”“一分耕耘一分收获”“一把钥匙开一把锁”的方法路径，138名社区机关干部、209名社区工作者，220名医务工作者连续奋战在一线，做好核酸筛查、阳性转运、物资保供、紧急就医等工作，啃下三乐、新余、句容等老旧小区硬骨头，为打赢新冠疫情防控大上海保卫战贡献力量。完善常态化管控措施。落实“属地负责制”和“首接负责制”，建立常态化应急处置专班，下设综合协调组、流调管控组、追阳转运组、区域协查组、核酸筛查组5个工作组，严格做好应急处置工作。优化核酸检测服务，科学布局常态化核酸检测点。督促重点场所、重点行业落实每日核酸、场所扫码率、限流限距、每日消毒等举措。会同区文化旅游局、派出所、市场所等部门开展联合执法检查，重点检查KTV、网吧、棋牌室、密室剧本杀、足浴店、浴室、茶馆、酒吧、餐吧等人员密集场所，巡查场所码验证、监控录像运行、人员佩戴口罩等情况落实。推进老年人等重点人群疫苗接种工作，提高接种覆盖率。 (陈伟欣)

【提升“两网”平台效率】 年内，街道以文明城区创建工作为契机，补短板，强弱项，精准对标整改完善提升城区管理水平。改版升级“随申办”江宁路街道旗舰店，扩大“两个免于提交”知晓率，落实便民服务线上咨询和材料审核。用好社区云、全要素社区治理智能平台等数字化平台，提升“智慧社区”、税务共治点等建设。完善居民小区垃圾箱房智能应用化场景，实现智能识别、自动派单功能。全年度受理“12345”市民服务热线工单6426件，及时结案率100%，先行联系率100%，回访率100%。 (陈伟欣)

【基层法治建设】 年内，街道配齐配强居委会法律顾问，建立律师讲师团，加强对各居民区书记、主任和一线基层干部法治培训力度。加强法治政府建设，做好行政复议和行政诉讼工作，落实行政机关负责人出庭应诉要求。落实“一网通办”工作要求，优化“一网统管”工作机制，获评第一批上海市法治建设示范街道。加强社区法治队伍建设，培育法治“带头人”、法律“明白人”队伍。开展国防动员潜力调查，依法开展兵役登记、兵役宣传、兵役执法检查和“一年两征”工作。 (陈伟欣)

【试点创建教育友好型社区】 年内，街道依托党群服务中心、为老服务中心、公办示范幼儿园等公共资源，建设3家“嵌入式”“标准化”社区临时托育“宝宝屋”,在全市率先打造“15 分钟托育服务圈”。举行“教育界别委员友好江宁工作室”挂牌仪式,举办“教育友好·江宁启航·升级典范”创建教育友好型社区发布会,推出“社区合作新课表”,创新研发“江宁启航”课程,助力“三段式”课后服务再升级,为江宁社区 7 所学校中的义务教育阶段学生提供近 20 门课后服务课程。通过建立惠及社区全龄段人群的“教育友好型社区”,提升社区居民认同感、参与度,提升社区黏性。（陈伟欣）

表 27-3　2022 年江宁路街道居委会基本情况表

名称	地址	居民小组数(个)
恒德里	常德路 633 弄 10 号	57
又一村	常德路 545 弄 52 号	41
景苑	武定路 650 弄 4 号 102 室	62
北京	新闸路 1335 弄 8 号 103、104 室	46
武定坊	西康路 446 号 2 楼	45
众乐里	陕西北路 661 号	41
三星坊	江宁路 575 号 2 楼	47
联宝里	昌平路 556 弄 2 号 301 室	31
通安里	泰兴路 627 号	25
三乐里	淮安路 687 弄 115 号	40
句容里	昌化路 512 号	71
天河	西苏州路 65 弄 7 号 1 楼	33
蒋家巷	昌平路 428 弄 10 号 101 室	37
海防村	海防路 410 弄 21—23 号 101 室	27
新安	新丰路 548 号	73
永乐	常德路 977 弄 6 号楼 1 楼	38
合计		714

（陈伟欣）

(五)石门二路街道

【概况】 石门二路街道东起成都北路，西至江宁路折武定路接泰兴路，南临南京西路，北迄南苏州路。辖区面积1.07平方千米。下设11个居委会，284个居民小组。有居民11985户，户籍人口34165人，实有人口27153人。街道办事处设在武定路139号。2022年，面对新冠肺炎疫情冲击，街道统筹疫情防控和经济社会发展，完成年度既定各项目标。年内，完成社代会明确的实事项目10件。实施生活困难救助1.3万人次、1512万元，医疗救助443人次、88万元。保障涉疫居民物资供给，发放蔬菜、肉类等保供物资22批次、600吨、23.6万份。处置转运阳性病例1140例，完成信息流调和区域协查61批次、3550人。城市运行管理中心处理“12345”市民服务热线工单2388件，其中涉疫工单1509件。社区事务受理中心共有个人事务受理事项190项，其中实现“全市通办”189项，实现“一网通办”186项，可预约办理达100%。经济发展服务中心引进税收规模千万元级项目2.5个，百万元级项目14个，30万元以上重点项目13个。街道获评上海市“四好”商会、上海市“一网通办”“一网统管”先进集体、“一网通办”立功竞赛活动一等奖(集体类)、上海市城管执法系统教学基地、街镇级免费避孕药具服务管理工作优秀奖、征兵工作先进单位等市级、区级荣誉。社区生活服务中心户外职工爱心接力站被授予全国“最美工会户外劳动者服务站点”称号。新福康里居民区被授予全国“示范性老年友好型社区”、上海市绿色社区创建示范单位称号。街道党建品牌称号“邻里石二”被授予静安区十佳党建特色品牌，邻里石二街区治理新格局获评静安区十佳基层治理样本。 (包蕾)

【党建引领】 年内，街道开展党的二十大、市第十二次党代会精神学习宣传教育。探索街区党建，设置街区网格3个，推出共治项目31个。深化区域化党建，吸纳新的区域化党建联席会议成员单位5家。推进楼宇党建，建立“楼务会”民主议事平台和运行规则，解决楼宇事务128件。开展新业态、新就业群体和电竞行业党建，推出暖“新”项目60个，打造“新心驿站”综合性服务平台体系。加强党支部规范化建设，培训党员2000余人次，2个党总支获评静安区“党支部建设示范点”。组建抗疫临时党支部11个、组织党员2000余人，凝聚社区单位40余家。新建蝴蝶湾党群服务站，构建三级党群服务体系，2处党群服务站获静安区“五星党群服务阵地”称号。招募疫情防控志愿者450人次，开展常态化疫情防控志愿服务。加强统一战线建设，开展政协“协商议事厅”活动2场。开展建团百年系列主题教育实践活动。成功申报上海市“妇女之家”示范点2个、上海市巾帼文明岗1处。 (包蕾)

【城区管理】 年内，街道完成武定路(泰兴路—石门二路)、德义大楼、蝴蝶湾口袋公园3个“美丽街区”综合整治项目。推进既有多层住宅电梯加装，1台竣工验收并启用，6台进入图纸审批等相应程序。完成公共空间休憩座椅制作项目，新增公共座椅100处，其中主题座椅12处。推进低碳节能示范项目，为各居民区安装太阳能路灯42套、太阳能灭蚊灯32套、LED节能灯具243套，在社区文化活动中心(C幢)安装屋顶光伏9.9千瓦，在祥福、东王居民区开展低碳微更新建设项目。加强生活垃圾分类工作指导和监督考核，建立可回收物中转站，年内湿垃圾分类桶46931桶；可回收物总量1944.83吨，达到每日5吨以上；探索装修垃圾收运新模式，清运暴露垃圾3000吨。推进林长制工作，建立完善工作机制，揭牌全市首个居民区林长制公示牌。成功创建市级绿色社区1个、区级绿色社区2个。做好汛期自然灾害防范，维修加固店招店牌249块。街道综合行政执法队实施教育整改1647次，一般程序立案156件，处理投诉141起，完成存量违建拆违378平方米，完成拆违任务189%。（包蕾）

【社会事业】 年内，石门二路街道推出创新屋项目的科创线上课程，举办“小石二”科普知识、石二分之一科普咖吧等线上线下科普活动。加强社区学习点和学习团队建设，推进社区终身教育，举办社区老年人智能技术培训11场。开展“艺路同行·情系石二——石二社区书画大赛”“红色中国梦，石二颂党恩”社区云上歌唱大赛等各类文化赛事，开展元宵主题活动、非遗系列活动、文化云活动、云演出等大型文化活动。开展“石二亲纸俱乐部”线上活动24场，线上主题推文32篇。开设云暑托班，服务学生660人次。深化红色邻里品牌，打造原创红色微剧。完成西王花园弄堂博物馆屋顶修缮工程，升级改造社区文化活动中心内的汤兆基大师工作室内部功能。深化健康街道试点建设，开展线上活动400余次，发放市民健康大礼包14000份，为计生特扶对象等505人提供健康体检服务。组织各类体育活动，完成线上体育配送17场，完成健身点巡查更新。（包蕾）

【民生保障】 年内，街道探索嵌入式养老服务，推进蝴蝶湾敬老院升级改造。深化智慧养老场景应用，开展“一键叫车”适老服务设备进社区项目，安装“一键叫车”触摸屏2处。开展精神残疾人社区康复试点工作，做好严重精神障碍患者社区管理服务。落实智能助盲帽适配项目和残疾人交通补贴申请“免申即享”服务，完成无障碍进家庭改造提高型26户、基本型12户。推进优抚对象、退役军人优待证申领工作。开展就业援助专项行动，举办多元化就业创业帮扶活动，帮扶户籍应届大学毕业生108人，扶持创业成功62人，其中青年创业成功38人。登记失业人数控制在375人内，就业困难人员认定安置率100%，零就业家庭动态为零，帮助长期失业青年就业39人。组建居民区儿童主任工作队伍，建成未成年人保护工作站，畅通“家校社”联动渠道，为残疾人家庭、低保家庭、离异家庭的子女以及重度残疾儿童等70人分类建立和实施“一人一档一措施”。年内走访慰问各类特殊困难对象2219人次。（包蕾）

【经济发展】 年内，街道拓展企业互动联动平台，在重点楼宇成立企业服务分中心。充实楼宇“首席服务团队”，开展“营商伙伴日”月月进楼活动。建立“包干式”联络机制，落实“一企一策”。推进稳商留商，实现对口服务企业走访全覆盖。年内走访企业500余家，解决企业问题90余个。优化营商环境，通过线上线下开展企业服务政策类培训及专题推介活动10场、企业高管联谊或沙龙活动4场、惠企文体交友活动4场，累计服务企业503家次、1050人次。制订企业服务操作指导规范，开展企业工商、税务办理业务培训，形成供应商清单，开展金融、法律、财税等专业服务。精准对接商户51家，制作发放消费优享券1500份，助企纾困。推进属地化转化企业61家，促成落地企业近20家。引进企业工商落地429家，工商税务双落地企业410家。（包蕾）

【公共安全】 年内，街道开展燃气、食品、地下空间安全、电动自行车火灾隐患、规模性租赁场所等综合治理，加强对63处限额以下小装修项目和居民自建房巡查监管。更新置换老旧小区公共部位消防器材 500 具，安装电表箱安全防护装置 119 套，实施电动自行车安全充电设施个性化改造 4 处，为康乐大楼、申银大厦等高层住宅电梯加装电动自行车阻车装置 9 套。对企业、生产经营场所消防、安全生产检查 480 次，发现并整改各类隐患 247 处。加强群租整治，确保“动态清零”，排查群租点位 52 处，清除违规床铺 84 张，清退租客 125 人。组建特种设备救援志愿队，疫情管控期间，维修电梯 11 台，解困 26 人。建立健全部门联合接待制度，信访矛盾调处工作引入居村法律顾问、人民调解员、心理咨询师、“知心妈妈”等，化解信访积案 3 件。落实基层法治建设，制订《石门二路街道重大执法决定法制审核工作办法》和目录清单，开展重大法制审核案件 4 件。（包蕾）

【基层自治】 年内，街道成立魏瑛书记工作室，开展“社区干部成长营”项目。落实“领跑计划”，推进年度“领跑一件事”项目 11 个。加强居委会标准化建设，以社区云、全要素平台、社区分析工具数据为支撑，赋能社区管理，提升居委会办事效率。强化多元参与自治，挖掘达人类型 7 种，形成“社区治理达人库”。开展“三微”项目 48 个，项目涉及为老为小服务、便民设施、小区安全、楼组建设、自治团队建设、公共空间微营造，受益覆盖 3.2 万余人次。申报创建区“美丽楼组”44 个。推进党建引领业委会规范化建设，创建星级业委会，推进业委会换届改选，在业委会中成立党的工作小组 27 个。健全居民区网格问题解决机制，落实网格议事会制度，设置居民区网格 11 个、小区（楼群）微网格 34 个、楼组网格 316 个，解决问题 87 个。

（包蕾）

【党建引领基层治理工作交流会】 2 月 23 日，街道召开“邻里石二”党建引领基层治理工作交流会暨“魏瑛书记工作室”揭牌仪式。魏瑛书记工作室肩负基层队伍实训培训、基层治理创新实践、工作成果宣传展示职责，成为街道基层治理典型名片和居民区党建工作展示窗口。会上举办向小区治理“达人”代表赠《邻里石二，有你更好》石门二路街道小区治理“达人”宣传册仪式。为动员社区能人、达人参与基层治理，街道自 2020 年起，开展“自治有你 · 美丽相约”小区治理“达人”征集活动，41 名居民成为小区治理“达人”。

（包蕾）

【新冠肺炎疫情防控】 3 月 16 日，街道第一例新冠病毒感染者病例出现在恒丰居民区。3 月底，街道派出工作组入驻恒丰居民区，将小区分割成 13 块进行网格化管理，初步阻止疫情外溢风险。街道成立恒丰工作组、物质保供工作组、环境消杀工作组、医疗保障工作组等专班，集结机关党员干部、居民区、楼宇党员骨干以及市、区下沉干部等近 2000 名党员志愿者，在社区抗疫期间，用责任和担当守住疫情防控前沿阵地。

（包蕾）

【全市首块居民区“林长制”公示牌】 街道于 2021 年 12 月率先在静安区试点推行“林长制”工作，搭建“党政主导、分级负责”的三级“林长制”管理架构，建立绿化网格化巡查督察机制。7 月 25 日，街道第一块“林长制”公示牌在东王居民区石门二路凤阳路绿地正式揭牌，这是静安区首块“林长制”公示牌（编号沪 106001），也是上海市首块居民区“林长制”公示牌。（包蕾）

【“爱在彩云之南”新时代文明实践项目】 “爱在彩云之南”项目始于 2018 年，2020 年街道新时代文明实践分中心将该项目列为文明实践特色项目。在社区党工委推动下，街道“两新”组织党组织、党员发挥资源优势，共同参与“携手兴乡村·爱在彩云之南”项目，支持云南乡村振兴建设。7月下旬，一批由爱心企业和人士共同捐赠的价值34.34万元的物质抵达云南省文山州广南县坝美镇法利小学。法利小学位于坝美镇“世外桃源”景区路口，距县城40千米，学生大多数是壮族、苗族同胞，以家庭条件较为艰苦的农村留守儿童为主。（包蕾）

【防汛防台业务培训及实操演练】 8月12日，街道开展防汛防台业务培训及实操演练。街道防汛办通报防汛防台整体工作形势，要求严格落实防汛防台值班值守制度以及日常安全隐患排查。培训和实操演练分隐患排查、人员转移、抗洪排涝、器械使用4个部分展开，重点围绕防汛沙袋灌装、水泵与绳索使用、伤口包扎与心肺复苏等技能进行讲授。街道、居民区各防汛工作人员、小区物业等30余人参训。（包蕾）

【第十九届邻居节活动】 11月8日，街道在蝴蝶湾党群服务中心举办2022年街区治理工作推进会暨第十九届邻居节活动，包括职能部门、居民区党总支书记、楼宇党群工作者、区域化党建单位代表、沿街商铺代表、楼宇物业负责人等100余人参与活动。主题视频由2022年全国最美家庭代表、东王居民区团支部书记邹文戈讲述街道特色党课品牌“行动中的党课”——将“红色文化”和“美丽街区”融会贯通；介绍街道“小座椅、大关怀”街区共治项目。此外，街道在3个街区网格均建立起一个共治机构——街区共治联盟，以联动街区内的驻区单位、商务楼宇、居民区和沿街商铺，围绕社区治理公共议题开展集体协商，助推共同行动。活动中，举行街道街区共治联盟揭牌仪式，并发布第一批31个街区共治项目。（包蕾）

【南京西路功能区街区共治联盟主题活动】 11月22日，街道第一、三街区召集综合行政执法中队、城市运行管理中心、经济发展服务中心、市场监管所、恒丰消防站等职能部门及新就业群体、沿街商铺、楼宇企业代表等，联合举办南京西路功能区街区共治联盟主题活动暨基层治理发展趋势片区论坛。各职能部门针对新开发

街道防汛防台业务培训灌装防汛沙袋现场演示（石门二路街道　供稿）

楼盘招商引资政策咨询、酒吧开业注意事项、加速检测特种设备、外卖非机动车停放区域、餐饮店垃圾分类注意事项等问题进行解答，并对相关最新政策、申报路径等内容一并讲解。针对在前期走访企业期间，辖区企业普遍反映的白领中午用餐贵、排队时间长等问题，经过2个街区沟通，活动中6家企业达成合作意向。

（包蕾）

表27-4　2022年石门二路街道居委会基本情况表

名称	地址	居民小组数(个)
奉贤	北京西路779号	42
新德	北京西路511号4楼	30
东王	石门二路60号	18
郑家巷	泰兴路391号	35
张家宅	石门二路199弄2号104室	28
斯文里	成都北路951弄16号	7
达安城	慈溪路191号	10
新福康里	新闸路888弄116号	36
恒丰	石门二路485号2楼	49
华沁	武定路169号	25
祥福	石门二路154弄31号	4
合计		284

（包蕾）

（六）南京西路街道

【概况】　南京西路街道东起成都北路，西至常德路富民路，南到长乐路，北及北京西路。辖区地域面积1.62平方千米。下辖12个居委会，户籍人口4.6万人，常住人口2.6万人。辖区居住小区37个（不含4个部队小区），楼组328个。2022年，街道统筹疫情防控和经济社会发展。年内按期完成9个为民实事项目，完成2个老旧小区综合改造工程和4台电梯加装工程。全年发放社会救助帮困总金额1843.25万元，发放元旦春节帮困资金54.1万元，覆盖对象13014户次。引进项目数115家，其中千万元级2家，百万元级11家。社区事务受理中心全年累计业务受理18871件次，其中“全市通办”88件次，“一网通办”544件次。街道连续3届获评“全国文明单位”称号，连续15届获评“上海市文明社区”称号、连续8年获评“上海市

平安示范社区”称号，获全国学雷锋志愿服务“四个100”最美志愿服务社区、第三批市级特色创业型社区等荣誉称号。（许丽萍）

【党建引领】 年内，街道完成市第十二次党代表大会代表推荐提名、组织考察和会议选举工作。开展学习市第十二次党代会会议精神活动。组织党员群众收听收看党的二十大直播。推进区域化党建“福民项目”品牌建设，依托“三张清单”，复制推广“三建联动、区域共治”经验。召开街道党建和精神文明大会，开展2021年度“福民奖”和“福民奖”提名奖评选表彰。深化福民“共同家园”党建版图建设，扩大辖区企业“党建朋友圈”，打造商圈发展共同体，开展商圈区域化党建研讨会，依托“社区发展基金会”，促进基层社区共建共治与南西特色社代会模式产生良性互动。发挥街道各商圈党建联席会议工作优势，整合商圈内各类资源，围绕打造南西“善治生态”总体目标，推进“塑造动人城市表情”恒隆商圈“善治理”共治项目。发挥模范带头作用，打造“金钥匙”书记工作室，深化社区工作者队伍建设；对2名主持工作的居民区副书记和5名新任副书记开展培训带教，总结提炼居民区工作法，促进居民区干部梯队建设及书记素质能力水平整体提升；开展福民小项目，落实居民区共治联席会制度，促进各方力量共同参与社区治理工作；推进居民区书记“领跑计划”，古柏居民区“社区欢聚日”、华业居民区“凝心聚力”及陕南居民区“楼组自治”3个项目被列为区级领跑善治重点项目。（许丽萍）

【城区管理】 年内，南京西路街道优化硬件建设，增设非机动停车线及相关设施，缓解停车供需矛盾。加大人员投入，日均清运整治违停非机动车700余辆。强化社会力量参与，坚持常态固守与机动巡查相结合，优化城区运行秩序。强化无主垃圾清运力度，依托精细化管理指挥中心数据支持，日均清运无主垃圾5吨余。推进市民热线办理工作，实行“双先联、双回访”，提升工单办理满意率。发挥网格监督作用，受理网格案件28776件，其中主动发现案件25122件，100%办结。“12345”市民服务热线受理案件5403件，均100%先行联系。开展老旧小区综合整治项目排摸，推进项目设计评审和施工，完成静安别墅微更新项目。精准摸排居民需求，做好发动和引导工作，推进多层住宅加装电梯，南京西路1213弄2台电梯完工，富民路55弄2台电梯完成钢结构吊装。生活垃圾分类减量工作纳入综合治理范畴，对居民小区垃圾分类投放点位开展全方位检查；对115个箱房点位进行整洁美观度治理，在辖区内97个垃圾箱房安装人工智能（AI）摄像头，上线运行垃圾分类“一网统管”应用平台；完成静安别墅1处智能化箱房更新改造，调整沿街2处箱房问题，完成42处装修垃圾新模式点位建设。（许丽萍）

【社会事业】 年内，街道开展新春送福、“元宵节嬉游会”等传统节日活动，通过线上形式陆续开展“福民雅集”“福民书场”“福民大舞台”“福民影院”“福民沙龙谷”等活动。开展康健苑及康健驿站运维，依托健康自管小组推进慢性病预防、新冠疫苗接种等科普活动，线上开展10期“空中课堂”“公共卫生大家谈”等知识讲课；线下组织30名健康志愿者为居民服务444小时，覆盖4440余人次；结合老年人新冠疫苗接种，为394名老人开展例行体检。通过自媒体、宣传海报、志愿者结对等方式加强老年人疫苗接种科普宣传；结合计生各类主题宣传活动，张贴海报、发放宣传小折页等形式，做好相关政策和知识的社区普及工作；通过微信平台、QQ群和抖音等新媒体运维，发布科学育儿最新科普信息。开展“跃动南西”线上训练课程，通过直播形式，深化社区体育社群建设，在疫情防控期间服务白领及老年群体居家健康锻炼需求；针对社区健身苑点进行专业消杀，做好常态化疫情防控期间各类体育设施消毒及维护工作。

（许丽萍）

【民生保障】 年内，街道向2287名社区老人提供居家养老服务，乐龄家园“十助”受益10万余人次；开展市“老伙伴”计划、区“乐龄有伴”项目以及街道独居老人“守望相助”项目，动员293名志愿者与947名高龄独居老人结对，走访25万余人次；为76名独居老人提供24小时应急呼叫、生活便民等“一键通”服务。完成残疾人基本状况调查1932人，未就业残疾人情况调查261人；完成提高型10户和基本型15户家庭无障碍设施改造，推进残疾人智能助盲辅具实事项目。街道劳动调解中心受理劳动仲裁案件152件，成功调解80件；职业介绍推荐实现就业277人，新增就业岗位1070个；帮扶引领35岁以下青年大学生创业51人；帮助长期失业青年就业31人；开展春季、秋季专场招聘会，180余家企业参加。开展优抚对象走访慰问，对193名重点优抚对象发放抚恤补助补差；走访驻区部队官兵272人次；办理优待证1323人，完成建档立卡1338人。街道红十字会开展“千万人帮万家”帮困活动，对28户特困家庭进行救助。

（许丽萍）

【经济发展】 年内，街道取得双证累积上报区投资办企业数138家，被认定企业数96.5家，其中千万元级1.5家、百万元级11家、一般企业84家。班子领导带队对辖区内楼宇商铺进行大走访、大排查及指导复工复产工作，走访373家企业，收集各类企业经营中遇到各类问题18个，推动增设常态化核酸检测点位数量等一批企业需求迫切的问题得到解决；对26家重点楼宇开展安全隐患走访排查，发现隐患44处并落实整改。建立健康码留商稳商机制，强化红黄码预警及后续处置流程，经投资办服务企业平台预警及大走访、大排查，发现38家企业有迁移倾向，经主要领导多次走访以及企业服务专员努力，成功留商9家。发挥企业服务中心实体功能，提升企业服务专员专业化程度；建立街道领导、中心专员、楼宇党群老师、居民区负责人联合走访制度，定期深入楼宇企业，落实“一企一议”工作方针，全方位收集各类企业诉求，实现多渠道协调解决，助力企业在辖区内成长发展。

（许丽萍）

【公共安全】 年内，街道完成2轮安全生产监督检查，督促涉及单位针对隐患问题落实整改；开展居民区安全隐患集中整治“百日专项”行动，检查993处，发现并整改隐患518处；对93处群租点位开展联合整治，其中35家经前期告知约谈后自行整改，集中整治拆除床位470余张，劝退人员450余人；收到311处小型建筑工地备案材料，开展相应检查330家次；组织辖区居民、消防志愿者、物业工作人员、小区保安等开展10余场消防培训演练，近500人参与。信访总量346件，按期办结率100%，初信重复率为0。开展规范化、程序化、标准化“三项制度”建设，确定街道各部门“普法责任清单”；培训建立“法治观察员”队伍，优化“双员双师”队伍力量；与街道公共法律服务工作站、商务楼宇公共法律服务工作站统筹推进，形成“公共法律10分钟服务圈”。

（许丽萍）

【新冠疫情防控】 年内，街道全体工作人员“舍小家，为大家”，夜以继日奋战，高效落实网格化核酸筛查、流调排查、封闭管理、生活保障、病毒

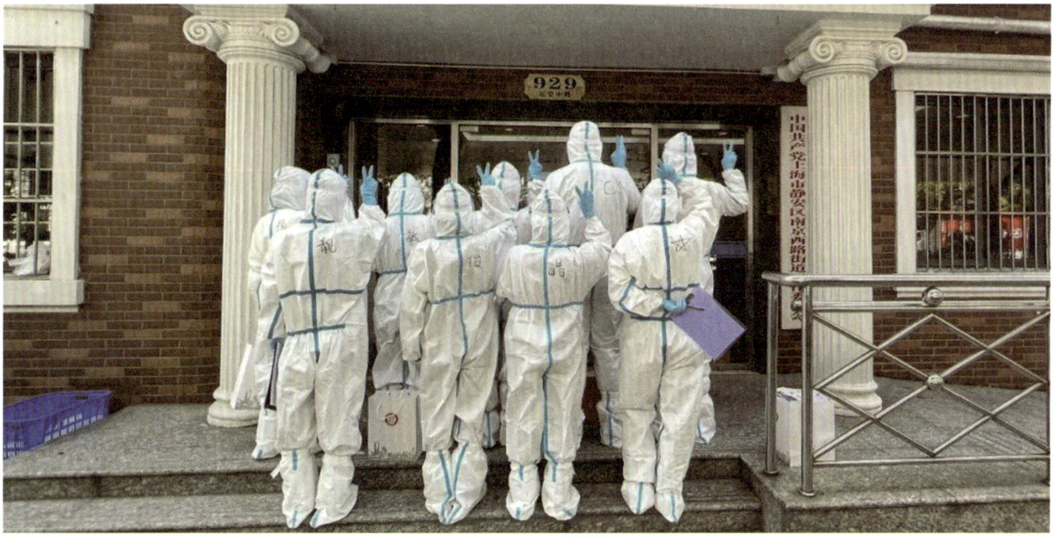

新冠疫情防控期间志愿者合照　　（南京西路街道　供稿）

消杀和转运接回等各项工作。静态管理期间，先后向居民发放6批生活保供物资，做好80岁以上高龄独居老人和无子女老人的生活关心保障，每日为老送餐量超过1200客，配药专班线下线上配药6000余户，服务12000余人次。6月起，做好商户、企业复工复产复市指导，确保有序过渡到常态化防控。组建应急处置工作专班，妥善管理好2处"四路合围"区域，先后落实2处临时隔离点。做好引导，提升辖区老年人疫苗接种覆盖率。6月中旬，针对"巨富长"等地区业态复杂、人流聚集等情况开展联合专项整治，10月底，组建"巨富长"夜间整治工作专班，遏制"露天夜市"经营扰民、人群聚集等问题蔓延。　（许丽萍）

【李强到静安区调研指导基层党建工作】 见"领导视察和调研"相关条目。　（许丽萍）

【南京西路街道获评全国学雷锋志愿服务"四个100"最美志愿服务社区称号】 年内，街道推进新时代文明实践和志愿服务工作，拓展"金钥匙"南西志愿服务品牌，融入社会治理创新新内涵。由恒隆广场白领志愿者和华业居民区居民共同参与的"流浪猫治理"志愿服务项目获评第三届中国（上海）社会治理创新实践"十佳案例"。在疫情防控过程中，发布20余个志愿服务项目，先后招募1200余名志愿者开展8万小时疫情防控志愿服务；对接"两白"群体，成立"红色文化讲解员"新时代文明实践志愿宣讲团队，以及"共享单车整治""智慧助老""社区医院导医"等志愿服务队等具有南西特色、具有时代新风的亮点工作品牌项目，营造"人人参与，人人志愿"志愿者服务氛围。依托"百亿楼"恒隆广场打造"恒隆一心义工队"，超过333名白领志愿者参与，服务时数逾1万小时。应时所需的"垃圾分类楼宇白领志愿服务""我为恒隆代言共享单车志愿者活动"，定期开展的"关爱老人情暖童心"志愿服务，在税收高地上打造社区志愿服务高地。依托覆盖全社区15分钟新时代文明实践圈，运用"党建＋志愿"模式，建立信息互通、供需对接机制。

（许丽萍）

【“巨富长”重点区域新冠肺炎疫情防控】 年内，“巨富长”区域先后因疫情原因实施“四路合围”封闭式“7+7”管控，并因“露天夜市”经营导致疫情传播隐患等问题。面对困难，街道创新举措，居民区“各显神通”破解封控难题。延中居民区面积大、人口多，街道安排增援力量在延中南部组建临时居委会强化防控，并采取居民不动、检测点位“排排进”方式避免交叉感染，做到连续多轮大筛无一例阳性；陕南居民区创新“颜色管理”，落实挂图作战，动态调整核酸点位和工作力量。“连续作战”精细应对合围管控。在落实力量守好区域“大合围”基础上，用硬隔离措施细致划分4个“小网格”，由居委会带块干部组织志愿者队伍，协同街道和居民区一同做好核酸检测、物资发放等工作，协调解决老人助餐、考生赶考等重点问题，并通过微信公众号通报、电话微信沟通等方式做好居民思想工作，缓解紧张情绪。对症下药，“联勤联动”防范疫情反弹。复工复产阶段，“巨富长”区域沿街商铺多、人气旺、人流聚集，易引起疫情传播，街道开展为期1个月专项整治，每晚由1名班子领导带领各部门开展联合整治，集中整治结束后每周末由1名领导带队落实常态化检查，推动场所码、员工每日核酸等防疫措施落实。组建专班，“日以继夜”巡查整改夜间乱象。街道抽调机关事业干部、公安、城管和第三方力量成立夜间工作专班，依托志愿者等群治力量，每晚至次日凌晨由主要领导带队开展集中巡逻整治，劝离聚集人群、制止露天设摊行为，并对违规经营商户依法进行处置。（许丽萍）

【恒隆广场“党建、治理、营商”三位一体楼宇党建模式创新】 年内，根据区委打造“治立方”多元善治体系工作要求，街道党工委推动恒隆广场“三位一体”模式中的党建内涵“破圈”、外延“扩展”，打造“党建、治理、营商”新“三位一体”模式，并逐步向辖区4个商圈网格复制推广，实现党建能级提升。传承弘扬红色文化，深化党建引领。依托恒隆广场及周边中共中央秘书处机关遗址、上海大学遗址、中共临时中央政治局办公地的红色底蕴，开发恒隆广场“两代年轻人，共筑中国梦”——情景党课推动“四史”学习教育纵深开展。打造“区域共同体”，细化治理体系。成立恒隆广场“楼宇事务委员会”，搭建民主自治平台，并依托商圈党建架构，协同推进街区治理。立足社区、街区、商圈共治，实施“塑造动人城市表情”项目，提升恒隆广场后街品质；推进人大代表联络站和立法信息采集点功能叠加融合，拓宽白领有序参与立法途径和平台，践行全过程人民民主。融合提升服务能级，优化营商环境。由区商务委、区人力资源社会保障局、区市场监管局等8个职能部门和2家区域单位组成的“首席服务团队”正式入驻，聚焦产业扶持、行政审批等企业经营发展所需，提供“组团式”服务，形成服务联盟，实现楼宇党建和楼宇经济互利共生的良性循环。（许丽萍）

【法治特色工作推进】 年内，南京西路司法所加强居民区公共法律服务工作室建设，居民区法律顾问制度上墙、电话公开、台账完整，通过“居民区公共法律服务工作室”与街道公共法律服务工作站、商务楼宇公共法律服务工作站“三者统筹”，聚集原先较为分散的专业法律力量，将法律服务触角完善至每个角落，有效响应居民和白领实际需求。工作站形成“公共法律10分钟服务圈”，为公共法律服务覆盖面加上最后一块“拼图”。司法所重点关注疫情后期消费纠纷调解工作，联合市场所针对消费纠纷开展“联合调解”“上门调解”，成功调解消费纠纷4起。司法所联合曹家渡市场所，针对辖区内涉及商标侵权等知识产权纠纷进行专项调解，成功调解相关案件1起并制作人民调解协议书。加强复工复产期间“信访调解联动”工作，辖区内多家商务楼宇发生租赁纠纷，不少企业要求楼宇物业减免租金，引发多个群体性上访问题。司法所联合区信访办，将群体性租赁纠纷引入商务楼宇公共法律服务工作站等法律平台，通过调解、诉讼等渠道化解此类群体性纠纷3件。

（许丽萍）

【营商服务工作能级提升】 年内，街道结合“大走访、大排查”，密切与物业、联合办公体等招商信息渠道定期联系，提升招商工作信息获取有效性，发展南西区位优势，重点引进潜力项目；发挥社会协同平台作用和“营商联盟”“营商环境体验官”“营商伙伴”等社会协同力量，撬动社会资源，加强营商工作宣传推广及招商信息交流对接。强化企业服务，完成服务企业主责名单走访全覆盖，通过召开政策宣讲会、上门走访宣传、媒体宣传等方式，宣传招商引资政策和南西区位优势，定期开展“营商伙伴日”、企业服务日、营商推荐会等活动，搭建专业部门回应企业需求呼声的对话平台，搭建商圈企业资源共享、展示互动的交流平台。（许丽萍）

【解决特殊时期居民急难愁盼】 年内，在新冠肺炎疫情封控期间，街道发放十几万份物资，保障辖区内18000余户家庭基本生活所需。组织有需要的居民自行订购蔬菜包、肉类礼包。对接奶粉供应、蔬菜鸡蛋供应、各大超市和全城配送等商家，汇总资源，统筹协调。排摸老年人、残障人士需求，订购成人纸尿裤，并提前分发到各居委会备用，最大限度帮助诸多行动不便人士。3月底至5月底，接听上千个民生热线电话，涉及“衣食住行”各方面。针对物资需求进行登记，尽力帮其寻找购买渠道；针对出行等特殊情况，第一时间向相关部门反馈、跟进，做到民有所呼、我有所应。（许丽萍）

【完善城区管理机制】 年内，街道深化城区管理“1＋4”联勤工作制，实现城区管理问题联动巡查、一口受理、协同调处、综合治理；依托联勤块组，开展沿街商户信息排摸，完善城区管理基础信息。按照4个联勤块组，分别组建沿街商户工作群，职能部门工作人员入驻，及时传递政策信息、回应商户需求；优化“一网统管”运行机制，提升数治化能级。协调职能科室，接入垃圾分类点位视频监控及垃圾满溢报警装置93处，非机动车视频监控6处，“巨富长”区域路面监控10路。同步协调网格监督员，开展路面巡查；推进队伍建设，提高城区管理问题解决效率和效益。年内，各联勤块组围绕垃圾分类、违法搭建、物业管理等事项开展联动巡查，推动解决一批历史遗留问题。（许丽萍）

表27-5　2022年南京西路街道居委会基本情况表

名称	地址	居民小组数（个）
陕北	南阳路88号底楼	33
华业	陕西北路173号中部102室	41
联华	南阳路209弄9号2楼	28

（续表）

名称	地址	居民小组数（个）
延中	延安中路877弄69号	50
古柏	巨鹿路787号	57
陕南	巨鹿路693号乙	16
威海	延安中路740弄18号	30
升平	升平街79弄5号	29
新成	成都北路333号东楼705室	31
中凯	大沽路346号209室	44
茂北	南京西路1025弄138号	29
重华	南京西路1081弄65号	33
合计		421

（许丽萍）

（七）北站街道

【概况】 北站街道东起河南北路、罗浮路，西至南北高架路，南临北苏州路、光复路，北到铁路。辖区陆地面积1.74平方千米。下辖居委会14个，楼组数202个，户籍人口29491人，常住人口18099人，外来人口10690人，办事处设在国庆路43号。2022年，街道在4月至5月共转运新冠肺炎阳性人员2179人，至年底，完成60岁以上老年人新冠疫苗接种4317人，接种覆盖率89.43%。年内，街道“美丽家园”工作完成北市场小区、新民大楼工程收尾和验收；协助区房管局实施“一河两岸”小区外立面整治工程，配合做好方案征询、居民协调、工程推进等工作。“美丽街区”工作计划立项7个，获批2个，其余5个正在上报设计方案申请立项，待批复后实施；完成历年结转项目收尾和完善工程资料等工作；全年实施零星工程9个，竣工6个，主要包括浦联公寓活动室改造、南星小区公共楼道整修、永盛苑和七浦商厦绿化补种，以及道路墙面粉刷、市容市貌修缮等项目。年底，街道完成企业注册495家，其中千万元级2家、百万元级11.5家。北站社区事务受理中心接待居民约27557人次，实际经办受理中心系统经办业务18372件，其中“一网通办”428件、电子亮证5873次、统一物流登记35件、自助终端10203件。救助25233人次，总计30058545.51元。年内，北站街道社区党群服务中心获2022年度上海市巾帼文明岗称号，北站街道商会获2021—2022年度全国“四好”商会称号，北站街道人大代表之家及大悦城人大代表联络站获评上海市人大代表“家站点”市级示范平台。（陈燕）

【党建引领】 年内，街道利用视频会议系统等新媒体平台开设“滨河党建课堂”，将新冠疫情防控期间涌现的先进典型事迹制作成教学案例，让辖区每一名党员在思想上、政治上、行动上同党中央保持一致。街道以党章、党史作为主线，与党建联建单位SMG影视剧中心联合打造“静听苏河”主题活动。街道组织离退休干部参与“喜迎二十大”书画摄影展，共选送15幅书画作品，6幅书画作品入围，获静安区离退休干部喜迎党的二十大书画摄影展优秀组织奖。在抗击新冠疫情大上海保卫战期间，街道分别组建青年党员突击队以及下沉党员志愿者和“北爱青年”疫情防控青年突击队。街道打造2.0升级版北站“百佳新青年”平台和“北爱青年”志愿者服务项目。启动苏河新语“两新”组织党组织书记轮值项目，增强“两新”组织党组织凝聚力和战斗力。结合创新基层治理要求，开展“淬火工程”，完善社工培训和选拔机制，构建科学合理居民区工作力量结构梯度。以党建引领为核心，加强基层治理体系和治理能力现代化建设。在居民区加强“三驾马车”合力，开展“五个一”行动，即组建1支队伍、守好1个阵地、树立1批典型、破解1个难题、擦亮1个品牌，推进“红色向心力，楼组零距离”楼组党建项目。楼宇党建方面，在四行天地园区和光明地产大厦率先搭建“楼务会”自治平台，探索“垂直社区”治理工作机制。“民心工程”方面，聚焦“旧、老、小、难”，把群众最关切的服务项目送到“家门口”。（陈燕）

【城区管理】 年内，街道累计对18个小区开展“美丽家园”建设，惠及居民近5千户。其中恒安大厦被提名为上海市100个“美丽家园特色示范小区”称号。街道累计实施90余个“美丽（城区）街区”项目，对建筑外立面、道路围墙、店招店牌、卷帘门等开展整治，提升街区环境品质和人文氛围。街道制订《居住区垃圾分类责任制及奖惩办法》，实行一周双检查工作制度，组建第三方检查队伍。街道与小区物业签订《生活垃圾分类减量工作责任承诺书》，向沿街商铺发放《垃圾分类、责任区自治管理承诺书》。完成辖区内所有小区垃圾箱房提标改建，引进小区可回收物智能回收箱，建设“两网融合”可回收物服务站。根据《上海市餐饮质量安全提升行动实施方案》《静安区食品安全重点工作要点》等文件精神，做好电子监管和综合信息平台建设，完成“一站三员”建设，签订居民区食品安全责任书，建成北站食品安全科普站。结合新冠肺炎疫情防控工作要求，全年累计开展联合执法整治40余次，发放食品安全宣传资料5000余份，组织3000余名辖区居民参与食品安全知识竞赛、科普知识讲座，参观食品生产单位等各类特色活动。全年街道组织人员开展防汛值守和检查17次（1次橙色、11次蓝色、5次黄色）。对辖区内地下空间、店招店牌、户外广告开展安全检查及危房简屋隐患排查。拆除有较大安全隐患的店招店牌13个，加固店招店牌51个。2022年是街道实行林长制的第一年，在14个居民区竖立街道级林长制公示牌，每季度、月由街道林长、副林长带队对辖区内绿地和林长制工作开展检查督导。制订《北站街道绿色社区创建行动实施方案》。（陈燕）

【社会事业】 年内，街道开展“喜迎二十大，永远跟党走”上海书画艺术家作品展、“新时代奋斗者”连环画、以红色书籍为主题的新书体验官等各类主题活动近8场。开展常态化疫情防控形势下各类线上群文活动，包括新书体验测评、摄影绘画作品大赛、全民K歌直播间演出等。推出“午间艺小时”“艺咖公教”“北站·剧有戏”等各文化品牌，策划开展各类文化活动70余场，线上线下受益6000多人次。开设公益课程累计500多学时，受益230余人次。北站文化客厅“家门口的好去处”全年举办各类图书活动7次，做好每月新书推荐。全年街道组织近50场体育配送活动，承办北站体育团队“喜迎二十大、团队风采展示”、2022年“兴业银行杯”上海城市业余联赛、“北站杯”上海第五届啦啦操精英挑战赛线上赛、2022年上海社区健康运动会“北站杯”象棋团体赛线上赛等6项赛事。街道以开展党史学习教育为主线，定期组织集中学习，主要领导作专题宣讲，中心组成员开展学习交流、撰写心得体会。街道开展群众性主题宣传教育活动，党史学习教育学习材料征订下发计2090套，以“学习强国”“干部在线学习”等网络载体，组织党员干部开展线上学习，发动党员群众参与党史知识竞答线上团体赛。制订年度落实意识形态工作责任制工作计划，建立意识形态工作责任体系。开展新闻宣传与媒体接待培训，做好网络安全宣传周相关工作。（陈燕）

【民生保障】 年内，街道做好就业促进工作，帮助就业困难人员申请补贴、实现就业。举办“奋楫扬帆再出发”北站街道失业青年专场招聘会，帮助35岁以下失业半年以上的“启航青年”。帮助应届毕业生就业，通过短信、上门等形式开展应届毕业生排摸。对有就业意愿的应届毕业生跟踪服务。提供一对一“网上职业指导”。举办“扬帆起航，乘风破浪”北站街道应届毕业生专场面试会。街道通过微信公众号平台、宣传栏、宣传单等多形式宣传创业扶持政策。走访新创办小微企业，制作创业宣传手册，在重点楼宇定点投放。设立创业政策咨询窗口提供服务，并对有创业意向的失业无业人员宣传政策，鼓励创业带动就业。年内，街道完成失业人员调查2679人次、无业人员调查11195人次、帮扶引领成功创业74人，其中帮扶引领35岁以下青年大学生创业52人、帮助长期失业青年就业创业73人、城镇登记失业人员控制在650人以内，控制率达90%以下。失业人员实现再就业475人，就业困难人员实现就业186人，上海市离校未就业毕业生实现就业率达94.3%，停止领取失业保险金人员中重新就业人员大于50%，推荐参加职业指导45人。街道受理55个劳动人事争议调解案件，成功调解38件，为劳动者挽回经济损失54万余元。年底，街道有低保家庭522户，包含722人；重残无业184人，特困供养人员44人。累计使用民政资金29998676.19元，救助25218人次，其中因疫情致困申请的临时救助金额69881.10元，救助157人次。医疗救助方面，累计救助1145人次，救助金额2344291元，其中门急诊944人次，救助金额912452.88元；住院201人次，救助金额1431838.12元。住房保障方面，第10批次经适房咨询人数上海市户籍86户、非上海市户籍2户，实际受理上海市户籍38户、上海市户籍1户；廉租房复审140户，新申请79户。街道落实春节帮困、百岁老人生肖金牌、牛奶券、老年人免费体检、银发无忧保险、“老伙伴”计划项目、“乐龄有伴”项目、“独居老年人应急呼叫项目”、“老年人居家环境适老化改造项目”。推进北站社区食堂新建，打造“白领＋白发”“社区＋园区”“助餐＋服务”的综合性社区供餐平台。完成北站街道认知障碍支持中心——“时光忆站”建设，启动为期3年认知障碍友好社区建设项目，为社区老人提供认知症相关服务与支持。有效运作街道“欢居”“乐龄

家园”项目。（陈燕）

【经济发展】 年内，街道完成注册企业495家，完成稳商工作137家，走访辖区内企业总数465次，回复处理企业需求和问题213个。街道定期梳理汇总楼宇可用办公空间情况、配套情况、交通和公寓等基础配置情况，建立和更新“一楼一册”“一企一册”。街道与辖区内25幢重点楼宇、园区建立招商合作机制，委派招商小组入驻华润万象天地负责办理企业注册等一条龙服务，掌握实时数据做好招商对接工作。利用北站街道地处苏河湾，静安区“一轴三带”发展战略核心商务区，具有独特的区位优势和人文地理特点，专题策划招商服务方案，通过一片一册一平台（即：1部招商宣传片、1本企业服务宣传册、1个企业服务云平台），宣传苏河湾地区营商环境、发展前景。拓展招商宣传渠道，探索设立“北站企业服务”抖音、“北站企业服务中心”微信公众号等线上平台，推介、宣传，扩大影响力。通过“经济发展贡献奖”评比、“招商服务明星”评选，鼓励和表彰招商工作先进单位和个人，营造“比学赶超”氛围。街道对每一条招商信息和线索，进行分析研究，安排专人落实，建立跟踪台账；对有意向的企业，按照“洽谈一个、引进一个、成功一个”思路，安排专人联系招商项目，对招商企业实行服务包干，协调各职能部门办理相关手续，帮助解决各类具体问题和困难。其中与工、农、商、建、交通、泰隆等多家银行建立金融合作，为企业提供信易贷、惠企贷等金融便捷服务。组建企业档案电子化内部管理系统，通过信用平台数据抓取，对北站新招企业、稳商企业运行管理进行动态跟踪，做好企业走访和档案电子化记录。通过上门走访、实地核查，逐层排摸凯旋门、新梅大厦实际情况，梳理属地企业82家，企业总数162家，确保重点楼宇企业落地率50%以上。街道发挥“白领驿家”优势，设计构建“乐活苏河企业”服务小程序，定制企业白领福利菜单，为白领人群提供便民医务室、法律咨询、体育健身、艺咖公教等服务菜单。与樊登读书合作引进知了剧场、翻转师课堂，开设企业赋能专题讲座3场。与读者集团合作，设立企业家会客厅，为企业家提供接待、增能讲座、互动沙龙等服务，使企业安心扎根静安区。街道与北站市场所举办“质量月”宣传活动，开展“优商惠企、携手共赢”企业服务项目推介会，引进金源华兴等优质金融企业开展签约活动。（陈燕）

【公共安全】 年内，受新冠疫情影响，街道信访总量451件，比上年大幅下降。街道梳理未化解动迁征收类矛盾234件，化解其中21件。代理各类信访事项28件，其中程序代理4件、简易代理24件，基本化解27件，信访代理事项化解率96.4%。全年接到群租线索举报286件，开展联合检查32次，落实强制整改28次，投入工作人员280人次，整治群租户126间，清退租客1112人，拆除隔间12间，拆除高低铺584张。街道组织安全生产检查203次，检查576户单位，其中处级领导带队检查84次，检查237户单位，共查处隐患88条，整改隐患86条，整改完成率97.7%，发出法律文书4份。特种设备安全巡查78家次，其中电梯888台次、常压锅炉45台次、承压锅炉20台次、压力容器50台次、起重机械98台次、场内车辆26台次、游乐设施2台次。年内，街道累计完成14个治安重点地区整治工作，智慧安防建设基本覆盖全街道辖区，12个居民小区成功创建区平安示范小区，街道成功创建上海市平安示范社区。制订《安全生产事故应急救援预案》《事故灾害救助应急预案》《火灾应急预案》《群体事件预案》《突发公共事件应急预案》和《防范化解重大风险工作预案》。完成综治信息系统平台建设工作，通过平台将实有人口、外来人口登记、房屋居住信息、网格、综治、信访、调解、戒毒康复、刑释解教、闲散青少年和其他社会风险统一整合管理，掌握基本信息、工作情况和群众反馈信息，分类管理、落实措施，确保辖区安全稳定。在各个重大稳控节点期间落实重点人员社会面稳控工作措施，一人一册、分类施策，未发生一起因重点人员引发的重大事件或衍生的社会风险。开展治理打击聚众赌博、非法行医、“黄标车”、黑中介、铁路护路、P2P及其他非法金融投资、电信网络诈骗、扫黄打非、“双减”工作等专项整治工作。在各类社区活动中聘请法律顾问提供免费法律咨询，群众通过各类社区活动了解到法律援助、司法鉴定、仲裁等各项司法制度在保障人民群众合法权益、维护司法公正、促进社会和谐稳定中的地位和作用；依托公共法律服务工作站，每周由专业律师在司法所接待窗口为社区居民提供免费法律咨询，通过专业律师对法律法条和政策法规答疑解惑，引导居民群众转变“信访不信法”的思维模式，依法、理性解决争议，维护自身合法权益。（陈燕）

【开展党建联建活动】 1月18日，中国社科院上海研究院与北站街道开展党建联建活动。中国社科院科研局副局长、上海研究院常务副院长赵克斌，上海大学直属单位党委书记许烁，北站街道党工委书记、人大工委主任程凯，北站街道党工委副书记、三级调研员谭振勇，中国社科院社会发展战略研究院马克思主义社会发展理论研究室副主任马峰，中国社科院数量经济与技术经济研究所数字经济研究室副主任马晔风，区政协委员、龙盛置地有限公司总裁助理周征南，区政协委员、上海尚道企业管理有限公司总经理夏柳伟，北站街道永顺居民区党总支书记樊玉华以及相关工作人员等20人参加活动。双方实地调研四行仓库、盈凯·阿斯利康党群服务站、阿斯利康商业创新中心、上海总商会旧址、新泰仓库等地并进行座谈。北站街道介绍苏河湾区域发展规划和苏河湾区域商业“十四五”规划重点商业项目业态发展。双方从社会高质量稳定发展、数字化治理手段、企业精细化管理、社会资源诉求、社区自治共治等方面进行交流研讨。中国社科院向北站街道赠送《上海与“一带一路”蓝皮书》。（陈燕）

【“北站传统文化传承中心”揭牌】 2月26日，沪上首家传统文化传承中心——“北站传统文化传承中心”在北站艺术中心揭牌成立。上海京剧院、上海越剧院、上海市群艺馆、区文化旅游局、区文化馆、区文保中心、上海海派连环画中心等单位、机构代表，京剧名家以及传统文化爱好者们共同出席揭牌仪式。北站街道是上海戏剧非物质文化遗产传承基地，2021年被评为上海“民间文化艺术之乡”。街道提出“文化为魂”战略发展方向，对戏曲、书法、绘画、古典舞、武术等传统文化进行传承弘扬并加以培育创新，拥有少儿京剧品牌、吴昌硕海派文化品牌、连环画文化品牌等一批“文化招牌”。（陈燕）

【新冠疫情防控】 3月16日，北站街道疫情防控指挥部接到上级工作指令后，于12时30分召开北站街道疫情防控指挥部工作会议，确定工作步骤和工作分工。班子成员分工部署，落实工作人员力量分配、场地布置、物资配备、秩序维护等工作。同日，辖区免费核酸检测点增至23个。“爱北站”微信公众号和线下张贴通知告示同步进行，第一时间通知居民配合工作。23个工作小组由全体机关干部、事业、社工、居委会工作人员、社区志愿者、民警等组成，根据工作安排表开展工作，落实“街道—居民区—楼组”三级责任。街道在前期开展工作基础上，按照居民人数多少，组建分楼层的微信群。对家中只有老人的家庭，精准服务，确保老人完成核酸检测。建立工作人员微信群，及时沟通信息，点位之间灵活协调，对工作量相对较重的居委会调派增加人手，确保整体工作进度。4月至5月疫情防控期间，街道开展“汇聚苏河力量，共筑防疫堤坝”疫情防控志愿服务工作，动员社区力量，广大党员、志愿者主动请缨，奔赴疫情防控第一线，投入战“疫”阻击战，形成抗击疫情合力。（陈燕）

【人大代表集中联系社区活动】 7月中上旬，人大北站街道工委开展2022年第一次市、区人大代表集中联系社区活动。王元洪、卓文光、张剑岭、顾秀平等4名市人大代表和谢军、邹振辉、程凯等20位区人大代表参与活动。结合常态化疫情防控工作需要，北站街道人大代表联络站和居民区人大代表联系点采取线上线下结合方式，开展群众座谈会、走访慰问、实地察看、线上接待等18场次，听取30余名社区群众意见建议，共收集整理意见建议15件。（陈燕）

【举行喜迎党的二十大主题活动】 10月12日，由区委组织部指导，北站街道、SMG影视剧中心联合主办的“学党史诵红色家书，砺心志启时代新程”2022年静安区“静听苏河”喜迎党的二十大主题活动决赛展演在北站剧场举行。“静听苏河”活动以党章、党史作为活动主题，结合静安区“学党章、知党史、守初心”品读会活动要求，在往届“配音大赛”基础上，推出“家书诵读”大赛，以诵读形式配合人物形象的演绎来回顾革命先烈的家书。决赛展演分为明志报国、正己修身、浩气千古3个篇章。最终，来自SMG影视剧中心的张俞奕辰和区融媒体中心的胡俊泽2名选手获“苏河好声音”金奖。来自北站街道高寿里居民区的张焕苏、上海城建职业学院继续教育学院的鱼若桐和慧思顿高瞻幼儿园的汪遂路等3名选手获“苏河好声音”银奖。来自区市场监管局北站市场监督管理所的夏国涛，北站街道的徐晨宵，铁路上海局上海机

10月12日，北站街道举行“学党史诵红色家书，砺心志启时代新程”2022年静安区“静听苏河”喜迎党的二十大主题活动决赛展演（北站街道 供稿）

辆段的朱轩逸、吕贞臻和建设银行海宁路支行的周晔俊5名选手获“苏河好声音”铜奖。

（陈燕）

【区域化党建工作会议】 11月18日，“融汇苏河，聚力北站”2022年北站街道区域化党建工作会议在苏河湾中心召开。区委常委、组织部部长宋宗德，区委组织部副部长、区社会工作党委书记周玉鸿，北站街道党工委书记、人大工委主任程凯，北站街道党工委副书记、办事处主任姚磊等出席。街道党政领导班子成员、区委组织部相关人员以及上海铁路局、南京驻沪办、上海机辆段、华润置地华东大区、静安大悦城、上海大学、四行仓库纪念馆等区域化单位代表和部分“两新”组织党组织书记等参加活动。

（陈燕）

【宣讲党的二十大精神】 12月2日，街道举办“学思践悟二十大，砥砺奋进新征程”党的二十大代表分享交流会，邀请党的二十大代表、全国劳动模范、上海第一食品连锁发展有限公司南京东路旗舰店专柜柜长郁非分享参加党的二十大的体会与感悟。街道党政领导班子、机关党员干部、居民区基层党组织书记、部分“两新”组织党组织负责人、楼宇（园区）党群服务站负责人和部分区人大代表等参加活动。 （陈燕）

表27-7 2022年北站街道居委会基本情况表

名称	地址	居民小组数(个)
新泰	山西北路108弄13号	8
顺庆里	七浦路219弄25号	26
文安	浙江北路191号	6
高寿里	康乐路203弄4号	7
吉庆里	康乐路203弄2号	9
颐福里	东新民路100号101室	0
来安	东新民路88号	0
晋元	蒙古路28弄7号	48
三生里	西藏北路225弄2号101室	29
永顺	晋元路228弄10号203室	23
南星路	南星路70弄4号106室	46
海昌	共和新路111弄12号	25
南林	浙江北路411号	0

（续表）

名称	地址	居民小组数(个)
华天	浙江北路411号	0
合计		227

（陈燕）

(八)天目西路街道

【概况】 天目西路街道东起南北高架、大统路、普善路;西、南沿苏州河,与普陀区接壤;北接中山北路。辖区总面积1.94平方千米。共有12个居民区,30个住宅小区。实有人口3.58万人,户籍人口2.01万人,其中老年人户籍数1.29万人。街道办事处位于天目中路749弄53号。2022年,街道全年招商引资完成总数237家,其中千万元级项目2家,百万元级项目19家。事务受理中心全年累计业务受理量约1.8万件,其中“全市通办”90件次,“一网通办”553件次。元旦和春节期间,街道各类帮困送温暖项目共救助4600余人次,发放金额268.28万元。街道获评2022年度上海市平安示范社区称号,“漫步苏河”情景党课入选上海市文明实践百项重点项目。（沈羚）

【党建引领】 年内,街道贯彻党的二十大和市第十二次党代会精神,以3个街区网格、12个居民区网格、44个微网格为单位,夯实党建网格化管理体系。利用静安国际中心苏河街区、人才—凯德—嘉里商务街区、金融街产城融合街区三大街区营商功能,行业品牌特色日益凸显,街区共建共治共享影响力得以扩大。苏河街区推出“添睦共享家”品牌,深化楼楼联动,开展“一老一小”服务行动。人才街区推出“职场加油站”项目,帮助企业和人才双向奔赴。金融街街区推动商业商务配套设施向居民开放,弥补北部社区缺乏公共休憩场所短板。在6栋重点楼宇组建4个“楼务会”,开展“凯德·星计划”“新媒体智库”等共同行动。做强“静·邻一家”品牌,完善党群服务中心阵地体系。依托人才行业党建联盟平台,成立“人才行业事务委员会”,为拓宽应届毕业生就业渠道、助力小微企业发挥作用。（沈羚）

【城区管理】 年内,街道完善防汛防台应急预案,组建5支共41人应急队伍、储备20种应急物资。入汛以后按照预案共响应13次暴雨值守、3次台风值守,转移安置居民49人次,处置树木倒伏、树枝折断、高空坠物、电力线路损坏等灾情19项次。开展重点病媒生物控制行动,组织健康科普宣传,采取线上讲课、视频等多种形式,集中开展新冠肺炎、夏秋季传染病等健康防病知识科普宣传活动。推进街道食药安办规范化建设,与各居委会签订2022年食品安全责任书,完成“一站三员”建设,建立食品安全工作站,配备合格食品安全信息员、宣传员、协管员。配合区相关部门进行大气污染综合整治行动,结合辖区2处扬尘监控点数据情况,联合城管中队对工地、未利用地扬尘暴露点等可能存在扬尘污染点位开展巡查,督促3家施工项目落实整改。处理环保类“12345”市民服务热线投诉工单28件,联合区环境监察支队完成噪声监测2次,配合环保执

法部门上门执法18次，有效处置居民投诉反映问题。（沈羚）

【社会事业】 年内，街道打造“互联网＋云课堂”，优化线上平台，加强工作人员技能培训、更新社区文化活动中心及社区学校硬件设备，开展有名家、有品牌、有特色活动，全年共组织线上线下活动600余场，服务2万余人次。通过发展年轻社会体育指导员，招募“行走天目”“添睦悦读派”白领志愿者，增加“添睦＋”新生力量。街道通过“上海市社区（老年）学校优质校”、上海市社区体育健身俱乐部（第二年）创建评估，获市级免费药具管理先进奖励。

（沈羚）

【民生保障】 年内，街道做实做细新冠疫情防控期间特殊人员保障工作，社区长者食堂推出外送服务，日送餐量170余客，共送餐1万余客。“老伙伴计划”志愿者、“乐龄有伴”关爱员每日以电话、微信等方式慰藉关爱老人，并委托第三方机构对社区独居老人、孤老进行叠加关爱，共服务8600余人次。优化“添睦宝”综合为老服务平台，通过搭建积分商城、开发语音播报功能、建立独居老人数据库等方式实现平台升级。启动老年认知障碍友好社区建设，优化提升社区综合为老服务中心和“添睦·家”睦邻中心（北）服务功能。完成16张家庭养老床位建设，提供上门服务200余次。实施居家环境适老化改造项目，完成73户老人家庭改造。开发“一码通”登记系统，打通“数字哨兵”、防疫登记、办事取号、“两个免于提交”等环节，提高窗口服务工作效率。深化“一网通办”工作，开展14场宣传月系列活动，启用人才大厦街区服务站。全年共帮助长期失业青年就业创业32人，帮扶引领成功创业80人，新增就业岗位929个，城镇登记失业人员平稳控制在指标范围内。（沈羚）

【经济发展】 年内，街道加强接洽频率，推动意向项目尽快落地。与金融街融悦中心、嘉里不夜城等新建楼宇和城市更新项目招商团队开展合作，实现楼宇招商和企业落地联动共赢。全年共引进企业237家，其中千万元级项目2家、百万元级项目19家，重点项目28家、一般项目209家。推进服务效能增优，完善楼宇结对和企业走访联系机制，组成走访排查、服务企业小分队，结合服务企业工作，开展“防疫情、稳经济、保安全”大走访、大排查，做好“店小二”、当好“帮办员”，通过“云会面”“走出去”等方式扩大招商半径，将惠企政策“送”进楼里，提振企业信心。全年街道领导干部共带队走访企业396家，累计解决问题76个，成功留商企业4家。

（沈羚）

【公共安全】 年内，街道为辖区内42家商务楼宇、12家液化气钢瓶使用单位、7家“三合一”场所、22家规模性租赁房和99处地下空间登记造册，形成重点执法检查单位名单，加大隐患排查。成立高层住宅建筑消防安全排查工作小组，排查高层住宅43幢，整改落实问题6处。开展规模性租赁房专项整治，做到关停一批、规范一批、纳管一批。保持群租整治高压态势，全年共整治“群租”201户。（沈羚）

【民生实事】 年内，街道统筹推进苏州河沿线外立面整治工程及静安国际中心、凯德星贸邸公共绿化建设，助力苏河湾滨水商务集聚带功能形态双提升。着眼辖区人民群众急难愁盼等问题，全年共完成12个实事项目，使用资金73万元，解决老旧小区停车难、绿化黄土见天、水管堵塞、屋面漏水等问题。抓住全市加快推进“两旧”改造（旧区改造、旧住房成套改造）的机遇，在区委、区政府关心支持下，蕃瓜弄小区旧住房成套改造项目被列为首批重点项目，通过组建工作专班、部署工作网络、细化推进措施等，分层分级学习政策、分组分类开展工作，取得第一轮“拆除重建”改造意愿征询99.56%的成绩。用好“添睦”自治金，完成卓悦居、华康、地梨港、铁新等居民区“微更新”项目4个、“微改造”项目2个。（沈羚）

【新冠疫情防控】 年内，街道上下众志成城、排除万难，开展各项疫情防控工作。应急防控期间，完成蕃瓜弄小区、汉中小区、铁路新村等老旧小区拔点攻坚任务，疫情防控取得成效。进入常态化防控后，街道深入贯彻“疫情要防住、经济要稳住、发展要安全”要求，从严从紧从细从实抓好常态化疫情防控工作。成立街道应急处置专班，快速有效处置突发事件。用好“场所码”“数字哨兵”，做实公安、市场监管、综合执法等部门联勤联动，每天不间断开展街面巡查。推进60岁以上老年人新冠疫苗接种，挖掘社区资源，动员社区党员、属地居民、社区单位等各类主体参与接种。（沈羚）

【大型防空疏散演练活动】 9月17日，根据市、区安排，天目西路街道在金融街举办上海市第15次全市防空警报试鸣和国防教育日宣传及综合示范演练，演练按照“实战化、实案化”要求，展开“全要素、全方位、全过程”实地实装演练，内容包括人员疏散掩蔽、自救互救、心理疏导，以及防化侦测、消防与空中救援、医疗救护、工程清障、“生命线”工程抢修等。央视、市级多家媒体同步直播。（沈羚）

【市儿童友好社区创建】 年内，天目西路街道围绕“关爱儿童，服务家庭，联动社会，提升天目发展软实力”创建主题，以儿童服务中心为核心，向外辐射到12个居民区儿童之家，点面结合，打造15分钟儿童社区生活圈。关爱儿童成长期发展，关爱儿童青少年心理健康，关爱困境儿童家庭，开展家庭支持服务。注重从社会组织、楼宇贤达人士、社区家长中，挖掘具有专业技能、家庭教育经验、有奉献精神的各行各业人

2022年天目西路街道防空综合演练 （天目西路街道 供稿）

士，建设儿童工作者队伍，培育儿童服务志愿者。制作儿童友好社区地图，全方位开展儿童友好理念宣传。经评审街道被确定为上海市儿童友好社区，等第为优秀。（沈羚）

【与市青少年活动中心战略签约】 12月15日，天目西路街道与市青少年活动中心就关于蓝梦谷青年创业孵化园战略合作举行签约仪式。街道办事处主任胡慧芬与青少年活动中心代表签署战略合作协议，天目西路街道经济发展服务中心主任陈臻与园区新注册、入驻企业代表签署税收扶持协议，与会领导为已经孵化毕业的企业颁发毕业证书。签约仪式后，天目西路街道与蓝梦谷青年创业孵化园双方就如何加强园区与街道共建、资源共享，为帮助创业企业加快成长，以创业带动就业，激发全社会创新创业活力等方面达成一致意向。

（沈羚）

【瀛东新侨驿站创建上海市“特色新侨驿站”】 瀛东新侨驿站作为静安区首家律所基层侨联组织，以打造具有特色的律师新侨范本为目标，聚焦本所新侨力量，创新建设理念，提升服务能级，用心用情做好“五心服务”（成长成才创新创业的关心站、救助帮扶公益活动的爱心站、凝聚侨心汇聚侨智的联心站、维护侨益温暖侨心的贴心站、快乐活动科学减压的舒心站）。年内，经申报评选工作，完成评审组实地考察，瀛东新侨驿站获上海市“特色新侨驿站”称号。（沈羚）

表27-7　2022年天目西路街道居委会基本情况表

名称	地址	居民小组数(个)
蕃瓜弄	天目中路749弄68号1楼	25
华康	长安路308号	31
新桥	长安路500号	34
华新	中华新路950号102室	15
地梨港	中华新路1062号2楼	15
华丰	中华新路939弄21号	37
普善	中华新路893弄24号103—05室	44
铁路新村	普善路铁路新村付27号甲临	41
和泰花园	沪太路555弄8号2楼	12
安源	长安路1001号长安大厦4号楼旁边	30
河滨融景	长安路768号1楼	14

（续表）

名称	地址	居民小组数(个)
卓悦居	华康路69弄2号202室	27
合计		325

（沈羚）

(九)宝山路街道

【概况】 宝山路街道东起东宝兴路与虹口区接壤，西至西藏北路，南起轨道交通3号线，北接中山北路。辖区面积1.62平方千米。下设居委会18个，居民小组680个。实有户籍人口66962人，常住人口58867人。街道办事处设于青云路600号。年内，街道在新冠肺炎疫情防控期间共组织核酸大筛133次，累计筛查4634567人次，核酸亭核酸2773549人次，转运方舱5300人次，疫苗接种27810人次。“两美”建设(美丽城区、美丽家园)总数2021年立项(2022年实施)的“美丽家园”建设项目涉及11个小区，共152865平方米。招商引资410家、“一网通办”2620件、社会事务受理30530件次、帮困救助总金额13215834元和受惠人10862人次。宝山路街道获评上海市无违建示范街镇、2022年度上海市平安示范社区。（严亲）

【新冠疫情防控】 年内，街道面对空前严峻复杂的新冠肺炎疫情，坚持“外防输入、内防反弹”总策略和“动态清零”总方针不动摇。3月初出现零星散发病例后，迅速组建领导小组和工作队伍，启动应急预案。严格落实“属地负责制”和“首接负责制”，科学判断风险场所和人员，第一时间做好信息报告、区域管控、检测筛查、运转隔离和环境消杀等各项工作。调动一切可以调动的资源力量，投入抗击疫情的阻击战和攻坚战中，尽最大努力降新增、防反弹，遏制疫情传播扩散。织牢织密检测预警网络，以每日核酸筛查为契机，开展人员排摸，做好筛查底册。优化常态化核酸采样服务，做好核酸检测筛查。落实重点场所、行业和人群核酸筛查频次，提高“早发现”能力。重视“应检未检”黄码人员排摸和补筛工作。针对腿脚不便或高龄老人等特殊人群，以“敲门行动＋上门服务”为抓手逐个攻坚。发挥“场所码”“数字哨兵”预警作用。强化“一网统管”视频巡查、药店等“哨点”作用，构建多点触发、一触即发的监测预警网络。夯实防控举措，压实“四方责任”，对商场超市、楼宇园区、宾馆酒店、餐饮酒吧等公共场所和快递外卖、家政服务等重点领域，落实出入管理、扫描测温、环境消毒和健康监测等举措。按市里要求，对不同风险地区来沪返沪人员落实相应检测措施。做好入境人员全链条闭环管理，严丝合缝抓牢“外防输入”。用好各类宣传渠道，引导市民群众做到“三件套、五还要”(佩戴口罩、保持社交距离、注意个人卫生；口罩还要戴、社交距离还要留、咳嗽喷嚏还要遮、双手还要经常洗、窗户还要尽量开)。鼓励市民群众特别是老年群体积极接种新冠疫苗。（严亲）

【党建引领】 年内，街道推进“共同家园·基石工程”，打造“美丽楼组”“幸福小区”“和谐街区”。从“楼组—小区—街区”3个层面加强公众参与，推动社会治理共同体建设。在楼组层面打造友邻机制，营造友爱氛围，突出友善文化。在小区层面深化党建引领“三驾马车”协调运行机制，提升住宅小区综合治理水平。在街区层面通过区域化党建引领，逐步消除发展短板，建设“和谐街区”，形成协商协同、共建共治格局。完善社区治理体系，完成18个居委会标准化建设自查自纠与督导工作，提升居委会服务群众能力。加强对小区业委会工作巡查与督导，指导业委会完善标准化建设台账。启动19个小区业委会组改建工作，完成三宝花苑、志园公寓和虬江路888弄等6个业委会换届改选，完成雅宾利三期、铭德漪景庭2个小区业委会新建。配合做好业委会矛盾协调工作，全年共接收信访件6件、“12345”市民服务热线工单16张，帮助业委会协调矛盾35次。推进法治政府建设，参与法治政府创建迎检，健全完善法治建设工作机制。加强法律顾问和公职律师管理，做好法律服务保障，至10月底，共起草审核各类文书19份、完成重大行政执法法治审核2件、参与矛盾协调会4场。利用社区微信公众号、社区晨报等宣传平台，宣传习近平法治思想和依法治国理念。依托“诉调对接”“双员双师”和各居委会调解委员会组织开展矛盾纠纷调解工作，至10月底，共调解各类矛盾纠纷82件，提供线上及线下法律咨询198人次、心理咨询464人次。

（严亲）

【经济发展】 年内，街道推进招商引资倍增目标不动摇，加大对重点项目接续跟踪力度，吸引更多总部型、龙头型、领军型、科创型企业落地集聚。统筹整合街道企业服务中心、邻里中心、党群服务中心、银行、律师事务所、会计师事务所、中介企业等载体资源，增强招商合力。开展楼宇推广、项目签约、政企交流等各类活动，营造浓厚发展氛围，提振企业发展信心，引导企业做大做强。关注后疫情产业发展新动向，利用商会联盟、专业机构等多重渠道，加强区域投资推介。至10月底，街道共新增注册项目410个，其中重点项目25个，引进税收千万元级项目2个，百万元级项目9个。优化社区营商环境，推动营商环境建设各项任务和举措落地生效。重点打造“静安科技企业孵化器——宝创基地”国家级孵化器，成功孵化科技企业7家，高效服务高新技术企业40余家。优化全区首家街镇标准化企业服务中心，为企业提供全天候、全流程、全生命周期服务。开展企业服务能级再提升工程，打造“近在咫尺、触手可及”的企业服务示范点，实现企业服务的“有形化”“品牌化”和“时效化”。助企纾困解难，统筹兼顾、主动靠前，落实好国家、市、区等各项扶持政策，提高政策直达率，支持辖区企业特别是小微企业渡过难关。街道与区投资办、区商务委等主管部门沟通，开展复工复产专题工作会议，指导楼宇园区和驻区单位做好复工准备。帮助企业对接房租减免、金融贷款等助企纾困政策，帮助企业破解难题。开展“防疫情、稳经济、保安全”大走访、大排查活动，研究个性需求、回应个性诉求，助力企业扎根静安区发展。

（严亲）

【城区管理】 年内，街道深化“美丽家园”建设，推进通阁小区、宝昌路632弄3—14号、虬江大楼等12个小区旧住房修缮改造。编制2023—2025年“美丽家园”建设三年行动计划。深化“美丽街区”建设，年内完成2个项目前期设计和15处休闲座椅选点。全面实施林长制，推动止园路401号屋顶花园建设项目落地，推动中山北路绿地升级改造，完成立体绿化建设选点209平方米。开展小包垃圾专项整治行动，巩固垃圾分类实效。推动无证违法建筑综合治理，全年完成拆违总量5700平方米，位列全区拆违考核第一。创建完成1个"零违建"居村。加快城区治理数字化转型，街道以城市运行"一网统管"为牵引，发挥"一屏观天下、一网管全城"功能，提升城区治理智能化水平。夯实城运中心平台枢纽功能，优化应用场景，赋能"高效处置一件事"，街道已布局安全风险地图、智能箱房管理、市民热线管理、积水监测管理、物业巡查管理和门责监测管理等多个智能应用场景。推动新型智能终端部署和应用，提升数据整合、系统集成和联勤联动水平。优化"12345"市民服务热线运作机制，全年热线考核位列全区第一。（严亲）

【公共安全】 年内，街道以迎接党的二十大、"进博会"、全国文明城区创建复评等重要节点为契机，强化工作机制、细化目标任务，防范化解重大安全风险隐患。开展"六小场所"、群租、规模性租赁和"三合一"专项整治，清理整治群租点位86处，关停规模性租赁单位10家，责令10家限期关停。升级物防、技防设施，补齐消防安全短板。开展防范电动自行车火灾综合治理工作。加强禁毒帮教对象、严重精神障碍患者等重点特殊人群管控。依法依规推进信访积案化解，确保社会面稳定。（严亲）

【民生保障】 年内，街道有序实施零星地块征收改造，年内完成153、155街坊64证居民旧改征收工作，实现"意愿征询同意率""签约率""搬迁率"3个100%。完成电影技术厂周边（161、262街坊）和257、258街坊房屋拆除和场地移交工作。推动宝山路街道31、149、150、152街坊房屋拆除。加快既有多层住宅加装电梯步伐，至10月底，共完成20台电梯居民意见征询，竣工8台，正在建设4台，走完加梯流程6台，正在走加梯流程3台。做优养老救助帮扶体系，实施重点群体就业帮扶工作，全年安置困难人员就业175人，帮助39名长期失业青年实现就业。落实急难救助和残疾人帮扶工作。推进未成年人保护工作站运行。完成1753名退役军人优待证申领。更新优化22个"两级服务站"标准化建设。优化社区食堂功能布局，新设

11月8日宝山路街道和颐苑加装电梯奠基仪式　　（宝山路街道　供稿）

宝昌路521弄社区食堂，日均供餐能力达1000客以上。完成34户老年家庭养老床位试点和29户老年家庭适老化改造。推进认知障碍友好社区建设。（严亲）

【社会事业】 年内，街道继续构建完善“15分钟公共服务圈”，加快补齐服务设施短板，优化服务设施功能布局。打造社区“科普生活馆”，全年共开展科普活动45场。优化社区普惠性托育点建设。开展54场线上公共文化配送服务。依托湖州会馆等26处红色文化遗址，打响“红色宝山”文化品牌。湖州会馆累计接待参观10130人次，接待团队78场，开展特色红色教育36场。更新8处社区健身苑点，完成45场社区体育配送。有序开展国防动员、工会、妇联、共青团、统战等各项工作。（严亲）

【通阁路零星旧城区改建地块集中签约日签约率100%】 11月5日，静安区通阁路零星旧城区改建地块集中签约。为加强防疫措施，居民们佩戴N95口罩，出示24小时核酸报告，并由工作人员进行核验后进入签约现场。3个小时内，26证居民和1证单位全部完成签约。

（严亲）

表27-8 2022年宝山路街道居委会基本情况表

名称	地址	居民小组数（个）
新汉兴	东宝兴路812号	34
新华德	宝昌路500号	28
止园新村	芷江中路529号1楼	82
会铁	中兴路748号	25
新宝通	宝昌路399弄7号2楼	23
陆丰	东宝兴路560号	16
宝昌路600弄	芷江中路345弄12号	49
宝华里	宝昌路552号	14
宝山路499弄	宝山路499弄3号105、106室	42
三宝	宝山路450弄15号	45
王家宅	虬江路1150号局西村2号102室	55

（续表）

名称	地址	居民小组数(个)
存仁里	鸿兴路45号	4
象山里	临山路203弄3号101室	35
芷江中路294弄	芷江中路660弄1号101室	28
通源	宝源路209弄16号甲	36
儒林里	宝山路268弄4单元1楼	80
通阁新村	通阁路200弄3号106室	55
青云路435弄	中山北路280弄4号103室	29
合计		680

（严亲）

(十)芷江西路街道

【概况】 芷江西路街道毗邻铁路上海站。东临西藏北路，与宝山路街道接壤；西至大统路、普善路，与天目西路街道和北站街道相连；南靠铁路沿线；北至中山北路，与共和新路街道为邻。辖区面积1.64平方千米。辖区有18个居民委员会，户籍人口63016人，实有人口总数70470人，来沪人员数21155人，来沪人员占实有人口比重30%。街道办事处设在芷江西路155号。2022年，街道聚焦意识形态思想建设，引导社区党员讲政治、练内功、提素质、强本领。建立处级领导班子成员党支部联系点18个，开展调研走访80余次。（杨枢）

【新冠疫情防控】 4月起，疫情封控期间，街道全面统筹人员力量，成立临时党支部18个，建立"党员突击队"23个。街道干部下沉支援一线174人，发动"双报到"党员参与社区防疫1000余名，对接市、区两级机关支援人员154人，先后选派2人前往4个居民区担任代理党总支书记，确保疫情防控各项工作有序开展。强化专业督导，投入150余人专业消毒力量，对阳性病家住所、楼栋、活动场所开展终末消毒。累计完成入户消杀2555户次，完成阳性楼栋消杀38576幢次。开展10次集中地毯式消毒，涉及居民小区26个，楼栋数3760幢次。确保阳性转运及出舱返家人员入户消毒2个100%。与区绿化市容局、区疾控等部门联动，依托专业力量，对60户阳性病例家庭、150个阳楼点位全程跟踪督导消杀作业实况，开展重点楼栋和患者家庭环境采样。提升社区防疫能力，累计开展68次便民核酸筛查，流调溯源600余人，转阳47人，转密2254人，封控场所765处、中风险小区8处、高风险楼栋3处、合围区域3处。结合社区实际，合理设置19个常态化核酸采样亭。做好街道疫苗接种点相关工作，先后开设邻里中心、为老服务中心、18个居民区等流动专场。（杨枢）

【优化营商环境】 年内，街道贯彻“两手抓、两手硬、两手赢”要求，推进企业调研走访常态长效，吸引优质高端业态进驻街道社区。街道完成千万元级项目1家、百万元级项目9家，落地企业416家。开展企业走访，定期对12个楼宇园区开展日常全覆盖走访，完成12个楼宇（园区）、431家企业基本情况初步排摸和系统录入，100%完成107家规上、规下全行业企业月报、季报和年报等常规性统计工作。全年实现企业清理完成率超78%。应统尽统，完成23家企业《人才资源专项调查表》；分批次完成217家企业的基本信息和主营业务收入核查工作。（杨枢）

【建强干部队伍】 年内，街道制订《关于加强街道干部队伍建设工作的实施意见》等“1＋3＋2”基层干部选育管用工作制度。对标区年度指标任务、街道中心工作和“三定”职责，科学设立公务员、事业人员、居民区3套考核指标，设立118项基础指标，2项纠偏指标，2项专项指标。落实居委会标准化建设要求，完成城上城居委会办公用房软硬装、南山居委会办公用房修缮等工作。发挥业委会工作一站三室作用，全年累计开展组改建专题指导15场次、业委会规范化运作指导24场次、个案辅导19场，指导帮助居委会、业委会共同提升小区治理水平。推进业委会组改建，完成业委会换届6个。（杨枢）

【社区安全】 年内，街道检查规模租赁、宾旅馆、沿街商铺等232家，发出整改单39张，开

12月5日，芷江西路街道党工委、办事处在街道邻里中心表彰街道第八届“芷江民星”的9名个人和1家单位。

（芷江西路街道　供稿）

展集中专项检查25次。依托群租治理“七步工作法”，共排查各类群租线索136条，整治点位76处。累计拆除76间违规分隔、139张违规床铺。完成对长兴路131号、137号、西藏北路1115号、大统路1098号等处规模租赁点位清理整顿。开展宣传活动34次，张贴宣传海报8000余张。完成全部71个小区打通生命通道工作全覆盖。为老旧小区配备新型灭火器400个，消防应急箱100个，新型灭火球100个；为2个消防重点隐患地区更换烟感、接线板、灭火器；为全辖区售后公房封闭式小区维护、更新已建智能门禁设备385个，完成年度实事项目。在北京冬奥会、冬残奥会、全国两会、国庆、党的二十大、“进博会”召开期间，共开展严重精神障碍患者隐患排查6轮次，发动平安志愿者400余人，开展社区安全巡查22轮次，聚焦疫情防控、安全生产等领域，整改各类隐患问题132个。（杨枢）

【民生保障】 年内，街道内加装电梯共签约10台，施工16台，完工4台。继续开展好“车轮助餐”服务、深化“老年乐园”、开展“老伙伴计划”“失能帮帮团”、长者照护之家工作项目，共服务3771人次，其中长照服务3712人次，日托服务59人次。“老伙伴”志愿者309名，服务对象1519名，微信平台“芷江养老乐慈荟”，关注数量达1400人。社区事务受理中心前台设12个对外接待窗口，其中10个综合窗口、1个回复窗口和1个现金窗口，可集中办理公安、民政、人社、医保、住建、卫健等12大类涉及群众基本生活和保障的200项社区事务，其中190项业务可“全市通办”、188项业务可“一网通办”。对有需要的老年人提供服务，帮办、代办离线码8693件。全年受理“一件事”业务160件，受理“一网通办”553件，共接待46466人次，系统办结业务16928件，“一网通办”自助机查询打印各类信息11883件（其中申领离线码8693件）。（杨枢）

【城区管理】 年内，街道完成拆违面积10463平方米，点位数537处，超额完成目标，拆违动态评价全区第一，全年度辖区内无新增违法建筑。推进大统路居民区零违建居村创建工作，做好大统路933、1033弄2个“美丽家园”小区拆违收尾工作，对永兴小马路65号规模性租赁开展综合整治，对大统路933弄鸽棚等违法建筑攻坚克难，实现外立面违建、屋顶违建双清零。推进32家单位可回收物精细化分类，完成辖区范围内所有新旧小区鼠饵站344处的检查、换饵维护工作，检查率100%；完成辖区范围内所有小区捕蝇笼266处的检查维护工作，检查覆盖率100%，建设“干净、有序、安全”街道空间。完成辖区绿化排摸工作，配合区林长办设置林长制公示牌，建立街道绿化资源日常巡查、管理，形成工作台账，对辖区内所有黄土露天部位实施绿化补种近3500平方米，根据《上海市绿色社区创建行动实施方案》，完成18个居民区100%绿色社区申报工作。（杨枢）

【精神文明建设】 年内，街道精神文明建设结合静安区创全复评工作，落实全年创全复评实地查看、材料收集等各项迎检工作。强化“新时代文明实践分中心”以及“社区志愿服务中心”平台枢纽功能，健全“1+18+X”文明实践架构，围绕“三五”学雷锋等重要节点，开展各类主题活动，深化芷江西“七彩七心”志愿服务品牌，推动志愿服务制度化、品牌化、专业化。推进2022年“美丽楼组”建设。按要求打造144个区级“美丽楼组”。完善邻里中心、文化中心运营方案和理念，围绕“终身教育”开展全民、全年龄段寓教于乐为一体的品牌活动。（杨枢）

表 27-9　2022 年芷江西路街道居委会基本情况表

名称	地址	居民小组数(个)
交通公园	虬江路 1352 弄 2 楼	55
复元坊	虬江路 1431 弄 4 号	39
光华坊	永兴路 595 弄 2 号 101 室	53
城上城	虬江路 1488 弄 19 号 M1	46
永太	太阳山路 157 号	31
三兴大楼	中兴路 1258 弄 5 号 201 室	35
中兴路 1233 弄	中兴路 1275 号	68
共和新路	共和新路 555 弄 5 号 107 室	35
南山路	南山路 18-20 号	51
洪南山宅	南山路 99-1 号	38
芷江西路 123 弄	芷江西路 123 弄 36 号	96
新赵家宅	青云路 751 号	58
灵光	共和新路 710 弄 38 号 106 室	97
大统路	大统路 933 弄 6 号甲	22
普善路	普善路 139 号 203 室	54
芷江新村	芷江西路 285 弄 22 号 104 室	74
苏家巷	芷江西路 393 弄 7 号 102 室	90
协和	中山北路 814 弄 6 号 102 室	21
合计		963

(十一)共和新路街道

【概况】　共和新路街道东起西宝兴路，西至沪太路，南起中山北路，北至延长路和老沪太路。街道总面积约 2.72 平方千米，其中陆地面积 2.70 平方千米，水域面积 0.02 平方千米。辖有 26 个居委会、80 个住宅小区、23 条中小道路。街道办事处驻平型关路 489 号。街道全年完成 8 个点位涉及 342 平方米拆违工作，超额完成全年任务量。根据“两美”建设计划，推进洛川东路200弄等16个小区智能化设施整治工程，完成平型关路（洛川东路—柳营路）西侧绿墙及沿街花坛建设。完善产业载体信息库，拓展招商空间，支持鼓励辖区内楼宇、园区重塑品质空间。实现千万元级项目1家、百万元级项目8.5家、一般项目198家成功落地，对口联系服务企业完成走访313次，基本实现走访全覆盖。全年街道共处理市民热线工单11162件，结案10922件，结案率97.85%，及时接单率100%，工单量比上年增加321%。至年底共和新路街道事务受理中心共开设16个受理窗口，综窗率超80%，全年无休，全年业务受理量共32231件，好差评完成率100%。（於霏）

【党建引领】 年内，街道以“党建融合”推动高质量发展。对92个区域化党建成员单位根据街区划分，实现园区、单位及周边居民区党组织破墙融合。以提升组织力为重点提高基层治理能力。制订居民区干部储备、培养“接力计划”，畅通选拔渠道，完善绩效方案，建立“五个一”立体培养模式（1名带教老师、1次专题培训、1个课题项目、1次汇报展示、1份成长档案），健全和完善居民区干部培育、管理、选拔统筹推进全链条机制，将更多人才留在社区，提高基层治理能力。多措并举加强思想宣传和精神文明建设，融入思想政治引领提高宣传工作实效，坚持把理论思想摆在中心组学习首位，围绕疫情防控、疫苗接种等街道重点工作做好宣传报道。振兴网评队伍，全方位关注舆情动向。街道在“学习强国”平台投稿并刊登于上海学习平台41篇，其中2篇被全国平台录用。在上观新闻、人民网、《文汇报》、《新民晚报》、《新闻晨报》、今日头条等市级媒体共报道53篇次。（於霏）

【城区管理】 年内，街道超额完成全年拆违任务。全年拆违8个点位，共3425平方米。继续推进加装电梯工作，至年底街道完成签约13台，拿到开工许可13台，正在施工33台，完成施工13台。以解决居民实际困难为整治重点，整治项目累计立项4个，总投资约123万元，整治内容包括应急排险、绿化整治、下水道整治、零星整治等，至年底2个项目已完工，另有2个项目处于收尾阶段。完成平型关路（洛川东路—柳营路）西侧绿墙及沿街花坛建设，建设面积为地面花坛165平方米、墙面150平方米。共举办保健食品科普宣传工作3次，“食品快检进校园”科普宣传活动1次，线上开展“你点我检同参与，食品安全齐守护”宣传活动1次，参加活动500人次，发放宣传资料500份。街道爱卫办对辖区内公共绿地进行蚊蝇消杀，共使用灭蚊蝇药物5斤，消杀面积239300平方米。免费向各居委会发放安备孑孓颗粒200千克、诱蝇王150千克、灭蟑颗粒8000包、灭鼠蜡块160千克、粘鼠板5箱、毒鼠点350只、捕蝇笼360套、灭蟑针剂180支。发放宣传告知书42000份。年内防台防汛期间共值班待命人员346人次，出动巡查864余次，消除店招店牌、高空坠物隐患8处，辖区树木倒伏5处。（於霏）

【社会事业】 年内，街道完善巩固公共文化服务体系，订阅报纸杂志114种，新增图书2605册，开展线上线下读者活动近百场，参与人数4千余人，发放公益电影配送券1万余张。对辖区11个健身苑点、73件器材进行更新，新建永乐居民区益智健身苑点。举办全民健身活动20余次，参与人数近5000人。开设一个普惠托育班，招生15人。街道“康健驿站”平台服务46138人次，建立居民健康管理档案439份，开具健康处方274份。开展各类健康宣教、健康义诊306次。新冠疫情以来开展网络健康课程198节，受益5032人次。开展庆祝敬老月系列活动，举办街道庆祝第35个敬老节“反诈防骗，敬老助老”系列主题活动，开展法律咨询、反诈讲座、健康检测、才艺展示、社区秀、赠送喜面等活动。累计为43名老人提供照护服务共1252次。提供长护险上门评估691人。居家养老家政服务对象264人，其中市政策对象28人、区政策对象192人、街道对象44人，区政策90岁以上现金发放对象259人。中山北路805弄、柳营路319弄、唐家沙、中山北路959等4个日间服务中心共签约116人，日均服务28人。敬老院与长者照护之家共入住32人。3个老年人助餐点提供堂吃(打包)、外送服务，日均服务500人。开展集中便民服务32次，服务4533人次。养老顾问点共接待咨询253人次。

（於霏）

【民生保障】 至年底，街道有低保家庭279户、385人，重残无业人员176人，支内回沪退休人员3475人，特困供养人员4人、困境儿童2人。共发放低保金4027人次、4829980元；重残无业生活补助1772人次、3112506元；特困供养人员生活补助及配套费用47人次、95108.30元；医疗救助522人次、1156177.98元；因病支出型贫困生活补助10人次、16320元；各类临时救助703人次、21700元；发放支内回沪人员生活补助13877人次、18669151元。全年帮扶引领成功创业人数74人，其中帮扶引领35岁以下青年大学生创业人数53人，帮助长期失业青年就业创业人数56人，新增就业岗位2129个，失业人员实现再就业人数378人，就业困难人员实现就业人数211人，停止领取失业保险金人员中重新就业人员占比53.11%，上海市离校未就业毕业生实现就业80.65%。至10月，成功助业从业人员184名，新增就业岗位7个。街道劳动人事争议调解中心共受理案件73起，正在调解2起，成功调解24起。全年法律顾问为居民提供法律咨询200余人次，审核街道法律合同文书309份，各级调委会受理调解矛盾纠纷140起，重点做好199名矫正安帮对象排摸安置工作。

（於霏）

【经济发展】 年内，街道加强投资促进引导，拓宽企业服务领域，挖掘服务潜力，提升街道服务企业能力与成效，为企业营造优化便捷、优质高效、优美共享发展环境，推动辖区经济社会发展。围绕区委、区政府确定的“六大产业”，根据街道实际情况和自身特色，形成招商主导产业、培育街道招商链。完善产业载体信息库，对辖区产业载体情况进行摸底，对招商引资项目和目标企业进行分析研判，对企业招商信息做到迅速响应、迅速反馈。拓展招商空间，聚焦现有招商载体，盘活存量、更新动能，支持鼓励辖区内楼宇、园区重塑品质空间。加强招商宣介，激发辖区内产业载体招商效用，有针对性地加强相关招商载体宣传，实现合力招商。结合疫情防控常态化工作要求，支持辖区楼宇园区和企业实现有序复工复产，跨前一步做好各项服务支持，共受理企业复工备案761家、涉及员工5635人。引导楼宇园区落实疫情防控工作要求，对照要求逐一上门查看防控工作落实情况，督查楼宇园区物业抓好整改，实现由防控到复工平稳过渡。

（於霏）

【公共安全】 至年底，街道共受理接待群众来访反映生活困难、享受低保、廉租房、申报户口、邻里纠纷、家庭矛盾、城市建设、物业管理、违章建筑等各类矛盾纠纷640件，比2021年受理601件，上升6.4%(2022年4月至6月因疫情原因信访接待窗口暂时关闭)。其中市、区转交办信、访、电、网468件，比2021年市、区转交办171件，上升173.7%。在640件信访诉求中，信访受理583件，信访代理583件，代理率

100%。办结化解608件，办结化解率95%。街道全系统初次信访件为310件，平均受理时间7天18小时，平均答复时间20天4小时，平均办理时间27天23小时。开展禁毒宣传活动进各交通枢纽2次、辖区各居委会10余次、白领公寓2次、闸北公园门口2次、医院4次、菜市场2次，禁毒宣传进校园活动5次。沪太路长途客运站是共和新辖区治安重点地区，街道提前落实保障措施，强化安全管控，联合派出所、城管每月组织排查整治，对客运站周边乱设摊商贩、黑车和“黄牛”进行清理打击，年内联合派出所、城管开展整治行动5次，改善客运站周边环境。春运期间组织6名综合管理服务社队员在客运站站前广场以及售票大厅门口维持客运站现场秩序，确保客运站周边治安环境稳定，并在售票大厅内设立春运咨询宣传台，发放防疫物资及宣传手册。（於霏）

【民生实事】 街道2022年度“美丽家园”共1个项目，洛川东路200弄等小区智能化设施整治工程涉及16个小区，总投资约50万元，年底竣工。“进博会”建设项目共3个项目，涉及辖区中山北路235号、中山北路237号、中山北路普善路（南京银行前）高架沿线3个点位，总投资606.3029万元，主要建设内容有：对建筑屋面局部破损处进行修补、修整外立面污损区域、通过重新粉刷统一区域建筑色彩。该3个项目均完成审价工作，处于请款阶段。协调解决辖区内绿化投诉问题，涉及辖区内小区及单位，联合区绿化中心、区城运中心、居委会、物业公司、业委会等现场查勘及解决。协助区绿化中心在辖区内的立体绿化选址、施工、协调等工作，年内完成平型关路（洛川东路—柳营路）西侧绿墙及沿街花坛建设，建设面积为地面花坛165平方米、墙面150平方米。

（於霏）

【新冠疫情防控】 年内，街道组建多方参与的“乐高式”防疫工作小组，疫情前期形成40余家共建单位、150余名志愿者组成的“共和新临时防疫突击队”。4月封控后，300余名市、区支援干部和街道职工下沉居民区，与社区1900余名党员共同参与社区防疫。根据实际需要，为各居民区、社会面点位、临时隔离点位配备封控、装卸分拣、配送接驳、楼道消杀、仓储管理人员，累计使用1.6万余人次，及时足量安全地完成物资配送任务，保障辖区各类人群基本物资需求。落实“应转尽转”“日清日结”要求，疫情关键期，街道在区委、区政府指导与支持下，对柳二、沪北、唐家沙、三阳、洛川中路1100弄、谈家宅6个老旧小区开展拔点攻坚行动，涉及11061户、20447人。成立8个工作组统筹社会面疫情防控工作，做好辖区68家规模租赁房、公租房，38家酒店，900多家沿街商铺核酸筛查、追阳转运等各项工作，完成梦笔公寓、城市E族、99公寓3家规模性租赁房拔点攻坚任务。街道在固定疫苗接种点基础上推进流动接种点进小区，累计安排便民流动接种服务235场次。协同社区卫生服务中心落实“双结对”工作要求，完善疫苗接种各项动员激励机制；结合区“全要素”平台推送数据指导各居民区摸清老年人未接种底数，累计排摸31777人次，联系动员未接种老年人5769人次，配合卫生中心开展老年人接种状况评估3392人次。（於霏）

【共和新路街道商会二届二次理事会】 于1月18日在上海大宁国际茶城召开。区工商联副主席史海云，共和新路街道党工委副书记朱民珏，街道商会会长、监事长、副会长及理事成员等出席会议。会议审议通过聘任街道党工委书记董瑜为共和新路街道商会名誉会长。会长叶应春作共和新路街道商会2021年度工作总结，提出2022年工作计划。（於霏）

【2022年度工作学习讨论会】 于1月4日在共和新路街道8楼会议室召开。会议总结分析街道2021年工作情况，统筹谋划2022年工作目标。街道党政领导班子成员、科级实职、条线负责人、各居民区党总支书记等参加会议。各办公室主任、条线负责人、分管领导围绕精细化管理、人民城市建设、城市软实力提升、加强党的建设4个专题依次作交流发言。（於霏）

【“益”家讲堂活动】 2月24日，共和新路街道“共同行动”区域化党建成员单位——共和新路市场监督所为辖区内党员群众在街道党建中心2楼会议室开展1堂生动有趣的食品科普知识讲座。“益”家讲堂讲师朱君祥发挥自身专业优势，结合工作中实例，向在座党员群众分析解读食品安全相关知识及法律法规，通过加强科普宣传，推动公众食品安全素养提高，在社区营造浓郁学习氛围，养成良好生活方式和道德风尚。（於霏）

【党建共建活动】 共和新路街道社区党群服务中心党支部与中国农业银行上海共和支行党支部、上海市教育委员会教育技术装备中心第一党支部、上海宏奥体育产业有限公司党支部利用冬奥会、冬残奥会之间的转换期，于2月28日在街道党建中心2楼会议室，联合开展“共建同新圆，携手向未来”为主题党建共建活动。活动中，街道党工委发挥党建引领作用及阵地优势，给予辖区内“两新”组织党组织及区域化党建成员单位的党员们思想引领及精神动力，通过开展“冰墩墩带你了解纪念币收藏”“爱拼才会赢”和“冰壶挑战赛”等多种活动形式，在寓教于乐中让大家感受到奥运精神。（於霏）

【未成年人网络安全意识和防护技能教育活动】 8月17日，街道团工委、未成年人保护工作站、上海市阳光社区青少年事务中心静安工作站在街道新时代文明实践分中心开展“未你而来，网络共护”未成年人网络安全意识和防护技能教育活动。阳光青少年事务社工们带领

2月15日，街道老年人日间照护中心唐家沙分中心“元宵快乐笑开怀”主题节日活动

（共和新路街道　供稿）

孩子们开展“未保知识抢答”，并用简单易懂的语言讲述未成年人保护法“六大保护”中的网络保护。街道为孩子们发放《中华人民共和国未成年人保护法》《共和新路街道未成年人保护儿童福利相关政策》等宣传册。孩子们还参观了街道党群服务中心和新时代文明实践分市心。（於霏）

【“学党章，知党史，守初心”品读会】 于8月15日开展，在社区掀起新一轮党章学习热潮。观看“红色策展”，寻党章之史。依托“静·邻一家”党群服务阵地体系，街道社区党群服务中心开展为期1周“抗疫有我红色策展”党群阵地巡礼活动。品读党章故事探初心之源。上海社会科学普及研究会理事、区委宣传部原副部长、区五星讲师潘枝青带领学员品读《党章中的纪律演绎》。共促学习交流，悟信仰之力。品读会回顾党章百年发展历程，在学思践悟中牢记初心使命，学员们结合生活与工作实际分享自己的观点与见解。重温入党誓词，树榜样力量。党员们重温入党誓词，再一次接受心灵洗礼。（於霏）

【“民心工程与人民城市建设”专项民主监督工作】 9月29日，九三学社静安区委主委王寒梅率专项民主监督工作组一行，赴共和新路街道开展“民心工程与人民城市建设”调研工作。座谈会上，街道党工委副书记朱民珏介绍街道通过党建引领，完善基层治理体系、提升社区治理能力所开展的工作。与会人员观看疫情防控期间在锦灏居民区拍摄的“倾情守护，同心静安”纪录短片，听取职能科室和居民区党总支分享做法与经验。九三学社静安区委专项民主监督工作组成员分别从发动青年力量参与社区治理、促进小区业委会发挥作用、推动大数据社会化运用等方面开展交流。（於霏）

【街道残疾人联合会第二次代表大会】 于10月26日在街道社区文化活动中心召开。街道工会副主席曹树发代表群团向大会致贺词。区残联理事长周公望肯定共和新路街道在残疾人工作上取得成绩，肯定街道对辖区残疾人的关心与重视。街道残联理事长孙斌作工作报告，总结过去6年街道残疾人工作取得的成绩，分析残疾人事业现状和问题，确定下一阶段街道残疾人工作目标。会议选举产生共和新路街道残联新一届主席团成员，5个专门协会主席和出席区残疾人联合会第二次代表大会的代表，通过《关于上一届主席团工作报告的决议》。（於霏）

【守护生命“救在身边”——红十字志愿者救护技能线上培训】 10月25日，共和新路街道红十字会特邀区红十字会培训师张丽娜为40多名社区志愿者展开救护技能线上培训。张丽娜运用语言、文字、图片多种方法进行讲解：面对意外伤情处理方法、如何拨打120、出血的种类、毛细血管出血及止血方法、静脉出血及止血方法、动脉出血及止血方法、心肺复苏概念、心肺复苏方法详解、自动体外电除颤仪介绍及使用方法等。（於霏）

【“带你走进美术馆”活动】 10月30日，共和新路街道的少先队员们来到红领巾实践基地——梅尔尼科夫美术馆，参加社区少工委“育苗七色花”系列活动之“带你走进美术馆”。作为共和新少先队员每年都能“打卡”的实践项目，该期活动以“育苗喜庆二十大，传统文化润童心”为主题，结合当下热点，融入丰富特色环节。街道团工委从大会召开的背景、意义开篇，介绍党的二十大报告中提到“中华优秀传统文化”之处，并以“什么是中华传统文化”“为什么要弘扬中华传统文化”“如何弘扬中华传统文化”3 个问题与小朋友们展开互动。为提升辖区家庭对《未成年人保护法》了解，来自阳光社区青少年事务中心共和新社工点的老师以《未成年人保护法》知识问答开篇，通过寓教于乐形式宣传未成年人保护理念。少先队员们还参观了中国少数民族艺术系列展览（第 9 展）彩蝶映秀——贵州苗族绣品艺术展，以及美术馆的其他馆藏佳作。（於霏）

【儿童友好社区创建工作验收评审】 11 月 24 日，由华东理工大学社会工作系教授范斌、市社会工作者协会医务专委会副秘书长代文瑶、上海东方社会工作事务所研究部宋耀萌组成的评审组到共和新社区对街道儿童友好社区创建工作进行验收评审。评审组先后实地勘察洛善居民区儿童之家、闸北公园儿童游乐场、锦灏居民区儿童之家和街道儿童服务中心，对室内、室外空间场地、安全设施、氛围营造等进行评估。街道党工委副书记朱民珏从保障措施、空间拓展、服务优化、人才培育、多元治理、参与共建、品牌项目、环境升级 8 个维度，向专家展示和汇报街道儿童友好社区创建工作情况和“育苗七色花”特色实践项目。专家评审组聆听汇报情况，查阅创建工作材料，指出领导重视、机制保障、资源联动、自然亲和、儿童安全、童趣氛围、品牌优化、文创宣传功能等是推动创建取得成效关键所在，并对未来深化儿童友好社区建设提出意见建议。（於霏）

表 27-10　2022 年共和新路街道居委会基本情况表

名称	地址	居民小组数（个）
柳一	柳营路 309 弄 11 号 102 室	35
柳二	柳营路 319 弄 29 号 102 室	83
洛川	洛川东路 400 弄 3 号 104 室	45
洛平	洛川东路 320 弄 11 号 101 室	82
锦灏	延长路 152 弄 25 号 1 楼	46
延新	共和新路 1725 弄 22 号	41
嘉利	平型关路 377 弄 8 号 102 室	44
三阳	西宝兴路 922 弄 1 号 2 楼	70
和乐	俞泾港路 15 弄 19 号 102 室	73
申地	和田路 256 号	89
唐家沙	洛川东路 200 弄 11 号 102 室	103
柳营桥	共和新路 1302 号 105 室	95

（续表）

名称	地址	居民小组数(个)
中山北路805弄	中山北路805弄6号103室	44
新理想	洛川中路600弄19号101室	60
谈家桥路80弄	谈家桥路85弄16号102室	82
谈家桥	谈家桥路163弄9号甲	49
家豪城	柳营路669弄21号	52
中山北路899弄	中山北路899弄41号	36
洛川中路1100弄	洛川中路1100弄31号103室	118
沪北新村	沪太路655弄1号1楼	94
谈家宅	洛川中路901弄1号103室	49
锦佳苑	延长中路600弄31号102室	132
永乐	延长中路800弄64号102室	127
洛善	洛川中路777弄6号102室	36
延长中路727弄	延长中路727弄29号2楼	29
合计		1714

（於霏）

(十二)大宁路街道

【概况】 大宁路街道位于静安区中北部，东起北宝兴路、粤秀北路，南临延长路、老沪太路，西至普善路、万荣路，北抵走马塘河、北郊铁路。辖区面积6.24平方千米。街道下设25个居委会，共有54个居民小区(其中纯商品房小区31个、售后公房18个、混合型小区5个)，楼组1386个，实有人口9.77万人，户籍人口7.98万人。街道办事处设置于彭江路188号。面对世界百年变局和世纪疫情交织，2022年，街道落实上级决策部署，践行人民城市理念，做实党建引领下的“三公”职能，统筹推进新冠肺炎疫情防控和经济社会发展。疫情封控期间，街道阳性患者2071人，仅占街道实有人口的2.12%，是全区阳性患者最少的街道之一，设置49个常态化采样亭和89个筛查工位，日均采样量约3.8万人(最高达6.6万人)，部署“场所码”17667个、“数字哨兵”510台。年内，完成5个“美丽街区”和3个“美丽家园”项目。全年引进企业472家，其中税收规模千万元级3家，完成年度目标率150%；税收百万元级企业15家，完成年度目标率188%；其他一般类企业454家，完成年度目标率114%。全年事务受理中心共接待居民24647人次，办理业务26584件，“一网通办”事项1276件。累计发放社会救助帮困总金额2419.59万元，受益26438人次。元旦春节帮困送温暖3400人次，帮困金额231.04万元。对享受低保、重残无业、特困供养、困境儿童救助3463人次，发放救助金额497.13万元。街道获评“全国智慧健康养老示范街道”“第二批国家级夜间文化和旅游消费集聚区”“平安上海建设先进集体”“上海市节约型公共机构示范单位”“上海市节水型机关”“2022年上海市户外招牌特色道路（街区）”“上海市人大代表‘家站点’市级示范平台”等称号。（张斯嘉）

【党建引领】 年内，街道贯彻落实市委、区委关于城市基层党建工作要求，以党建品牌创建为抓手，以创新社会治理为目标，围绕推动高质量发展、创造高品质生活、实现高效能治理，推进街道基层党建高质量发展。年内共组建业委会党支部20个，派驻党的工作小组14个，组建物业公司党支部1个，延长路区域物业管理联合党支部1个。组建物业服务企业党建联盟，实现业委会和物业公司党建全覆盖。共建社区共同体，提升区域化党建新影响。完善平台建设，凝聚辖区力量，深化五区党建联盟平台建设，新吸纳中国社会科学院上海研究院为成员单位，共有成员单位64家。梳理区域化党建“三张清单”，发布需求清单30项、资源清单46项、项目清单21项。升级“微心愿”公益四季活动，圆梦微心愿165个。（张斯嘉）

【城区管理】 年内，街道加强城区管理，提升群众幸福感。加大对疫情防控、安全施工检查力度，未发生安全事故。开展自建房隐患排查整治，改善居住安全，共排查161处疑似房屋，上报15处两改房完成信息采集，完成10处、2.33万平方米房屋评估鉴定工作，督促业主及时修缮整改。街道无证建筑数据库内“经营性”违建保持清零状态，大宁路667弄居委会创建为“零违建”居村。年内，共拆除库内58处、7619.5平方米违建点位。落实管理力量，清运3个地铁站口等重要点位的共享单车，对辖区内2个菜集市场、大徐家阁、新梅共和城等重点区域定期开展联合整治，群众反映强烈的油烟污染、居改非、违法排污等疑难问题均得到有效整改。推进“美丽街区”项目，让环境更“美”，完成5处“迎进博会”点位外立面整治工作，改造提升广延路、延长路、共和新路（广中西路—灵石路）3处景观项目，旧环境有了高颜值，街道部分主要路段街景街貌更美更靓。健全河长制、林长制体系建设，让水更“清”树更“绿”。落实“双总河长制”，做优做强护河志愿队，共同保护水环境。设立街道林长办，编制林长制工作方案及5项工作制度，明确巡查责任与分工任务。完成所有居民区林长制公示牌，升级改造3处重点区域绿化，维护和改善辖区绿色生态。深化城区精细管理。抓好“一网统管”，提升城区管理效能。围绕“高效处置一件事”目标，做到及时准确发现问题、快速有效处理问题，形成发现、受理、反馈闭环体系。累计结案各类案件11.54万件，“12345”市民服务热线工单8525件。非疫情类工单市民满意度排名街镇第二，网格案件质量位于街镇前列。推进垃圾分类，提高市民意识和工作实效。每周对各小区开展迎检模拟测评，分析薄弱环节、研究应对措施。完成18个小区垃圾箱房整新修缮，小区内脏乱状况明显改善。联合综合执法队、城运、第三方等每周开展联合检查，从严从紧、顶格处罚，累计处罚123家次共9.93万元。以查促改、以罚警示，开展可回收物知晓度宣传，提升市民和商户垃圾分类意识。加强应急处置，确保城区安全运行。完善街道防台防汛应急预案，落实防汛值守、排查等工作，第一时间响应各类预警17次，辖区无高坠等意外事件，群众无生命财产损失，辖区平安度汛。依托地下空间智能化管理平台，线上督办、线下巡查660次，登记小型备案198件，发现、整改施工安全问题700余处，未发生施工安全事故。（张斯嘉）

【社会事业】 年内，街道优化完善社区书院、科普咖吧等基层科普阵地氛围布置，延伸拓展阵地资源，筹备科技节系列活动，科协成员单位发挥自身特色和优势，为社区居民和楼宇白领提供育儿、口腔健康等各类线上线下科普健康公益讲座。开展喜迎二十大·科普向未来——“宁的科技生活元宇宙”全国科普日主题活动。首次采用抖音直播方式，实时关注人数达5000余人。开展普惠性托育点招生宣传，全年招收幼儿60名，满足辖区居民对婴幼儿照护和早期教育服务需求。成功申报大宁片区为国家级夜间文化和旅游消费集聚区，高质量推动文创产业发展。举办中外家庭戏剧大赛大宁辖区初赛，共收到32个线上作品。举办2022年大宁少儿海派魔术18周年展演，在哔哩哔哩和抖音两大平台同步直播，点赞1.5万人次。做实“康健工程”服务网络，为辖区居民提供健康动态监测服务，日均服务50人次；开展各类慢性病检测、保健宣传活动共20余次，3000余人次参与。推进做实家庭医生联系社区工作，并建立、维护健康档案400余份，对居民健康生活方式和健康状况进行评估。发放上海市民健康大礼包14000余份。为失独家庭申请阳光家政户，为97户失独家庭做好春节、中秋等帮困送温暖工作。受理各项行政事务，计划生育家庭特别扶助资格审查1126件，独生子女意外伤残和死亡一次性补助申请受理和审查14件。（张斯嘉）

【民生保障】 年内，街道强化全区首个未成年人保护工作站服务功能，发动居村儿童主任工作力量，落实特殊儿童日报制度，做好个案跟踪，避免出现监管盲区。建立“三老”服务对象名册库，确保底册清、情况明，共服务5187名“三老”对象。开展“老伙伴计划”“乐龄有伴”项目，增强关爱频次，每日通过打电话、发微信、发短信等形式关心服务老人，全年关爱671040人次。推进居家环境适老化改造项目，改善老年居家环境，共完成改造71户。开展区级独居老人应急呼叫项目，提升老人安全保障，安装完成164人。推进家庭养老床位试点工作，提升晚年幸福指数。完成50名符合补贴条件的家床签约、服务工作。开展家庭照护能力提升辅导培训50场，服务1032人次，开展老年人康复技巧实训10场，服务410人次；入户指导教学30户。开展独居及失智老人居家安全项目，降低居家意外风险，为59户老人安装跌倒报警设备。设立认知症老人防走失电子围栏。帮扶引领成功创业88人，完成率117.33%；帮扶引领35岁以下青年大学生成功创业60人，完成率120.00%；帮助长期失业青年就业创业人数61人，完成率160.53%；城镇登记失业人员控制数612人，控制率94.15%；失业人员实现再就业人数476人，完成100.42%；就业困难人员实现就业人数155人，完成101.97%；停止领取失业保险金人员中重新就业人员占比54.27%，完成108.54%；上海市离校未就业毕业生实现就业225人，占总人数273人的82.05%，完成率93.41%。受理劳动仲裁调解案件220件，其中调解成功51件。开展线上招聘会，结合网络直播平台和“静安就业”微信公众号、公共招聘网等线上渠道，共组织13家企业、41个岗位，其

中4家企业、13个岗位参与直播带岗活动，直播观看人数21147人。（张斯嘉）

【经济发展】 年内，街道规范企业服务中心实体建设，将统计站、服务企业、招商引资工作资源整合，集中办公、信息共享。做实企业服务专员队伍，对招商引资和企业服务项目进行全流程跟踪，以“一条龙”服务推动项目落地和问题解决。通过引进与大宁现有产业相匹配的电子竞技、健康医疗、文化创意、高端商贸等产业，打造有大宁特色的精品园区、平台，孵化一条集上下游行业于一体的优质产业链，形成以商引商的良性循环。全年开展“防疫情、稳经济、保安全”大走访、大排查工作，上门走访户管企业、“两新”组织落地企业和辖区内楼宇园区企业共1620余次，街道领导班子走访企业640家，为106家企业解决政策咨询、匹配办公场地、对接资金渠道等需求，实现“双百”服务，促成32家以商引商企业落地。（张斯嘉）

【公共安全】 年内，街道落实“党政同责、一岗双责”安全生产责任制，细化党政领导干部安全生产职责清单和工作任务清单。强化安委会平台统筹协调机制，召开街道安全生产专题会议，印发《大宁路街道2022年安全生产工作意见》，提高各部门、各居民区、各企业安全责任意识，与园区、重点单位和规模性租赁房签订安全生产和消防安全责任书72份。对危化品单位、大型商业综合体、沿街门店、小微工程、工地、社区等开展全覆盖、无死角检查，全年累计检查单位8089家次，查改隐患523处，开具整改告知单138份。为8个非机动车棚增加火灾识别报警设备24套，车棚安装火灾智能探头的售后公房居民区达50%，为电瓶上楼风险较大的楼栋加装电瓶入户充电检测150套，安装入户充电检测设备的居民区达30%。开展高层住宅建筑消防排查整治，完成31个高层小区共224幢高层全覆盖自查，对其中80幢重点高层建筑进行消防安全系统性检查。全覆盖完成831个售后公房楼栋和102户旧式里弄消防灭火器检查维护和更新。开展燃气安全专项治理，共排查餐饮单位100余家，整改未安装报警装置、燃气管线老化严重等隐患18处。全年共整治住宅小区群租房屋184户，拆除违法分割552间，拆除高低铺200余张，清退1290余人次。逐一梳理规模性租赁房情况，确定整治目标，组建联合整治小组，分步推进整治行动，完成对全部共31家规模性租赁房的约谈，成功清退违规规模性租赁房5家。常态化推进扫黑除恶斗争，增强对黄赌毒、“黑车”等乱象的排查整治力度，加大防范电信诈骗、套路贷的宣传力度，围绕打防管建各个环节，建立健全长效治理机制。做实“宁法服务”品牌，完善街道公共法律服务站建设，发挥法律顾问专业优势，全年提供法律意见、合同审核66件，排摸法律风险点25件，法制审核14件。拓展纠纷调处渠道，坚持“矛盾不上交，化解在基层”原则，构建矛盾纠纷调解体系，做到邻里事不出楼组、楼群事不出片区、自治事不出居民区，全年受理调处案件123件，涉案金额951余万元，“110”联动案件808件，另有2篇调解案例入选上海市司法局案例库。加强法治宣传教育，落实“谁执法谁普法”普法责任制，以群众需求为导向，开展“八五”普法，创新“线上直播＋线下互动”法治教育形式，提高社区居民法治意识。（张斯嘉）

【民生实事】 年内，街道完成北宝兴路二级旧里地块全部18证居民搬迁工作，街道配合征收事务所，多轮次征询意见，遵循居民意愿，改善零星地块居民生活条件。通过街道既有多层住宅加装电梯工作动员部署会、小区规模化加装电梯启动及培训会、经验交流会以及与市、区相关职能部门建立的“疑难杂症”会商机制，推动加梯工作开启新局面。年内开工25台，完工14台，建设推进中11台，当年开工和完工的电梯数量均位于街镇前列。 （张斯嘉）

【新冠肺炎疫情防控】 年内，街道建立工作专班，形成多部门合作机制，压实责任链条，明确工作职责，做好封控期间大筛、流调、管控、转运、消杀、保医、保供、保障等各项工作。静态管理期间，每次核酸筛查均超额完成区下达任务指标。为辖区居民、规模性租赁用房内租户、楼宇园区、建筑工地、沿街商铺内滞留人员及时配发区级保供物资，其中辖区居民共发放9批次，规模性租赁用房、楼宇园区、建筑工地等共发放7批次，总计431393份，另发放1批次牛奶，共40132份。为一线抗疫人员送餐115863份。此外为高龄独居等助餐老人发放贮备干粮。组建常态化应急处置专班，值班人员24小时在岗。细致排摸封控区域特殊人群，回应居民关切问题。严格执行“场所码”“数字哨兵”扫码、测温等工作，加强入口管理。对卖场、菜市场等重点场所，开展专项排查整治。设置常态化核酸采样点位，做好采样管运送内循环。下半年，区卫生健康委考核各街镇常态化核酸检测工作，街道总分一直位列全区前茅。通过采用“进医院、进卫生站点、进菜场、进养老院、进家门”等“十进”方式，努力实现“哪里有老人，哪里就有动员”，推动疫苗接种工作。当防疫工作进入新阶段时，按照“保健康、防重症”要求，关心关爱重点人群，动态排摸高风险人群情况，做到“情况清、底数明”。发挥志愿者、养老顾问、助残员等能动力量，组建物资保障队，为高龄、独居、残障等特殊困难老人配送蔬菜、水果等物资上门，街道社区事务受理服务中心组建药品配送小分队，专人负责药品接收、防疫消杀等，共配送药品5607单。 （张斯嘉）

【北宝兴路二级旧里地块居民完成旧改征询全部搬迁】 1月21日，组织地块居民对旧改项目进行签约，北宝兴路零星旧城区改建项目签约率达100%。居民们通过旧改项目改善居住条件，旧改地块内的居民全部搬离。

（张斯嘉）

【街道“灵石活力电竞党建”成为静安区首批“学思践悟新思想”现场教学点】 街道是全市电竞企业最为密集、电竞生态最为完善、电竞人才最为集中的热点领域，灵石路沿线聚集上游制作、研发企业、电竞赛事运营、制作巨头、头部电竞俱乐部、电竞生态延展机构。10月27日，大宁路街道“灵石活力电竞党建”成功申报为静安区首批“学思践悟新思想”现场教学点。

（张斯嘉）

【大宁路街道人大“家、站、点”获评市级示范平台】 街道在全市率先试点推进“人大代表之家”建设工作。11月9日，在市十五届人大代表工作总结交流会上，大宁路街道人大代表之家、德必易园人大代表联络站、慧芝湖居民区人大代表联系点获评“家站点”市级示范平台。

（张斯嘉）

【“大宁易办”数智化服务平台上线】 11月30日，“大宁易办”数智化服务平台正式上线。街道为落实“一网通办”工作要求，打通服务群众“最后一公里”，多措并举，积极创新，在做好社区事务受理服务中心整体硬件环境改造升级同时，梳理并优化中心窗口工作流程和设置，创新开发“大宁易办”数智化服务平台，并推动落地实施，以线上助推线下、以线下承接线上，通过互动融合，打造“零次跑”“不见面”的全程陪伴式数智化政务在线服务，让居民群众感受到“一网通办”政务服务的优质、高效和便捷，给群众和企业带来政务服务事项办理新体验。

（张斯嘉）

【小区非机动车棚改建】 年内，街道完成改建上工新村、宁康、大宁路505弄等小区非机动车棚20个。通过改建小区非机动车棚，保障小区居民停车需求，更安全保障小区居民充电需求，避免乱停车、乱充电等顽疾再现，改善小区环境秩序，提升小区居民幸福感和满意度。

（张斯嘉）

11月30日，“大宁易办”数智化服务平台正式上线　　（大宁路街道　供稿）

表27-11　2022年大宁路街道居委会基本情况表

名称	地址	居民小组数（个）
延长新村	共和新路1700弄62号101室	67
延铁新村	老沪太路199弄5号2楼	72
平型关路801弄	延长路99弄7号102室	126
广延路	共和新路1873弄2号甲	51
延长中路451弄	延长中路451弄9号对面	36
延峰	延长中路561弄1号108室	52
上工新村	广延路350弄33号103室	72

（续表）

名称	地址	居民小组数(个)
大宁路540弄	大宁路540弄29号1楼	90
八方花苑	大宁路660弄18号	36
大宁新村第二(大二)	大宁路181弄5号甲	34
大宁新村第一(大一)	共和新路2203弄19号103室	31
大宁路505弄	大宁路505弄13号101室	37
大宁路667弄	大宁路667弄36号102室	68
慧芝湖花园	平型关路1115号1楼	92
宝华现代城	共和新路2399弄9号101室	38
新梅共和城	广中西路99弄5号3楼	101
粤秀新村	粤秀路318弄17号甲101室	70
金茂雅苑	彭江路399弄1号1楼	12
永和南	共和新路2999弄1号202室	69
永和北	广延路1188弄5号1楼	24
虹屿	平型关路1899弄2号1层	19
平型关路2199弄(粤秀名邸)	粤秀路1402号	103
云平	平陆路999弄212号25号楼3楼	32
云荣	万荣路1199弄42号楼3楼	37
合计		1369

（丁佳楠）

(十三)彭浦新村街道

【概述】 彭浦新村街道东起岭南路,西到东茭泾河,南临场中路、走马塘,北接共康路和高压线走廊。辖区面积 3.81 平方千米。下有 33 个居委会,66 个自然小区(其中彭一小区正在拆除重建中),2958 个楼组(不包括彭一小区)。实有人口 14.5 万人,户籍人口 12.2 万人。面对新冠肺炎疫情大考,街道对标“六增计划(招商引资倍增、总部经济增能、重点产业增效、土地亩产增长、重大工程增速和服务效能增优)”“五大工程(聚力工程、民心工程、数字工程、品牌工程、基石工程)”,统筹新冠肺炎疫情防控和经济社会发展,推进“静安北亮点”建设再上新台阶。2022 年,推进 2 个“美丽家园”和 2 个“美丽城区”建设。累计发放社会救助帮困总金额 3949.7 万元,受益 44688 人次。发放元旦春节帮困资金 456.84 万元,覆盖对象 10212 人(户)次。引进项目 217 个,超额完成年度任务目标;引进税收规模千万元级项目 1 个、百万元级项目 9 个,超额完成年度百万元级项目引进目标。事务受理中心全年累计业务受理量 67104 件次,位列全区第一,其中“全市通办”14494 件次,“一网通办”1523 件次。街道获评“上海市老干部工作先进集体”“2021 年度先进基层人民武装部”“2021 年度征兵工作先进单位”“2019—2021 年度上海市绿化工作先进集体”“上海市十佳新时代司法所”“2022 年上海市消防先进集体”等称号,彭五居民区被司法部、民政部命名为第九批“全国民主法治示范村(社区)”,彭三社区被命名为 2022 年上海市“老年友好型社区”,街道商会获 2021—2022 年度上海市“四好商会”荣誉称号。

(顾晨晨)

【党建引领】 年内,街道将党章和党的二十大精神学习宣讲融入日常教育体系,深化社区党校三大特色教育品牌,形成分层分类培训模式。开展党的二十大精神集中学习宣讲视频会 5 场,辖区党员 1 万余人次参与学习;开展 7 场党员集中培训,实现辖区 7800 名党员全覆盖,提前完成 5 年轮训规划。紧扣静安区“党建品牌创建年”契机,创建街道“静·绣彭程”党建品牌,立体推动“彭友圈”“彭新聚力”“老彭友”“彭浦的红砖墙”“彭博初心”等“1+5”品牌体系。引导居民区“一居一品(1 个居民区、1 个党建品牌)”建设,打造“楼道红管家”“朋吾会”“邀您邀我”等立得住、叫得响的党建品牌,激发居民区党员先锋模范作用。结合习近平考察旧改工作资源,打造彭三、彭五小区“学思践悟新思想”现场教学点。以街道社区党群中心为红色地标,打造“红砖墙下的彭浦精神”情景党课。擦亮“彭浦的红砖墙”书记队伍建设品牌,形成并推广“居民区书记工作十法”,做实红色施教项目服务配送。推进“美好社区先锋行动”项目,引领“美丽家园”建设,拓展多元群体参与基层治理。加强“静·邻一家”党群服务站建设,将“新新业态”纳入服务范围,形成“街道社区党群服务中心、33 个居民区党群服务站、特色党群服务阵地”为一体的“1+33+X”三级全覆盖式共 41 个“新心驿站”服务阵地。成立城市新汇园区党总支,形成“街道党工委—社区党委—楼宇党总支—楼宇企业党组织”的组织体系,打造“新心相印、汇聚合力”楼宇党建品牌。组建园区“楼务会”自治平台,开展“营商伙伴日”活动,邀请“首席服务团队”下沉园区送服务。推动党建网格与社区治理网格“并网运行”“一网统管”,划分 173 个微网格,强化楼组党建,探索报到党员担任“第二楼组长”,提升楼组“邻聚力”,推动管理服务力量下沉。

(顾晨晨)

【城区管理】 年内，街道推进三泉路1015弄和三泉路601弄“美丽家园”建设，推进场中路2401弄、2471弄和保德路921弄等15个小区雨污分流改造项目建设。三泉家园消防通道北侧与长临支路“美丽街区”项目基本完工。基本完成皮肤病医院无主弄堂改造。创新建立“弄管会”，长临支路无主弄堂实施一体化管理。全年拆除辖区违建面积达7510平方米，目标任务量完成率150.2%，排名全区第一。在上半年上海市城管执法工作社会满意度调查中，街道排名由全市第47名跃升为第15名，位居全区第2名。推进垃圾分类工作，年内总计收集湿垃圾197713.5桶，达到区级任务目标量的196.27%。可回收物（玻衣塑纸金）收集约为13247.56吨，达到全年区级任务目标量的100.91%。完成整辖区垃圾减量约21961.605吨。编制涉疫废弃物管理相关规定及注意事项，确保收运及时安全规范。加强垃圾分类配套设施建设，增设1个200平方米两网融合点位，在临汾路1564弄、场中路2401弄、干休所和闻喜华庭试点移动式装修垃圾拉臂箱。协调推进艺康苑、三泉前进公寓和共康前进公寓、装修垃圾房新建工作。依托街道4.0版本的全要素精细化管理与服务平台，录入各类身份标签138项、服务标签62项、走访标签18项、管理标签20项、巡查要素清单314项等数据，建立三级问题处置机制，实现事项全覆盖、管理精细化、服务精确化。年内共发现社区、街区、沿街店铺、河道各类问题16.3万余件，发现率、处置率、办结率均为100%。探索数字化转型新路径，建成“1+3+N”（“1”即彭浦新村街道全要素管理与服务智能平台；“3”即社区信息、社区运行、社区参与“3C”运行架构；“N”即疫情防控、微网格服务、疫苗接种、加装电梯、非机动车充电桩智能监管、垃圾箱房智慧监控等应用场景）的系统运行模式。拓展全要素平台移动端功能，对接“随申办”App彭浦新村街道旗舰店，打造彭福卡、彭浦码、彭浦通办三大品牌，建立一码通达一码响应机制，依托辖区2965个楼栋全覆盖张贴彭浦码，打造综合性服务承载地和云端数字宣传墙，让居民不出楼道、小区、社区，就能体验高效便捷的需求反馈服务，玩转家门口数字生活圈。筹建“37度”数据实验室，吸纳数据治理骨干力量，探索数字化转型赋能基层治理新路径，加强数据人才队伍培养和数据治理专题研究能力。 （顾晨晨）

【社会事业】 年内，街道以申报中国红十字会城市社区博爱家园示范点建设为契机，巩固“博爱家园”建设成果，提升“博爱家园”项目服务能级和服务内涵，继续推进“博爱社区”和“标准化”红十字服务站建设。完成城市新汇社区文化活动中心改建，设有多功能活动厅、团队活动室、文化会客厅、乒乓球房等设施，满足市民日常文体需求。更新辖区24个健身苑点、3个益智健身点共176个健身器材，推动三泉路357号健身房建设。推动社区文体团队建设，健身操、广场舞、空竹、拔河、象棋等比赛均获市级以上奖项。开展“如益新春、壬寅大吉”迎新送“福”、第四届静安运动盲盒挑战赛、“苏河湾走百桥”线上赛、党风廉政教育月等活动。以科技“彭”勃发展，健康“浦”写幸福——彭浦新村街道后疫情时代社区健康科普行为主题，开展上海科技节、全国科普日等活动。完成街道语言文字规范化工作评估。多措并举关心计划生育特殊家庭，继续做好“心扶”6项免费服务，继续推动暖心家园失独家庭关爱项目，重点关注失独人群心理健康，为独居、大病、高龄失独家庭线上访谈140人，线上关爱服务2600人次。依托街道智慧健康驿站提升居民个人健康管理和家庭保健意识，康健驿站提供各类免费健康检测8464人次，开展健康讲座10次，受益473人次；开展健康沙龙 10 次，受益 252 人次。关注社区老年人心理健康，开展线上线下心理咨询服务 342 次，受益 327 人次；心理热线开通服务 252 天，服务 338 人次；开展 2 次线上心理健康教育讲座，受益 2379 人次。（顾晨晨）

【民生保障】 年内，街道优化提升安泽路综合为老中心日间照料服务功能，完成老年人辅具租赁点建设。推进社区食堂标准化 2.0 版本建设，发布《彭浦新村街道社区食堂管理办法（试行）》，优化指标体系，提升社区助餐服务能级，彭三社区食堂被评为"十佳上海市养老服务机构健康食堂"。拓展独居老人服务项目，其中"一键通"项目 1042 人、"老伙伴"计划 4210 人、"乐龄有伴"220 人，全覆盖关爱 4500 余名独居老人居家生活。推进居家适老化改造和社区基本养老服务提升行动试点项目。在区民政局和区城运中心指导和支持下，在闻喜路 935 弄居民区建成全区首个试点"智能水管家助老项目"的社区，彭五居民区、岭南路 539 弄居民区作为全区首批试点"智能水管家助老项目"的社区，该项目覆盖 80 名独居老人。做好就业困难人员托底保障工作，年内认定就业困难人员 402 人，安置 381 人，安置率 94.78%，其中 44 名就业困难人员通过街道公益性岗位实现再就业。社区事务受理服务中心完成升级改造，于 7 月 1 日恢复运营。（顾晨晨）

【经济发展】 年内，街道召开街道投资促进大会部署工作，压实街道各科室、各居民区投资促进工作主体责任，形成招商工作合力。开展"防疫情、稳经济、保安全"大走访大排查工作，上门走访户管企业、"两新"组织落地企业和辖区内楼宇园区企业共 1550 余次，街道领导班子走访企业 519 家，收集问题 101 个，处理 101 个，解决率 100%。加强街道企业服务中心建设，完善中心前台受理区、接待洽谈区、自助服务区、重点接待区、多媒体功能区五大功能区，将中心打造成服务企业前沿阵地、工作展示宣传阵地。坚持"流程最优、环节最少、时间最短、服务最好"服务理念，完善中心办事职能，健全专人跟踪和事项流转机制，1 个企业服务事项由 1 名工作人员全程服务到底，让企业"最多跑一次""最多跑一地"。全年接待企业 100 余次，对接并解决企业诉求 60 余件。年内，成功复评全区第一批规范化企业服务中心。

（顾晨晨）

【公共安全】 年内，街道加强对社区乱象整治力度，全年累计整治家庭棋牌室 136 家、收缴麻将桌 138 张；整治群租 55 户，拆除分隔 57 个，驱离 242 人，督促房东自行整改 20 户。聚焦基础薄弱小区、重要领域，继续推进燃气物联网智能自动报警设施全覆盖、电动自行车充电设施加装、为独居老人安装消防应急柜等工作。街道 2 年累计新增电动自行车充电端口 16770 个，其中 2022 年全年服务 100895 人次和 429094 小时，极大缓解过去充电设施不足导致的私拉电线等危险行为。打造电动自行车安全"零隐患"社区成功申报"2022 年上海市法治为民办实事项目"。开展消防安全隐患大排查、大整治，全年检查安全生产重点单位、菜场、地下空间、养老院、沿街门店等场所 210 家次，发现安全隐患 191 处，均开具现场记录单或责令整改告知书。春节期间，共组织 990 名平安志愿者参与烟花爆竹管控巡查 400 余次。做好信访和矛盾化解工作，全年信访窗口接待群众来访 1121 人次、来信 510 件。（顾晨晨）

【民生实事】 年内，彭三五期居民陆续回搬，街道落实好彭三五期装修监管工作，及时发现和整改违规行为。启动彭三小区"美丽家园"项目实施方案，推动历期遗留问题解决。加快推进彭一小区建设，研究选房方案，调解居民签约遗留矛盾。按照流程，逐步移交历期成套改造存量房屋。通过街道搭建平台、居委会协调配合、专业方全力协助、参建方积极作为、居民高度自治5方共同努力，推动加梯多签约、快开工、早竣工、善管理、好使用。坚持“全领域联动、全覆盖推进、全周期管理”三全工作法，通过街道既有多层住宅加装电梯工作动员部署会、小区规模化加装电梯启动及培训会、经验交流会以及与市、区相关职能部门建立的“疑难杂症”会商机制，推动加梯工作开启新局面。年内，电梯加装签约148台、开工138台、完工130台，完成2个规模化小区评审，电梯签约、完成数均位列全区第一。（顾晨晨）

【街道“民族之家”迁新址】 3月，在街道商会会员企业恩斯凯公司支持下，全区面积最大、功能最完备的“民族之家”在三泉路821弄55号落成。该处兼具会议、活动、展示、接待、读书等功能，还设置一间充满藏域风情的藏族家长接待室，用于共康中学学生和家长相聚。（顾晨晨）

【新冠肺炎疫情防控】 年内，街道调整充实新冠肺炎疫情防控工作领导小组，压实责任链条，明确工作职责，发扬“5＋2”“白＋黑”连续作战精神，做好封控期间的大筛、流调、管控、转运、消杀、保医、保供、保障等各项工作。静态管理期间，每次核酸筛查均超额完成区下达任务指标。街道328名工作人员参加核酸采样辅助培训，并获得合格证书，弥补战时医务人员缺口。在全区最先提出征用学校建立临时隔离点，切断社区传播链。为辖区60192户居民发放6批次生活物资。组建35支“突击队”、发动6800余名党员志愿者，经过2个月战斗，打赢超大规模居住区、超大人群聚集区的疫情防控阻击战，保卫彭浦新村人民生命安全。组建常态化应急处置专班，值班人员24小时在岗。排摸封控区域特殊人群，回应居民关切问题。严格执行“场所码”“数字哨兵”扫码、测温等工作，加强入口管理。对卖场、菜市场等重点场所，开展专项排

彭浦新村街道“民族之家”新址　　（彭浦新村街道　供稿）

查整治。设置常态化核酸采样点位，做好采样管运送内循环。下半年，区卫生健康委考核各街镇常态化核酸检测工作，街道总分一直位列全区前茅。通过采用“进医院、进卫生站点、进菜场、进养老院、进家门”等“十进”方式，实现“哪里有老人，哪里就有动员”，推动疫苗接种工作。当防疫工作进入新阶段时，按照“保健康、防重症”要求，街道关心关爱重点人群，动态排摸高风险人群情况，做到“情况清、底数明”。协助就医转运、邻里借药、订餐买菜等，累计协助就医83人次、药品保障262人次、生活保障336次。做好特殊困难对象防疫药品和物资包发放工作，共发放7732份爱心应急包。广泛动员居民与社区卫生服务中心家庭医生签约。

（顾晨晨）

【彭三五期旧住房成套改造项目居民回搬仪式】 于7月21日在彭三小区内举行。市住房和城乡建设管理委主要领导，区委副书记、区长王华，市住房和城乡建设管理委副主任、市房屋管理局局长王桢，区委副书记王益群等出席活动。经过3年时间，原有11幢非成套旧公房拆除重建为7幢带电梯高层，每户均有独立的厨卫空间，小区绿化率32%，配套建设地下车库和菜场，方便居民日常生活和出行。年内，彭三五期旧住房成套改造项目居民陆续回搬，彭三小区旧房改造项目画上圆满句号。（顾晨晨）

【彭一旧改临时党支部成立】 9月，由建设方、施工方、监理单位、街道分管业务科室、属地居委会共同组成的彭浦新村街道彭一小区项目临时党支部正式成立。临时党支部以党建引领汇集各方资源及力量，坚持以昂扬的精神状态、务实的工作作风、创新的机制举措，脚踏实地地走出一条“彭一”现代化治理新路，帮助解决一系列民生问题，推进彭一旧改项目进程。

（顾晨晨）

【“非凡十年路续写新荣光”——学习贯彻党的二十大精神暨党建引领基层治理推进大会】 于11月11日采用“主会场＋分会场”视频会议形式召开。区委常委、组织部部长宋宗德，区委宣传部副部长姚掌宏，区社工委副书记蒋燕，区政协办副主任陈卫慧应邀出席。街道党政班子领导、机关干部、各中心场所院队负责人、辖区单位、“两代表一委员”、街道老干部、“两新”组织及统战人士代表，33个居民区党总支委员和居委会干部等400余人参会。会上，通过宣传片回顾彭浦新村10年来蜕蛹蝶变的精彩瞬间，发布《彭浦新村街道社区食堂管理办法（试行）》和彭浦新村街道“居民区书记工作十法”，分享“美好社区先锋行动”基层治理项目经验，举行彭浦新村街道“党建引领基层治理顾问团”聘请仪式。街道党工委书记任伟以“‘四个特别’锻造担当队伍，‘五力聚合’提升治理实效”为主题，给与会党员上一堂微党课。（顾晨晨）

【推进“美好社区先锋行动”项目】 为破解社区治理难题，通过党建引领，推进加强基层治理体系和治理能力现代化建设工作，年内，在上海市委党的建设工作领导小组办公室指导下，上海广播电视台、新华社上海分社、上海大学共同主办2022上海市“美好社区先锋行动”。作为全市首批16个社区行动项目之一、静安区首个“美好社区先锋行动”项目于8月16日在三泉路1015弄居民区落地。通过探索党建引领基层治理创新模式，从党建引领、群众需求、硬件改造、居民自治4个方面同步推进，改善小区硬件环境，提升居民满意度，探索破解基层社区治理难题，将三泉路1015弄居民区打造成党建引领居民区基层治理样本。（顾晨晨）

【平安社区智慧平台打造】 年内，街道为辖区居委会共安装云喇叭设备290多台，借助互联网通信技术，打通社区消防安全防灾减灾等方面宣传的“最后一公里”。在辖区全部3070个楼栋安装“彭浦码”，建立彭浦新村电动自行车违法违规充电行为“举报—处置—评价”机制，推动居民参与基层治理，消除安全隐患。在机关下属食堂、老年食堂、养老院、学校、沿街餐饮等149家单位安装燃气报警器，打造物联网燃气报警器平台，做到实时监测数据可靠接入，及时准确响应管网异常事件。 （顾晨晨）

【消防实事项目加大投入】 年内，街道完成艺康苑、彭三五期地下非机动车库新建和平顺路180弄、闻喜路1110弄地下车库改造工作，配合区消防支队完成15个车库消防设施改造，辖区充电设施和电瓶车保有量整体百分比达66.34%，所有小区均超过区级30%的标准。排摸辖区内独居老人情况，根据实际情况，在居民区部分楼栋共安装238个消防应急柜，便于邻里、居委会、物业可在最短时间内、最近距离内利用应急柜里的消防装备进行救援，为后续专业消防救援争取宝贵时机。 （顾晨晨）

【彭浦新村街道“10分钟法治文化圈”建设】 年内，街道借助打造“一步一景”“一居一法”特色法治文化辖区项目，为提升法治文化阵地覆盖率，于11月新增临汾路1515弄法治文化驿站，填补共和新路以西法治文化阵地空白。该法治文化驿站集宪法、民法典和刑法专题为一体，通过文字展示、扫码学习等口袋式便携式途径，实现学习效果最大化。打造沉浸式、漫步式、体验式法治文化阵地等新模式、新举措，勾画“街道—居民区—楼道”三级全覆盖“十分钟法治文化圈”新格局，打通司法为民“最后一公里”，让社区法治宣传触角向居民“家门口”延伸，推动普法从有形到有效，提升各类人群对于“法律就在身边”的获得感。 （顾晨晨）

【儿童友好社区创建】 年内，在区妇联指导和支持下，街道以“儿童友好、人人友好”为目标，结合社区实际，建成1个儿童服务中心，在辖区东中西不同区域建成7个儿童之家，形成“一中心多站点”网络布局和“1+7+X”儿童服务模式。坚持以儿童服务中心和儿童之家为阵地枢纽，通过加强管理、整合资源和优化服务，以嵌入式、菜单式、分龄式服务为儿童打造一个环境优化、设施齐全、服务完善的15分钟社区生活圈，营造“安全、普惠、联动”的儿童友好服务空间。 （顾晨晨）

表27-12 2022年彭浦新村街道居委会基本情况表

名称	地址	居民小组数(个)
彭一	彭浦新村65号甲底楼	29
彭三	闻喜路806弄15号101室	77
彭五	彭浦新村328号106室	104
彭七	彭浦新村248号103室	107

（续表）

名称	地址	居民小组数（个）
平顺路 180 弄	汾西路 711 弄 6 号 101 室	76
岭南路 539 弄	保德路 681 弄 12 号 101 室	117
彭新	临汾路 971 弄 12 号 101 室	112
临汾路 1244 弄	曲沃路 321 弄 35 号 101 室	157
闻喜路 1110 弄	闻喜路 1110 弄 7 号 101 室	60
临汾路 1564 弄	临汾路 1564 弄 38 号甲	39
场中路 2471 弄	闻喜路 1223 弄 33 号 103 室	75
共和新路 4555 弄	平顺路 721 弄 6 号 1 楼门面	135
平顺路 790 弄	平顺路 790 弄 5 号 101 室	135
临汾路 894 弄	共和新路 4407 号 2 楼	70
场中路 2401 弄	场中路 2401 弄 15 号 101 室	67
闻喜路 935 弄	闻喜路 935 弄 18 号 103、104 室	68
三泉路 424 弄	三泉路 424 弄 11 号 101 室	64
保平	平顺路 373 弄 7 号 104 室	56
三泉路 770 弄	三泉路 764 号	53
三泉路 517 弄	三泉路 517 弄 26 号 102—104 室	123
三泉路 821 弄	三泉路 821 弄 46 号 2 楼	87
三泉路 601 弄	三泉路 601 弄车棚顶	81
三泉路 1015 弄	三泉路 1015 弄 29 号车棚顶	108
临汾路 1515 弄	临汾路 1515 弄 7 号 103 室	75
共康三村	长临路 200 弄 55 号甲	121
共康四村第一	共康四村 69 号甲	99
共康四村第二	长临路 380 弄 146 号甲	82

（续表）

名称	地址	居民小组数(个)
保德路 1316 弄	保德路 1316 弄 76 号甲(保德公寓内)	135
曲沃路 430 弄	曲沃路 430 弄 19 号 101 室	30
保德路 921 弄	共和新路 4470 弄 5 号 101 室	42
场中路 2601 弄	场中路 2601 弄 11 号 102 室	92
艺康苑	保德路 1238 弄 3 号	103
三泉家园	三泉路 999 弄会所 2 楼	99
合计		2878

（顾晨晨）

(十四)临汾路街道

【概况】 临汾路街道位于区境东北部，东起江杨南路，与虹口区毗邻；西至岭南路，与彭浦新村街道交界；南到北郊站北围墙，与大宁路街道相接；北临北长浜，与宝山区接壤。辖区面积 2.12 平方千米。有 4 个街区网格工作站，20 个居委会，38 个自然小区。实有人口约 7.95 万人，户籍人口约 6.13 万人、约 3.4 万户，是人口导入型的纯居民生活居住区。2022 年，临汾路街道落实“疫情要防住、经济要稳住、发展要安全”要求，统筹推进新冠疫情防控和社会发展工作，各项事业实现稳中向好发展。街道获评全国智慧健康养老示范街道；阳曲路 760 弄居民区获评全国示范性老年友好型社区；临汾路 375 弄居委会主任俞咏梅获评“全国优秀城乡社区工作者”。街道被评为市、区共创老年体育示范街镇(2019—2021)、街道城运中心被评为 2021 年市“一网统管”先进集体、街道社区事务受理服务中心在全市“一网通办”专项立功竞赛活动中获先进集体一等奖和 1 名先进个人一等奖。事务受理中心副主任王晓珺当选 2022 年上海市“新征程、奋进者”，入围“2022 感动上海年度人物”。街道调研论文《大数据时代下的离退休干部养老服务探索——以静安区临汾路街道为例》获上海市老干部工作系统优秀调研成果三等奖。“基于 5G+防疫码，打造‘数字家园’韧性平台与应用体系”项目获第五届“绽放杯”5G 应用征集大赛上海分赛“民生先锋奖”；“心愿码上提，供需马上通——将全过程人民民主贯穿社区新基建的始终”获第二届上海社会建设与基层社会治理创新项目。（钟水花）

【党建引领】 1 月 4 日，临汾路街道党工委、办事处邀请临汾路派出所、区交警支队四大队、临汾路市场监督管理所、临汾路街道社区卫生服务中心、区青少年活动中心、临汾路街道司法所、城管执法中队负责人列席党工委会，开展第一季度工作计划交流。1 月 29 日，会议对 2021 年度党史学习教育进行总结。7 月 15 日，临汾路街道党工委理论中心组召开专题学习会，学习贯彻落实上海市第十二次党代会精神。临汾路街道党政班子、8个科室及事业单位负责人参加会议，区委常委、组织部部长宋宗德出席会议。8月19日，临汾路街道特邀原区政协主席、党组书记陈永弟在社区党群中心举办“组织力讲堂”第一讲——《群众工作能力是领导干部的“第一能力”》专题讲座。街道中心组成员、各科室、事业单位、居民区及街区负责人等50余人现场聆听。9月15日，临汾路街道召开党规党纪教育大会暨“四责协同”推进会。街道党政班子、科级干部、年轻干部代表、街区党建负责人以及居民区党总支书记共60余人参加。10月16日，临汾路街道广大党员、群众以各种方式收看收听党的二十大开幕会。10月17日，街道党工委理论学习中心组召开专题学习会。10月，临汾路街道社区党群服务中心举办“树根立魂学党章昂首阔步新征程”党章知识竞赛。所有参赛队伍由居民区党组织、区域化党建成员单位、共建单位共同组成。汾西路88弄居民区党总支“活力88队”夺冠，阳曲路570弄居民区党总支“吾亲邻队”、阳曲路760弄居民区党总支“驰骋队”获亚军，临汾路299弄居民区党总支“朝气蓬勃队”、临汾路375弄居民区党总支“飞跃队”、阳曲路470弄居民区党总支“扬帆起航队”获季军。2022年度上海市学习贯彻党的二十大精神基层理论宣讲骨干培训班于11月18日在上海社会科学会堂学术报告厅举行，临汾路街道社区宣讲团在党群服务中心线上设置分会场开展培训，社区宣讲团讲师、居民区书记、街区书记、宣传干部参加学习。11月29日，上海市委讲师团成员、上海市学习贯彻党的二十大精神专家宣讲团成员、上海市委党校马克思主义学院特聘教授袁秉达为临汾党员干部作主题为“全面建设社会主义现代化强国的政治宣言和行动纲领——党的二十大精神解读”专题辅导报告。街道党工委中心组、三公支部代表、居民区代表、区域化党建单位、社区党校讲师团代表等共同参加学习会。12月2日，临汾路街道以“踔厉奋发跑出加速度，狠抓落实开启新征程”为主题召开学习讨论会，学习贯彻党的二十大精神，各部门、各条线、各居民区负责人参加会议。（钟水花）

【社会事业】 2月16日至17日，街道社区代表会议以“数字赋能创造美好生活，对标一流共建幸福社区”为主题，街道党政领导班子、各科室负责人、各职能部门负责人、各居民区代表、社区单位和社会组织代表参加会议。会议采用线上书面审议、线下分组讨论相结合方式召开。线上会议审议临汾路街道办事处、临汾路派出所、临汾路街道市场监督管理所、临汾社区卫生服务中心等工作报告，会议表决通过2022年临汾路街道实事项目等。线下召开组团会议。随后召开主席团第二次会议，听取代表审议情况。3月2日，临汾路街道商会二届第三次理事会会议在临汾社区文化中心召开。区工商联副主席史海云，临汾路街道营商办主任杨婳冰，街道商会会长、监事长、副会长、秘书长及理事成员等出席会议。7月20日，在街道4楼大会议室召开临汾路街道半年度工作会议，会议采用线上和线下形式，街道班子领导、八办主任，纪工委、城运中心、司法所、城管中队、事务受理中心、党群服务中心等负责人出席，居民区书记、居委会主任线上参加会议。8月18日，临汾路街道召开创建复评全国文明城区工作推进会。9月16日，区政协社会和法制专委会开展“啄木鸟”行动暨街道“协商议事厅”活动，临汾路街道委员联络组和彭浦新村街道委员联络组共同参与。区政协社会和法制专委会主任许俊，区政协文化文史和学习委员会、区政协社区建设委员会副主任姚建伟，区政协委员，区民政局、街道相关领导，街道相关科室，凯成公司共40余人参与活动。11月1日，人大临汾路街道工委分别召开2场集中座谈活动，4名市人大代表、14名区人大代表参加集中座谈活动。区人大代表、区委常委、组织部部长宋宗德参加活动。（钟水花）

【民生保障】 8月18日，临汾路街道召开2022年度河长制、林长制工作会议暨垃圾分类工作推进会，对街道河长制、林长制、垃圾分类工作进行再部署、再推动、再落实。9月4日，区市场监管局临汾路市场所开展民生领域"铁拳"行动，出铁拳、办铁案，解决民生诉求，查处一批有震慑力的典型案件。（钟水花）

【经济发展】 年内，临汾路街道共完成企业引进指标201家，其中待认定千万元级税收企业1家、完成百万元级税收企业6家、一般企业194家，平均注册资本133.22万元，总体基本完成年度目标任务。推进街道历史企业清理规范工作，完成17家企业清退注销，完成率61%。（钟水花）

【民生实事】 2月22日，阳曲路570弄居民区自2019年开始推动既有多层住宅加装电梯以后，在居民区党总支带领下累计成功加梯21台，元宵节又集中签约16台，使加梯总数达到37台，街道累计加梯签约数达303台。9月27日，静安区开展2022年质量月主题日活动暨社区加装电梯突发事件应急处置演练活动，由区市场监督管理局、临汾路街道办事处主办，上海市电梯行业协会、上海三菱电梯安装维修分公司协办，共同开展"安全乘梯守护行动"。9月28日，临汾路街道召开"党建聚合力，加梯暖民心"老公房加装电梯再动员推进会，区房管局局长李卿到会指导。街道办事处主任徐健通报加装电梯推进情况；李卿为2021年上海市重点工程实事立功竞赛优秀团队阳曲路760弄居委会颁奖。街道党工委书记李永波要求要做好群众工作，提速老公房小区电梯加装工作，确保完成年度加梯任务。会上下发"小绿书"——《加梯后续管理指导手册》。会后，街道请区加梯专班为各居民区解读《关于加强既有多层住宅加装电梯管理的指导意见》。（钟水花）

【新冠疫情防控】 年内，在全域封控、静态管理期间，街道109名机关干部下沉居民区网格全方位统筹调度资源，纾困解难回应居民需求，做好物资保障、检测筛查、转运隔离、环境消杀工作。常态化防控后，成立临汾路街道常态化新冠疫情防控应急办公室，组建常态化疫情防控工作专班，设置8个工作组，设置"综合协调岗、追阳转运岗、流调研判岗、区域协查岗、临时隔离岗"5个专人专岗。实行24小时应急值守制度，以快制快，及时处置情况，累计落实相关人员转运2093人次，电话排查密接及有关人员1400余人，开展区域协查26460人。科学合理布局并高效运转常态化核酸采样点位21个，通过"1＋N"点位设置，即"1个常驻点＋N个临时点"推动老年人疫苗接种工作，累计接种19602针。（钟水花）

【临汾路街道再次成功复评"上海市诚信计量示范社(街)区"】 7月25日，临汾路街道经市市场监督管理局检查验收，成功复评"上海市诚信计量示范社(街)区"。（钟水花）

【国防教育日活动】 9月17日是第22个全民国防教育日，也是上海市第15个防空警报试鸣日。在街道党工委、办事处领导下，街道武装部围绕"开启时代新征程、爱国强军谱新篇、铸盾强防为人民"主题，开展人民防空紧急疏散与掩蔽演练活动。各居民区精心组织，狠抓落实，利用板报、标语、分发宣传资料等形式，做好“9·17”全民国防教育日相关宣传并落实防空演练预案。（钟水花）

【蒋蕊赴临汾路街道调研社区分类治理工作】 9月21日，市民政局局长蒋蕊、副局长曾群调研静安区社区分类治理工作，区长王华，区委常委、副区长傅俊参加调研。蒋蕊一行到临汾路街道实地调研，召开座谈会并在临汾小区视察批量加梯的发源地“加梯工作室”、心愿码征集的成果“数字小屋”、居民自治的结晶“美丽楼组”、一站式服务综合体“居民之家”以及正在有序恢复线下活动的老年活动室等，在街道办事处听取“民情日志”数字驾驶舱“数字治理”赋能社区分类治理情况。（钟水花）

【分布式光伏发电项目正式并网运行】 11月3日，临汾路街道分布式光伏发电项目正式并网运行。区发展改革委副主任鲁慧玲、大唐（上海）电力能源有限公司总经理何景生实地察看该项目建设完成和并网运行情况。（钟水花）

【朱丽家庭获“全国五好家庭”称号】 年内，经市妇联推荐，第十三届全国五好家庭、全国家庭工作先进集体和先进个人，以及2022年全国最美家庭名单揭晓，其中静安区临汾路街道朱丽家庭获评“全国五好家庭”。（钟水花）

【“心愿码”获评第二届上海社会建设和基层社会治理创新项目征集与推广活动——“十佳创新展示项目”】 年内，经过专家初审，30个各具特色的项目入围复选，通过线下线上专家评审和大众投票获“十佳创新展示项目”，临汾路街道申报的“心愿码上提，供需马上通”项目成功入围。（钟水花）

表27-13　2022年临汾路街道居委会基本情况表

名称	地址	居民小组数(个)
汾西路87弄	汾西路87弄36号102室	55
汾西路88弄	汾西路88弄31号后门	42
临汾路99弄	临汾路99弄17号2楼	29
岭南路100弄	岭南路100弄4号2楼	82
闻喜路251弄	闻喜路251弄15号101室	71
汾西路260弄	汾西路241弄58号101室	151
汾西路261弄	阳泉路345弄10号1楼	118
岭南路270弄	岭南路270弄8号101室	57
临汾路299弄	闻喜路280弄28号101室	105
临汾路375弄	临汾路375弄20号甲	46

（续表）

名称	地址	居民小组数(个)
临汾路380弄	临汾路380弄10号	67
景凤路520弄	景凤路522号1楼	93
保德路425弄	安业路300弄8号101室	130
阳曲路470弄	阳曲路470弄42号102室	58
闻喜路555弄	闻喜路555弄49号1楼	98
阳曲路570弄	阳曲路570弄86号102室	132
岭南路700弄	岭南路700弄32号丁	142
阳曲路760弄	阳曲路760弄10号102室	131
场中路1011弄	场中路1011弄22号101室	172
和源名城第一	江杨南路466弄19号1楼	144
合计		1923

（钟水花）

（十五）彭浦镇

【概况】 彭浦镇东临共和新路，西接沪太路；南至老沪太路，北到场中路。辖区面积7.89平方千米。辖区内有36个居委会，居民小组3120个。原有7个行政村，其中4个已完成撤村改制，1个已完成撤村及产权制度改革，1个已撤村但资产未量化，1个村保留建制，另有4家镇属企业。常住人口156848人，户籍人口118759人。镇政府设在灵石路725号。2022年，镇政府打造“经济强镇”“文化重镇”“宜居新镇”“智理大镇”“党建名镇”，完成年度各项目标任务。（厉成珏）

【党建引领】 年内，加强政治建设，学习贯彻党的二十大精神，领会“两个结合”“六个必须坚持”意义，捍卫“两个确立”，增强“四个意识”、坚定“四个自信”、做到“两个维护”，贯彻中央、市委、区委和镇党委决策部署。学习宣传习近平法治思想，推进法治政府建设，严格依法行政。依法接受人大监督，认真办理人大代表意见建议。锻造过硬干部队伍，增强党员干部服务意识、担当精神、专业素养、落实能力。推动全面从严治党向纵深发展，驰而不息纠治“四风”，加强财政预算管理，坚持常态化过紧日子，抓好检查、督查、审计发现问题整改工作，巩固风清气正政治生态。（厉成珏）

【经济发展】 面对外部环境复杂变化，统筹各项投资促进和企业服务工作，保持镇域经济呈现企稳向好发展态势。招商引资持续发力。坚持把引进优质企业作为推动镇域经济发展、促进产业结构调整主要抓手，强化目标细化分解和考核激励，实行项目储备环节至落地产税全过程跟踪推进，全年新引进企业810个，其中千万元级企业12个、百万元级企业27个。优化营商环境，整合资源，优化“1＋10”镇、村两级招商服务工作体系，统筹全镇经济发展和企业服务工作，构建办事便捷、规范有序、适宜企业长期健康发展的经济生态环境，推动支持各村公司招商力量配齐配强，提高招商引资队伍专业化能力和水平，为镇域经济高质量发展赋能添翼。完善服务机制，发挥彭浦镇经济发展服务中心和村、公司等服务载体作用，做好招商信息共享、企业事务协调、载体资源整合等，使全镇各个层面服务经济发展大局。全年累计走访企业688家，帮助企业解决实际困难104项。深化农村改革，结合现行改革政策、尊重历史原因、兼顾各方利益，探索彭浦村集体经济产权制度改革可行性方案和路径，开展4个改制村改革历史遗留问题研究。加强集体经济组织监管，完成塘南社区经济合作社换届选举，制订《关于加强镇属集体经济组织审计工作的办法》，提高彭浦镇各级集体资产运行质量。

（历成珏）

【城区治理】 依托城市运行管理中心平台枢纽功能，推动“一网通办”“一网统管”2张网融合发展，助力城市管理和精准防疫。提升“12345”市民服务热线工作质效，各类工单及时接单率、及时处置率、及时结案率均达100％。加大违法建筑治理力度，全年共拆除违法建筑面积近1.73万平方米，完成率115.44％，龙盛雅苑小区成功创建彭浦镇首个“零违建”居村。完善住宅小区物业服务达标考核机制，引导、督促物业服务企业提高小区管理和服务水平，年内共归并调整3个小区。深化爱国卫生运动，开展国家卫生镇复评迎检工作。推进国家级“绿水青山就是金山银山”实践创新基地创建，依法及时处置环境污染问题，增强全民环保意识。年内，成功创建11个镇级绿色社区，实现全镇36个居民区全覆盖。聚焦生态河道建设，落实“河长制”，彭浦镇民间河长吴全英获全国“最美河湖卫士称号”，龙潭居民区志愿者王庄妹被评选为全国“百名最美生态环境志愿者”。推进“美丽家园”项目，完成永和一村22幢楼和小区道路以及特飞所雨污分流项目竣工验收，场中路3300弄干休所、亿润苑雨污分流项目和沪太路1051弄景峰苑项目均已进场施工。将“加凳”工程、城市家具小品建设、店招店牌检测等群众关注点纳入“美丽街区”行动规划。对社区群租始终采取高压严打态势，加强消防安全管理，对规模租赁、“三合一”场所、电动车违规充电等风险点实施多轮检查。统筹发挥信访、调解联动作用，提升社会矛盾综合治理能力和水平，确保全国“两会”、党的二十大、冬奥会、“进博会”等重点节点社会面稳定。扩大食品安全科普宣传，开展食品安全、疫情防控专项监督检查，全镇食品药品安全形势良好可控。（历成珏）

【民生保障】 增强社会保障能力，落实各类困难群众保障工作，精准施策，推进稳就业工作，帮助847名失业人员、289名就业困难人员以及61名长期失业青年实现就业。依托社区综合为老服务中心、老年食堂、居家养老服务中心、长者照护之家、社区认知症家庭支持中心等载体，为老人提供便捷高效服务。做好“老伙伴”计划、“小镇宜居关爱”等老年人关爱项目，弘扬孝亲敬老优良风尚。执行各类残疾人、优抚对象、未成年人保障政策。落实住房保障政策，开展上海市第十批共有产权保障住房咨询受理工作和廉租房受理、复审工作。推进“小镇食堂”“小镇驿站”“小镇史馆”“三阳”残健融合基地等项目。开展既有多层住宅加装电梯工作,全年指导完成签约146台、开工135台、竣工130台。做好原白遗桥村旧宅改造第一阶段第二批分房工作。打造摄影文化品牌,出台《小镇摄影文化发展行动计划暨“中国民间文化艺术之乡”三年行动计划》,完成幸福新苑摄影广场项目建设,举办“时代因你而美好”2022彭浦小镇摄影艺术节。定期推出适应不同文化层次、不同年龄群体的品牌文化教育活动。推进健康苑社会体育和高品质社区教育,被评为2022年上海市全民运动健身模范街镇和上海市街镇社区(老年)学校优质校,社区学校《探索疫情防控常态化下的远程老年教育学习形式的实践与思考》获第五批全国老年远程教育课题论文一等奖。开展“跟着绘本学科学”“科普书院”等科普活动,引导社区居民养成科学、健康、文明生活方式。夯实基层治理基础,全年共完成15个居委会局部整新和3个居委会整体修缮,指导居委会规范首问接待、联系群众等“十项制度”。推进“治惠彭程”楼组项目,全年创评638个“美丽楼组”,全镇累计创评达1905个。发挥居民区党组织在小区综合治理中领导核心作用,依法依规启动八一坊、佳宁花园等15个业委会组建换届工作。国防动员、民族宗教、统计、档案等工作取得新成效,工会、共青团、妇女儿童、红十字等事业取得新进步。 (厉成珏)

【新冠肺炎疫情防控】 年内,面对新冠肺炎疫情冲击,贯彻“外防输入、内防反弹”总策略和“动态清零”总方针,及早研判、科学应对,以最快速度进入战时状态,联防联控、群防群控,做好核酸筛查、排查管控、场所封控、人员转运、追阳管控、疫苗接种、物资发放等工作。统筹抓好疫情防控和经济社会发展,推动复工复产复市复学,注重多渠道、多角度了解企业在疫情防控和复工复产期间遇到困难和瓶颈,完成249户企业纾困解难方面联络走访,加强企业防疫物资关心和社保减免等助企政策宣传,加强银行对接部分小微企业享受低利率专项贷款,为企业生产发展保驾护航。 (厉成珏)

【共青团静安区彭浦镇第十七次代表大会】 于1月8日在镇社区文化活动中心召开,共50人参加会议。团区委副书记陆迪出席开幕式并讲话。与会代表审议通过《共青团静安区彭浦镇第十六届委员会工作报告》。全体与会代表投票选举产生静安区彭浦镇团委第十七届委员会委员。 (厉成珏)

【“三个责任制”述职评议会】 1月12日,彭浦镇社区党委召开2021年村企、“两新”党组织书记“三个责任制”述职评议会。镇党委委员谢家欣、党建办主任徐艳婷、企业村党组织书记、“两新”组织党组织书记,以及片区工作站党务社工等65人参加会议。 (厉成珏)

【党史学习教育总结会】 1月28日,彭浦镇党史学习教育总结会议在镇文化中心影视厅召开。镇领导班子、机关科以上干部、居民区党总支书记、镇属企业、村公司、“两新”组织党支部书记等120人参加会议。会议要求真抓实干开新局,砥砺奋进展新貌,常抓不懈谱新篇。

(厉成珏)

【第十六次党代表大会第三次会议】 1月28日,中共上海市静安区彭浦镇第十六次代表大会第三次会议在社区文化中心召开,200余名代表参会。镇党委副书记、镇长章钧向与会人员传达静安区委二届二次全会精神,书记辛毅做2021年彭浦镇党委工作报告。 (厉成珏)

【处级领导班子党史学习教育专题民主生活会】 1月29日,彭浦镇召开2021年度处级领导班子党史学习教育专题民主生活会，25人参加会议。区委党史学习教育第八巡回指导组组长郭慧峰，副组长陈桂兰，组员陈斌、孟庆杰、张依依参加民主生活会。（厉成珏）

【开展大走访、大排查】 2月7日，由镇党委书记辛毅，党委副书记、镇长章钧等相关领导带队，开展大走访、大排查工作。为提高大走访、大排查实效，以突出重点、掌握要点、攻克难点、打造亮点为原则，“组团式”走访排查，分层分类解决问题。（厉成珏）

【王益群调研彭浦镇】 2月8日，区委副书记王益群到彭浦镇社区党群服务中心走访调研。王益群在镇党委书记辛毅陪同下参观文化活动“团聚地”，志愿者“奉献屋”，党代表、人大代表接待室“汇心厅”，钟书阁、仪式厅等，观看五四微电影《小镇转角遇见你》。（厉成珏）

【基层统战工作调研】 3月3日，区委常委、统战部部长顾定鋆一行赴彭浦镇调研。镇党委书记辛毅、党委副书记黄永前及相关职能科室负责人陪同参观并座谈。顾定鋆一行参观彭浦镇社区党群服务中心及“侨之家”阵地，随后进行座谈。顾定鋆肯定彭浦镇统战工作各项成果，认可彭浦镇统战工作基础扎实，特色和品牌亮点鲜明。（厉成珏）

【2022年共有产权保障住房工作正式启动】 6月27日，彭浦镇本市户籍第十批次及非沪籍第四批次共有产权保障住房（经适房）申请受理工作正式开展。受理点位于阳城路360号，根据辖区内各居民区往年申请情况，分居委会、分需求人数进行第一阶段集中咨询。（厉成珏）

【举办建党101周年主题分享活动】 7月1日，在社区党群服务中心举办“我们的疫线故事”庆祝中国共产党成立101周年主题分享活动，学习贯彻市第十二次党代会精神。来自居民区、医疗卫生、市直机关、企业园区、镇机关等不同条线的6位工作人员讲述他们自己的“疫线”故事。（厉成珏）

8月1日至2日，彭浦镇二十届人大第二次会议在镇社区文化活动中心举行（彭浦镇街道　供稿）

【接受安全生产执法检查暨巡查】 7月21日，区人大社会委主任委员杨景明、区2022年安全生产巡查组组长、区消防救援支队副支队长黄秋浩带队对彭浦镇开展2022年安全生产执法检查暨巡查工作，镇人大主席刘胜陪同检查。巡查组指出要统筹做好疫情防控和安全生产工作，从严从实落实好“一岗双责”，树立大安全观念，将安全生产工作始终贯穿在全面打造“平安小镇”建设中。（厉成珏）

【镇二十届人大第二次会议】 8月1日至2日，彭浦镇二十届人大第二次会议在镇社区文化活动中心举行，200余名代表参会。何涛当选为彭浦镇人民政府新一任镇长并举行宪法宣誓仪式。何涛向大会作《彭浦镇人民政府2022年上半年工作情况和下半年工作安排的报告》。大会审议通过《彭浦镇人民政府关于2021年财政决算和2022年上半年预算执行情况的报告》《彭浦镇人民政府关于调整2022年财政预算的报告》。（厉成珏）

【召开区域化党建工作会议】 9月15日，彭浦镇召开“彭聚力谱新篇”2022年区域化党建工作会议，80人参加会议。会议指出要聚焦强化政治引领凝心聚力、聚焦党建引领创新基层治理、聚焦群众对美好生活的向往。（厉成珏）

【召开党规党纪教育大会】 9月15日，彭浦镇召开2022年彭浦镇党规党纪教育大会，启动党风廉政教育月活动，120人参加会议。镇党委书记辛毅上廉政专题党课并讲话。镇纪委书记、监察办主任程敬传达区党规党纪教育大会暨“四责协同”推进大会精神，通报区违纪违法典型案例。与会人员观看警示教育片《蚁贪之害——基层干部违纪违法案件警示录》。

（厉成珏）

【彭浦镇摄影艺术节】 11月18日，彭浦镇摄影艺术节在彭浦国际摄影中心开幕，该届摄影艺术节以“时代因你而美好”为主题，用光影定格新时代小镇居民生活、奋斗之美，展示新时代人民群众奋进风采。（厉成珏）

【王华视察老年人疫苗接种工作】 12月10日，区委副书记、区长王华到彭浦镇疫苗接种点实地察看老年人疫苗接种工作，慰问一线疫苗接种工作人员。王华指出，新冠病毒疫苗接种工作是建立免疫屏障、保障人民群众生命健康安全的有效举措。要压实责任，有力有序推进疫苗接种工作。（厉成珏）

表27-14　2021年彭浦镇居委会基本情况表

名称	地址	居民小组数(个)
运城	大宁路883弄43号101室	125
望景苑	宜川路733弄19号2楼	49
绿园	沪太路883弄13号106室	81

（续表）

名称	地址	居民小组数(个)
沪太路 935 弄	沪太路 935 弄 29 号甲	93
广中西路 999 弄	广中西路 999 弄 47 号-1 临	157
沪太路 1051 弄	灵石路 999 弄 32 号 202 室	111
沪太路 1170 弄	沪太路 1170 弄 18 号甲	91
龙潭	灵石路 1123 弄 2 号甲	120
灵石路 963 弄	灵石路 981 号 2 楼	100
万荣东怡	灵石路 735 弄 6 号甲	117
万荣新苑	灵石路 739 弄 5 号甲	138
万荣佳苑	万荣路 970 弄 19 号甲	93
丽园	原平路 383 弄 5 号甲	74
阳城	阳城路 283 弄 10 号甲	128
美景雅园	高平路 598 弄 14 号 101 室	108
晋城	晋城路 663 弄 18 号 101 室	68
永和北一	高平路 774 弄 30 号甲	137
永和北二	原平路 917 弄 5 号 102 室	85
永和北三	原平路 918 弄 25 号甲	89
江场西路 1366 弄	江场西路 1366 弄 4 号 1 楼	105

（续表）

名称	地址	居民小组数(个)
永和家园	高平路 809 弄 29 号 102 室	105
白遗桥	原平路 289 弄 13 号甲	149
塘南	汶水路 649 弄 31 号	75
阳城贵都	阳城路 280 弄 19 号 102 室	79
成亿花园	原平路 1029 弄 17 号 102 室	48
共和新路 3650 弄	共和新路 3650 弄 38 号甲	63
场中路 2800 弄	场中路 2800 弄 28 号甲	89
洪泉	场中路 2600 弄 90 号甲	53
幸福一村	场中路 2600 弄 11 号 2 楼	63
幸福二村	场中路 2950 弄 28 号甲 2 楼	78
海鹰	场中路 3300 弄 1 号	50
场中路 801 弄	场中路 3123 弄 21 号 104 室	65
翔前	场中路 3332 弄 19 号 103 室	48
白玉兰	少年村路 479 弄 61 号 101 室	65
龙馨嘉园	场中路 3386 弄 7 号 201 室	86
龙盛雅苑	万荣路 166 弄 9 号 105 室	26
合计		3211

（厉成珏）

(一)静安区主要领导人简介

于勇　男,1965年1月生。汉族,江苏泰兴人。中共党员。1989年5月参加工作,全日制研究生,工学硕士,高级工程师。2019年2月任中共静安区委副书记、区人民政府代区长、党组书记;同年5月任中共静安区委副书记、区人民政府区长。2020年5月起任中共静安区委书记。曾任浦东新区建设局副局长,区建设和交通委员会副主任,川沙功能区域党工委副书记、管委会副主任,川沙新镇党委副书记、镇长;闵行区委常委、副区长、区政府党组副书记,区委副书记。

顾云豪　男,1965年10月生。汉族,江苏启东人。中共党员。1988年7月参加工作,在职研究生,经济学硕士,经济师。2018年12月任静安区人大常委会党组书记。2019年1月任静安区人大常委会主任。曾任浦东新区潍坊新村街道党工委副书记、办事处主任,区政府办公室副主任,区委办公室副主任、地区工作办公室(人口办)主任,区发展和改革委员会副主任、区经济体制改革办公室主任,区民政局局长,区机构编制委员会办公室主任、区委组织部副部长,虹口区委常委、组织部部长,静安区委常委、组织部部长,区委副书记等职。

王华　男,1974年1月生。汉族,江苏靖江人。中共党员。1998年5月参加工作,全日制研究生,工学硕士、工商管理硕士。2020年6月起任中共静安区委副书记,9月在静安区第一届人民代表大会第十次会议上当选静安区人民政府区长。曾任浦东新区金杨社区(街道)党工委副书记、办事处主任,陆家嘴金融贸易区管委会(筹)副主任、党组副书记、常务副主任,陆家嘴金融贸易区管委会党组副书记、常务副主任,中国(上海)自贸试验区管委会陆家嘴管理局局长,浦东新区副区长,中国(上海)自贸试验区管委会副主任等职。

丁宝定　男,1963年9月生,汉族,江苏南通人。中共党员。1987年7月参加工作,工学学士。2019年7月起任静安区政协党组书记、政协主席。曾任市委组织部宣教科技干部处调研员(其中2004年6月至2007年6月援藏任日喀则地区组织部副部长)、党政干部处副处长(正处级)、党政干部处处长、区县干部处处长,黄浦区委常委、组织部部长,黄浦区委副书记。

(二)逝世人物

范守田(1929.12—2022.2)　河北新乐人，男，汉族。1949年2月加入中国共产党，1947年9月参加革命工作。1947年9月至1948年3月任河北定县明月店民生铁工厂会计。1948年3月至1949年2月任晋绥贸易总公司驻石家庄办事处会计。1949年2月至1952年8月任西北军驻北京、天津、上海办事处会计、行政秘书。1952年8月至1953年9月任西北财经委员会物资管理局秘书。1953年9月至1960年7月任中央轻工业部、食品工业部、华东区协作委员会办公室秘书。1960年7月至1960年12月任华东计划委员会办公厅经济研究室负责人。1960年12月至1966年11月任华东计划委员会办公室秘书组组长。1966年11月至1971年2月在华东局五七干校劳动。1971年2月至1980年3月任国防科委1408研究所办公室主任、政治部副主任。1980年3月至1987年4月任上海市人大常委会生产委员会(1985年改为市人大财经委员会)办公室副主任、主任、机关党委委员。1987年4月至1990年7月任静安区人大常委会副主任。1990年7月离休。

陆念祖(1945.6—2023.1)　浙江宁波人，男，汉族。名老中医伤科陆云响之子，为陆氏伤科第八代传人，被称为“上海滩的肩周陆”。根据中医学理论，采用辨证施治治疗伤科常见病、多发病，特别是颈肩腰腿痛。并根据家传疗伤方法治疗肩周炎及膝关节骨关节炎，疗效突出，深受欢迎。1990年首先创新采用将艾条切成艾段，插在针柄上，并用酒精助燃，替代了传统的手工艾球，既简化了操作，又避免了艾球易脱落造成患者烫伤，提高了温灸的疗效。“陆氏温灸”在全国很多医院推广使用。陆念祖2001年被评为上海市劳动模范。2004年获全国五一劳动奖章。在陆念祖的身体力行下，静安区中心医院在门诊和病房分别设立起“陆氏伤科工作室”和“陆氏伤科研究室”，陆氏伤科团队成员每人都有应用陆氏经验的学术论文发表。曾获上海静安区第二批优秀中青年专业技术拔尖人才称号，曾往美国参加第四届针灸学术大会。曾任上海静安老年医院主任医师、上海中医学会老年病分会副主任委员、中医学会伤科专业委员会委员、针灸学会常务理事、《上海针灸杂志》编辑。享受国务院政府特殊津贴待遇。

(三)先进个人名录

全国优秀共青团干部

(共青团中央　2023年5月)

陆晓敏(女)　上海市市西初级中学团委书记、少先队大队辅导员

2021年度全国维护妇女儿童权益先进

(中华全国妇女联合会　2021年12月14日)

姚轶捷(女)　静安区法院少年家事庭庭长

第十三届全国家庭工作先进个人

(中华全国妇女联合会　2022年5月)

陈小文　静安区家庭教育指导中心主任、党支部书记

第十三届全国五好家庭

(中华全国妇女联合会　2022年5月)

朱丽家庭

2022年全国最美家庭

（中华全国妇女联合会　2022年5月）

邹文戈家庭

上海市五一劳动奖章

（上海市总工会、上海市人力资源和社会保障局　2022年9月）（按姓氏笔画排序）

龙潭（女）　上海市静安区人民检察院第五检察部主任

冯蕾（女）　上海建筑装饰（集团）有限公司党委委员、集团总经理

朱小龙　上海市静安区芷江西路街道党政办公室副主任

刘根标　上海申宴餐饮有限公司行政总厨

杨海川（女）　上海市静安区石门二路街道社区党建办公室主任

何强　上海市市北初级中学校长

沈育文　上海大宁建设投资管理有限公司党支部副书记

张斌峰　上海众谷公益青年发展中心理事长

周昕（女）　上海雷允上药业西区有限公司公司党总支书记、副总经理

祝友元　上海市静安区卫生健康工作党委委员、区卫生健康委员会副主任、三级调研员

夏文　上海吉祥房地产有限公司静安香格里拉大酒店保安部及政府事务总监

董萃（女）　康成（中国）投资有限公司副总经理

上海市青年五四奖章个人

（共青团市委　2023年5月）

邵暘　上海市静安暘昇创益青少年发展中心理事长

徐振　上海市静安区中兴消防救援站通信保障班班长

王晓莹（女）　上海市静安区住房保障和房屋管理局物业管理中心信访科科长

时坤（女）　上海幻维数码创意科技股份有限公司创意策划中心总监

黄悦圆（女）　上海市静安区永和小学大队辅导员

戴曼（女）　上海市静安区大宁路街道社区管理办公室主任

张怀庆　上海市静安区疾病预防控制中心慢性传染病防治科副科长

魏宗海　上海市静安区第二青少年业余体育学校副校长

周祺　上海静安建筑装饰实业股份有限公司保护建筑事业部经理

2021年度上海市三八红旗手

（上海市妇女联合会、上海市人力资源和社会保障局　2022年3月）

周瑾（女）　上海市静安区教育学院书记、副院长

刘利亚（女）　上海市静安区就业促进中心党总支书记、主任

严柳（女）　上海市静安区民政局养老服务科科长

王媛媛（女）　国家税务总局上海市静安区税务局党建工作科副科长、工会副主席

安翊青（女）　上海里格律师事务所首席合伙人

陆嵘（女）　上海禾易室内设计有限公司设计总监

金玉苹（女）　上海市静安区南京西路街道华业居委会总支书记

何松洁（女）　上海市静安区天目西路街道社区党群服务中心党支部书记

张涵(女)　上海市静安区芷江西路街道社区卫生服务中心办公室主任

2021年上海市巾帼建功标兵

(上海市妇女联合会、上海市总工会　2022年3月)

彭嘉颖(女)　希思黎(上海)化妆品商贸有限公司总经理

武晶(女)　上海市静安区人民检察院第七检察部副主任

张晓军(女)　上海市公安局静安分局刑侦支队民警

成佳(女)　上海市北高新(集团)有限公司董事会秘书

张红芬(女)　上海市静安区静安寺街道海园居民区党总支书记、妇联主席

(四)先进集体名录

全国工人先锋号

(中华全国总工会　2022年4月)

上海市静安区文物史料馆中国劳动组合书记部旧址陈列馆班组

全国五四红旗团委

(共青团中央　2023年5月)

沪港国际咨询集团有限公司团委

上海市五一劳动奖状

(上海市总工会、上海市人力资源和社会保障局　2022年9月)

上海恒邦房地产开发有限公司

上海中亚建设集团有限公司

上海利隆化工化纤有限公司

上海九百(集团)有限公司

上海市静安区全民健身中心

上海市工人先锋号

(上海市总工会、上海市人力资源和社会保障局　2022年9月)

上海聚水潭网络科技有限公司电商SaaS ERP事业部

上海静安区蝴蝶湾敬老院护理团队

上海电能电气(集团)有限公司营销班组

珍岛信息技术(上海)股份有限公司珍岛集团研发中心

上海控创信息技术股份有限公司擎天创新工作室(研发部)

上海市静安区婚姻(收养)登记中心婚姻登记窗口

上海市公安局静安分局南京西路派出所

上海静安投资(集团)有限公司投资管理部

上海新市北企业管理服务有限公司市北方舱医院/隔离点运营团队

上海市静安区大宁路街道社区卫生服务中心疫情防控组

上海市公安局静安分局流调溯源工作专班

上海闸环灵石环境卫生工程有限公司防疫垃圾收运青年突击队

国家税务总局上海市静安区税务局第四税务所

欧莱雅(中国)有限公司运营部

上海市青年五四奖章集体

(共青团上海市委　2023年5月)

上海市静安区中心医院重症医学科青年团队

上海雷允上药业西区有限公司“允上先锋”青年突击队

上海市静安区市场监督管理局大宁路市场监督管理所“宁聚力”青年突击队

2021年度上海市三八红旗集体

（上海市妇女联合会、上海市人力资源和社会保障局　2022年3月）

上海市静安区闸北中心医院血透室

上海市公安局静安分局石门二路派出所综合窗口

市北高新园区党群服务中心

上海市静安区江宁路街道社区党群服务中心

上海市静安区大宁路街道社区事务受理服务中心

2021年上海市巾帼文明岗

（上海市妇女联合会、上海市总工会　2022年3月）

国家税务总局上海市静安区税务局第三税务所

上海市静安区机关事务管理中心会务管理科

上海市静安区审计局财政监督审计科

上海市静安区人民检察院未成年人检察办案团队

上海市静安区人民法院政治部

上海市公安局静安分局大宁路派出所综合窗口

上海市静安区社区服务中心（区社会福利院）

上海市第一中学语文教研组

中国劳动组合书记部旧址陈列馆班组

北京市京师（上海）律师事务所京益志愿团

上海静安置业（集团）有限公司财务中心

上海铁路出入境边防检查站执勤一队4℃巾帼服务组

上海不夜城世缘实业有限公司铁路上海站南广场“服务岗亭班组”

上海市静安区南京西路街道社区党群服务中心

上海静安区蝴蝶湾敬老院院长办公室

上海市静安区天目西路街道社区卫生服务中心

上海市静安区北站街道社区党群服务中心

上海市静安区宝山路街道城市运行管理中心

上海市静安区芷江西路街道城上城居委会

上海大宁国际茶城妇女之家

上海静安区安耆为老社工事务所

上海永帮家庭服务有限公司管理团队

玫琳凯（中国）有限公司法务部

（五）静安区党政机关、民主党派、人民团体领导名录

中共静安区委

中共静安区第二届委员会

书　记　于　勇

副书记　王　华　王益群

常　委　宋宗德　王　翔　高　飞　莫亮金
　　蔡啸峰　傅　俊　梅广清
　　顾定鋆（女）

委　员（按姓氏笔画为序）

丁宝定　于　勇　马士威　王　华
王　翔　王益群　王颉鸣　叶智坚
司　静（女）　任　伟　刘尚宝
孙　静（女）　李　震（回族）　李永波
辛　毅　宋宗德　张　军　张　瑾
陈　平　林晓珏（女）　周惠珍（女）
赵剑峰　胡世斌　胡建文　柯　琪
姜　坚　洪明铭　莫亮金　顾云豪
顾定鋆（女）　徐慧君（女）　高　飞
唐凌峰　梅广清　董　瑜　董启蒙
董学华　蒋凡湧　程　凯　傅　俊
蔡啸峰

候补委员（按得票多少为序，得票相同的按姓氏笔画为序）

王光荣　焦志勇　沈　虹（女）
吴佳妮（女）　胥燕红（女）　戴　俊
陈　宏（女）　龙　芳（女）

区委办公室（挂区委机要局、区密码管理局牌

子,区委研究室、区委保密委员会办公室归口管理)
主　任　马士威
副主任　洪　波(—2022.07)　黄媛媛(女)
　　　　张纬臣(2022.08—)
区委研究室
主　任　张梁峰
副主任　俞荫侠
区委保密委员会办公室
主　任　吴　建(2022.03—)
区委机要局
局　长　马士威
副局长　徐雅君(女)
区密码管理局
机要密码督察员　王铭栋(2022.03—)

区委组织部(区委机构编制委员会办公室、区社会工作党委与其合署,挂区公务员局牌子)
部　长　宋宗德
副部长　王　成　华洁蓉(女)　施冬云(女)
　　　　周玉鸿
区委机构编制委员会办公室
主　任　施冬云(女)
副主任　黄　萍(女)
区社会工作党委
书　记　周玉鸿
副书记　蒋　燕(女)
区公务员局
局　长　施冬云(女)

区委宣传部(区委网络安全和信息化委员会办公室与其合署,挂区政府新闻办公室、区精神文明建设委员会办公室、区互联网信息办公室牌子)
部　长　莫亮金
副部长　周晴华(女)　姚掌宏
　　　　马嘉槟(满族,—2022.02)
　　　　陈　宏(女)　李晟晖
区委网络安全和信息化委员会办公室(挂区互联网信息办公室牌子)
主　任　李晟晖
副主任　柴春羚(女)
区政府新闻办公室
主　任　周晴华(女)
区精神文明建设委员会办公室
主　任　马嘉槟(满族,—2022.02)

区委统一战线工作部(区民族和宗教事务办公室、区委台湾工作办公室与其合署,挂区政府侨务办公室牌子)
部　长　顾定鋆(女)
副部长　季　军(女)　王立萍(女)
李林波　俞　彪(2022.01—)
区民族和宗教事务办公室
主　任　周玉鸿(—2022.01)
　　　　俞　彪(2022.01—)
副主任　邢国红(女)
区委台湾工作办公室(挂区政府台湾事务办公室牌子)
主　任　王立萍(女)
副主任　任　箴(女)
区政府侨务办公室
主　任　周玉鸿(—2022.01)
俞　彪(2022.01—)
区社会主义学院
院　长　顾定鋆(女)
副院长　殷瑞兰(女)

区委政法委员会
书　记　王　翔
副书记　姜　坚　陈瑜栋　胡长春
　　　　陈　琪　洪雪钢(2022.08—)

区级机关工作委员会

书　记　徐慧君(女，2022.07—)

副书记　陈　畅(—2022.06)　沈　岱

　　　　苏玉锋(2022.06—)

区委老干部局

局　长　王　成

副局长　杨　虹(女)　毕卫红(女)

区离退休干部党工委

书　记　王　成

区委区政府信访办公室

主　任　黄　翔(—2022.06)

　　　　谢　霖(2022.07—)

副主任　俞铁铭　周寅峻

　　　　陈　科(2022.12—)

区档案局(与区档案馆两块牌子、一个机构,区委党史研究室、区地方志办公室与区档案馆合署)

局　长　林　捷

副局长　王赪(女)

区档案馆

馆　长　林　捷

副馆长　康德山

区委党史研究室

主　任　林　捷

副主任　郭晓静

区地方志办公室

主　任　林　捷

副主任　叶供发

区人民武装部

部　长　于清祥

政　委　蔡啸峰

区委党校(挂区行政学院牌子,属两块牌子,一套班子)

校　　长　王益群

常务副校长　徐　刚

副　校　长　倪　辉　董　捷(女)

区行政学院

常务副院长　徐　刚

副　院　长　倪　辉　董　捷(女)

区级机关、街道、人民团体党组织

区人大常委会党组

书　记　顾云豪

副书记　杨志健(女)

区人民政府党组

书　记　王　华

副书记　傅　俊

区人民政协党组

书　记　丁宝定

副书记　顾定鋆(女)　宋大杰

区人民法院党组

书　记　孙　静(女)

区人民检察院党组

书　记　董学华

区发展和改革委员会党组

书　记　赵剑峰

区商务委员会党组

书　记　沈　虹(女)

副书记　赵　坚(—2022.11)

区教育工作党委

书　记　胥燕红(女)
副书记　陈宇卿　顾　炜

区科学技术委员会党组
书　记　孙中峰
副书记　钱厚德(—2022.12)

区公安分局党委
书　记　姜　坚
副书记　王　奇　钱国庆

区国安分局党委
书　记　张　军(—2022.07)
　　　　郑　斌(2022.07—)

区民政局党组
书　记　焦志勇

区司法局党委
书　记　吕忆农

区财政局党组
书　记　张　瑾

区人力资源和社会保障局党组
书　记　王光荣

区规划和自然资源局党组
书　记　施　煜(女)

区生态环境局党组
书　记　程蓓蕾(女)

区建设和管理工作党委
书　记　叶智坚
副书记　洪海明

区文化和旅游局党组
书　记　陈　宏(女)
副书记　周　英(女)

区卫生健康工作党委
书　记　胡世斌
副书记　凌　云

区退役军人事务局党组
书　记　吕　平

区应急管理局党委
书　记　谢志彬

区审计局党组
书　记　顾文虎

区市场监督管理局党组
书　记　陈　平
副书记　黄剑平

区国有资产监督管理委员会党委
书　记　戴　俊
副书记　王　为(女)

区体育局党组
书　记　俞　彪(—2022.01)
　　　　马嘉槟(满族,2022.02—)
副书记　邓铭一

区医疗保障局党组
书　记　徐　立

区绿化和市容管理局党组
书　记　王月庆(—2022.06)
　　　　张西飞(2022.06—)

区住房保障和房屋管理局党组
书　记　李　卿

区城市管理行政执法局党组
书　记　姜　鹤(2022.09—)

区民防办公室党组
书　记　张西飞(—2022.06)
　　　　徐忠柱(2022.07—)

区投资促进办公室党组
书　记　龙　芳(女)

区金融服务办公室党组
书　记　李立文(女)

区地区工作办公室党组
书　记　鲍晓丽(女)

铁路上海站地区管理委员会办公室党组
书　记　郁　霆

区机关事务管理局党组
书　记　施鸿华

区税务局党委
书　记　赵明富
纪检组组长　叶洪峰

区总工会党组
书　记　许　俊(女)

区妇女联合会党组
书　记　徐慧君(女，—2022.07)
　　　　陆　颖(女，2022.07—)

区科学技术协会党组
书　记　周　隽(女)

区归国华侨联合会党组
书　记　李　敏(女)

区残疾人联合会党组
书　记　吕立祥(—2022.11)
　　　　徐　浩(2022.11—)

区红十字会党组
书　记　王　震

区工商业联合会党组
书　记　李　帆

静安寺街道党工委
书　记　洪明铭
副书记　韩　松
　　　　汝熙玲(女，—2022.08)
　　　　徐建峰(2022.06—)

曹家渡街道党工委
书　记　唐凌峰(—2022.06)
　　　　章　钧(2022.06—)
副书记　张丽珍(女)
　　　　姚嫣(女，—2022.07)
　　　　王燕锋

江宁路街道党工委
书　记　刘尚宝
副书记　余文君(女)
　　　　朱　凤(女，—2022.07)
　　　　潘红眉　张海翔(2022.08—)

石门二路街道党工委

书　记　王颉鸣
副书记　镇　杨　苏玉锋(—2022.06)
　　　　张　毅　周彬慧(女，2022.08—)

南京西路街道党工委
书　记　周惠珍(女)
副书记　郜　杰　陆　颖(女，—2022.07)
　　　　严布衣　顾　瑜(2022.08—)

天目西路街道党工委
书　记　董启蒙
副书记　胡慧芬(女)
吴晓斌　曾　魁(2022.07—)

北站街道党工委
书　记　程　凯
副书记　何　涛(—2022.07)　谭振勇
　　　　陆　怡　姚　磊(2022.08—)

宝山路街道党工委
书　记　胡建文
副书记　俞宙冬(女)　张　宇

芷江西路街道党工委
书　记　蒋凡湧(—2022.05)
　　　　王月庆(2022.05—)
副书记　陈　捷(—2022.05)　邢　光
　　　　李　斌

共和新路街道党工委
书　记　董　瑜(—2022.06)
　　　　黄　翔(2022.06—)
副书记　吴静霞(女，—2022.06)
　　　　尤晓军(—2022.06)
　　　　朱民珏(女)

大宁路街道党工委
书　记　司　静(女)
副书记　杨　蓉(女)　蒋晓军
　　　　洪　波(2022.07—)

彭浦新村街道党工委
书　记　任　伟
副书记　李彦平　李　艳(女)　陈　华

临汾路街道党工委
书　记　李永波
副书记　徐　健(女)　宋　杰
　　　　顾海斌(2022.03—)

彭浦镇党委
书　记　辛　毅
副书记　章　钧(—2022.06)
　　　　谢　霖(—2022.07)
　　　　黄永前　何　涛(2022.06—)

区政府

静安区第二届人民政府(2022.01—)
区　长　王　华
副区长　傅　俊　梅广清
　　　　龙婉丽(女，民盟)　姜　坚
　　　　李　震(回族)　张　军

区政府办公室(挂区政府研究室、区政府外事办公室、区政府合作交流办公室、区政务服务办公室牌子，区机关事务管理局与其合署)
主　任　柯　琪
副主任　施鸿华　曾纪忠
　　　　陈　敏(女，—2022.03)
　　　　徐忠柱(—2022.07)
　　　　陈　轶(女)
　　　　蒋　泽(2022.07—)

翁文杰(2022.11—)

区政府研究室

主　任　陈　轶(女)

区政府外事办公室

主　任　陈　敏(女,—2022.03)

蒋　泽(2022.07—)

区政府合作交流办公室

主　任　翁文杰(2022.11—)

副主任　周　伟

区机关事务管理局

局　长　施鸿华

副局长　王延军(—2022.11)

王　珊(女)

区委、区政府总值班室

主　任　曾纪忠

区发展和改革委员会

主　任　赵剑峰

副主任　严　真　徐　姣(女)

鲁慧玲(女)

汝熙玲(女,2022.08—)

区商务委员会(挂区经济委员会、区粮食物资储备局牌子)

主　任　沈　虹(女)

副主任　虞红梅(女)

高　能(—2022.08)

王　艳(女)

赵兰天(2022.08—)

李　向(女,2022.11—)

区经济委员会

主　任　沈　虹(女)

区粮食物资储备局

局　长　沈　虹(女)

区教育局

局　长　陈宇卿

副局长　徐剑宏　孙　忠(女)　邱中宁

陈永华

区政府教育督导室常务副主任

杨　隽(女)

区科学技术委员会(挂区信息化委员牌子)

主　任　孙中峰

副主任　钱厚德(—2022.12)

江　蕾(女,民进)　吴启南

区信息化委员会

主　任　孙中峰

副主任　钱厚德(—2022.12)　吴启南

区公安分局

局　长　姜　坚

政　委　王　奇

副局长　钱国庆　何陈男(女)

孙伟国(—2022.01)

陈　勇(—2022.09)

纪　敏(—2022.12)

沈建勋(—2022.01)

周海峰(2022.09—)

项　俊(2022.01—)

区国安分局

局　长　张　军(—2022.07)

郑　斌(2022.07—)

区民政局(挂区社会组织管理局牌子)

局　长　焦志勇

副局长　黄蓓华(女)　沈连心

张海翔(—2022.08)

施海燕(女,2022.08—)

区社会组织管理局

局　长　焦志勇

区司法局
局　长　吕忆农
副局长　施　齐　李成梅(女,致公党)
　　　　施海燕(女,2022.08—)

区财政局
局　长　张　瑾
副局长　章敏浩　彭海鹰(女)
　　　　应文婷(女)

区人力资源和社会保障局
局　长　王光荣
副局长　徐礼根　瞿　熙(女)
　　　　顾新斌　陈　达(2022.08—)
区人力资源和社会保障局执法大队
大队长　王红(女)
区劳动人事争议仲裁院
院　长　姚必文(女)

区规划和自然资源局
局　长　施　煜(女)
副局长　吴炳怀　黄立勋(女)
　　　　葛　玲(女,2022.03—)

区生态环境局
局　长　吴　月(女,致公党)
副局长　艾福龙　唐明翔　林涌泉
区生态环境局执法大队
大队长　周　晓(民进)

区建设和管理委员会(挂区交通委员会、区水务局牌子)
主　任　洪海明
副主任　凌　斌　郁震飞
　　　　朱琳俪(女,2022.08—)
工会主任　李　焰(女)

区交通委员会
主　任　洪海明
区水务局
局　长　洪海明

区文化和旅游局
局　长　陈　宏(女)
副局长　华祥义　吴芳艺(女)

区卫生健康委员会(挂区中医药发展办公室牌子)
主　任　叶　强(农工党)
副主任　张少觐　祝友元
　　　　钟　岭(女,农工党)　李　哲(女)
区中医药发展办公室
主　任　叶　强(农工党)
区卫生和计划生育委员会监督所
所　长　向　承(土家族)

区退役军人事务局
局　长　吕　平
副局长　兰富奇　秦永亮

区应急管理局
局　长　谢志彬(2022.03—)
副局长　王志平　杨步君　王　姝(女)

区审计局
局　长　顾文虎
副局长　张雪云(女,民建)　刘　靖
　　　　陆　玫(女,致公党,2022.07—)

区市场监管局(挂区食品药品安全委员会办公室、区知识产权局牌子)
局　长　陈　平
副局长　王　政　钱金龙　许轶斌

区食品药品安全委员会办公室
主　任　陈　平
区知识产权局
局　长　陈　平
区市场监管局执法大队
大队长　毛　峰

区国有资产监督管理委员会(挂区集体资产监督管理委员会牌子)
主　任　戴　俊
副主任　毛霆钧(—2022.12)
　　　　郝成城(女)
　　　　刘明明(九三学社)
区集体资产监督管理委员会
主　任　戴　俊

区体育局
局　长　俞　彪(—2022.03)
　　　　马嘉槟(满族,2022.03—)
副局长　黄京滨　陆前安

区统计局
局　长　许兴莉(女,农工党)
副局长　胡晓虹(女)

区医疗保障局
局　长　徐　立
副局长　田国栋　丁文淑

区绿化和市容管理局
局　长　王月庆(—2022.07)
　　　　张西飞(2022.07—)
副局长　占泉水　宫明军
　　　　徐　迪(2022.07—)

区住房保障和房屋管理局
局　长　李　卿
副局长　韩　灏　姜　鹤(—2022.09)
　　　　张　拓　陆瑾璟(女)

区城市管理行政执法局
局　长　姜　鹤(2022.10—)
副局长　王立南(民盟)
　　　　翁文杰(—2022.11)
区城市管理行政执法局执法大队
大队长　姜　鹤(2022.10—)
政　委　姜　鹤(2022.10—)
副大队长　王立南(民盟)
　　　　　翁文杰(—2022.11)
　　　　　龚　霆(2022.09—)

区民防办公室(挂区人民防空办公室牌子)
主　任　张西飞(—2022.07)
　　　　徐忠柱(2022.08—)
副主任　吴　皑　刘晓军
区人民防空办公室
主　任　张西飞(—2022.07)
　　　　徐忠柱(2022.07—)

区投资促进办公室
主　任　龙　芳(女)
副主任　韩　益(女,—2022.09)
　　　　宗　敏(女)　赵清元
　　　　高　能(2022.07—)
　　　　徐　栋(2022.08—)

区金融服务办公室
主　任　李立文(女)
副主任　姚　平　吴连娇(女,民革)

区地区工作办公室
主　任　鲍晓丽(女)

副主任　潘文波　许云仙(女)

铁路上海站地区管理委员会办公室
常务副主任　郁　霆
副主任　周文军　余建清

区税务局
局　长　赵明富
副局长　玄克梅(女)　衣爱国
张　彤(女)　刘善雨
总经济师　陈　龙
总会计师　陆志炜(—2022.09)
黄景琳(女,2022.09—)

静安寺街道
办事处主任　韩　松
办事处副主任　洪雪钢(—2022.08)
于振荣(女)
顾海斌(—2022.03)
何智勇
林岩松(2022.07—)
郭海燕(女，2022.08—)
人武部部长　马　涛

曹家渡街道
办事处主任　张丽珍(女)
办事处副主任　应天元　张善琴(女)
徐振宇　黄泽林
人武部部长　孙建明

江宁路街道
办事处主任　余文君(女)
办事处副主任　林昱炜
姚　磊(—2022.08)
尹　洁(女)　李頲
张纬臣(—2022.08)

人武部部长　李德成

石门二路街道
办事处主任　镇　杨
办事处副主任　滕　毅　陈宇韬
周彬慧(女,—2022.08)
陈　功(女)
人武部部长　陆　俊

南京西路街道
办事处主任　郜　杰
办事处副主任　张梅娟(女)
沈　伟(民盟)
顾　瑜(—2022.08)
杨　轶　陈　畅(2022.07—)
人武部部长　陆阳红

天目西路街道
办事处主任　胡慧芬(女)
办事处副主任　林　峰
曾　魁(—2022.08)
戚芸霞(女)
蓝　天(壮族,2022.10—)
人武部部长　蓝　天(壮族,—2022.10)
孔海峰(2022.10—)

北站街道
办事处主任　何　涛(—2022.07)
姚　磊(2022.08—)
办事处副主任　王桢宇　王　勇
余　萍(女)　简　军
人武部部长　张建军

宝山路街道
办事处主任　俞宙冬(女,2022.07—)
办事处副主任　屈蔡翔

蒋　泽(—2022.07)
沈　柳(女)
蒋丽丽(女,2022.08—)

人武部部长　唐　建(2022.01—)

芷江西路街道

办事处主任　陈　捷(—2022.06)

办事处副主任　谭洁群(女,九三学社)
陈　列　陈培祺
陈　科(—2022.12)

人武部部长　鲍劲松

共和新路街道

办事处主任　吴静霞(女,—2022.06)

办事处副主任　谢　杰　张跃兵
蒋丽丽(女,—2022.08)
廖志鸿(女)
李弶(2022.08—)

人武部部长　叶坚平

大宁路街道

办事处主任　洪　波(2022.08—)

办事处副主任　黄建华(—2022.07)
朱　慧(女)　周　轶
陆　迪(女,2022.06—)
江泰平(2022.08—)

人武部部长　王晓军

彭浦新村街道

办事处主任　李彦平

办事处副主任　周海波　刘少军(女)
胡志雄　黄　燕(女)

人武部部长　张克忠

临汾路街道

办事处主任　徐　健(女)

办事处副主任　陈　勇(—2022.11)
贺　洁(女)　刘兴军
陈黛静(女)
潘伊明(2022.12—)

人武部部长　杨亚洲(2022.01—)

彭浦镇

镇　长　章　钧(—2022.08)
何　涛(2022.08—)

人大主席　刘　胜

副镇长　徐建峰(—2022.08)
潘冰清(女)　丁晓青(女)
桑祯骁

人大副主席　张　英(女)

人武部部长　汤海军

区人大常委会

静安区第二届人大常委会(2022.01—)

主　任　顾云豪

副主任　杨志健(女)　孙明丽(女)
林晓珏(女)　周　伟
江天熙(女,民革)

委　员(按姓氏笔画为序)
王　敏(女)　王学伟　叶　涛
史燕君(女)　吕　曦(女)　朱　忞
朱晓东　华洁蓉(女)　邬碧波(女)
刘　庆　刘新宇　许　騂　李华忠
杨景明　吴红伟　吴佳妮(女)
邹振辉　张　芸(女)　张自强
张珺琳(女,高山族)
陈溯宇(无党派)　定　慈(群众)
胡奇敏(致公党)　徐晓燕(女)
陶　欣　陶澐　黄　泓(女)　黄　磊
盛正良　谢　军　谢华平
魏　勇(女)

办公室

主　任　王　敏(女)
副主任　谢华平　黄　磊
研究室
主　任　谢华平
副主任　吕　曦(女)
代表工作室
主　任　李华忠
副主任　陶　欣
法制委员会
主任委员　谢　军
副主任委员　盛正良　李举东
财政经济委员会
主任委员　陶　澐
副主任委员　魏　勇(女)　陈　磊
监察和司法委员会
主任委员　谢　军
副主任委员　胡奇敏(致公党)　周　斌
社会建设委员会
主任委员　杨景明
副主任委员　王学伟　朱　敏(女)
代表资格审查委员会
主任委员　华洁蓉(女)
副主任委员　李华忠(2022.03—)
人事工作委员会
主　任　华洁蓉(女,2022.03—)
副主任　李华忠(2022.03—)
预算工作委员会
主　任　魏　勇(女)
副主任　朱　忞　周蜀海(2022.03—)
城市建设环境保护工作委员会
主　任　陈溯宇(无党派)
副主任　徐晓燕(女)　朱　赤(2022.03—)
教育科学文化卫生工作委员会
主　任　刘新宇
副主任　黄　泓(女)　陆嘉惠(女,2022.03—)
华侨民族宗教工作委员会
主　任　刘新宇
副主任　黄　泓(女)　李　敏(女)
静安寺街道工作委员会
主　任　洪明铭
副主任　毕利君(女)
曹家渡街道工作委员会
主　任　唐凌峰(—2022.07)
　　　　章　钧(2022.07—)
副主任　张建光
江宁路街道工作委员
主　任　刘尚宝
副主任　林丽丽(女)
石门二路街道工作委员会
主　任　王颉鸣
副主任　章　伟
南京西路街道工作委员会
主　任　周惠珍(女)
副主任　吕　柯(女,2022.08—)
天目西路街道工作委员会
主　任　董启蒙
副主任　徐世栋
北站街道工作委员会
主　任　程　凯
宝山路街道工作委员会
主　任　胡建文
副主任　蒋　俊(女,—2022.07)
　　　　黄建华(2022.07—)
芷江西路街道工作委员会
主　任　蒋凡湧(—2022.06)
　　　　王月庆(2022.06—)
副主任　王加坤
共和新路街道工作委员会
主　任　董　瑜(—2022. 07)
　　　　黄　翔(2022.07—)
副主任　朱　瑾(女)
大宁路街道工作委员会

主　任　司　静(女)
副主任　刘明刚
彭浦新村街道工作委员会
主　任　任　伟
副主任　董　剑
临汾路街道工作委员会
主　任　李永波
副主任　倪伟明(群众)

区政协

政协静安区第二届委员会(2022.01—)
主　席　丁宝定
副主席　宋大杰　陈琦华(女)
　　　　沈　刚(无党派)
　　　　周新钢(民建)
　　　　聂　丹(女,民进)
秘书长　李颖婷(女)
常务委员(按姓氏笔画为序)
　　　　于清祥　万传法(民盟)
　　　　王赪(女)　王　蔷(民革)
　　　　王　霆(民进)　王乐晨(民建)
　　　　王立萍(女)　王志强(民进)
　　　　王寒梅(女,九三学社)　毛　颖
　　　　邓朝义(九三学社)　永　党(群众)
　　　　亚　蕴(群众)　朱俊涛(农工党)
　　　　刘　炜(民革)　刘明明(九三学社)
　　　　刘学建　刘轶男(女,民进)
　　　　江　蕾(女,民进)　池晓彬(民建)
　　　　汤　虹　许　俊(女)
　　　　许兴莉(女,农工党)　孙　忠(女)
　　　　孙云立(无党派)
　　　　李成梅(女,致公党)　杨金志
　　　　肖　震(九三学社)
　　　　吴　月(女,致公党)
　　　　吴文育(民盟)　何万篷
　　　　沈　伟(民盟)　张　骏(民盟)
　　　　张雪云(女,民建)
　　　　陆　迪(女,—2022.12)
　　　　陈　宏(民建)
　　　　陈俊峰(九三学社、中共)
　　　　林万隆　季　军(女)
　　　　周玉鸿　赵　宏
　　　　赵　欣(女,台盟)
　　　　钟　岭(女,农工党)
　　　　姚建伟　贺仁龙(九三学社)
　　　　徐　俊(女,无党派)
　　　　曹惠芳(女,农工党)
　　　　龚晓鸣(民建)
　　　　崔华平(无党派)
　　　　崇　林(群众)
　　　　康正宁(九三学社)
　　　　商建萍(女,民革)
　　　　阎　华(女,回族,无党派)
　　　　蒋　青(女,民进)
　　　　蒋　林(民进)　鲍晓丽(女)
副秘书长(按姓氏笔画为序)
　　　　王赪(女)　王　蔷(民革)
　　　　刘学建　刘轶男(女,民进)
　　　　汤　虹　许兴莉(女,农工党)
　　　　李成梅(女,致公党)
　　　　张　骏(民盟)
　　　　张雪云(女,民建)　姚建伟
　　　　贺仁龙(九三学社)
　　　　龚晓鸣(民建)
办公室
主　任　李颖婷(女)
副主任　俞海华　陈卫慧(女)
委员联络工作室
主　任　汤　虹
专门委员会办公室
主　任　刘学建
副主任　孙玉蓉(女)

提案委员会
主　任　宋大杰
副主任　黄媛媛(女)
　　　　徐忠柱(—2022.12)　周玉鸿
　　　　蒋　泽(2022.12—)
经济委员会
主　任　周新钢(民建)
副主任　龙　芳(女)　张　瑾　何万篷
　　　　夏柳伟(无党派)　任新建
　　　　龚晓鸣(民建)
　　　　江　蕾(女,民进)　费怡平
　　　　孙爱英(女)　崔华平(无党派)
　　　　池晓彬(民建)
人口资源环境建设委员会
主　任　王　赪(女)
副主任　吴　月(女,致公党)　杨文恺
　　　　王寒梅(女,九三学社)
　　　　王　蔷(民革)　周晓芳(女)
教科卫体委员会
主　任　孙　忠(女)
副主任　钟　岭(女,农工党)
　　　　陈俊峰(九三学社、中共)
　　　　张　敏(女)
　　　　陈爱国(九三学社)　毛　颖
　　　　蒋　青(女,民进)
　　　　张　骏(民盟)　陆前安
　　　　陆秀芹(女)　赵铮民
社会和法制委员会
主　任　许　俊(女)
副主任　孙　琳(女)　邵开俊(民建)
　　　　朱建国
　　　　陆　迪(女,—2022.12)
　　　　陈　央(女,2022.12—)
　　　　姚　嫱(女,2022.12—)
文化文史和学习委员会
主　任　姚建伟
副主任　季　军(女)　周晴华(女)
　　　　周　英(女)
　　　　阎　华(女,回族,无党派)
　　　　陈佳福(无党派)
民族和宗教委员会
副主任　永　觉(群众)　亚　蕴(群众)
　　　　穆杰泉(回族,群众)
港澳台侨委员会
主　任　王立萍(女)
副主任　林万隆　郑　艳(女)
　　　　彭嘉颖(女,群众)
社区建设委员会
主　任　鲍晓丽(女)
副主任　姚建伟　韩　松　张丽珍(女)
　　　　佘文君(女)　镇　杨　部　杰
　　　　胡慧芬(女)　何　涛　陈　捷
　　　　吴静霞(女)　李彦平
　　　　徐　健(女)
　　　　章　钧(—2022.12)
　　　　俞宙冬(女,2022.12—)
　　　　洪　波(2022.12—)
　　　　姚　磊(2022.12—)

区纪委、监委

中共静安区第二届纪律检查委员会
书　记　高　飞
副书记　应　妹(女)
　　　　茅建宏　袁鹏彬
常　委　沈　昭　陈靖宇(女)
　　　　顾　莹(女)　杨　伟　许昌文
委　员(按姓氏笔画为序)
　　　　丁　巍　丁有为　王　为(女)
　　　　王家奇　朱　彤　朱娴华(女)
　　　　华洁蓉(女)　刘　青　许昌文
　　　　李　芸(女)　李卫华　杨　伟
　　　　应　妹(女)　沈　昭

沈红芳(女)　张　红(女)
陈靖宇(女)　邵　皑(女)
茆训文　茅建宏　季伟娟(女)
周晴华(女)　郑　伟　胡长春
袁鹏彬　贾振宇(满族)
顾　莹(女)　顾文虎　高　飞
陶丙宪(女,回族)　桑健全
韩　春　景　菊(女)
程　敬(女)　程蓓蕾(女)

区监察委员会
主　任　高　飞(2022.01—)
副主任、代理主任
高　飞(—2022.01)
副主任　应　姝(女)　茅建宏　袁鹏彬
委　员　杨　伟　沈　昭　陈靖宇(女)
王　茜(女)　杨　烨

区纪委、监委内设机构

办公室
主　任　王　茜(女,—2022.01)
张　峰(2022.01—)

组织部
部　长　沈爱华(女)

宣传部
部　长　邵键烜

党风政风监督室
主　任　许昌文

信访室
主　任　顾　莹(女)

案件监督管理室
主　任　杨　伟

第一监督检查室
主　任　王茜(女,2022.01—)

第二监督检查室
主　任　朱亚锋(女,2022.02—)

第三监督检查室
主　任　邱永春

第四审查调查室
主　任　沈　昭

第五审查调查室
主　任　王国富

第六审查调查室
主　任　杨　烨(—2022.12)

案件审理室
主　任　陈靖宇(女)

区纪委、监委派驻纪检监察组

第一派驻纪检监察组
组　长　朱娴华(女)

第二派驻纪检监察组
组　长　丁　巍

第三派驻纪检监察组
组　长　朱　彤

第四派驻纪检监察组
组　长　郑　伟

第五派驻纪检监察组
组　长　丁有为

第六派驻纪检监察组
组　长　王小芳(女)

区委巡察工作领导小组办公室
主　任　陶丙宪(女,回族)
副主任　张　峰(—2022.01)
李　向(女,—2022.11)
钱厚德(2022.12—)

静安寺街道纪工委、监察办
书记、主任　邵　皑(女)

曹家渡街道纪工委、监察办
书记、主任　贾振宇(满族)

江宁路街道纪工委、监察办
书记、主任　季伟娟(女)

石门二路街道纪工委、监察办
书记、主任　李卫华

南京西路街道纪工委、监察办
书记、主任　桑健全

天目西路街道纪工委、监察办
书记、主任　刘　青
北站街道纪工委、监察办
书记、主任　韩　春
宝山路街道纪工委、监察办
书记、主任　沈红芳(女)
芷江西路街道纪工委、监察办
书记、主任　王家奇
共和新路街道纪工委、监察办
书记、主任　张　红(女)
大宁路街道纪工委、监察办
书记、主任　茆训文
彭浦新村街道纪工委、监察办
书记、主任　景　菊(女)
临汾路街道纪工委、监察办
书记、主任　李　芸(女)
彭浦镇街道纪工委、监察办
书记、主任　程　敬(女)

区法院

院　长　孙　静(女,2022.01—)
副院长、代理院长
孙　静(女,—2022.01)
副院长　丁德宏　沈　立　朱建国　陈树森

区检察院

检察长　董学华
副检察长　管　巍　孙　琳(女)　吕　颢

民主党派

民革静安区第二届委员会
主任委员　江天熙(女,民革)
副主任委员　王　蔷(民革)
史燕君(女,民革)
梁顺龙(民革)
刘　炜(民革)

民盟静安区第二届委员会
主任委员　张　芸(女,民盟)
副主任委员　张　骏(民盟)　时筠仑(民盟)
沈　伟(民盟)　吴文育(民盟)
王振东(民盟)

民建静安区第二届委员会
主任委员　周新钢(民建)
副主任委员　陆林华(女,民建、民盟,—2022.12)
池晓彬(民建)　张雪云(女,民建)
张自强(民建)　潘晞晨(女,民建)
王乐晨(民建)

民进静安区第二届委员会
主任委员　聂　丹(女,民进)
副主任委员　曾　云(民进)
蒋　青(女,民进)
杜国英(女,民进)
叶　涛(民进)

农工党静安区第二届委员会
主任委员　钟　岭(女,农工党)
副主任委员　曹惠芳(女,农工党)
许兴莉(女,农工党)
邬碧波(女,农工党)
罗　维(女,农工党,土家族)

致公党静安区第二届委员会
主任委员　吴　月(女,致公党)
副主任委员　李成梅(女,致公党)
胡奇敏(致公党)
顾宏伟(致公党)

九三学社静安区第二届委员会
主任委员　王寒梅(女,九三学社)
副主任委员　王学伟(九三学社)
肖　震(九三学社)
刘明明(九三学社)
贺仁龙(九三学社)

人民团体

区总工会第一届委员会(2022.09换届后自然撤销)

主　席　　林晓珏(女)

党组书记　许　俊(女)

副主席　　许　俊(女)　黄亚芳(女)

　　　　　李晅(女,挂职)

　　　　　徐　晔(女,兼职)

　　　　　安从真(兼职)

经费审查委员会主任

　　　　　张　伟(民进)

区总工会第二届委员会(2022.09换届后成立)

主　席　　林晓珏(女)

党组书记　许　俊(女)

副主席　　许　俊(女)　黄亚芳(女)

　　　　　王寅成(挂职)　舒　燕(女,兼职)

　　　　　曹敬衡(兼职)

经费审查委员会主任

　　　　　张　伟(民进)

共青团区第一届委员会(2022.09换届后自然撤销)

书　记　吴佳妮(女)

副书记　陆　迪(女,—2022.06)

　　　　东　铭(兼职)

　　　　姜晓庆(女,兼职)

共青团区第二届委员会(2022.09换届后成立)

书　记　吴佳妮(女)

副书记　陈　央(女)　杨　光(女)

　　　　张　昕(挂职)

　　　　姜晓庆(女,兼职)

　　　　杜晨薇(女,兼职)

区青年联合会第二届委员会

主　席　吴佳妮(女)

副主席(按姓氏笔画为序)

　　　　丁德应　许涛芳(女)

　　　　吴　昊(女)

　　　　陆　迪(女,—2022.06)

　　　　谈　燕(女)　康正宁

　　　　翟惟清(女)

　　　　陈　央(女,2022.09—)

区妇女联合会第一届执委会(2022.09换届后自然撤销)

主　席　徐慧君(女)

副主席　汤晓蓉(女)　顾小萍(女,兼职)

　　　　陈宝莲(女,兼职)

区妇女联合会第二届执委会(2022.09换届后成立)

主　席　陆　颖(女)

副主席　姚　嫷(女)　沈　艳(女)

　　　　林　祯(女,兼职)

　　　　马梦蓉(女,兼职)

区科学技术协会第二届委员会

主　席　聂　丹(女,民进)

副主席　孙　勇

兼职副主席(按姓氏笔画为序)

　　　　马　昕　张云飞　陆伟根

　　　　周晓芳(女)　保志军　姜坚华

　　　　曾凡一(女)　潘志浩

区归国华侨联合会第二届委员会

主　　席　李　敏(女)

副 主 席　郑　艳(女)

兼职副主席(按姓氏笔画为序)

　　　　汤芷诺(女,致公党)

　　　　许涛芳(女,无党派)

　　　　林万隆　周俊

　　　　徐晓唯(女)　郭纯青(女,民建)

区残疾人联合会第一届执行理事会

理事长　　吕立祥
副理事长　周公望
　　　　　王　森(肢残,不驻会)

区红十字会第一届理事会
会长　　　　龙婉丽(女,民盟)
常务副会长　江天熙(女,民革)
副会长　　　徐红光
兼职副会长　马　昕　李举东
　　　　　　杨烨烽(女,—2022.09)
　　　　　　施海燕(女,2022.09—)
　　　　　　张少觐　徐剑宏
秘书长　　　卢　刚

区第二届工商业联合会(区总商会)
主席(会长)　　　　沈　刚(无党派)
常务副主席(副会长)　李　帆
专职副主席(副会长)　史海云(女)
　　　　　　　　　　龚晓鸣(民建)
　　　　　　　　　　张铁萌(女)
兼职副主席　马文胜(民革)　王　忠(无党派)
　　　　　　车建兴(无党派)　卢宗俊
　　　　　　阮兴祥　杨宗浩(无党派)
　　　　　　张曙华(群众)　陈　平
　　　　　　林小海　郝　青(群众)
　　　　　　徐　鲸　凌菲菲(女,无党派)
　　　　　　黄　谦(民盟)
　　　　　　龚伟礼(—2022.09)
　　　　　　雷　梅(女)
　　　　　　杨　洁(女,2022.09—)
兼职副会长　方振强(群众)　印捷欧(女)
　　　　　　刘海平　李　晖(群众)
　　　　　　李　菁(女)
　　　　　　陈　磊(—2022.09)
　　　　　　吴文伟(群众,2022.09—)
　　　　　　周宇驰(无党派)　柯楚溪
　　　　　　赵俊浩(群众)　袁建华
　　　　　　徐可则(无党派)
　　　　　　郭纯青(女,民建)
　　　　　　高建军(群众)　喻建华(民建)
　　　　　　颜丽园(女,群众)
　　　　　　魏成生(群众)
总商会监事长　虞晓东(女)
总商会秘书长　张建华

二十九、统计资料

编辑　李佳丽

表 29-1　2022 年静安区经济社会主要指标

指标	单位	2022 年
常住人口	万人	94.05
外来常住人口	万人	22.04
年末户籍人口	万人	90.57
户籍人口自然增长率	‰	−7.85
户籍人口平均期望寿命	岁	82.86
城镇登记失业人数	人	8398
新增就业岗位	个	28924
静安区生产总值	亿元	2627.97
第二产业	亿元	64.02
第三产业	亿元	2563.95
一般公共预算收入	亿元	829.39
区级一般公共预算收入	亿元	279.42
一般公共预算支出	亿元	324.69
重点产业区级税收	亿元	170.30
固定资产投资额(含市直管项目)	亿元	353.68

（续表）

指标	单位	2022 年
房地产开发投资	亿元	312.76
住宅新开工面积	万平方米	49.10
住宅竣工面积	万平方米	29.05
商品房(预)销售面积	万平方米	44.13
规模以上工业总产值	亿元	66.11
社会消费品零售额	亿元	1480.70
商品销售总额	亿元	10130.37
外商直接投资合同金额	亿美元	14.20
外贸进出口总额	亿元人民币	520.38
财政科学技术支出	万元	71232
专利授权量	件	4033
技术合同成交金额	亿元	210.33
普通中学在校学生人数	人	40372
普通小学在校学生人数	人	37878
各类医院	个	41
医院年末病床数	张	11743
卫生技术人员数	人	23120
执业医师	人	7783
户籍人口家庭总户数	万户	33.45
平均每户家庭人口(户籍)	人	2.71
环境空气质量优良率	%	87.6
全区绿地面积	公顷	829.93

（续表）

指标	单位	2022 年
人均公园绿地面积	平方米	3.37
绿化覆盖率	%	24.77
火灾发生数	起	600
交通事故发生数	起	17

（金丽娜）

表 29-2　2022 年静安区区域面积和行政区划

地区	区域面积（平方千米）	陆地面积（平方千米）	水域面积（平方千米）	居(村)民委员会（个）
全区	36.77	36.22	0.55	267
静安寺街道	1.57	1.57	0.00	11
曹家渡街道	1.48	1.48	0.00	14
江宁路街道	1.84	1.82	0.02	16
石门二路街道	1.07	1.05	0.02	11
南京西路街道	1.62	1.62	0.00	12
天目西路街道	1.95	1.87	0.08	12
北站街道	1.78	1.73	0.05	14
宝山路街道	1.60	1.60	0.00	18
芷江西路街道	1.56	1.56	0.00	18
共和新路街道	2.74	2.70	0.03	26
大宁路街道	6.26	6.19	0.07	25
彭浦镇	7.35	7.16	0.19	37
彭浦新村街道	3.96	3.91	0.04	33
临汾路街道	1.98	1.94	0.04	20

（金丽娜）

表 29-3　2022 年静安区各街道(镇)户籍人口、户数

地区	年末户籍人口（人）	总户数（户）
全区	905661	334460
静安寺街道	36596	12897
曹家渡街道	73355	25406
江宁路街道	69714	24330
石门二路街道	34101	12587
南京西路街道	45187	16493
天目西路街道	28525	10529
北站街道	41414	17449
宝山路街道	60675	22253
芷江西路街道	63215	23215
共和新路街道	79074	29027
大宁路街道	80439	27620
彭浦镇	110478	40763
彭浦新村街道	121468	47568
临汾路街道	61420	24323

（金丽娜）

表 29-4　2022 年静安区各街道(镇)户籍人口性别结构

地区	合计（人）	男性（人）	女性（人）	性别比（女性为 100）
全区	905661	439425	466236	94.25
静安寺街道	36596	17104	19492	87.75
曹家渡街道	73355	35097	38258	91.74
江宁路街道	69714	33367	36347	91.80

（续表）

地区	合计(人)	男性(人)	女性(人)	性别比 (女性为100)
石门二路街道	34101	16165	17936	90.13
南京西路街道	45187	21331	23856	89.42
天目西路街道	28525	13772	14753	93.35
北站街道	41414	20840	20574	101.29
宝山路街道	60675	29851	30824	96.84
芷江西路街道	63215	30742	32473	94.67
共和新路街道	79074	38446	40628	94.63
大宁路街道	80439	39000	41439	94.11
彭浦镇	110478	54227	56251	96.40
彭浦新村街道	121468	59484	61984	95.97
临汾路街道	61420	29999	31421	95.47

（全丽娜）

表29-5　2022年静安区一般公共预算收入情况表

单位：万元

	2022年	比上年增长(%)
一般公共预算收入	8293853	−5.2
区级一般公共预算收入	2794188	0.3
增值税	763648	−14.6
企业所得税	579673	−4.0
个人所得税	334394	8.6
城市维护建设税	112576	−11.7
房产税	138596	3.0
城镇土地使用税	2207	3.8
印花税	58153	2.0
土地增值税	312907	134.1

（续表）

	2022 年	比上年增长(%)
车船税	1526	−82.8
契税	107561	−48.0

（金丽娜）

表 29-6　2022 年静安区一般公共预算支出情况表

单位：万元

	2022 年	比上年增长(%)
财政支出	3246938	10.9
一般公共服务	244717	78.5
公共安全	199434	7.0
教　育	484118	2.7
科学技术	71232	298.3
文化旅游体育与传媒	52226	36.0
社会保障和就业	339169	0
卫生健康支出	295926	63.8
节能环保	6398	−23.3
城乡社区	468452	−10.2
商业服务业等	672019	19.0
住房保障支出	256871	−24.4
其他	156376	28.8

（金丽娜）

表 29-7　2022 年静安区地区生产总值情况表

单位：亿元

行业	2022 年	比上年增长(%)
总计	2627.97	−1.5
按产业分		
第一产业	0.00	0.0

（续表）

行业	2022 年	比上年增长(%)
第二产业	64.02	−6.0
第三产业	2563.95	−1.4
按行业分		
工业	25.55	−8.9
金属制品、机械和设备修理业	2.73	−13.4
建筑业	41.20	−4.6
批发和零售业	474.53	−8.2
交通运输、仓储和邮政业	191.37	−21.3
住宿和餐饮业	23.55	−16.9
金融业	639.89	5.4
房地产业	251.51	4.1
其他服务业	980.37	2.0

（金丽娜）

表 29-8　2022 年静安区商品销售情况表

单位：亿元

指标	2022 年	比上年增长(%)
商品销售总额(亿元)	10130.37	−6.9
社会消费品零售额(亿元)	1480.70	−9.9

（金丽娜）

表 29-9　2022 年静安区外商直接投资合同项目和金额情况表

指标	2022 年
合同项目(个)	221
区批项目(个)	221
独资项目(个)	173
协议引进外资金额(万美元)	188627

（续表）

指标	2022 年
外商直接投资合同金额（万美元）	142002
区批项目（万美元）	142002
增资金额（万美元）	96327

（金丽娜）

表 29-10　2022 年静安区外贸进出口商品总额情况表

单位：亿元

指　标	2022 年
外贸进出口总额	520.38
进口	355.72
出口	164.66

（金丽娜）

表 29-11　2022 年静安区四上企业从业人员情况表

单位：人

指标	2022 年
合计	582857
按行业分	
采矿业	161
制造业	4850
建筑业	60001
批发和零售业	127526
交通运输、仓储和邮政业	28057
住宿和餐饮业	15508
信息传输、软件和信息技术服务业	59247
房地产业	55492

（续表）

指标	2022 年
租赁和商务服务业	168238
科学研究和技术服务业	30923
水利、环境和公共设施管理业	7117
居民服务、修理和其他服务业	11820
教育	1600
卫生和社会工作	5857
文化、体育和娱乐业	6460

注：统计范围是辖区内规模以上工业、有资质的建筑业、限额以上批发和零售业、限额以上住宿和餐饮业、有开发经营活动房地产开发经营业、规模以上服务业法人单位。（金丽娜）

表 29-12　2022 年静安区劳动就业情况表

单位：人

指标	2022 年
城镇登记失业人数	8398
新增就业岗位	28924
扶持创业人数	990
35 岁以下青年	685
帮助长期失业青年就业	746

（金丽娜）

表 29-13　2022 年静安区动迁及房屋拆除情况表

	2022 年	比上年增长(%)
动迁居民户数(户)	493	—16.3
动迁及征收二级及以下旧里面积(平方米)	15780	11.2

（金丽娜）

表 29-14　2022 年静安区固定资产投资情况表

单位：万元

	2022 年	比上年增长(%)
全社会固定资产投资总额(含市直管项目)	3536751	2.5
区级固定资产投资总额	3502681	4.9
基建与更改	375081	20.2
商品房	3127600	3.4

（金丽娜）

表 29-15　2022 年静安区住宅项目开、竣工情况表

单位：万平方米

	2022 年	比上年增长(%)
新开工面积	49.10	146.6
施工面积	150.02	40.1
竣工面积	29.05	373.6

（金丽娜）

表 29-16　2022 年静安区房产交易情况表

	单位	2022 年	比上年增长(%)
商品房预售和现售情况			
套数	套	2580	－12.3
面积	万平方米	44.13	11.0
金额	亿元	404.76	37.8
存量房买卖交易情况			
套数	套	7390	－50.7
面积	万平方米	54.73	－48.6
金额	亿元	267.81	－52.1

（金丽娜）

表 29-17　2022 年静安区城市环境质量情况表

指标	单位	2022 年
AQI 达到优良天数	天	319
区域环境质量优良率	%	87.6
可吸入颗粒物(PM10)年平均浓度	毫克/立方米	37
细颗粒物(PM2.5)年平均浓度	毫克/立方米	25

(金丽娜)

表 29-18　2021 年静安区城市园林绿化情况表

单位:公顷

指标	2022 年
城市绿地面积(公顷)	829.93
公园绿地(公顷)	330.58
公园面积(公顷)	134.41
街道绿地(公顷)	196.17
单位附属绿地(公顷)	205.08
居住地绿地(公顷)	294.27
公园数(个)	22
全区新增绿地面积(公顷)	8.67
绿化覆盖率(%)	24.77
人均公园绿地面积(平方米/人)	3.37

(金丽娜)

表 29-19　2022 年静安区科技活动基本情况表

指标	单位	2022 年
财政科学技术支出	万元	71232
上海市高新技术成果转换项目(当年认定数)	项	14

（续表）

指标	单位	2022年
上海科技小巨人(培育)企业(当年认定数)	项	1
专利授权量	件	4033
科技合同成交金额	亿元	210.33
期末高新技术企业认定数	个	480

（金丽娜）

表 29-20　2022年静安区教育事业基本情况表

指标	单位	2022年
学校数	所	103
大专院校	所	2
普通中学	所	51
普通小学	所	45
职业学校	所	2
特殊教育学校	所	3
专任教师数	人	7602
大专院校	人	256
普通中学	人	4002
普通小学	人	3010
职业学校	人	232
特殊教育学校	人	102
在校学生数	人	85230
大专院校	人	5006
普通中学	人	40372

（续表）

指标	单位	2022 年
普通小学	人	37878
职业学校	人	1722
特殊教育学校	人	252
幼儿园	所	86
在园幼儿数	人	19635
教职员工数	人	3293
专任教师	人	1982

（金丽娜）

表 29-21　2022 年静安区体育事业情况表

指标	单位	2022 年
体育事业经费	万元	27883
体育场地总面积	万平方米	84.13
人均体育场地面积	平方米	0.87
体育机构数(体育系统)	个	9
体育场馆数	个	4
体育运动学校	个	2
社会体育指导员	人	1690
社区健身设施	个	732
健身苑	个	671
健身步道	个	36
社区公共运动场	个	25
社区健身器材数	件	5629

（续表）

指标	单位	2022 年
社区健身场地面积	万平方米	7.89

（金丽娜）

表 29-22　2022 年静安区卫生机构基本情况表

	机构数（个）	床位数（张）	从业人员（人）	卫生技术人员
总计	409	12888	27877	23120
医院	41	11743	20538	17616
三级医院	11	5666	14707	12878
二级医院	10	4110	3918	3431
社区卫生服务机构	85	611	1955	1736
门诊部（诊所、医务室、卫生室）	246	0	3147	2782
妇幼保健院	1	0	45	43
专科疾病防治院	2	34	309	239
疾病预防控制中心	2	0	186	156
卫生监督所	1	0	63	63
医学教育机构	1	0	19	9
健康教育所（站）	1	0	162	60
其他卫生机构	29	500	1453	416

（金丽娜）

表 29-23　2022 年静安区前十位疾病死亡原因和构成情况表

死亡原因	死亡率（1/10 万）	占死亡总数（%）
循环系病	565.79	46.81
肿瘤	302.06	24.99

（续表）

死亡原因	死亡率（1/10 万）	占死亡总数（%）
内营代	115.85	9.58
呼吸系病	86.37	7.14
损伤中毒	45.17	3.74
神经系病	29.82	2.47
消化系病	19.66	1.63
精神病	15.35	1.27
传及寄病	6.30	0.52
泌尿生殖	5.52	0.46

（金丽娜）

表 29-24　2022 年静安区养老服务情况表

指标	单位	2022 年
居家养老服务人数	人	28632
政府补贴人数	人	25136
其他渠道服务人数	人	3496
居家养老服务人次	万人次	277.67
政府补贴人次	万人次	273.54
其他渠道服务人次	万人次	4.13
养老政府补贴资金收入	万元	5024.72
市财政	万元	173.11
区财政	万元	4851.61
社区综合为老服务中心	个	23
长者照护之家	个	19

（续表）

指标	单位	2022 年
老年人日间护理机构	个	28
老年人助餐点	个	96
老年活动室	个	225
机构养老床位数	张	7466

（金丽娜）

表 29-25　2022 年静安区社会救济基本情况表

指标	累计救济人次(万人次)	年内累计救济金额(万元)
社会救助	30.83	38168.88
最低生活保障对象	11.39	14958.66
特困人员供养	0.22	644.97
支出型贫困	0.03	43.57
临时救助	1.44	527.85
其他救助	17.75	21993.83

（金丽娜）

2022 年上海市静安区国民经济和社会发展统计公报

2022 年，面对新一轮新冠疫情的巨大冲击，面对严峻复杂的外部环境的巨大考验，全区在区委、区政府的坚强领导下，落实“疫情要防住、经济要稳住、发展要安全”要求，统筹疫情防控和经济社会发展，加力落实稳经济各项举措，全区经济社会运行稳定。

综合

全年实现地区生产总值(GDP)2627.97 亿元，比上年下降 1.5%。其中，第二产业增加值 64.02 亿元，下降 6.0%；第三产业增加值 2563.95 亿元，下降 1.4%。第三产业增加值占地区生产总值的比重为 97.6%，较上年提高 0.3 个百分点。按当年常住人口计算的人均生产总值为 27.94 万元，较上年提高 1.38 万元。

至年末，静安区登记在册的各类市场主体 65926 户(不含分支机构)，注册资本合计 7410.12 亿元。其中，国有及集体企业 4488 户，注册资本 3071.71 亿元；私营企业 38215 户，注册资本 3038.73 亿元；外商投资企业 3910 户，注册资本 1295.54 亿元；个体工商户 19313 户，注册资本 4.15 亿元。全年新设各类市场主体 8818 户，比上年增长 13.3%。其中，新设国有及集体企业 231 户，占比 2.6%；私营企业 7256 户，占比 82.3%；外商投资企业 190 户，占比 2.2%；个体工商户 1141 户，占比 12.9%。

全年实现区级一般公共预算收入 279.42 亿元，比上年增长 0.3%；全年区级一般公共预算支出 324.69 亿元，比上年增长 10.9%。全区税收收入 791.68 亿元，比上年减少 6.0%，其中区级税收收入 248.95 亿元，比上年增长 0.4%。

“一轴三带”发展情况

“十四五”期间，静安区高质量推进“一轴三带”发展战略：聚焦产业聚能、科技赋能、空间释能、机制增能，强化“一轴三带”核心龙头地位，打造“三带”上的南京西路、苏河湾、大宁、市北 4 个核心功能区，持续提升经济密度、开放高度、创新浓度和辐射强度，推动“三带”功能优势倍增产业能级倍增、服务效能倍增，引领带动全区整体提升、全面发展。

全年“三带”共实现税收收入571.38亿元，同比下降4.9%，占全区税收总收入的72.2%。

全年“一轴三带”完成固定资产投资总额261.35亿元，同比增长8.5%，占全区总投资的比重为73.9%。其中，“一轴”完成投资13.88亿元，占比为3.9%；“三带”合计完成投资247.46亿元占比为70.0%。

“六大产业”发展情况

“十四五”期间，静安区巩固优势产业基本盘，培育产业发展新动能，重点发展商贸服务、金融服务、专业服务、数据智能、文化创意、生命健康六大产业，形成创新型的高端化、国际化现代服务业体系。全年六大产业共实现税收638.89亿元，比上年下降8.3%，占全区税收总收入的80.7%，同口径下占比较上年减少2.1个百分点。

商贸服务业

全年实现商贸服务业税收收入280.01亿元，比上年下降1.9%，占全区税收总收入35.4%，比上年提高1.5个百分点。其中批发业实现税收收入178.92亿元，比上年增长2.5%。

专业服务业

全年实现专业服务业税收收入115.82亿元，比上年下降6.2%，占全区税收总收入14.6%，占比与上年基本持平。其中企业管理服务实现税收5160亿元，下降1.1%商务咨询服务实现税收63.85亿元，下降1.2%。

金融服务业

全年实现金融服务业税收收入134.36亿元，与上年基本持平，占全区总税收的17.0%，比上年提高1.0个百分点。其中金融市场服务实现税收107.56亿元，增长6.0%。

文化创意产业

全年实现文化创意产业税收收入37.73亿元，比上年下降4.4%，占全区总税收的4.8%，比上年提高0.1个百分点。其中科研创意服务业实现税收20.06亿元，下降1.4%；影视娱乐文化业实现税收8.65亿元，下降2.8%。

数据智能产业

全年实现数据智能产业税收收入29.93亿元，比上年下降58.1%，占全区总税收的3.8%，比上年减少4.7个百分点。其中软件和数据服务业实现税收26.46亿元，下降3.4%。

生命健康产业

全年实现生命健康产业税收收入41.04亿元，比上年减少3.8%，占全区总税收的5.2%，比上年提高0.1个百分点。其中健康商贸业实现税收22.24亿元，下降5.0%；医疗卫生服务实现税收4.52亿元，下降7.6%。

商业及旅游市场

全年实现社会消费品零售总额1480.70亿元，比上年下降9.9%；实现商品销售总额10130.37亿元，比上年下降6.9%。

至年末，全区已有星级宾馆（饭店）17家，客房数5282间，床位数7563张，客房平均出租率44.0%，平均房价480.81元/间天。

全年旅行社接待境内外旅游者10.53万人次，其中境内旅游者10.53万人次。全年出境游0.00万人次。全年旅行社营业收入达到20.23亿元。

城市建设和房地产

全年动迁居民户数493户，动迁及征收居民住房建筑面积1.58万平方米，其中二级及以下旧里面积1.58万平方米。全年区域内新建成绿地8.67万平方米，其中公共绿地5.84万平方米。2022年末，全区绿地面积为829.93万平方米，城区绿化覆盖率达24.77%。共有公园22个，人均公园绿地面积为。全年住宅新开工面积49.10万平方米，施工面积150.02万平方米，竣工面积29.05万平方米。全年新增商业商务楼宇建筑面积59.84万平方米，既有多层住宅加装电梯（开工）516台。

全年商品房预售和现售套数2580套，预售和现售面积44.13万平方米。其中，住宅套数2379套，面积27.48万平方米。全年存量房买卖登记成交7390套，成交面积54.73万平方米。

对外经济

全年海关进出口总额520.38亿元，比上年下降0.2%。其中海关出口164.66亿元，比上年增长18.0%；海关进口355.72亿元，比上年下降6.9%。

全年外商直接投资合同项目221个，其中外商独资项目173个。协议引进外资金额18.86亿美元，其中外商直接投资合同金额14.20亿美元。

至年末，静安区累计引进跨国公司地区总部企业112家，存续跨国地区总部企业100家。

教育和科技

至2021—2022学年末，全区共有大专院校2所，在校学生5006人；职业高中2所，在校学生1722人；普通中学51所，在校学生40372人；普通小学45所，在校学生37878人；特殊教育学校3所，在校学生252人；幼儿园86所，在园幼儿19635人。

至2021—2022学年末，全区幼儿园适龄儿童学前3年毛入园率达到99%；小学学龄儿童入学率达100%；义务教育普及率100%；高中阶段新生入学率98.62%；普通高校录取率达98.24%。

全年专利授权4033件，其中发明专利747件、实用新型2559件、外观设计727件。至年末，专利有效量21722件，其中发明专利4229件、实用新型13624件、外观设计3869件。当年认定高新技术企业216家，高新技术成果转化项目14项。全年成交各类技术项目368项，成交金额210.33亿元。

文化、体育和卫生

至年末，全区共有电影院15个、剧场19个区文化馆1个、社区文化活动中心19个、区图书馆2个、街道图书站14个、文物保护管理机构1个、博物馆8个。艺术表演场馆34个，场馆总面积达15.2万平方米，全年艺术演出1162场次，观众44.60万人次。

至年末，全区有各类体育场地总面积84.13万平方米，人均拥有体育场地面积0.87平方米。至年末，全区有冬举社区健身设施732个，其中社区健身苑671个、健身步道36个、社区公共运动场25个，社区健身器材5629件。

至年末，全区户籍人口平均期望寿命为82.86岁，其中男性80.50岁、女性85.36岁。户籍婴儿死亡率1.82‰，无孕产妇死亡。

至年末，全区共有医疗卫生机构409所，卫生技术人员2.31万人。其中三级医院11所，卫生技术人员1.29万人；二级医院10所，卫生技术人员0.34万人；社区卫生服务机构85所，卫生技术人员0.17万人。

至年末，全区每千人医生数达8.43人，每千人床位数13.70张，每千人全科医生数0.58人。至年末，全区各类医疗卫生机构诊疗人数达1756.80万人次，其中门、急诊1733.27万人次，入院人数37.04万人，健康检查96.33万人次。

人口、就业与社会保障

至年末，全区常住人口为94.05万人，其中户籍常住人口为72.01万人、外来常住人口为

22.04万人。

至年末，全区户籍总户数33.45万户，户籍总人口90.57万人，其中男性43.94万人、女性46.62万人。户籍总人口中，0—17岁人口10.65万人，占比为11.8%；18—34岁人口12.29万人，占比为13.6%；35—59岁人口30.06万人，占比为33.2%；60岁及以上人口37.57万人，占比为41.5%。

全年新增就业岗位28924个；年末登记失业人数8398人；帮扶引领创业人数990人，其中35岁以下青年685人；帮助长期失业青年就业746人。

全年受理廉租住房586户，实际配租户数543户，投入资金13977.20万元，其中租金配租投入12482.31万元，实物配租投入1494.89万元。

至年末，全区有社区综合为老服务中心23个、长者照护之家19个、老年人日间护理机构28个、老年人助餐点96个、老年活动室225个，机构养老床位7466张。全年累计有277.67万人次享受居家养老服务，政府补贴投入资金达5024.72万元。

环境保护和公共安全

全年区域环境空气污染指数(AOI)达到优良天数为319天，区域环境空气质量优良率达87.6%。可吸入颗粒物(PM10)年日均值37微克/立方米，细颗粒物(PM2.5)年日均值25微克/立方米。

全年刑事案件立案3440起，比上年减少28.1%；刑事案件破案2390起，比上年减少25.5%。全年受理治安案件2308起，查处2306起，查处违法人员1028人。全年发生生产安全事故5起，受伤人数0人、死亡人数5人。

上海市静安区第四次经济普查主要数据公报（第一号）

上海市静安区统计局上海市静安区第四次经济普查领导小组办公室根据国务院下发的《关于开展第四次全国经济普查的通知》(国发〔2017〕53号)要求,静安区于2018年与全国同步进行了第四次经济普查。这次普查的标准时点为2018年12月31日,普查时期资料为2018年年度资料。普查对象是在本区行政区域内从事第二产业和第三产业的全部法人单位、法人单位分支机构和个体经营户。通过此次普查,摸清了本区第二产业和第三产业的发展规模、布局和效益,了解了静安区产业组织、产业结构的现状以及各生产要素的构成,掌握了全部法人单位资产负债状况和新兴产业发展的情况,进一步查实了各类单位的基本情况和主要产品产量、服务活动,全面准确反映了静安区经济结构优化调整、产业转型升级和经济发展新动能培育等方面的新进展。

根据《全国经济普查条例》,经静安区人民政府批准,静安区统计局和静安区第四次经济普查领导小组办公室现分3个公报,将静安区第四次经济普查的主要综合数据予以公布。其他普查数据将随着普查资料开发应用的进度,以不同方式陆续公布。

一、单位基本情况

2018年末,静安区共有从事第二产业和第三产业活动的法人单位28684个,比2013年末(2013年是第三次全国经济普查年份)增加6771个,增长30.90%;法人单位分支机构7134个,增加989个,增长16.09%。

2018年末,在第二产业和第三产业法人单位中,单位数位居前3位的行业分别是批发和零售业7989个,占27.85%;租赁和商务服务业6972个,占24.31%;科学研究和技术服务业2030个,占7.08%。

从地区分布看,法人单位数位居前3位的街道(镇)分别是大宁路街道的法人单位数占全区法人单位的14.27%,南京西路街道占11.30%,彭浦镇占10.96%;分别比2013末同比增长77.38%、60.92%和71.75%。

2018年末,静安区共有第二产业和第三产业的企业法人单位26723个,比2013年末增加6775个,增长33.97%。其中内资企业23808个,占89.09%;港、澳、台商投资企业1340个,占5.01%;外商投资企业1575个,占5.89%。内资企业中,国有企业131个,占全部内资企业法人单位的0.55%;有限责任公司4543个,占19.08%;私营企业18607个,占77.67%。

二、从业人员

2018年末,静安区第二产业和第三产业法人单位从业人员84.62万人。在法人单位从业人员数中,位居前3位的行业分别是批发和零售业14.75万人,占17.43%;租赁和商务服务业14.73万人,占17.40%;建筑业8.36万人,占9.88%。

从地区分布看,从业人员占比前3位的街道(镇)是南京西路街道占15.69%,静安寺街道占12.07%,大宁路街道占11.97%。

三、资产负债状况和营业收入

2018年末,静安区第二产业和第三产业法人单位资产总计43071亿元。其中第二产业法人单位资产总计占比为4.08%，第三产业法人单位占比为95.92%。法人单位负债合计13871亿元。其中，第二产业法人单位负债合计占比为9.34%，第三产业法人单位负债合计占比为90.66%

2018年，静安区第二产业和第三产业企业法人单位实现营业收入14343亿元。其中第二产业营业收入占比为10.04%，第三产业营业收入占比为89.96%。

四、五大产业与“一轴三带”基本情况

（一）五大产业

2018年末，静安区五大产业法人单位22481个，占全部法人单位的78.37%。其中商贸服务业法人单位数9131个，占全部五大产业法人单位的40.62%。2018年末，我区五大产业法人单位从业人员577596人，占全部法人单位的68.26%。其中商贸服务业法人单位从业人员180402人，占全部五大产业法人单位从业人员的31.23%。

2018年末，静安区五大产业企业法人单位资产总计33624亿元，占全部法人单位资产总计的78.07%。其中金融服务业企业法人单位资产总计17860亿元，占全部五大产业企业法人单位的53.12%。2018年末，静安区五大产业企业法人单位营业收入11985亿元，占全部企业法人单位的83.56%。其中商贸服务业法人营业收入7755亿元，占全部五大产业企业法人单位营业收入的64.71%。

（二）“一轴三带”

2018年末，静安区“一轴三带”共有法人单位14232个，占全部法人单位的49.62%。其中南京西路集聚带法人单位数5438个，占全部“三带”法人单位的38.21%；

2018年末，静安区“一轴三带”法人单位从业人员484894人，占全部法人单位从业人员的57.30%。其中南京西路集聚带法人单位从业人员193538人，占全部“三带”法人单位从业人员的39.91%。

2018年末，静安区“一轴三带”企业法人单位资产总计17948亿元，占全部法人单位资产总计的41.67%。其中南京西路集聚带企业法人单位资产总计5981亿元，占全部“三带”企业法人单位资产总计的47.35%；

2018年末，静安区“一轴三带”企业法人单位营业收入9219亿元，占全部法人单位营业收入的64.28%。其中南京西路集聚带营业收入4040亿元，占全部“三带”企业法人单位营业收入的43.82%。

五、个体经营户基本情况

2018年末，静安区从事第二产业和第三产业活动的个体经营户16835户。其中，从事第二产业的个体经营户49户，占总数的0.29%；第三产业16786户，占99.71%

在个体经营户中，户数位居前3位的行业是批发和零售业12841户，占76.28%；住宿和餐饮业1986户，占11.80%；居民服务、修理和其他服务业1631户，占9.69%。

2018年末，静安区从事第二产业和第三产业活动的个体经营户从业人员4.31万人，其中女性从业人员2.58万人。

注释：

1.三次产业的划分

第一产业是指农、林、牧、渔业（不含农、林、牧、渔专业及辅助性活动）。

第二产业是指采矿业（不含开采专业及辅助性活动），制造业（不含金属制品、机械和设备修理业），电力、热力、燃气及水生产和供应业，建筑业。

第三产业即服务业，是指除第一产业、第二产业以外的其他行业。第三产业包括批发和零售业，交通运输、仓储和邮政业，住宿和餐饮业，信息传输、软件和信息技术服务业，金融业，房地产业租赁和商务服务业，科学研究和技术服务业，水利、环境和公共设施管理业，居民服务、修理和其他服务业，教育，卫生和社会工作，文化、体育和娱乐业，公共管理、社会保障和社会组织，国际组织，以及农、林、牧、渔业中的农、林、牧、渔专业及辅助性活动，采矿业中的开采辅助活动，制造业中的金属制品、机械和设备修理业。

2.单位的划分

法人单位是指有权拥有资产、承担负债，并独立从事社会经济活动（或与其他单位进行交易）的组织。法人单位应同时具备以下条件：

（1）依法成立，有自己的名称、组织机构和场所，能够独立承担负债和其他民事责任；

（2）独立拥有和使用（或受权使用）资产，有权与其他单位签订合同；

（3）会计上独立核算，能够编制资产负债表等会计报表。

法人单位包括企业法人、事业单位法人、机关法人、社会团体法人、其他法人等。

产业活动单位是指位于一个地点，从事一种或主要从事一种社会经济活动的组织或组织的一部分。产业活动单位应同时具备以下条件：

（1）在一个场所从事一种或主要从事一种社会经济活动；

（2）相对独立地组织生产活动或经营活动；

（3）能提供收入或者支出等相关资料。

个体经营户包括个体工商户和其他个体经营户。

个体工商户是指按照《个体工商户条例》规定，依法在市场监管机关登记注册、开展经营活动的个人或家庭。

其他个体经营户是指未在市场监管机关登记注册，但有相对固定场所、1年内实际从事二、三产业个体经营活动累计3个月以上的个人和家庭户。但不包括农民家庭以辅助劳力或利用农闲时间进行的一些兼营性的工业、商业及其他活动。

3.登记注册类型的划分

根据国家统计局、国家工商行政管理总局《关于划分企业登记注册类型的规定调整的通知》（国统字〔2011〕86号），将企业登记注册类型分为以下几种：

内资企业包括国有企业、集体企业、股份合作企业、联营企业、有限责任公司、股份有限公司、私营企业、其他企业。

4.港、澳、台商投资企业包括合资经营企业（港或澳、台资），合作经营企业（港或澳、台资），港、澳、台商独资经营企业，港、澳、台商投资股份有限公司，其他港、澳、台商投资企业。

外商投资企业包括中外合资经营企业、中外合作经营企业和外资企业、外商投资股份有限公司、其他外商投资企业。

5.从业人员是指2018年12月31日单位（或个体经营户）在岗的从业人员。

单位从业人员是指在本单位工作并取得劳动报酬或收入的期末实有人员数。包括在各单位工作的外方人员和港澳台方人员、兼职人员、再就业的离退休人员、借用的外单位人员和第二职业者。但不包括离开本单位仍保留劳动关系的职工。

6.五大产业与“一轴三带”是根据静安区“十三五”规划对本行政区域内的重点产业和区域划分进行定义，与国家、上海市的产业定义不同。

年度和地方工作常用缩略语注释

六稳六保：稳就业、稳金融、稳外贸、稳外资、稳投资、稳预期，保居民就业、保基本民生、保市场主体、保粮食能源安全、保产业链供应链稳定、保基层运转。

撤二建一：撤销闸北区、静安区建制，建立新的静安区。

“双减半”：行政审批事项办理时限减少一半、提交材料减少一半。

“两个延伸”：“美丽家园”建设从小区向街区延伸、向楼组延伸。

“两会”：人民代表大会和中国人民政治协商会议。

“两新”组织：新经济组织、新社会组织。

两网融合：城市环卫生活垃圾分类收运体系与生活源再生资源系统2个网络有效衔接，融合发展。

“进博会”：中国国际进口博览会。

市委“1+6”文件：中共上海市委2015年“一号课题”。“1”是《中共上海市委上海市政府关于进一步创新社会治理加强基层建设的意见》；“6”是涉及街道体制改革、居民区治理体系完善、网格化管理、社会力量参与、社区工作者6个配套文件。

“五类车”：电动车、三轮车、残疾人机动轮椅车、改装（拼装、报废）车。

“一轴三带”发展战略：“一轴”就是打造一条贯通南北、共享互融的复合发展轴，“三带”就是打造3个空间上相互呼应、功能上相互补充、形态上各具特色，协调联动、互促互进的发展带，即南京西路两侧高端商务商业集聚带、苏州河两岸人文休闲创业集聚带和中环两翼产城融合发展集聚带。

六大产业：商贸服务、专业服务、金融服务、文化创意、数据智能、生命健康。

“三个经济”：楼宇经济、总部经济和涉外经济。

居民区党建“1+5+X”模式：“1”即居民区党组织书记，“5”即党员社区民警、居委会主任、业务会主任、物业公司负责人、群众团队和相关社会组织骨干，“X”即市区在职党员、驻区单位负责人、对口联系社区的各级机关干部等其他力量。

双试联动：复制上海自贸区改革试点、深化国家服务业综合改革试点2项工作联动。

双随机：随机抽取被检查对象、随机选派检查人员。

双告知：在办理登记注册时，工商部门要根据省级人民政府公布的工商登记后置审批事项目录告知申请人需要申请审批的经营项目和相应的审批部门，并由申请人书面承诺在取得审批前不擅自从事相关经营活动。在办理登记注册后，工商部门要运用信息化手段，对经营项目的审批部门明确的，将市场主体登记注册信息及时告知同级相关审批部门；对经营项目的审批部门不明确或不涉及审批的，将市场主体登记注册信息及时在企业信息共享平台上发布，相关审批部门或行业主管部门应及时查询，根据职责做好后续监管工作。

三证合一：法人登记证、组织机构代码证、税务登记证三证合一。

“金三角”商圈：地方俗称，又称“梅泰恒”商圈，指南京西路梅龙镇广场、中信泰富广场、恒隆广场形成的核心商圈。

“金五星”商圈：地方俗称，指南京西路静安嘉里商务中心、会德丰国际广场、一七八八国际大厦、久光百货（2010年前为东海广场）形成的核心商圈。

四史教育：党史、新中国史、改革开放史、社会主义发展史教育。

新冠疫情：新型冠状病毒感染的肺炎疫情。

六小单位：小加工、小餐饮、小旅馆、小仓储、小娱乐、小商店6类单位。

城运中心：城市运行综合管理中心。

四范目标：贯彻新发展目标，努力在高质量发展上成为典范；弘扬城市品格，努力在彰显软实力。

区委五大工程：聚力工程、民心工程、数字工程、品牌工程、基石工程。

六增计划：招商引资增倍、总部经济增能、重点产业增效、土地亩产增长、重大工程增速、服务效能增优。

“双员双师”：社会治理和“大调解”过程中，调解员、法治宣讲员、律师、心理咨询师多方力量参与。

索引

说明：

1. 本索引采用主题分析索引法，按主题词和重要人名首字汉语拼音顺序排列。
2. 彩页、附录内容不作索引，专文只作标题索引。
3. 索引名称后的数字表示页码，数字后的字母(a、b)表示该页从左至右的栏别。
4. 索引名称一般采用主题词、中心词或简称。

B

C

D

E

F

G

H

K

L

M

N

P

Q

R

S

T

W

X

Y

Z